敦煌文獻合集

張涌泉 主編 審訂

敦煌經部文獻合集

第十册 小學類佛經音義之屬（一）

張涌泉 撰

中華書局

小學類佛經音義之屬（一）

一切經音義

玄　應

一切經音義（一）（卷一）

俄敦五八三（底一）　俄敦二五六（底二）

【題解】

本件底卷編號爲俄敦五八三（底一）＋？＋俄敦二五六（底二）。底一僅存七行，《俄藏》編者擬題『一切經音義大威德陀羅尼經』。底二存十二行，每行下部又均有殘泐（按可抄空間計，每行下部殘泐部分可抄十一至十四字），《俄藏》編者擬題『一切經音義卷第四十二法炬陀羅尼經』。考底一所存爲玄應《一切經音義》卷一《大威德陀羅尼經》第十六卷音義及第十七卷卷題，底二所存爲玄應《一切經音義》卷一《法炬陀羅尼經》第一、二卷音義的部分條目，故據以改定今題。該二卷抄寫格式、字體均同，應是同一寫卷的殘片，内容亦先後相承（據刻本，該二卷間凡缺七條），《孟目》定作『同一寫卷的二件殘卷』，是，兹據以合併校録。石塚晴通《玄應〈一切經音義〉的西域寫本》（《敦煌研究》一九九二年第二期）認爲底卷爲敦煌吐蕃期（八世紀末期—九世紀前半期）寫本，可備一説。底卷每條詞目與注文字體大小相同，每條提行頂格，注文換行低二格接抄，大約反映了玄應《音義》的本來面貌。宋《磧砂藏》本等早期玄應《音義》刻本每條提行（注文則用雙行小字），仍部分保留了該書的原貌。與今本玄應《音義》比勘，底卷注文内容較爲簡略，但却與慧琳《音義》卷四二所引上揭二經玄應《音義》頗爲一致，是玄應《音義》原本就較爲簡略，抑或本卷鈔録時有節略，或本卷實爲據慧琳《音義》轉引，疑不能明。

本件未見前人校録。兹據《俄藏》影印本録文，以宋《磧砂藏》本、《叢書集成初編》本玄應《音義》爲參校本（簡稱『刻本』），并參考慧琳《音義》卷四二所引（簡稱『慧琳《音義》』），校録於後。（校按：關於玄應《音義》的各篇寫定於二〇〇二年，二〇〇四年，該部分排版清樣送請中華書局審讀。最近我們陸續讀到上海師範大學徐時儀教授有關玄應《音義》的三篇論文：《玄應與慧琳一切經音義的比較》，載《佛經音義研究》，上海古籍出版社二〇〇六年版；《敦煌吐魯番寫本玄應音義考補》，載《敦煌學研究》二〇〇六年第一期；《敦煌寫卷〈放光般若經〉音義考斠》，《敦煌佛教與禪宗學術討論會論文集》，三秦出版社二〇〇七年版。這些論文涉及敦煌玄應《音義》的二十四件寫卷，并有所比勘，因此時本書版式已定，徐氏校説難以採入，特此説明，請讀者參看。）

（前缺）

第十六卷〔一〕

評論，皮柄反，《字書》：評，訂也；訂，平議也。訂音唐頂反。

鐵柴，今作⿰口束，又作觜，同，子累▨（反），《方言》：柴，鳥喙也。〔二〕

鵂侯，許牛反，鵂鶹也，亦名訓▨（侯），晝伏夜鳴者。〔三〕

從窠，又作萪，同，苦和反，《小尔疋》云：□謂之窠。〔四〕

第十七卷

（中缺）

笳吹，或作葭，同，古遐□〔五〕

第二卷

阿蘭拏，女加反，▨（或）□言輕重耳。此云空▨（寂），□〔六〕
善馭，今作御，同，魚據□〔七〕
鑪鍋，字體作鬲，▨（又）□〔八〕
翱翔，五高反，迴□〔九〕
埻的，之允、之□〔一〇〕
无垛，徒果反，□非此義。堋□〔一一〕
僮絫，力計反，絫，□米，㲉□〔一二〕
（下缺）

【校記】

〔一〕此行以下見於底一。

〔二〕『反』字底一存殘畫，茲據刻本補。『《方言》』前刻本有『《廣雅》：柴，口也』一釋，所引《方言》後刻本又有『經作嘴，非也。嘴音似耎反』十字，慧琳《音義》卷四二引皆無，與底卷同。

〔三〕注文『侯』字底一存殘畫，茲據刻本補。又刻本『晝伏夜鳴者』前有『一名鵂鶹』四字，後有『一名怪鳥』四字；慧琳《音義》卷四二引『晝伏夜鳴者』作『晝伏夜出也』，但前無『一名鵂鶹』四字，後無『一名怪鳥』四字，與底一同。

〔四〕本條底一接抄於上條之後，蓋抄手之誤。刻本所引《小爾雅》前有『《廣雅》：橧窠，巢也』一釋，其後又有『在樹曰巢，在穴曰窟也。橧則恒反』等字，慧琳《音義》卷四二引皆無，與底卷同。又『《小尔疋》云』後底一殘泐約八字位置，但刻本作『雞雉所乳』，僅四字，存疑。又『謂之窠』刻本無『謂』字，誤脱；慧琳《音義》卷四二引作『謂之窠也』，《小爾雅·廣獸》作『雞雉所乳謂之窠』，皆可證。

〔五〕此行以下見於底二，底二每行下部均有殘泐。『遐』下殘泐部分可抄十一字左右，刻本作『反，今樂中有笳，卷笳葉吹之，因以爲名也』，慧琳《音義》作『反，今樂中有笳篇，卷笳葉吹之也』。

〔六〕『或』字底二存上部殘畫，兹據刻本補。其下殘泐部分約缺十一、二字，刻本作『云阿蘭若，或言阿練若，皆梵』十一字。『寂』字底二存上部殘畫，兹據刻本補。其下殘泐部分可抄十一字左右，疑當據慧琳《音義》補『亦云閑寂，亦無諍也』等字，刻本作『亦云閑寂，閑亦無諍也。蘭音力姦反，經從口作𠷒，非也』二十餘字。

〔七〕『據』下殘泐部分底二可抄十一字左右，刻本作『反，駕馭也，謂指麾使馬也。凡言馭者所爲之也』十八字，慧琳《音義》作『反，駕馭也，謂指麾使馬也』十字。

〔八〕『鬲』字底二作『鬲』，慧琳《音義》作『鬲』，當皆是『鬲』字俗訛；刻本作『鬲』，誤。『又』字底二存上部殘畫，兹據刻本補。又其下殘泐部分可抄十二字左右，刻本作『作䰙，同，古和反，《方言》秦地土釜也』，慧琳《音義》無末『也』字。

〔九〕『迴』下殘泐部分底二可抄十三字左右，刻本作『飛也，飛而不動曰翔。《釋名》云：翱，敖也，言敖遊也；翔，佯也，言彷徉也』二十餘字，慧琳《音義》作『飛也，飛而不動曰翔也』九字。

〔一〇〕『之』下殘泐部分底二可抄十四字左右，刻本作『閏二反，《通俗文》：射堋曰埻，埻中木曰的。《説文》：射臬也，射侯也。以熊虎之皮飾其側方，制之以爲埻。臬音牛列反，橛也』四十餘字，慧琳《音義》作『閏二反，《通俗文》：射堋曰埻，埻中木曰的』十五字。

〔一一〕『反』下殘泐部分底二可抄十四字左右，刻本作『射堋也。經文作埵，丁果反，埵，累也，埵』十四字，慧琳《音義》同。又『堋』下殘泐部分底二可抄十三字左右，刻本作『音朋』二字，慧琳《音義》作『音朋字』三字。

〔一二〕據注文，『夈』字當作『奚』，注文『夈』下殘泐部分底二可抄十二字左右，刻本作『奴也；奚，賤也，役也，僕奚也。字從』十二字，慧琳《音義》同。又『㱿』下殘泐部分可抄十四字左右，刻本作『聲，㱿字從又、從崇，㱿音之絹反』十二字，慧琳《音義》同。

一切經音義(二)(卷二)

俄敦九六五背

【題解】

本件底卷編號爲俄敦九六五背。正面爲某寺藏經録七行,背面接抄藏經録三行,第四行起爲玄應《一切經音義》卷第二,共五行,但除書名及經名外,正文實際上只抄了《大般涅槃經》第一卷音義的第一條,且未抄完,似屬習書性質。《俄藏》編者把正反面的内容皆擬題爲『一切經音義』,不妥。底卷詞目提行頂格,字體與注文大小相同,注文換行低一格接抄,格式與斯三四六九、敦研三五七號玄應《一切經音義》殘卷相近(參下篇)。石塚晴通《玄應〈一切經音義〉的西域寫本》(《敦煌研究》一九九二年第二期)認爲本卷爲八世紀前半期—中期寫本,可備一説。

本件未見前人校録。兹據《俄藏》影印本録文,以宋《磧砂藏》本、《叢書集成初編》本玄應《音義》爲參校本(簡稱『刻本』),校録於後。

一切經音義卷第二 翻經沙門玄應撰〔一〕

大般涅槃經

第一卷

壽命,視柳反,案壽亦即命也。壽取一□□(期之)名,命取人之生分〔二〕(原文抄寫止此)

【校記】

〔一〕『翻經沙門玄應撰』七字底卷字體略小。

〔二〕『一』後底卷殘泐約二字，兹據刻本補『期之』二字。『生分』後刻本作『但異名耳。《説文》：壽，久也。《釋名》云：生已久遠，氣終盡也。又音視溜反，上壽也。溜音力救反』。

一切經音義（三）（卷二）

斯三四六九（底一）　　敦研三五七（底二）

【題解】

本件底卷編號爲斯三四六九（底一）＋？＋敦研三五七（底二）。底一《索引》擬題『經音義』，《寶藏》定作『一切經音義』，《英藏》同。底二《甘肅藏敦煌文獻》編者擬定爲『字書殘段』。考底一所抄内容見於玄應《音義》卷二《大般涅槃經》第十一、十二卷音義，底二所抄内容見於玄應《音義》卷二《大般涅槃經》第一卷音義。二卷字體行款完全相同，蓋出於同一人之手，當係同一寫本的殘片，故兹合併校録，改定今題。底卷每條詞目與注文字體大小相同，每條提行頂格，注文换行低一格接抄（録排時改爲低二格）。每行約十七字。底一存三十四行，前一行上部、後五行下部有殘泐。底二上下部略有殘泐，凡存八行，其中第六行下部『足大』二字及其下的半字（『大』下尚有小半字，存上部，應爲『指』字）應移至第八行『古才反』之後，蓋碎片誤粘於前，『古才反，足大指』是對第八行『腦胲』之『胲』的音釋，而第六行下部本身原有殘泐，誤粘的碎片復位後，所存字句與玄應《音義》卷二相關文句完全相同。石塚晴通《玄應〈一切經音義〉的西域寫本》（《敦煌研究》一九九二年第二期）認爲底一係八世紀前半期—中期寫本，可備一説。

張金泉《敦煌音義匯考》曾對底一進行過初步校勘。兹據《英藏》等影印本録文，以宋《磧砂藏》本、《叢書集成初編》本玄應《音義》爲參校本（簡稱『刻本』），并參考慧琳《音義》卷二五、二六所載釋雲公撰、慧琳删補的《大般涅槃經音義》（簡稱『慧琳《音義》』），校録於後。

（上缺）

▨▨▨▨▨▨▨□▨▨（羅睺，胡鈎反，正言曷羅怙）羅，此譯云障月，但此人是羅怙阿脩羅以手捉月時生，因以爲名也。〔一〕

爲作，于危反，下茲賀、子各二反，爲，作也。又音于僞反，二音通用。

晨朝，食仁反，《尔雅》：晨，早也。《釋名》云：晨，伸也，言其清旦日光復伸見也。〔二〕

頗梨，力私反，又作黎，力奚反，西國寶名也。梵言塞頗胝（胝）迦，亦言頗胝（胝），此云水玉，或云白珠，《大論》云：此寶出山石窟中，過千年冰化爲頗梨珠，此或有也。案西域暑熱無冰，仍多饒此寶，非冰所化，但石之類耳。胝（胝）音竹尸反。

馬腦，梵言摩娑羅伽隸，或言目娑邏伽羅婆，此譯云馬腦。案此寶或色如馬腦，因以爲名，但諸字書旁皆從石作碼碯二字，謂石之次玉者，是也。〔三〕

號哭，胡刀反，《尔雅》：號，呼也。大呼也。《釋名》云：以其善惡呼名之也。號亦哭也，字從号，虎聲。經文作嘷，《説文》：嘷，咆也。《左傳》豺狼所嘷，是也。嘷非此義。又從口作呺，俗僞字耳。〔四〕

涕泣，他礼反，《字林》：涕，泣也。無聲而淚曰泣。

哽噎，古文骾、腰二形，又作鯁，同，古杏反，哽，噎也。《聲類》云：哽，食骨留嗌中也。今取其義。下於結反，《説文》：噎，飯窒也。《詩》云中心如噎，傳曰：憂不能息也。嗌音益。窒，竹栗反。經文多作咽，於見、於賢二反，咽，吞也，咽喉也。咽非字體。〔五〕

震動，之刃反，《公羊傳》曰：地震者何？地動也。《周易》：震，動也。經文有從手作振，掉也。掉亦動也。二形通用。〔六〕

戰掉，徒弔反，《字林》：掉，搖也。《廣□□□□□□（雅》：掉，振動也。經）文作挑，勑聊反，挑，抉也。

□□□□□□□（又作恌字，與愮同），音遥。《詩》云□□□□□□□□□（憂心愮愮，是也。二形並非此義）。抰音▨（於）▭（穴反也）。〔七〕

逮得，▨（徒）▭〔八〕

（中缺）

能以手投之也。〔九〕

卜筮，時世反，《礼記》：龜爲卜，蓍爲筮，卜筮者所以決嫌疑，定猶豫，故疑即筮之。字體從竹從巫，筮者，揲蓍取卦，折竹爲爻，故字從竹也。揲音食列、余列二反。〔一〇〕

遍耳，經文有作身字，恐传寫▭〔一一〕

第十二卷

⿰月⿱巛山胲，依字《説文》古才反，足大▨（指）▭〔一二〕

（下缺）

【校記】

〔一〕本條以下三十四行見於底一，第一行前十字除第八字全缺外底一均存左側殘畫，兹據刻本擬補。

〔二〕本條所引《釋名》今本作「晨，伸也，旦而日光復伸見也」。

〔三〕「⿰月⿱巛山」、「⿰石⿱巛山」刻本作「腦」、「碯」，正字，下同。又「目娑邏伽羅婆」刻本作「目娑邏伽羅娑」，同書卷二一《稱讚浄土經》音義「牟娑洛揭婆」下云「或言目娑羅伽羅娑，此云碼碯」，末字亦作「娑」，但此係梵文 **Musāragalva** 的音譯，應以作「婆」字爲切當。

〔四〕「呺」字刻本作「号」，誤。

〔五〕 哽噎，北六二八四號（珠九七）、六二八五號（盈四五）、斯六二〇九號等《大般涅槃經》經本同；北六二八六號（昃八二）經本及《麗藏》本作「哽咽」，與或作本合。又「字體」二字底一在行末，刻本後有「也」字。

〔六〕 本條所引《公羊傳》「地動」今本文公九年下作「動地」。又「掉也」前刻本別有「發也」一訓，「二形通用」後刻本有「也」字。

〔七〕 戰掉，《麗藏》本《大般涅槃經》經文相應位置有「其身戰掉」句，其中的「掉」字北六二八四、六二八五號經本作「挑」，北六二八六號經本作「恌」，分別與玄應所見經本合。又本條以下五行底一下部殘泐，茲據刻本擬補，其中「又作恌字」句據宋《磧砂藏》本，《叢書集成初編》本「恌」作「姚」，似誤。

〔八〕 「徒」字底一存右上部，茲據刻本擬補；其後底一殘泐，據刻本，本條下文作「戴反，《說文》：逮，及也。經文多誤作逯，力屬反，《說文》：逯，謹也。亦人姓也。逯非經旨」。

〔九〕 此行以下八行見於底二。此句所釋爲「擲石」條，注文上缺部分刻本作「案《漢書》，甘延壽投石拔距，張晏注云：飛石重十二斤，爲機發，行三百步，延壽有力」。又句末「也」字宋《磧砂藏》本同，《叢書集成初編》本作「地」，誤。

〔一〇〕 所引《禮記》見《曲禮上》：「龜爲卜，筴爲筮，卜筮者，先聖王之所以使民……決嫌疑，定猶與（陸德明《釋文》：「與本亦作豫。」）也，故曰疑而筮之。」鄭注：「筴或爲蓍。」

〔一一〕 「寫」下底卷有「足大▨（指）」三字，蓋碎片誤粘於此，茲據文意移至下文「腦胲」條注文「古才反」之後。「寫」下的殘泐部分刻本作「誤意也」三字。

〔一二〕 「指」字底卷僅存上部殘畫，茲據刻本校補。又其下殘泐部分刻本作「也，恐非今用。案字義宜作解（宋《磧砂藏》本脫「作」字，茲從《叢書集成初編》本及俄弗二三〇號寫本），音戶賣反，謂腦解也。案無上依經解（「解」前俄弗二三〇號寫本有「云」字），三十二相中二如來頂骨無解是也。諸經中作頂骨堅實，同一義也，或古字耳（此四字俄弗二三〇號寫本作「胲或古解字也」）」。

一切經音義(四)(卷二)

伯三〇九五背

【題解】

本件底卷編號爲伯三〇九五背。《索引》正面題『佛書(設爲問答體)』,説明云:『背爲玄應一切經音義,朱書。』《索引新編》略同。《寶藏》正面題『經疏略抄』,卷背有影印圖版,但具體内容未予標出。《敦煌學大辭典》『一切經音義』條指出玄應《一切經音義》敦煌寫本含括伯三〇九五號、斯三五三八號、伯三七三四號、俄弗二三號,但伯三〇九五號下所介紹的實爲斯三四六九號的内容(徐時儀《玄應〈衆經音義〉研究》四十頁亦已指出此點,中華書局二〇〇五),而與伯三〇九五號全然無關。《法藏》正面題『佛經答問』,背面題『一切經音義』。按底卷首尾俱缺,所存爲玄應《一切經音義》卷二《大般涅槃經》第八卷『月飴』條至第十四卷『船舫』條音義,兹據以擬定今題。原卷朱書,每條詞目與注文字體大小相同,每條大抵提行頂格(少數條目亦有空一格接抄的情況),注文换行時低一格接抄(校録時改爲低二格)。凡一〇五行,每行三十二字左右,多數行下部有殘泐。所存内容與今通行本玄應《一切經音義》大抵相同,但頗有可據以糾正今本傳抄之誤者。

原卷世、民、葉、治等字多不避諱,唯『因燧』條音義引《世本》的『世』寫作『廿』,避唐諱缺筆。從多數唐代諱字不避的情況來看,改避者可能是抄手沿襲所據底本字形,而未必係抄手有意改避。據此,底卷很有可能是晚唐五代所抄。

本卷未見前人校録。兹據法國友人羅端先生提供的彩色照片録文,以宋《磧砂藏》本、《叢書集成初編》本玄應《一切經音義》爲參校本(簡稱『刻本』),并參考慧琳《音義》卷二五、二六所載釋雲公撰、慧琳刪補的《大般涅槃經音義》(簡稱『慧琳《音義》』),校録於後。必要時亦參考《中華大藏經》所載《大般涅槃經》經本(其中卷

伯三〇九五背《一切經音義》圖版（一）

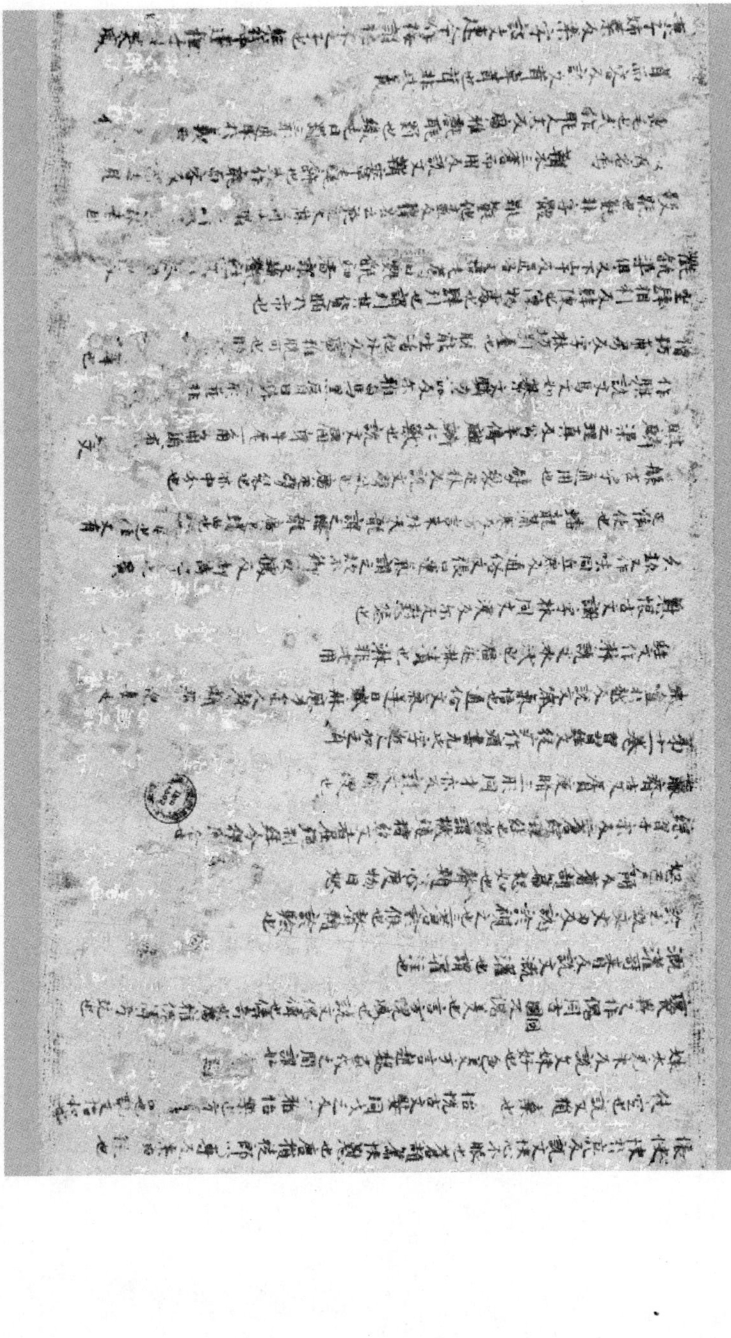

伯三〇九五背《一切經音義》圖版（二）

伯三〇九五背《一切經音義》圖版（三）

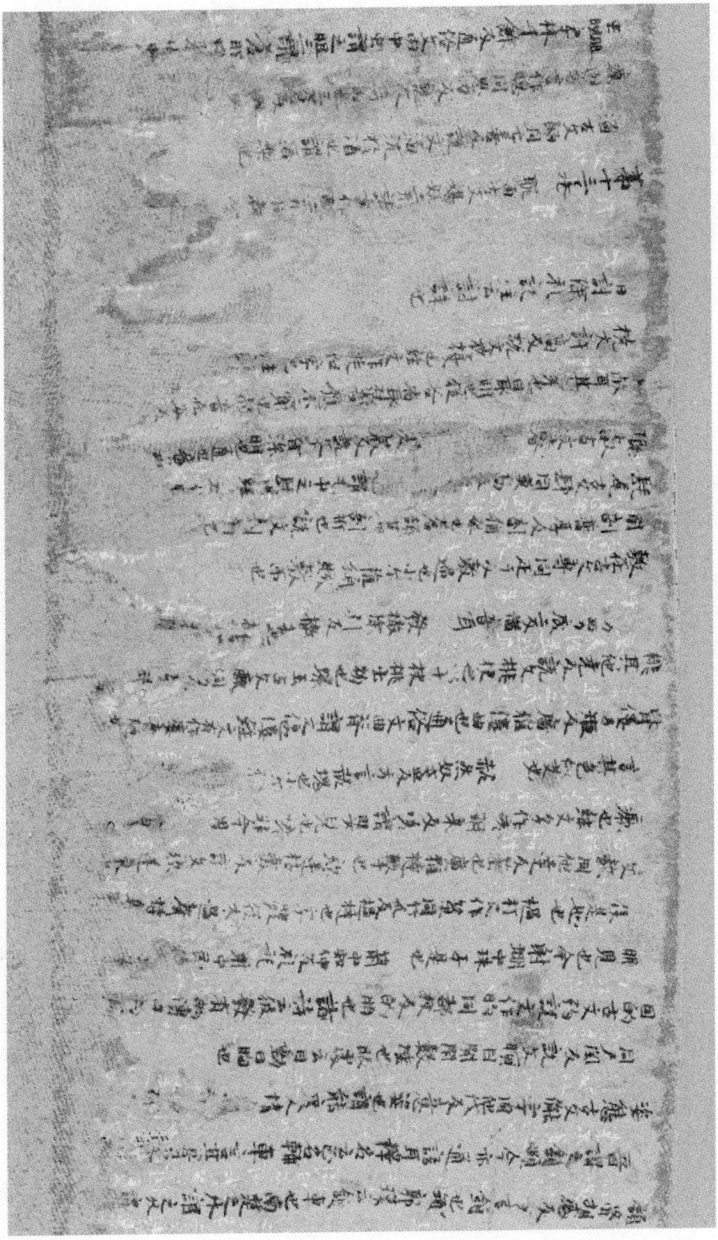

伯三〇九五背《一切經音義》圖版（四）

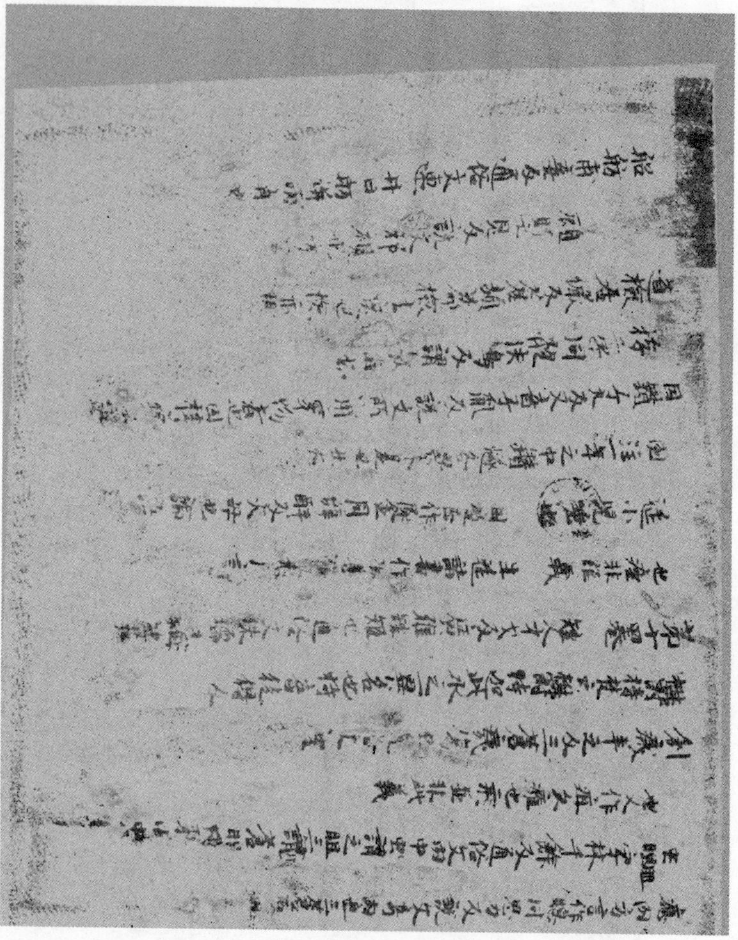

伯三〇九五背《一切經音義》圖版（五）

一至十、四十係影印《高麗藏》本，卷十一至三十九係影印《金藏》廣勝寺本），文中簡稱經本。另俄弗二三〇號玄應《一切經音義》卷二亦有《大般涅槃經》第十至第十四卷音義的節抄，部分内容與本卷重合，因亦取以比勘（簡稱『俄弗二三〇號』）。鑒於本卷《寶藏》、《法藏》影印本均模糊不清，附經過技術處理的黑白照片於前，另附彩色照片於全書之首，以供同好觀覽。

（前缺）

月蝕，神職反，《周易》云：月盈即蝕。《釋名》云：日月虧（虧）曰蝕。▨▨▨▨（稍稍侵虧），如▨□▨（虫食草）木葉也。《漢書》云『日月薄蝕』，韋昭曰：氣往迫之曰薄，虧（虧）毁曰蝕也。[一]

彗星，蘇醉反，《字林》囚芮反，《釋名》云：彗星，星光稍稍似慧（彗）也。《尒疋》彗星欃槍，孫炎曰：妖星也。四曰慧（彗）。郭璞曰：亦謂之索（孛）。《釋名》云：言其▨▨□似掃慧（彗）也。欃音叉銜反，槍叉行反。[二]

第九卷

廝下，又作㒋，同，思移反，《廣疋》：廝謂命使也。《字書》：廝，役也。謂賤役者也。《漢書》『廝輿之卒』，張晏曰：『廝，微也。』韋昭曰：『析薪曰廝，炊烹曰養。』

怖遽，渠庶反，《廣雅》：遽，畏懼也。疾急也。經文有作懅，書史所▨（無），唯郭璞注《尒疋·釋言》中『淩，懅也』作此字，二形通用。[三]

咄善，《字林》丁兀反，《説文》：咄，相謂也。《字書》：咄，叱也。

蜜（密）緻，又作▨（縺），同，馳□□（致反），▨（緻）亦蜜（密）也。[四]

欝烝，於物反，《尔疋》：欝，氣也。李巡曰：欝，盛氣也。烝，之媵反，《説文》：烝，火氣上行也。〔五〕

乳哺，蒲路反，哺，含食也，謂口中嚼食也。經文作餔字，與哺同，補胡反，謂申時食也。〔六〕

創皰，古文戧、刄（刅）二形，同，楚良反，《説文》：創，傷也。經文［作］瘡，近字耳。又音□□□▨（楚恨反，創）始也，非今所取。皰，又作靤，同，輔孝反，《説文》：皰，面生氣也。經文作疱，俗▨□（字耳）。〔七〕

⿸疒帶下，［又］作⿰月帶，《字林》同，竹世反，⿸疒帶，赤利也。関中多音滯，《三蒼》：⿸疒帶，下病也。《釋名》云：下重而赤白曰⿸疒帶，言厲⿰月帶而難差也。經［文作］蜇字，与蛆同，知列反，虫螫也；又作哲，了也，智也，二形並非經旨。〔八〕

著後，中庶反，著之言處也。《廣疋》：著，補［　　］（也。亦立也）。〔九〕

第十養（卷）

祠礼（祀），徐理反，祭無已也，謂年常祭祀潔▨▨▨□（敬無已也）。▨［　　　］（《尒疋》『祭祀也』舍）人曰：祀，地祭。《礼記》：王爲群姓立七祀，諸侯五祀，大夫三祀，士二祀，庶人一祀，或竈。鄭玄曰：此［非］大神所祈大事者，小神居民間，伺小過、作譴告者也。〔一〇〕

輕躁，又［作］趮，同，子到反。《周易》震爲躁。躁猶動也；躁，擾也。《論語》曰：［言］未□□（及而）言謂之躁。鄭玄曰：謂不安静也。〔一一〕

口爽，敗也。楚人名羮敗曰爽。〔一二〕

肴饌，又作籑，同，士眷反，《説文》：饌，具飲食也。〔一三〕。

悵怏，於亮反，《説文》：怏，心不服也。《蒼頡篇》：怏，懟也。〔一四〕。

唐捐(捐)，徒郎、以專反，案：唐，徒也；徒，空也。《説文》：捐(捐)，棄也。〔一五〕

怡悦，古文嬰同，弋之反，《尔雅》：怡，樂也。《方言》：怡，喜也。《説文》：怡，和也。

姝太(大)，充朱反，《説文》：姝，好也。色美。《方言》：趙魏燕代之間謂好▨(爲)姝。〔一六〕

瓌異，又作傀，同，古回反，傀，美也。《方言》：傀，盛也。《説文》：傀，偉也；偉，奇也。《廣雅》：傀偉，奇玩也。〔一七〕

溉灌，哥賚反，《説文》：溉，灌也。謂灌注也。

診之，《説文》丈刃反，診視之也。《三蒼》：診，候也。《聲類》：診，驗也。〔一八〕

恕己，尸預反，《蒼頡篇》：恕，如也。《聲類》：以心度物曰恕。〔一九〕

綜習，子宋反，《三蒼》：綜，理經也。謂機縷持絲文者。屈繩制經，令得開合也。〔二〇〕

羸瘠，古文㾪、𤵸、膌三形，同，才亦反，《説文》：膌，瘦也。

第十一卷

習習，經文從疒作瘤，書无此字，近人加之耳。〔二一〕

噦噎，於越反，《説文》：噦，氣悟(啎)也。《通俗文》：氣逆曰噦。〔二二〕

痳瀝，力金反，《聲類》：痳，▨(小)便數也。經文作淋，《説文》水沃也。《廣疋》：淋，漬也。淋非此用。〔二三〕

懟恨，古文譵，《字林》同，丈淚反，《尔疋》：懟，怨也。〔二四〕

欠㰦，又作呿，同，丘庶反，《通俗文》：張口運氣謂之㰦。〔二五〕

不御，魚據反，御，侍▨(也)，▨(進)也。《廣疋》：御，使也。〔二六〕

蟠龍，蒲寒反，《方言》：未升天龍謂之蟠龍。《廣疋》：蟠，曲也。▨▨(蟠，委)也。經文有[作]

槃，古字通用也。〔二七〕

劈裂，匹狄反，《説文》：劈，破也。《廣疋》：劈，裂也。亦中分也。〔二八〕

麒麟，渠之、理真反，《公羊傳》：麒麟，仁獸也。《説文》：麕身牛尾，一角，頭有□（肉）。▨（經）文作騏，《説文》馬文如綦文，驎，力▨（振）反，《尔雅》白馬黑脣曰驎，二形並非▨▨（字義）。〔二九〕

僧坊，甫房反，《字林》：坊，別屋也。

脫能，吐活、他外反，《廣雅》：脫，可也。脫，尔也。▨□□▨▨（謂不定之辭）也。〔三〇〕

坐肆，相利反，肆，陳也，陳物處也；肆，列也，謂列其貨賄於市也。

氍毹，渠俱反，下山于反，《通俗文》：織毛蓐曰氍毹，細者謂之毾㲪。經文▨▨▨▨（作氀，力于反，氀，毾也，氀非字體。〔三一〕

毾㲪，他盍反，《釋名》云：施之大牀前小榻上，所以□▨▨（登上牀）者，㠯（因）以爲名焉。〔三二〕

䩸衣，《三蒼》而用反，《説文》：䩸，鞌毳飾也。或作毧，而容反，謂古貝垂毛也。或作毦，人志反，《廣雅》：毦毦，罽（罽）也。織毛曰罽（罽）。三形通取，於義無□□□（失。經文）作茸，而容反，《説文》：茸，草茸也。茸非此義。〔三三〕

疌子，姊葉反，案《字詁》交疌，今作接，謂接木之子也。經律中疌種子是也。《大威德經》中作接子，故南經本皆作接字，但舊譯本中接多作疌，如上文中節頭相疌是也。字體從又作（從）止、中聲。經文從聿作疌，非體也。又音才妾反，《説文》云：疌，疾也。非今所取。今有經本改作疐子，音都計反，取《尔雅》棗李▨▨（曰疐）之、削瓜者疐之爲證，此乃並是治擇之名，非言種也。故鄭玄▨（注）《礼》云：疐謂▨□▨（横去其）疐也。又檢諸經律中，並無疐種，宜從

初讀爲正。〔三四〕

丹枕，案天竺無木枕，皆以赤皮疊布爲枕，貯以兜羅綿及毛，▨□（枕而且倚，丹）言其赤色也。〔三五〕

六簿，《說文》：局戲（戲），六箸十二棊也，古者烏▨□之棊，或謂之曲道，吳楚之間或謂之箭，或謂之博（簿）。［博（簿）］亦箸名也。〔三六〕

拍毱，古文鞠，今作鞠，《字林》巨六反，郭璞注《三蒼》云：毛丸可蹋戲（戲）者曰▨（鞠）。□□□（蹋鞠，兵）勢也。起戰国時，託云黃帝。〔三七〕

擲石，案《漢書》，甘延壽投石▨▨（拔距），□（張晏注云）：飛石重十二斤，爲機發，行三百步。延壽有力，能以手投之也。〔三八〕

卜筮，時世反。《礼記》：龜爲卜，蓍爲筮。卜筮者，所以決嫌疑、定猶豫，疑□（即筮之。字）體從竹從巫。筮者揲蓍取卦，折竹爲爻，故字從竹也，揲音食列、□（余列二反）。〔三九〕

遍耳，經文有作身字，恐傳寫誤也。〔四〇〕

第十二卷

腦胲，依字《說文》古才反，足大指也，恐非今用。案字義宜作□（解，胡賣）反，謂腦解也。按无上依經，解，卅二中二，如來頂骨无解是也。▨▨（諸經）□（中作頂骨堅實），同一義也。或古字耳。〔四一〕

腨骨，或作踌，同，時兖反。▨□▨（《說文》：腨，腓腸也。字從肉，耑聲）。〔四二〕

柱髀，古文踔，同，蒲米反，北人行此音；又必尔反，江▨□□▨（南行此音。《釋名》）：髀，卑

也，在下稱也。經文作跓脞二形，此並俗字，非其體。〔四三〕

髖骨，或作臗，同，口丸反，《埤蒼》：臗，尻也，《説文》：髖，髀上也。〔四四〕

頷骨，胡感反，《方言》：頷，頤也。郭璞云：頷，車也，南楚之外謂之外▨□晉謂之頷頤，今亦通語耳。《釋名》云：正名輔車，言其骨▨▨▨▨□。〔四五〕

姿態，古文能字，同，他代反，意姿也，謂能度人情皃也。〔四六〕

▨▨▨▨（視瞚，《列子》）□同，尸閏反，《説文》：瞚，目開閈數揺也。服虔云：目動曰眴也。〔四七〕

曰（因）的，古文弔，《説文》作的，同，都狄反，的，明也。《詩》云『彼發有的』，傳曰：的，▨□（射質也。謂的然）明見也。今射堋中珠子是也。〔四八〕

箭中，知仲反。《礼記》：射中即得▨▨□（爲諸侯，不中不得爲諸）侯是也。〔四九〕

檛朾，又作簻，同，竹爪反，檛，撻也。字體從木、過聲。〔五〇〕

楚▨（撻），▨□（楚，一名荆也。撻，古）文教（𢾾），同，他達反，箠也。《廣雅》：撻，擊也。〔五一〕

欬逆，枯戴反，《説文》：欬，逆氣也。□（《字林》云：欬），瘷也。經文多作咳，胡來反，咳謂嬰兒也，咳非今用。〔五二〕

▨（艾）白，▨▨□（五蓋反，《尒雅》云：艾，冰臺），言其色似艾也。〔五三〕

赧然，奴盞反，《方言》：赧，塊（愧）也。《小尒雅》云：▨▨▨▨（面愧曰赧）。□（《説文》云：赧，面慙赤也）。〔五四〕

背僂，力矩反，《廣雅》：僂，曲也。《通俗文》：曲脊謂之傴僂。經文有作瘻，音陋，▨□（瘻非

字義）。〔五五〕

挑其，他堯反，《説文》：挑，抉也。以手抉挑出物也。〔五六〕

螺王，古文蠃，同，力▨▨▨▨▨□（戈反，螺，蚌也。經文作蠡），力西、力底二反，借音耳。〔五七〕

發撤，除列反，撤，去也。▨▨▨▨▨□（撤，壞也；撤，除也）。〔五八〕

敷在，古文尃（旉），同，匹于反，敷，遍也。《小尔雅》：頒、賦、敷，布也。〔五九〕

開剖，普厚反，剖猶破也。《蒼頡篇》：剖，析也。《説文》：剖，判也。

毷尾，古文髳，同，莫高反，▨▨▨□▨（《説文》：毷，髮也），謂毛中之毷也。經▨▨▨□（文作騣，子公反）。〔六〇〕

聰叡，古文睿，▨□□▨▨（籀文作叡，同），夷歲反，《説文》：睿，深明也，通也。《廣▨（雅）》：□□□□□（睿，智也。字從）𣦼，耳（取）其穿也；目取明也；從谷省，取響應不窮也。𣦼音在安反。〔六一〕

撓大，許高反，《説文》：撓，擾也。經文作托，俗字也。〔六二〕

往討，□（古文訨，同，恥老反，《漢書音義》）曰：討，除。《礼記注》云：討，誅也。〔六三〕

第十三卷

眈（耽）湎，古文媅、妉二形，諸書作酖（酖）、［沈］二形，同，都含反，□（《説文》：媅，樂也。《國語》云：耽，嗜也）。湎，古文䤄，同，亡善反，《説文》：湎，沈於酒也。謂酒樂也。〔六四〕

瘜肉，《方言》作腮，同，思力反，《説文》奇肉也，《三蒼》惡肉▨（也）。〔六五〕

虫胆，《字林》千餘反，《通俗文》：肉中虫謂之胆。《三蒼》：胆，蝇乳肉中▨（也）。▨□（經

文作蛆，子余反，唧蛆）也；又作疽，久瘫也，二形並非此義。〔六六〕

創痍，羊之反，《三蒼》：痍，傷也。▨▨▨▨（《通俗文》：體）□（創曰痍，頭創曰瘍。《左傳》曰：生瘍於頭）。〔六七〕

欝特，梵云欝特迦，此水之一異名也。特音徒得反。〔六八〕

第十四卷

矬人，才戈反，《廣雅》：矬，短也。《通俗文》：侏儒曰▨（矬）。▨（經）□（文作痤，《說文》小腫）也，痤非經義。〔六九〕

生涎，諸書作▨▨▨（次、㳄、㵪）三形，▨（同），▨□（詳延反，《字林》慕欲口液；《三蒼》作涎，小兒唾也）。〔七〇〕

曰（因）燧，正作鐆，同，辝醉反，火母也。《論語》▨□（『鑽燧改火』孔安）國注：一年之中鑽燧各異木。是也。《廿▨（世本）》□（曰：造火者燧人，因以爲名）。〔七一〕

曰（因）鑽，子丸反，又音子亂反，《說文》所以用穿物者也。

曰（因）桴，▨▨□（案《詔定古文官書》，枹）、桴二字同體，扶鳩反，謂鼓椎也。〔七二〕

道檢，居儼反，《蒼頡篇》：檢，法度也。檢亦▨□（攝也）。〔七三〕

頋眄（顧眄），亡見反，《說文》邪視也。《方言》：□（自關而西秦晉之間曰眄）。〔七四〕

船舫，甫妾（妄）反，《通俗文》連舟曰舫，併兩舟也。

（後缺）

【校記】

〔一〕注文『稍稍侵虧』四字底卷存左側部分殘畫，『虫』字存上部殘畫，其下一字殘缺，『草』字存左下部殘畫，兹據刊本擬補。諸『飾』字刻本皆作『蝕』，省形字；《周易》、《釋名》、《漢書》今本皆作『食』，『食』爲古通用字。

〔二〕注文所引《釋名》今本作『彗星，光稍似彗也』。孛星，星旁氣孛孛然也』，兹據校『慧』字。『言其』下底卷約殘缺三字，其中前一字存左上部殘畫，其下一字僅存殘畫，後一字殘缺；考《爾雅·釋天》『彗星爲欃槍』郭璞注：『亦謂之孛，言其形孛孛似掃彗。』據此，底卷郭注『索』當是『孛』字之誤，其下的『《釋名》云』三字疑爲衍文當删，『言其』下所缺疑爲『形孛孛』三字（比照上文『孛』誤作『索』之例，『孛孛』底卷亦有可能誤作『索索』）。

〔三〕注文『無』字底卷僅存右側殘畫，兹據刻本擬補。又『淩懔也』刻本作『陵懔也』，按《爾雅·釋言》『淩，慄也』郭璞注：『淩，懔，戰慄。』則底卷『淩』字是。又『二形通用』下底卷殘泐，刻本末有『也』字，不知底卷有無此字。

〔四〕詞目及注文二『蜜』字刻本皆作『密』，兹據校。注文『縺』字、『緻』字底卷皆存左部糹旁，『致反』二字殘缺，兹皆據刻本擬補。

〔五〕詞目『欝』字底卷注文前引同，後引作『欝』，刻本皆作『鬱』，後者爲正字。

〔六〕注文『補胡反』刻本作『博胡反』，紐同。末『也』字刻本無。

〔七〕注文『刄』字《磧砂藏》本略同，兹據《叢書集成初編》本校正，《説文》以『創』爲『刅』字或體。又『瘡』字前的『作』字底卷脱，『又音』下底卷殘缺約四字，其中後一字存下部殘畫；『俗』下底卷殘缺一或二字，其中前一字殘畫依稀可見，刻本末句作『猶俗字耳』，『猶』字似衍，底卷『俗』下所缺或爲『字耳』二字，故一併據刻本擬補如上。

〔八〕注文『作髆』前的『又』字、『蜇字』前的『文作』二字底卷無，兹據刻本擬補。又『赤利也』《磧砂藏》本同，《叢書集成初編》本作『赤利病也』，『病』字似爲傳刻者臆增，玄應《音義》卷一七《舍利弗阿毗曇論》第十四卷音義「⿸疒帝下」條引《字林》「⿸疒帝」字亦釋作「赤利也」可證。又所引《釋名》「⿸疒帝」字今本《釋名》作「⿰月帝」，「難差」今本《釋名》無「差」字，玄應《音義》卷一七《舍利弗阿毗曇論》第十四卷音義引有「差」字，似以有「差」者義長。又「蜇」字上部刻本作「抵」，誤。

〔九〕注文「補」下至行末底卷殘缺約可抄六字的空間，茲據《叢書集成初編》本擬補「也亦立也」四字（《磧砂藏》本無末「也」字）。

〔一〇〕詞目「礼」字據刻本校。注文「敬」字底卷存左半，其下「無」字存左上部不太明晰的筆畫，「已」字存殘畫，「已」下一字殘缺，「尒」字存一豎畫，「尒」下至行末約殘缺五字，茲參刻本擬補如上（「尒疋」《磧砂藏》本作「尒雅」，《叢書集成初編》本作「爾雅」）。

〔一一〕注文「作」字底卷脱，茲據刻本及俄弗二三〇號補。又「非」字底卷脱，茲據刻本及今本《禮記》鄭玄注擬補。又「未」字前的「言」字底卷脱，「未」下底卷約缺二字，茲據刻本擬補如上，今本《論語·季氏》作「言未及之而言謂之躁」，可參。

〔一二〕注文「敗也」前俄弗二三〇號有「所兩反爽」四字（刻本「所」字誤作「計」），疑底卷脱。又注文末刻本有一「也」字。又「羙」字刻本作「美」，就字形而言，「羙」即「美」的常見俗字，但文中「羙」與「美」應皆爲「羹」字俗訛。《楚辭·招魂》「厲而不爽些」王逸注：「爽，敗也。楚人名羹敗曰爽。」可證。

〔一三〕注文「具飲食」刻本作「具美食」，慧琳《音義》引及今本《説文》作「具食」。

〔一四〕注文所引今本《説文》作「怏，不服[也]，懟也」（「也」字據段玉裁注本增）。

〔一五〕注文「徒郎」後刻本有「反」字（《叢書集成初編》本「以專反」前又有一「下」字）。

〔一六〕詞目「太」字據刻本校。注文「充朱反」俄弗二三〇號同，刻本作「充珠反」，音同。又「色美」下刻本有一「也」字。又「爲」字底卷僅存左部殘畫，茲據刻本擬補。

〔一七〕注文所引今本《廣雅·釋訓》作「瑰瑋，琦玩也」。

〔一八〕注文「丈刃反」刻本作「之忍反」，「診」字《廣韻》上聲軫韻音章忍切，去聲震韻又有「直刃切」一讀，分別與

『之忍反』、『丈刃反』同音。

〔一九〕注文末刻本有『也』字，俄弗二三〇號無。

〔二〇〕注文『持絲文者』俄弗二三〇號同，刻本作『持絲交者』，慧林《音義》作『持絲文』，慧琳《音義》卷二四『綜』字釋『機縷持絲文交者也』，同書卷一四、二九、五四、六五又釋作『機縷持絲交者』，疑『文』爲『交』字之訛。又『繩』字刻本同，慧琳《音義》作『緯』，似以『緯』字義長。

〔二一〕習習，斯二七九九、三三一六號、北六三四六號（珠五五）等經本有『膚體瘤瘤』句，與玄應所見經本合。注文末『耳』字俄弗二三〇號同，刻本無此字，疑爲雙行對齊而刪。

〔二二〕注文『悟』字據《叢書集成初編》本及今本《説文》校（《磧砂藏》本左部訛作扌）。注文末刻本有『也』字，俄弗二三〇號無，刻本『也』字疑爲雙行對齊而添。

〔二三〕注文『小』字底卷僅存殘畫，兹據刻本及俄弗二三〇號擬補。注文末刻本有『也』字，俄弗二三〇號無。斯二七九九、三三一六號、北六三四六號等經本有『小便淋瀝』句，與玄應所見經本合。

〔二四〕注文『丈淚反』俄弗二三〇號同，刻本作『大淚反』；『懟』字《廣韻・至韻》音直類切，與『丈淚反』同音，刻本『大』字當誤。

〔二五〕注文『謂之㰦』刻本作『謂之欠㰦也』，俄弗二三〇號作『也』一字；刻本『欠』字疑衍。

〔二六〕注文『也進』二字底卷存模糊不清的殘畫，兹據刻本及俄弗二三〇號擬補。

〔二七〕注文『升』字刻本作『昇』，『升』『昇』古今字。又『蟠委』的『蟠』字底卷存上部殘畫，『委』字存下部，兹據刻本擬補。又『作』字底卷脱，兹據刻本及俄弗二三〇號擬補。斯二七九九號、北六三四六號等經本有『蟠龍相結』句，其中的『蟠』字斯三三一六號經本作『槃』，與『有作』本合。

〔二八〕注文末『也』字刻本無，疑爲雙行對齊而刪。

〔二九〕注文『渠之』後刻本有『反』字；『理真反』刻本作『里真反』（《叢書集成初編》本『里真反』前又有一『下』

字）,紐同。又『一角』下底卷重出一『角』字,蓋衍,茲據刻本刪。『肉』字底卷殘缺,『經』字存左下部,『字義』二字存殘畫,並據刻本擬補。『振』字存上下部,茲據殘形擬定;『力振反』刻本作『力進反』,音同。『經文作騏』刻本同,俄弗二三〇號作『經文或作騏驎』,疑底卷及刻本『騏』下脱一『驎』字。又斯二七九九號、北六三四五號(寒二四)、六三四六號等經本有『亦非麒麟獨一之行』句,其中的『麒麟』斯三三一六號經本作『騏驎』,與玄應所見『或作』本合。

〔三〇〕注文『反』前刻本有一『二』字。又『謂』字底卷存上部,『不定』二字殘缺,『之』字存下部,『辭』字存右部,茲並據刻本擬補。末『也』字刻本無。

〔三一〕注文『織毛蓐』刻本作『織毛褥』,『蓐』古通『褥』。又『經文』之下四字底卷字形暗淡不清,茲據刻本擬補。『毴,毼也』的『毴』字右部底卷訛作『殳』,茲據刻本録正。注文末刻本有一『也』字。

〔三二〕注文『登』字底卷殘缺,『登』下二字字形暗淡不清,茲據刻本擬補。

〔三三〕注文『失經文』三字底卷殘缺,茲據刻本擬補。《金藏》廣勝寺本經文有『抅執毦衣』句,其中的『毦』字《磧砂藏》本作『鞋』,斯二七九九號、北六三四六號經本作『⿰茸毛』,斯三三一六號經本作『茸』,分別與玄應所稱引各本合。

〔三四〕注文『棗李』下的二字底卷字形暗淡不清,『鄭玄』下一字存殘畫,鄭注中『横』字存上部,『去』字殘缺,『其』字存下部,茲並據刻本擬補。又『宜從初讀爲正』刻本作『宜從初爲正也』,蓋脱一『讀』字。慧琳《音義》出『接子』條,稱經文有作『晝』者,可參。

〔三五〕注文『疊』字刻本作『氎』,『氎』爲後起本字。又『毛』下一字底卷存殘畫,其下至行末約缺四字空間,《磧砂藏》本作『枕西且倚丹』,《叢書集成初編》本誤作『枕西旦倚丹』,俄弗二三〇號作『枕而且倚也』(俄弗二三〇號無『丹言其赤色也』句),茲綜合各本擬補『枕而且倚丹』五字。

〔三六〕注文『烏』下一字底卷存上部殘畫,此殘字下至行末底卷約缺七字空間,刻本作『曹(冑)作博(簙)。《方言》云：博（簙）或謂』九字（『叀作博』從《説文》校，後一『博』字從《方言》校，下同），可據擬補。又所引《方言》今本作『秦晉之間謂之簙，吳楚之間或謂之蔽，或謂之箭裹，或謂之簙毒……或謂之棊……所以行棊謂之局，或謂之曲道』，玄應所引與原意有出入。又末句刻本作『博亦箸名也』，俄弗二三〇號作『簙亦箸名也』，兹據擬補『博（簙）』字。

〔三七〕注文『巨六反』俄弗二三〇號及慧琳《音義》同，刻本作『居六反』，紐有清濁之異。又後一『鞠』字下部底卷略有殘泐，『鞠』下至行末約缺三字空間，兹據刻本擬補如上。『兵勢也』以下刻本作『所以陳武士，簡才力也。劉向《别録》曰蹵鞠也。《新書》二十五篇傳云黄帝所作，曰或（《磧砂藏》本如此，《叢書集成初編》本作『或曰』）起戰國時，記云黄帝也』，底卷當有脱漏，刻本『記』則當爲『託』字之訛。

〔三八〕注文『拔距』二字底卷筆畫暗淡不清，兹據刻本擬補；其下至行末底卷約殘缺四字空間，兹據刻本擬補『張晏注云』四字。

〔三九〕底卷注文『故疑』下至行末約殘缺四字空間，兹據刻本擬補『即筮之字』四字；『食列』下至行末殘缺四至五字的空間，兹據刻本擬補『余列二反』四字。

〔四〇〕注文『誤』下刻本有一『意』字，蓋衍文。斯二七九九號、北六三四五號經本有『寧以鐵錐遍耳攙刺』句，其中的『耳』字斯三三一六號、北六三四四、六三四六號經本作『身』，與玄應所見『有作』本同。

〔四一〕本條『𦡀』字刻本皆作『腦』，『腦』爲正字。又注文『宜作』下至行末底卷約殘缺可抄四字的空間，兹據刻本擬補『解胡賣』三字。『諸經』二字底卷字形暗淡不清，兹據刻本擬補。『諸經』之下至行末、次行『同一義也』之上底卷各殘缺約三至四字，兹據刻本擬補『中作頂骨堅實』六字。又『卅二中二』刻本作『卅二相中二』，俄弗二三〇號作『卅二相中之二也』，底卷疑脱一『相』字。

〔四二〕注文『反』下一字底卷存上部殘畫，其下至行末約殘缺五字，次行上部殘缺約四字，末字存下部殘畫，兹據刻本擬補『《説文》腨腓腸也字從肉耑聲』十一字。

〔四三〕 注文「江」下一字底卷存左上部殘畫，其下至行末約殘缺三字空間，次行首字殘缺，第二字存左下部，兹據刻本擬補「南行此音《釋名》」六字。又「經文作跓胜二形」俄弗二三〇號略同（「作」前多一「或」字），刻本作「經文作胜、脾」。「髀」字斯四七八、五六一號及《金藏》本經文皆作「胜」，與玄應所見經本合。「非其體」俄弗二三〇號同，刻本作「非體也」。

〔四四〕 髖骨，今見經本多作「臗骨」，與「或作」本合。

〔四五〕 注文後一「外」字刻本無，疑爲衍文當删。此「外」下一字底卷存上部，此殘字下至行末底卷約殘缺四至五字空間，刻本「南楚之外謂之」與「晉」之間僅「頷秦」二字，可備擬補。又「骨」下底卷有四殘字，但僅見模糊不清的筆畫，此四殘字下至行末底卷約可抄三字，刻本「言其骨」下作「强所以輔持口也。《左傳》云：輔車相依」十四字，疑底卷無「左傳」以下七字。

〔四六〕 姿態，俄弗二三〇號及慧琳《音義》同，刻本誤作「恣態」；注文「意姿也」慧琳《音義》同（俄弗二三〇號無此三字），刻本作「恣姿也」，亦誤；斯四七八、六五一、四四二五、四八六九號、北六三五〇號（金五一）及《金藏》本經文皆作「姿態」可證，斯六九三號經本作「恣態」，「恣」乃「姿」字之誤。又「古文㑷字，同」刻本作「古文能，《字林》同」，「林」字疑爲衍文。又「能」字慧琳《音義》同，刻本作「㑷」，亦誤。

〔四七〕 「視瞚，《列子》」四字底卷字形不太明晰，兹參刻本擬補。此四字之下至行末底卷約殘缺三字左右空間，刻本作「作瞬，《通俗文》作眴」七字，底卷所殘空間似難以容納這麼多的字數，或底卷本身有節略。今見經本皆作「視瞬」。又所引《説文》「目開閇數摇也」《磧砂藏》本同，《叢書集成初編》本作「目開闔數摇也」，今本《説文》作「開闔目數摇也」；按玄應《音義》卷三《光讚般若經》第四卷「不瞚」條、卷一八《鞞婆沙阿毘曇論》第十四卷「不眴」條、卷二二《瑜伽師地論》第三卷「有瞚」條、卷二五《阿毗達磨順正理論》第三十卷「數瞚」條引《説文》「瞚」字皆釋作「目開閉數摇也」，上例「開閇（閉）」《叢書集成初編》本作「開闔」，疑爲刻者據今本《説文》臆改；今本《説文》「目」字在「開闔」後，疑亦有誤。

〔四八〕注文『弜』字和《説文》作『旳』的『旳』字刻本皆訛作『的』。所引毛傳『的』下一字底卷字形不太明晰，此字下至行末殘缺約五字空間，茲據刻本擬補『射質也謂的然』六字。所引《詩》在《小雅・賓之初筵》，今本作『發彼有的』。

〔四九〕注文『即得』下二字底卷存不太明晰的筆畫，此二字下至行末底卷殘缺約五字空間，茲據刻本擬補『爲諸侯不中不得爲諸』九字。又『是也』刻本作『者是』。

〔五〇〕檛朾，刻本作『檛打』，今見經本多作『撾打』，亦有作『檛打』的，『撾』『打』爲後起俗字。

〔五一〕詞目『撻』字底卷右部殘泐，茲據刻本擬補。注文首字底卷存模糊不清的筆畫，其下至行末殘缺約四至五字的空間，茲據刻本擬補『楚一名荊也撻古』七字。又『教』字據《磧砂藏》本校正。

〔五二〕注文『枯戴反』刻本『枯載反』，音同。又『逆氣也』下至行末底卷殘缺約四至五字的空間，茲據刻本擬補『《字林》云欬』四字。

〔五三〕詞目『艾』字底卷存下部殘畫，茲參刻本擬補。注文首二字存右側殘畫，此二殘字下至行末底卷殘缺約五字的空間，茲姑據刻本擬補『五蓋反《介雅》云艾冰臺』九字。

〔五四〕注文『塊』字據刻本校。又『面愧曰赧』四字底卷暗淡不清，茲據刻本擬補。此四字下至行末底卷殘缺約七至八字的空間，茲據刻本擬補『《説文》云赧面慙赤也』八字。

〔五五〕背僂，斯四七八、五六一號等經本同，斯六九三、四八六九號等經本作『背瘻』，與『有作』本合。注文『音陋』下一字底卷存左上部，此殘字下至行末殘缺約四字的空間，茲據刻本擬補『瘻非字義』四字。

〔五六〕注文末『也』字刻本無。

〔五七〕注文前一『力』下五字底卷存右側殘畫，此五殘字下至行末底卷殘缺約四字的空間，茲據刻本擬補『戈反螺蚌也經文作蚤』九字。斯四七八、六九三、四八六九號經本及《金藏》本經文相應位置有『蠡王』一詞，『蚤』即『蠡』字俗省，『蠡』又爲『蠡』字俗省，『蠡』『蠃』古通用（『蠃』『螺』古今字）。

〔五八〕注文『撤壞』二字底卷中部有殘泐，其下『也』字存上部殘畫，『撤除』二字前字存左部扌，後字右部略有殘泐，茲參刻本擬補；『撤除』下至行末底卷殘缺約七字的空間，但刻本相應位置僅有一『也』字，故據擬補一缺字符，并定作『也』字。

〔五九〕注文『専』字據刻本校。又『小尔雅』刻本作『小也尒雅』，『頒』字刻本作『須』，皆誤；『頒、賦、敷，布也』見《小爾雅・廣詁》。

〔六〇〕本條『毦』字刻本皆作『髦』，斯六九三、四八六九號經本有『馬寶其色紺炎，毦尾金色』等句，其中的『毦』字斯四七八、五六一號等經本作『髦』，『毦』即『髦』字俗省。注文『《説文》毦』三字底卷存右部殘畫（其中『毦』右部的『毛』依稀可辨），其下一字殘缺，『也』字上部略有殘泐，茲並參刻本擬補。又『經』下前三字底卷存殘畫，此三殘字下至行末底卷殘缺約七字的空間，茲據刻本擬補『文作駿，子公反』六字。

〔六一〕『聪』字俄弗二三〇號同，《磧砂藏》本作『聦』，《叢書集成初編》本作『聰』，爲一字之異。注文『籀』字底卷存左側及右上側殘畫，其下約殘缺二字，『同』字右上部略殘，『同』上一字存左側殘畫；又『雅』字下部略有殘泐，『雅』下至行末底卷殘缺約五字，茲參刻本擬補如上。又『耳』字從刻本校（『取明』的『取』字刻本則誤作『耳』）。『説文』二字及『省』字刻本脱。

〔六二〕撓大，斯四七八、五六一號等經本有『即以兩手撓大海水』句，其中的『撓』字斯六九三、四八六九號等經本作『托』，與『有作』本合。

〔六三〕『往討』下至行末底卷殘缺十字左右的空間，茲據刻本擬補『古文訓同恥老反《漢書音義》』十一字。又注文『除』後刻本有一『也』字，較善。

〔六四〕注文『沈』字底卷脱，茲據俄弗二三〇號及刻本擬補（刻本作『沉』，俗字）；『諸書作酖、沈二形』句慧琳《音義》作『諸字書作酖、耽二體』，據後『都含反』的讀音，疑以慧琳《音義》所作爲長。又『都含反』下至行末底卷殘缺十字左右的空間，茲據刻本擬補『《説文》媅樂也《國語》云耽嗜也』十一字。『亡善反』俄弗二三

○號同，刻本作『弥兗反』，音同。注文末『也』字刻本無，疑爲雙行對齊而删。

〔六五〕注文末『也』字底卷存模糊不清的筆畫，兹據刻本擬補。

〔六六〕虫胆，《磧砂藏》本同，《叢書集成初編》本作『蟲胆』，『虫』同『蟲』；注文『虫』字同。注文『千餘反』俄弗二三○號同，刻本作『千余反』，音同。『蠅乳肉中』下的『也』字底卷存上部殘畫，其下『經』字存左部，兹據刻本擬補。『經』下至行末底卷殘缺約七字空間，兹姑據刻本擬補『文作蛆子余反唧蛆』八字，俄弗二三○號作『□有作蛆，蛆，子餘反，即唧蛆』十一字。

〔六七〕注文『《通俗文》體』四字底卷左部略有殘泐，兹參俄弗二三○號及刻本擬補。『體』下至行末底卷殘缺約十五字空間，其中前六、七字隱約可見部分殘畫，刻本作『創曰痍，頭創曰瘍。《左傳》曰：生瘍於頭』十四字；俄弗二三○號無後七字，有節略。

〔六八〕『欝』字《磧砂藏》本作『欝』，《叢書集成初編》本作『鬱』，後者爲正字。注文『梵云』俄弗二三○號同，刻本作『梵音』，『音』字殆誤。

〔六九〕注文『曰』下『矬經』二字底卷字形不太明晰，兹參刻本擬補。『經』下至行末底卷殘缺約八字空間，兹據刻本擬補『文作痤，《説文》小腫』七字。

〔七〇〕注文『諸書作』下三字及『同』『詳』二字底卷右部有殘泐，兹參俄弗二三○號擬補；其中『況』字刻本誤作『泹』。『詳』下至行末底卷殘缺約八字空間，兹據刻本擬補『延反《字林》慕欲口液《三蒼》作』十一字。

〔七一〕注文『論語』下至行末底卷殘缺約八字空間，其中前一字隱約可見殘畫，刻本作『鑽燧改火孔安』六字，兹據刻本擬補。又『丗』爲『世』的避唐諱缺筆字，『本』字下部底卷略有殘泐，兹據刻本擬補。『本』下至行末底卷殘缺約十四字空間，俄弗二三○號作『曰：造火者曰燧人，因以爲名也』十一字，刻本作『曰：造火者燧人，因以爲名』九字，兹姑從刻本擬補。

〔七二〕注文『案』字底卷中部略有殘泐，『詔』字右部略有殘泐，『詔』下至行末底卷殘缺約七字空間，兹據刻本擬補「案《詔定古文官書》枹」八字，俄弗二三〇號「案」作「按」，「枹」與下「桴」字先後互倒。

〔七三〕注文「攝」字下部殘泐，其下至行末底卷殘缺約十三字空間，刻本作「也」一字，兹據刻本擬補「攝也」二字。

〔七四〕注文「亡見反」俄弗二三〇號同，刻本作「忙見反」，音同。「方言」下至行末底卷殘缺約十三字空間，兹據刻本擬補「自關而西秦晉之間曰眄」十字。

一切經音義（五）（卷二）

俄弗二三〇

【題解】

本件底卷編號爲俄弗二三〇。首殘，所存爲玄應《音義》卷二《大般涅槃經》第十至四十卷音義，末署《一切經音義》卷第二。其中第十至十九卷序數後不標『卷』字，每卷下條與條接抄不分，詞目用大字，注文單行小字，與傳世刻本玄應《音義》相比，注文較爲簡略，似屬節鈔性質，但偶亦有增繁之處（個別條目注文底卷有旁注增補的內容，刻本未見，參看注〔九三〕、〔九四〕、〔一〇二〕，第廿卷後没有這種情況），注文用語亦有改動（如第十二至十九卷改『古文』爲『古作』，參看校記〔三九〕）。其間『世』字寫作『廿』，『眠』字寫作『眂』，似避唐諱。但第十九卷『判』字音『普旦反』，『旦』字不缺避（唐睿宗名旦）。第廿卷至第四十卷序數後標『卷』字，字體與前面部分不同，爲另一人所抄。所釋詞條每條提行，注文換行時通常低一格接抄（校録時改爲低二格），注文字體與詞目大小略同，注文內容與傳世刻本略同，可能較爲接近玄應書的原貌。其間『民』、『昬（昏）』、『婚（婚）』、『葉』、『治』等字皆不避諱。種種迹象顯示，本卷應是由兩份不同抄手不同時代抄寫的卷子粘合而成的（第十九卷和廿卷之間有接痕），前一部分（第十九卷前）約抄於唐睿宗登基之前，後一部分（第廿卷以下）則可能是以後所抄。石塚晴通曾對本卷前後部分的異同作過分析討論，他認爲前一部分是八世紀中期寫本，後一部分是敦煌吐蕃期寫本（《玄應〈一切經音義〉的西域寫本》，《敦煌研究》一九九二年第二期），可以參看。

張金泉《敦煌音義匯考》曾對本卷進行過初步校勘。兹據《俄藏》影印本録文。有關參校説明，請參看《一切經音義》（三）的『題解』。必要時，亦參考《中華大藏經》所載《大般涅槃經》經本（其中卷一至十、卷四十係影印《高麗藏》本，卷十一至三十九係影印《金藏》廣勝寺本），文中簡稱《金藏》本。另伯三〇九五號玄應《一切經音義》卷二亦有《大般涅槃經》第八至第十四卷音義，部分内容與本卷重合，因亦取以比勘（簡稱「伯三〇九五號」）。

第十〔一〕

輕躁又作趮，同，子▨▨▨▨（到反，躁，擾）動也。〔二〕 口爽所兩反，爽，敗也。〔三〕 肴饌又作籑，同，士眷反，《説文》云：饌，□▨食也。〔四〕。 悵怏於亮反，怏，心不伏也。〔五〕。 唐捐以專反，《説文》云：唐，徒也；徒，空也。 捐，弃也。〔六〕 怡悦古文嬰同，弋之反，《説文》云：怡，和也。 又喜也。〔七〕 姝大充朱反，姝，好也。〔八〕 瓌異又作傀，同，古回反，瓌，美也；傀，盛也。〔九〕。 溉灌上哥賴反。〔一〇〕 診之之刃反，《三蒼》云：診，候也。《聲類》：診，驗也。〔一一〕 □□（恕己）尸預反，以心度物曰恕。〔一二〕 綜習上子宋反，《三蒼》云：綜，理經也。 謂機縷持絲文者。〔一三〕 羸瘠古文作瘠、㾌、膌三形，同，才亦反，膌，瘦也。〔一四〕

第十一

習習經文作瘤瘤，无此字，近人加之耳。〔一五〕 噦噎於越反，《通俗文》云：氣逆曰噦。 痳瀝上力金反，小便數也。 經文作淋，淋，沃也，非此用。〔一六〕 懟恨古文作譵，同，丈淚反，懟，怨也。〔一七〕 欠呿又作呿，同，丘庶反，《通俗文》云：張口運氣也。〔一八〕 不御魚據反，御，侍也，進也。 蟠龍蒲寒反，蟠，屈也，未昇天龍謂之蟠龍。 經文有作槃，古字通。〔一九〕 劈裂上▨▨（匹狄）反，劈，裂、中分也。〔二〇〕 麒麟經文或作騏驎，騏驎，白馬黑脣也，非字義。〔二一〕 僧坊甫房反，坊，別▨（屋）也。〔二二〕 脱能上吐活反，脱，不定之辤也。〔二三〕 坐肆相利反，肆，陳也，列也，謂陳列貨賄於市也。 又肆者陳物處也。〔二四〕 氍毹上渠俱反，下山于反，織毛蓐也。 經▨（文）作氀，力于反，氀，毼也，氀非字體。〔二五〕 毾㲪上他合反，下音登，氍毹細者謂之▨▨（毾㲪）。〔二六〕 鞲衣《三蒼》云而用反，又而容反，《説文》云：鞲，毳飾也。 或作毦，而容反，謂古具（貝）垂毛也。 或作毦，人志反，織毛罽也。 三形通取，於義無失。 經文作茸，而容反，茸，草茸也。 非此義。〔二七〕 逮（疌）子姊業反，桉《字詁》，古作逮（疌），今作接，謂接木之子也。 舊譯本接多作逮（疌），如上文中節頭相接是也。 經文或作聿作疌，非體也。〔二八〕 丹枕天竺無木枕，皆以赤皮疊布爲枕，貯以兜羅綿及毛，枕而且倚也。〔二九〕 六簙《説文》云：局戲（戲），六箸十二棊也，古者烏曹作博。《方言》云：博或謂之棊，或謂之曲道，吴楚之間或謂之箭，或謂之簙。簙亦箸名也。〔三〇〕 拍毱古文作鞠，今作鞠，巨六反，鞠，毛丸可蹋戲（戲）者。〔三一〕 擲石謂以手投石也。〔三二〕 卜筮時廿（世）反。 遍耳攙刺經文有作遍身，誤也。〔三三〕

第十二

腦胲依字古才反，足大指也，恐非今用。按字義宜作解，胡賣反，謂腦解也。按无上依經云，解，卅二相中之二也。如來頂骨无解是也。諸經中作頂骨堅實，同一義也。胲或古解字也。〔三四〕 腨骨或作▨（蹲），同，時兗反。〔三五〕 拄髀古文作踋，同，蒲米反。上知主反。經文或作跓髀二形，▨（並）俗字，非其體。〔三六〕 髖骨上或作臗，同，口丸反，臗，尻也，一曰髀上也。〔三七〕 頷骨上胡感反。〔三八〕 姿態古作能，同，他代反。〔三九〕 視瞚又作瞬作▨（眴），同，尸閏反，目動曰眴。〔四〇〕 因的古作旳，《説文》作的，同，都狄反，的，明也。〔四一〕 箭中上知仲反。〔四二〕 撾打上又作簻，同，竹爪反，撾，撻也。〔四三〕 欬逆（逆）上枯▨（載）反，《説文》云：欬，逆（逆）氣也。《字林》云：欬，瘶也。經文多作咳，非今用。〔四四〕 艾白五盖反，《尔雅》云：艾，冰臺。言其色似艾也。 赧然上奴盞反，面慙赤也。〔四五〕 背僂力矩反，僂，曲也。曲脊曰傴僂。經文有作瘻，瘻音陋，非▨（字）義。〔四六〕 挑其上他堯反，手挑抉也。抉，烏玦反。〔四七〕 螺王古文作蠃，同，▨□（力戈）反，螺，蚌也。經文有作蠡，蠡，力底反，借音耳。〔四八〕 發撤除列反，撤，壞□（也）。〔四九〕 敷在古作尃，同，匹于反。〔五〇〕 毦尾古作毦，同，莫高反，謂毛中之毦也。經文有作駿，子公反。〔五一〕 聡叡古作睿，籀文作叡，同，夷歲反，叡，智也，明也，通也。〔五二〕 撓大上許高反，撓，擾也。經有作托，俗字也。〔五三〕 往討古作訨，同，恥老反，討，誅也，除也。〔五四〕

第十三

耽湎古作媅、妉二形，又作酖、沈二形，都含反，《説文》：媅，樂也。《國語》云：耽，嗜也。湎，古作酾，同，亡善反，湎，耽於酒也。〔五五〕 瘜肉《方言》□（作）腺，同，思力反，《三蒼》云：瘡中惡肉也。〔五六〕 虫胆千餘反，《三蒼》云：蠅生肉▨（中）□□有作蛆，蛆，子餘反，即唧蛆也；又作疽，疽，久癰也，並非此義。〔五七〕 創痍羊之反，《通俗文》云：體創曰痍，頭創曰瘍。 欝特梵云欝□（特）迦，此水之一異名也。特音徒得反。〔五八〕

第十四

矬人上才戈反，短也。經有作痤，痤，小腫也。非經▨（義）。〔五九〕 生涎諸書作次、漾、涎三形，同，詳延反，《三蒼》云：小兒唾也。〔六〇〕 曰（因）燧正字作鐩，同，辭醉反，火母也。《廿（世）本》曰：造火者曰燧人，曰（因）以▨（爲）名也。〔六一〕 曰（因）鑽子丸反，又子亂反，《説文》云：鑽，可以用穿物。經多作攢，非義也。〔六二〕 曰（因）桴按《詔□（定）古文官書》，桴、枹二字同，扶鳩反，謂皷（鼓）槌也。〔六三〕 道撿撿，法度也。居儼反，撿亦攝也。〔六四〕 顧眄（顧眄）亡見反。邪視也。〔六五〕 舩舫甫妄反，《通俗文》連舟曰舫，併兩舟也。 炎旱上于廉反，炎，熏也，謂旱氣熏▨（灼）人也。〔六六〕 薄祜胡古反，祜，福也。〔六七〕

第十五

儴佉上尔羊反，梵云餉佉，此譯云貝，亦云珂異名也。〔六八〕 水滞丁計反，滞猶滴也。〔六九〕 趣走上且榆反，与趍同。〔七〇〕 性戾力計反，乖也。〔七一〕 敦喻古作惇，同，都昆反，敦，勉也，謂相勸勉也。〔七二〕 豌豆上一丸反，經有作宛，又作豋，豋，一月反，二形並非字體。〔七三〕 其鏃子木反。〔七四〕 覺寤上居効反，寤亦覺也。經文以覺爲悎，文字所无。又以寤爲悟，悟即解悟字也。非眠後之覺寤也。〔七五〕

第十六

天竺或言身毒，或言賢豆，皆訛也，正言印度。印度名月，月有千名，斯一稱也。以彼土賢聖開悟群生，照臨如月，曰（因）以爲名也。又賢豆者，本名曰（因）陁羅婆他那，此云主處，謂天帝也，以彼土天帝所護，故曰（因）名耳。〔七六〕 私吒古作嗻，同，竹嫁反，依字，吒，嘖也，服虔云痛惜曰吒，是。〔七七〕 四衢《尔雅》云：四達謂之衢。郭璞注曰：交道四出也。《釋名》曰：齊魯謂四齒杷爲欋，以欋杷地，即有四處，此道似之，曰（因）以爲名。〔七八〕 爲臛呼各反，王逸注《楚辞》云：有菜曰羹，无菜曰臛。 蚉柴今作啤，又作觜，同，子累反，鳥喙也。經有作嘴，檢諸經史，都無此字，嘴非經義。〔七九〕 熊羆上胡弓反，下彼宜反，熊如豕，羆似熊，黄白色，頭如馬。一名猳，猳音加。〔八〇〕唯仰語向反，仰，恃也，亦望也。〔八一〕編椽上卑綿反，編，織也，謂取棘刺編椽而臥也。〔八二〕氀毼上力于反，毛布也。〔八三〕茹菜上攘舉反，《廣雅》云：茹，食也。〔八四〕

第十七

畏省思井反。〔八五〕詎有上渠據反，詎猶何也，未也。〔八六〕

第十八

良祐古作閰，同，胡救反，祐，助也。〔八七〕撓濁上乃飽反，又▨（乃）教反，《説文》云：撓，擾也。又曰：撓，亂也。〔八八〕

第十九

流惻古作恖，同，楚力反，惻，痛也。〔八九〕胵子又作疷，同，竹尸反，母名也。〔九〇〕髡樹上口昆反，《廣雅》云：髡，截也。〔九一〕自在王領王，于放反。〔九二〕深穽古作阱、汬二形，同，慈性反，謂穿地爲塹，以取獸也。〔九三〕三百攢攢宜作禶，禶，鋋也。子筭反。〔九四〕潤漬在賜反，水浸物。〔九五〕㤪（怨）讎視周反。〔九六〕在弶渠向反，施罥於道謂之弶，其形似弓。經文作摾，俗字也。〔九七〕而弑今作弒，同，尸至反，下煞上曰弑，弑，伺也，伺閑然後▨施便也。〔九八〕婬慝上以針反，男女不以礼交曰婬。下他則反，慝，穢也，又邪也。〔九九〕邠坻上鄙旻反，下直飢反，坻古作坛，同，邠坻，梵言也，正云阿那他擯荼陁。阿那他者，此云无依；擯荼陁者，此云團施；言此長者好施貧獨，囙（因）以名▨（焉），本名須達多也。〔一〇〇〕判合古作胖，又作牉，同，普旦反，牉，半體也，言此半體得偶而合曰牉合。經有作泮，泮，冰釋也，非此義。〔一〇一〕鄙悼上補美反，鄙，耻也，陋也；下▨（徒）到反，悼，傷也。名〔一〇二〕間間上居莧反，下古閑反，依上音，《尔雅》云：間，代也。謂▨（間）錯相代也。又隔也。依下音，間猶處所也；間，中也。〔一〇三〕

第廿卷〔一〇四〕

奎星，口携反，《尔雅》：降婁也。李巡曰：降婁，白虎宿也。經文有作金星，太白星也。宜從字

讀。〔一〇五〕

圊廁，《字林》七情反，《廣雅》：圊、圂、庰，廁也。皆廁之別名也。《釋名》云：或曰清，言至穢之處宜脩治使潔清也。或曰圂，言溷濁也。〔一〇六〕

罪戾，力計反，《尔雅》：戾，罪也。《漢書》：有功無其意曰戾，有其功有意曰罪。戾，定也。〔一〇七〕

逆津，子隣反，《論語》云：子路問津焉。鄭玄曰：津，濟渡之處也。

坐此，慈臥反，案：坐，罪也，謂相緣罪也。《蒼頡篇》：坐，辜（辠）也。《鹽鐵（鐵）論》曰：什伍相連，親戚相坐，若引根本，而及華葉，傷小指而累四體。是也。

第廿一卷

識（讖）記，楚蔭反，《説文》：識（讖），驗也。謂占候有效驗也。《釋名》：識（讖），［纖］也，其義纖（纖）微而有効驗也。〔一〇八〕

第廿二卷

不登，都恒反，登，升也。《周礼》：以歲時登。鄭玄曰：登，成也。《漢書》云：再登曰平。〔一〇九〕

恃怙，胡古反，《尔雅》：怙，恃也。《韓詩》云：無父何怙，怙，賴（賴）也；無母何恃，恃，負也。

儭身，且吝、叉覲二反，儭，至也，近。〔一一〇〕

坌之，蒲頓反，《通俗文》：埲土曰坌。《説文》：坌，塵也。

迴復，《三蒼》作洄，水轉也。《宣帝紀》作澓，迴水也，深也。〔一一一〕

船筏，扶月反，桴，編竹木也，大者曰筏，小者曰桴，音匹于反，江南名簰，父往（佳）反，經文從木作栰，非體也。〔一一二〕

第廿三卷

連綴，張衛反，亦連也。《説文》：綴，合着也。〔一一三〕
難冀，又作覬，同，居致反，冀也。《説文》：覬，幸也。〔一一四〕
餧飤，石經今作食，同，囚恣反，《聲類》：飤，哺也。《説文》：飤，糧也。從人，仰食也，謂以食供設与人也，故字從食從人意也。經文作飼，俗字也。〔一一五〕
瓨器，下江反，《説文》：似甖，長頸，受十升也。
手抱，《説文》作捊，捊或作抱，同，步交反，捊，引取也。《通俗文》作掊，蒲交反，手把曰掊。
駛河，《三蒼》：古文使字，或作駛，同，山吏反，《蒼頡篇》：駛，疾也。字從史。經文從夬作駃，古穴反，駃騠，駿馬也。《列女傳》曰生三日超其母，是也。駃非字義。夬音古快反。〔一一六〕
迦迦羅，脚佉反，是烏聲也。迦迦此云烏。〔一一七〕
究究羅，居求反，此是雞聲也。鳩鳩吒此云雞。
呾呾羅，都達反，此是雉聲也。或言鷓鶉，依梵音帝栗反。
第廿四卷
怡懌，意怡，樂也。郭璞曰：怡，心之樂也；懌，意解之樂也。〔一一八〕
庭燎，力燒反，《周礼》：供墳燭庭燎。鄭玄曰：墳，大也，樹於門外曰大燭，於内曰庭燎。〔一一九〕
廿五卷不 卅四 卅五不〔一二〇〕
第廿六卷
逐塊，古文凷，同，苦對反，結土也，土塊也。
黐膠，勅支反，《廣雅》：黐，黏也。《字書》：木膠也，謂黏物者也。
温故，烏昆反，《論語》：温故而知新。何晏曰：温，尋也。《礼記》鄭玄注云：後時習之謂之温。

經文作慍，於問反，慍，恚也，怨也，恨也。同：，慍非字義。〔一一一〕

第廿七卷

我適，[□]赤反，《廣雅》：祇，適也，謂適近也，始也。〔一一二〕

鋒芒，古文杧，同，無方反，《字林》禾秒也，謂其刃纖（纖）利如芒也。〔一一三〕

哮吼，古文虓，同，呼交、呼狡二反，《通俗文》：虎聲謂之哮唬。《埤蒼》：哮嚇，大怒聲也。唬音呼家反。〔一一四〕

毹衣，尺鋭反，《三蒼》：羊細毛也。《説文》：獸細毛也。

第廿八卷

立拒，其吕反，此外道瓶圓如瓠，無足，以三杖交之，舉於瓶也。諸經中或言執三奇立拒，或言三叉立拒，皆是也。

酵煥，案《韻集》音古孝反，酒酵也，謂起麵酒也。經文多作醪，音勞，《三蒼》、《説文》皆云有滓酒也。醪非字體。

雲表，碑矯反，《三蒼》：表，外也。言此星在雲外也。〔一一五〕

鑪冶，餘者反，《説文》：冶，銷也。《三蒼》：冶，銷鑠也。遭熱即流，遇冷即合，[與]冰同意，故字從冰也。〔一一六〕

第廿九卷

縵（縵）縵，借音莫盤反，謂肉縵其指間也。〔一一七〕

傭滿，勑龍反，《尔雅》：傭，均也，齊等也。經文作牖，俗字也。

粗自，在古反，粗，略也；粗，麁也。

賦給，古文貾，同，甫務反，《説文》：賦，歛（斂）也。《廣雅》：賦，税也。《方言》：賦，動也。謂賦歛（斂）所以擾動也。《尔雅》：賦，量也。郭璞曰：賦税所以平量也。〔一二八〕

匳底，今作籢（籨），同，力占反，《蒼頡篇》：盛鏡器名也，謂方底者也。

憇（憩）駕，《説文》作愒，《蒼頡篇》作屭，同，却厲反，《尔雅》，憇（憩），息也。注云：憇（憩），止之息也。

苟能，公厚反，《廣雅》：苟，誠也；苟，且也。《韓詩》：苟，得也。〔一二九〕

婚姻（姻），今作昬，《説文》：婦家也。礼云：娶婦以昬時入，故曰昬。《尔雅》：婦之父爲昬也。姻（姻），古文婣、姻（姻）二形，今作囙（因），《説文》壻（壻）家也，女之所囙（因），故曰囙（因）。《尔雅》：壻（壻）之父爲姻（姻）。壻（壻）音細。〔一三〇〕

苐卅卷

駿馬，子閏反，馬之美稱也。《説文》：駿，馬之才良者也。〔一三一〕

殯歛（斂），古文殮，同，力豔反，衣尸也。《釋名》云：斂者，斂也，藏不復見也。小斂[户]內，大斂於阼階，是也。〔一三二〕

孚乳，《通俗文》：卵化曰孚。音匹付反。《方言》：雞伏卵而未孚。《字林》匹于反。《廣雅》：孚，生也。謂子之出於卵也。《説文》：卵孚也。或曰：孚，伏也。謂育養也。乳，而注反，《蒼頡篇》：乳，字也，字養也，謂養子也。〔一三三〕

和液，夷石反，《説文》：液，津津潤也。《廣雅》：酒（酒）、滋，液也。〔一三四〕

苐卅一卷

得衷，知沖反，《左傳》：楚僻我衷。杜預曰：衷，正也。衷，中、當也。《尚書》：衷，善也。《蒼頡

篇》：別内外之辞也。經文作中，平也。隨作無在。〔一三五〕

遺燼，正字作㶳，同，似進反，《説文》：火之餘木也。〔一三六〕

菅草，古顔反，《尔雅》：菅，茅屬也。《詩傳》曰：白華，野菅也。經文作蕑，《字書》与蕳字同，蕑，蘭也。《説文》：蕑，香草也。蕑非此用。〔一三七〕

甘鍋，字體作䰛（䰙），古和反，《方言》：秦云土釜也。字體從鬲、𠂭聲。今皆作鍋。

撓攪，古卯反，《説文》：攪，亂也。《詩》云祇攪我心，是也。

嘲調，正字作啁，同，竹包反。下徒弔反，《蒼頡篇》云：啁，調也。謂相調戲（戲）也。經文有作譺，相承音藝，未詳何出。或作譺，五戒反，《字林》：欺調也。亦大調曰譺也。

賈客，公户反，《周礼》『商賈』鄭玄曰：行曰商，處曰賈。《白虎通》曰：賈之言固也，固其物待民來以求其利者也。又音古雅反。

刖足，古文䠊、𨁘二形，同，五刮、魚厥二反，刖，斷足也。周改體（髕）作刖。《廣雅》：刖，危也。謂斷足即危也。髕音扶忍反。〔一三八〕

盲瞽，公户反，無目謂之瞽。《釋名》云：瞽，目眠眠然目平合如鼓皮也。〔一三九〕

第卌二卷

如駝食蜜，徒多反，馲駝也；蜜，刺蜜也。

羅毦，仁志反，《通俗文》：毛飾曰毦。稍上垂毛亦曰毦。〔一四〇〕

紝婆，古文𦃃，同，女林、如深二反，樹名也，葉苦，可煑爲飲，治頭痛也。如此間苦楝樹也。言此虫甘之耳。楝音力見反。

瑕疵，古文𤵸，《字林》才雌反，《説文》：疵，病也。

磁石，徂茲反，《埤蒼》：磁，石也。謂召鐵者也。〔一四一〕

[鑵綆，或作攌，同，古亂反，汲器也。綆，格杏反，《説文》汲井繩也。《方言》：韓、魏之間謂之綆。〔一四二〕

罣礙，又作罫，同，胡封（卦）反，《字書》：絅（網）礙也。

蘆菔，《字林》力何反，下蒲北反，似菘紫花者謂之蘆菔。〔一四三〕

第卅三卷

粟床，字體作糜、穈二形，同，亡皮反，禾穄也。關西謂之床，冀州謂之穄。〔一四四〕

綫塼，字體作甎，同，脂緣反，又音船。《毛詩》載弄之瓦，注云紡專也。《詩》中作專，此由古字通用耳。

剜身，烏官反，《字林》：剜，削也。削音一玄反。削，挑也。

明縠，《字書》作㱿，同，口角反，吴會間音口木反，卵外堅也。案凡物皮皆曰㱿，是也。〔一四五〕

婬佚，今作妷，同，与一反，佚，樂也。《蒼頡篇》：佚，惕也。惕音蕩。〔一四六〕

第卅六卷

巴吒，百麻反，案《阿含經》，此長者曰（因）國爲名也。經文作祀，比雅反，亦是梵音訛轉耳。〔一四七〕

坘弥，《三蒼》音伍（低），下音迷，律中坘弥皆作迷字，應言帝弥祇羅，謂大身魚也。其類有四種，此第四最小者也。《法炬經》中伍（低）迷宜羅，即第三魚也。皆次第互相吞噉也。〔一四八〕

鮚魚，且各反，薛珝《異物志》云：鐇鮚有横骨在鼻前，狀如斧斤，江東呼斧斤爲鐇，故謂之鐇鮚也。此類有廿種，各異名，如鋸鮚等，齒利如鋸，即名鋸鮚也。鐇音府煩反，珝音虚矩反。〔一四九〕

惋手，烏唤反，謂驚異也。未詳何義立名也。

刀長，都堯反，人姓也，或可曰（因）事立名耳。

行般，乎庚反，此人利根无待勤行自能得滅，《成實論》中不行滅人是也。〔一五〇〕

第卅七卷

霑汙，致廉反，霑，濡也。《三蒼》：霑，漬也。

魍（魍）魎，《説文》蛧（蝄）蜽，從虫。《字書》從鬼，同，亡強、力掌反，《通俗文》：木石怪謂之魍（魍）魎，言木石之精也。淮南説狀如三歲小兒，赤黑色，赤目赤爪，長耳美髮也。〔一五一〕

第卅八卷

煒爗，于匪、爲獵反，《方言》：煒爗，盛皃也。《三蒼》：光華也。

虎兕（兕），又作𠑀，同，徐里反，《尔雅》：兕，似牛。郭璞曰：一角，青色，重千斤。〔一五二〕

摶食，徒官反，《説文》：摶，圜也。《三蒼》：摶飯也。經文作揣，丁果、初委二反，揣，量也，揣非字義。

法厲，古文礪，同，力制反，磨也，砥（砥）細於礪，皆可以磨刀刃也。〔一五三〕

麁獷，古猛反，獷，強也。《説文》：獷，犬不可附也。經文作穬，穀芒也，穬非字體。〔一五四〕

蚩笑，充之反，《蒼頡篇》：蚩，輕侮也。笑，私妙反，《字林》：笑，喜也，字從竹從夭聲，竹爲樂器，君子樂然後笑。〔一五五〕

鉋須，蒲交反，案：鉋文字無，宜作抱，又作掊。〔一五六〕

齚齧，古文齰，又作咋，同，士白反，《通俗之（文）》：齩啖曰齚。

第卅九卷

祢瞿，又作你，同，女履反，祢猶汝也，謂尔汝如來姓氏也。〔一五七〕

榛木，仕巾反，《廣雅》云：木叢生曰榛，草叢生曰薄。

第卌卷

車輿，与諸反，《説文》：車，輿也。亦捴稱車曰輿，一曰車無輪曰輿。

鉤鉺，正作蛪，同，如志反，服虔云：鉤魚曰鉺。〔一五八〕

欶乳，又作嗽，同，所角反，《三蒼》云：欶，吮也。《通俗文》：含吸曰嗽。經文作嗽，此俗字也。〔一五九〕

户闢（闔），古文鑰，同，余酌反，《方言》：關東謂之鍵，關西謂之闢（闔）。經文作籥，《字林》書僮笘也。《纂文》云：關西以書篇爲書籥。籥非此義。笘，赤占反。〔一六〇〕

婆嵐，力含反，案諸字部無如字，唯應璩詩云『嵐山寒折骨』作此字。〔一六一〕

賴（賴）締，徒計反，依字，《説文》：締，結不解也。〔一六二〕

一切經音義卷第二〔一六三〕

【校記】

〔一〕刻本第十卷下所音第一條爲『祠祀』，底卷未抄。

〔二〕『到』至『擾』四字底卷右部有殘泐，兹據殘畫及刻本擬補。下凡在括弧中校補者均據刻本，不再一一出注。又刻本此條下注：『又作趮，同，子到反，《周易》震爲躁。躁猶動也，躁，擾也……』底卷頗多節略。

〔三〕注文『所兩』底卷本作『兩所』，二字右側有一頓點，蓋指此二字應互乙，兹録正。慧琳《音義》引正作『所兩反』。刻本作『計兩反』，非是。

〔四〕注文『饌』下底卷殘泐一字，『食』上一字上部略有殘泐，似爲『飲』字，伯三〇九五號引《説文》作『饌，具飲食也』，可證；刻本引作『饌，具美食也』，慧琳《音義》引及今本《説文》作『饌，具食也』，皆可參。

〔五〕注文『心不伏』伯三〇九五號及刻本作『心不服』，其上有『《説文》』二字，今本《説文》作『怏，不服［也］，懟也』（『也』字據段玉裁注本增），可參。

〔六〕注文『以專反』前刻本有『徒郎反』三字（伯三〇九五號有『徒郎』二字）。『《説文》云』三字底卷旁記於注文『唐』字右上側，兹補入，但伯三〇九五號及刻本『唐』上無此三字，而下文『捐，弃也』前有《説文》二字。考今本《説文》有『捐，棄也』，而無『唐，徒也』之訓，此當以伯三〇九五號及刻本爲是。

〔七〕伯三〇九五號及刻本注文先引《爾雅》，後引《方言》：『恰，喜也。』又引《説文》：『恰，和也。』底本有删略。

〔八〕注文『充朱反』伯三〇九五號同，刻本作『充珠反』，音同；『姝，好也』上伯三〇九五號及刻本有『《説文》』二字。

〔九〕注文『瓌』伯三〇九五號及刻本作『傀』，『傀，盛也』上伯三〇九五號及刻本有『《方言》』二字。

〔一〇〕注文『哥賴反』伯三〇九五號及刻本作『哥賚反』，『賚』、『溉』《廣韻》皆在代韻，而『賴』則在泰韻，『賚』字是。

〔一一〕注文『之刃反』伯三〇九五號作『丈刃反』，刻本作『之忍反』，『診』字《廣韻》上聲軫韻音章忍切，去聲震韻又有『直刃切』一讀，分别與『之忍反』、『丈刃反』同音。又切音前伯三〇九五號及刻本有『《説文》』二字，後有『診視之也』四字。

〔一二〕『恕已』二字底卷殘泐，兹據伯三〇九五號及刻本擬補；注文『以心度物曰恕』前伯三〇九五號及刻本有『《聲類》』二字。

〔一三〕注文『持絲文者』伯三〇九五號同，刻本作『持絲交者』，『文』疑爲『交』字之訛，説詳《一切經音義》（四）校記〔二〇〕。又刻本此句後有『屈繩（「繩」字慧琳《音義》作「緯」）制經，令得開合也』九字。

〔一四〕注文『膌，瘦也』前伯三〇九五號及刻本有『《説文》』二字。

〔一五〕習習，斯二七九九、三三一六號、北六三四六號（珠五五）等經本有『膚體⿸疒習⿸疒習』句，與玄應所見經本合。注文『无此字』前刻本有『書』字。

〔一六〕注文『小便數也』刻本標明出《聲類》；『沃』上底卷略有殘泐，不知是否有缺字，刻本『沃』上有『《説文》水』三字；斯二七九九、三三一六號、北六三四六號等經本有『小便淋瀝』句，與玄應所見經本合。

〔一七〕注文『同』前伯三〇九五號及刻本有『《字林》』二字，『懟，怨也』前有『《尒雅》』二字。

〔一八〕注文『張口運氣』後伯三〇九五號作『謂之欸』，刻本作『謂之欠欸也』，刻本『欠』字疑衍。

〔一九〕『蟠，屈也』一釋伯三〇九五號及刻本未見，刻本『未昇天龍謂之蟠龍』上有『《方言》』二字，下有『《廣雅》蟠曲也蟠委也』等訓，伯三〇九五號與刻本略同，慧琳《音義》引《廣雅》則作『蟠，屈也』。

〔二〇〕注文缺字底卷僅存左側殘畫，兹據伯三〇九五號及刻本擬補；刻本注引《説文》『劈，破也』，又云：『《廣雅》：劈，裂也。亦中分。』伯三〇九五號與刻本略同，底卷注文『裂』下抄省『也』字。又本條注文右側行間有『剫剥上』三字，當是音注經文『斫刺剫剥』句，慧琳《音義》『蟠龍』條後、『劈裂』條前有『剫剥』條，但伯三〇九五號及刻本玄應《音義》無，故不録。

〔二一〕注文『經文』以下刻本作『經文作騏，《説文》馬文如綦文。驎，力進反，《尒雅》：白馬黑脣曰驎。二形並非字義』，伯三〇九五號與刻本略同，底卷『白馬黑脣』前疑有脱略。

〔二二〕注文『坊』上伯三〇九五號及刻本有『《字林》』二字，又『屋』字底卷下部殘泐，兹據殘存筆形及伯三〇九五號、刻本録補。

〔二三〕注文刻本作『吐活、他外二反，《廣雅》：脱，可也；脱，尒也。謂不定之辭』，伯三〇九五號與刻本略同。

〔二四〕注文伯三〇九五號及刻本作『相利反，肆，陳也，陳物處也；肆，列也，謂列其貨賄於市也』，底卷疑有舛亂。

〔二五〕『織毛蓐』伯三〇九五號同，刻本作『織毛褥』（『蓐』古通『褥』），其上伯三〇九五號及刻本有『《通俗文》』

三字。又『氍毹』《金藏》本經文作『氍毺』，敦煌寫本則多作『氍氀』，而未見作『氍𣯹』者。

〔二六〕『毾㲪』條注文刻本作『他盍反，《釋名》云：施之大床前小榻上，所以登上床者，因以爲名焉』，伯三〇九五號與刻本略同，而上『氍毹』條下伯三〇九五號及刻本注文有『《通俗文》：織毛蓐曰𣰆毹，細者謂之毾㲪』句，底卷『氍毹細者』云云即糅合上條注文而然，其中『毾』字底卷中部殘泐，『㲪』字存右部，茲據上揭注文擬補。底卷『他合反』伯三〇九五號及刻本作『他盍反』，『毾』字《廣韻·盍韻》音吐盍切，與他盍反同音。

〔二七〕『又而容反』四字底卷旁注於『而用反』右下側，伯三〇九五號及刻本無此四字，慧琳《音義》引《三蒼》作『而容反』。又『茸，草茸也』伯三〇九五號及刻本係引《說文》。

〔二八〕注文『姊業反』伯三〇九五號及刻本作『姊葉反』。又『經文或作聿作疌』句，刻本作『經文從聿作疌』（刻本『疌』字誤，伯三〇九五號作『疌』），底卷『作聿』應爲『從聿』之訛。斯三三一六號經本有『節子疌子』句，與底卷所載『或作』字相合；慧琳《音義》稱經文有作『疌』者，可參。參看《一切經音義》（四）校記〔三〇〕。

〔二九〕正文『丹枕』下底卷略有殘泐，不知是否有缺字，伯三〇九五號及刻本注文『天竺』上有一『案』字；又『疊』字伯三〇九五號同，刻本作『氎』，『氎』爲後起本字。『而』字刻本誤作『西』。

〔三〇〕注文『烏曺作博』當據《說文》作『烏胄作簙』，『曺』字刻本作『曹』，更誤。又所引《方言》『博』亦當據《方言》原文作『簙』；所引《方言》『吳楚』句伯三〇九五號及刻本作『吳楚之間或謂之箭，或謂之博』，而今本《方言》作『秦晉之間謂之簙，吳楚之間或謂之蔽，或謂之箭裏……或謂之棊……所以行棊謂之局，或謂之曲道』，底卷所引與原意有出入。

〔三一〕注文『巨六反』伯三〇九五號同，刻本作『居六反』，伯三〇九五號及刻本前有『《字林》』二字，慧琳《音義》亦作『巨六反』；切音下刻本作『郭璞注《三蒼》云：毛丸可蹋戲者曰鞠』云云（伯三〇九五號與刻本略同）。

〔三二〕注文刻本作『案《漢書》，甘延壽投石拔距，張晏注云：飛石重十二斤，爲機發，行三百步。延壽有力，能以手投之也』，伯三〇九五號與刻本略同，與底卷出入較大。

〔三三〕詞目『攙刺』二字伯三〇九五號及刻本無。斯二七九九號、北六三四五號經本有『寧以鐵錐遍耳攙刺』句，其中的『耳』字斯三三一六號、北六三四四、六三四六號經本作『身』，與『有作』本同。

〔三四〕『𦡊』字刻本作『腦』，正字。注文『古才反』上伯三〇九五號及刻本有『《說文》』二字；『中之二也』的『之』『也』二字底卷分別標注於『中』『二』右下側，伯三〇九五號及刻本無此二字；『胲或古解字也』句的『胲』字底卷標注於『或』字右上側，伯三〇九五號及刻本此句作『或古字耳』。

〔三五〕注文『蹲』字右上部底卷略有殘泐，注末刻本還有『《說文》：腨，腓腸也。字從肉，耑聲』諸字。

〔三六〕正文『拄』字伯三〇九五號及刻本作『柱』，《金藏》本經文作『拄』，『拄』爲後起俗字。注文『上知主反』四字伯三〇九五號及刻本無，『經文或作跓胜二形』伯三〇九五號無『或』字，刻本作『經文作胜、脾』，『髀』字斯四七八、五六一號及《金藏》本經文皆作『胜』，與『或作』本合。『髀』字的注釋刻本較詳。

〔三七〕髖骨，今見經本多作『臗骨』，與『或作』本合。注文『髖，尻也』伯三〇九五號及刻本引自《埤蒼》，『一曰』作『《說文》』。

〔三八〕注文切音後伯三〇九五號及刻本引《方言》、《釋名》等書。

〔三九〕姿態，刻本誤作『恣態』。詳參《一切經音義》（四）校記〔四六〕。又注文『古作』伯三〇九五號及刻本作『古文』。第十二至十九卷『古作』刻本多作『古文』（伯三〇九五號所存相應條目亦皆作『古文』），而第二十卷後則有『古文』而無『古作』，疑稱『古作』者非玄應《音義》原貌。

〔四〇〕注文缺字中部殘泐，茲據殘畫及刻本補。注文刻本作『《列子》作瞬，《通俗文》作眴，同，尸（《叢書集成初編》本訛『户』）閏反，《說文》：瞚，目開闔（《磧砂藏》本『闔』作『閉』）數搖也。服虔云：目動曰眴也』。今見經本皆作『視瞬』。

〔四一〕注文『古作弜』伯三〇九五號作『古文弜』，刻本作『古文的』，『的』字誤；又《説文》作『旳』的『旳』字伯三〇九五號同，刻本訛作『的』。『的』字不見於《説文》，乃『旳』的後起俗字。

〔四二〕注文『上』應爲『下』字之訛，伯三〇九五號及刻本無此字；『知仲反』下伯三〇九五號及刻本引《禮記》語。

〔四三〕擿打，刻本作『檛打』，注文末又云『字體從木、過聲』。今見經本多作『擿打』，亦有作『檛打』的，『擿』爲後起俗字。又此條下伯三〇九五號及刻本有『楚撻』條，底卷無。

〔四四〕注文『載』字底卷僅存殘畫，兹據刻本擬補，伯三〇九五號作『戴』，韻同。又『非今用』前伯三〇九五號及刻本有『胡來反，咳謂嬰兒也，咳』九字。

〔四五〕『赧』字《磧砂藏》本同，伯三〇九五號及《叢書集成初編》本作『赧』，正字。又『面慙赤也』刻本注明引《説文》，其前伯三〇九五號及刻本又引《方言》、《小爾雅》，底卷有删節。

〔四六〕背僂，斯四七八、五六一號等經本同，斯六九三、四八六九號等經本作『背瘻』，與『有作』本合。又注文『僂，曲也』、『曲脊曰傴僂』伯三〇九五號及刻本分别注明引自《廣雅》、《通俗文》（『曰』字伯三〇九五號及刻本作『謂之』）；『字』字底卷存上部殘畫，兹據刻本擬補。

〔四七〕注文『手挑抉也』伯三〇九五號及刻本作『《説文》：挑，抉也。以手抉挑出物』（伯三〇九五號末多一『也』字），而無『抉，烏玦反』四字。

〔四八〕螺王，斯四七八、六九三、四八六九號經本及《金藏》本等皆作『蠡王』，『蠡』爲『蠃』字俗省，『蠃』『嬴』古通用（『嬴』『螺』古今字）；刻本玄應《音義》作『蝨』，又爲『蠡』字俗省。又注文前一『力』字底卷存上部，『戈』字殘缺，兹據刻本擬補；又『力底反』伯三〇九五號及刻本作『力西、力底二反』。

〔四九〕注文刻本另有『撤，去也』、『撤，除也』二訓。

〔五〇〕注文『古作』伯三〇九五號及刻本作『古文』；又『匹于反』後伯三〇九五號及刻本有『敷，遍也』及引《小爾雅》等訓。又此條後伯三〇九五號及刻本另有『開剖』一條，本卷無。

〔五一〕 毦尾，伯三〇九五號同，刻本作『髦尾』，注文『毦』字刻本亦作『髦』，斯六九三、四八六九號經本有『馬寶其色紺炎，毦尾金色』等句，其中的『毦』字斯四七八、五六一號等經本作『髦』，『毦』即『髦』字俗省。又注文『古作』伯三〇九五號及刻本作『古文』，『莫高反』下刻本有『《説文》：髦，髮也』等字（伯三〇九五號相應位置殘缺）。

〔五二〕 『聡』字伯三〇九五號同，《磧砂藏》本作『聰』，《叢書集成初編》本作『聦』，爲一字之異。注文伯三〇九五號及刻本較底卷爲詳。

〔五三〕 撓大，斯四七八、五六一號等經本有『即以兩手撓大海水』句，其中的『撓』字斯六九三、四八六九號等經本作『托』，與『有作』本合。注文『撓，擾也』伯三〇九五號及刻本注明引《説文》。

〔五四〕 注文『誅也』、『除也』二訓伯三〇九五號及刻本分別注明出自《禮記注》、《漢書音義》。

〔五五〕 注文『古作』二見，伯三〇九五號及刻本皆作『古文』；又『又作酖、沈二形』刻本作『諸書作酖、沈二形，同』（伯三〇九五號與刻本略同，唯脱『沈』字）；『亡善反』伯三〇九五號同，刻本作『弥兖反』，音同；『湎，耽於酒也』刻本作『《説文》云：湎，沈於酒也』，末又有『謂酒樂』三字（伯三〇九五號與刻本略同，唯《説文》後無『云』字）。

〔五六〕 注文『思力反』下伯三〇九五號及刻本有『《説文》奇肉也』諸字；『瘡中』二字底卷旁注於『云惡』二字間，伯三〇九五號及刻本無。

〔五七〕 虫胆，伯三〇九五號及《磧砂藏》本同，《叢書集成初編》本作『蟲胆』，『虫』同『蟲』。注文『千餘反』伯三〇九五號同，刻本作『千余反』，音同；伯三〇九五號及刻本此切語前有『《字林》』二字，後有『《通俗文》：肉中蟲謂之胆』等字；『蠅生』伯三〇九五號及刻本作『蠅乳』，『肉』下底卷約缺三字，前一字存右側殘畫，兹據伯三〇九五號及刻本補『中』字，下二字疑爲『也經』或『經文』二字，刻本『肉中』下有『也』字，下接『經文作蛆』云云。

〔五八〕「欝」字伯三〇九五號同，《磧砂藏》本作「欝」，《叢書集成初編》本作「鬱」，後者爲正字。注文「梵云」伯三〇九五號同，刻本作「梵音」，「音」字殆誤。

〔五九〕注文「短也」「小腫也」二訓刻本分別注明引《廣雅》、《説文》（伯三〇九五號前一訓注明引《廣雅》，後一訓殘缺），底卷有節略；又「經有作痤」刻本作「經文作痤」；注末「義」字底卷存上部殘畫。

〔六〇〕注文「泦」字刻本誤作「洦」；又「《三蒼》云」刻本作「《三蒼》作涎」，其前另有「《字林》慕欲口液」六字。

〔六一〕注文「火母也」後刻本及伯三〇九五號另引《論語》及孔安國注，爲底卷所無；又「爲」字底卷存右上部殘畫。

〔六二〕注文「可以用穿物」伯三〇九五號及刻本作「所以用穿物者也」，「可」當爲「所」字之訛，今本《説文》作「所以穿也」，可參；又「經多作攢」以下七字底卷旁注於「物」字右下側，伯三〇九五號及刻本無。

〔六三〕注文「同」伯三〇九五號及刻本作「同體」。又「槌」字伯三〇九五號及刻本作「椎」，二字古通用。

〔六四〕「撿」蓋「檢」字俗寫，伯三〇九五號及刻本正作「檢」。注文刻本作「居儼反，《蒼頡篇》：檢，法度也。檢亦攝也」，伯三〇九五號末二字殘缺，餘與刻本同。

〔六五〕注文「亡見反」刻本作「忙見反」，「邪視也」刻本注明引《説文》，下又引《方言》云云。

〔六六〕注文「炎，熏也」《磧砂藏》本作「《尒雅》：炎炎，熏也」，當據以增一「炎」字，《叢書集成初編》本亦脱一「炎」字；又「灼」字底卷存上半，兹參酌文義擬補，刻本作「炙」。

〔六七〕注文「祜，福也」刻本注明引《爾雅》，下又注「天之福也」云云。

〔六八〕注文刻本「尔羊反」下有「又霜、傷二音」五字，「梵云餉佉」下有「或言霜佉」四字。

〔六九〕注文刻本「此猶滴字耳。《通俗文》：霝滴謂之潚渧。音丁計反」。

〔七〇〕趨走，刻本作「趨走」，「趨」即「趨」的訛俗字。又注文刻本作「且榆反，疾行也。《尒雅》門外謂之趨是」。

〔七一〕注文刻本作「《字林》力計反，乖戾也」，下又引《説文》云云。

〔七二〕注文「古作」刻本作「古文」，「都昆反」作「都肫反」；又「敦，勉也」刻本注明引《爾雅》。

〔七三〕注文「一丸反」下刻本引《廣雅》「豌豆，蹓豆也」訓；又「豋」字刻本不重出。
〔七四〕注文反切上刻本有《字林》二字，下又有大段注釋。
〔七五〕寤，「寤」的俗字，刻本正作「寤」。又注文「居効反」刻本作「交孝反」，音同；「經文以覺爲悎」刻本作「經文作悎」，「又以寤爲悟」以下刻本作「又作悟，謂解悟之悟，非眠後覺寤」，底卷「眂」即「眠」字，避李世民諱改。
〔七六〕天竺，刻本作「天竺」，「竺」即「竺」的俗字。注文「賢聖」後刻本有「相繼」二字，底卷疑脱；又「又賢豆者」刻本作「一説云賢豆」，「以彼土」以下刻本作「當以天帝所護，故世久号之耳」。又此條下刻本有「馳騁」條，爲底卷所無。
〔七七〕注文「古作」刻本作「古文」，「是」刻本作「是也」。
〔七八〕注文刻本首有「懼虞反」三字；又「交道」今本《爾雅》郭注同，刻本作「交通」，疑誤；又「欋」字今本《釋名》同，刻本作「攫」，亦誤；「以欋杷地」的「以」字刻本及今本《釋名》無；「因以爲名」刻本作「因爲名焉」，今本《釋名》無此四字。
〔七九〕注文「鳥喙也」刻本注明引《字書》，底卷注文内容有節略。又此條前刻本有「刖劓」條，此條後刻本有「憲制」條，爲底卷所無。
〔八〇〕注文「熊如豕」和「羆似熊」云云刻本分别注明引《説文》、《爾雅》，内容較底卷詳。
〔八一〕注文「仰，恃也」以下刻本作：「《韻集》云：仰，恃也。謂取資於人曰仰。仰亦望也。」
〔八二〕注文「編，織也」前刻本有「《蒼頡篇》」三字，其後有「《聲類》：以繩次物曰編」等字。
〔八三〕注文「毛布也」刻本注明引《聲類》，其前又引《廣雅》云云。
〔八四〕注文「茹，食也」下刻本又有「茹食之也」四字，疑爲衍文。
〔八五〕注文反切後刻本有「省，察也，《説文》省視」七字。

〔八六〕注文「未也」下刻本有「謂未知詞也」五字。

〔八七〕注文刻本作：「古文閟、佑二形，同，于救反，祐者助也，天之所助也。」

〔八八〕注文反切刻本作「乃飽、乃校二反」，音同；後一「乃」字底卷下部殘泐。

〔八九〕注文「古作愳」刻本作「《聲類》作愳」；「惆，痛也」刻本注明引《說文》，後又云「謂惆然心中痛也」，前又引《廣雅》云云。又此條前刻本有「無辜」條，爲底卷所無。

〔九〇〕「𦙶」爲「胝」字俗寫，刻本正作「胝」。又注文「疷」爲「疧」字俗寫，「疧」又爲「胝」的換旁俗字，刻本作「庈」或「底」，皆誤。

〔九一〕注文末刻本別有「字體從兀聲。《左傳》使人髡之」十一字。

〔九二〕本條爲旁注添加，刻本及慧琳《音義》均無。經本有「自在王領摩伽陁國」句，爲其所出。伯二一七二號《大般涅槃經音》第十九卷下出「則王國土王於放反」條，可參。

〔九三〕注文「古作」刻本作「古文」；「謂穿地爲塹」二句刻本注明引《三蒼》，「以取獸也」作「以張禽獸者也」。

〔九四〕本條爲旁注添加，刻本及慧琳音義並無。北六四〇四號（薑六八）經本有「寧於一日受三百攢，不於父母生一念惡」句，蓋即本條所出。伯二一七二號《大般涅槃經音》第十九卷下出「攢」字，借官、借翫二反，可參。

〔九五〕注文刻本作「《說文》：漬，漚也。謂水浸潤物也」。

〔九六〕刻本反切下有大段釋文，此略去。

〔九七〕注文反切後有「字書」二字。

〔九八〕注文「弒」爲《說文》篆文「弑」字的隸變形，《干祿字書》載「弑」通體作「弒」，可參，刻本作「試」，誤；又「下煞上曰弑」云云刻本係引《釋名》，其中的缺字底卷存左上側殘筆，宋《磧砂藏》本該句作「伺間而後得其便也」，《叢書集成初編》本「間」作「閒」，今本《釋名》作「伺間而後得施也」，「間」爲「閒」的後起分化字，「閑」與「間」古多混用，但表示間隙、間隔時則一般不作「閑」，底卷「閑」字誤。

〔九九〕注文「男女不以礼交曰婬」刻本注明引《尒雅》，「慝，穢也，又邪也」刻本分别注明引《禮記》鄭注、《詩》毛傳；又「他則反」刻本作「他勒反」，音同。

〔一〇〇〕坻，「坻」的俗字，宋《磧砂藏》本正作「坻」，《叢書集成初編》本作「坻」，誤；又注文「鄙旻反」《磧砂藏》本同，《叢書集成初編》本作「鄙文反」，誤；「古作坏」刻本作「古文坏」；「此云無依」下刻本有「亦名孤獨」四字；「因以名▨（焉）」的「焉」字底卷下部殘泐，茲據刻本補。

〔一〇一〕注文「古作胖」刻本作「古文胖」；「胖，半體也」至「胖合」《磧砂藏》本作「《説文》：胖，半體也。《周禮》：媒氏掌方（万）民之判。鄭玄云：判，半也，得偶（《叢書集成初編》本作「遇」，今本《周禮》作「耦」）而合曰判。《喪服》云夫［妻］判合是也」；「言此半體」四字底卷爲旁注，刻本無；又「冰釋」刻本作「水釋」，慧琳《音義》作「水解」，「水」字誤。

〔一〇二〕注文「徒」字中下部底卷略有殘泐，茲據殘畫及刻本擬補；又「傷也」刻本無「也」字，後有「《方言》：秦晉謂傷爲悼，悼亦哀也」等字。底卷注末「名」字刻本無，疑衍，當删。

〔一〇三〕注文「下古閑反」刻本在「間猶處户（所）也」釋義之前，而無「依上音」、「依下音」諸字；又「謂間錯相代」的「間」字下部底卷略有殘泐，茲據殘畫及刻本擬補，「相代」後刻本有「間，亂也」一訓；「間猶處所也」刻本作「間猶處户也」，「户」字誤。又此條前刻本有「甲冑」條。

〔一〇四〕從第廿卷開始，底卷抄寫格式與前不同，凡「第××卷」均單獨一行，每一詞條提行，不接排，與宋《磧砂藏》本等早期的刻本形式接近。注文内容與今本大抵相同，較前一部分爲完整。

〔一〇五〕注文「降婁也」刻本及今本《爾雅》均作「降婁，奎婁也」，慧琳《音義》引作「降婁次也」。

〔一〇六〕注文「屏」與今本《廣雅》同，刻本作「屏」，古通用；「或曰清」、「或曰圂」今本《釋名》作「或曰圊」、「或曰溷」。

〔一〇七〕注文引《漢書》刻本作「有功無其意曰戾，有其功有其意曰罪」，今本《漢書·宣帝紀》「孝宣皇帝，武帝曾孫，戾太子孫也」下師古注引臣瓚曰：「太子誅江充以除讒賊，而事不見明。後武帝覺寤，遂族充家，宣帝不得以加惡謚也。董仲舒曰：『有其功無其意謂之戾，無其功有其意謂之罪。』」疑下句當據《漢書》注所引作「無其功有其意曰罪」。又「戾，定也」刻本「定」字作「是」，疑誤。

〔一〇八〕注文「占候」刻本作「占後」，當以寫卷爲是；又「纖」字據《叢書集成初編》本及今本《釋名》補，《磧砂藏》本引《釋名》作「讖，讖也」，下「讖」字蓋誤。

〔一〇九〕注文「再登曰平」見《漢書·食貨志》，原文云：「三考黜陟，餘三年食，進業曰登；再登曰平，餘六年食；三登曰泰平，二十七歲，遺九年食。」刻本「平」字作「升」，蓋誤。

〔一一〇〕注文「近」下刻本有「也」字，當據補。

〔一一一〕「迴復」刻本作「洄澓」，注文云：「《三蒼》云：洄，水轉也。《宣帝紀》作澓，洄水也，深也。」考北六四二一號（夜三六）經本有「暴水迴復」句，「迴復」北六四二三號（雨十）經本作「迴洑」，斯三二一、一一二二、一三三、二一五三號等經本皆作「迴覆」，底卷詞目「迴復」蓋即本於寫經，注文引他書作「洄」作「澓」，乃明其本字耳。刻本作「洄澓」，疑爲後人所改。

〔一一二〕注文「匹于反」刻本作「方于反」，「父往（佳）反」刻本作「蒲佳反」；底卷輕、重脣異切，刻本則改爲以輕脣切輕脣、重脣切重脣，反映了輕重脣音分化的趨勢。

〔一一三〕注文「亦連也」上刻本有「綴」字；又「着」字宋《磧砂藏》本作「著」，《叢書集成初編》本作「箸」，「着」「著」並爲「箸」的俗字。

〔一一四〕注文「冀也」刻本作「冀，望也」，底卷應脱「望」字。

〔一一五〕注文「石經今作食」刻本作「經文今作食」，底卷疑誤；又「因恣反」刻本作「罔恣反」，誤。

〔一一六〕注文「或作駛」宋《磧砂藏》本作「或作駃」，《叢書集成初編》本作「或作駛」，「駃」「駛」似皆誤；又「生三日』刻本作『生月』，當誤，《玉篇·馬部》云駃騠『生七日起其母』，可參。

〔一一七〕注文二『烏』字底卷皆作『乌』，乃『烏』字俗書，刻本前一『烏』字作『鳥』，當誤。

〔一一八〕注文前一『意』字疑爲『音』字之誤，其下又有脱文，刻本相關字句作『音以之反，《尒雅》：怡、懌，樂也』。

〔一一九〕注文『力燒反』刻本作『力炤反』，音同；又所引《周礼》今本『供』作『共』，鄭玄注『於内』作『於門内』。

〔一二〇〕此行九字底卷字體略小，故改排作五號字。『不』指不出音義。刻本該三卷亦無音義，蓋玄應書原本如此。又該行後底卷留有六行左右的空白，蓋抄手留空待補。

〔一二一〕注文『經文作愠』刻本『作』上有『有』字。

〔一二二〕注文切音底卷脱一字，刻本作『尸』字，可據補。

〔一二三〕注文『禾秒』刻本作『禾杪』，『秒』字誤。

〔一二四〕注文『呼挍』刻本『挍』作『校』，『挍』即『校』的俗字。

〔一二五〕注文『言』前刻本有『又』字，似衍。

〔一二六〕注文所引《説文》『冶，銷也』與今本《説文》合，刻本作『冶，燒也』，『燒』字似誤。

〔一二七〕注文『謂』後刻本無『肉』字，疑脱。慧琳《音義》出『網鞔指』條，謂『鞔』字『莫安反，謂佛指間肉上如細羅文，如彼鵝雁之足也』云云，可參。

〔一二八〕注文『謂賦斂所以擾動也』今本《方言》郭璞注作『賦斂所以擾動民也』。

〔一二九〕注文刻本作『苟，且也。《韓詩》：苟，公厚反。《廣雅》曰：苟，誠也，得也』。考今本《廣雅》『苟』有且也、誠也之訓，而無訓得者，疑刻本注文有誤。

〔一三〇〕『婚』和注文中的『昏』刻本作『婚』和『昬』，疑爲刻者所改。又注文『礼云』以下十一字今本《説文》作『禮，娶婦以昏時，婦人陰也，故曰婚』，刻本『礼』作『禮記』，似誤。又所引《尔雅》『婦之父爲昬』與今本合，刻本『父』下有『母』字，似衍。又『壻』爲『婿』的俗字。

〔一三一〕注文所引《説文》今本作「馬之良材者」。

〔一三二〕注文所引《釋名》今本「藏」上有「斂」字；又「户」字底卷脱，兹據刻本補。《禮記·檀弓》有「小斂於户内，大斂於阼」句，蓋即底卷所本。

〔一三三〕注文「匹付反」刻本作「方付反」，「匹于反」作「方于反」；底卷輕、重脣異切，刻本則以輕脣切輕脣。參看上文校記〔一三〕。

〔一三四〕「津津潤也」刻本作「津潤也」，不重「津」字，今本《説文》「液」釋「盡」也，疑玄應原文當校讀作「液，津［也］」。津潤也」，「盡」字古書皆假「津」爲之，故玄應「液」字徑釋作「津」，而又復以「津潤也」申明其義。又「酒」應爲「湭」字之訛，「湭、滋，液也」之訓今本《廣雅》未見，但《集韻·尤韻》兹秋切小韻「湭」字下云：「《博雅》：湭、滋，液也。」可證。刻本「酒」字作「猶」，非是。

〔一三五〕注文所引「楚僻我衷」今本《左傳·昭公六年》作「楚辟我衷」，《經典釋文》「辟」作「僻」，與玄應所引合；刻本作「辟」，誤。又「别内外」《文選》卷二一顏延年《五群詠》詩李善注引《蒼頡篇》作「别外」，疑「内」字爲衍文當删。

〔一三六〕注文所引《説文》「火之餘木」今本作「火餘」，段注本改從玄應所引。

〔一三七〕注文所引《説文》今本作「⿱艹姦，艸，出吴林山」，疑「艸」上脱「香」字。

〔一三八〕注文「體」字據下文及刻本校正。又「扶忍反」刻本作「蒲忍反」，紐異。

〔一三九〕注文「眠眠」刻本作「眡眡」，避唐諱省改；今本《釋名》作「瞑瞑」，古通用。

〔一四〇〕本條「毦」字《磧砂藏》本同，《叢書集成初編》本皆訛作「眊」。

〔一四一〕注文「鐵」後刻本無「者」字，蓋傳刻脱誤。

〔一四二〕本條「罐綆」以下十七字據刻本補，底卷此處爲二紙粘接之處，蓋拼接有誤或原紙殘泐而脱去一行。

〔一四三〕經本順序出現「罣礙」、「蘆菔」二詞，與底卷相合，刻本「罣礙」在「蘆菔」後，順序有誤。

〔一四四〕注文『亡皮反』刻本作『忙皮反』，底卷輕、重唇異切，刻本則以輕唇切輕唇。參看上文校記〔一三三〕。又『糜』『縻』二字刻本誤作『麋』和『縻』。
〔一四五〕『明』字刻本作『明』，古異體字，又注文『音口』二字底卷誤倒，兹據刻本乙正。
〔一四六〕注文『愓音蕩』刻本無『愓』字，蓋傳刻脱漏。
〔一四七〕『袙』字疑當據刻本作『把』，《金藏》本經文有『巴吒羅長者』名，其中的『巴』字斯二七四〇號等經本作『把』，可證。又『比雅反』刻本誤作『此雅反』。
〔一四八〕坘弥，刻本作『坻彌』，同字異寫，敦煌經本多作『坘弥』。
〔一四九〕注文『江東呼斧斤爲鐇』刻本『鐇』誤作『錯』，『即名鋸鐇』刻本『鐇』誤作『錯』。慧琳《音義》卷二六該條下云『江東呼闊刃斧爲鐇』，可參。
〔一五〇〕注文『得滅』後刻本有『度』字，慧琳《音義》無。
〔一五一〕『魍』爲『魍』的俗字，後起字作『魍』，刻本正作『魍』。又注文『亡強』反刻本作『文紡』反，『淮南』《説文》『蜩』字下作『淮南王』，無『赤爪』二字。
〔一五二〕注文『豖』刻本作『冡』，蓋一字異寫。
〔一五三〕注文『磨也』刻本作『磨石也』。
〔一五四〕標目字『獱』刻本誤作『猵』。
〔一五五〕『笶』字注文中或作『笑』，宋《磧砂藏》本皆作『笑』，《叢書集成初編》本則皆作『笶』。據注文似當從夭作『笑』，『笶』，『笑』則是『笑』『笶』交互影響的産物。
〔一五六〕注文『文字無』刻本作『文字所無』。
〔一五七〕『祢』及注文中的『你』、『尔』《磧砂藏》本同，《叢書集成初編》本分别作『禰』『儞』『爾』，係傳刻繁化使然。
〔一五八〕鉤，刻本作『鈎』，俗寫。又『鉺』字當據注文作『餌』，蓋涉上字而類化偏旁，《麗藏》本經文有『魚見鈎餌，自然吞食』句，即此詞所出。

〔一五九〕注文所引《三蒼》『欶』字刻本作『嗽』，疑傳刻所改，慧琳《音義》作『欶』，與底卷同。

〔一六〇〕『關』字據刻本校正，慧琳《音義》亦作『𨷲』不誤。今本《方言》卷五：『户鑰，自關而東陳楚之間謂之鍵，自關而西謂之鑰。』可參。

〔一六一〕注文『如』下刻本有『此』字，義長，當據補。

〔一六二〕賴締，經本有『摩奴賴綈』陀羅尼咒語，應即此詞所出，『締』『綈』爲梵語音譯之異。

〔一六三〕底卷抄寫止此。另第十三卷背面書有『天冠臂印』四字，第卅六卷背面書有『卌二　儵尒倏　牟槊　金壜　毛纛　鉀鎧　心　慨』諸字，『天冠臂印』四字見於《大般涅槃經》經文卷十三，『卌二』以下十餘字除『倏』字應爲旁記異文或注音外（參看伯二八二一號《大般涅槃經音》（二）校記〔一三〇〕、〔一三一〕），均見於《大般涅槃經後分》經文卷下（敦煌寫本中或把《大般涅槃經後分》上下卷與《大般涅槃經》相合作爲後者的卷四一、四二）。卷背又有『二月十七日弟子黃小霞施小麥疏』四行，似屬後人粘貼在背面，與本卷無關。

一切經音義（六）（卷三）

俄敦五二二六（底一）　俄敦五八六A（底二）　俄弗三六八（底三）

俄敦五八五（底四）

【題解】

本件底卷編號爲俄敦五二二六+？ +俄敦五八六A +俄弗三六八+俄敦五八五，以下分別簡稱爲底一、底二、底三、底四。底一、底三《俄藏》未定名。底二、底四《俄藏》綴合爲一，定作『一切經音義放光般若經』。

底三

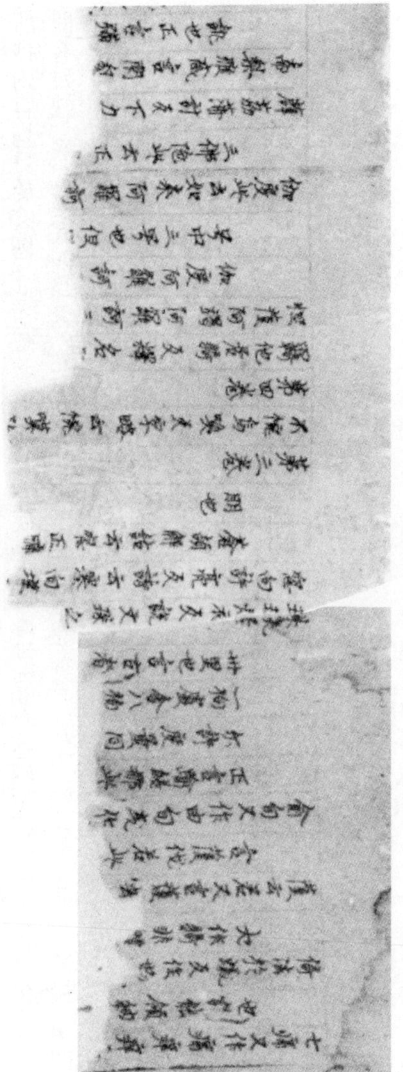

底二

底二、底三綴合圖

考上揭四卷字體相同，抄寫行款格式一致（所釋詞條與注文字體大小相同，每條提行頂格，注文換行低二格接抄，格式與俄敦五八三號同），當爲同一寫本的殘頁，應予綴合。

底卷所抄内容均見於玄應《一切經音義》卷三，底一爲《摩訶般若波羅蜜經》第二十五至二十七卷音義，底一與底二間有殘缺，底二至底四爲《放光般若經》第一至第五卷音義，其中底二和底四不銜接，中間缺的正是底三（參上底二、底三綴合圖），所以《俄藏》直接把底二、底四綴合爲一不妥。所存部分每行約十七字，除底一首三行外，其餘部分下部均殘泐五至十二字不等（按殘泐的空間計）。石塚晴通《玄應〈一切經音義〉的西域寫本》（《敦煌研究》一九九二年第二期）認爲底二、底四係九世紀中期寫本，可備一説。

上揭各卷未見前人校録。兹據《俄藏》影印本録文，以宋《磧砂藏》本、《叢書集成初編》本玄應《音義》爲參校本（簡稱『刻本』），并參考慧琳《音義》卷九所引玄應《放光般若經》音義（簡稱『慧琳《音義》』），校録於後。

（上缺）

苐廿五卷[一]

唐受，徒郎反，唐，徒也；徒，空也。

凌傷，力繒反，《三蒼》：凌，侵凌也。字從水（冰）。下或作敭，今作易，同，以豉反，《説□篇》：傷，慢也。[二]

虜掠，古文作卤（鹵），同，力古反。下力□灼曰：生得曰虜，斬首曰獲。□強奪取也。[三]

苐廿六卷

勁夫，居盛反，《説文》：勁，強也。字體□[四]

恐懅，又作遽，同，渠庶反，遽，畏▨（懼）□[五]

苐廿七卷

級其，羈立反，級，次也。《左傳》：□▨▨▨▨▨（一級，因名賊）□〔六〕

（中缺）

阿須倫〔七〕，又作▨（阿）□言阿素洛，□云酒，亦云□名无善□。〔八〕

阿惟三佛，此言□譯云現，三此□覺，《長安品》□一切種，同一義。〔九〕

六栽，作才反，經中□法，栽能長養枝□名焉。〔一〇〕

七痛，又作痛痒，痒□也，謂能領納□〔一一〕

倚法，於蟻反，住也□犬作猗，非體。〔一二〕

薩云若，又言薩芸□言薩伐若，此□〔一三〕

俞旬，又作由旬，或作□正言踰繕那，此□尔許度量，同□一狗盧舍，八狗□卅里也。言古者□〔一四〕

珠璣，居衣反，《説文》：珠之□〔一五〕

窓向，許亮反，《詩》云：塞向墐□《蒼頡解詁》云：窓，正牖□明也。〔一六〕

第三卷

不惋，烏喚反，《字略》云：惋，嘆，▨（驚）□〔一七〕

第四卷

羈他，居猗反，《釋名》▨（云）□〔一八〕

怛薩阿竭阿羅訶▨（三）□伽度阿羅訶□号中三号也，但□伽度，此云如來；阿羅訶，□三佛陀，此云正□〔一九〕

薜荔，蒲計反，下力□帝梨雅（耶），惑（或）言閇（閉）黎□訛也，正言𤢺□譯云餓鬼，

餓□。俾音卑寐反。〔二〇〕

邠褥（耨）文陁尼子，邠，▨（甫）□文陁弗，應云▨（富）□滿嚴飾女子，□〔二一〕

僧那僧涅，應云摩訶□摩訶言大，僧□莊飾，故名著▨（大）□也。一云僧那大誓，□刪那訶，此云▨（甲）□；被甲衣甲▨（也）。□〔二二〕

不枇（批）〔二三〕，側買、子尔二反，□曰枇（批）。《説文》：枇（批），▨（撠）□不取，是也。〔二四〕

第五卷

閱叉，以拙反，或□譯云能□〔二五〕

遮迦越羅，正言□云轉輪王也。〔二六〕

適莫，都狄反，下謨□也，言敵匹也；□〔二七〕

无態，他代反。〔二八〕

窠窟，□也。〔二九〕

種稑，古文穋，同，子力反，稑，□〔三〇〕。

澆灒，上又作⿰氵梟，同，古堯反，《説□作濺、⿰口戔二□《史説（記）》『五步□〔三一〕

（下缺）

【校記】

〔一〕此行以下見於底一。

〔二〕標目字『凌』刻本誤作『陵』；慧琳《音義》作『凌』，與底一同。注文『凌』字《叢書集成初編》本誤作『凌』；

〔三〕宋《磧砂藏》本及慧琳《音義》作『凌』，與底一同。又『水』字刻本同，兹據慧琳《音義》校正。又『説』下底一殘泐五至六字，刻本作『文》：傷，輕也。《蒼頡』六字。

後一『力』字下底一約殘泐五字，刻本作『尚反，虜，獲也，服也，戰而俘獲也。《漢書》晉』十五字，疑所缺爲『尚反，《漢書》晉』五字。又『獲』下底一約殘泐五字，刻本作『掠，略取也，謂』五字。『奪取也』後刻本有『俘音芳于反，軍所獲也』九字。

〔四〕『體』下底一約殘泐五字，刻本作『從力，巠聲。巠音古形反』八字。

〔五〕『懼』下底一約殘泐五字，刻本作『也，遽亦急也』五字。

〔六〕『傳』下底一約殘泐十三、四字，刻本作『加勞賜一級。又云：斬首二十三級。案師旅斬首一人，賜爵』二十二字。又『一級，因名賊』五字底一殘存右側殘畫，兹據刻本擬補。又『賊』後底一殘泐，刻本作『首爲級』三字。

〔七〕此行以下見於底二。

〔八〕『又作』後的『阿』字底二僅存上部殘畫，兹據刻本擬補。其下底二殘泐十一字左右，刻本作『須羅，或作阿脩羅，皆訛也，正』十一字。『洛』下底二殘泐十一字左右，刻本作『此譯云阿者，無也，亦云非，素洛』十二字。『亦云』後底二殘泐十二字左右，刻本作『天名，無酒神，亦名非天，經中亦』十二字。『善』後底二殘泐部分可抄十二字左右，刻本作『神也』二字。

〔九〕『言』後底二殘泐十二字左右，刻本作『訛也，正言阿毘三佛陀，阿毘此』十二字。『此』後底二殘泐十字左右，刻本作『云等，佛陀此云覺，名現等』十字。『品』後底二殘泐十一字左右，刻本作『經》言成至佛，《大品經》云一切法』十二字。『義』下底二殘泐，慧琳《音義》後有一『也』字。

〔一〇〕『中』後底二殘泐十一字左右，刻本作『亦名觸，案觸能長養心心數』十一字。『枝』後底二殘泐九字左右，刻本作『葉花條，其義相似，因以』九字。

〔一一〕『又作痛痒』刻本作『又作痒』，無『痛』字；慧琳《音義》有『痛』字，但無後一『痒』字。後一『痒』下底二殘泐十字左右，刻本作『音弋掌反，經中名受，是』九字。『納』後底二殘泐部分可抄十字左右，刻本作『苦樂，故名受』五字。

〔一二〕『也』下底二殘泐十字左右，刻本作『《説文》：倚猶依倚也。《廣雅》：倚，因也。經文從』十五字。

〔一三〕『芸』字慧琳《音義》同，刻本作『云』。『芸』下底二殘泐十字左右，刻本作『然，或言薩婆若，皆訛也，正』十字。又『此』下底二殘泐部分可抄九字左右，刻本作『譯云一切智』五字，慧琳《音義》『智』下有『也』字。

〔一四〕『作』下底二殘泐九字左右，刻本作『由延，又作踰闍那，皆訛也』十字。『此』下底二殘泐九字左右，刻本作『譯云合也，應也，計合應』九字。『同』下底二殘泐十字左右，刻本作『此方驛邏也。案五百弓爲』十字。『狗』字刻本作『拘』，『八狗』下底二殘泐十字左右，刻本作『盧舍爲一踰繕那，即此方』十字。『者』下底二殘泐部分可抄九字左右，刻本作『聖王一日所行之里數也』十字。

〔一五〕『珠璣，居』三字中分爲二，右半在底二卷，左半在底三卷，二卷拼合則密合無間。『衣反』以下見於底三。『之』下底三殘泐部分可抄八字左右，刻本作『不圓者也。《字書》：一曰小珠也』十一字。

〔一六〕『窓』字慧琳《音義》同，宋《磧砂藏》本作『窻』，《叢書集成初編》本作『窻』，爲一字異寫。又『墐』下底三殘泐七字左右，刻本作『户。傳曰：向，北出牖也。《廣雅》：窓、牖，向也』十四字。『牖』下底三殘泐七字左右，刻本作『也；牖，旁窓也，所以助』八字。『明也』二字間刻本有一『者』字。

〔一七〕『嘆』下一字底三僅存上部殘畫，兹據刻本擬補。其下殘泐部分可抄六字左右，刻本作『異也』二字。

〔一八〕『羈』字慧琳《音義》同，刻本作『覊』，前者爲俗字。『名』下一字底三僅存上部殘畫，兹據刻本擬補。其下殘泐部分可抄九字左右，刻本作『羈，檢也，所以檢持制之也』十字。

〔一九〕『三』字底三僅存上部二畫，兹據刻本擬補。其下殘泐九字左右，刻本作『耶三佛，《大品經》作多他（陀）阿』十字。又第二個『阿羅訶』下底三殘泐十字左右，刻本作『三藐三佛陀，同一名也，此即十』十二字。

『但』下底三殘泐九字左右，刻本作『猶梵音輕重耳。多陀阿』九字。第三個『阿羅訶』下底三殘泐八字左右，刻本作『此云應供；三藐』六字。『正』下底三殘泐部分可抄九字左右，刻本作『遍知也』三字。又『伽度，此云如來』一行底三頂格排，蓋抄手以『伽度』二字爲詞目，非是。

〔三〇〕『力』下底三殘泐十字左右，刻本作『計反，或言卑帝梨，或云卑』十字。『帝梨雅（耶）』一行底三頂格，蓋誤以『帝梨梨雅（耶）』爲詞目；『雅』字、『惑』字據刻本校正；『黎』下底三殘泐十字左右，刻本作『多，皆』二字，慧琳《音義》引作『多，或作俾禮多，皆』七字，疑刻本脱『或作俾禮多』五字。『⿰弓㒼』字慧琳《音義》引作『⿰弓甫』，應爲『⿰弓尒』字俗訛，『⿰弓尒』字《廣韻・屑韻》音方結切，與補蔑反同音；宋《磧砂藏》本作『弥』，《叢書集成初編》本作『彌』（下同），皆誤。『⿰弓㒼』下底三殘泐十字左右，刻本作『荔多，此譯云祖父鬼，舊』九字。『餓』下底三殘泐十字左右，慧琳《音義》引作『鬼中最劣者也。⿰弓甫音補蔑反，《孔雀王經》作俾礼多，梁言餓鬼，是也』二十五字，刻本不重『餓鬼』二字，餘略同，疑底三此處殘泐者爲『鬼中最劣者也。⿰弓㒼音補蔑反』十一字。

〔三一〕『甫』字底三僅存上部殘畫，兹據刻本擬補；其下殘泐九字左右，刻本作『貧反，又作分耨，或作邠耨』十字，『甫貧反』慧琳《音義》引作『筆貧反』。又『富』字底三僅存上部殘畫，兹據刻本擬補；其下殘泐九字左右，刻本作『那曼陀弗多羅，此譯云』九字。『女子』下殘泐部分可抄十字左右，刻本作『《明度經》云滿見子』七字。

〔三二〕『摩訶』下底三殘泐九字左右，刻本作『僧那僧涅陀，舊譯云』八字。又『摩訶言大，僧』下底三殘泐十字左右，刻本作『耶（宋《磧砂藏》本作『耶』，《叢書集成初編》本作『邪』，皆誤，當據慧琳《音義》引作『那』）言鎧，僧涅言著，亦云』九字。『莊飾』慧琳《音義》引同，刻本作『莊嚴』；『著』後『大』字底三僅存上部殘畫，兹據刻本擬補；其下殘泐九字左右，刻本作『鎧，《大品經》云大誓莊嚴是』十字。『誓』後底三殘泐九字左右，刻本作『僧涅自誓，此皆訛也。正言』十字。『云』後『甲』字底三僅存上部殘畫，兹據刻本擬補；其下殘泐九字左右，刻本作『删捺陀，或云被，或云衣，言』十字。『也』字底三僅存右上部殘畫，兹據刻本擬補；其下殘泐部分可抄十字左右，刻本作『衣音於既反』五字。

〔二三〕此行以下見於底四。

〔二四〕『枇』字據刻本校正，下同。又『反』下底四殘泐九字左右，刻本作『謂取著也。《通俗文》：掣挽』九字。『撧』字底四僅存上部殘畫，兹據刻本擬補；其下殘泐九字左右，刻本作『也。謂撧撮取也。《大品經》作』十字；所引《説文》『枇，撧也』慧琳《音義》引作『枇，捽也』，後者與今本《説文》合。

〔二五〕『或』下底四殘泐十一字左右，刻本作『云夜叉，皆訛也，正言藥叉，此』十一字。『能』下底四殘泐十二字左右，刻本作『敢鬼，又云傷者，謂能傷害人也』十二字，其中的『敢鬼』慧琳《音義》引作『噉人鬼』，『敢』應爲『噉』字訛省。

〔二六〕『言』下底四殘泐十一字左右，刻本作『斫迦羅伐辢底遏羅闍，此譯』十一字。

〔二七〕『謨』下底四殘泐十字左右，刻本作『各反，謂無人無相也。適猶敵』十一字。又『言敵匹也』下底卷殘泐部分可抄十字左右，刻本作『莫猶慕也，言莫（慕）欲也』八字，後一『莫』字據慧琳《音義》引校。

〔二八〕『他代反』下刻本有『三昧名也』四字。

〔二九〕『窠窟』條底四接於上條注文之後，條與條接抄不分，注文亦頂格抄寫，抄寫格式與前後異，内容亦頗有脱漏，蓋誤抄原文所致。兹比照上下文分條校録。『窠窟』下底卷殘泐十字左右。刻本此條下另有『厭該』條，此二條刻本全文作：『窠窟，又作薖，同，苦和反，《小爾雅》：鷄雉所乳謂之窠，兔之所息謂之窟，兔不穴居，時有而憩也。《戰國策》云：狡兔三窟。窟亦作堀。三昧名也。厭該，古來反，該，備也。《方言》：該，咸也。郭璞曰：該、咸、備，皆也。亦三昧名也。』凡七十餘字，『窠窟』、『厭該』連上『无態』條每條之末的最後三字均爲『三昧名也』四字，蓋因此導致抄手竄行而有脱漏。

〔三〇〕此條底卷亦接抄在上條注文之後。注文『䅐』字慧琳《音義》同，《叢書集成初編》本作『䅲』。考《説文》載

『稷』字古文作『稅』，『𥡘』即『稅』字篆文隸變之異，『稅』則爲『稅』的訛變字。《龍龕·禾部》：『稅，古；稷，正。』又：『𥡘，古文稷字。』可參。宋《磧砂藏》本作『稷』，誤。『子力反，稷』下底四殘泐部分可抄六字左右，刻本作『五穀之長也』五字。

〔三二〕『説』下底四殘泐六字左右，刻本作『文』：澆，灌漬也。下又』七字。又『二』下底四殘泐十一字左右，刻本作『形，同，子旦反，《説文》：濽，相汙灑也』十二字。『史説』據刻本及慧琳《音義》引校；『步』下底四殘泐部分可抄十一字左右，刻本本條下文作『之内，以血濺大王衣』，作濺。楊泉《物理論》云『恐不知味而唾唚』，作唚。江南行此音。山東音湔，子見反』。

一切經音義(七)(卷三)

俄敦五八六C(底一)　俄敦二一一+俄敦二五二+俄敦二五五(底二)

俄敦四一一(底三)　俄敦二〇九+俄敦二一〇(底四)

【題解】

底一編號爲俄敦五八六C,係一殘片,僅存三行半每行上部的三至六字,《俄藏》擬題爲『一切經音義放光般若經』。底二編號爲俄敦二一一+俄敦二五二+俄敦二五五,《俄藏》把該三號綴合爲一,凡二十五行(前十行下部有殘泐),擬題作『一切經音義卷第九放光般若經』。底三編號爲俄敦四一一,亦係一殘片,僅存二行每行下部的三至四殘字;底四編號爲俄敦二〇九+俄敦二一〇,凡十六行,前五行上部略有殘泐;《俄藏》把底三、底四按俄敦二〇九、俄敦二一〇、俄敦四一一的順序綴合爲一,擬題爲『一切經音義卷第九光讚般若經』。

按:上揭各卷字體相同,抄寫行款格式一致(所釋詞條與注文字體大小相同,每行十六至十九字不等,每條提行頂格,注文換行約低一格半接抄(校録時改爲低二格)),當爲同一寫本的殘頁(參下頁綴合圖版),故此合併校録。所抄内容均見於玄應《一切經音義》卷三,底一爲《放光般若經》第十八至十九卷音義,底二爲《放光般若經》第二十三至二十九卷音義,底三爲《光讚般若經》第二卷音義,底四爲《光讚般若經》第三至第七卷音義,除個别條目略有删節外,字句幾乎全同,故據以擬定今題。慧琳《音義》卷九亦收録上揭二經的玄應《音義》,但頗有删改訛誤,與本卷所收不盡一致,《俄藏》把底二以下各卷擬題爲『一切經音義卷第九』,蓋以爲慧琳《音義》,未確。《孟目》把後三號定作『一切經音義卷第三』,是。據傳本玄應《音義》,底一與底二間缺《放光般若經》第二十一至二十二卷音義(凡六條),底二與底三間缺《放光般若經》第三十卷音義(凡三條)、《光讚般若經》第一卷音義(凡十三條)及第二卷部分音義(全缺者凡四條),底三與底四間缺《光讚般若經》第二卷末條後部、

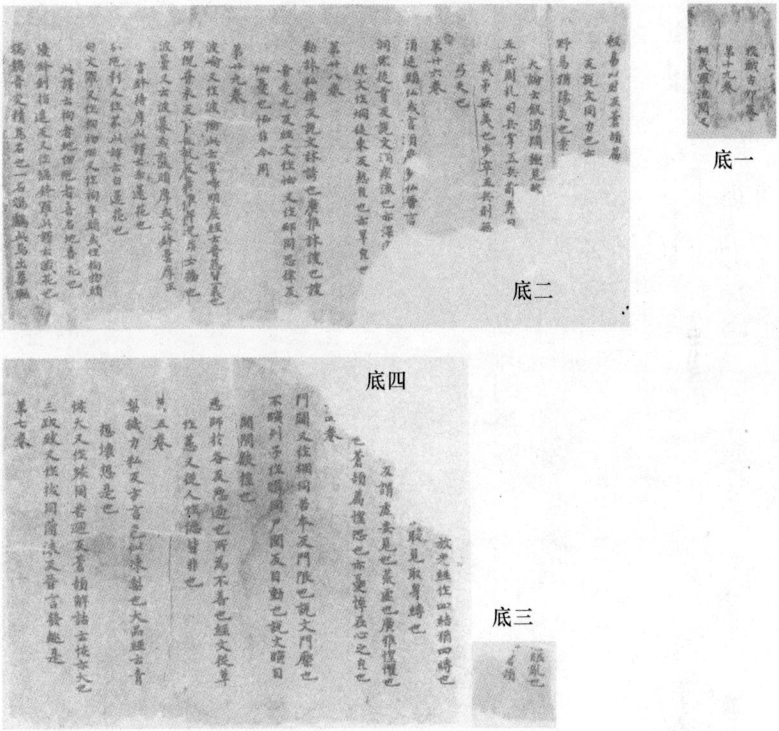

俄敦五八六C（底一）+俄敦二一一+俄敦二五二+俄敦二五五（底二）+俄敦四一一（底三）+俄敦二〇九+俄敦二一〇（底四）《一切經音義》綴合圖

第三卷首條前部及『第三卷』卷目。石塚晴通《玄應〈一切經音義〉的西域寫本》（《敦煌研究》一九九二年第二期）以爲俄敦二〇九號係八世紀初期寫本，可備一説。

本篇各號未見前人校録。茲據《俄藏》影印本録文，以宋《磧砂藏》本、《叢書集成初編》本玄應《音義》爲參校本（簡稱『刻本』），并參考慧琳《音義》卷九所引（簡稱『慧琳《音義》』），校録於後。

（前缺）

▨▨▨▨（第十八卷）〔一〕

狡戲（戲）：古夘（卯）反，▨（《方）□〔二〕

第十九卷

和夷羅洹閱叉□〔三〕

（中缺）

輕易，以豉反，《蒼頡篇》反，《説文》：同力也。亦□〔四〕

野馬，猶陽炎也。案□。《大論》云：飢渴悶極，見熱□〔五〕

五兵，《周礼》：司兵掌五兵。鄭衆曰：□戟、矛、無夷也。步卒五兵則無□弓夭（矢）也。〔六〕

第廿六卷

須延頭仏，或言須扇多仏，晉言□〔七〕

洞然，徒貢反，《説文》：洞，疾流也。亦深邃□經文作烔，徒東反，熱皃也，亦旱皃也。〔八〕

第廿八卷

勸訹，私律反，《説文》：訹，誘也。《廣雅》：訹，謏也。謏音先九反。經文作恤，又作卹，同，思律反，恤，憂也。恤非今用。〔九〕

苐廿九卷

波崘，又作波倫，此云常啼，《明度經》云普慈，皆一義也。〔一〇〕

俾倪，普米反，下五礼反，《廣雅》：俾倪、堞，女牆也。〔一一〕

波曇，又云波暮，或云波頭摩，或云鉢曇摩，正言鉢特摩，此譯云赤蓮花也。

分陁利，又作芬，此譯云白蓮花也。〔一二〕

句文羅，又作拘物陁，又作拘牟頭，或作拘物頭，此譯云拘者地，物陀者喜，名地喜花也。〔一三〕

優鉢釗，指遥反，又作漚鉢羅，此譯云黛花也。

鵁鶄，音交精，鳥名也，一名鵁鸕，此鳥出蔓聯〔一四〕

（中缺）

□▨（忽）眼亂也。〔一五〕

□▨（也）《蒼頡□〔一六〕

□□□（第三卷）〔一七〕

□《放光經》作四結，猶四縛也，□取、見取身縛也。〔一八〕

□□□□（惶慌，胡光）反，謂虚妄見也，荒虚也。《廣雅》：惶，懼也，□（遽）也。《蒼頡篇》：惶，恐也；亦憂悼在心之皃也。〔一九〕

□（第）四卷

門閫，又作梱，同，苦本反，門限也，《説文》門橜也。〔二〇〕

不瞚，《列子》作瞬，同，尸閏反，目動也。《説文》：瞚，目開閇（閉）數揺也。[一一]

悪（惡）師，於各反，悪（惡），過也，所爲不善也。經文從草作蘁，又從人作僫，皆非也。[一二]

第五卷

梨穖，力私反，《方言》：色似凍梨也。《大品經》云青想壞想是也。[一三]

恢大，又作㚢，同，苦迴反，《蒼頡解詁》云：恢亦大也。

三跋致，又作拔，同，蒲沫反，晉言發趣是。[一四]

第七卷

（後缺）

【校記】

[一] 此行以下見於底一。『第十八卷』四字底卷右部殘泐，兹據殘形并參刻本擬補。

[二] 『方』字底卷僅存上部『亠』，兹據刻本擬補；『方』下底卷殘泐十一字左右，本條刻本全文作：『狡戲，古卯反，《方言》：凡小兒多詐而獪謂之狡猾也。』

[三] 『叉』下底卷殘泐十一字左右，本條刻本全文作：『和夷羅洹閱叉，即執金剛神也，謂手執金剛杵，因以爲名焉。』

[四] 本條以下見於底二。底卷前十行下部略有殘泐。『以豉反』前刻本引有『字體作傷，或作敡，今作易，同』十一字。『以豉反』後刻本有『《説文》：傷亦輕也』六字。又『蒼頡篇』下底一殘泐九字左右，刻本作『傷，慢也。經文作劦，胡頰』九字，『亦』下底卷殘泐部分可抄九字左右，刻本作『急也。劦非此義』六字。

[五] 『案』下底一殘泐十字左右，刻本作『《莊子》所謂「塵埃也，生物之以息相吹者」。注云：鵬之所憑而飛者，乃是遊氣耳』二十九字，底卷當有删略。又『熱』下底一殘泐部分可抄九字左右，刻本作『氣謂爲水，是也』

六字。

〔六〕『曰』下底一殘泐五字左右，刻本作『五兵者，戈、殳』五字。又今本《周禮・司兵》鄭玄注引鄭衆謂五兵爲戈、殳、戟、酋矛、夷矛，而無『無夷』一稱，他書亦未見以『無夷』爲兵器者，此處當有誤。『則無』下底一殘泐四字左右，刻本作『無夷而有』四字。

〔七〕『言』下底一殘泐部分可抄五字左右，刻本作『甚浄』二字。

〔八〕『邃』下底一殘泐三字左右，刻本作『之皃也』三字。又『旱皃』後的『也』字刻本無，慧琳《音義》引有。

〔九〕詞目『訹』字右旁底一訛作『木』，兹據刻本録正。又『私律反』慧琳《音義》引同，刻本誤作『知律反』。所引《廣雅》今本作『誂、誀、訹、謏，誘也』，與玄應引有所不同。『憂』字刻本同，慧琳《音義》引作『優』；按《説文・心部》：『恤，憂也。』可證『憂』字不誤。『恤非今用』後慧琳《音義》引有『也』字，刻本無。

〔一〇〕『啼』字慧琳《音義》脱，注末『也』字慧琳《音義》無。

〔一一〕『普米反』前刻本及慧琳《音義》引有『又作鞞垷二形，《字林》』八字。又今本《廣雅》『俾倪』作『埤堄』。引《廣雅》後刻本又有『《釋名》云：俾倪，城上垣也，言於孔中俾倪非常事』十八字，慧琳《音義》略同。

〔一二〕此條刻本同，慧琳《音義》引無。

〔一三〕『物陀者喜，名地喜花也』慧琳《音義》引誤作『物陀者善喜，名喜花之也』。

〔一四〕『蔓聯』後底一殘泐，此條注文後半刻本作『山，群飛如雌鷄，似梟高足，江淮畜之，可以厭火，是也』。此下二行見於底二。底一與底二間缺《放光般若經》第三十卷、《光讚般若經》第一卷及第二卷的部分音義。本行僅存行末三字，『忽』字僅存下部殘畫，兹據刻本擬補。據刻本，所釋應爲《光讚般若經》第二卷

〔一五〕『慌忽』條，全文爲：『慌忽，呼晃反，又作怳，虚往反，謂虚妄見也。惟怳惟惚，似有無有也。《漢書音義》曰：慌忽，眼亂也。』『眼亂也』慧琳《音義》引作『眼之見也』，誤。又『忽』字慧琳《音義》引皆作『惚』，係類化增旁俗字。

〔一六〕『也』字底卷僅存下部殘畫，兹據刻本擬補。本行上部殘泐十五字左右，據刻本，所殘應爲『兩臏，又作髕，同，扶忍反，《説文》：臏，膝骨也』十五字，『蒼頡』下所缺應爲『篇》膝蓋也』四字。

〔一七〕『第三卷』三字據刻本擬補。以下各條見於底三，所釋爲《光讚般若經》第三至第七卷音義。

〔一八〕底三前五行上部殘泐一至七字不等。『《放光經》』上底三殘泐八字左右，刻本作『四𣧑，又作凶，同，許恭反』九字。又『四結』前慧琳《音義》多一『也』字，蓋誤衍。『取見』上底三殘泐六字左右，刻本作『謂貪欲、嗔（瞋）恚、戒』六字（『嗔』字據慧琳《音義》引校）；慧琳《音義》無前一『取』字，非是。《大正藏》四十五册《華嚴經内章門等雜孔目章》卷三：『四縛，一貪欲身縛，二嗔（瞋）恚身縛，三戒取身縛，四見取身縛。』

〔一九〕缺字據刻本擬補。又『在心之皃』，慧琳《音義》無『之』字。

〔二〇〕『門限也』前刻本有『《禮記》外言不入於閫，注云』十字，慧琳《音義》作『鄭玄注《禮》云：閫』六字。

〔二一〕刻本及慧琳《音義》『《列子》作瞬』後有『《通俗文》作眴』五字；引《説文》後刻本有『服虔曰：目動曰瞚』七字，慧琳《音義》引無此七字，但上文『目動也』慧琳《音義》引作『服虔云動也』。又『尸閏反』慧琳《音義》同，刻本作『尸潤反』，音同。『開閉』今本《説文》作『開闔』，『數摇』後慧琳《音義》引有『動』字，疑屬後加。

〔二二〕『經文』二字刻本無，當據本卷補，慧琳《音義》引亦有此二字。

〔二三〕『力私反』刻本同，慧琳《音義》引作『力移反』，韻近。又注末『是』字刻本無，慧琳《音義》引有。

一切經音義（八）（卷六）

俄弗三六七

【題解】

本件底卷編號爲俄弗三六七。《俄藏》補收於第十七册之末，未定名。考本卷所釋内容均見於今本玄應《音義》卷六《妙法蓮華經》音義，首缺尾全（卷首缺前十四條），卷末題『一切經音義卷苐八』，其中的『八』字疑爲『六』字之誤，蓋底卷最後所釋爲《妙法蓮華經》第八卷音義，或即因此相涉而誤，故據以改定今題。底卷每條詞目與注文字體大小相同，每條之首用一朱點提示，條與條之間空一至二格接抄（校録時每條之首改用◎表示，原有的朱點則不再保留），體式與每條换行另起的早期抄本不同。文中間有朱筆旁注校補者，字迹有所不同，當是全卷抄畢後校勘者所加。卷中『世』、『民』、『治』、『豫』、『誦』、『恒』等唐代諱字及其偏旁均不改避，僅『但』字右上部的『日』有缺中横者（參看校記〔三〇〕），或係避唐諱缺筆的孑遺，底卷似是五代或宋初較爲晚出的抄本。本卷内容相對完整，可以糾正刻本玄應《音義》之誤者極多。

本卷未見前人校録。兹據《俄藏》影印本録文，以宋《磧砂藏》本、《叢書集成初編》本玄應《音義》爲參校本（簡稱『刻本』），并參考慧琳《音義》卷二七《妙法蓮華經》音義（大乘基撰，慧琳再詳定，簡稱『慧琳《音義》』），以及《中華大藏經》影印本《妙法蓮華經》經本（簡稱『經本』），校録於後。

（上缺）

▨▨　　▨▨瑟▨▨▨▨（搋言究竟），謂色究竟天也。詫音勑嫁反，扼女几反，搋勑佳反。〔一〕◎脩行，□（下）▨（孟）反，施之名，行□▨▨（即造脩）也。〔二〕◎舍利，正言設利羅，譯云身骨，舍利有全身者，有碎□□（身者）。《處胎經》云並在金剛刹際。〔三〕 ◎寶塔，他盍反，諸經論中□□□（或作藪）斗波，或作塔婆，或云兜婆，或言偷婆，或言蘇偷婆，或言脂□□（帝浮）都，亦言支提浮啚，皆訛略也。正言窣都波，此譯云廟，或云方墳，此義翻也。或云大聚，或云聚相，謂累石等高以爲相也。案塔字諸書所无，唯葛洪《字苑》云：塔，佛堂也。音他合反也。〔四〕 ◎以偈，其逝反，梵言也，正言伽他，或云室盧迦，謂卅二字等也。此方當頌，或云攝，經中作伽陁，訛也。案偈《字林》丘竭反，健也。違照（韋昭）《漢書音義》其逝反，又音竭。《詩》云：匪車偈兮。音去謁反。〔五〕 ◎柔耎，而充（兖）反，《廣雅》：柔、耎，弱也。《通俗文》『物柔曰耎』作耎，《漢書》『軟不勝任者』軟，二形通用。經文多作▨（濡）。案《説文》《三蒼》皆人于反，水名也，出涿郡，東入漆；又霑也。或作▨（渜），乃□（本）反，《説文》：渜，湯也。二形並非經義。〔六〕 ◎馬腦，梵言謨薩羅揭婆謨薩羅，此譯云杵揭婆，此言藏，或言胎者，取其堅實也。▨□（舊云）摩娑羅伽隸，或言目薩羅伽羅婆，譯云馬腦。案此寶□□（或色）如馬腦，因以爲名。但諸字書旁皆安石作碼碯二字，謂石之類也。〔七〕 ◎車乘，齒邪反，《説文》：輿輪之緫名也。夏后氏奚仲所作。古音[居]。《釋名》云：古者車如居，言行所以居人也；今曰車，車，舍也，言行者所處如舍也。乘，食證反，《廣雅》：乘，駕也。謂可乘者也。《周礼》：四馬爲乘。乘，載也。〔八〕 ◎輦輿，力展反，《説文》輓（輓）車也，在車前人引之也。古者卿大夫亦乘輦，自漢以來天子乘之。輿，与庶、与諸二反，《説文》車輿也。一曰車无輪曰輿。今之輦輿形制别於古也。〔九〕 ◎駟馬，相二反，《説文》：駟，一乘也。謂四馬爲駟也。 ◎欄楯，力干反，謂鈎欄也。《字體》作闌，《説文》門遮也。經文作蘭，香草。楯，食允反，《説文》闌檻也。王逸注《楚辞》云：檻，楯也，從曰檻，横田（曰）楯。〔一〇〕 ◎華盖，胡瓜反，《古今註》云：黄帝所與蚩尤戰於涿鹿之野，常有五色雲氣、金枝玉葉止於帝上，有花蘤之象，故因而作華盖焉。又音呼瓜反。案西域暑熱，人多持盖，皆以花飾之。諸經中多言幢幡華蓋是也。涿音竹角反，巂于彼反。〔一一〕 ◎軒飾，虚言反，《聲類》云案車也。《説文》典（曲）輈轓車也。飾謂以皮物莊飾車也。轓甫煩反，飾從巾、飤聲。〔一二〕 ◎破魔，梵言磨羅，此云煞者，是其位處也斷慧命，故名爲魔也。言魔波旬者訛也。正言波卑夜，此云悪（惡）者，謂常有悪（惡）意，成就悪（惡）法也。或言悪（惡）魔波旬，存二音也。〔一三〕 ◎宴默，《石經》爲古文燕，一見反，《説文》：宴，安也。謂安息皃也。◎未嘗，視羊反，《小尒疋》云：嘗，試也。謂蹔爲之也。◎捶打，之蘂反，下音頂。《説文》以杖擊也。〔一四〕 ◎肴膳，胡交、胡刀二反，下上扇反，《國語》云飲而无肴，賈逵曰：肴，菹也。凡非穀而食之曰肴。《説文》膳，具食也。《周礼》膳周（用）六牲，又云膳夫，鄭玄曰：膳之言善也。今時美物亦曰珎（珍）膳。《廣雅》：肴、膳，肉也。字體皆從肉、爻，善是聲。經文有從食作餚、饍二字，檢無所出，傳寫誤也。〔一五〕 ◎教詔，居效、諸曜反，《字林》：詔，告也。《尒疋》：詔，導也。郭璞云：謂教導之也。《釋名》云：詔，照也。人闇不見事理，即有所犯，以此示之，使照然知所由也。◎塔廟，塔婆，或義譯爲廟，古文作廣（庿）。《白虎通》曰：廟者皃也，先祖尊皃也。今取其義矣。〔一六〕 ◎從廣，足容反，《小〔尒〕疋》：衺，從長也。《韓詩傳》曰：南北曰從，東西曰横。是也。《周礼》九州之地域廣輪之數，鄭玄曰：輪，從也；廣，横也。〔一七〕 ◎露慢（幔），莫半反，《説文》：幔，幕也。在傍曰帷，在上曰幕。幕，覆也，覆露也。案諸經中珠交露盖珠交露車，同其事也。經文有作縵，《説文》繒帛无文者也。縵非正體。〔一八〕 ◎和鳴，胡戈反，《説文》音樂和調也。謂音聲調和而鳴也。《詩》云和鈴央央是也。◎説應，於興反，《字林》：應，當也。謂根法相稱曰應也。◎沙門，舊云桒（桑）門，或云喪門，皆訛略也。正言室摩那拏，或言舍羅摩拏，此言功勞，言脩道有多勞也。又云勤勞，言至誠也。義亦名息，以得法故蹔寧息也。舊譯云息心，或言静志，是也。[一九] ◎頗梨，力私反，西國寶名也，梵言塞頗胝迦，譯云水玉，或云白珠，《大論》云：此寶出山石窟中，過千年冰化爲頗梨珠，此或有也。案西國極饒此物，彼乃无冰，以何化也？此但石之類耳。[二〇] ◎適從，《三蒼》古文作這，同，之赤反，謂近也，始也。[二一] ◎石礙，古文硋，同，五代反，《說文》：礙，止也。《廣雅》：礙，閡也。經文作閡，亦古文礙字也。《小介疋》：閡，限也。《說文》午代反，外閇（閉）也。又作㝵，音得。《說文》：得，取也。《尚書》高宗夢㝵說是也。案衛宏《詔定古文官書》云㝵、得二字同體。㝵非此用。[二二] ◎方剎，初鎋反，梵言差多羅，譯言田，田，土田也。或言國，或言土者，義言也。案剎字書所无，剎字略也。剢，《說文》楚乙反，傷也。字體從桼，音七。[二三] ◎猶豫，弋周反，下弋庶反，案《說文》，隴西謂犬子爲猶。猶性多豫在人前，故凡不决者謂之猶豫也。又《介疋》云：猶如麂，善登木。郭璞曰：健上樹也。◎此輩（輩），補妹反，《蒼頡篇》：輩，比也。《廣雅》：等、䵺，輩。亦類也。字體從非。䵺音補槃反。[二四] ◎佳矣，古崖反，《說文》：佳，善也。《廣雅》：佳，好也。◎嫉妬，古文𧨱、嫉（㥣）、㑵三形，同，茨栗反，下丹故反，《楚辝》云故興心而嫉嫉（妬），王逸曰：害賢曰嫉，[害]色曰妬。[二五] ◎但教，徒亶反，《聲類》云：但，徒也。徒，空也。◎瑕疵，古文痴，同，才雌反，瑕，過也。《說文》：疵，病也。◎矜高，居陵反，《尚書》：汝惟弗矜，天下莫與汝爭能。孔安國曰：自賢曰矜。《礼記》：孔子曰不矜而莊。鄭玄曰：矜謂自尊大也。[二六] ◎諂曲，《說文》讇同，丑冉反，諂，佞（佞）也。莊周云：希其意道其[言]謂之諂。[二七] ◎玫瑰，《說文》莫回、胡魁反，火齊珠也。[一]曰石之美好曰玫，圓好曰瑰。郭璞曰：玫瑰，石珠也。張揖曰：玫瑰，琅玕也。出昆崙開明山。[二八] ◎木密（蜜），字體作樒，《字林》亡一反，香木也。其樹形似槐而香，極大，伐之五年始用，若取其香，皆當預斫之，久乃香出。

◎鈆錫，役川反，《説文》青金也。《尚書》青州貢鈆是也。錫，銀鈆之間也。〔二九〕◎作樂，五角反，《世本》云黄帝世泠倫作樂。《説文》：五聲八音総名樂也。《礼記》：比音而樂之干戚羽毛謂之樂。鄭玄曰：八音克諧謂之樂。〔三〇〕◎鐃銅，女交反，如鈴而大者也。《廣雅》：鉌、鑾、鐃、鐸，鈴也。〔三一〕◎歌唄，蒲芥反，梵言婆師，此言讃歎，或言唄匿，疑訛也。婆音蒲賀反。案《宣驗記》云：魏陳思王曹植曾登漁山，忽聞巖岫有誦經聲，清婉遒亮，遠谷流響，遂依擬其聲而製梵唄，至今傳之。是也。唄亦近字耳。〔三二〕◎犛牛，亡交反，《説文》西南夷長髦牛也。今隴西出此牛也。經文作[猫]、貓二形，今人家所畜以捕鼠者是也。猫非經義。〔三三〕◎南无，或作南謨，或言那莫，皆以歸礼譯之，言和南者訛也，正言煩淡，或言槃淡，此云礼也。或言歸命，譯人義安命字。〔三四〕

第二卷

◎不豫，古文與，同，余據反，《尒疋》：逮、及，與也。《左傳》公必與焉是也。〔三五〕◎每作，莫載反，《字林》莫改反，《三蒼》：每，非一定之辞也。案每猶數也，屢也。〔三六〕◎等咎，渠九反，《廣雅》：咎，過也。字體從人、各，人各相違即成過咎也。〔三七〕◎演暢，勑亮反，《廣雅》：暢、達，明也。〔三八〕◎倫匹，力均反，《廣雅》：同、等、比、輩、倫，匹。又：倫，類也。匹，配也。〔三九〕◎深奥，於報反，《尒疋》：西南隅謂之奥。郭璞曰：室中隱奥之處也。《釋名》云：不見户明所在祕奥也。《説文》：奥，究（宛）也。亦藏也。〔四〇〕◎叵思，普我反，《三蒼》云：叵，不可也。反正爲之（乏），反可[爲]叵，皆字意也。〔四一〕◎聚落，《廣雅》：聚、落，居也。聚，[衆]也，謂人所聚居。《漢書》無燔聚落是也。〔四二〕◎衰邁，莫芥反，《説文》：邁，遠行也。《廣雅》：邁、歸，往也。◎僮僕，徒東反，下古文蹼，同，蒲木反，《説文》：男有罪爲奴曰童。《廣雅》：童、僕、役，使也。今皆作僮。又僕亦附也，謂著人也。〔四三〕　◎梁棟，《尒疋》：宗廇謂之梁。郭璞曰：屋大梁也。又梁亦通語也。棟，都弄反，《説文》：棟，屋極也。《釋名》：棟，中也，居屋之中也。宗音亡，廇力救反。　◎欻然，呼勿反，《蒼頡篇》：欻，猝起也。〔四四〕　◎焚燒，古文炃、熉（燌）二形，同，扶雲反，《廣雅》：焚，燒也。《説文》：梵（焚），燒田也。字從火，燒林意也。　◎嬉戱（戲），《説文》作僖，虚之反，僖，樂也。《蒼頡篇》：嬉，戱（戲）笑也。［戱］字從虚（虛）從戈，虚（虛）音許宜反。〔四五〕　◎切己，《廣雅》：切，近也，迫也，又亦割也。字從刀，七聲。　◎衣裓，孤得反，謂衣襟也。〔四六〕　◎珍玩，古文翫，同，五喚反，《字林》：玩，弄也。《廣雅》：玩，好也。《尚書》：玩人喪德，玩物喪志。孔安國曰：以人爲戱（戲）弄則喪其德，以物爲戱（戲）弄則喪其志也。經文作翫習之翫，非體也。〔四七〕　◎適其，尸亦反，《三蒼》：適，悦也。謂稱適也。《廣雅》：適，善也。謂事物善好稱人心也。〔四八〕　◎勇鋭，羊税反，《廣雅》：鋭，利也。《説文》：鋭，芒也。　◎推排，出唯、土回二反，《蒼頡篇》：推，軵也，前也。《説文》：推，排也。排盪也。軵音而勇反。〔四九〕　◎四衢，巨俱反，《尒疋》：路四達謂之衢。郭璞曰：交道四出者也。《釋名》云：道四達曰衢，齊魯謂四齒杷爲欋，欋杷地則有四處，此道似之，因以名焉。〔五〇〕　◎綩綖，諸經有作蜿、蠕二形，《字》一遠反，下《三》以旃反，相承云坐蓐也，未［詳］何語立名耳。〔五一〕　◎丹枕，案天竺无木枕，皆以赤皮疊布爲枕，貯以兜羅綿及毛，枕而且倚，丹言其赤色也，即諸經中朱色枕者同其事也。　◎姝好，古文娱（[女殳]），同，充朱反，《林》：姝，好皃也。《方言》：趙、魏、燕、代之間謂好爲姝。《詩》云静女其姝，傳曰：姝，色美也。〔五二〕　◎不匱，今作樻，同，渠愧反，《礼記》即財不匱，鄭玄曰乏也。《詩》云孝子不匱，傳曰：匱，竭也。〔五三〕　◎保任，補道反，《説文》：保，當也。任，保也。言可保也。〔五四〕　◎頹毁，古文積（頹）、墤二形，今作隤，同，徒雷反，《説文》：隤，隧下也。《廣雅》：隤，壞也。字從禿，貴聲。〔五五〕◎圮坼（坼），《字林》父美、恥格反，毁也。坼（坼），裂也。《尒雅》：杞（圮），霣（覆）也。《廣雅》：坼（坼），分也。〔五六〕◎褫落，直紙、勑尒二反，《廣雅》：褫，敓也。《説文》奪衣也。字從衣，虒聲。經文或作陁，除蟻反，《方言》：陁，壞也。《説文》：小崩曰陁。陁亦毁也。敓音奪，虒音斯。〔五七〕◎覆苫，《字林》舒鹽反，茅苫也。《尒雅》：白蓋謂之苫。李巡曰：白蓋編之以覆屋曰苫也。〔五八〕◎椽梠，力語反，《方言》：屋梠謂之檐。郭璞：即屋檐也，亦呼爲連緜。亦名榌。《説文》：梠，楣，通語也。榌音毗。〔五九〕◎周障，之尚反，《説文》：障，隔也。《通俗文》簹隔曰障也。簹音甫煩反。◎鵄梟，古文𨾴、鵄二形，今作鵄，同，充尸反，梵言阿梨邪。案《尒疋》：狂，茅鵄。舍人曰：狂，一名茅鵄，憙食鼠，大目也。郭璞曰：鳩（鵂）鵄也。又云怪鵄也。鳩（鵂）音亡項反。〔六〇〕◎鵰鷲，籀文作鵰，同，丁堯反，《穆天子傳》云：爰有白梟青鵰，執犬羊，食豕鹿。郭璞曰：今之鵰亦能食麞鹿耳。鷲音就，梵言姞栗陁，或言揭利闍，此云鵰鷲。案《山海經》，景山多鷲。《説文》：鷲，鳥黑色多子，師曠云，南方有鳥，名曰羌鷲，黄頭赤咽，五色皆備。是也。西域多此鳥，蒼黄目赤，食死屍也。〔六一〕◎蚖虵，案字義，古文作螈，《字林》五官反，虵醫也。崔豹《古今注》：蠑螈一曰虵毉，大者長三尺，其色玄紺，善鬽人。一名玄螈。《漢書》『玄蚖』韋昭曰：玄，黑色；蚖，蜥蜴也。經中言黑蚖，疑此物也。而不言毒害人，未詳的是。諸經多作虺，吁鬼反。◎蝮蝎，匹六反，案《尒雅》：蝮虺，博三寸，首大如擘。孫炎曰：淮以南謂虺［爲蝮］，有牙，最毒。音義曰：説者云令（今）蝮虵鼻上有針，一名反鼻虺。《三蒼》：蝮虵色如綬文，閒有鬣，大者七八尺也。擘音補麥反。〔六二〕◎蜈蚣，音吴公，《字林》蝍蛆也。甚能制虵，大者長尺餘，赤者良，黄足者不堪用，人多炙之令赤，非真也。蝍音即，蛆子餘反。〔六三〕◎蚰蜒，弋周、以旃反，江南大者即吴公也。〔六四〕◎守宫，此在壁者也，江南名蝘蜓(蜓)，山東謂之蝀螟，陝以西名爲壁宫，在草者曰蜴蜥，東方朔言非守宫即蜴蜥，是。蝘音烏殄反，蜓(蜓)音殄，蝀此亦反。〔六五〕◎狖貍，古文蜼，《字林》余繡反，江東名也；又音余季反，建平名也。《山海經》：鬲山多蜼。郭璞曰：似弥猴而大，蒼黑色，尾長四五尺，似獺，尾頭有兩歧，天雨即自倒縣於樹，以尾塞鼻，江東養之捕鼠，爲物捷健。《尒疋》蜼仰鼻而長尾，是也。〔六六〕◎鼷鼠，胡鷄反，《説文》小鼠也。《尒疋》『鼷』郭璞曰：有螫毒也，食人及鳥獸至盡，而不知，亦不痛，今謂之甘口鼠也。◎野干，梵言悉伽羅，形色青黄，如狗群行，夜鳴聲如狼。案《子虚賦》云：騰遠野干。司馬彪、郭璞注並云：射干能緣木，射音夜。《廣志》云巢於危巖高木也。禪經云見一野狐，又見野干，是也。◎咀嚼，《字林》作齟，《説文》作咀，同，才与反，含味也。《蒼頡篇》：咀，噍也。《通俗文》：咀齧曰嚼。音才弱反。《字林》：咀，齰也。經文作齚，齧也，仕白反。◎𪘏齧，相承在計反，謂没齒也。經文或作𪘏，竹皆反，《通俗文》齒挽曰𪘏也。〔六七〕◎搏撮，補各反，下《字林》七活反，手小取也。《廣雅》：搏，擊也；撮，持也。《釋名》：撮，卒也，謂蹔卒取之也。〔六八〕◎摣掣，又作抯，《字林》側加反，《釋名》云：摣，叉也，謂五指俱往叉取也。經文有作齇，《説文》齒不正也，齇非此義。掣或作摩，同，充世反，《字林》：掣，扽也。《字書》：掣，牽也。《釋名》云：掣，制頓之使順己也。〔六九〕◎啀喍，五佳、仕佳反，《説文》作齜，謂開口見齒也。《埤蒼》犬相啀拒也。◎嘷吠，古文獋，同，胡高反，《説文》：嘷，咆也。吠，犬鳴也。◎魑魅，《説文》作离，《三蒼》諸書作螭，近作魑，同，勑知反。下[古]文魅、魆二形，今作彪，同，莫冀反，《説文》老物精也。《通俗文》：山澤怪謂之魑魅，《正法華》作妖魅。〔七〇〕◎魍(魍)魎，古文蝄(蛧)蜽二形，同，亡强、力掌反，《説文》：蛧（蝄）蜽，山川之精物也。《通俗文》：木石怪謂之魍（魍）魎也。〔七一〕 ◎孚乳，《通俗文》：卵化曰孚。音匹付反。《字林》匹于反。《廣雅》：孚，生也。《方言》：鷄伏卵而未孚。是也。下而注反。《蒼頡》：乳，字也，謂養子也。 ◎蹲踞，《字林》記怒反，謂垂足實坐也；蹲猶虚坐也。舊經言箕坐也。〔七二〕 ◎土埵，《字林》丁果反，坐土也。〔七三〕 ◎撲令，荷剥反，《通俗文》爭倒曰撲。〔七四〕 ◎闚看，又作窺，同，丘規反，《字林》小視也。《方言》：凡相竊視南楚謂之窺也。〔七五〕 ◎爆聲，古文皾、𦢊二形，同，方孝反，又普剥反，《説文》：爆，灼也。謂皮散起也。〔七六〕 ◎蓬勃，蒲公、蒲没反，《廣雅》：勃，盛也。經文作熢㶿，非也。〔七七〕 ◎周章，《楚辤》云：聊翺翔兮周章。王逸曰：周章，周流也。謂周流往來也。〔七八〕 ◎先因，蘇見反，案先亦先也。〔七九〕 ◎告喻，《説文》作諭，同，榆句反，《論語》：君子喻於利。孔安國曰：喻，曉也。《蒼頡篇》：喻，譬諫也。〔八〇〕 ◎灾火，籀文作災，同，則才反，《左傳》：凡人火曰火，天火曰灾。〔八一〕 ◎蔓莚，《西京》云：其形蔓莚。李洪範音忘怨、餘戰反，《廣疋》：蔓，長不絶也。〔八二〕 ◎難處，乃安、充与反，《詩》云：莫或皇處。傳曰：處，居也。《礼記》：何以處我。鄭玄曰：處，安也。 ◎躭湎，古文媅、妉二形，同，都含反，《説文》：媅，樂也。躭亦嗜也。湎，古文䤅，同，亡善反，《説文》沈於酒也。〔八三〕 ◎繒纊，在陵反，下古文絖，同，音曠，《説文》：繒，帛也；纊，絮也。《小尒疋》：通五色皆曰繒。《三蒼》：雜帛曰繒。是也。又云：纊，綿也，絮之細者曰纊也。〔八四〕 ◎茵蓐，又作鞇，同，於人反，《説文》：車中重席也。《釋名》云：文鞇，車中所坐者也，用虎皮爲之，有文彩，因以下輿相連著也。蓐，《三蒼》薦也。〔八五〕 ◎阿鞞，陛兮反，譯言不退住也，此與鞞字同。諸經有作阿毗跋致，或作[阿]惟越致，皆是梵音訛轉耳。〔八六〕 ◎頌瘦，《説文》口没反，《三蒼》云：頭秃無毛也。《通俗文》：白秃曰頌。《廣》秃也。

今讀口轄反，此非正音，但假借耳。〔八七〕 ◎梨黮，案《方言》，面色似凍梨也。經文有作黧，力兮反，《字林》黑黄也。《通俗文》：班黑曰黧。黮，《説文》杜感反，一音勑感反，桑甚（葚）之黑也。今用於斬反者，借音耳。葚音食甚反。〔八八〕 ◎觸嬈，《説文》乃了反，嬈，擾戲（戲）也。《三蒼》嬈，郭璞云嬈弄也。《廣疋》：嫽、誂、擿，嬈也。嫽音遼，誂徒了反。〔八九〕 ◎悪（惡）賤，於路反，《礼記》：吾悪（惡）用吾情。悪（惡）猶憎也。《論語》悪（惡）紫奪朱，《詩》云［惡］无礼，皆是。〔九〇〕 ◎駞駝，又作駝，字書作驝，又作橐，《字林》力各［反］，《山海經》音託，郭璞云：日行三百里，負重千斤，知水泉所出也。性别水脉，足掊地則泉出也。經文作駱，馬色也，白馬黑髦曰駱，駱非今義。掊音蒲交反。〔九一〕 ◎蟒（蟒）身，莫黨反，《尒疋》：蟒（蟒），王虵。郭璞曰：虵之最大者故曰王。 ◎聾騃，五駭反，《蒼頡篇》无知也。《方言》：癡，騃也。〔九二〕 ◎唼食，古文噍，又作咂，同，子盍反，《通俗文》：入口曰咂。《字林》：唼血也，亦虫食曰唼。〔九三〕 ◎矬陋，徂戈反，《廣疋》：矬，短也。《通俗文》：侏儒曰短。經文作痤，謂痤癤也，《説文》小腫也，痤非此義。〔九四〕 ◎背傴，《字林》一父反，《通俗文》：曲脊謂之傴僂。《春秋》宋鼎銘云：一命而僂，再命而傴，三命而俯。杜預曰：俯恭於傴，傴恭於僂。身俞（逾）曲恭益加也。經文作軀，《字林》一侯反，幽脂也，非今所取。又作瘟，未見所出，疑傳寫誤也。〔九五〕 ◎依怙，胡古反，《尒疋》：怙，恃也。《廣疋》：賴、仰、依、負，恃也。 ◎醫道，於其反，《説文》治病工也。醫之性得酒而使，故字從酉、殹聲。古者巫彭初作醫，殹亦病人聲也。酒一以治病者藥，非酒不散也。殹音於奚反。 又作毉、毉、醫二形，俗字也。〔九六〕 ◎救療，《説文》𤻲或作療，同，力照反，《三蒼》：療，治病也。〔九七〕 ◎瘖瘂，一金、乙下反，作喑，一禁反，《字林》：喑，唶也。 又作啞。《字林》乙白反，笑聲也。《易》云笑語啞啞，是也。二形並非字體。唶音子夜反。〔九八〕　◎強識，渠良反，強，堅也。《蒼頡篇》：強，健也。〔九九〕　◎好樂，呼到、五孝反，好猶憙也，樂猶欲也。〔一〇〇〕　◎慶幸，胡耿反，《小尒疋》云：非分而得謂之幸。幸，遇也，亦冀望也，皆非其所當而得之也。字從前從夭。〔一〇一〕　◎逃逝，是世反，《説文》：逝，往也。《廣疋》：逝，行也，亦[去]也。〔一〇二〕　◎馳騁，直知反，下丑領反，《廣疋》：馳，奔也；騁，走也。　◎虎魄，匹白反，《廣疋》：虎魄，珠名也。《漢書》罽（罽）賓國有虎魄。案《博物志》云：松脂入地，千年化爲伏苓，千年化爲虎魄。一名江珠。《廣志》云：虎魄生地中，其上及旁不生草木，深者八九尺，大如斛，削去上皮，中成虎魄，有汁，初如桃膠，凝堅乃成。其人用以爲盌（盌）。〔一〇三〕　◎商估，字體作賌，始羊反，《説文》行賌也。估，字書所无，唯《尒疋》郭璞音義釋言注中商賈作此字。下賈客，公户反，《説文》柯雅反，坐賣也。《周礼》司市掌以商賈，鄭玄曰：通物曰商，坐賣曰賈。《白虎通》曰：商之言商也，商其遠近通四方之物以聚之也；賈者固也，言固物以待民來求其利也。案賈亦通語也。故《左侍（傳）》荀罃之在楚也，鄭賈人褚中以出。《史記》陽翟賈人往來販賤賣貴是也。〔一〇四〕◎坦然，他誕反，《説文》：坦，安也。《廣疋》：坦，平也。〔一〇五〕　傭任，与恭、女鴆反，蔡邕《勸學注》云：傭，賣力也。《莊子》傭於人者，孟氏曰：傭，役也，謂役力受直曰傭。《説文》：賃，傭也。◎灑地，所買反，《通俗文》以水撿塵曰灑也。〔一〇六〕　◎出内，昌遂反，案出亦出也，《詩》云出言有章是。〔一〇七〕　◎肆力，相利反，《廣疋》：肆，伸也；肆，陳也。謂伸陳役力也。〔一〇八〕　◎豪貴，古文勢，同，胡刀反，《説文》：勢，健也。《淮南子》曰：智出百人謂之豪。〔一〇九〕　◎俞急，弋朱反，《小尒疋》云：俞、兹、強，益也。又作愈。《尒疋》：愈，急也。〔一一〇〕　◎躃地，脾役反，躃，倒也。或作僻。匹尺反，雅（邪）僻也，僻非此用。〔一一一〕　◎醒悟，思挺反，《字林》：醒，醉除也。　◎憔悴，《三蒼》作顦顇，《廣疋》：憔、悴、愁、患，憂也。顇，病也。〔一一二〕 ◎恠（怪）之，古壞反，恠異也，驚恠也。凡奇異非常皆曰恠。字從左（圣），音口兀反。〔一一三〕 ◎塵坌，蒲頓反，《通俗文》：埲土曰坌。《說文》：坌，塵也。 ◎汙穢，《字林》［於］故反，又音紆莁反，汙，塗也。《釋名》：汙，洿也，如洿湼也。〔一一四〕 ◎咄男，丁兀反，《說文》：咄，相謂也。《字書》：咄，叱也。 ◎自鄙，蒲美反，《廣疋》：羞、愧、鄙，恥也。〔一一五〕 ◎於某，莫有反，《尚書》尒元孫某，孔安國曰：某，名也，臣諱君，故曰某名也。凡不知名皆言某。〔一一六〕 ◎伶俜，歷丁、正（匹）丁反，《三蒼》云：伶俜猶聯嗣（翩）也。案伶俜亦孤獨皃也。經文多作跉跰，《字林》力生反，下補諍反，字与迸同，跉，不正也；迸，散也。二形並非今用。〔一一七〕 ◎蠲除，古玄反，《方言》：南楚疾愈者謂之蠲。郭璞云：蠲，除也。 ◎毀呰，古文呰、欪二形，同，子尒反，《說文》呰，呵也。《礼》云：呰者莫不知礼之所生。鄭玄曰：口毀曰呰。〔一一八〕 ◎夙夜，思六反，《尒疋》：夙、晨，早也。 ◎註記，竹句、之喻二反，《廣疋》：註，疏也，識也。《字林》：註，解也。《通俗文》：記物曰註。今亦作注也。 ◎眇目，亡了反，《說文》一目小也。《釋名》云：目匡陷急曰眇。《方言》：眇，小也。〔一一九〕 ◎草庵，一含反，《廣疋》：庵，舍也。小屋之名也。經文作菴，菴，蘭草名也。〔一二〇〕 ◎何負，古文柯，謂文胡歌反，何，儋也。諸書故可反，何，任也。今皆作荷。〔一二一〕

第三卷

◎誠如，市盈反，《說文》：誠，信也。《廣疋》：誠，敬也。〔一二二〕 ◎谿谷，苦奚、古木反，《尒疋》：水注川曰谿，注谿曰［谷］。《說文》：泉之通川曰谷。 ◎卉木，《字林》虛謂反，《尒疋》：卉，草。郭璞曰：卉，百草之揔名也。又《方言》：東越、揚州之間名草曰卉。〔一二三〕 ◎小莖，胡耕反，《廣疋》言：莖，本也。謂枝本也。 ◎等注（澍），之喻、上句二反，《三蒼》時雨也，百卉霑洽也。《説文》：上古時雨所以澍生萬物者也。〔一二四〕◎普洽，又作霑，同，胡夾反，《説文》：洽，霑也。《蒼頡篇》：洽，遍徹也。◎不務，亡付反，《説文》：務，趣疾也。《廣疋》：務，遽也。〔一二五〕◎靉靆，於代反，下《埤蒼》音代，《廣疋》：靉靆，翳薈也。翳薈，雲興盛皃也。《通俗文》：雲覆日爲靉靆。〔一二六〕◎幽邃，古文㦟，同，私醉反，《説文》：邃，深遠也。◎百穀，古木反，《説文》：穀，續也，百穀総名也。《周易》百穀草木麗于地是也。〔一二七〕◎苗稼，《説文》草生於田者也，《蒼頡篇》禾之未秀者也。《論語》苗而不秀是也。稼，《説文》：禾之秀實爲稼，莖節爲禾；一曰在野曰稼。〔一二八〕◎甘蔗，之夜反，案諸書或作竿蔗，或作諸柘，或作甘柘，同一種也。〔一二九〕◎蒲桃，《博物志》曰：張騫使西域還，得安石榴、蒲桃、胡桃，是也。《廣志》云：蒲陶有白、黑、黄三種，桃、陶二形隨作无定體。〔一三〇〕◎枯槁，古文殦，《説文》作槀，《字林》苦道反，槁，木枯也。◎一渧，案此猶滴字，音丁歷反，《通俗文》：靈滴謂之𤁾渧，音丁計反，渧，水下也。〔一三一〕◎瓦礫，力的反，《説文》小石也。◎堆阜，古文𠂤、陮、崔三形，同，都雷反，堆，高土也。阜，山庳而大者。庳，音父尒反，卑也。〔一三二〕◎丘坑，古文㘳，《説文》土之高也，非人所爲也。一曰四方高中央下亦曰丘也。◎數知，山縷反，數，計也，閲其數曰數也。◎長表，梵言舍磨奢那，此云冢也。案西域僧徒死者或遺諸禽獸，收骨燒之，埋於地下，於上立表，累軏（甎）石等，頗似窣覩波，但形而卑小耳。〔一三三〕◎金刹，梵言掣多羅，案西域無別旛竿，即於塔覆鉢柱頭懸旛，今言刹者，應訛略也。〔一三四〕◎涕泣，他礼反，《毛詩》涕泗滂沱，傳曰：目出淚曰涕。《説文》：无聲出涕曰泣也。◎憺怕，《字書》或作倓，同，徒濫反，《説文》：憺，安也。謂憺然安樂也。憺亦恬静也。經文惔，徒甘反，《説文》：惔，憂也。惔非此義。怕又作泊，《説文》亡（匹）白反，无爲。《廣疋》：怕，静也。〔一三五〕◎勉出，古文勱，同，靡辯反，《國語》云：父勉其子，兄勉其弟。勉猶勸強也，謂勸教之也。《小介疋》：勸、勉、事，力也。〔一三六〕 ◎羣萌，古文氓，同，麥耕反，萌芽也。《廣疋》：萌，始也。案：萌，冥昧皃也，言衆无知也。《漢書》氓氓群黎是也。〔一三七〕 ◎諷誦，不鳳反，諷，詠讀也；誦謂背文也。《周礼》教國子興道諷誦，鄭玄曰：倍文曰諷，以聲節之曰誦。〔一三八〕 ◎億姟，古文荄、奒二形，今作姟，《字林》古才反，數名也。《風俗通》曰：十千曰万，十万曰億，十億曰兆，十兆曰經，十經曰姟。姟猶大數也。〔一三九〕 ◎營從，古文覺，同，役瓊反，《蒼頡篇》：營，衛也，亦部也。 ◎城郭，《世本》：鯀作城郭。《公羊傳》曰：郭者何？恢郭也。經文有從土作埻，非也。鯀音古本反。〔一四〇〕

第四卷

◎溝壑，呼各反，《說文》：溝，水瀆也，廣四尺，深四尺。《介疋》：流水深則成壑，壑亦溝池也。〔一四一〕 ◎臺觀，徒來反，《介疋》：四方而高曰臺。又云：觀謂之闕。孫炎曰：宮門雙觀也。《釋名》云：觀者，於上觀望也。〔一四二〕 ◎莎伽，先戈反，梵言娑婆揭多，此云善來。〔一四三〕 ◎唯然，弋誰反，《說文》：唯，諾也。《廣疋》：唯、然，譍也。《礼記》：父召无諾，先生召无諾，唯而起。鄭玄曰：唯者，應之敬辝也，唯恭於諾也。又借音弋水反，亦語辝也。〔一四四〕 ◎親友，于久［反］，《說文》同志也。《廣疋》：友，親也。《礼記》：僚友稱其悌，執友稱其仁。鄭玄曰：僚友，同官也；執友，同志也。〔一四五〕 ◎艱難，籀（籒）文囏，同，古閑反，《說文》土難治也。《釋名》：艱，根也，如物根也；難，憚也，人所忌憚也。 ◎貿易，莫候反，《三蒼》：貿，換易也。交易物爲貿也。字從貝從卯，音酉。〔一四六〕 ◎蹈七，徒到反，《說文》：蹈，踐履也。《釋名》云：蹈，道也，以足踐之如道也。〔一四七〕 ◎肴饌　又作籑，同，仕眷反，《說文》具食也。饌，飲食也。 ◎來室，《說文》：室，實也。案：户外爲堂，堂内爲室。《論語》云：由也升堂，未入於室。是也。〔一四八〕◎句豆，徒鬬反，《字書》：豆，留也。《説文》：逗，止也。《方言》：逗，住也。經文有作詎，竹候反，順言也。詎非經旨。又作讀，未見所出。〔一四九〕◎乾燥，先老反，《釋名》：燥，焦也。《説文》：燥，乾也。〔一五〇〕◎罣礙，本作罣，同，胡卦反，《字書》網（網）礙也。《説文》：礙，止也。〔一五一〕◎見寶，古現反，案梵本云達梨舍那，此譯云見。〔一五二〕◎林藪，桑苟反，散木爲［林］，澤無水曰藪。〔一五三〕◎各賫，子奚反，《説文》持遺也。案：賫亦持也，字從貝，𠫓聲。〔一五四〕◎關𨷲，古文鑰，同，余酌反，《説文》：𨷲，關下牡也。《方言》：關東謂之鍵，關西謂之𨷲。經文作籥，《字林》書僮笘也。何承天《纂文》云：關西以書篇爲書籥。籥非此義。笘，赤占反。◎无央，於良反，梵言阿僧祇，此言无央，［央］，盡也。經文作鞅，於兩反，《説文》頸靼，非此義。靼音之列反。〔一五五〕◎所往，羽冈反，《廣疋》：往，至也。經文有作住，非也。〔一五六〕

第五卷

◎捐捨，以專反，《説文》：捐，棄也。《尔疋》：廢，捨也。郭璞曰：捨，放置也。〔一五七〕◎委政，《國語》：棄政役，非任也。賈逵曰：政猶職（職）也。《左傳》爲政事庸力，杜預曰：在君爲政，在臣爲事。《論語》道之以政，孔安國曰：政謂法教也。〔一五八〕◎椎鍾，直追反，《説文》：椎，擊也。字從木。經文作搥（槌），直淚反，關東謂之搥（槌），關西謂之梼。又作搥，都回反，搥，擿也。二形並非字義。梼音竹革反。◎仁往，而親反，《周礼》六德一曰仁，鄭玄曰：愛人以及物曰仁，上下相親謂之仁。謚法曰：貴賢親親曰仁，煞身成人曰仁。《釋名》：仁者，忍也，好生悪（惡）煞，善悪（惡）含忍之也。〔一五九〕◎開闡，昌善反，《廣疋》：發、闡，開也。闡，明也。〔一六〇〕◎頗有，借音普我反，諸書語辞也。本音普多反。〔一六一〕◎於刹，經文有作千刹那頃，案梵本无千字，此傳寫誤也。〔一六二〕◎芥子，加邁反，《字林》辛菜也。◎宗奉，子彤反，宗，尊也。《説文》：奉，承也。◎誹謗，《字林》方味反，誹，謗也；廣毁也。《廣疋》：謗，悪（惡）也。《國語》左史謗之，賈逵曰：對人道其悪（惡）曰謗也。〔一六三〕◎罵詈，力智反，《蒼頡篇》：罵，詈也。◎尼乾，或作尼乾陁，應言泥揵連他，譯云不繫也。〔一六四〕◎逆（逆）路，正言路迦，譯云順世外道；縛摩路迦也底迦，此云左順世外道。〔一六五〕◎相扠，字體作搋，勑佳反，以拳加人也，扠近字耳。◎旃陁羅，此言訛也，正言旃荼羅，此譯云嚴熾，一云主煞人，謂屠煞者種類之捴名也。其人若行，則摇鈴自標，或杖破頭之竹，若不然，王則与罪。〔一六六〕◎田獵，《白虎通》曰：爲田除害故曰田，獵也。〔一六七〕◎漁捕，古文䲣，或作魰，同，言居反，《説文》：漁，浦（捕）魚也。◎屠兒，達明（胡）反，《説文》：屠，刳。案：屠，分割牲肉也。〔一六八〕◎魁膾，苦回、古外反，魁，帥也，魁首也。膾，切肉也。未詳所出立名。經文有作儈，《聲類》：儈，合市人也。恐非此義。〔一六九〕衒賣，胡麵反，《説文》：衒，或從玄作衒，行且賣也，詃也。◎屏處，俾領反，《礼記》左右屏而待，鄭玄曰：屏，隱也。《詩》云万邦之屏，傳曰：屏，蔽也。今借爲蒲定反，依初反讀，亦不乖字義。〔一七〇〕◎入里，《周礼》：五家爲鄰，五鄰爲里。謂二十五家也。里，居也。《釋名》云：五鄰爲里，方居一里之［中］也。〔一七一〕◎澡浴，祖老反，《説文》：澡，洒手也；浴，洒身也。〔一七二〕◎新染，經文有作新浄，《正法華》云浄潔被服也。〔一七三〕◎輕蔑，字體作懱，同，莫結反，《説文》相輕傷也。〔一七四〕◎討伐，古文討（訂），同，恥老反，《漢書音義》曰：討，除也。《礼記》叛者居（君）討，誅也。伐，《左傳》有鍾鼓曰伐。《白虎通》曰：伐者何？伐敗也，欲敗去之也。經文作罸（罰）。《説文》：罪之小者曰罸（罰）。《廣疋》：罸（罰），折伏也。罪（罰）非此義。[一七五]　◎巨身，其吕反，《字林》：巨，大也。《言》：齊宋之間謂大曰巨。《説文》巨大作鉅。[一七六]　◎被精，皮寄反，被謂被帶也。經文作披張之披，《方言》：披，散也。非此義。[一七七]　◎奮迅，方問、雖閏反，《廣疋》：奮，振也。鳥之奮迅，即毛起而身大，故字從奞在田上，奞音雖，鳥也。[一七八]　◎頭陁，此應訛也，正言杜多，譯云洮汏，音大，洒也。或云紛彈，言去其塵穢也。舊云斗藪，一義也。[一七九]　◎憒䦧（丙），公對、女孝反，《説文》：憒，亂也。煩也。《韻集》：䦧，猥也。猥，衆也。字從市從人。經文有作閙，俗字也。[一八〇]

第六卷

◎釋氏，經中或作姓瞿曇氏，案：氏姓，别也，生也。姓者，所以繫統百世使不别也，感靈而生也。氏者，所以别子孫之所出也，或因或字爵也。故《世本》云：言姓即在上，言氏即在下。[一八一]　◎年紀，居擬反，十二年爲紀，紀，記也。[一八二]　◎拜跪，《字林》：丘委反，跪，拜也。又音渠委反，《左傳》『跪而戴之』也。[一八三]　◎擣簁，古文籭、蓰（簛）二形，《聲類》作篩（篩），同，所隹、所飢二反，《説文》竹器也，可以除麁取細也。[一八四]　◎除愈，古文瘉，同，臾乳反，《方言》：差、間，愈也。《説文》：瘉，病瘳也。[一八五]　◎億載，則代反，案《筭經》：皇帝爲法，數有十等，謂億、兆、京、垓、壤、秭、溝、澗、正、載；及其用也有三，謂上中下，下數十万曰億，中數百万曰億，上數万万曰億。◎繽紛，匹仁、孚云反，《廣疋》：繽繽，衆也；紛紛，亂也。謂衆多亂下也。《字林》：繽紛，盛皃也。◎塔寺，梵言毗訶羅，此云遊行處，謂僧所遊履處也。今以寺代之。言寺者，《説文》廷也，有法度者。《廣疋》：寺，治也。《釋名》云：寺，嗣也，治事者嗣續於其中也。字體從寸、㞢聲。[一八六]　◎僧坊，甫亡反，《字林》：坊，别室也。[一八七]　◎多羅樹，形如椶櫚，極高，長七八十尺，花如黄米子，大如針，人多食之。〔一八八〕 ◎瞻蔔，正言瞻博迦，此云黄花樹，花小而香，西域多此林也。 ◎瘡胗，籀文作疹，《説文》同，居忍、章忍二反，脣瘍也，《三蒼》云風腫也。〔一八九〕 ◎咼鈄（斜），口蛙反，《説文》口戾也。《通俗文》邪戾曰咼，是也。字從口、咼（冎）聲。冎音古瓦反。〔一九〇〕 ◎匾匬，《韻集》方殄、他奚反，《纂文》云：匾匬，薄也。今俗呼廣薄爲匾匬，關中呼㡓匬。㡓補迷反。經文作牑牑，近字也。〔一九一〕 ◎曲戾，《字林》力計反，戾，曲也，字從大（犬）從户。 ◎窊曲，《字林音隱》：窐，或作窊，同，一瓜反。《廣疋》：窊，下也。〔一九二〕 ◎撰集，《三蒼》作篹，同，助孿反，《廣疋》：撰，定也。撰，述也。〔一九三〕

第七卷

◎謦欬，口泠及（反），《説文》：謦亦欬也。《蒼頡篇》：謦，聲也。經文作磬，口定諸樂器也。磬非字體。欬，苦戴反，《説文》：欬，逆（逆）氣也。經文作欬（咳），胡來反，嬰咳也，咳非經義。瘷（瘷）音蕀奏反。〔一九四〕 ◎屬累，之欲反，下力僞反，屬託也。《説文》：屬，連也。《廣疋》：委、託，累也。謂以事相屬累也。《左傳》：相時而動，无累後人。謂累重也。〔一九五〕 ◎甄迦羅，或云恒迦羅，此當千万億；百恒迦羅名頻婆羅，此當十兆；百〔頻婆〕羅名阿蒭婆，或名阿閦婆，此當千兆。 ◎我適，《三蒼》古文作啇，同，尸亦反，《尒疋》：適，往也。《正法華》云我往昔供養是也。 ◎怨敵，徒的反，《廣疋》：敵，對，當也。《尒疋》：敵，匹也。怨之匹也。 ◎八百万，《正法華》云一千八百万億梵本十八俱胝（胝）。案：百毗跋爲一俱胝（胝），此數當兆數乃更多，今經文有作百八万億，非也。 ◎動揺，《説文》餘照反，樹動也。字從木、䍃聲。䍃音余周反。〔一九六〕 ◎甄叔，譯云赤色寶，《字林》已仙反，案《西域傳》云：有緊叔迦樹，其花赤色，形大如手，此寶色似此花，因以名

焉。〔一九七〕 ◎宰官，祖殆反，《聲類》：宰，治也。謂治邑吏也。《廣疋》：宰，制也。謂制事者也。〔一九八〕

第八卷

◎舩舫，甫妄反，《通俗文》：連舟曰舫。併兩舟也。 ◎漂墮，匹消、芳妙二反，《説文》：漂，浮也。案：漂猶流也。《正法華經》作流墮，是也。〔一九九〕 ◎檢繫，居儼反，《廣疋》：檢，甲也。檢，括也，謂括束之也。《釋名》：檢，禁也，謂禁閇（閉）誨物使不得開露也。字從木。〔二〇〇〕 ◎唐捐，案：唐，徒也。徒，空。《蒼頡篇》云：捐，棄也。〔二〇一〕 ◎祝[詛]，《説文》作詶，之授反，詶，詛也。今皆作呪。下古文䘿，同，側據反，《釋名》云：祝，屬也，以善悪（惡）之辞相屬著也。詛，[阻]也，謂使人行事阻限於言也。經文作咀，才与反，咀，嚼也，非今字體。〔二〇二〕 ◎掣電，昌掣反，陰陽激耀也，關中名覞電，今吴人名磯磹，音息念、大念反。《釋名》云：掣，引也；電，殄也，謂乍見即殄滅。〔二〇三〕 ◎降雹，蒲角反，鄭玄注《礼記》云：陽爲雨，陰起脅（脅）之，凝而爲雹。〔二〇四〕 ◎戒雷，古文作誡，同，古薤反，《詩》云：豈不日誡。誡，警勑也。《方言》：戒，備也。〔二〇五〕 ◎慈音，梵云每怛利末那，此云慈意，經文作音，誤也。〔二〇六〕 ◎吉遮，止奢反，正言訖栗著，譯云所作。〔二〇七〕 ◎同（伺）求，《廣疋》《埤蒼》作覗，同，胥慈、胥吏二反，伺猶察也。《字林》：伺，候也。《廣疋》：伺，視也。〔二〇八〕

三藏法師玄奘譯

南无曷剌怛那怛那邪夜。〔二〇九〕 多埵他。 遏尒而割反。一。〔二一〇〕 末尔同上。二。 末泥去聲。三。 末末泥同上。四。 質帝五。 靳脂列反履帝六。〔二一一〕 閃式染反謎莫閇（閉）反。七。 閃弭密尔反。[八]。 多鼻扇重長帝九。 目帝十。 目答謎十一。 三謎十二。 阿毗三謎十三。 三磨短三謎十四。 素清磨三謎十五。 剎重曳十六。

惡剎曳十七。惡剎揮（撣）奴戒反。十八。扇帝十九。閃謎廿。馱剌力割反尼廿一。阿路迦婆去聲婆波羅弗補泥反帝廿二。鉢剌著知也反吠剎揮（撣）廿三。涅奴紇反栗地瑟齋竹皆反阿蹁蒲眠反怛邏涅栗地瑟齋廿四。阿蹁怛邏波利秫尸聿反茀廿五。殟烏没反矩隸廿六。没矩隸廿七。阿剌齋廿八。鉢剌齋廿九。輸弍（式）庚反迦差初理反。卅。阿三磨三謎卅一。勃陁毗盧枳帝卅二。達磨波利差伍（低）卅三。僧伽涅伽去怛尼卅四。僧伽涅具煞尼卅五。跛邪重聲跛邪短聲毗輸達尼卅六。曼喹丁結反唎卅七。〔二一二〕曼多羅剎也伍（低）卅八。胡魯伍（低）卅九。摩訶胡魯多憍舉敖反設隸卌。〔二一三〕悪（惡）剎曳卌一。惡剎伐拏多邪卌二。阿跋隸卌三。阿末若而夜反那多邪卌四。蘇波訶。

第二　多埵他。十伐唎。［摩訶十］伐唎。鄔計。目計。〔二一四〕阿齋去聲。阿吒重伐底長。涅同上栗齋。涅栗吒伐底同上。

第三　伊緻抳女几反。毗緻抳。旨緻抳。旨緻抳。涅栗緻抳。涅栗著稚雅反伐底短聲。

第四　遏媄除皆反。捺媄。努捺媄。阿捺厨雉俱反，清聲。〔二一五〕捺遲。具捺遲。〔二一六〕

第五　阿揭揮（撣）。揭揮（撣）。具利。健馱長唎。旃荼唎。摩隥祇〔二一七〕。羯西。僧矩隸。常窶履。勃盧薩抳。阿揭悉底。

第六　伊底謎，伊底謎五遍。你謎，你謎五遍。胡魯醯去聲。五遍。薩蘇紇反頞都可反醯五遍。

◎墜油，《説文》於甲反，墜，壞也，鎮也。《周成難字》作窜，窜，挮也。經文作柙，古文匣字，《説文》：柙，檻也。《論語》虎兕出於柙，是也。字從木。又作押，音甲，《尔疋》：押，輔也。亦押束也。字從手。二形並非經義。挮音子曷反。〔二一八〕　◎紺青，古暗反，《説文》帛染青而揚赤色也。《釋名》云：紺，含也，青而含赤色也。〔二一九〕　◎珂月（貝），苦何反，螺屬，出海中，潔白如雪者也。經文作軻，口佐反，《説文》接軸也，亦埳軻不遇也。軻非字義。埳音口紺反。

怛垤他。〔二二〇〕 遏彈去聲媄從皆反，輕。一。 彈荼重長鉢底丁履反伐帝二。 彈荼伐栗帝三。 彈荼伐栗怛尼彈荼拘舍隸四。 彈荼蘓達唎五。 蘓馱長利六。〔二二一〕 蘓馱囉鉢底丁履反，七。 勃陁重鉢設帝八。 薩嚩馱刺尼阿伐栗怛泥去聲。七（九）。 薩嚩婆去莎所也反伐栗怛泥十。〔二二二〕 蘓阿伐栗怛尼輕。十一。 僧伽波唎刹尼依字。十二。 僧伽涅伽怛尼十三。 薩達摩蘓波唎差初覆帝十四。 阿僧祇巨奚反。十五。 僧伽波揭伍（低）十六。 怛唎阿特縛僧伽咄略上聲鉢羅弗補没帝十七。〔二二三〕 薩縛僧伽三末底羯爛清長帝十八。 薩縛達摩蘓鉢理差初里帝十九。〔二二四〕 薩縛薩埵胡魯多憍重設略力迦奴揭帝廿。 僧所繒反訶毗重訖唎雉帝廿一。 蘇波訶。

◎阿惰，徒臥反，案梵本云怛唎此云三阿特縛世僧伽衆咄略同一種，經文從有作惰，相承▨▨▨（於六反），檢无此字，疑傳寫誤也。〔二二五〕 ◎繚戾，力鳥［反］，《説文》：繚，繞也。繚，纏也，謂相纏繞也。〔二二六〕 ◎角睞，力代反，《説文》目▨▨（瞳子）不正也。《蒼頡篇》：内視曰睞也。〔二二七〕

《一切經音義》卷第八〔二二八〕

【校記】

〔一〕底卷所存第一行僅存末二字左側殘畫。第二行『瑟』上二字存左側殘畫，其上約缺九字；『瑟』下第一字存左側提手旁，第二字存左上部殘畫，第四字『竟』上部略缺，兹據刻本擬補『搋言究竟』四字（以下缺字及校改校補之字皆據刻本，不再一一注明）。末句『搋』字右下部底卷作『巾』，俗字，兹徑録正。下從『虎』形構件者同此，不再出校説明。據刻本，所釋爲『尼吒』條，注文作：『古文度同，竹嫁反，經中或作阿迦尼沙詫，或言尼師吒，或言二吒，皆訛也。正言阿迦抳瑟搋，譯云阿迦言質閡，抳瑟搋言究竟，謂色究竟天也。詫音勑嫁反，抳女几反，搋勑佳反也。』

〔二〕『脩行』，刻本作『修行』，注文『脩』同，『脩』『修』古通用。底卷『孟』字存下部，『造脩』二字存右側殘畫，茲據刻本擬補。注文之末刻本無『也』字。

〔三〕本條注文之末刻本有『也』字。

〔四〕注文『或言脂』下底卷按空間可抄三字，但刻本僅『帝浮』二字，存疑。又『或云聚相』底卷本只作一『相』字，其右側旁注『或云聚相』，茲據刻本於『相』前補『或云聚』三字。本條注文之末『也』字刻本無。

〔五〕注文『伽他』刻本作『伽陀』，疑誤。又下『伽陁』刻本亦作『伽陀』，『陁』『陀』則爲一字異寫。又『《詩》』刻本作『《毛詩》』。

〔六〕注文『濡』字底卷存右部，作『需』形，茲據刻本擬補，『濡』爲『濡』的俗字。又『皆人于反』刻本作『音人于反』。『東入漆』宋《磧砂藏》本同，《叢書集成初編》本作『東入淶』，今本《説文》『濡』下注『東入漆涑』，段注引戴震説校改作『東入淶』，可參。前一『湨』字底卷存左側三點水旁。『二形並非經義』刻本作『二形非經義也』。

〔七〕注文『舊』字底卷存右上角殘畫。又『摩娑羅伽隷』刻本誤作『摩婆羅伽隷』，斯三四六九號玄應《音義》卷二《大般涅槃經》第十一卷音義謂『馬腦』梵言『摩娑羅伽隷』，亦作『娑』字可證。『碼碯』刻本脱『碼』字。

〔八〕注文『夏后氏奚仲所作』今本《説文》作『夏后時奚仲所造』。又今本《釋名》『古者車如居』作『車，古者曰車，聲如居』。今本《廣雅》『乘，駕也』作『駕，乘也』。又『四馬爲乘』句經本未見，《周禮·夏官司馬·校人》『乘馬一師四圉』下鄭司農注有『四疋爲乘』句，蓋即引文所出。

〔九〕注文『軛』字字書未見，蓋『輓』字形訛，茲據刻本校正。又『在車前人引之也』今本《説文》無『人』字。『與庶』反刻本作『逸庶』反，音同。

〔一〇〕注文所引王逸注見於《楚辭·招魂》『檻層軒些』注，文字全同，玄應《音義》刻本『從曰檻』作『縱曰檻』，『從』『縱』古通用。又本條注文之末刻本有『也』字。

〔一一〕注文『黄帝』後的『所』字刻本無，義長。又注文後一『華盖』底卷作『盖華』，兹據刻本乙正。本條注文之末刻本有『也』字。

〔一二〕注文『案車』刻本作『安車也』，慧琳《音義》引同，『安』字是，當據正。又『以皮物』刻本作『以物』，慧琳《音義》作『以寶物』。『從巾、⿰飠卜聲』刻本作『從巾、⿰飠卜也』，今本《説文》作『从巾从人，食聲』。

〔一三〕注文『位處』後的『也』字刻本無。玄應《音義》卷八《維摩詰所説經》卷上：『魔怨，梵言魔羅，此云殺者，是其位處第六天主也，論中釋斷惠命，故名爲魔。』可參。

〔一四〕注文『以杖擊也』刻本作『以杖擊之也』，今本《説文》未見『打』字，《説文新附》始收載之，釋爲『擊也』。

〔一五〕注文『胡交、胡刀二反』底卷誤作『胡交反二反』，兹據刻本録正。又『飲而无肴』刻本『无』後衍一『有』字，慧琳《音義》則作『飲而肴』，脱『无』字。《國語·晉語一》有『飲而無肴』句，韋昭注：『肴，俎實也。』可參。『肴、膳，肉也』見今本《廣雅·釋器》，刻本無『膳』字，蓋脱。

〔一六〕注文之末『矣』字刻本作『也』。

〔一七〕本條『從』字刻本皆作『縱』。

〔一八〕注文『覆露也』慧琳《音義》同，『覆露』古或作『覆慮』，覆蓋義，注文中應是對上句『覆也』的補充説明，刻本『覆露也』前有一『露』字，疑屬刻者臆增，恐不可從。

〔一九〕注文『脩道』刻本作『修道』，『脩』『修』古通用。

〔二〇〕注文『力私反』刻本作『力知反』。又末句『但』字右上部的『日』底卷無中横，蓋避唐睿宗李旦諱的孑遺，兹徑録正。

〔二一〕注文『之赤反』刻本作『尸亦反』，紐異。

〔二二〕『石礙』當據刻本作『無礙』，經本相應位置有『廣大深遠，無量無礙』語，應即本條所出。

〔二三〕注文『刹字略也』句刻本同，『刹』應爲『剎』字之訛，慧琳《音義》相關文句作『案刹字書所無，《説文》作剎字，略爲刹」，可參。

〔二四〕注文「比也」、「類也」後的「也」字刻本並無。

〔二五〕嫉姤，宋《磧砂藏》本作「嫉妬」，《叢書集成初編》本作「嫉妒」，「姤」「妬」皆爲「妒」的俗字。又注文「誺」後的「嫉」字底卷旁記於「誺」「㑪」二字間的右側，刻本作「愱」，字在「㑪」字之後，茲據校字。所引《楚辭》刻本無「而」字，「嫉嫉」則作「嫉妬（妒）」不誤。本條注文之末刻本有「也」字。

〔二六〕本條「矜」字宋《磧砂藏》本同，《叢書集成初編》本則皆作「矜」，「矜」字古蓋本作「矜」。又注文所引《尚書》刻本脱「與」字，今本《尚書·大禹謨》作「汝惟不矜，天下莫與汝争能」。

〔二七〕注文「譋同」間刻本有「或作謟」三字。又本條注文之末刻本有「也」字。

〔二八〕注文「開明山」刻本作「闓明山」，慧琳《音義》作「開明月山」。按《太平御覽》卷八〇三珍寶部三珠：「《山海經》曰：開明山北有珠樹。」當以作「開明山」爲是。又本條注文之末刻本有「也」字。

〔二九〕本條注文之末的「也」字刻本無。

〔三〇〕注文「冷倫」刻本及慧琳《音義》作「伶倫」。「冷倫」古書中多作「泠倫」、「泠淪」、「伶倫」，樂官名，前字或當以作「泠」爲典正，泠氏世掌樂官，故號樂官爲泠官，「泠倫」傳説爲黄帝時的樂官，因受「倫」字的影響，故「泠」字或類化换旁作「伶」（《五經文字》卷下水部：「泠，歷丁反，樂官。或作伶，訛。」），「冷」則爲「泠」的訛俗字。

〔三一〕注文「鉌」今本《廣雅》作「和」，「鉌」即表車鈴之「和」的後起專字。

〔三二〕注文「漁山」慧琳《音義》同，刻本作「魚山」，「遒亮」刻本作「遼亮」。

〔三三〕犛牛，「犛」字底卷作「犂」形，俗省，茲據刻本録正。注文「畜」字刻本脱。又本條注文之末刻本有「也」字。

〔三四〕注文「槃淡」的「淡」字底卷朱筆旁記於「槃」和上「言」字右側，茲據刻本添補於「槃」字之下。《釋門歸敬儀》卷一：『南無者，經中云那謨婆南等，傳梵訛僻。正音槃淡。唐言我禮也，或云歸禮。』

〔三五〕不豫，慧琳《音義》同，刻本作『不預』。《中華大藏經》等刻本藏經有『我等不預斯事』句，其中的『不預』北四七〇四號（來四三）等經本同，北四七〇五號（秋九六）等經本作『不豫』。『不豫』猶『不預』。又注文『是也』刻本作『是之乎』。

〔三六〕注文『非一定之辞也』的『之』字刻本無。

〔三七〕注文刻本不重『人各』二字，蓋抄脱重文符号。

〔三八〕注文『暢，達，明也』一訓今本《廣雅》未見，而《廣雅·釋詁》有云：『昶、達、聖、明、泰……徹，通也。』王念孫疏證：『昶之言暢也。』或即其所出。

〔三九〕注文前一『匹』字後刻本有『也』字，注文末的『也』字刻本無。《廣雅·釋詁》：『同、儕、等、比、倫、匹、臺、敵、讎，輩也。』

〔四〇〕注文『究』字刻本同，茲據今本《説文》校正。

〔四一〕注文『反正爲之反可叵』宋《磧砂藏》本作『正爲之可爲叵』，《叢書集成初編》本作『正爲之可反爲叵』，皆有誤，玄應《音義》卷二四《阿毗達磨俱舍論》第九卷音義引《三蒼》云：『叵，不可也。反正爲乏，反可爲叵，皆字意也。』茲據校正。

〔四二〕注文『聚也謂人所聚居』七字底卷右側旁注，刻本作『案聚衆也謂人所聚居也』，茲據補『衆』字。

〔四三〕注文所引《説文》《廣雅》『童』字與今本合，刻本作『僮』，誤。又『今皆作僮』刻本誤作『今皆作僕』。末句『謂著人也』刻本作『謂附著人』，底卷疑脱『附』字。

〔四四〕注文『欻，猝起也』後刻本別有『欻，忽也』一訓。

〔四五〕注文後一『戲』字各本無，茲據文意補。又『虚音許宜反』的『虚』當是『虗』字之訛，《磧砂藏》本作『戲』，《叢書集成初編》本作『戲』，皆誤。

〔四六〕本條注文之末的『也』字刻本無。

〔四七〕注文後二『也』字及『作』字刻本無。

〔四八〕注文末句『心』後《磧砂藏》本有一『之』字，《叢書集成初編》本作『志』，疑衍，當據本卷删，俄敦一〇一四九玄應《音義》殘卷及慧琳《音義》同條下皆無此字，亦其證。

〔四九〕注文『土回』刻本作『二回』，當誤，慧琳《音義》作『土雷反』，與『土回反』同音，可證。又本條注文之末刻本有『也』字。

〔五〇〕注文『因以名焉』宋《磧砂藏》本作『因以名焉之也』，『之也』二字疑傳刻者爲補白添加，當據本卷删正，《叢書集成初編》本末句作『因以名之也』，删去『焉』字，殆非原貌。

〔五一〕注文『字』刻本作《字林》，『三』刻本作《三蒼》，蓋皆抄手節略，下文底卷又有把《字林》略作『林』，《方言》略作『言』的情況，可參。『蓐』字刻本作『褥』，後者爲後起本字。又注末『耳』字後宋《磧砂藏》本有『之也』二字，疑傳刻者爲補白添加，當據本卷删正。《叢書集成初編》本無此二字。

〔五二〕注文『娱』字據刻本校改，『姝』『姣』皆見於《説文》，音義俱同，蓋古異體字。所引《詩》見於《邶風·静女》，今本同，而《説文》『姣』字下引作『静女其姣』。又『色美也』刻本及今本《詩經》毛傳作『美色也』。

〔五三〕注文『櫃』字底卷作『樻』而右上部有一横畫，蓋即『櫃』字訛略，刻本進而作『樻』，恐誤。『櫃』爲『匱』的後起增旁字。又『匱，竭也』今本《詩經·大雅·既醉》毛傳同，宋《磧砂藏》本作『匱，竭之』，《叢書集成初編》本作『匱，竭乏』，皆誤。

〔五四〕注文『保，當也』今本《説文》作『保，養也』。又『言可保也』刻本作『言可保信也』，義長。

〔五五〕注文『隤，隧下也』刻本作『隤，墜下也』，今本《説文》作『隤，下隊也』，『隊』『墜』古今字，而『隧』古亦或用同『隊（墜）』。

〔五六〕注文『父美』反刻本作『疋（匹）美』反，底卷輕、重唇異切，刻本則改爲以重唇切重唇，反映了輕重唇音分化的趨勢。

〔五七〕注文「陁」字刻本作「阤」，與今本《方言》、《説文》合，「陁」爲「阤」字篆文的隸變體。又本條注文之末刻本有「也」字。

〔五八〕注文後一「苫」字下刻本多一「之」字，疑爲補白添加，慧琳《音義》引李巡作「白蓋編之以覆屋曰苫」，亦無「之」字可證。

〔五九〕注文「方言」底卷本作一「言」字，其右側又旁注一「方」字，刻本作「方言」，茲據補。又「屋梠謂之檐」慧琳《音義》引同，今本《方言》卷一三作「屋梠謂之欞」。「槐音毗」慧琳《音義》同，宋《磧砂藏》本後有「之也」二字（《叢書集成初編》本作「也」一字），疑爲補白添加。

〔六〇〕本條「鵄」字刻本作「鵐」，皆爲「鴟」字俗寫。注文「雖」爲「雌」字俗寫，「鴟」「雌」爲《説文》籀文與小篆之別，刻本改「雖」爲「鴟」，恐誤。又「茅鵄」刻本作「茅鵐（鴟）」，與今本《爾雅》合。「亡項反」宋《磧砂藏》本作「母項反」，爲輕唇音、重唇音之別；《叢書集成初編》本作「以項反」，「以」字疑誤。

〔六一〕詞目「鵰」字宋《磧砂藏》本同，《叢書集成初編》本作「雕」，《説文》載「雕」字籀文作「鵰」，則詞目當以作「雕」爲是。又注文「揭利闍」刻本作「揭剌闍」，慧琳《音義》作「揭梨闍」，「剌」字疑誤。「黄頭赤咽」慧琳《音義》同，今本《説文》作「黄頭赤目」。

〔六二〕蝮蝎，「蝮」字《廣韻·屋韻》音芳福切，敷紐；底卷音「匹六切」，滂紐，以重唇切輕唇，輕重唇不分，刻本作「芳六反」，與「芳福切」同音，反映了輕重唇音分化的趨勢。又「淮以南謂虺」刻本作「江淮以南虺爲蝮」，慧琳《音義》作「江淮以南謂虺爲蝮」，茲據補「爲蝮」二字。

〔六三〕注文「赤者良」刻本作「赤足者良」，慧琳《音義》作「赤足者爲良」，底卷當脱「足」字。

〔六四〕注文「江南」後慧琳《音義》有一「謂」字，義長。又「吴公」刻本及慧琳《音義》皆作「蜈蚣」。

〔六五〕注文「壁者」後的「也」字刻本無，而「是」後、「此亦反」後刻本則皆有「也」字。又「蝪蜥」二見，刻本皆作

「蜥蝪」。

〔六六〕「狖」字刻本作「狖」，皆爲「貁」的换旁俗字，敦煌寫經此字有作「狖」（北四七一一、四七一七）、「狖」（斯一〇九六、北四七一四）、「貁」（北四七六一）等形者，皆從「宂」得聲，傳本古書此字右旁多誤從「穴」，非是。又注文「余季反」慧琳《音義》同，刻本作「余秀反」，考「蜼」字《廣韻》去聲至韻有以醉切一讀，與「余季反」同音，而「余秀反」則與「余繡反」同音，不應作爲「又音」重出，「秀」字誤。

〔六七〕注文或作字「齭」與標目字同形，疑有一誤。據竹皆反的讀音，或作字疑當作「齺」。「齺」字《廣韻》皆韻音卓皆反，正與竹皆反同音。慧琳《音義》云：「齭齧，上相傳在詣反，謂没齒齩也。……有本作齺，亦作齭，同，竹皆反，《通俗文》齒挽曰齭，恐錯爲齭。」可參。又末句「也」字刻本無。

〔六八〕注文「搏，擊也」、「撮，持也」皆見於《廣雅·釋詁》，刻本無「持也」二字，當據底卷補。又所引《釋名》慧琳《音義》作：「撮，卒也，謂暫卒取也。」今本《釋名》作：「撮，捽也，謂暫捽取之也。」「捽」當以玄應所引作「卒」爲是，「撮」釋作「卒」爲聲訓（古音同在十五部），故復以「暫卒取之」申明其義，「暫卒」即「卒（猝）」的雙音化，《左傳·僖公三十三年》「婦人暫而免諸國」杜預注：「暫，猶卒也。」《廣雅·釋詁》：「暫，猝也。」刻本玄應《音義》「暫」字作「擊」，畢沅疏證補本又據以改《釋名》「暫捽」爲「擊捽」，大誤。

〔六九〕注文引《字林》「掣，抴也」刻本作「掣，拔也」，慧琳《音義》引作「掣，拽也」，疑作「抴也」爲《字林》原貌，下引《釋名》「制頓」的「頓」亦通作「抴」，可證。又「制頓之使順己也」刻本作「制也，頓之使順己」，今本《釋名》作「制也，制頓之使順己也」。

〔七〇〕本條注文之末刻本有「也」字。

〔七一〕注文「亡强」反刻本作「亡襁」反。又注文末的「也」字刻本無。

〔七二〕注文「記怒反」刻本作「記恕反」，「踞」字《廣韻》音居御切，與「記恕反」同音，則當以作「恕」爲是。又注文之末刻本別有「義譯」二字。

〔七三〕注文『坐土』疑爲『堅土』之訛，慧琳《音義》卷五九《四分律》第七卷音義：『塗堙，都果反，《字林》堅土也。』可證。刻本作『聚土也』，疑爲傳刻者所改。

〔七四〕注文『苻剥反』刻本作『符剥反』，音同。

〔七五〕注文末的『也』字刻本無。

〔七六〕注文『又普剥反』的『又』字刻本脱。

〔七七〕注文『㶿』字刻本作『悖』。慧琳《音義》稱『勃』字『有作㶿，無所從也』。經本有『臭烟蓬勃』句，其中的『蓬勃』敦煌寫本多作『熢㶿』，以北四七〇三至四七五四號存有此句的五十個寫本爲例（敦煌文獻中有《妙法蓮華經》第二卷的寫本達五百多號），北四七〇三號（來六七）、四七二九號（收四九）寫本作『蓬勃』，北四七二五號（稱四三）、四七三四號（往五四）寫本作『熢悖』，北四七〇八號（闕六九）寫本作『塳𡋯』，其餘北四七〇四號（來四三）等四十五個寫本皆作『熢㶿』，據此，此處原文疑當據底卷作『熢㶿』爲是。又『非也』刻本作『非其體也』。

〔七八〕注文『楚辞』後衍一『辞』字，兹據刻本删。又注文末的『也』字刻本無。

〔七九〕注文『先亦先也』爲同字相訓，慧琳《音義》作：『先因，先，蘇見反，蘇前反，今從初亦先也。』又玄應《音義》卷二《大般涅槃經》第二卷音義：『先已，蘇見反，案先猶先也。』體式類似。

〔八〇〕注文所引《論語》刻本作『君子喻於義』，慧琳《音義》引作『君子喻於義，小人喻於利』，後者爲《論語》原文，疑底卷『利』前抄脱『義小人喻於』五字。

〔八一〕注文『籀文作災』宋《磧砂藏》本作『籀文作才、災』，《叢書集成初編》本作『籀文作扗、災』，慧琳《音義》作『籀書作災』。考《説文》『𢦏』字下載或體作『灾』，古文作『扗』，籀文作『災』。據此，疑底卷是，而《磧砂藏》本涉下文衍一『才』，傳刻者以『籀文作才』無據，遂改作『扗』以牽合之，實誤。又本條注文之末刻本有『也』字。

〔八二〕蔓莛，經本有『災火蔓莛』句，其中的『蔓莛』敦煌寫本中亦有作『蔓延』的（如北四七〇三、四七二一、四七二九、四七三三號等），『莛』實即『延』的增旁俗字（涉『蔓』字類化增旁）。又所引《廣疋》以下刻本作：『《廣雅》：蔓，長也。莛，遍也。王延壽云：軒檻蔓莛。謂長不絶也。』考今本《廣雅・釋訓》：『曼曼延延，長也。』又《釋詁》：『延，徧也。』殆即刻本引『蔓，長也』、『莛，遍也』云云所出。底卷當有脱誤。

〔八三〕本條『躭』字刻本作『耽』，『躭』即『耽』的俗字。又所引《説文》『媅，樂也』與今本《説文》合，宋《磧砂藏》本作『耽，樂也』，《叢書集成初編》本作『妉，樂也』，皆未確。

〔八四〕注文『小尒疋』慧琳《音義》作『小尒雅』，同；刻本作『尒雅』，殆誤。

〔八五〕茵蓐，慧琳《音義》同，刻本作『茵褥』。今見經本既有作『茵蓐』的（如北四七〇五、四七〇七號等），又有作『茵褥』的（如北四七〇三、四七〇四號等）。又注文『又作鞇，同，於人反，《説文》：車中重席也』刻本作『上於真反，茵，褥也』；『文鞇』今本《釋名》同，刻本作『文茵』；『蓐，《三蒼》薦也』刻本作『下而蜀反，草蓐，文薦也』。又『者』字底卷旁注所加，刻本無此字，但今本《釋名》有。又『以下』今本《釋名》作『與下』。

〔八六〕阿鞞，刻本出『阿鞞跋』三字，慧琳《音義》出『阿鞞跋致』四字。又注文『陛兮反』慧琳《音義》同，刻本作『頻脂反』。

〔八七〕注文『廣』應爲『廣雅』省稱（參看上文校記〔五一〕），『《廣》禿也』刻本作『《廣雅》：頌、髻（鬠），禿也』，引文見今本《廣雅・釋詁》。

〔八八〕注文『杜感反』慧琳《音義》同，刻本作『土感反』，清濁聲母異切。又『桑葚之黑也』之訓見於《説文》，刻本『黑』前有一『色』字。又『音食甚反』四字爲旁注補加，刻本作『音甚』。

〔八九〕注文『嫽音遼』底卷本作『嬈也嬈音遼』，前一『嬈』字右側旁注一『嫽』字，該句天頭又有一『音』字，或許指『也』爲『音』字之訛，但下文既已有『嬈音』二字，則此二字不必有，故兹據刻本定作『嫽音遼』三字。

〔九〇〕本條注文之末刻本有『也』字。

〔九一〕注文『又作駝』的『駝』與標目字同形，當誤，刻本作『馱』，近是。又『負重千斤』刻本作『負千斤』。『知水泉所出也』的『也』字刻本無，注文之末刻本則有『也』字。『則泉出』慧琳《音義》同，刻本作『則水泉出』。『白馬黑髦』慧琳《音義》同，刻本作『白馬黑鬣』。經本有『若作駱駞』句，其中的『駱』字北四七二〇號（騰八三）等寫經同，北四七二八號（張三六）等寫經則作『馲』。

〔九二〕注文所引《蒼頡篇》、《方言》與慧琳《音義》全同，今本《方言》卷十：『癡，騃也。』即本條所出。宋《磧砂藏》本作『《蒼頡篇》云無知之也。《方》：癡，駭也』，《叢書集成初編》本作『《蒼頡篇》云無知之皃也。下癡，騃也』，皆有誤。

〔九三〕本條注文之末刻本有『也』字。

〔九四〕注文所引《通俗文》刻本及慧琳《音義》皆作『侏儒曰矬』，當據正。又本條注文之末刻本有『也』字。經本有『矬陋癰躄』句，其中的『矬』字北四七〇三號（來六七）等寫經同，北四七〇四號（來四三）等寫經則作『痤』。

〔九五〕經本有『盲聾背傴』句，其中的『傴』字北四七〇三號（來六七）等寫經同，北四七〇七號（菜三九）等寫經則作『軀』。

〔九六〕注文『一以』刻本作『所以』，與今本《説文》合，當據正。又『又作毉、毉、醫二形』句有誤，刻本注文首出『又毉，同』，注文末復云『又作醫，俗用也』，可參。

〔九七〕本條刻本與下條相合作『瘖瘂救療』一條，誤。經本先出『救療』一詞（經文『無人救療』句），一百多字後纔出『瘖瘂』一詞（經文『盲聾瘖瘂』句）。

〔九八〕注文『乙下反』後刻本有『瘖，不能言。《埤蒼》瘂亦瘖也。經文』十二字，疑底卷抄脱一行。又『乙白反』刻本作『一句反』，誤。

〔九九〕注文『強，堅也』的『也』字刻本無。

〔一〇〇〕注文「好猶憙也」的「也」字刻本無，注文之末刻本則有一「也」字（慧琳《音義》無）。又本條刻本列在「慶幸」條後，誤。經本先出「好樂」一詞（經文「不生一念好樂之心」句），四十餘字後纔出「慶幸」一詞（經文「深自慶幸」句）。

〔一〇一〕注文「小尒疋」慧琳《音義》同，刻本誤作「尒雅」。「非分而得謂之幸」見《小爾雅·廣訓》。又「亦冀望也」的「亦」底卷本作「遇」，其右側旁注二「亦」字，兹據改，刻本及慧琳《音義》正作「亦」。「非其所當」的「其」慧琳《音義》同，刻本作「宜」，似誤。「得之也」的「也」字刻本無，末句「從夭」後刻本則有「也」字。又末句「前」字宋《磧砂藏》本作「市」，皆誤，《叢書集成初編》本作「屰」，當據正。

〔一〇二〕注文「逝，往也」今本《説文》同，刻本作「逝，行也」，當誤。末句「去」字據刻本補，今本《廣雅·釋詁》云：「逝、去……行也。」可參。

〔一〇三〕注文「珠名」後的「也」字刻本無，注文之末刻本則有一「也」字（慧琳《音義》無）。又「伏苓」二字刻本及慧琳《音義》重出，義長。「其人」刻本作「其方人」，亦較長（慧琳《音義》作「其西方人」，可參）。「盌」爲「盌（碗）」的俗字，刻本作「蜜」，誤。

〔一〇四〕注文引《説文》「行賫也」刻本及慧琳《音義》作「行賣也」，今本《説文》作「行賈也」。又所引《白虎通》「商之言商也」句前一「商」字慧琳《音義》作「賫」，義長。又「商其遠近」的「商」慧琳《音義》有，刻本無（四部叢刊本《白虎通德論》卷六亦無），當據本卷補。所引《左傳》「鄭賈人褚中以出」句的「鄭」字底卷本作「在」，右旁注「鄭」字，兹據改，刻本作「自」，今不從，《左傳》該句作「鄭賈人將寘諸褚中以出」，可參。所引《史記》今本《吕不韋傳》作「吕不韋者，陽翟大賈人也，往來販賤賣買」，「販賤賣買」疑當以玄應所引作「販賤賣貴」爲長，徐廣曰一本作「往來賤買貴賣」，可參。

〔一〇五〕注文「坦，平也」今本《廣雅》作「坦坦，平也」，宋《磧砂藏》本「平也」作「平者也」，《叢書集成初編》本作「平著也」，皆誤。

〔一〇六〕注文「撿塵」刻本及慧琳《音義》皆作「掩塵」，「掩」字疑誤。玄應《音義》卷二《大般涅槃經》第一卷音義：「灑地，所買反，《通俗文》：以水撿塵曰灑。謂以水灑散。」亦用「撿」字。唐釋窺基《妙法蓮華經玄贊》卷六引《通俗文》：「以水斂塵曰灑。」「撿」「斂」音近義通，均爲約束、收攝之義。玄應《音義》卷八《維摩詰所説經》上卷音義「掃灑」條：「《通俗文》：以水掩塵曰灑。謂以水灑散之也。」其中的「掩」字亦當作「撿」或「斂」，慧琳《音義》卷二八引正作「斂」。宋釋智圓《維摩經略疏垂裕記》卷七引《通俗文》：「以水揜塵曰灑。」「揜」同「掩」，疑亦當校作「撿」或「斂」。

〔一〇七〕注文「案出」「《詩》云」四字底卷爲旁注所加。又注文之末刻本有一「也」字，義長。

〔一〇八〕注文「役力」後刻本多一「之」字，疑衍。

〔一〇九〕注文「勢，健也」的「也」字刻本無，注末「謂之豪」後刻本則有「也」字。

〔一一〇〕標目字及注文所引《小尒疋》的「俞」字慧琳《音義》同，刻本作「愈」，誤。又「兹」字慧琳《音義》同，刻本作「滋」，今本《小爾雅·廣詁》：「愈、滋、彊，益也。」疑作「愈」作「滋」皆爲後人所改。

〔一一一〕注文「匹尺反」慧琳《音義》同，刻本脱「尺」字，《叢書集成初編》本「匹」又誤作「四」。又「僻非此用」後宋《磧砂藏》本有「之也」二字（「之」字當爲補白添加），《叢書集成初編》本作一「也」字。

〔一一二〕注文所引《廣疋》「悴」字今本同，刻本誤作「卒」。又「顇，病也」刻本作「亦病也」（按該訓慧琳《音義》注明引自《爾雅》，是，「顇，病也」見今本《爾雅·釋詁》）。

〔一一三〕「怪之」條刻本在下文「咄男」（刻本作「咄男子」）條之後，慧琳《音義》在「憔悴」條之後。查經文卷二依次有「躃地」、「醒悟」、「憔悴」、「怪之」、「塵坌」、「汙穢」、「咄男」、「自鄙」、「於某」等詞，順序與底卷及慧琳《音義》合，則刻本順序有誤。

〔一一四〕注文「紆莁反」刻本作「紆莖反」，誤。

〔一一五〕注文所引《廣疋》慧琳《音義》同，亦與今本《廣雅·釋詁》相合（唯今本《廣雅》「愧」作「媿」），宋《磧砂藏》

本『恥也』作『恥之也乎矣也』，『之』『乎矣也』四字爲傳刻者補白所加，《叢書集成初編》本作『恥之皃也』，亦未妥。

〔二六〕注文『尒元孫某』慧琳《音義》同，語見今本《尚書·金縢》，刻本『元』作『後』，誤。又前一『名也』的『也』及後一『名也』二字今本《尚書》孔注無。『凡不知名皆言某』底卷本作『臣諱名也不言名皆言某』，又在『臣諱名』三字右側旁注『凡不知』三字，兹據刻本及慧琳《音義》定作『凡不知名皆言某』（刻本句末尚有一『也』字）。

〔二七〕本條注文之末刻本有『也』字。

〔二八〕注文『呰者莫不知礼之所生』刻本同，慧琳《音義》作『呰者莫知禮也所生』，考此語出自《禮記·喪服四制》，今本作『訾之者，是不知禮之所由生也』，『訾』『呰』同，『莫』則當爲『是』字之訛。又『口毁曰呰』今本《禮記》鄭注作『口毁曰訾』，刻本作『毁口呰也』，有誤。

〔二九〕注文『亡了反』刻本作『忙了反』，輕重脣音聲母異切。

〔三〇〕注文『蘭草名也』刻本『草』後有一『之』字，慧琳《音義》作『藥草名』，疑『蘭草』爲『藥草』之誤。《廣韻·覃韻》烏含切：『菴，菴藺草。』菴藺草爲蒿類植物，與蘭草不同。

〔三一〕注文『柯』字刻本作『抲』，慧琳《音義》卷一〇《金剛般若波羅蜜經》音義載『荷』字古文作『柯』，而《集韻·哿韻》又載『荷』字或作『抲』『抲』（玄應《音義》卷三《金剛般若經》音義亦載『荷』字古文作『抲』），作『柯』作『抲』似皆有據。又『謂文』有誤，刻本作『説文』，似是。『故可反』刻本作『胡可反』，『胡』字音較吻合。本條注文之末刻本有『也』字。

〔三二〕本條注文之末的『也』字刻本無。

〔三三〕注文『百草之揔名也』慧琳《音義》同，刻本無句末『也』字，（『揔』字宋《磧砂藏》本同，《叢書集成初編》本及慧琳《音義》引作『總』）今本《爾雅》郭注作『百草總名』。又末句『曰卉』刻本作『爲卉也』，今本《方言》

卷一〇作『卉、莽，草也。東越、揚州之間曰卉』。

〔一二四〕注文所引《説文》今本作『時雨澍生萬物』，當據底卷補『所以』二字，底卷『上古』二字則恐有誤。慧琳《音義》卷七、卷一九、卷三二、卷四五『澍』字下引《説文》皆作『時雨所以澍生萬物者也』（卷七條『萬物』後無『者』字），可爲校字之證。

〔一二五〕注文『亡付反』刻本誤作『亡什反』。又所引《説文》『趣疾也』今本無『疾』字。

〔一二六〕詞目『靉』字底卷『雲』『愛』位置誤易，兹據刻本録正。又本條注文之末刻本有『也』字。

〔一二七〕注文所引《周易》今本作『百穀草木麗乎土』，陸德明《經典釋文》云『土』字王肅本作『地』。

〔一二八〕本條注文之末刻本有『也』字。

〔一二九〕注文『甘柘』刻本作『甘蔗』。

〔一三〇〕注文『廣志』刻本及慧琳《音義》作『廣雅』，當誤。又『黄』字慧琳《音義》作『紫』，疑以作『紫』爲是。後一『陶』字刻本作『萄』，非是。另底卷『白』字下絶句（用朱圈與下文隔開），誤。

〔一三一〕注文『靈滴』慧琳《音義》同，刻本作『零滴』；又『濼滞』刻本作『凝滞』，慧琳《音義》作『濼』一字（蓋脱『滞』字），『凝』當是『濼』字之訛。

〔一三二〕堆阜，慧琳《音義》同，刻本作『埠阜』，『埠』蓋『垍』字俗訛，『垍』『堆』爲古異體字。又注文『高土』底卷『高』字旁注於『土』字右側，兹據刻本録作『高土』。『父尒反』刻本作『久尒反』，誤。

〔一三三〕注文『軓』字據刻本及慧琳《音義》校。又『埋於地下』刻本無『地』字，蓋脱。『形而卑小』刻本及慧琳《音義》皆無『而』字，意較順。

〔一三四〕注文『無別』慧琳《音義》同，刻本作『別無』。又『播』字下文作『旛』，『播』即『旛』字俗省，刻本前後皆作俗字『播』。

〔一三五〕注文『經文惔』的『惔』字前刻本有一『作』字，意較順；北四九七六號（皇九九）等經本有『其心惔怕』句，即本條所出。又『無爲』後《叢書集成初編》本及慧琳《音義》有『也』字。所引《廣疋》『静』字後宋《磧砂藏》本多一『之』字，蓋爲補白所加。

〔三六〕注文『小尒疋』刻本作『小雅』，引文『勤、勉、事，力也』見於今本《小爾雅・廣詁》，文字同，刻本作『勸、勉，力也』，有誤。

〔三七〕注文末句『是也』宋《磧砂藏》本作『是之也』，『之』蓋爲補白所加。

〔三八〕本條注文之末刻本有『也』字，今本《周禮・春官宗伯下》鄭注無。

〔三九〕注文『姟』字慧琳《音義》同，刻本作『𣧳』，誤。又『字林』刻本作一『字』字，蓋抄刻者節略（參看上文校記〔五〇〕）。慧琳《音義》卷四六《大智度論》第一卷音義『嬰咳』條下引《字林》『姟』字音古才反，可證。

〔四〇〕注文『舷』字刻本作『鮌』，慧琳《音義》作『鯀』，後者爲正字。又經文『化作大城郭』，『郭』字北四九八三號（宙三九）寫本作『墎』，與玄應所見有作本合。本條注文之末刻本有『也』字。

〔四一〕注文『流水深』慧琳《音義》作『水流深』。又『流水深』云云今本《爾雅》未見，亦與《爾雅》體例不合，此引《尒疋》，疑有誤。

〔四二〕注文『雙觀』《詩・鄭風・子衿》疏引孫炎作『雙闕』。

〔四三〕本條注文之末刻本有『也』字。

〔四四〕注文『應之敬辞也』刻本『之敬』二字誤倒；今本《禮記・曲禮上》鄭注作『應辭，唯恭於諸』，可參。又本條注文之末的『也』字刻本無。

〔四五〕注文所引《礼記》見《曲禮上》，今本『悌』作『弟』，鄭注作『僚友，官同者；執友，志同者』。

〔四六〕注文『換易也』慧琳《音義》同，刻本無『換』字。又『卯』字慧琳《音義》作『丣』，云『丣』『古文酉字也』。底卷『音酉』前當脱一『卯（丣）』字。

〔四七〕注文『蹈，踐履也』刻本作『蹈，踐也；踐，履也』，後者與今本《説文》合，底卷當有脱漏。

〔一四八〕注文「堂内爲室」刻本及慧琳《音義》作「户内爲室」。

〔一四九〕「句豆」及注文「豆，留也」的「豆」刻本及慧琳《音義》皆作「逗」。又注文「⿰言竇」字刻本作「讀」，似誤。「⿰言竇」當是從言、竇聲，與「⿰言豆」皆爲「逗」或「讀」的後起形聲俗字。經本有「若於此經，忘失句逗」句，其中的「逗」字敦煌寫本有作「豆」或「讀」的（分別見北五二一七號、五二五八號寫經），可參。本條注文之末刻本有「也」字。

〔一五〇〕注文「燥，乾也」慧琳《音義》引及今本《説文》同，刻本「乾」後多一「之」字，蓋爲補白所加。

〔一五一〕注文「本作罣」的「罣」與標目字同形，顯有一誤，刻本注文作「罫」，未知確否。慧琳《音義》該條注云「古作罫」，可參。又本條注文之末的「也」字刻本無。

〔一五二〕本條注文之末刻本有「也」字。

〔一五三〕本條注文之末刻本有「也」字。

〔一五四〕「賷」爲「齎」的俗字，慧琳《音義》正作「齎」；「齎」字從貝、齊聲，注文「亝」即「齊」的古字。又本條注文之末刻本有「也」字。

〔一五五〕北五二二四號（閏三）等經本有「此佛滅度，無央數劫」句，其中的「央」字北五二二八號（爲四八）等經本作「鞅」，與玄應所見經本合。又注文「無央，[央]，盡也」底卷本作「無盡也」，「無」「盡」二字右側旁注一「央」字；刻本及慧琳《音義》作「無央數，央，盡也」，兹據以校補如上。又「頸靻」後刻本有一「也」字，「也」後又重出一「鞅」字。

〔一五六〕北五二二七號（爲五〇）等經本有「在在所往，常爲聽法」句，其中的「往」字北五二二四號（閏三）等經本作「住」，與玄應所見「有作」本合。又注文「羽冈反」刻本作「羽罔反」，就字形而言，「冈」乃「网」字異寫，然「网」字古又繁化作「罔」，故「冈」亦或爲「罔」字異寫；「非也」宋《磧砂藏》本作「非之也」，「之」蓋爲補白所加。

〔一五七〕注文所引《尒疋》及郭注的『捨』字今本作『舍』，『捨』爲後起俗字。又引郭注『放置也』慧琳《音義》同，今本無『也』字，刻本作『置也』，脱『放』字。

〔一五八〕注文所引《國語》刻本作『棄所役非任政』，誤；今本《國語・晉語一》作『棄政而役，非其任也』，可參。又所引《論語》『道』字刻本及今本《論語》皆作『導』。

〔一五九〕注文『善惡含忍之也』刻本無句末『也』字，慧琳《音義》作『善惡忍曰仁』，今本《釋名》作『善含忍也』。

〔一六〇〕注文『明也』刻本作『明之也』，『之』蓋爲補白所加。

〔一六一〕本條注文之末刻本有『也』字。

〔一六二〕經本有『於刹那頃，發菩提心』句，玄應所見寫本前四字有作『千刹那頃』者，蓋『於』字或寫作『于』，『于』又訛變作『千』也。慧琳《音義》云『千』字『或後人妄加』，恐不確。

〔一六三〕注文『廣毁也』疑爲『謗毁也』之誤（『謗』字涉下《廣疋》之『廣』而誤），刻本正作『謗，毁也』。

〔一六四〕注文『泥揵連他』刻本作『泥健連他』；又『不繫』刻本誤作『不擊』。

〔一六五〕注文譯『順世外道』刻本『順世』後衍一『本』字。慧琳《音義》云：『梵云路迦也底迦，言順世外道，執計隨順世間所説之法外道；後正梵云縛摩路迦也底迦，云左順外道，執計不順世間所説，與前執乖，名左順世外道。』可參。又『縛摩』以下十四字底卷重出，蓋誤衍其一，兹據刻本删。又注文末刻本有一『也』字。

〔一六六〕注文『或杖破頭之竹』慧琳《音義》同，宋《磧砂藏》本脱一『破』字，《叢書集成初編》本作『或杖頭竹』，更謬。玄應《音義》卷二三《對法論》第八卷音義亦云『旃荼羅』『或杖破頭之竹』云云，可證。又『王則与罪』宋《磧砂藏》本句末有『也』字，《叢書集成初編》本作『上則與罪也』。

〔一六七〕『田獵』及注文『故曰田』的『田』字刻本皆作『畋』。北五四四〇號（暑九一）等經本有『田獵漁捕』句，其中的『田』字北五四三九號（宇八〇）等經本作『畋』。『田』『畋』實爲一字之孳乳。

〔一六八〕注文引《説文》刻本末有『也』字，今本《説文》亦有。

〔一六九〕注文「古外反」的「古」字後底卷衍一「文」字，兹據刻本删。又「魁，帥也，魁首也」刻本作「帥也，首也」；「切肉也」句刻本無「也」字，本條注文之末刻本則有一「也」字。「未詳所出立名」句宋《磧砂藏》本無「名」字，《叢書集成初編》本則無「立名」二字。北五四三九號（宇八〇）等經本有「屠兒魁膾」句，其中的「膾」字北五四四三號（日九二）等經本作「儈」，與玄應所見「有作」本合。

〔一七〇〕注文「傳曰：屏，蔽也」今本《詩·小雅·桑扈》毛傳同，刻本作「屏，隱也；屏，蔽也」，似有衍誤。又本條注文之末刻本有「也」字。

〔一七一〕底卷「入里」緊接於上一條之後，注文「里居也」以下又另作爲一條，皆誤，兹據刻本及慧琳《音義》改正。又「里居也」句的「也」字刻本無。末句「中」字據刻本、慧琳《音義》及今本《釋名》補，又今本《釋名》「方居」作「居方」。

〔一七二〕本條注文之末的「也」字刻本無，蓋爲雙行注文對齊而删。

〔一七三〕北五四三九號等經本有「着新染衣」句，其中的「新染」北五四四〇號等經本作「新淨」，與玄應所見「有作」本合。

〔一七四〕注文「相輕傷也」今本《説文》「懱」字注作「輕易也」。

〔一七五〕注文「叛者居討」刻本同，慧琳《音義》作「叛者君討」，今本《禮記·王制》作「畔者君討」，兹據以校「居」字。又「誅也」刻本作「鄭玄曰：討，誅也」，慧琳《音義》略同，底卷疑有脱漏。「伐敗也，欲敗去之也」今本《白虎通》卷四作「謂伐擊也，欲言伐擊之也」。「罸，折伏也」今本《廣雅·釋詁》作「罸，折也」。本條注文之末刻本有「也」字。

〔一七六〕注文「言」刻本及慧琳《音義》皆作「方言」，當是，但今本《方言》僅見「齊宋之間曰巨曰碩」句。又本條注文之末刻本有「也」字。

〔一七七〕注文「非此義」慧琳《音義》同，刻本作「披非此義也」。

〔一七八〕注文『奄音雖，烏也』慧琳《音義》同，刻本無『烏』字。

〔一七九〕注文『汏』字刻本同，慧琳《音義》作『汰』，皆爲『汏』的增點俗字（後世通行作『汰』）。

〔一八〇〕注文『亂也煩也』慧琳《音義》同，刻本作『亂煩也』，今本《説文》『憒』字釋『亂也』。

〔一八一〕注文『感靈而生也』刻本作『靈感而生』，慧琳《音義》作『靈感而生也』。又『或因或字爵也』刻本作『或因爵』，皆有誤；慧琳《音義》作『或因地或因官爵』，義較長。本條注文之末刻本有『矣』字。

〔一八二〕注文『居擬反』慧琳《音義》同，刻本作『居里反』，音同。

〔一八三〕本條注文之末的『也』字刻本無。

〔一八四〕注文『可以除麁取細也』今本《説文》『籭』字下作『可以取粗去細』。

〔一八五〕注文『差、閒，愈也』見今本《方言》卷三，刻本脱去『閒』字。

〔一八六〕注文所引《廣疋》刻本及慧琳《音義》同，玄應《音義》卷一四《四分律》第四十卷音義引《廣雅》亦云『寺，治也』（該條慧琳《音義》卷五九引玄應《音義》『廣雅』作『爾雅』），但今本《廣雅》僅見『寺，官也』一訓，《爾雅》亦未見釋『寺』爲『治』者，存疑。又『治事者嗣續於其中也』刻本『者』後多一『相』字，慧琳《音義》作『治事者相嗣續於中』，四部叢刊本《釋名·釋宮室》作『治事者嗣續於其内也』，清畢沅校本據刻本玄應《音義》及《廣韻》增一『相』字，但據本卷看，無『相』者疑爲玄應書及《釋名》原貌。

〔一八七〕注文『別室也』刻本及慧琳《音義》作『別屋』。

〔一八八〕注文『長七八十尺』慧琳《音義》同，刻本無『七』字，疑脱。又『大如針』慧琳《音義》作『大如鉢』，考玄應《音義》卷一三《廣百論》第三卷音義云多羅樹『花白而大，若捧兩手』，則疑當以作『鉢』字爲長。

〔一八九〕詞目『胗』字右部底卷訛作『令』形，兹徑據刻本及慧琳《音義》録正。又注文『風腫也』慧琳《音義》作『風也，腫也』；刻本作『胗腫也』，疑爲傳刻者所改。

〔一九〇〕標目字及注文『邪戾曰咼』的『咼』慧琳《音義》同，刻本作『喎』，不確（『喎』爲『咼』的增旁俗字）。又『邪戾』的『邪』慧琳《音義》同，刻本作『斜』。『古瓦反』刻本作『古瓜反』，聲調有別。

〔一九一〕注文『婢補迷反』的『婢』字刻本脱。經本有『鼻不匾匾』句，其中的『匾匾』北五六五四號（列七九）等寫經皆作『膈膀』，與玄應所見經本合。又本條注文之末的『也』字刻本無。

〔一九二〕注文『窪』字刻本誤作『窪』。

〔一九三〕注文『《三蒼》作簒』刻本『作』前衍一『云』字，又『簒』誤作『纂』。又『撰，定也』見今本《廣雅・釋詁》，刻本作『撰集定也』，『集』字當衍。

〔一九四〕注文『口定諸樂器也』句有誤，刻本及慧琳《音義》作『口定反，樂器也』，疑底卷『諸』即『反』字之誤（『反』形誤作『之』，『之』又音誤作『諸』）。又『逆氣也』宋《磧砂藏》本及慧琳《音義》同，《叢書集成初編》本作『口逆氣也』，今本《説文》無『口』字。『逆氣也』後刻本又有『亦瘶也』一訓，當據補（否則下文『瘶音蘇奏反』將無所本）。『嬰咳也，咳非經義』刻本作『嬰咳非經義』，有脱漏（慧琳《音義》作『嬰咳也，非經義』）。『瘶音蘇奏反』慧琳《音義》同，宋《磧砂藏》本末有『之也』二字，《叢書集成初編》本有一『也』字，或皆爲補白所加。

〔一九五〕注文『屬託也』刻本無『屬』字。又『委、託，累也』今本《廣雅》未見，未詳所出。又本條注文之末的『也』字刻本無。

〔一九六〕『摇』字刻本及慧琳《音義》同，當從注文從木作『榣』。又注文『餘照反』慧琳《音義》同，刻本作『餘昭反』，後者與《廣韻》合。

〔一九七〕注文『緊叔迦』刻本作『堅叔迦』，慧琳《音義》作『甄叔迦』。

〔一九八〕注文『制事者』慧琳《音義》同，刻本無『者』字，蓋脱。又本條之後刻本有『杻』字條，列於第七卷之末。考經本《觀世音菩薩普門品》有『杻械枷鎖』句，而此句之前同一品的『舩舫』、『漂墮』二詞玄應《音義》却列在該經音義第八卷之首；慧琳《音義》有『杻械』條，列在『舩舫』、『漂墮』二詞之後，順序與經文相合；據此推斷，刻本玄應《音義》列於第七卷之末的『杻』字條疑爲後人誤加。

〔一九九〕注文『芳妙』反慧琳《音義》同，刻本作『匹妙』反，聲母有輕唇音、重唇音之别。又本條注文之末的『也』字刻本無。

〔二〇〇〕注文『甲也』慧琳《音義》及今本《廣雅·釋詁》同，刻本作『申也』，當誤。又『謂括束之也』刻本作『謂束之』，疑有脱漏（玄應《音義》卷一四《四分律》第三十二卷音義亦釋『檢』字云『括也，謂括束之也』，可參）。『禁閉誨物』的『誨』字刻本同，今本《釋名·釋書契》作『諸』，義長，當據正。『字從木』後慧琳《音義》有『也』字，宋《磧砂藏》本末有『之也』二字，『之』字當爲補白所加；《叢書集成初編》本作『僉也』二字，蓋又承《磧砂藏》本臆改，非是。

〔二〇一〕注文『徒空』二字刻本無，慧琳《音義》作『空也』。

〔二〇二〕本條注文之末刻本有『也』字。

〔二〇三〕注文『昌掣反』刻本及慧琳《音義》作『昌制反』。又『掣，引也』一訓今本《釋名》未見。本條注文之末刻本有『也』字。

〔二〇四〕注文『凝而爲雹』慧琳《音義》同，刻本末有『也』字，今本《禮記·月令》鄭玄注作『凝爲雹』。

〔二〇五〕注文所引《詩經》的『誡』刻本及慧琳《音義》同，今本毛詩及傳皆作『戒』。又『方言』慧琳《音義》同，刻本作一『言』字，蓋傳刻者節略（參看上文注〔五〇〕）。『戒，備也』見今本《方言》卷一三。

〔二〇六〕經本有『慈意妙大雲』句，其中的『慈意』北五八六六號（光一八）等敦煌寫本類皆作『慈音』，與玄應所見經本合，後世刻本作『慈意』，殆即據玄應説改。又本條注文之末的『也』字刻本無。

〔二〇七〕注文『止奢反』慧琳《音義》同，刻本作『正奢反』，音同。又本條注文之末刻本有『也』字。

〔二〇八〕注文『滑慈、胥吏二反』宋《磧砂藏》本『胥』作『滑』，《叢書集成初編》本則誤作『滑慈、滑吏二反』。

〔二〇九〕後一『怛那』疑爲『怛羅』之誤，『南无曷剌怛那怛羅邪夜』爲梵語音譯，意譯爲歸命三寶（『南无』譯云歸命，『曷剌怛那』譯云寶，『怛羅邪夜』譯云三）。

〔三一〇〕注文『而割反』刻本作『而制反』。

〔三一一〕『鞆』《廣韻·薛韻》以爲『靼』（旨熱切）的俗字；刻本作『靳』，誤。

〔三一二〕『曼喹唎』的『喹』刻本作『嗟』。

〔三一三〕注文『舉敖反』刻本作『舉教反』。

〔三一四〕『摩訶十』三字據刻本補，其後的『伐唎』和『目計』爲旁注補加，刻本有此四字。

〔三一五〕注文『雉俱反』刻本作『稚俱反』。

〔三一六〕『具捺遲』後刻本注一『聲』字。

〔三一七〕『祇』字底卷補加於『隥』字之下，『祇』字之下原有『唎旃茶』三字，但右側已用『卜』號删去，故不録；『祇』字右側有小字『卜重』二字，蓋即指下文加卜的『唎旃茶』三字爲衍文重出；宋《磧砂藏》本照録『卜重』二字，《叢書集成初編》本録作『十重』二字（『重』皆作小字注文），恐皆不確；『摩隥祇』今見經本（如北五八六六號寫本）作『摩蹬耆』，《添品妙法蓮華經》卷六作『摩登祇』，皆可參。

〔三一八〕注文『尔疋』疑爲『廣雅』之誤，今本《廣雅·釋詁》有『押，輔也』之訓，而《爾雅》中未見。又本條注文之末刻本有『也』字。

〔三一九〕注文『染青』慧琳《音義》同，今本《説文》作『深青』，似以『深』字爲是。又『揚赤色』後的『也』字底卷旁注後加，慧琳《音義》亦有，刻本及大徐本《説文》無。

〔三二〇〕怛垤他，刻本作『怛挃他』。

〔三二一〕蘓馱利，刻本作『蘇馱唎』。

〔三二二〕『婆』下的注文『去』刻本作『去聲』。

〔三二三〕阿特縛，刻本作『阿持縛』，『持』字誤；經文作『阿惰』，可參。下文『阿特縛』刻本亦誤作『阿持縛』，而慧琳《音義》作『阿特縛』不誤。

〔三四〕『薩縛達摩』後刻本多一『薩』字，疑衍；經本該句作『薩婆達磨修波利刹帝』，可參。

〔三五〕『徒臥反案梵本云怛唎』九字刻本作小字注文，而『阿特縛』、『僧伽』、『咄略』等又作大字排列，不妥。又『阿特縛』下的小字注『世』是對梵文『阿特縛（亦譯作『阿惰』）』的意譯。隋胡吉藏《法華義疏》卷一二：『帝隸阿惰僧伽兜略，此云世。』『世』也是對『阿惰』的意譯。慧琳《音義》云：『阿惰，音從（徒）臥反，梵云怛唎云三，阿特嚩二合云廿，僧伽云衆，咄略，略音力蛇反，同一種也。』其中的『廿』也是『世』字俗省（避唐諱缺筆）。刻本『世』作『二十二』，蓋誤以『世』的避諱缺筆字『廿』爲指稱二十的『廿』，而『廿』於義無取，復又據上文陁羅尼咒語的順序臆改爲『二十二』，大謬。又注文『惰』刻本作『隋』，誤。『惰』即『憜』字俗省。凡『育』形構件俗書往往省『工』作『有』，如『隨』作『随』之比。上舉經本『帝隸阿惰僧伽兜略』的『惰』字，敦煌寫本（如北五八六八、五八六九號等）多從俗作『惰』，俚俗相承據字形讀作於六反，固屬非是；玄應斥爲傳寫之誤，慧琳又斥爲『誤之甚矣』，而不知其爲俗寫之慣例，亦可謂小題大作矣。又『於六反』三字底卷僅存右側殘畫，兹據刻本校補。

〔三六〕注文所引《説文》慧琳《音義》同，刻本作『繚，繞也，纏也』，今本《説文》作『繚，纏也。纏，繞也』。

〔三七〕注文『瞳子』二字底卷僅存右側殘畫，兹據刻本校補。

〔三八〕末行宋《磧砂藏》本作『一切經音義卷第六』，《叢書集成初編》本作『一切經音義卷六』，底卷『八』疑『六』字之誤，説已詳本卷『題解』。

一切經音義（九）（卷六）

俄敦一〇一四九（底一）　俄敦一二三八〇R（底二）　俄敦一二四〇九R－B（底三）
俄敦一二四〇九R－C（底四）　俄敦一二三四〇R（底五）　俄敦一二四〇九R－D（底六）
俄敦一〇〇九〇（底七）　俄敦一二三三〇R（底八）　俄敦一二三八一R（底九）
俄敦一二四〇九R－A（底十）　俄敦一二二八七R（底十一）

【題解】

本件底卷編號爲俄敦一〇一四九（底一）+？+俄敦一二三八〇R（底二）+？+俄敦一二四〇九R－B（底三）+？+俄敦一二四〇九R－C（底四）+？+俄敦一二三四〇R（底五）+？+俄敦一二四〇九R－D（底六）+？+俄敦一〇〇九〇（底七）+？+俄敦一二三三〇R（底八）+俄敦一二三八一R（底九）+？+俄敦一二四〇九R－A（底十）+俄敦一二二八七R（底十一）。《俄藏》均未定名。考上揭各卷所抄内容大抵見於今本玄應《音義》卷六《妙法蓮華經》音義，故據以擬定今題。各卷字體相同，抄寫行款格式一致（所釋詞條字體較大，注文字體略小，各條接抄不換行，上下有邊欄，卷背皆抄有回鶻文），當爲同一寫本的殘頁，故此合併校録。其中底八與底九、底十與底十一前後相承，可綴合爲一，其他各本間則皆有一行或十多行殘缺。《俄藏》把底一與底七、底十與底三、底四、底六分别綴合爲一，欠妥。與刻本玄應《音義》相比，内容似稍有節略。個别詞句刻本未見，如底七『頗有』條，注文有『不平』一訓（《玉篇・頁部》：『頗，不平也。』），而刻本未見。又如底八『□處古文屏』條，刻本相應位置爲『屏處』條，但注文中無『古文屏』云云，與寫卷不合。這種差異，大約是傳抄翻刻之誤或抄刻者有意識地删略造成的。底十一『蒲眠反』的『眠』寫作『眠』，這種寫法爲避唐諱還是沿用唐諱書體，難以確定。不過從這些寫卷的抄寫行款格式來看，似爲五代前後較爲晚出的抄本。

上揭各卷未見前人校録。茲據《俄藏》影印本録文，其他有關參校説明，請看《一切經音義》（八）的題解。

（上缺）

□〔一〕▨（也）字▨▨（從刀）□□（七聲也）。〔二〕▨▨（衣裓）▨▨（孤得）〔三〕□▨（翫）習之翫，非體也。〔四〕適▨（其）□人心也。〔五〕勇鋭羊税反，鋭〔六〕□盪也。軵音而勇反。〔七〕四□（衢）□▨（杷）地則有四處，因以名焉。〔八〕▨▨（綩綖）□也。未詳何語立名耳。〔九〕丹枕案天竺無枕者，同其事也。〔一〇〕姝好古文姁，同，充朱反〔一一〕□▨（竭）乏也。〔一二〕保任補道反，當也；任，保▨（也）。〔一三〕□▨▨▨（徒雷反）□隧（墜）下也，隤，壞也。字從禿，貴聲。〔一四〕▨□▨也。〔一五〕褫落直紙、勑尒二反〔一六〕□

（中缺）

□▨（物）□〔一七〕□□（蜈）▨（蚣）▨（音）□（吴）公，《字林》▨▨（蝍蛆）也。〔一八〕□在壁者也。江南名▨（蝘）□〔一九〕。□（狖）▨（貍），古文蜼，《字林》余繡反，▨（江）□鼠也。〔二〇〕野干，梵言悉伽羅□經云見一野▨（狐），又見野干，是也。〔二一〕咀嚼□咀齧曰嚼。《字林》：咀〔二二〕□

□▨（没）齒也。經文〔二三〕□▨▨〔二四〕□

（中缺）

□▨▨〔二五〕□者曰纉〔二六〕□▨（也），此與〔二七〕□今讀▨（口）〔二八〕□

□兮反〔二九〕□▨〔三〇〕□

（中缺）

□▨□□▨▨□〔三一〕經文作喑，一禁反□音子夜反。〔三二〕强識▨（渠）〔三三〕□幸，遇也，亦冀望也。▨

(字)〔三四〕▭奔也。騁，走▨（也）。〔三五〕虎▨（魄）〔三六〕▭□□□□商▨（賈）〔三七〕▭□□□□▨▨
▨〔三八〕▭
（中缺）
▭▨（也），陳也。〔三九〕豪▨（貴）▭▨（躃）地脾役反，躃，倒〔四一〕▭▨▨▭〔四二〕
（中缺）
▭▨▨▨▨曰谿〔四三〕▭▨（等）澍之喻、上句二反〔四四〕▭▨（務），趣，疾也。務，遽▨（也）〔四五〕▭盛皃
也。《[通]俗文》：雲覆□〔四六〕▭《説文》：穀，續也，百穀▨□〔四七〕▭▨▨□▨□□〔四八〕
（中缺）
▭也。本音▨（普）多反，不平〔四九〕▭▨（邁）反，《字林》辛菜〔五〇〕▭▨（智）反，《蒼頡□（篇）》〔五一〕▭▨
（言）尼揵連〔五二〕▭▨□〔五三〕
（中缺）
▭▨（恐）非此義矺〔五四〕▭〔五五〕□處古文屏〔五六〕▭▨（五）家爲鄰〔五七〕▭▨（澡）□（浴）▨（祖）
▭〔五八〕▨（討）伐古文訂，同，▨〔五九〕▭《▨（説）文》巨作鉅。〔六〇〕被▨（精）〔六一〕▭
▭此應▨（訛）也，〔六二〕▭▨□□▨▭〔六三〕
（中缺）
也跑音文□□□▨▨▭〔六四〕梵云每恒（怛）利末那。〔六五〕吉遮〔六六〕▭胥吏二反，伺犹察也。《字林》：伺，候□（也）。
《廣疋》：伺，▭〔六七〕南无曷剌恒（怛）那恒（怛）▨（那）邪夜多埵他。〔六八〕▨（遏）▭□□▨
□□□。〔六九〕質帝五。靳脂列反履▨（帝）▭▨（九）。〔七〇〕目帝▨（十）。〔七一〕目荅□（謎）▭
▭曳十六。〔七二〕▨（惡）□□（刹曳）▭尼廿一。〔七三〕阿路▨（迦）〔七四〕▭蒲眠反▨

（怛）〔七五〕□▨没反矩隸〔七六〕□▨（阿）三磨三〔七七〕□

（下缺）

【校記】

〔一〕此行以下見於底一。上部、下部皆有殘泐。

〔二〕『也』、『從刀』三字底一僅存左側殘畫，茲據刻本擬補。『從刀』後底一約殘二字，茲據刻本擬補『七聲』二字。所釋爲《妙法蓮華經》第二卷『切己』條，刻本全文作：『切己，《廣雅》：切，近也，迫也，亦割也。字從刀，七聲。』慧琳《音義》『七聲』後有『也』字。

〔三〕『衣裓孤得』四字底一僅存左側殘畫，茲據刻本擬補。該條刻本全文爲：『衣裓，孤得反，謂衣襟。』

〔四〕『翫』字底一存下部，茲據刻本擬補。所釋爲『珍玩』條，刻本全文爲：『珍玩，古文翫，同，五喚反，《字林》：玩，弄也。《廣雅》：玩，好也。《尚書》：玩人喪德，玩物喪志。孔安國曰：以人爲戲弄則喪其德，以物爲戲弄則喪其志。經文[作]翫習之翫，非體。』

〔五〕『其』字底一存右上部，茲據刻本擬補。『適其』條宋《磧砂藏》本全文作：『適其，尸亦反，《三蒼》：適，悦也。謂稱適也。《廣雅》曰：適，善也。謂事物善好稱人心之也。』末句『之』字《叢書集成初編》本作『志』；慧琳《音義》無此字，與本卷合，義長。

〔六〕『勇鋭』條刻本全文作：『勇鋭，羊税反，《廣雅》云：鋭，利也。又《説文》云：鋭，芒也。』

〔七〕『盪也』以下六字所釋爲『推排』條，宋《磧砂藏》本全文作：『推排，出隹（《叢書集成初編》本作『唯』）、二回二反，《蒼頡篇》：推，軵也，前也。《説文》：推，排也。排盪也。軵音而勇反也。』其中的『二回』疑『土回』之訛，慧琳《音義》作『土雷反』，與『土回反』同音。

〔八〕『衢』字據刻本補。本條宋《磧砂藏》本全文作：『四衢，巨俱反，《尒雅》：路四達謂之衢。郭璞曰：交道四出者也。《釋名》：道四達曰衢，齊魯謂四齒杷爲欋，欋杷地則有四處，此道似之，因以名焉之也。』其中的『之也』二字疑爲傳刻者爲補白添加，當據本卷刪正。《叢書集成初編》本末句作『因以名之也』，刪去『焉』字，殆非原貌。

〔九〕『綩綖』二字底一僅存左側『糸』旁，兹據刻本補。本條《叢書集成初編》本全文作：『綩綖，諸經有作蜿、蝡二形，《字林》一遠反；下《三蒼》以旃反，相承云坐蓐也。未詳何語立名耳。』宋《磧砂藏》本『耳』後有『之也』二字，當亦爲補白添加的虚詞，當刪。

〔一〇〕本條刻本全文作：『丹枕，案天竺無木枕，皆以赤皮疊布爲枕，貯以兜羅綿及毛，枕而且倚，丹言其赤色也，即諸經中朱色枕者，同其事也。』

〔一一〕『姝好』條《叢書集成初編》本全文作：『姝好，古文姁，同，充朱反，《字林》：姝，好皃也。《方言》：趙魏燕代之間（宋磧砂藏本『間』誤作『門』）謂好爲姝。《詩》云：静女其姝。傳曰：姝，美色也。』

〔一二〕『竭』字底一僅存下部殘畫，兹據刻本補。所釋爲『不匱』條，宋《磧砂藏》本全文作：『不匱，今作樻，同，渠傀（當據《叢書集成初編》本作『媿』）反，《礼記》：即財不匱。鄭玄曰：匱，乏也。《詩》云：孝子不匱。傳曰：匱，竭之。』其中的『竭之』慧琳《音義》作『竭也』，當據正，《叢書集成初編》本作『竭乏』，殆誤。

〔一三〕『也』字底一僅存右上部殘畫，兹據刻本擬補。該條刻本全文爲：『保任，補道反，《説文》：保，當也。任，保也。言可保信也。』

〔一四〕『隧』字據刻本校。又『隤，壞也』三字底一旁記於『下也』二字右側，兹移入正文。所釋爲『頽毁』條，刻本全文作：『頽毁，古文頽、墤二形，今作隤，同，徒雷反，《説文》：隤，墜下也。《廣雅》：隤，壞也。字從禿，貴聲。』

〔一五〕『也』前之字底一存殘畫，模糊難辨。據刻本，『頽毁』條後、『褫落』條前應爲『圮坼』條，宋《磧砂藏》本全文爲：『圮坼，《字林》匹美、恥格反，圮，毁也。坼，裂也。《尒雅》：圮，覆也。《廣雅》：坼，分也。』但上條注文『貴聲』後一字底卷所存左上部殘畫不似『圮』字，存疑。

〔一六〕『褫落』條宋《磧砂藏》本全文作：『褫落，直紙、勑尒二反，《廣雅》：褫，敓也。《説文》：奪衣也。字從衣、虒聲。經文或作阤（『阤』字原脱，兹據《叢書集成初編》本補），除蟻反，《方言》：阤，壞也。《説文》：小崩曰阤。阤亦毁也。敓音奪。虒音斯也。』

〔一七〕此行以下見於底二。據刻本，底一與底二間缺五條。『物』字底二存左下部，似爲『物』字。刻本相關位置爲《妙法蓮華經》第二卷『蚖蛇』和『蝮蠍』條音義，原文如下：『蚖蛇，案字義，古文作螈，《字林》五官反，蛇醫也。崔豹《古今注》：蠑螈一曰蛇醫，大者長三尺，其色玄紺，善魅（慧琳《音義》作『魅』，義長）人，一名玄螈。《漢書》玄蚖，韋昭曰：玄，黑；蚖，蜥蜴也。經文中言黑蚖，疑此物也。而不言毒害人，未詳的是。諸經多作虺，呼鬼反。』接云：『蝮蠍，芳六反，案《尒雅》，蝮虺博三寸，首大如擘。孫炎曰：江淮以南虺爲蝮，有牙，最毒。《音義》曰：説者云今蝮蛇鼻上有針，一名反鼻虺。《三蒼》：蝮蛇色如綬，文間有鬣，大者七八尺也。擘音補麥反。』

〔一八〕『蜈』字『吴』字據刻本補。『蚣』字底二存左下部，『音』字存左上部，『蝍』字存上部殘畫，『蛆』字存左部殘畫，皆據刻本擬補。『蜈蚣』條刻本全文作：『蜈蚣，音吴公，《字林》蝍蛆也。甚能制蛇，大者長尺餘，赤足者良，黄足者不堪用，人多炙之令赤，非真也。蝍音即，蛆子餘反。』

〔一九〕『壁者』後的『也』字刻本無，『蝘』字底二存上部，兹據刻本擬補，所釋爲『守宫』條，《叢書集成初編》本全文作：『守宫，此在壁者，江南名蝘蜓，山東謂之蝀蝾，陝以西名爲壁宫，在草者曰蜥蜴，东方朔言非守宫即蜥蜴是也。蝘音烏殄反，蜓音殄，蝀此亦反也。』又此條前刻本另有『蚰蜒』條，全文作：『蚰蜒，弋周反，以旃反，江南大者即蜈蚣也。』

〔二〇〕『狖』字據刻本補。『貍』字底二存下部，『江』字存殘畫，兹據刻本擬補。該條刻本全文作：『狖貍，古文蜼，《字林》余繡反，江東名也，又音余秀反，建平名也。《山海經》：鬲山多蜼。郭璞曰：似獮猴而大，蒼黑色，尾長四尺，似獺尾，頭有兩岐，天雨即倒懸於樹，以尾塞鼻，江東養之捕鼠，爲物捷健。《尒雅》：蜼仰鼻而長尾，是也。』底二似無『爲物捷健』以下字句。

〔二一〕『狐』字底二殘存下部，兹據刻本擬補。『野干』條刻本全文作：『野干，梵言悉伽羅，形色青黄，如狗群行，夜鳴聲如狼。案《子虚賦》云騰遠野干，司馬彪、郭璞並云射干能緣木。射音夜。《廣志》云：巢於絶巖高木也。《禪經》云：見一野狐，又見野干，是也。』

〔二二〕『咀嚼』條刻本全文作：『咀嚼，《字林》作齟，《説文》作咀，才與反，含味也。《蒼頡篇》：咀，嚼也。《通俗文》：咀齧曰嚼。音才弱反。《字林》：咀，齰也。經文作齚，齧也。齚仕白反。』

〔二三〕『没』字底二殘存下部，兹據刻本擬補。所釋爲『⿰齒齊齧』條，刻本全文作：『⿰齒齊齧，相承在計反，謂没齒也。經文或作⿰齒齊，竹皆反，《通俗文》：齧挽曰⿰齒齊。』

〔二四〕前一缺字底二存右下部，似『也』字，後一缺字存右上部殘畫，似『廣』字，所釋當爲上文『⿰齒齊齧』後的『搏撮』條，刻本全文作：『搏撮，補各反，下《字林》七活反，手小取也。《廣雅》：搏，擊也。撮，《釋名》：撮，卒也，謂暫卒取之也。』

〔二五〕此行以下見於底三。底二與底三間約缺十八條。底三上部、下部皆有殘泐。該行殘字二，前一字存下部，似『文』字，後一字存上部殘畫（所存殘畫與『法』字上部略近），俟考。按字數推算，該處所釋應爲《妙法蓮華經》第二卷『耽湎』條，宋《磧砂藏》本作：『耽湎，古文媅、妉二形，同，都含反，《説文》：耽（《叢書集成初編》本作『妉』），樂也。耽亦嗜也。湎，古文酾，同，亡善反，《説文》沈於酒也。』

〔二六〕『者曰纊』三字所釋爲『繒纊』條，刻本全文作：『繒纊，在陵反，下古文絖，同，音曠，《説文》：繒，帛也；纊，絮也。《尒雅》：通五色皆曰繒。《三蒼》：雜帛曰繒。是也。又云：纊，綿也，絮之細者曰纊也。』

〔二七〕『也』字底三存下部，兹據刻本擬補。『也，此與』三字所釋應爲『阿鞞跋』條，刻本全文作：『阿鞞跋，頻脂反，譯言不退住也。此與鞞字同。諸經有作阿毗跋致，或作阿惟越致，皆梵音訛轉耳。』『阿鞞跋』與『繒續』條間刻本尚有『茵褥』條，連同注文凡四十四字，本卷殘缺。

〔二八〕『口』字底三存上部，兹據刻本擬補。『今讀口』三字所釋應爲『頌瘦』條，刻本全文作：『頌瘦，《説文》口没反，《三蒼》云頭秃無毛也。《通俗文》：白秃曰頌。《廣雅》：頌，髻秃也。今讀口轄反，此非正音，但假借耳。』

〔二九〕『兮反』二字所釋應爲『梨黮』條，刻本全文作：『梨黮，案《方言》，面色似凍梨也。經文有作黧，力兮反，《字林》黑黄也。《通俗文》：斑黑曰黧。黮，《説文》土感反，一音勑感反，桑葚之色黑也。今用於斬反，借音耳。葚音甚。』

〔三〇〕殘字底三存右部殘畫，按字數推算，該處所釋應爲『觸嬈』條，刻本作：『觸嬈，《説文》乃了反，嬈，擾戲也。《三蒼》嬈，郭璞云嬈弄也。《廣雅》：嫽、誂、擿，嬈也。嫽音遼，誂徒了反。』

〔三一〕此行以下見於底四。底三和底四間約缺十條。底四上部略殘，下部每行殘缺約二、三十字。本行殘字底四僅存殘畫。

〔三二〕『經文作喑』至『音子夜反』所釋爲《妙法蓮華經》第二卷『瘖瘂救療』條，刻本全文作：『瘖瘂救療，一金反，乙下反，瘖不能言。《埤蒼》：瘂亦瘖也。經文作喑，一禁反，《字林》：喑，唶也。又作啞，《字林》一句反，笑聲也。《易》云笑語啞啞，是也。二形並非字體。唶音子夜反。《説文》瘵或作療，同，力照反。《三蒼》：療，治病也。』底四蓋略有删節。

〔三三〕缺字底四存上部殘畫，兹據刻本擬補。本條刻本全文作：『强識，渠良反，强，堅。《蒼頡篇》：强，健也。』

〔三四〕『幸』字底四作重文符號，兹據刻本定爲『幸』字，其前一缺字亦必爲『幸』字。『字』字底四存上部，兹據刻本擬補。『幸，遇也』以下所釋爲『慶幸』條，刻本全文作：『慶幸，胡耿反，《尒雅》（慧琳《音義》作《小尒雅》，是，引文見《小尒雅·廣義》）云：非分而得謂之幸。幸，遇也，亦冀望也。皆非宜（『宜』字慧琳《音義》作『其』）所當而得之。字從屰、從夭也。』底四蓋無『皆非宜所當而得之』諸字。

〔三五〕『也』字底四存上下殘畫，茲據刻本擬補。所釋爲『馳騁』條，刻本全文作：『馳騁，直知反，下丑領反，《廣雅》：馳，奔也。騁，走也。』又『馳騁』與『慶幸』條間刻本另有『好乐』、『逃逝』二條，本卷殘缺。

〔三六〕『魄』字底四存上部，茲據刻本擬補。該條刻本全文作：『虎魄，匹白反，《廣雅》：虎魄，珠名。《漢書》：罽賓國有虎魄。案《博物志》云：松脂入地千年化爲茯苓，茯苓千年化爲虎魄。一名江珠。《廣志》云：虎魄生地中，其上及旁不生草木，深者八九尺，大如斛，削去上皮，中成虎魄，有汁，初如桃膠，凝堅乃成。其方人用以爲蜜也（此句慧琳《音義》作『其西方人用之以爲𥁡。𥁡音烏管反』，『𥁡』爲『盌（碗）』的俗字，『蜜』字誤）。』按所缺字數推算，底卷應有删略。

〔三七〕比照前一行，『商』字前約缺五字。『賈』字底四存上半，茲據刻本定爲『賈』字。所釋應爲『商估』條，刻本全文作：『商估，字體作賫，始羊反，《説文》行賣也。估，字書所無，唯《尒雅》郭璞音義釋言注中商賈作此字。下賈客，公户反，《説文》柯雅反，坐賣也。《周礼》司市掌以商賈，鄭玄曰：通物曰商，坐賣曰賈。《白虎通》曰：商之言商也，其遠近通四方之物以聚之也；賈者固也，言固物以待民來求其利也。案賈亦通語也。《左傳》：荀瑩（慧琳《音義》作『荀罃』，與今本《左傳》合）之在楚也，自賈人褚中以出。《史記》：陽翟賈人往來販賤賣貴。是也。』本行殘字應爲『司市掌以商賈』句中的『商賈』二字。

〔三八〕本行殘字三，皆存殘畫，第一字存下部，似爲『貝』旁，當仍爲上文『商估』條的注文。

〔三九〕此行以下見於底五。底四和底五間缺四條。上下部皆有殘泐。前一『也』字底五存殘畫，茲據刻本擬補。所釋爲《妙法蓮華經》第二卷『肆力』條，該條《叢書集成初編》本全文作：『肆力，相利反，《廣雅》云：肆，伸也，陳也。謂伸陳役力之也。』本卷無末七字。

〔四〇〕『貴』字底五存左側殘畫，茲據刻本擬補。該條刻本全文作：『豪貴，古文𠢕，同，胡刀反，《説文》：𠢕，健。《淮南子》曰：智出百人謂之豪也。』又本條與『躃地』條之間刻本另有『愈急』條，此缺。

〔四一〕詞目『躃』字底五存下部，茲據刻本擬補。該條宋《磧砂藏》本全文作：『躃地，脾役反，躃，倒也。或作僻，匹［尺］反，邪僻也，僻非此用之也。」（「尺」字據慧琳《音義》補，末句「之」字《叢書集成初編》本無，當據删）。

〔四二〕該行殘字二，僅存右側殘畫。

〔四三〕此行以下見於底六，所釋爲《妙法蓮華經》第三卷音義。底五和底六間約缺十七條。底六後四行下部略殘，上部每行殘缺二、三十字。「曰谿」前四殘字存左部，原字難以確定，據刻本，所釋爲「谿谷」條，全文作：「谿谷，苦奚、古木反，《尒雅》：水注川曰谿，注谿曰谷。《説文》：泉出通川曰谷。」

〔四四〕「等」字底六存殘畫，兹據刻本擬補。「等澍」條刻本全文作：「等澍，之喻、上句二反，《三蒼》云：時雨也，百卉霑洽也。《説文》：上古時雨，所以澍生万物者也。」又「等澍」與上「谿谷」條間刻本另有「卉木」、「小莖」二條，此缺。

〔四五〕前一「務」字底六存下部，後一「也」字存上部殘畫，兹據刻本擬補。所釋爲「不務」條，刻本全文作：「不務，亡什（俄弗三六七號《一切經音義》作「付」，當據正。）反，《説文》：務，趣，疾也。《廣雅》：務，遽也。」底卷應有删略。又「不務」與上「等澍」條間刻本另有「普洽」條，此缺。

〔四六〕「盛皃也」以下所釋爲「靉靆」條，刻本全文作：「靉靆，於代反，下《埤蒼》音代，《廣雅》：靉靆，翳薈也。翳薈，雲興盛皃也。《通俗文》：雲覆日爲靉靆也。」

〔四七〕「百穀」之後一字底六僅存殘畫，「《説文》」以下所釋爲「百穀」條，刻本全文作：「百穀，古木反，《説文》：穀，續也，百穀總名也。《周易》：百穀草木麗于地，是也。」又「百穀」與上「靉靆」條間刻本另有「幽邃」條，此缺。

〔四八〕前二殘字底六存右側殘畫，後一殘字僅存一斷筆。

〔四九〕此行以下見於底七。底六與底七間約缺二十三條。底七每行上部殘泐，「普」字存下部，兹據刻本擬補。所釋爲《妙法蓮華經》第五卷「頗有」條，刻本全文作：「頗有，借音普我反，諸書語辭也。本音普多反也。」本卷「不平」之釋刻本未見，疑脱。

〔五〇〕『邁』字底七存右半，兹據刻本擬補。所釋爲『芥子』條，刻本全文作：『芥子，加邁反，《字林》辛菜也。』『芥子』與『頗有』條間刻本另有『於刹』條，此脱。

〔五一〕『智』字底七存下半，兹據刻本擬補。所釋爲『罵詈』條，刻本全文作：『罵詈，力智反，《蒼頡篇》：罵，詈也。』『罵詈』與『芥子』條間刻本另有『宗奉』、『誹謗』條，此脱。

〔五二〕『言』字底七存殘畫，兹據刻本擬補。所釋爲『尼乾』條，刻本全文作：『尼乾，或作尼乾陀，應言泥健連他，譯云不擊（繫）也。』『尼揵』『泥健』係音譯之異。

〔五三〕殘字底七存右部殘畫，似爲『言』字。

〔五四〕此行以下見於底八。底七與底八間缺六條。底八上部殘泐，每行所缺字數約爲二、三十字。『恐』字底八存下『心』旁的殘畫，兹據刻本擬補。『恐非此義』所釋當爲《妙法蓮華經》第五卷『魁膾』條，刻本全文作：『魁膾，苦迴反，古外反，帥也，首也。膾，切肉。未詳所出立（『立』字《叢書集成初編》無，疑衍）。經文有作儈，《聲類》：儈，合市人也。恐非此義也。』據刻本，『恐非此義』下應接『也』字，本卷作『矺』，未詳所出，俟考。

〔五五〕據刻本，『魁膾』條後、『屏處』條前應缺『衒賣』條，刻本全文作：『衒賣，胡麪反，《説文》：衒或從玄作衒，行且賣也，詃也。』

〔五六〕據刻本，『處』前應爲『屏』字，但據注文『古文屏』云云，則標目字似又不當作『屏』字，該條刻本全文作：『屏處，俾領反，《禮記》：左右屏而侍。鄭玄曰：屏，隱也。《詩》云：万邦之屏。屏，隱也。屏，蔽也。今借爲蒲定反，依初反讀，亦不乖字義也。』

〔五七〕『五』字底八存右部殘畫，兹據刻本擬補。『五家爲鄰』所釋應爲『入里』條，刻本全文作：『入里，《周禮》：五家爲鄰，五鄰爲里，謂二十五家也。里，居。《釋名》云：五鄰爲里，方居一里之中也。』

〔五八〕此行以下見於底九。上部、下部皆有殘泐。『澡』字底九存左側三點水旁，字體較大，似爲標目字；『祖』字存左側礻旁的下半，據此推斷，後字當爲『祖』字，而其前的標目字則應爲『澡浴』二字，刻本該條全文作：『澡浴，祖老反，《説文》：澡，洒手也。浴，洒身。』而本行前的缺文正是底八『入里』條注文的後半部分，底九正與底八前後相承。又『澡浴』與『討伐』條間刻本另有『新染』、『輕蔑』二條，此缺。

〔五九〕『討』字底九存左側言旁，茲據刻本擬補。『同』後的缺字存上部殘畫。該條刻本全文作：『討伐，古文訓，同，恥老反，《漢書音義》曰：討，除也。《禮記》：叛者居（君）討。鄭玄曰：討，誅也。伐，《左傳》有鍾鼓曰伐，《白虎通》曰：伐者何？伐敗也，欲敗去之。經文作罰，《説文》：罪之小者曰罰。《廣雅》：罰，折伏也。罰非此義也。』

〔六〇〕『説』字底九存右側殘畫，茲據刻本擬補。『《説文》巨作鉅』所釋爲『巨身』條，該條刻本全文作：『巨身，其呂反，《字林》：巨，大也。《方言》：齊宋之間謂大曰巨。《説文》巨大作鉅也。』

〔六一〕『精』字底九存上半，茲據刻本擬補。該條刻本全文作：『被精，皮寄反，被謂被帶也。經文作披張之披，《方言》：披，散也。披非此義也。』

〔六二〕『訛』字底九存右側殘畫，茲據刻本擬補。『此應訛也』所釋應爲『頭陀』條，該條刻本全文作：『頭陀，此應訛也，正言杜多，譯云洮汰，音（言）大洒也，或云紛彈（『紛彈』慧琳《音義》作『糾彈』），言去其塵穢也。舊云斗藪，一義也。』又『頭陀』與『被精』條間刻本另有『奮迅』條，此缺。

〔六三〕前一殘字底九存右下部，作『土』形，疑爲『姓』字之殘，後一殘字存右側殘畫。刻本『頭陀』條後依次爲『憒吏』、『釋氏』條，其中『釋氏』條注文屢見『姓』字，疑即前一殘字所出。

〔六四〕此行以下見於底十。底九與底十間約缺三十六條。底十下部殘泐，後四行上部亦殘泐五至十字左右。本行後二殘字前者存下部，後者存上部雨頭。諸存字出處不詳，是否爲玄應《音義》仍是疑問。

〔六五〕『恒』字據刻本校，下同。『梵云每恒利末那』所釋爲《妙法蓮華經》第八卷『慈音』條，刻本全文作：『慈音，梵言每怛利末那，此云慈意，經文作音，誤。』

〔六六〕『吉遮』條刻本全文作：『吉遮，止奢反，正言訖栗著，此譯云所作也。』

〔六七〕本行所釋爲『伺求』條，《叢書集成初編》本全文作：『伺求，《廣雅》、《埤蒼》作覗，同，滑（湑）慈、滑（湑）吏二反，伺犹察也。《字林》：伺，候也。《廣雅》：伺，視也。』『滑』字據宋《磧砂藏》本校，本卷作『胥』，與『湑』同紐。又本條後刻本另行有『三藏法師玄奘譯』七字。

〔六八〕後一『那』字底十存左上部，兹據刻本擬補。

〔六九〕『遏』字底十存上部，兹據刻本擬補。『遏』至『質帝』條間刻本作：『遏尒而制反。一。末尒同上。二。末泥去聲。三。末末泥同上。四。』

〔七〇〕『履』後『帝』字底十存上部，『九』字存下部殘畫，兹據刻本擬補。『九』字之上底十約缺八九字。『靳履帝』至『九』字刻本作：『靳脂列反履帝六。閃式染反謎莫閉反。七。閃弭密尒反。八。多鼻扇重長帝九。』

〔七一〕『十』字底十字迹黯淡，兹據刻本擬補。

〔七二〕『曳』字之上底十約缺十一字左右。『目荅謎』至『曳十六』刻本作：『目荅謎十一。三謎十二。阿毗三謎十三。三磨短三謎十四。素清磨三謎十五。剎重曳十六。』

〔七三〕『尼』字之上底十約缺十字左右。『惡剎曳』至『尼廿二』刻本作：『惡剎曳十七。惡剎墀奴戒反。十八。扇帝十九。扇謎二十。馱刺力割反尼二十一』

〔七四〕『迦』字底十存右上部，兹據刻本擬補。該條刻本作：『阿路迦婆去聲婆波羅弗補泥反帝二十二。』

〔七五〕此行以下見於底十一。底十一上下部皆殘泐。『怛』字底十一存左側殘畫，兹據刻本擬補。『蒲眠反』與『怛』字所在條目刻本全文作：『涅奴紇反栗地瑟齭竹皆反阿蹁蒲眠反怛邏涅栗地瑟齭二十四。』底十一與底十前後相承，據刻本，底十末條『阿路迦婆去聲婆波羅弗補泥反帝二十二』與本條間僅缺『鉢刺著知也反吠剎墀二十三』條。

〔七六〕『没』前的缺字底十一存右下部殘畫，刻本作『烏』字，相涉條目刻本全文作：『殟烏没反矩隸二十六。』又本條前刻本另有『阿蹁怛邏波利秫尸聿反第二十五』條，此脱。

〔七七〕『阿』字底十一存下部殘畫，兹據刻本擬補。『阿三磨三』刻本全條作：『阿三磨三謎三十一。』又該條前、『殟矩隸』條後刻本另有『没矩隸二十七。阿剌鞞二十八。鉢剌鞞二十九。輸式庚反迦差初理反，三十』諸條，此脱。

一切經音義（十）（卷七）

斯三五三八

【題解】

本件底卷編號爲斯三五三八，前後均殘缺，《索引》定作『經音義上、中、下卷』，云『書名缺，尚可看出其卷次，但每卷亦只有音義數條』。《寶藏》及《索引新編》承之，改題『佛經音義上、中、下卷』。《英藏》題『佛經音義』。查本卷所釋佛經分别爲《等集衆德三昧經》上卷（缺經名）、中卷，《集一切福德經》中卷，《廣博嚴浄不退轉輪經》第二卷，《佛説阿惟越致遮經》上卷、中卷、下卷，《勝思惟梵天所問經》第六卷，凡八卷，《索引》云云，全然無據。周祖謨謂本卷係玄應《一切經音義》第七卷抄本的殘卷，《翟目》同，極是，兹據以改定今題。底卷所釋經名卷數及詞目皆頂格抄，每條注文换行時空一至三格（如果後接另卷或另一經音義，則空四至五格，兹统一空二格），注文字體大小與詞目相同，大約較爲接近玄應書的本來面貌。底卷背面爲玄應《一切經音義》抄經録，其中第七卷下標『了』『王』二字，『了』蓋抄畢之意，而『王』則應是謄抄者的姓氏（除第七卷外，標有『王』字的還有第一、四、六、九、十、十一、十七等卷），據此，本卷正面所抄的音義文本很可能就是這次抄經活動中王姓抄手謄抄的成果。石塚晴通《玄應〈一切經音義〉的西域寫本》（《敦煌研究》一九九二年第二期）認爲本卷係八世紀前半期寫本，可備一説。

周祖謨曾簡要比較過本卷與傳本玄應《音義》及慧琳《音義》的異同（見《問學集》上册所載《校讀玄應一切經音義後記》），張金泉《敦煌音義匯考》對本篇作過初步校勘。兹據《英藏》影印本録文，以宋《磧砂藏》本、《叢書集成初編》本玄應《音義》（簡稱『刻本』）及慧琳《一切經音義》卷三〇所引上揭玄應《音義》（簡稱慧琳《音義》）爲參校本，校録於後。

（上缺）

也。經文作賜賚，非字體也。或作倈，非也。〔一〕

邀迭，又作徼，同，舌（古）堯反，又於遥反，邀，要也，呼召也，亦求也。下徒結反，更代也。〔二〕

中卷

播殖，又作諸（譒）、皵、𢽍三形，同，補佐反，播種也。經文作番，非也。〔三〕

集一切福德經中卷〔四〕

蠆蠚，他達反，下勒達反，《廣雅》：蠆、蠚、蚳、𧓍，蠍也。經文作蝩蠊，非字體也。蚳音巨宜反。〔五〕

廣博嚴浄不退轉輪經第二卷〔六〕

蹎蹶，又作傎、趙二形，同，丁賢反，下居月反，蹎蹶猶頓仆也。音蒲北反。〔七〕

佛説阿惟越致遮經[上]卷〔八〕

龒疏，力公反，《廣雅》：房、龒，舍也。《説文》房室曰疏。疏亦窻。〔九〕

中卷

吶其，又作訥，同，奴骨反，訥，遲鈍也。《説文》：訥，訒難也。〔一〇〕

戰頄，字體作顫，又作戰，同，之見反；下又作疾（疚），同，有富反，《説文》顫頄，謂掉動不定也。經文作痏，音于軌反，瘡也，痏非今用。〔一一〕

下卷

福㷭，古文㷭、𤒻二形，又作𤈦，同，扶逼反，《方言》：㷭，火乾也。《説文》：以火乾肉曰㷭。經文作煏，逋古及（反），火行也，煏非此義。〔一二〕

勝思惟梵天所問經第六卷

多軼，徒結反。 摩齘，竹皆反。 摩懼，求俱反。〔一三〕 樗離，勑於反。 ▨▨□〔一四〕

（下缺）

【校記】

〔一〕據刻本，本條所釋爲「勞來」，詞目下所殘注文爲「《説文》作勑，同，力代反，《漢書》『勞來不怠』也。亦約勑」等字。又注文「經文作賜賚」刻本下有「之賚」二字，此疑脱。又「或作倈」宋《磧砂藏》本作「或倈」，《叢書集成初編》本作「或作」，當據本卷校補。

〔二〕注文「又作儌」刻本作「又作儌、繳二形」。又「召」字底卷形誤作「名」形，茲據刻本録正。

〔三〕注文「諸」字據刻本校正。又「⿴囗豖」字刻本作「圂」，誤。

〔四〕「集一切福德經中卷」八字底卷接抄於上行「非也」二字之後，與上下文體例不合，茲比照下文另行單列。

〔五〕注文「他達反」宋《磧砂藏》本及慧琳《音義》引同，《叢書集成初編》本作「他邁反」。「蠆」字《廣韻》音丑犗切，與「邁」同在去聲夬韻，但「蠆」字《集韻》入聲曷韻又有他達切一讀，玄應《音義》卷一三《柰女祇域經》音義「蠆」音丑芥反，其異體「蠤」又音他達反；同書卷一六《鼻柰耶律》第九卷音義「蠆」字敕芥、他達二反，皆可證他達反不誤。又「蛆」字刻本及慧琳《音義》皆作「蛆」，蓋皆「⿰虫旦」字之訛。

〔六〕「輪」字刻本無，慧琳《音義》作「法輪」二字。

〔七〕注文「趙」字慧琳《音義》卷三〇引同，《叢書集成初編》本作「趙」，蓋皆「趙」字俗訛，宋《磧砂藏》本正作「趙」。又「音」字前刻本有「仆」字，當據補。

〔八〕「上」字底卷脱，茲據刻本校補。

〔九〕注文所引《廣雅》「龒」今本作「櫳」。又「房室曰疏」疑當作「房室之疏」，此係對「龒」字的解釋，見《説文·

木部》。

〔一〇〕注文所引《説文》宋《磧砂藏》本及慧琳《音義》引同，《叢書集成初編》本作「訥，言難也」，後者與今本《説文》合。

〔一一〕注文「又作戰」刻本作「又作𢥞」，殆爲刻者臆改，不可從；又「疾」字據刻本校正；「有富反」刻本作「尤救反」，音同。

〔一二〕「福」字刻本作「煏」，慧琳《音義》引作「𤋲」，「福」當是「煏」或「𤋲（㷸）」字之訛。又注文所列古文「𠈒」刻本作「僃」，下引《方言》同；「㒯」宋《磧砂藏》本作「𤍻（𤎱）」，《叢書集成初編》本作「𤏡」。又「𤈽」字刻本作「𤈽」（上部當作「𣒽」）。又所引《説文》宋《磧砂藏》本同，《叢書集成初編》本作「以火乾物曰㷸」，今本《説文》作「𥠻，以火乾肉」。又「及」字據宋《磧砂藏》本校正，《叢書集成初編》本作「文」，亦誤。

〔一三〕摩懼，刻本及慧琳《音義》引皆作「摩衢」，蓋梵語譯音之異。

〔一四〕缺字存右側殘畫，刻本爲「亜婆」條。

一切經音義（十一）（卷八）

俄敦四六五九（底一）

俄敦一四六七五（底二）

【題解】

本件底卷編號爲俄敦四六五九（底一）＋？＋俄敦一四六七五（底二）。《俄藏》未定名。考上揭二卷所抄内容皆見於玄應《音義》卷八，故據以擬定今題。底一僅存四行，所釋爲《無量清淨平等覺經》下卷音義；底二僅存三行，所釋爲《佛遺日摩尼寶經》音義。二卷上下部皆有殘泐，字體相同，抄寫行款格式一致（就所存部分看，詞條與注文字體大小似同，條目間不接抄），如後圖版所示，當爲同一寫本的殘片，故此合併校録。

此二件未見前人校録。兹據《俄藏》影印本録文，以宋《磧砂藏》本、《叢書集成初編》本玄應《音義》爲參校本（簡稱『刻本』），并參考慧琳《音義》卷一六、卷一七所引，校録於後。

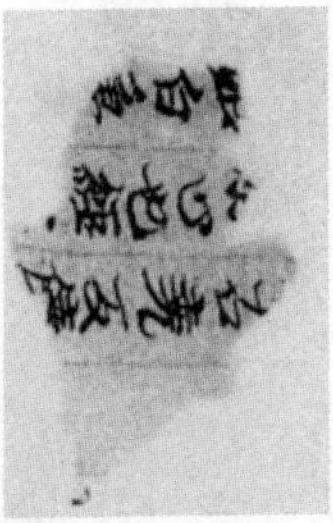

俄敦一四六七五號圖版

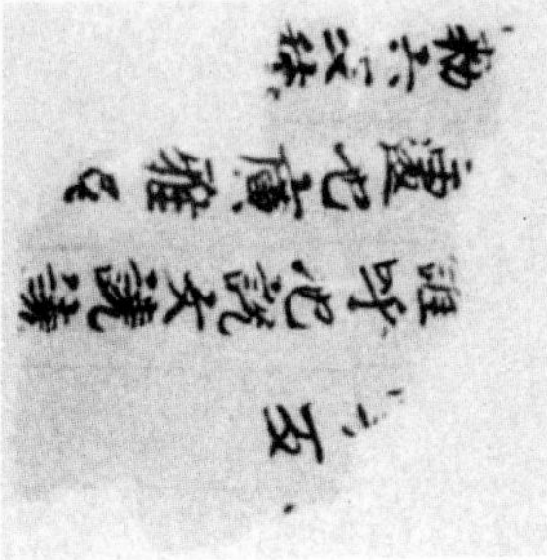

俄敦四六五九號圖版

（上缺）

……▨反。〔一〕

□□□□□□□讙呼也。《説文》：譊譊……〔二〕

□□□□□□□遽也。《廣雅》：屏……〔三〕

□□□□□□□勑六反。▨（稸）……〔四〕

（中缺）

……古堯反，僥……〔五〕

……▨止也。經……〔六〕

……如白魚……〔七〕

（下缺）

【校記】

〔一〕此下四行見於底一。『反』上一字底一存左側殘畫。據刻本，本行所釋應爲『戾亮』條，刻本全文作：『戾亮，力計反。』但比照後三行，『反』上殘泐的空間可抄九字左右，而該條『反』上僅四字，據殘畫，『反』上缺字亦不似『計』字，故只能存疑。

〔二〕此下三行上下部皆殘泐，上部所缺據刻本均爲七字，故據以擬定七字空格。本行所釋爲『事譊』條，刻本全文作：『事譊，女交反，譊譊，讙呼也。《説文》：譊譊，恚訟聲也。』所引《説文》今本作『譊，恚呼也』。

〔三〕本行所釋爲『屏營』條，刻本全文作：『屏營，卑營反，謂惶遽也。《廣雅》：屏營，征伀也。』

〔四〕『稸』字底一存上部，兹據刻本擬補。本行所釋爲『稸氣』條，刻本全文作：『稸氣，《字書》作蓄，同，勑六反，稸謂積也，聚也。經文從心作慉，許六反，慉，起也，慉非此意。』

〔五〕此下三行見於底二。底二上下部皆殘泐，據刻本，上部約缺十一、二字。本行所釋應爲『儌冀』條，刻本全文作：『儌冀，又作僥，《説文》從心作憿，同，古堯反，又僥，希冀也，遇也；冀，幸也。』

〔六〕『止』上一字底二存下部殘畫，據刻本，應爲『雨』字。本行所釋應爲『天晴』條，刻本全文作：『天晴，又作暒、姓二形，同，慈盈反，雨止也。經文作霆，非體也。』

〔七〕本行所釋應爲『蠹虫』條，宋《磧砂藏》本全文作：『蠹虫，丁故反，《説文》木中虫也，如白魚等，食人物穿壞者也。』其中的『虫』爲『蟲』字俗省，《叢書集成初編》本正作『蟲』。

一切經音義(十二)(卷十五)

俄敦一〇八三一

【題解】

本件底卷編號爲俄敦一〇八三一。《俄藏》未定名。考本卷所抄内容見於玄應《音義》卷第十五《十誦律》第廿六、廿七卷音義，故據以擬定今題。底卷僅存四行，且下部殘泐，詞目與注文字體大小相同，行款格式與俄敦二五六、五八三玄應《音義》卷一殘頁相仿，請參看上文玄應《音義》(一)。與刻本相比，本卷詞條頗有删略(參校記〔二〕、〔三〕)。

本卷未見前人校録。兹據《俄藏》影印本録文，以宋《磧砂藏》本、《叢書集成初編》本玄應《音義》爲參校本(簡稱『刻本』)，并參考慧琳《音義》卷五八所引(簡稱『慧琳《音義》』)，校録於後。

(上缺)

□▨(伊甯)奴定反，苦諦也。〔一〕

第廿七卷

氀衣，力俱反，《通俗文》□〔二〕

□□▨(公)道反，《説文》：▨□〔三〕

(下缺)

【校記】

〔一〕『伊』字底卷殘泐，『甯』字僅存左側殘畫，兹據刻本擬補。又第廿六卷音義末『伊甯』條後刻本另有『多他』、『蠰舍』二條，本卷無。

〔二〕『《通俗文》』後缺字刻本作『毛布曰氈。《廣雅》：氈，罽也』九字。又第廿七卷音義之首『氈衣』條前刻本另有『輢由』條，本卷無。

〔三〕『公』字底卷存右側殘畫，兹據刻本擬補。『《説文》』後的缺字底一存上部『高』旁的大半，據字義當爲『稾』字，從禾，但刻本及慧琳《音義》引皆訛從『木』，故未敢徑補。本條刻本全文作：『稾草，公道反，《説文》：稾，稈也。即乾草也。』

一切經音義（十三）（卷十六）

伯三七三四

【題解】

本篇底卷編號爲伯三七三四，前後殘缺，《索引》定作《一切經音義》，兹從之。所存爲玄應《音義》卷一六《優婆塞五戒威儀經》、《舍利弗問經》、《戒消災經》音義。抄寫格式與敦煌寫卷《一切經音義》（三）略同（參看該篇『題解』）。慧琳《音義》卷六四收入前二經音義（後一經音義慧琳重撰，亦收入第六十四卷）。《法藏》本卷擬題『一切經音義卷第六十四』，蓋以爲慧琳《音義》，不確。石塚晴通《玄應〈一切經音義〉的西域寫本》（《敦煌研究》一九九二年第二期）認爲本卷係八世紀後半期寫本，可備一説。

周祖謨曾對本卷與傳本玄應《音義》及慧琳《音義》的異同作過簡要的介绍（見《問學集》上册所載《校讀玄應一切經音義後記》），張金泉《敦煌音義匯考》對本卷作過初步校勘。兹據《法藏》影印本録文（注文底卷换行時低一格接抄，録文時改爲空二格），以宋《磧砂藏》本、《叢書集成初編》本玄應《音義》（簡稱『刻本』）及慧琳《音義》卷六四所載上揭佛經音義（簡稱慧琳《音義》）爲參校本，校録於後。

優婆塞五戒威儀經

樓纂，子管反，錫杖下頭鐵也。字應作鑽，子乱反，關中名鑽，江南名鐏，鐏音在困反，《釋名》：予（矛）下頭曰鐏也。[一]

舍利弗問經

三括，古奪反，括，結束也，括猶索縛之也。此字應誤，宜作摇，以招反，摇，動也。[二]

督令，《字書》令（今）作督，同，都木反，《尒雅》：督，正也。注云：謂御正之也。《方言》：督，理也。《説文》：督，察也。〔三〕

飇焰，又作颮，同，比遥反，謂暴風也。字從猋從風，猋從犬，非火也。〔四〕

亟立，墟記反，《尒雅》：亟，數也。數音所角反。〔五〕

覘鑠，又作睒，同，式冉反，《説文》：暫見也。不定也。下舒若反，鑠，光明也。〔六〕

係縛，古文繫、繼二形，同，古帝反，《説文》：係，絜束也。繫亦連綴也。

慊至，苦蕈（簟）反，慊慊，言勖勖也，亦慊快也。勖音苦没反。〔七〕

懇（懇）惻，古文䫅，同，口很反，《通俗文》：至誠曰懇（懇）。懇（懇），信也，亦堅忍也。下古文恖，同，楚力反，《廣雅》：惻，非（悲）也。《説文》：惻，痛也。〔八〕

若鏟，叉莧反，《説文》：一曰平鐵也。《蒼頡篇》：削平也。〔九〕

圊内，七情反，《廣雅》：圊、圂、屏，廁也。《釋名》：言至穢。〔一〇〕

釃酒〔一一〕，《字書》作麗，同，所宜、所解二反，《説文》：下酒也，一曰醇也。《詩》云『釃酒有藇』，傳曰：以筐曰釃。

酒烝，之承反，《左傳》：定王享之，肴烝。杜預曰：烝，升也。亦簠簋之實也，亦進也。〔一二〕

負摙，力展反，《淮南子》曰：摙載粟米而生。許督（叔）重曰：摙，擔之也。今皆作輦。〔一三〕

【校記】

〔一〕注文所引《釋名》『予』字據刻本正，刻本『頭』下脱『曰』字，慧琳《音義》卷六四引作『矛下頭曰鐏也』不誤。今本《釋名·釋兵》作『矛，冒也，刃下冒矜也，下頭曰鐏』，可參。

〔二〕注文「此字應誤」以下刻本無，蓋脱漏，慧琳《音義》引有，可證。

〔三〕「督令」與注文「今作督」的「督」刻本皆作「督」，慧琳《音義》引皆作「督」，當皆有一誤，疑詞目當作「督」，注文當作「督」，《五經文字》卷上目部云「督督：上《説文》，下經典相承隸省」，可證。又注文「令」字據宋《磧砂藏》本及慧琳《音義》引校正，《叢書集成初編》本「今」字在「字書」上，誤。又所引《尒雅》注今本無「之也」二字。

〔四〕「颷」字刻本同，蓋玄應所據經本原文如此，故玄應照録，而在注文指正其誤，慧琳《音義》引標目字改作「颷」，未必爲玄應書的原貌。

〔五〕《爾雅·釋言》：「屢、暱，亟也。」郭璞注：「亟亦數也。」疑本條所引《尒雅》即出於郭注。

〔六〕本條底卷接抄於「亟立」條之下，不提行，蓋誤抄所致。

〔七〕注文「苦蕈反」刻本作「古簟反」，慧琳《音義》引作「苦簟反」，「苦簟反」是，「慊」字《廣韻·忝韻》正音「苦簟切」。

〔八〕「貇」爲「懇」字俗訛，兹據刻本校正。又注文「䚮」字刻本作「諰」，慧琳《音義》卷六四引作「記」，當皆爲「詪」字俗訛。玄應《音義》卷一二《賢愚經》第一卷音義載「懇」字古文作「詪」，而慧琳《音義》卷七四引誤作「䚮」，可資比勘。又所引《廣雅》「非」字據刻本及今本《廣雅》校正。

〔九〕注文引《説文》後刻本有「《廣雅》：鑯謂之鏟」句。

〔一〇〕本條爲補抄插入行間，「至穢」下未抄完，刻本作「處修治使潔清也」。又所引《廣雅》「庰」刻本作「屏」，慧琳《音義》引及今本《廣雅》皆作「庰」，二字古通用。

〔一一〕本條以下爲《戒消災經》音義，其上應脱經名。

〔一二〕「烝」及注文中的「烝」、「丞」《叢書集成初編》本皆作「烝」，當據正；宋《磧砂藏》本依次作「烝」、「承」、「承」，「承」字亦誤；慧琳《音義》皆作「烝」，乃「烝」的俗字。又注文「肴烝」今本《左傳》作「殽烝」，「殽」

爲假借字。

〔一三〕負揵，刻本誤作『角揵』，慧琳《音義》同一經音義『負揵』條云：『上浮務反，《説文》：負，恃也。上從人，人守貝有所恃，故人下從貝爲負。』可證『負』字是。又注文『揵載粟米而生』句刻本同，玄應《音義》卷一《中阿含經》第六卷音義『負揵』條引作『揵載粟米而至』，『至』字是，當據正；今本《淮南子·人間》作『負輦粟而至』，可參。又『督』字宋《磧砂藏》本同，玆據《叢書集成初編》本校正。

一切經音義（十四）（卷十九）

俄敦一一五六三

【題解】

本件底卷編號爲俄敦一一五六三。《俄藏》未定名。考本卷所抄内容見於玄應《音義》卷一九《佛本行集經》第九卷音義，故據以擬定今題。底卷存十五行，下部殘泐，上部除中間三行外，亦殘泐四到八字不等。每行約十七字。詞目與注文字體大小相同，每條提行頂格，注文换行低半格接抄（録文時改爲空二格），行款格式與俄敦三二〇、三八六玄應《一切經音義》（十五）近似（參該件題解）。所存字句與刻本大抵相同。

本卷未見前人校録。兹據《俄藏》影印本録文，以宋《磧砂藏》本、《叢書集成初編》本玄應《音義》爲參校本（簡稱『刻本』），并參考慧琳《音義》卷五六所引（簡稱『慧琳《音義》』），校録於後。

（上缺）

□□□□□作鞬▨（德）[gap]反。〔一〕

□□□□反，《説文》齒參差也。齹[gap]〔二〕

□□□□牛俱二反，《説文》齒▨（不）[gap]▨（也）。謂齒▨▨（不齊）平者[gap]。〔三〕

□□□▨（志）反，《廣雅》：毦毦，罽也。▨[gap]〔四〕

躑躅，又作蹢，同，丈亦反，下又作躅[gap]《字林》駐足不進也。《廣雅》：躑躅[gap]〔五〕

不覿，亭歷反，《尒雅》：覿、覿，見[gap]〔六〕

□□□□反，《通俗文》：面▨（黧）[gap]〔七〕

□□□□□□□謂不[八]

▨(責)反二[九]

(下缺)

【校記】

〔一〕『作』上底卷約缺五字;『德』字底卷存左側彳旁及上下殘畫,其下約缺九字;『反』上底卷約缺四字。該條刻本全文作:『揵陟,《六度集》作鞬德,正言建他歌,此譯云納也。鞬居言反。』

〔二〕『反』上底卷約缺四字,刻本作『不齷,於(千)何』四字(『於』字據慧琳《音義》校);注文『齷』下殘泐部分可抄四至五字,刻本作『亦毀也』三字。

〔三〕『牛』上底卷約缺四字;前一『不』字底卷存上部殘畫,茲據刻本擬補,其下約缺五字;『也』字底卷存下部殘畫,茲據刻本擬補,其上約缺四字;『不齊』二字底卷有殘泐,茲據刻本擬補;『者』下殘泐部分可抄約五至六字,刻本作一『也』字。該條刻本全文作:『不齵,牛鉤、牛俱二反,《説文》齒不正也。《蒼頡篇》齒重生也。謂齒不齊平者也。』

〔四〕『志』字底卷存下部,茲據刻本擬補,其上約缺三字;『也』後殘字底卷存上部殘畫,刻本作『織』,其下殘泐部分可抄約四至五字,刻本作『毛曰罽。㲥音唐也』七字(慧琳《音義》引無末『也』字)。該條刻本全文作:『衆毦,人志反,《廣雅》:㲥毦,罽也。織毛曰罽。㲥音唐也。』

〔五〕注文前一『躅』下約缺四字,刻本作『同,丈足反』四字;後一『躅』下殘泐部分約可抄五字,刻本作『踟蹰也』三字。

〔六〕『見』下殘泐部分約可抄五字,刻本作『也』一字。所引《爾雅》刻本作『顯、昭、覲、釗、覿,見也』,今本《爾雅·釋詁》作『顯、昭、覲、釗、覿,見也』。

〔七〕『反』上底卷約缺四字；『黧』字底卷存上部殘畫，兹據刻本擬補，其下約缺五至六字；次行殘泐部分約可抄七字。該條刻本全文作：『黑皯，古旱反，《通俗文》：面黧黑曰皯也。經文從黑作皯，非也。』

〔八〕『謂』上約缺八字，『不』下約缺六字；次行殘泐部分約可抄八字。該二行所釋應爲『皺襵』條，刻本全文作：『皺襵，知躡、之涉二反，謂不申也。襵裙、襵疊皆作此也。』又本條與上『黑皯』條間刻本另有『弓把』條，底卷缺。

〔九〕『責』字底卷存下部殘畫，兹據刻本擬補，其上約缺七字；『反』下亦約缺七字；次行『一』上約缺八字，其下殘泐部分約可抄七字。該二行所釋應爲『理册』條，刻本全文作：『理册，古文笧，同，楚責反，册，簡册也，長者二尺，短者半之，其次一長一短，手文象之也。』

一切經音義（十五）（卷二十二）

俄敦三二〇＋三八六

【題解】

本件底卷編號爲俄敦三二〇＋三八六。《俄藏》擬題爲『一切經音義卷第四十八瑜伽師地論』。考本卷所抄内容見於玄應《音義》卷二二《瑜伽師地論》第四十二至四十四卷音義，慧琳《音義》卷四八亦予轉引，本卷字句與玄應《音義》更爲接近，故定作玄應《音義》殘卷，改定今題。底卷原破裂爲二，《俄藏》綴合爲一，凡存十八行，每行十八至二十字不等，其中前八行（内中第七行殘泐無存字）爲一片，上部殘泐六至十二字不等。後十行爲另一片，上部略有殘破。詞目與注文字體大小相同，每條提行頂格，注文换行低半格接抄（録文時改爲空二格）。行款格式與俄敦一一五六三號玄應《一切經音義》（十四）近似（參該件題解）。所存字句與刻本大抵相同。石塚晴通《玄應〈一切經音義〉的西域寫本》（《敦煌研究》一九九二年第二期）認爲底卷係八世紀初期寫本，可備一說。

本卷未見前人校録。兹據《俄藏》影印本録文，以宋《磧砂藏》本、《叢書集成初編》本玄應《音義》爲參校本（簡稱『刻本』），并參考慧琳《音義》卷四八所引（簡稱『慧琳《音義》』），校録於後。

（上缺）

□□□□□□□□□（同齡，又作秢，同，歷經反，《字林》：年），齒也。《礼記》：古者謂年□

　　□□□□（爲齡。人壽之）▨（數）也。[一]

□□□□□□（攜從，胡圭反，《廣》▨（雅）》：攜、提，挈也。謂提持也。《漢書》孟

□□□□□（康曰：攜，連也。亦）▨（牽）將行也。〔二〕

□□□□□□□□（擐甲，胡慢、工患二反，《左）傳》擐甲執兵，杜預曰：擐，貫□□□□□（也。《國語》服兵擐）▨（甲），賈達（逵）曰：擐衣甲也。〔三〕

□□□□□（第卌三卷）

□□□□□□□□□（泯一，弥忍反，《尒雅》：泯，盡。《廣）雅》：泯、絶，滅也。〔四〕

▨（傘）屧，又作繖，同，先岸反，謂張帛爲盖，行路以自覆者也。下先牒反，鑿腹合（令）空鳶（薦）足者也。〔五〕

▨（法）溟，莫經反，《説文》小雨溟溟也。《莊子》：南溟，天池也。〔六〕

第卌四卷

▨（璩）印，巨於反，《字書》玉名也，耳璩也。印，臂印也。〔七〕

儲器，直於反，儲，貯也，備也，謂畜物以爲備曰儲也。〔八〕

藻飾，祖老反，水草之有文者，畫藻菜於衣，以爲服▨（章）也。〔九〕

格量，加領反，《蒼頡篇》：格，量度也。〔一〇〕

不庍，齒亦反，指庍也。《漢書音義》曰：庍，不用也。《説▨▨▨□▨▨▨▨（文：庍，却屋也。《廣雅》：庍，推）也。〔一一〕

（下缺）

【校記】

〔一〕缺字據刻本擬補，下同。『古者謂年爲齡』慧琳《音義》引無『爲』字，與今本《禮記・文王世子》經文合。『數』字底卷存左下側殘畫，亦據刻本擬補。

〔二〕『雅』字底卷存下部，『牽』字存下部殘畫，茲均據刻本擬補。『攜』字底卷及慧琳《音義》引訛從木旁，茲據刻本録正。又所引《廣雅》今本《廣雅・釋詁》作『攜、挈、撣，提也』。末句『亦』後慧琳《音義》引多一『云』字。

〔三〕『甲』字底卷存下部殘畫，茲據刻本擬補。『達』字據刻本正。末句慧琳《音義》引無『也』字。

〔四〕所引《尒雅》『泯，盡』後慧琳《音義》引有『也』字。

〔五〕『傘』字底卷殘泐右上部。『合』字宋《磧砂藏》本作『今』，皆誤，茲據《叢書集成初編》本及慧琳《音義》引校正。『鳫』字慧琳《音義》引同，茲據刻本校。又『張帛』慧琳《音義》引無『張』字，蓋脱。末句『者也』慧琳《音義》引誤作『也者』。

〔六〕『法』字底卷存下側殘畫，茲據刻本擬補。『小』字刻本及今本《説文》同，慧琳《音義》引誤作『少』。

〔七〕『璩』字底卷存右下側殘畫，茲據刻本擬補。

〔八〕末句《叢書集成初編》本同，宋《磧砂藏》本『儲』後多一『者』字，慧琳《音義》引全句作『謂畜積物以爲備曰儲』。

〔九〕『菜』字慧琳《音義》引作『葉』，疑以『葉』字義長。

〔一〇〕本條底卷接抄於上條之後，與所存其他各條體例不合，茲改爲提行頂格。『頟』字慧琳《音義》引同，刻本作『額』，『頟』『額』古今字。又注文『格』後慧琳《音義》引多一『謂』字。

〔一一〕『庈』爲『斥』字小篆的隸定字。次行殘字底卷存右半或右部殘畫，茲據刻本擬補。本條後刻本有『不譴』

條，注文云『去戰反，《蒼頡篇》：譴，訶也。《廣雅》：譴，怒也。《説文》：譴，謫問也』。慧琳《音義》無『不譴』條，而『不庈』條注文末接云：『推譴怒也。《説文》從广、屰也。』其中的『譴怒也』云云顯係由『不譴』條羼入。

一切經音義摘抄

伯二九〇一

【題解】

本件底卷編號爲伯二九〇一。卷背爲《金剛三昧經》節抄等，又有『孝經一卷并序』字樣。本件首尾殘缺，存一一二行，前五行及末行有殘泐（其中第一行僅存下端殘字七個）。原件無題。姜亮夫《瀛涯敦煌韻輯》曾將本卷中『與字學有關者』録存百數十條，其按語稱：『本卷爲唐寫本，共六紙，爲一卷。……共百十一行，前四行殘。不知爲何經音義。起「聾聵」、「哀耄」二詞。注中引用之書，《説文》最多，此外有《字體》、崔寔《四民月令》、《方言》、《廣雅》、《蒼頡篇》、《三蒼》、《史記》如淳説、《聲類》等。』後來潘重規《瀛涯敦煌韻輯新編》又補輯過若干條，潘氏稱：『所引無唐以後書。』《索引》擬題『殘佛經音義』，《寶藏》沿稱『佛經音義』。一九九一年石塚晴通、池田証壽刊佈《レニングード本一切経音義》一文（《訓點語と訓點資料》第八十六輯），指出本卷係從《一切經音義》抄出，并説寫卷『卷次經名不定，八世紀中期寫本』。張金泉、許建平《敦煌音義匯考》（杭州大學出版社一九九六）、張金泉《P．2901 佛經音義寫卷考》（《杭州大學學報》一九九八年一期）在逐條比勘分析的基礎上，確定本卷爲玄應《一切經音義》抄，極是，後來《索引新編》據以改題『玄應一切經音義摘抄』，兹從之。《法藏》仍題『佛經音義』，不妥。竺家寧《巴黎所藏 P．2901 敦煌卷子反切研究》（臺灣彰化師範大學一九九八年三月舉辦的『第十六屆全國聲韻學學術研討會』論文）認爲本卷是『實際反映當時唐代音讀的注音文獻』，是『當時讀書人按當時語言唸書的音義詞典』；葉鍵得《巴黎所藏 P．2901 敦煌卷子反切問題再探》（《臺北市立師範學院學報》一九九九年，總三十期）又認爲本卷『應該是爲了方便閲讀某本佛經所做的字形、音義的卷子』，均未能揭示與玄應《音義》的關係。

本卷所釋詞條均摘抄於玄應《音義》，涉及一百零六種佛經，依次見於玄應《音義》卷一（四十五條）、卷三（二十五條）、卷二一（十六條）、卷四（三十六條）、卷五（十七條）、卷七（四條）、卷一〇（十三條）、卷一七（二十二條）、卷二五（八條）、卷二四（七條）、卷一八（十二條）、卷一九（二十條）、卷二〇（五條）、卷一一（三十二條）、卷一二（三十五條）、卷一三（三十五條）、卷一四（三條），凡存三百三十五條，其中卷五『綫』、『劒刎』、『鹿隟』、『慷慨』、『一觵』、『籠罩』六條宋元明藏本及《叢書集成初編》本玄應《音義》未見，但《金藏》廣勝寺本和《麗藏》本玄應《音義》卷五有；日本大治三年（一一二八年）玄應《音義》寫本卷五缺，但全書卷首目録第五卷下列有宋元明藏本無目的四十二種經（《金藏》廣勝寺本全，《麗藏》本有其中的二十一種，參看周祖謨《校讀玄應一切經音義後記》，載《問學集》），上揭六條詞語所出的《中陰經》、《濡首菩薩無上清淨分衛經》、《迦葉經》、《發覺淨心經》亦赫然在目。可見本卷所據的玄應《音義》應是比今天通行的《叢書集成初編》本更爲完整的足本。本卷所抄經文各卷序次與今本不盡一致（每卷下所抄詞條先後則完全一樣），這種差别，是玄應書的卷次原本如此，抑或抄手任意取抄舛亂，還有待進一步研究。與今本玄應《音義》每經下所釋的詞條數相比，本卷一般只選抄其中的一小部分，這些選抄的詞條下往往列有異體别字；每條下的內容也常有節略，留存的部分大多與辨别字形有關，釋義較爲簡潔，原書中過於繁重的引文或書名之類則常被删略。若干詞條的音義與今本有所不同，如卷末的『吟哦』條，本卷作『又作訡，牛金反；下吾哥反，江南謂諷詠爲吟哦』，宋《磧砂藏》本、《叢書集成初編》本『吾哥反』作『吾歌反』，其下作『吟哦，諷詠也。《蒼頡篇》：吟，嘆也』，慧琳《音義》卷五四引作『江南謂諷爲吟哦。《蒼頡篇》云：吟，嘆也』，各有不同，比較而言，本卷『江南謂諷詠爲吟哦』一句似更接近玄應書的原貌。據本卷可校正今本之誤處很多，已見下文校記所列，兹不詳述。卷子中有避唐諱改寫的情況，如『罠』字所從的『民』寫作『氏』，『葉』中的『世』寫作『云』，等等，這類諱字，是沿襲玄應書的原貌，還是出於本卷抄者之手，還是一個疑問。玄應《音義》成書於唐永徽末年（公元六五五），從内容及抄寫風格等因素考慮，石塚晴通等推斷本卷爲八世紀中期寫本，庶幾近是。

張金泉、許建平《敦煌音義匯考》曾對本卷作過初步校勘。兹據《法藏》影印本録文，以宋《磧砂藏》本、《叢書集成初編》本玄應《音義》爲參校本（簡稱『刻本』），并參考《中华大藏經》影印的《金藏》廣勝寺本玄應《音義》（簡稱『《金藏》本』）以及慧琳《音義》所引（簡稱『慧琳《音義》』），校録於後。原卷所有詞條連書不分，不標卷數，不標經題，詞目用大字，注文用雙行小字；爲醒眉目，兹改爲卷與卷之間空一行，同一經的詞條接排，換一經時另行首空二格排録，詞目用小四號字，注文用小五號字改排單行。底卷與刻本及慧琳《音義》引文之間的一些不重要的差異（如句末『也』字有無之類）一般不一一出校，以免繁瑣。

（上缺）

□也。〔一〕▨□（翳目）□計反，目病也。〔二〕□子□▨（雖）閏反。〔三〕聾聵古文顡、聵二形，今作顡，又□生聾曰聵。□聵非經義。〔四〕衰耄字體作㾓，同，所龜反，衰□〔五〕□（僅）▨（半）古文勤、廑二形，同，渠鎮反，僅，劣也；僅猶纔也。〔六〕弥饌□□□（又作簨），同，仕卷反。〔七〕眩惑古文姰、迿二▨（形），同，侯遍反。〔八〕▨▨（齗齶）□（牛）斤反；下又作腭、□□（咢二）形，同，五各反。〔九〕閫又作梱，門限也。〔一〇〕宣古文愃，同。〔一一〕矙裂宜作攫，九縛、居碧二反，《說文》：攫，爪持。《淮南子》曰獸窮即攫，是也。〔一二〕軶□□（又作）梔，同，於革反。〔一三〕瓌異又作傀、瓌，同，古迴反。〔一四〕禦古文敔，同。〔一五〕跛蹇又作彼，同，補我反。〔一六〕怡懌古文嬰，同，翼之反。〔一七〕監領古文警，同，公衫反。〔一八〕輨轄上古緩反，下又作舝、鎋，二同，謂軸頭鐵。〔一九〕焦悸古文痵同，其季反。〔二〇〕炒粳古文鬻、臿、焣、[illegible]四形，今作[illegible]。崔寔《四民月令》作炒，古文奇字作焣，同，初狡反，《方言》：熬、焣，火乾也。〔二一〕慎儆古文憼，今作警，並同也。〔二二〕嘲又作啁，同。〔二三〕蜎飛或作翾，同，呼全反。〔二四〕燂或作燖，古文錟、鬵，今作燅（錟），並同，詳廉反，以湯去毛也。〔二五〕嗽又作欶，同，山角反，欶，吮也。經文作嗽，俗字也。〔二六〕刀砧又作椹、㪁二形，同，猪金反，鈇砧也。矛穳上又作鉾、戎，二同，莫侯反。下千乱反，《廣疋》謂之鋋。鋋，小矛也。〔二七〕仈仍又作訒、礽，二同，而陵反，《廣疋》

云：仍，重也，因也。〔二八〕塵曀古文壇，同，於計反。〔二九〕陂濼上筆皮反，下匹莫反，大池也，山東名濼，幽州名淀，音殿，經文從水泊，借音，非體也。〔三〇〕

毛毦布荓反，毛布也。經文作毲，非也。〔三一〕呞食又作飼、飴，同，牛曰飼。〔三二〕鐵（鐵）柴今作啛，又作觜，同，子累反，《方言》：柴，鳥喙。〔三三〕窠又作萪，同，苦和反。〔三四〕垂胡又作頶、啯二形，同，户孤反，《説文》牛頷垂下也。經文作壺，非體。〔三五〕斤斵下古文斲，同，竹角反。〔三六〕鞴囊上或作橐，同，皮拜反。〔三七〕

鑪鍋字體作鬲，又作融，同，古和反，《方言》秦地土釜也。〔三八〕停憩（憩）又作愒，《蒼頡篇》作飫，同，墟例反，《尔疋》：憩，息也。〔三九〕羇縶又作馽，同，賭立反，《詩傳》曰：縶，絆。亦拘執也。〔四〇〕坑穽古文阱、汬，二同，才性反。〔四一〕掩襲古文戳、褶，二同，辝立［反］，掩其不備曰襲。〔四二〕嘶又作誓，同，先奚反。〔四三〕貪惏或作啉，今亦作婪，同，力南反，愛財愛食也。〔四四〕

胃脬普交反，盛尿者。經文作胞，胞，裹也，非此用。〔四五〕涙洟古文鮷，同，勑計反，《三蒼》鼻液也。自目曰涕，自鼻曰洟。〔四六〕滋味古文孖、［㴊］二形，同，子夷反，滋，益也，閏也。經文從口作嗞，《説文》：嗞，嗟也。〔四七〕有翅古文䎗、翄二形，同，施豉反，《説文》：翅，翼。〔四八〕適商、這二形同。〔四九〕凌傷上力繒反，侵凌也。下或作敭，今作易，同，以豉反，《説文》：傷，輕也。慢也。〔五〇〕恐懅又作遽，同，遽，畏懼也，亦急也。〔五一〕匳底今作籢，同，力占反，盛鏡器匳，方底者。〔五二〕茵蓐又作鞇，同，於人反，車中席。〔五三〕

我曹又作𨋳，同，自勞反，《史記》十餘曹備之，如淳曰：曹，輩也。〔五四〕痱癗又作疪，同，蒲罪反，下力罪反，痱癗，小腫。今取其義。〔五五〕梗澀上歌杏反，梗，強也。澀，又作濇，所立反，謂不滑。〔五六〕雜糅古文粈、鈕，二同，女救反。〔五七〕謙恪古文愙，同，苦各反，恪，恭、敬也。〔五八〕

垓劫古文㚊、亥二形，今作姟，同，古才反。〔五九〕履襪古文韤，或你（作）韎、妺二形，同，无發反，足衣也。〔六〇〕蜚共飛同，古字也。〔六一〕恢又作㚋，同，苦迴反，恢亦大也。〔六二〕

須薹天音帝，亦作須滯天、須㿃天，亦言善見天，亦作須嚏天，經文從無從足作舞（躌），音讀作武，非。〔六三〕 㿯天烏合反。〔六四〕 詭又作恑，同，居毁反，恑，變詐也。〔六五〕

昆弟又作翼，同，孤魂反。〔六六〕

尼坵又作泜、泜、坛三形，同，直飢反。〔六七〕 三愆古文寒、遈二形，籀文作諐（諐），今作愆，同，去連反，《説文》：諐（諐），過也，失也。 猜焉古文䐶，同，今作倸，並同麁來反，猜，疑也。〔六八〕

被弶渠向反，施以取禽獸。〔六九〕 敦觸古文㲉、敦、揨三形，同，宅庚反。〔七〇〕 栽梓古文櫱、梓二形，今作蘗，同，五割反，梓，餘也，言木栽生。〔七一〕 蜫虫古文蚰，同，古魂反。〔七二〕 綺繪又作繢，同，胡憒反。〔七三〕 口噤古文唫，同，渠飲反。〔七四〕 資稸又作蓄，同，蓄，積、聚也。〔七五〕 芳羞古文作膳，同，私由反，雜味爲羞。 羞，熟也。〔七六〕 仇匹古文逑，同，渠牛反，謂相匹偶也。〔七七〕 訥古文作呐，同，奴骨反，訥，蹈。〔七八〕 闚闟古文作鑰，同。〔七九〕 饕餮古文叨、飻二形，同，他高反。下又作飻，同，他結反。〔八〇〕

髼鬇《説文》作䒠薴，同，仕行反，下女庚反，髮乱也，不茂曰䒠薴。〔八一〕 甞耨《説文》又作鎒，同，乃候反，除田草器。〔八二〕

舌㱾又作齡，同，其蔭反，牛舌病，或作疹，非。〔八三〕 懇切古文䫀，同。〔八四〕

寶磺古文卝，《字書》作礦，同，孤猛反，《説文》：磺，銅鐵（鐵）璞。 經從金作釙，非。〔八五〕 膺又作膺，同，於凝反，膺，匈也，乳上骨。〔八六〕 原隰又作隰，同也。〔八七〕 旒蘇又作〔統〕、瑬二形，同，力周反。〔八八〕

躓古文𨄅、躓二形，今作疐，同，猪吏反。〔八九〕 好拂拂，拭、除塵也。 經文作耗、帗二形，非也。〔九〇〕 都較古文㩁同，古學反，明也，亦比挍也。〔九一〕

和詫字又作誃，同，丑嫁反。〔九二〕

噴灑又作歕，同，普悶反，經文從水作濆，音扶云反，水名也，濆非此義。〔九三〕 荐臻又作洊，同，在見反。〔九四〕 檐《字書》作櫩，同，以占反，謂屋梠也。〔九五〕 齚楊又作齰，同，仕白反，齚，齧也。經文作咋，莊白反，咋咋聲也，咋非此義。〔九六〕 老叜又作叟、傁二形，同，蘇走反，《方言》：叜、父、長，老也。〔九七〕 詵林又作甡、㚋、莘三形，同，使陳反，傳曰：詵詵，衆多也。〔九八〕 如餉餉，遺也。或作饟，饋餉也。〔九九〕 懊儂今皆作惱，同，奴道反，懊儂，憂痛也。〔一〇〇〕 瞢憒上莫崩、下公内反，瞢，不明；憒，乱也。〔一〇一〕

謍衛又作訔、𢡟，三形同，役瓊反。〔一〇二〕

鏗然又作揁、輷二形，同，口耕反，《説文》：輷，堅也。〔一〇三〕

俟古文竢、䇃、迉三形，同，事几反，俟猶待也。〔一〇四〕

棚閣蒲萌反，連閣曰棚。經文作閛，普耕反，門聲，閛非此義。〔一〇五〕 嬈固乃了反，下又作怘，同，古護反，諸經有作嫐，或作嬲，音並同。〔一〇六〕 哂然《字書》作吲，或作吹，同，式忍反，齒本曰吲，大笑即齒本見。〔一〇七〕

踵又作歱，同，之勇反。〔一〇八〕 柧古胡反，《説文》：柧，棱也。經文作觚，器名，非義也。〔一〇九〕 侜張《説文》作譸，同，竹流反，侜張，誑惑也。〔一一〇〕 胏腴上又作胇，同，敷穢反，下庾俱反，腴，腹下肥也。經作俞、腧，非。〔一一一〕 蛕虫又作蛔，同，胡魁反，腹中虫也。〔一一二〕

蹎蹶又作傎、趚，同，丁賢反；下居月反；蹎蹶猶頓仆。〔一一三〕 虹古文羾，同音。〔一一四〕 刖足古文朗、跀二形，同。〔一一五〕 禍

酷古文告、嚳、焅三形，同，都篤反。〔一一六〕

犇馳古文驞，今作奔，並同。〔一一七〕

覛或作䁈，同音。〔一一八〕

動他古文連，同，徒董反，《尔疋》：摇、動，作也。經文從言作誣，非也。〔一一九〕 若僑渠消反，《説文》：僑，高也。《字林》寄客爲僑，作僑字。僑，寄也。〔一二〇〕

妷態佚、妷、劮同，与一反；下又作能，同，他代反。〔一二一〕

不槩古文杚，同，公礙、公内二反，杚，量也。《廣疋》：杚，摩也。《蒼頡篇》云平。〔一二二〕

災禍又作裁、灾、扷三形，同，式才反，天火曰灾。〔一二三〕

万岐又作郊、嶅二形，同，巨宜反，謂道有支分者。〔一二四〕

洞清古文衕、迵二形，同，徒貢反，洞猶通也。經文從口作哃，非也。〔一二五〕

昺徹古文苪、昺二形，同，今作炳，同，碧皿反。〔一二六〕

晴陰（陰）又作暒、姓二形，同，《聲類》雨止曰晴。〔一二七〕

線古文線，今綫，同，私賤反。〔一二八〕

劒刎古文歾，同，亡粉反。〔一二九〕

鹿隊古文䅽、䝿二形，今作聚，同，才句反，《廣疋》：聚，居也。〔一三〇〕

慷慨正作忼愾，同，古葬反，下苦代反，忼愾，大息，不得志者。〔一三一〕

一⿰角戔又作盞、琖、醆三形，同，側限反，《方言》：盞，杯也。〔一三二〕

籠罩⿱日綽（⿱罒綽）、箪、菿三形，今作罩，同，陟挍反，捕魚籠。〔一三三〕

風齲又作䫻，同，丘禹反。〔一三四〕

尒炎正字作焰，以贍反，梵言也，此云所知。〔一三五〕

陽燧古文作鐆、㸂，今作燧，並同。〔一三六〕

怵惕又作愁，同也。〔一三七〕

開⿵門為又作闔，同，于陂反，《字林》：⿵門為，開也，闢也。經文作闒，非。〔一三八〕

韶古文磬，同，視招反。〔一三九〕

力贔古文奰、悲、⿱臾大三形，今作勑，同，皮冀反，《説文》：贔，壯大。〔一四〇〕

播殖又作譒、𢿡、䣪，三同，補佐反。〔一四一〕

箭笴工旱反，箭莖也。〔一四二〕

攘袂而羊反，揎袖出臂爲攘袂。〔一四三〕 掐傷枯狹反，又作剞，口洽反，爪按曰掐，剞，入也。〔一四四〕 鄙褻古文絬、媟、暬、渫四形，同，思列反，褻，鄙陋也，黷也。〔一四五〕 中嚔又作鼆，同，丁計反，噴鼻也。〔一四六〕

弥彰又作暲，同。〔一四七〕 練摩古文鍊、潄、練三形，今作湅，同，力見反，《説文》：鍊，治金也。下古文劘、攠二形，同，莫羅反，謂堅柔相摩。〔一四八〕 以楔又作榍，同，先結反。〔一四九〕

峻峭又作陗，或作埆，峻坂曰陗。〔一五〇〕 埤助或作諀，同，避移反，《説文》增也；厚也，補也。〔一五一〕

悲惻又作愳，同，楚力反。〔一五二〕 振給古文㫃，同，諸胤反。〔一五三〕

舌㖡又作涎、次、淴三形，同，似延反，口▨▨（液也）。〔一五四〕

評曰皮命反，謂量議也。《字書》：評，訂也。訂音徒頂反。《説文》：訂，平議也。〔一五五〕 操杖又作歃，同，錯勞反，操，把持也。〔一五六〕 駁色補角反，□（班）駁，色不□□（純也）。〔一五七〕 □□（作屣）古文韈、韤二形，同，所綺、所解二反，《説文》：屣，鞮屬也；鞮，韋履也。都奚反。〔一五八〕 俾倪又作敕堄，俾倪，女墻（牆）也，言於孔中俾倪非常事。〔一五九〕

策古文册、笧、䇲三形，同，楚革反，策，馬撾。〔一六〇〕 叓方楚力反，謂正方。〔一六一〕 串脩古文摜、遦，又作慣，同，古患反，《尔疋》：串，習也。舍人曰：串，心之習也。〔一六二〕 豪氂（氂）又毫，下古文斄（氂）、練二形，今作秏（氂），同，力之[反]，今皆作氂（釐），理也，古字通用。〔一六三〕

羽寶宜作葆，又作翢，同，補道反，謂合集五色羽名爲羽葆也。〔一六四〕 啡嗽古文噍，又作唼，同，子盍反，下山角反，《通俗文》合吸曰敕。〔一六五〕 瘡痍古文戧、仌，今作創，同，楚良反，下羊之反，體瘡曰痍，頭瘡曰瘍。〔一六六〕 姧宄古文宑、夊二形，同，居美反，《廣雅》：宄，盜。〔一六七〕 俟古文竢、糇、竢三形，同，事几反，《尔疋》：俟，待。〔一六八〕 紖又作絼、紖，同，直忍反，謂牛鼻繩。〔一六九〕

燔燒又作䊀，扶袁反。〔一七〇〕罝古文羅、罝，二同，子邪反。〔一七一〕剗又作鏟，同，初眼反。〔一七二〕不革古文草、愅、諽，三同，古核反，謂改。〔一七三〕企望古文佱，同，祛豉反。〔一七四〕登豆又作䠠、䝭二形，同，勒刀反，野豆謂之登豆，形如大豆而小，色黃，野生引蔓。〔一七五〕如笮側格反，笮猶壓也，今笮出汁。〔一七六〕

漉或作盝，同，力木反。〔一七七〕劇罾上音皮，下又作泲，同，子礼反，《廣疋》：劇，剥也。罾，漉也，謂搦出汁也。〔一七八〕所瀹又作爚、鬻、汋三形，同，臾灼反，《通俗文》：以湯煑物曰瀹。《廣雅》曰：瀹，湯也。謂湯内出之。江東呼瀹爲煠。煠音助甲反。〔一七九〕人捡又作鈙、撡，二同，巨金反，捡，急持也。〔一八〇〕捶撻又作箠，下古文㯓，同，他達反，捶，撻擊。〔一八一〕舭話籀文作譮，古文作䛡、諴，同，胡快反，話，訛言也。〔一八二〕誇衒古文眩、衍，同，胡麵、公縣二反。〔一八三〕狎惡古文𤜊，同，胡甲反，狎，習也，近也。〔一八四〕

飢古文作飪，又作饑，同。〔一八五〕如篅《蒼頡篇》作圌，同，市緣反。〔一八六〕隄古文陒，同，都奚反。〔一八七〕痼又作㾇，同，古護反，久病也。《説文》：痼，病。〔一八八〕瘵病《説文》作㿋，同，力照反。〔一八九〕典刑又作㓫，同，丁蘡〔反〕。〔一九〇〕確陳《埤蒼》作塙，又作碻，同，苦學反，《廣雅》曰：確謂堅鞕牢固。〔一九一〕

抱卵字體作菢，又作勼，同，蒲冒反，雞伏卵謂之菢。〔一九二〕

不眴瞬、瞚同，尸閏反，目開閉數摇。〔一九三〕

鮭胡寡反，鮮明也，又物精不雜爲鮭。〔一九四〕

軟中正體作耎，而兖反，耎，柔弱。〔一九五〕弥離車或作弥戾車，皆訛也。正言蔑戾車，謂邊夷無所知者。〔一九六〕爲嫉古文誎、㑵、㤂，同，自栗反，嫉，妬也。〔一九七〕

敧仄又作踦、𢿥、崎，同，丘知反，不正也。《説文》敧隔，傾側不安，不能久立。〔一九八〕　吹篅又作䈜、笹，同，除離反，樂器。〔一九九〕

泗水古文汓，同，似由反，江南謂拍浮泗。〔二〇〇〕

粋哉字宜作昨、䊪，二同，子各反，《説文》：糲一斛舂取九斗曰䊪。《三蒼注》云：䊪，精米也。江南亦謂𥻆米爲䊪。糲音賴。論文作粋，非體。〔二〇一〕　酬酢又作醻，又詶，主客酬酢。〔二〇二〕

瞤動古文旬，同，而倫反，《説文》目揺動也。〔二〇三〕

勦勇《説文》作𩪕，同，助交反，中國多言勦，勦音姜權反。〔二〇四〕　剟鉤丁盍反，《字書》：剟，著也。經文作搭，非也。〔二〇五〕

騷䶐上士洽、下魚洽反，騷䶐，謂俳戲人也。經文作唊噞，上古協、下許及反，非此用。〔二〇六〕　腝葉又作枘，同，乃困反，《字菀（苑）》：腝，柔脆也。《通俗文》：枘，再生也。　又作嫩，近字也。〔二〇七〕　齏醬又作韲（韲），同，子奚反，淹韭曰韲（韲）。切細爲齏，全物爲葅。〔二〇八〕　筋陡又作蓟，同，居殷反，下都口反，謂便健輕捷也。〔二〇八〕　佐迮又作啎、仵，同，吾故反，經文作悞，非也。〔二一〇〕　毻落他臥反，《字書》落毛也。經文作毻，近字，兩通。　戀嫪盧報反，嫪，婟也。〔二一一〕　脂糂古文餕、糣、餛，今作糝，同，桑感反，《説文》以米和羹也。〔二一二〕　燒爇今作焫，同，而悦反。〔二一三〕　白氎古文毾，同，徒頰反，毛布也。〔二一四〕　彤然古䑕、蚒，徒宗反，《説文》丹飾。〔二一五〕　泝水古文溯，同，桑故反，逆流而上曰泝。〔二一六〕　蒨草又作蒨、茜，同，千見反。〔二一七〕　牢韌又作朋。〔二一八〕　羸瘠古文膭、瘷、膌，同，才亦反。〔二一九〕　香邳丁礼反，邳，舍也。〔二二〇〕　滑稽古没、胡刮二反，下古奚反，滑稽猶俳諧，取滑利之義。〔二二一〕　斫登匹葛反。〔二二二〕

勇喆古文嚞，今作哲，同，知列［反］。〔二二三〕　扠之古文揞，同，亡粉反，扠，拭也。〔二二四〕

仇憾古文逑，同，渠牛反，下胡闇反，《尔疋》：仇、讎，匹也。　怨耦曰仇。〔二二五〕

軌地古文衎、辺二形，同，居美反，《廣雅》：軌，跡也。《說文》車轍。〔二二六〕　財賄古文晦，同，呼罪反。〔二二七〕

穳矛古文鏦，今作穳，同，麁亂反，小矛也。矛或作鉾，同，莫侯反，經作鋑、欑二形，又作牟。〔二二八〕　鴳鳥又作鷃，同，烏諫反。〔二二九〕　堙羅古文垔、𩙿二形，今作堙，同，於仁反，帝釋象王名。經中或名堙那婆那，或言伊羅鉢多羅，此譯云香葉，身長九由旬，高三由旬，其形相稱也。堙烏賢反。〔二三〇〕　舓手古文舓、䑛，今作狧，又作舐，同，食尔反，以舌取食。經末作呧、提，未見所出。〔二三一〕　稠穊古文蔇，同，居置反，《說文》：稠，多也。穊亦稠也。〔二三二〕　晏然經文從門作闄，非也。〔二三三〕　虓哅又作嘐，同，呼交反，師子鳴，從虎，九聲。〔二三四〕　侹直古文頲，同，勅頂反，《通俗文》：平直曰侹，經文作鋌，非也。〔二三五〕　頻伽毗人反，經文作⿰⻊賓、⿰口賓，檢無所出。〔二三六〕

剬割《聲類》剸同，之兖反，《說文》：剬，斷首也。亦截。〔二三七〕　祭餟古文裰，《聲類》作醊，同，猪芮反，《說文》：餟，酹也。音力外反。《字林》以酒沃地祭也。《方言》：餟，饋也。〔二三八〕　拳搋（搋）又作捲，同，渠員反，下又作扠，同，勅佳反，猶手挃也。〔二三九〕　磔（磉）桒（桑）朗反，《說文》：磔（磉），柱下石。即柱礎。經文作鏁（鎟），誤也。〔二四〇〕　兩輅又作轗，同，子孔反。〔二四一〕　剺古文斱、鉻，同，力各反，去節曰剺。經文作落，非。〔二四二〕　地肥劫初地脂也。經文作朏，非體。〔二四三〕　摽牓摽從片，經文從木作榜，非也。〔二四四〕　瓴瓴又作甎，同，力頰反，瓦破聲曰甎。《說文》蹈瓦聲躐躐也。經文作甍，甍誤也。〔二四五〕　荼帝徒加反，經文或作嗏、嚓二形，非體。〔二四六〕

五刻古文剾，同，苦得反，刻，削也。經文作刓，非。〔二四七〕　盪鉢古文潒，又作蕩，同，盪，滌洒器。〔二四八〕　一函胡緘反，經作臽，音陷，坑也，非此義。〔二四九〕　顫頑古文膻，又作𩠸，同，之繕反。下古文鈂、疢、頑三形，今作庞，同，尤富反，四支寒。經作扰，非。〔二五〇〕　溺者字體作屎，《說文》小便也。經文作溺，古者多假借耳。〔二五一〕　欑箭古文儹，同，徂丸反，欑，聚也。從木。〔二五二〕

金扉音非，經文作閞，誤。〔二五三〕　如恬又作餂，同，《說文》：恬，美也。經作酟，非。〔二五四〕　搆牛古候反，謂搆捋取乳。經文作㝅，古觸字，誤。〔二五五〕　氣劣古文吃、炁二形，同。〔二五六〕　誦習經文作謵，丑俠反，言不止也，非此義。〔二五七〕　纂脩古文纘，同，子卯反，

或作纘，繼也。〔二五八〕**綺語**語不正也。經文作誇，非體。〔二五九〕

并𨢿人名也，相承音飽，未詳所出。案古文餜、𩜎二形，今作飽，飽猶滿也。此應𨢿字誤作也。𨢿音於焰反。〔二六〇〕**嘆咤**古文歎、䳪二形，同，他旦反；咤又作嚉，同，竹嫁反，《通俗文》：痛惜曰咤也。〔二六一〕**轟轟**今作軥，《字書》作輷，同，呼萌反，《説文》羣車聲。〔二六二〕**企望**古文跂、定，二同，舉跟曰跧。〔二六三〕**隊隊**古文䃍，同，徒對反，言羣隊相隨逐。〔二六四〕**凍瘃**古文㾪，同，寒瘡也。〔二六五〕**穴泉**古文洤，同，絶緣[反]，水自出爲泉。經中作湶，或作湶，非體。〔二六六〕

𣀮食口咸反，謂𣀮啄而食也。經文有作貪，或誤作龕，皆非。〔二六七〕**梱𩠐**古文鯤，同，胡昆反，《通俗文》：合心曰梱。《纂文》云：木未判爲梱。經中作渾濁之渾，非此義。〔二六八〕**湒湒**又作湑，同，思入、史及二反。〔二六九〕**吡紐**女九反，經文作伖，非也。〔二七〇〕

畐塞普逼反，畐，滿也。經文作逼，誤也。〔二七一〕**襤褸**經文作藍縷，非體也。〔二七二〕**銅魁**苦迴反，《説文》羹斗也。經文作鐦、㨉二形，非體。〔二七三〕**老瞎**又作䁍，同，《字書》一目合也。〔二七四〕

椸架古文𣐈、椸，今作箷，同，余支[反]，《礼記》：男女不同椸架。鄭玄曰：竿謂之椸，可架衣。〔二七五〕**不嚏（嚏）**丁計反，噴鼻也。經文作嚏，非也。〔二七六〕**訛**古文譌、譌、吪三形，同，五戈反。〔二七七〕

櫪槭力的反，下桑奚反，《通俗文》：考囚具謂之櫪槭。《字林》押其指也。〔二七八〕**臠臠**力轉反，肉臠也。經文作膧膧，非。〔二七九〕**步摇**《釋名》云：上有垂珠，步即摇動。經文作瑶，非也。〔二八〇〕**餬口**又作餂，同，《方言》寄食也。〔二八一〕

鋃鐺力當、都唐反，《説文》：鋃鐺，鎖也。經文作狼，非。〔二八二〕**嗚噈**古文𪓰，同，子六、子合二反，《聲類》噈亦嗚也。〔二八三〕

諄那古文訰，同，之閏反。〔二八四〕

曰𤕤正體作𢾾，古文作𪍑。〔二八五〕

草姦（菱）又作菅、蕑二形，同也。〔二八六〕遍徇又作㣙，同，辞遵反，徇，循也；亦巡行也。行走宣令曰徇。《説文》：行示曰徇。字從彳。〔二八七〕鱻又作鮮，同，思錢反，《廣疋》：鮮，好也。亦善也。〔二八八〕名甬古文恿，今作勇，同。〔二八九〕晻忽古文暗，今暗，同，於感反，《説文》：晻，不明。〔二九〇〕苦橐古文囨，同，撻各反，《蒼頡篇》云囊之無底者也。〔二九一〕不嫫莫奴反，醜者也。即嫫母是。〔二九二〕

連擷呼結反，《廣疋》：擷，束也。《埤蒼》：圍係也。言急束也。《説文》作覲，《詁幼文》作乾，皆一也。〔二九三〕屈无衢物[反]，《説文》：屈，无尾也。屈，短也。〔二九四〕

腆美古文作㥏，同，他典反，《方言》：腆，重也，東齊之間謂之腆。《廣疋》：腆，至也。腆，厚也，善也。〔二九五〕

傅飾方務反，傅猶塗附也。傅藥、傅粉皆是。〔二九六〕饙施古文槩，同，虛氣反，以牲曰饙，饙猶稟給也。《埤蒼》：饙，饋也。《字書》：饙，餉也。〔二九七〕俱譚或作具譚，經多云瞿曇，皆是梵言輕重也。〔二九八〕

鞆靰五更反，下胡浪反，成壞身中風名。〔二九九〕

開披正字作破，同，普彼反，《纂文》云：破，折也。披猶分也。經文作擺，補買反，手擊也，擺非此義。〔三〇〇〕

擗口補格反，《廣疋》：擗，分也。謂手擗開也。經文作拍，非也。〔三〇一〕飦此囚恣反，《説文》：飦，糧也。謂以食供設人曰飦。經文作飴，借音耳。〔三〇二〕

羅櫝扶分反，字比丘羅櫝。經文從貴作轒，非也。〔三〇三〕

陵遲古文作㚄、夌，同，力蒸反。〔三〇四〕

米潘敷袁反，《蒼頡篇》泔汁也。《説文》：潘，淅米汁也。江北名泔，江南名潘。經文作繙，非也。〔三〇五〕

陷古文錎，同。〔三〇六〕

不俺又作惀，同，於驗反，意滿也。《纂文》云：意足曰惀。是也。〔三〇七〕

物傷又作澌，同，悉漬反，物空盡曰傷也。〔三〇八〕

喟然又作嘳，《説文》：大息，歎聲。〔三〇九〕罄竭古文窒，同，可定反，《説文》器中空也。《尒疋》：罄，盡也。經文磬，樂器名。〔三一〇〕捃拾又作攈，同，居運反，《方言》：捃，取也。〔三一一〕

闐闐又作嗔（填），同，徒堅反。〔三一二〕

掔苦田反，与牽同，引也，挽也。〔三一三〕

釪瓉案字義宜作于寘，音徒見［反］，今作于闐，國名。〔三一四〕

涕泗自鼻出曰泗，自目曰涕。〔三一五〕

虫豸直尒反，《尒疋》：有足曰虫，無足曰豸。〔三一六〕

鞠頞渠六反，案鞠謂聚斂也。字宜作趜。《通俗文》：體不申謂之趜。〔三一七〕

麥鬻又作糈，今作粥，同，之六反，《説文》：粥，糜。〔三一八〕

噭嚾又作嘂、謷，二同，古弔反，下又作喚，大呼爲嚾，噭，呼也。〔三一九〕梟磔不孝鳥也。冬至日捕梟磔之。經文作掉，誤也。磔音竹格反。〔三二〇〕

開拓古文㡿，今作拆，同，他各反，拓亦開也。〔三二一〕

胞罠補交反，下武貧反，大臣名也。經文作炦，非也。〔三二二〕

鞬撅宜作揵，建言反，《文字集［略］》云：揵，㩗蒲，釆名。下巨月反。〔三二三〕

阿遬籀文作遬，古文作警，今作速，並同。〔三二四〕

弭伏又作弭，同，亡尒反，弭，止也，亦安也。〔三二五〕

帶鞢又作鞊，同，火見反，著腋者。〔三二六〕

鞋▨▨（羅剾）吒國上古文作斜、斢，二同，他口反，剾烏溝反。〔三二七〕辞訣古穴反，死别曰訣。〔三二八〕

吟哦又作訡，牛金反；下吾哥反，江南謂諷▨▨▨▨（詠爲吟哦）。〔三二九〕

草秸又作稭、鞂，同，公▨▨（八反），▨□□。〔三三〇〕▨（跟）劈古文鋠、㼧□。〔三三一〕▨▨（哯出）古文□□〔三三二〕

（下缺）

【校記】

〔一〕所存前四行底卷僅存下部小半，如用雙行小字抄，每行上部約缺三十六字左右。第一條底卷僅存注文的『也』字。

〔二〕本條以下至『軛』十二條見玄應《音義》卷一《大方廣佛華嚴經》音義，慧琳《音義》卷二〇引。『翳』字底卷存左側殘畫，兹據刻本定爲《大方廣佛華嚴經》第五卷音義『翳目』條，注文雙行小字的前一行殘缺，據刻本，殘缺處作『《韻集》作瞖，同，於』六字。『目病也』後刻本作『《説文》目病生翳也。並作翳。《韻集》作瞖，近字也。經文有作曀，陰而風曰曀，曀非此義』，慧琳《音義》引無『並作翳。《韻集》作瞖，近字也』十字及注文末的『也』字。

〔三〕『雖』字底卷存左側殘畫，兹據刻本及慧琳《音義》引補。下凡在括弧中校補者均據刻本，不再一一出注。『子』、『雖閏反』四字所釋應爲《大方廣佛華嚴經》第五卷音義『孤煢』條，該條刻本作『孤煢，古文惸、傑二形，同，渠營反，無父曰孤，無子曰獨，無兄弟曰煢。煢，單也，煢煢無所依也。字從卂、從營省聲，卂音雖閏反』。

〔四〕『聾聵』條及下『衰耄』條見《大方廣佛華嚴經》第六卷音義。宋《磧砂藏》本全文作『聾聵，古文顡、聵二形，今作顡，又作聵，同，牛快反，《國語》聵不可使聽，賈逵曰：生聾曰聵（聵）。一云聾無識曰聵。經文從肉作膹，胡對反，肥也，膹非經義』，其中的『膭』字《叢書集成初編》本皆作『膭』，慧琳《音義》引則皆作『聵』（其中的『瞶』亦作『聵』）。據《説文》，耳聾爲『聵』，但古書中亦有作『瞶』的（『瞶』『聵』形音皆近），本條疑詞目當作『聵』，下引古文當作『聵』；玄應所見經本的『膭』，則又爲『聵』字形訛。

〔五〕『衰耄』條刻本全文作『衰耄，字體作𤺋，同，所龜反，《説文》：𤺋，減也。亦損也。《礼記》：年五十始𤺋。𤺋，懈也。今皆作衰。下古文毫、［耄］二形（『耄』字據慧琳《音義》引補），今作耗，同，莫報反，《礼記》：八十曰耄。鄭玄曰：耄，惛忘也，亦亂也』。

〔六〕『半』字底卷存下部，茲據刻本定作『僅半』條，該條見《大方廣佛華嚴經》第八卷音義。

〔七〕『弥饌』條見《大方廣佛華嚴經》第十四卷音義，『弥』爲『珍』的俗字，刻本及慧琳《音義》引正作『珍』。又『仕卷反』刻本作『仕眷反』，慧琳《音義》引作『士掾反』，音同；據刻本，此下底卷有删略。

〔八〕『眩惑』條見《大方廣佛華嚴經》第三十三卷音義。注文『形』字底卷僅存上部殘畫，茲據刻本擬補。據刻本，『侯遍反』後底卷有删略。

〔九〕『齗齵』二字底卷僅存左側齒旁，茲據刻本擬補。該條見《大方廣佛華嚴經》第三十四卷音義，據刻本，注文『牛斤反』、『五各反』後底卷皆有删略。

〔一〇〕此條刻本作『門閫』二字，見《大方廣佛華嚴經》第五十卷音義。據刻本，注文『門限也』前後底卷皆有省略。

〔一一〕此條刻本作『宣叙』二字，見《大方廣佛華嚴經》第五十一卷音義。據刻本，注文『同』後底卷有删略。

〔一二〕『爴裂』條見《大方廣佛華嚴經》第五十八卷音義。注文『爪持』後刻本有『也』字，『攫』字今本《説文》訓『扟也』，與玄應所引有別。又『獸窮即攫』刻本及慧琳《音義》引作『獸窮則攫』，今本《淮南子·齊俗訓》作『獸窮則隼』。

〔一三〕『軛』條見《大方廣佛華嚴經》第五十八卷音義，標目字刻本作『無軶』二字，『軛』『軶』爲篆文隸變之異。

據刻本，『於革反』後底卷有删略。

〔一四〕『瓌異』以下七條見玄應《音義》卷一《大方等大集經》音義，慧琳《音義》卷一七引。『瓌異』條見《大方等大集經》第十二卷音義。注文『瓖』字刻本及慧琳《音義》引作『瓌』，與標目字同，當誤。據刻本，『古迴反』後底卷有删略。

〔一五〕『禦』刻本作『禦之』，該條見《大方等大集經》第十二卷音義。據刻本，注文『同』後底卷有删略。

〔一六〕『跛蹇』以下四條見《大方等大集經》第十五卷音義。據刻本，注文『補我反』後底卷有删略。

〔一七〕據刻本，注文『翼之反』後底卷有删略。

〔一八〕據刻本，注文『公衫反』後底卷有删略。

〔一九〕注文『二同』刻本作『二形同』（『二形』屬上讀）；又『謂軸頭鐵』後刻本有『也』字（慧琳《音義》引作『謂車軸頭鐵也』），據刻本，該句前後底卷皆有删略。

〔二〇〕『焦悴』條見《大方等大集經》第十六卷音義。據刻本，注文『古文瘁，同，其季反』前後底卷皆有删略。

〔二一〕『炒粳』以下七條見玄應《音義》卷一《大集日藏分經》音義，慧琳《音義》卷一七引。『炒粳』至『嘲』三條見《大集日藏分經》第八卷音義。注文『黾』蓋『黽』字抄訛，刻本作『黽』，與『黽』皆爲『鼅』字的俗寫，猶下文『鼀』（刻本作『鼀』）爲『鼄』字的俗寫。又所引《方言》『聚』字後刻本及慧琳《音義》引另有『煎、僬』二字，今本《方言》有『煎、僬、聳』三字。

〔二二〕注文刻本及慧琳《音義》引並作『古文憼、儆二形，今作警，同，居影反，警，戒慎也。《廣雅》：警，不安也』。

〔二三〕『嘲』刻本作『嘲戲』。注文刻本無『同』字，而『又作啁』後有音釋。

〔二四〕『蜎飛』條見《大集日藏分經》第九卷音義。注文刻本無『同』字，而『或作翾』前、『呼全反』後皆另有音釋。

〔二五〕『燂』刻本作『燂身』。『燂』以下三條見《大集日藏分經》第十卷音義。注文相關部分宋《磧砂藏》本作『《聲類》作燂、焊二形，《字詁》古文燅、䰙二形，今作𤎖（《叢書集成初編》本及慧琳《音義》卷一七引作

「𣯫」,下同,當據正),同,詳廉反。《通俗文》:以湯去毛曰毽。……」「𨧫」「𨧫」一字之變,其正字當據《叢書集成初編》本及慧琳《音義》卷一七所引作「𨬫」;「䰞」字《磧砂藏》本作「盬」,《叢書集成初編》本作「𪏆」(清錢坫謂「𪏆疑當爲䰞」),慧琳《音義》卷一七引作「䰞」,此字疑以作「䰞」爲長,「䰞」蓋「𣯫」的後起會意俗字。

〔二六〕「嗽」刻本作「嗽於」。注文「欶,吮也」《叢書集成初編》本同,宋《磧砂藏》本及慧琳《音義》卷一七引作「嗽,吮也」,「欶,吮也」之訓見《説文》,「嗽」爲「欶」的增旁俗字。又「經文」後刻本有「從口」二字;「嗽」字刻本作「數」,誤,慧琳《音義》引作「嗽」不誤。注文末刻本另有「吮,子兖、石準二反」七字,而慧琳《音義》引無。

〔二七〕「矛穳」以下四條見玄應《音義》卷一《大集月藏分經》音義,慧琳《音義》卷一七引。「矛穳」及下「仏仍」條見《大集月藏分經》第二卷音義。注文「二同」刻本及慧琳《音義》引作「二形同」。又「謂之鋋」前刻本及慧琳《音義》引皆有一「穳」字。據刻本,注文「莫侯反」和「小矛也」後底卷皆有删略。

〔二八〕「仏」,「佛」的俗字,刻本及慧琳《音義》引皆作正字「佛」。注文「上」字刻本及慧琳《音義》引無。又「二同」刻本及慧琳《音義》引作「二形同」。又「而陵反」宋《磧砂藏》本及慧琳《音義》引同,《叢書集成初編》本作「而稜反」,誤。「因也」後刻本及慧琳《音義》引有「乃也」二字,但「仍」訓「因也」「乃也」俱見於《爾雅》,而今本《廣雅》未見。

〔二九〕「塵曀」條見《大集月藏分經》第三卷音義。據刻本,注文「於計反」後底卷有删略。

〔三〇〕「陂濼」條見《大集月藏分經》第六卷音義。注文「上」字刻本無。又「音殿」前刻本及慧琳《音義》引重一「淀」字,義較長。「音殿」後刻本及慧琳《音義》引有「今亦通名也」五字。「從水」後刻本多一「作」字,義長。

〔三一〕「毛毦」以下七條見玄應《音義》卷一《大威德陀羅尼經》音義,慧琳《音義》卷四二引。「毛毦」條見《大威德陀羅尼經》第十一卷音義。注文『毛布也』前刻本多一『謂』字。據刻本，『毛布也』後底卷有删略。

〔三二〕『呞食』條見《大威德陀羅尼經》第十四卷音義。刻本全文作『呞食，又作齝、齝二形，同，勑之、式之二反，《尒雅》：牛曰齝。謂食已復吐出也』。

〔三三〕『鐵柴』與下『窠』條見《大威德陀羅尼經》第十六卷音義。注文『喙』字《叢書集成初編》本同，宋《磧砂藏》本及慧琳《音義》引作『啄』，『啄』字義長（參看《廣雅·釋親》『柴、噣、喙，口也』條王念孫疏證）。刻本及慧琳《音義》引『喙（啄）』後皆有『也』字。又『子累反』後刻本多『《廣疋》：柴，口也』五字，『鳥喙（啄）〔也〕』後刻本有『經作嶲』等九字，但慧琳《音義》卷四二引並無。

〔三四〕『窠』刻本作『從窠』。據刻本，『苦和反』後底卷有删略。

〔三五〕『垂胡』條見《大威德陀羅尼經》第十七卷音義。注文與慧琳《音義》引全同，但刻本玄應《音義》引《說文》後又有『《釋名》：胡，在咽下垂者也』九字，『非體』後刻本有『也』字。又『頡』字宋《磧砂藏》本訛作『頡』，『咽』字刻本訛作『咽』。

〔三六〕『斲』爲『斵』的俗字，刻本正作『斵』。『斤斵』與下『鞴囊』條見《大威德陀羅尼經》第十九卷音義。據刻本，『下』字前、『竹角反』後底卷皆有删略。

〔三七〕注文『上或作橐』刻本及慧琳《音義》引作『王弼注書作橐』，據刻本，其前及『皮拜反』後底卷皆有删略。

〔三八〕『鑪鍋』以下七條見玄應《音義》卷一《法炬陀羅尼經》音義，慧琳《音義》卷四二引。『鑪鍋』條見《法炬陀羅尼經》第二卷音義。注文『鬲』字慧琳《音義》引同，爲『鬲』字俗寫，刻本作『鬲』，誤。又『鬲』字宋《磧砂藏》本同，乃『鬲』字俗訛，《叢書集成初編》本正作『鬲』。

〔三九〕『停憇（憩）』條見《法炬陀羅尼經》第三卷音義。注文『飥』字刻本作『屍』，當據正，《玉篇·尸部》載『憩』字古作『屍』，『屍』『屍』當爲一字之變；慧琳《音義》引作『憩』。又『憩，息也』後刻本又有『舍人曰：憩，卧之息也』八字，但慧琳《音義》引無。

〔四〇〕『羂縶』與下『坑穽』條見《法炬陀羅尼經》第四卷音義。注文『《詩傳》曰：縶，絆。亦拘執也』慧琳《音義》引作『《詩傳》曰：縶，絆也。亦拘縶』，刻本作『《詩》云縶之，傳曰：縶，絆也。又（「又」字宋《磧砂藏》本訛作「文」）拘執也』，疑底卷更近玄應《音義》原貌。

〔四一〕注文『二同』刻本及慧琳《音義》引作『二形同』。據刻本，『才性反』後底卷有删略。

〔四二〕『掩襲』條見《法炬陀羅尼經》第六卷音義。注文『二同』刻本及慧琳《音義》引作『二形同』。『掩其不備曰襲』刻本及慧琳《音義》引作『《左傳》凡師輕曰襲，注云：掩其不備也。又云：夜戰曰襲』（慧琳《音義》注文末有『也』字）。

〔四三〕『嘶』刻本作『嘶聲』，『嘶聲』條見《法炬陀羅尼經》第九卷音義。據刻本，『先奚反』後底卷有删略。

〔四四〕『貪惏』條見《法炬陀羅尼經》第十卷音義。注文末的『也』字底卷倒寫在雙行小注的前一行之末，意在使注文雙行對齊。刻本及慧琳《音義》引『或作啉』前有『字書』二字，『愛財愛食也』作『惏亦貪也。《楚辭》衆皆競進而食惏，王逸曰：愛財曰貪，愛食曰惏』（慧琳《音義》引末句末有『也』字）。

〔四五〕『胃脬』以下九條見玄應《音義》卷三《摩訶般若波羅蜜經》音義，慧琳《音義》卷九引。『胃脬』『淚洟』二條見《摩訶般若波羅蜜經》第八卷音義，注文刻本及慧琳《音義》引作『普交反，《蒼頡解詁》：脬，盛尿者也。《説文》：脬，旁光也。經文作胞，補交反，胞，裹也。胞非此用』（慧琳《音義》引注文末有『也』字）。

〔四六〕淚洟，刻本同，慧琳《音義》引作『淚涕』，『涕』字誤。又注文『自目曰涕』前刻本及慧琳《音義》引有『《周易》齎咨涕洟』六字，『自鼻曰洟』後底卷有删略。

〔四七〕『滋味』條見《摩訶般若波羅蜜經》第二十卷音義。注文『嗞』字據刻本及慧琳《音義》引補。又『閏』字刻本及慧琳《音義》引作『潤』，『閏』『潤』古通用。

〔四八〕『有翅』條見《摩訶般若波羅蜜經》第二十四卷音義。注文與慧琳《音義》引全同，刻本『施豉反』誤作『施致反』，又注文末刻本有二『也』字。

〔四九〕適，刻本及慧琳《音義》引作『適生』，見《摩訶般若波羅蜜經》第十三卷音義，順序有錯亂。注文『商、這二形同』刻本及慧琳《音義》引前有『《三蒼》古文』四字，底卷『同』後有刪略。

〔五〇〕『凌傷』條見《摩訶般若波羅蜜經》第二十四卷音義，『凌傷』二字慧琳《音義》引同，刻本誤作『陵傷』。又注文刻本及慧琳《音義》引無『上』字；『侵凌也』作『《三蒼》：凌，侵凌也』（《叢書集成初編》本『凌』訛作『淩』），後有『字從冰』三字（刻本『冰』訛作『水』）；『慢也』前有『《蒼頡篇》：傷』四字。

〔五一〕『恐懅』條見《摩訶般若波羅蜜經》第二十六卷音義，注文『同』後刻本及慧琳《音義》引有『渠庶反』三字。

〔五二〕『匧底』條見《摩訶般若波羅蜜經》第三十五卷音義，注文『力占反』後底卷有刪略；『盛鏡器匧，方底者』刻本及慧琳《音義》引作『《蒼頡篇》：盛鏡器曰匧，謂方底者』（慧琳《音義》引『者』後有『也』字）。

〔五三〕『茵蓐』條見《摩訶般若波羅蜜經》第三十九卷音義，『茵蓐』二字慧琳《音義》引同，刻本作『茵褥』，疑爲傳刻者所改（『褥』爲『蓐』的後起分別字）。又注文『車中席』刻本及慧琳《音義》引作『《説文》車中重席也』（慧琳《音義》引『車』前有『茵』字），其後又引《釋名》等三十餘字。

〔五四〕『我曹』以下五條見玄應《音義》卷三《放光般若經》音義，慧琳《音義》卷九引。『我曹』條見《放光般若經》第一卷音義。注文『備』字刻本作『循』，誤。慧琳《音義》引『自勞反』後有『《毛詩傳》云云』，而無『十餘曹備之』句，頗有不同。

〔五五〕『痱癗』及下『梗澀』條見《放光般若經》第十五卷音義，刻本及慧琳《音義》引並『梗澀』條在前，《放光般若經》經本亦『梗澀』一詞先出。注文『小腫』後刻本及慧琳《音義》引有『也』字。

〔五六〕注文『上歌杏反』的『上』字刻本及慧琳《音義》引無，『歌杏反』慧琳《音義》引作『庚杏反』；又『梗，強也』刻本作『《楚辭》「梗其有理」，王逸曰：梗，強也』（慧琳《音義》引作『王逸注《楚辭》云：梗，強也』）；又刻本及慧琳《音義》引『又作濇』後有『同』字，『謂不滑』後有『也』字；『梗，強也』、『謂不滑［也］』後底卷皆有刪略。

〔五七〕『雜糅』條見《放光般若經》第二十一卷音義。注文『二同』刻本及慧琳《音義》引作『二形同』；『女救反』後底卷有删略。

〔五八〕『謙恪』條見《放光般若經》第三十卷音義。注文『恪，恭敬也』刻本及慧琳《音義》引作『《字林》：恪，恭也。亦敬也。謂謙虚敬讓』（慧琳《音義》引末句無『謂』，句末有『也』字）。

〔五九〕『垓劫』以下四條見玄應《音義》卷三《光讚般若經》音義，慧琳《音義》卷九引。『垓劫』『履襪』二條見《光讚般若經》第一卷音義。注文『古文姟』的『姟』疑爲『㚊』字之訛。伯二〇一一號王仁昫《刊謬補缺切韻》咍韻苦哀反：『㚊，多。亦作奆。』而『姟』則爲『恢』字異體（見下文『恢』字下注）。『古才反』後底卷皆有删略。

〔六〇〕注文『足衣也』後底卷皆有删略。

〔六一〕蜚，刻本及慧琳《音義》引皆作『蜎蜚』，見《光讚般若經》第二卷音義。注文『共飛同，古字也』刻本及慧琳《音義》引相關文句作『下古書飛皆作蜚，同』，底卷前後皆有删略。

〔六二〕詞目『恢』刻本及慧琳《音義》引皆作『恢大』，見《光讚般若經》第五卷音義。注文『恢亦大也』前刻本及慧琳《音義》引皆有『《蒼頡解詁》云』五字。

〔六三〕『須趧天』以下三條見玄應《音義》卷三《道行般若經》音義，慧琳《音義》卷九引。『須趧天』『𢋹天』二條見《道行般若經》第二卷音義，刻本及慧琳《音義》引皆『𢋹天』條在『須趧天』條之前，《道行般若經》經本『𢋹天』『須趧天』出現的先後順序與刻本合，底卷當有誤；『趧』字慧琳《音義》引同，刻本作『趧』，爲一字異寫。又注文『音帝』前刻本及慧琳《音義》引有『《三蒼》』二字，『音帝』後底卷頗多删略；『須廗天』的『廗』字刻本同，慧琳《音義》引作『㢝』，誤；注文末『非』後刻本及慧琳《音義》引皆有『也』字。

〔六四〕𤸰，刻本作『𢋹』，慧琳《音義》引作『𧇊』，據『烏合反』的讀音求之，當以作『𤸰』或『𢋹』爲切當。『𤸰』或『𢋹』經本中爲梵語譯音字，故往往不拘字形。注文『烏合反』後底卷有删略。

〔六五〕 詞目『詭』刻本及慧琳《音義》引作『詭𧯷』，見《道行般若經》第六卷音義。注文『恑，變詐也』刻本及慧琳《音義》引前有『《説文》』二字，『變詐也』後底卷有删略。

〔六六〕 『昆弟』條見玄應《音義》卷三《明度無極經》第一卷音義。注文『孤魂反』慧琳《音義》卷十引作『古魂反』，音同。又『孤魂反』後底卷有删略。

〔六七〕 『尼坘』以下三條見玄應《音義》卷三《勝天王般若經》音義，慧琳《音義》引在卷十。『尼坘』『三㥯』二條見《勝天王般若經》第二卷音義，『坘』字慧琳《音義》引同，俗字，刻本作正字『坻』。注文『沶』、『沍』（刻本作『泜』）、『坃』皆爲『坻』的異體俗字（《集韻・脂韻》：坻，或作坃、沶），宋《磧砂藏》本『沶』訛作『沵』，《叢書集成初編》本及慧琳《音義》引進而繁化作『瀰』，大謬。又宋《磧砂藏》本脱『坃』字，而其下『三形』二字同；《叢書集成初編》本及慧琳《音義》引既脱『坃』字，復又改『三形』爲『二形』，則其脱漏之迹無從推尋矣。

〔六八〕 『猜焉』條見《勝天王般若經》後序音義。注文『古文膱，同』刻本及慧琳《音義》引作『古文膱、猜二形』（慧琳《音義》『膱』作『𣊽』），『猜，疑也』刻本作『案猜亦疑也』，底卷後有删略。

〔六九〕 『被弶』至『饕餮』十二條見玄應《音義》卷二一《大菩薩藏經》音義。慧琳《音義》未收《大菩薩藏經》音義，但該書卷一一至一五載慧琳自撰的《大寶積經》音義，而玄奘譯的《大菩薩藏經》二十卷已被編入菩提留志編譯的《大寶積經》第三十五至五十四卷，故《大菩薩藏經》玄應《音義》的多數條目亦見於慧琳的《大寶積經》音義，但解釋頗有不同。『被弶』條見《大菩薩藏經》第一卷音義。注文『施以取禽獸』刻本作『渠向反，《字書》云：施罥於道曰弶。今畋獵家施弶以取禽獸者，其形似弓也』。慧琳《音義》在卷一二《大寶積經》第三十五卷音義，注文作『渠向反，《考聲》云：以弓骨（罥）取鳥獸也。《字書》云：施骨（罥）於道，其形似弓，字從弓、京聲也』。

〔七〇〕 『敦觸』條見《大菩薩藏經》第八卷音義，慧琳《音義》收在卷一三《大寶積經》第四十二卷，詞目『敦』字刻本及慧琳《音義》皆作『敦』，當據正。注文『古文毃、敦、揨三形』，宋《磧砂藏》本作『古文敲、敦、揨三形』；《叢書集成初編》本作『古文敲、揨三形』，脱一字；慧琳《音義》作『或作毃、揨、振四（三？）形』，綜合各本，疑當作『古文敲、揨、振三形』。又『宅庚反』後底卷有删略。

〔七一〕『栽榟』條見《大菩薩藏經》第九卷音義，慧琳《音義》收在卷一三《大寶積經》第四十三卷，詞目『榟』字刻本及慧琳《音義》皆作『梓』，當據正，注文同。注文『古文欂、榟二形』刻本作『古文欂、梓、不三形』，『榟，餘也，言木栽生』刻本作『《爾雅》：梓，餘也。再也，言木餘再生梓也』。

〔七二〕『蜫虫』及下『綺繪』條見《大菩薩藏經》第十卷音義，慧琳《音義》收在卷一三《大寶積經》第四十四卷，『虫』字慧琳《音義》作『蟲』，注文云『今經文從省作虫，非本字，虫音毁也』。注文『古魂反』後底卷有删略。

〔七三〕注文『胡憒反』後底卷有删略。

〔七四〕『口噤』條見《大菩薩藏經》第十一卷音義，慧琳《音義》卷一三《大寶積經》第四十五卷音義未收此詞。注文『渠飲反』後底卷有删略。

〔七五〕『資稸』『芳羞』『仇匹』三條見《大菩薩藏經》第十三卷音義（刻本《大菩薩藏經》第十三卷音義後接第十五卷音義，而無第十四卷音義，比照慧琳《音義》，應脱『第十四卷』的標示，上揭三條應皆屬第十四卷音義），慧琳《音義》收在卷一三《大寶積經》第四十八卷。注文『同』後刻本作『勑六反，資，財也，貨也；蓄，積也，聚也』，『勑六反』慧琳《音義》作『忡六反』，音同。

〔七六〕注文『私由反』慧琳《音義》作『相由反』，音同；『羞，熟也』前刻本有『《方言》』二字，其後底卷有删略。

〔七七〕注文『古文逑，同』慧琳《音義》作『錯用也，正體作逑』；『謂相匹偶也』刻本作『《尒雅》：仇，匹也。相匹耦也』。

〔七八〕『訥』『闒闟』二條見《大菩薩藏經》第十七卷音義，慧琳《音義》收在卷一三《大寶積經》第五十一卷，『訥』

刻本作『不訥』，慧琳《音義》作『訥鈍』（《大寶積經》卷五一經文作『不訥鈍辯』）。注文『訥，澀』宋《磧砂藏》本作『《説文》：訥，歎澀也（《叢書集成初編》本作『艱澀也』，慧琳《音義》引作『語難澀也』，今本《説文》作『言難也』，『歎』『艱』疑皆爲『難』字之訛）。謂遲鈍曰訥也』。

〔七九〕 注文『同』後底卷有删略。

〔八〇〕 『饕餮』條見《大菩薩藏經》第十八卷音義，慧琳《音義》收在卷一三《大寶積經》第五十二卷。注文『他結反』後底卷有删略。

〔八一〕 『髼鬆』以下四條見玄應《音義》卷二一《大乘十輪經》音義。慧琳《音義》在卷十八，但係自撰，故音釋頗有不同。『髼鬆』條見《大乘十輪經》第四卷音義。注文『不茂曰茡蘀』宋《磧砂藏》本作『不茂亦曰茡』，《叢書集成初編》本作『不茂曰茡』，疑當作『不茂亦曰茡蘀』。

〔八二〕 『營耨』條見《大乘十輪經》第六卷音義。『除田草器』刻本作『除田器也』，其後底卷有删略。

〔八三〕 『舌⿰牛今』及下『懇切』條見《大乘十輪經》第七卷音義，注文『牛舌病』、『非』後宋《磧砂藏》本皆有『也』字（《叢書集成初編》本『牛舌病』後有『也』字，『非』後無『也』字）。慧琳《音義》出『舌噤』條，注云：『琴禁反，《韻英》云口閉也；《韻詮》云口急不開也。或從金作唫，古字也。經文從舌作⿰舌今，或從牛作⿰牛今，並是牛舌下病，非經義也。』按《大正藏》本《大乘大集地藏十輪經》卷七：『是故若欲復人身，不患舌庈而捨命。』即此詞所出，『庈』應爲『疹』字之訛。就經義而言，慧琳所釋爲長。

〔八四〕 『懇切』條慧琳《音義》於《大乘十輪經》第七卷下未收。注文『同』後底卷有删略。

〔八五〕 『寶磧』至『旒蘇』四條見玄應《音義》卷四《菩薩見寶三昧經》音義。慧琳《音義》未收《菩薩見寶三昧經》音義，但該書卷一一至一五載慧琳自撰的《大寶積經》音義，而《菩薩見寶三昧經》已被編入《大寶積經》第六十一卷以下，故《菩薩見寶三昧經》玄應《音義》的多數條目亦見於慧琳的《大寶積經》音義，但解釋頗有不同。『寶磧』『膺』『原隰』三條見《菩薩見寶三昧經》第一卷音義，慧琳在卷一四《大寶積經》第六十一卷音義，刻本依次出『膺平』『原隰』『寶磺』，後者與《大寶積經》經文的順序相合，底卷順序有誤。『磺』字刻本同，慧琳《音義》及《大正藏》本經文作『鉀』。按：礦石的『礦』《説文》作『磺』，又載古文作『卝』，『卝』俗或增旁作『釙』和『砒』，而『鉀』又爲『釙』的訛變形。注文『孤猛反』宋《磧砂藏》本同，《叢書集成初編》本誤作『狐猛反』。又所引《説文》『磺』刻本誤作『礦』。『銅鐵璞』、『非』後刻本皆有『也』字。

〔八六〕注文『膺，匈也，乳上骨』刻本作『《蒼頡篇》云乳上骨也。《説文》：膺，胷也』（『胷』爲『匈』的後起增旁字）。其後底卷有删略。

〔八七〕注文『又作隰，同也』慧琳《音義》作『或作漝，俗字也』，『漝』當爲『隰』字之訛。《原本玉篇殘卷·阜部》：『隰，《字書》亦隰字也。』又『同也』刻本無『也』字，其後底卷有删略。

〔八八〕『旒蘇』條見《菩薩見寶三昧經》第二卷音義，慧琳在卷一四《大寶積經》第六十二卷音義。注文『統』字據刻本補。

〔八九〕『躓』下三條見玄應《音義》卷四《賢劫經》音義，慧琳《音義》卷三四引。『躓』條見《賢劫經》第二卷音義，刻本及慧琳《音義》引皆作『躓礙』。注文『猪吏反』後底卷有删略。

〔九〇〕『好拂』、『都較』二條見《賢劫經》第十三卷音義，慧琳《音義》引在第十二卷。『好拂』條注文『拂，拭、除塵也』刻本作『敷勿反，拂，拭也，除塵也，治也，去也』（慧琳《音義》引『治也，去也』作『治去也』）。又『怫』字刻本誤作『佛』，慧琳《音義》引作『怫』不誤。

〔九一〕注文『權』字底卷左側作『才』字形，應爲『木』旁俗寫，各本作『攉』，與『權』文中皆爲『権』的俗字，《瀛涯敦煌韻輯》徑録作『権』字。又『明也，亦比挍也』刻本作『較猶粗略也。《廣雅》：較，明也。亦比校也』，慧琳《音義》引『比校』作『比挍』，『挍』爲『校』的俗字。

〔九二〕『和詑』條見玄應《音義》卷四《華手經》第一卷音義，慧琳《音義》卷四三引。『丑嫁反』後底卷有删略。

〔九三〕『噴灑』以下十條見玄應《音義》卷四《大灌頂經》音義，慧琳《音義》卷三一收同一經音義，注明『玄應先撰，慧琳添修』，但音釋頗有不同，内容似較玄應《音義》稍詳。『噴灑』條見《大灌頂經》第一卷音義，注文『普悶反』後底卷有删略。

〔九四〕『荐臻』條見《大灌頂經》第四卷音義，注文『在見反』後底卷有删略。

〔九五〕『檐』條見《大灌頂經》第八卷音義，刻本及慧琳《音義》皆作『檐邊』，注文『謂屋梠也』後底卷有删略。

〔九六〕『齗楊』條見《大灌頂經》第九卷音義，『楊』字底卷及刻本皆作『揚』，兹據慧琳《音義》改。《大正藏》本《佛説灌頂經》經本卷九有『見禪提比丘所嚼楊枝』句，殆即此詞所出，可證。又注文『咋非此義』刻本作『咋非此用』，慧琳《音義》作『非此義也』。

〔九七〕『老叜』條見《大灌頂經》第十卷音義，注文引《方言》今本作『傁、艾、長，老也』。『老也』後底卷有删略。

〔九八〕『詵林』條見《大灌頂經》第十卷音義，慧琳《音義》引未載此條。注文『莘』字《叢書集成初編》本訛作『辛』。又『使陳反』後宋《磧砂藏》本、《叢書集成初編》本有『《詩》云詵詵兮』五字，義長，但《金藏》本無。

〔九九〕玄應《大灌頂經》第十卷音義後接十二卷音義，無第十一卷之目，『如餉』及下『懊憹』條見《大灌頂經》第十卷音義，而慧琳《音義》『如餉』『懊惱』等三條列在第十一卷下，疑應以慧琳《音義》爲是，而傳本玄應《音義》則脱略第十一卷的分卷標目；《大正藏》本《佛説灌頂經》該二詞正在第十一卷中，可證。注文『餉也』二字底卷倒寫在雙行注文右行『餉，遺也』之下，係抄手爲雙行對齊採取的補救措施，兹據刻本移置注文之末。注文刻本作：『尸尚反，《廣雅》：餉，遺也。《説文》餉或作饟，饋餉也。』

〔一〇〇〕『懊憹』慧琳《音義》作『懊惱』，『憹』『惱』音近義通。注文『𢙐』刻本作正字『惱』。

〔一〇一〕『瞢憒』及下『營衛』條見《大灌頂經》第十二卷音義，『瞢』字刻本同，慧琳《音義》作『懵』，注文同，『懵』即『瞢』的增旁俗字。注文刻本作『莫崩反，《三蒼》：瞢，不明也。下公内反，憒，亂也，亦煩也』。

〔一〇二〕『營衛』條慧琳《音義》未見。注文『⿱𤇾目』疑爲『覺』字之訛。玄應《音義》卷六、卷一七等多處稱『營』字古文作『覺』，可證；而他處未見以『⿱𤇾目』同『營』的。又『⿱𤇾目』字上刻本有『營』字，似有誤。『役瓊反』後底卷有删略。

〔一〇三〕『鏗然』條見玄應《音義》卷四《菩薩瓔珞經》第十二卷音義，慧琳《音義》卷三四引。注文所引《説文》後底卷有删略。

〔一〇四〕『俟』條見玄應《音義》卷四《月燈三昧經》第十卷音義，刻本及慧琳《音義》皆作『俟用』，注文『俟猶待也』刻本作『《爾雅》：俟，待也』。

〔一〇五〕『棚閣』以下三條見玄應《音義》卷四《十住斷結經》音義，慧琳《音義》卷三四引。『棚閣』『嬈固』二條見《十住斷結經》第三卷音義。注文『連閣曰棚』前刻本及慧琳《音義》引有『《通俗文》』三字，其後刻本有『也』字。又『門聲』後刻本及慧琳《音義》引皆有『也』字，『閙非此義』後慧琳《音義》引亦有『也』字。

〔一〇六〕注文『音並同』刻本作『字音同』，慧琳《音義》引作『音同』。又『古護反』和『同』字後底卷有删略。

〔一〇七〕『哂然』條見《十住斷結經》第九卷音義。注文『欣』字宋《磧砂藏》本作『欣』，《叢書集成初編》本作『弞』，慧琳《音義》引作『吹』，『弞』字是，『弞』見《説文》，爲『哂』的古字。又『式忍反』後底卷皆有删略，『齒本曰吲，大笑即齒本見』刻本及慧琳《音義》引並作『《禮記》笑不至哂，鄭玄曰：齒本曰吲，大笑則齒本見也』，此後底卷有删略。

〔一〇八〕『踵』下五條見玄應《音義》卷四《觀佛三昧海經》音義，慧琳《音義》卷四三引。『踵』『柧』二條見《觀佛三昧海經》第一卷音義，『踵』刻本及慧琳《音義》引皆作『踵相』。注文『種』字慧琳《音義》引同，刻本訛作『種』。又『之勇反』後底卷皆有删略。

〔一〇九〕『柧』刻本及慧琳《音義》引皆作『四柧』。注文『器名，非義也』刻本及慧琳《音義》引作『器名也，觚非字義也』。

〔一一〇〕『俜張』『肺腴』『蛸虫』三條見《觀佛三昧海經》第二卷音義。注文『俜張，誑惑也』刻本及慧琳《音義》引作『《爾雅》：俜張，誑也。亦幻惑欺誑也』，此後底卷有删略。

〔一一〕注文『上』字刻本及慧琳《音義》引無。又『敷穢反』後底卷有删略。『腴，腹下肥也』前刻本及慧琳《音義》引前有『《説文》』二字。『經作俞、腧，非』刻本作『經文作俞、腧二形，非也』，慧琳《音義》引無此句，而有『腴腹也，《蒼頡篇》咽喉也』九字，『腴腹也』三字疑衍，而『《蒼頡篇》咽喉也』則爲上條『喉嚨』條注文舛亂至此。

〔一二〕蛕虫，刻本同，慧琳《音義》引作『蛕蟲』，『虫』爲簡俗字。又注文『腹中虫也』刻本作『蛕，腹中蟲也』（慧琳《音義》引前有『《蒼頡訓詁》』四字），其後底卷有删略。

〔一三〕『蹪蹶』以下四條見玄應《音義》卷四《大方便報恩經》音義，慧琳《音義》卷四三引。『蹪蹶』條見《大方便報恩經》第三卷音義。注文『顚』當是『傎』字之訛，刻本及慧琳《音義》引皆作『傎』。又『同』前刻本及慧琳《音義》引有『二同』二字，『猶頓仆』後底卷有删略。

〔一四〕『虹』下三條見《大方便報恩經》第五卷音義，『虹』刻本及慧琳《音義》引皆作『白虹』。注文『同音』刻本及慧琳《音義》引作『同，胡公反』，其後底卷有删略。

〔一五〕刖足，刻本及慧琳《音義》引皆作『刵耳』，當據正，《大方便佛報恩經》卷五相應位置有『即刵耳鼻截斷手足』句，應即此詞所出，可證。注文『同』後底卷有删略。

〔一六〕注文『都篤反』刻本及慧琳《音義》引皆作『口篤反』，『都』與『酷』字異紐，似誤。『都篤反』後底卷有删略。

〔一七〕『犇馳』條見玄應《音義》卷四《密迹金剛力士經》第五卷音義，慧琳《音義》未收《密迹金剛力士經》音義，但該書卷一一至一五載慧琳自撰的《大寶積經》音義，而《密迹金剛力士經》已被編入《大寶積經》第八至十四卷，故《密迹金剛力士經》玄應《音義》的多數條目亦見於慧琳的《大寶積經》音義，但解釋頗有不同。注文『並同』刻本作『同』一字，其後底卷有删略。

〔一八〕『儭』條見玄應《音義》卷四《菩薩處胎經》第一卷音義，慧琳《音義》卷四四引，『儭』刻本及慧琳《音義》引皆作『儭身』。注文刻本及慧琳《音義》引皆作『《字書》或作寴字，同，且吝反，又叉覲反，儭，至也，近也』。

〔二九〕「動他」「若僑」二條見玄應《音義》卷四《大方等陀羅尼經》音義，慧琳《音義》卷四二引。「動他」條見《大方等陀羅尼經》第二卷音義。注文「連」字宋《磧砂藏》本及慧琳《音義》引同，《叢書集成初編》本誤作「漣」。

〔三〇〕「若僑」條見《大方等陀羅尼經》第三卷音義。注文「僑，高也」後底卷有刪略。又「𡪶，寄也」刻本及慧琳《音義》引皆作「《廣雅》：羇、旅、𡪶，寄也」，今本《廣雅·釋詁》有「寓、羇……寄也」條，又有「𡪶、旅……客也」條，與玄應所引不同。

〔三一〕「妷態」條見玄應《音義》卷五《海龍王經》第三卷音義，慧琳《音義》卷三八引。注文「佚、妷、劮同」刻本作「古文佚，又作劮，同」，慧琳《音義》引「古文佚」後又多「今作妷」三字。又「与一反」、「他代反」後底卷皆有刪略。

〔三二〕「不槩」條見玄應《音義》卷五《觀察諸法行經》第三卷音義，《觀察諸法行經》音義慧琳《音義》在卷四四，但係慧琳新撰，音義頗有不同。注文「公礙、公内二反」刻本脱「二」字。又「云平」刻本作「平斗斛曰槩也」。

〔三三〕「災禍」「万岐」二條見玄應《音義》卷五《菩薩本行經》音義，慧琳《音義》卷四四引。「災禍」條見《菩薩本行經》中卷音義。注文「式才反」刻本及慧琳《音義》引皆作「則才反」，「則」字是，當據正。又「天火曰灾」前刻本及慧琳《音義》引有「《説文》」二字。

〔三四〕「万岐」條見《菩薩本行經》下卷音義，刻本作「方岐」，慧琳《音義》引作「萬歧」，考《菩薩本行經》經本有「金色光從口中出數千萬岐。岐出百千萬光」句，則「万（萬）岐」是（「岐」後起分化字亦作「歧」）。注文「謂道有支分者」刻本作「謂道有支分也」，慧琳《音義》引作「謂道有支分者也」。

〔三五〕「洞清」條見玄應《音義》卷五《稱揚諸佛功德經》下卷音義，慧琳《音義》卷三四引。注文「洞猶通也」刻本及慧琳《音義》引作「案洞猶通過也」，其後底卷有刪略。又「經文從口作哃」慧琳《音義》引同，刻本作「經作哃』三字。

［二六］『昺徹』『晴陰』二條見玄應《音義》卷五《等目菩薩所問經》音義，慧琳《音義》卷二四引。『昺徹』條見《等目菩薩所問經》上卷音義。注文『古文苪、昺二形，同』刻本及慧琳《音義》引作『古文昺、苪二形』，底卷似衍一『同』字。又『碧皿反』後底卷有删略。

［二七］『晴陰』條見《等目菩薩所問經》下卷音義。注文刻本及慧琳《音義》引『同』後有『自盈反』切語，所引《聲類》末有『也』字。

［二八］『線』『劒刎』二條見《金藏》本及《麗藏》本玄應《音義》卷五《中陰經》下卷音義（宋《磧砂藏》本、《叢書集成初編》本玄應《音義》未收），慧琳《音義》卷四四引。『線』條《麗藏》本及慧琳《音義》引皆作『擲線』（《金藏》本『線』誤作『綿』）。注文『古文線』前《金藏》本及《麗藏》本有《字詁》二字（慧琳《音義》引作《文字詁約》）。又『今綫』《金藏》本、《麗藏》本及慧琳《音義》引皆作『今作綫』。『私賤反』後底卷有删略。

［二九］注文『亡粉反』慧琳《音義》引作『云粉反』，『云』字誤。又『亡粉反』後底卷有删略。

［三〇］『鹿隊』『慷慨』二條見《金藏》本及《麗藏》本玄應《音義》卷五《濡首菩薩無上清淨分衛經》音義（宋《磧砂藏》本、《叢書集成初編》本玄應《音義》未收），慧琳《音義》卷一〇引（原書標『慧琳撰』，但其内容與玄應《音義》大抵相同，應屬引録玄應《音義》）。『鹿隊』條見《濡首菩薩無上清淨分衛經》上卷音義。注文『𪏭、𦕈二形』慧琳《音義》作『𪏭一形』，有脱誤；《金藏》本『𦕈』作『𦔺』，省訛。又『聚，居也』後底卷有删略。

［三一］『慷慨』條見《濡首菩薩無上清淨分衛經》下卷音義。注文『古莽反』《金藏》本、《麗藏》本及慧琳《音義》引作『口莽反』，『慷（忼）』字《廣韻·蕩韻》音苦朗切，與『口莽反』讀音相同。又《金藏》本、《麗藏》本及慧琳《音義》引『大息』後有『也』字，『不得志者』作『士不得志者也』（慧琳《音義》引『士』前有『亦』字）。

〔一三二〕『一⿰角戔』條見《金藏》本及《麗藏》本玄應《音義》卷五《迦葉經》上卷音義（宋《磧砂藏》本、《叢書集成初編》本玄應《音義》未收）；《迦葉經》二卷被收入《大寶積經》第八十八、八十九卷，慧琳《音義》卷一四該二卷的音義實即《迦葉經》音義，但爲慧琳自撰，與玄應音釋頗有不同。本條慧琳《音義》作『一醆水』，注文稱『醆』字『責簡反，錯用也，正體從玉作琖……或作盞……經文從酉作醆，非本字，《集訓》云：醆，盎齊，濁酒微清也。殊非經義也』。

〔一三三〕『籠罩』條見《金藏》本及《麗藏》本玄應《音義》卷五《發覺浄心經》下卷音義（宋《磧砂藏》本、《叢書集成初編》本玄應《音義》未收）；慧琳《音義》卷一六收慧琳自撰的《發覺浄心經》音義，音釋頗有不同。注文『⿱罒綽』字前《金藏》本及《麗藏》本有『古文』二字。又『菿』疑爲『箌』字俗寫，慧琳《音義》卷八、四八、五六等多處稱『罩』字古或作『箌』。

〔一三四〕『風齲』條見玄應《音義》卷五《如來方便善巧咒經》音義，慧琳《音義》卷三八引。注文『⿰禾禹』字慧琳《音義》引同，刻本訛作『稱』。又『丘禹反』慧琳《音義》引作『丘遇反』（『齲』與『遇』聲調有上去之别），其後底卷有删略。

〔一三五〕『尒炎』條見玄應《音義》卷五《胜鬘經》音義，慧琳《音義》卷一七引。『尒』字宋《磧砂藏》本及慧琳《音義》引同，《叢書集成初編》本繁化作『爾』。注文『焰』字慧琳《音義》引同，宋《磧砂藏》本訛作『惂』，《叢書集成初編》本訛作『惂』。

〔一三六〕『陽燧』條見玄應《音義》卷五《魔逆經》音義；慧琳《音義》在卷四四，標注慧琳自撰，但音釋差别不大。注文『隧』後刻本及慧琳《音義》引有『二形』二字。又『今作燧，並同』刻本作『今作㸂，《聲類》或作燧，同』，慧琳《音義》引『㸂』作『隊』，似皆有誤，而底卷疑有抄脱。注文末底卷有删略。

〔一三七〕『怵惕』條見玄應《音義》卷五《寶網經》音義，慧琳《音義》卷三一引。注文底卷有删略。

〔一三八〕『開闔』『韶』二條見玄應《音義》卷七《正法華經》音義，慧琳《音義》卷二八引。『開闔』條見《正法華經》

第四卷音義。注文『于陂反』宋《磧砂藏》本及慧琳《音義》引作『于彼反』(《叢書集成初編》本訛作『丁彼反』),『闖』『彼』皆爲《廣韻》上聲紙韻字,『彼』字是。又『非』刻本及慧琳《音義》引皆作『誤也』。

〔一三九〕『韶』條見《正法華經》第七卷音義,刻本及慧琳《音義》皆作『音韶』。注文『謦』慧琳《音義》引同,乃『謦』的俗字,刻本正作『謦』。『視招反』後底卷有删略。

〔一四〇〕『力贔』條見玄應《音義》卷七《弘道廣顯三昧經》第四卷音義,慧琳《音義》卷四四引。注文『壯大』刻本及慧琳《音義》引皆作『壯大也』,其後底卷有删略。

〔一四一〕『播殖』條見玄應《音義》卷七《等集衆德三昧經》中卷音義,慧琳《音義》卷三〇引。注文『𢿱』字宋《磧砂藏》本作『𢿱』,同;《叢書集成初編》本作『歃』,慧琳《音義》引作『𢿱』,皆誤。又『𤲈』字刻本作『囷』,慧琳《音義》引作『𥸨』,皆爲『番』字古文『𤰕』的變體;『番』字古通『播』。『三同』刻本作『三形,經文同』,斯三五三八號玄應《一切經音義》卷七殘卷及慧琳《音義》引作『三形同』,當以『三形同』義長,刻本『經文』二字則爲衍文當删。『補佐反』後刻本及慧琳《音義》引有『播,種也。經文作番,非也』九字,底卷有删略。

〔一四二〕『箭笴』條見玄應《音義》卷一〇《般若燈論》第十卷音義,慧琳《音義》卷四七引。注文『工旱反』前刻本有一『下』字,慧琳《音義》引無。又『箭莖也』前刻本有『《字林》云』三字,慧琳《音義》引作『《字林》』二字,『箭莖也』後底卷有删略。

〔一四三〕『攘袂』以下四條見玄應《音義》卷一〇《大莊嚴經論》音義,慧琳《音義》卷四九引。『攘袂』條見《大莊嚴經論》第一卷音義。注文『而羊反』前刻本有一『上』字,慧琳《音義》引無;『而羊反』後底卷有删略。又『揎袖』刻本及慧琳《音義》引作『揎衣袖』,注文末有『也』字。

〔一四四〕『掐傷』條見《大莊嚴經論》第三卷音義。注文『爪按曰掐』前刻本及慧琳《音義》引有『《通俗文》』三字;『按』字宋《磧砂藏》本同,《叢書集成初編》本及慧琳《音義》引作『案』,借音字。『刣,入也』刻本及慧琳

《音義》引作『《韻集》作剑，入也』，其後底卷有删略。

〔一四五〕『鄙褻』條見《大莊嚴經論》第五卷音義。注文『媟』『渫』右上部的『世』底卷作『廿』形，慧琳《音義》引略同，疑避唐諱缺筆，刻本則皆作『世』不缺筆。又『暬』爲『暬』字俗寫。『黷也』刻本作『褻黷之也』，『之』蓋爲雙行對齊補白添加，慧琳《音義》引作『褻黷也』，正無『之』字。

〔一四六〕『中𡁏』條見《大莊嚴經論》第十三卷音義。『𡁏』爲『嚏』字俗寫，刻本正作『嚏』。下同。又注文『噴鼻也』前刻本有『《蒼頡篇》云嚏』五字。『噴鼻也』後底卷有删略。

〔一四七〕『弥彰』以下三條見玄應《音義》卷一〇《攝大乘論》音義，慧琳《音義》卷五〇引。『弥彰』條見《攝大乘論》第五卷音義。『弥』字宋《磧砂藏》本同，《叢書集成初編》本及慧琳《音義》引作『彌』，正字。注文『暲』字慧琳《音義》引同，刻本作『瞕』，形訛字。又『同』後底卷有删略。

〔一四八〕『練摩』條玄應《音義》在《攝大乘論》第七卷下，而慧琳《音義》引在《攝大乘論》第十卷下，玄應《音義》未音《攝大乘論》第十卷，慧琳《音義》引有第十卷，其音釋條目與玄應《音義》第七卷相同，又稱第七卷先不音。查玄應《音義》第七卷（慧琳《音義》引第十卷）音釋的『練摩』、『藤譬』條在今本《攝大乘論》第七卷下，則慧琳《音義》所引當有誤。注文『漱』字慧琳《音義》引同，刻本訛作『漱』。又古文下的『練』和『今作湅』的『湅』慧琳《音義》引同，刻本二字互易。『冶金』宋《磧砂藏》本及慧琳《音義》引同，《叢書集成初編》本作『治金』，非是；大徐本《説文》『鍊』字釋『冶金』，段玉裁注本校改作『冶金』，是也。『謂堅柔相摩』刻本作『《易》云堅柔相摩』，其後底卷有删略。

〔一四九〕『以楔』條見《攝大乘論》第十一卷音義。『楔』字慧琳《音義》引同，刻本作『楔』，正字。注文『先結反』後底卷有删略。

〔一五〇〕『峻峭』『埤助』二條見玄應《音義》卷一〇《十住毗婆沙論》音義，慧琳《音義》卷五〇引。『峻峭』條見《十住毗婆沙論》第二卷音義。注文『或作埆』下刻本及慧琳《音義》引有『同，且笑反』四字。又『峻坂曰陗』

刻本及慧琳《音義》引作『《通俗文》峻阪曰峭』，其後底卷有删略。

〔一五一〕『埤助』條見《十住毗婆沙論》第五卷音義。『埤』字慧琳《音義》引同，刻本作『裨』，非是。注文『避移反』慧琳《音義》引作『避迷反』，『迷』字誤。『《説文》增也；厚也，補也』刻本作『《説文》：裨，增也。厚也，補也，亦助也』，慧琳《音義》引作『《説文》：埤，增也。厚也，補也，助也』，『埤，增也』與今本《説文》合，刻本作『裨』當誤。

〔一五二〕『悲惻』『振給』二條見玄應《音義》卷一〇《地持論》音義，慧琳《音義》卷四五引。『悲惻』條見《地持論》第一卷音義。注文『又作愳』刻本及慧琳《音義》引作『《聲類》作愳』。又『楚力反』後底卷有删略。

〔一五三〕『振給』條見《地持論》第四卷音義。『振』字慧琳《音義》引同，刻本作『辰』（宋《磧砂藏》本作『宸』，應爲『辰』字俗寫，《叢書集成初編》本正作『辰』），當誤。注文『古文宸』宋《磧砂藏》本作『古文賑、宸二形』，《叢書集成初編》本作『古文賑、辰二形』，慧琳《音義》引作『古文宸、抿二形』，『宸』、『宸』、『宸』亦皆爲『辰』字俗寫。『諸胤反』後底卷有删略。

〔一五四〕『舌哫』條見玄應《音義》卷一〇《緣生論》音義，慧琳《音義》卷五一載慧琳自撰的《緣生論》音義，音釋頗有不同。注文『液也』二字底卷殘泐（『液』字存右部，『也』字存右側殘畫），該句宋《磧砂藏》本作『《説文》云欲口液也』，《叢書集成初編》本作『《説文》云慕欲口液也』，慧琳《音義》引《説文》作『液也』，《叢書集成初編》本所引與今本《説文》合，但未必爲玄應書的原貌。

〔一五五〕『評曰』以下五條見玄應《音義》卷一七《阿毗曇毗婆沙論》音義，慧琳《音義》卷六七引。『評曰』條見《阿毗曇毗婆沙論》第一卷音義。注文『訂，平議也』刻本及今本《説文》同，慧琳《音義》引作『訂，評議也』。

〔一五六〕『操杖』及下『駁色』條見《阿毗曇毗婆沙論》第九卷音義。注文『操，把持也』前刻本及慧琳《音義》引有『《説文》』二字，其後底卷有删略。

〔一五七〕注文『反』下『不』下分别殘泐約一、二字及下一條的標目字，兹據刻本擬補。『班駁』前刻本及慧琳《音義》引有『《字林》』二字，『色不純也』後底卷有删略。

〔一五八〕『作屧』條見《阿毗曇毗婆沙論》第十八卷音義。注文『鞢』慧琳《音義》引同，刻本作『鞮』，乃『鞢』字俗省；『鞢』爲《説文》正字，『屧』爲後起換旁俗字。又『鞮，韋履也』今本《説文》作『鞮，革履也』。『都奚反』前刻本及慧琳《音義》引有『鞮音』二字。

〔一五九〕『俾倪』條見《阿毗曇毗婆沙論》第四十六卷音義。注文刻本作『又作敕堄，二形同，普米反，下吾礼反，《廣雅》：俾倪、堞，女牆也。《埤蒼》城上小垣也。《釋名》云：言於孔中俾倪非常事也』。所引《廣雅》『俾倪』今本作『埤堄』，『俾倪非常事』今本《釋名》作『睥睨非常』。

〔一六〇〕『策』以下四條見玄應《音義》卷一七《俱舍論》音義，慧琳《音義》卷七〇引。『策』條見《俱舍論》第六卷音義，刻本及慧琳《音義》引皆作『乘策』。注文『馬撾』後刻本及慧琳《音義》引有『也』字，又有『所以捶馬驅馳也』七字。

〔一六一〕『叜方』條見《俱舍論》第八卷音義，刻本注文末有『也』字。

〔一六二〕『串脩』條見《俱舍論》第十七卷音義。注文『摜』字慧琳《音義》引同，刻本作木旁，誤。又『又作慣』刻本無『又』字，其前有『二形詁幻反』五字，慧琳《音義》引作『二形同論文作慣』。

〔一六三〕『豪氂』條見《俱舍論》第二十一卷音義，標目字刻本作『毫釐』，慧琳《音義》引作『毫氂』。注文『又毫』刻本作『又作豪，同，胡高反』，慧琳《音義》引作『又作毫，同，胡高反』。又『今作秏』慧琳《音義》引同，刻本訛作『㲠』。『力之[反]』後底卷有删略。『今皆作釐』的『釐』《叢書集成初編》本同，宋《磧砂藏》本及慧琳《音義》引作『氂』，當誤。『古字通用』後刻本及慧琳《音義》引皆有『也』字。

〔一六四〕『羽寳』至『如笮』十三條見玄應《音義》卷一七《出曜論》音義，慧琳《音義》卷七四引。『羽寳』及下『呞嗽』條見《出曜論》第一卷音義，『寳』字宋《磧砂藏》本同，《叢書集成初編》本及慧琳《音義》引作『寶』，正字。注文刻本及慧琳《音義》引『合集』作『合聚』，『羽葆』作『葆』一字。

〔一六五〕注文『子盍反』後刻本及慧琳《音義》引有『《通俗文》入口曰哘』七字。又『下』字後刻本及慧琳《音義》引有『又作軟，同』四字（慧琳《音義》引『軟』誤作『嗽』）。『山角反』慧琳《音義》引作『所角反』，音同；『山角反』後底卷有刪略。『合吸曰軟』宋《磧砂藏》本作『含吸曰軟之也』，《叢書集成初編》本作『含吸曰軟』，慧琳《音義》引作『合吸曰軟也』，疑當校作『含吸曰軟也』，『合』爲形誤字，『之』係抄手爲注文雙行對齊添加。

〔一六六〕『瘡痍』至『紖』四條見《出曜論》第二卷音義。注文『仄』當據《叢書集成初編》本作『刅』，宋《磧砂藏》本作『刃』，慧琳《音義》引作『刄』，皆爲『刅』字小誤。『仄（刅）』後刻本及慧琳《音義》引有『二形』二字。又『楚良反』後底卷有刪略。『羊之反』後底卷有『《通俗文》』三字。『體瘡曰痍，頭瘡曰瘍』前一『瘡』字宋《磧砂藏》本作『創』，《叢書集成初編》本及慧琳《音義》引則前後二『瘡』字皆作『創』；注文末上揭三本皆有『也』字。

〔一六七〕『姧宄』慧琳《音義》引同，刻本作『姦宄』，『姦』『姧』正俗字。注文『宂』宋《磧砂藏》本訛作『宼』。又『盜』後宋《磧砂藏》本及慧琳《音義》引有『也』字，其後底卷有刪略。

〔一六八〕『俟』條刻本及慧琳《音義》引皆作『憑俟』。注文『古文』前底卷有刪略。注文末『待』後刻本及慧琳《音義》引皆有『也』字。

〔一六九〕『紖』條刻本及慧琳《音義》引皆作『紖繫』。注文『絼』刻本作『緣』，誤；『絼』後刻本及慧琳《音義》引有『二形』二字。『牛鼻繩』後刻本及慧琳《音義》引皆有『也』字，其後底卷有刪略。

〔一七〇〕『燔燒』及下『罝』條見《出曜論》第三卷音義。注文『鐇』後刻本及慧琳《音義》引有『同』字。又『扶袁反』後底卷有刪略。

〔一七一〕『罝』條刻本及慧琳《音義》引皆作『於罝』。注文『二同』刻本及慧琳《音義》引作『二形同』。又『子邪反』後底卷有刪略。

〔一七二〕『剗』條見《出曜論》第五卷音義，刻本及慧琳《音義》引皆作『剗治』。注文『初眼反』後底卷有删略。

〔一七三〕『不革』見《出曜論》第七卷音義。注文『草』字宋《磧砂藏》本作『𦱤』，《叢書集成初編》本及慧琳《音義》引作『革』，皆誤。又『三同』刻本及慧琳《音義》引皆作『三形同』。『謂改』刻本及慧琳《音義》引皆作『革，更也，謂改更也』，其後底卷有删略。

〔一七四〕『企望』條見《出曜論》第八卷音義。注文『祛豉反』後底卷有删略。

〔一七五〕『豋豆』及下『如笮』條見《出曜論》第十卷音義。注文『𥢌』字《叢書集成初編》本誤作『𤢊』。又『野豆謂之豋豆』前刻本及慧琳《音義》引有『《通俗文》』三字，其後有『也』字。『引蔓』後刻本有『者也』二字，慧琳《音義》引有『也』一字。

〔一七六〕注文『笮猶壓也』前刻本及慧琳《音義》引皆有一『案』字，『壓』字慧琳《音義》引同，爲『壓』的異體字，刻本正作『壓』。又『今』後疑脱一『謂』字；玄應《音義》卷一六《善見律》第十一卷『時笮』條音義謂『笮猶壓也，今謂笮出汁也』，又慧琳《音義》卷五八《僧祇律》第十卷『笮作』條音義亦有『今謂笮出汁也』之語，慧琳《音義》卷四六《大智度》第十八卷『如笮』條音義又有『今謂以槽笮出汁也』語，皆可資參證。『出汁』後刻本及慧琳《音義》引皆有『也』字，其後底卷有删略。

〔一七七〕『漉』至『誇衒』八條見玄應《音義》卷二五《阿毗達磨順正理論》音義，慧琳《音義》卷七一引（原標慧琳自撰，實爲引録玄應《音義》）。『漉』及下『剫罯』條見《阿毗達磨順正理論》第三十一卷音義，『漉』條刻本及慧琳《音義》引作『漉諸』。注文『力木反』後底卷有删略。

〔一七八〕注文『上音皮』的『上』字刻本及慧琳《音義》引無，當據底卷補。又『謂搦出汁也』慧琳《音義》引『出』後有『其』字。

〔一七九〕『所瀹』條見《阿毗達磨順正理論》第三十三卷音義。注文『鬻』字《叢書集成初編》本訛作『鬻』，慧琳《音義》引誤作『鬻』。又『《廣雅》曰：瀹，湯也』刻本及慧琳《音義》引無『曰』字，今本《廣雅》作『湯，爚也』。

慧琳《音義》引無『瀹湯也謂』四字。『謂湯内出之』後刻本及慧琳《音義》引有『也』字。『呼』字慧琳《音義》引同，刻本作『受』，蓋誤。『煠』字右上部的『世』底卷作『廿』形，疑避唐諱缺筆。

〔一八〇〕『人捦』及下『捶撻』條見《阿毗達磨順正理論》第三十四卷音義。注文『二同』宋《磧砂藏》本及慧琳《音義》引作『二形，《釋名》作鑰（《叢書集成初編》本作『擒』，當據正）同』。又『急持也』後刻本有『持匈也』三字，慧琳《音義》引無。

〔一八一〕注文『又作箠』後刻本及慧琳《音義》引有『同之蘂反』四字。又『捶，撻擊』前刻本及慧琳《音義》引有『《廣雅》』二字，後有『也』字。

〔一八二〕『躭話』及下『詩衒』條見《阿毗達磨順正理論》第五十四卷音義，『躭』爲『耽』的俗字，刻本及慧琳《音義》引正作『耽』。注文『誠』字刻本同，慧琳《音義》引作『註』，考玄應《音義》卷一一《正法念經》第三十二卷『調話』條、同書卷二二《瑜伽師地論》第二十卷『談話』條音義亦稱『話』字古文有作『誠』者（前例宋《磧砂藏》本及慧琳《音義》卷五六引作『誠』，《叢書集成初編》本作『誠』；後例宋《磧砂藏》本作『誠』，《叢書集成初編》本及慧琳《音義》卷四八引作『誠』），則『註』字當誤，但『誠』（或『誠』）用同『話』他書未見，俟再考。又『同』字刻本及慧琳《音義》引作『二形同』。『話訛言也』前刻本及慧琳《音義》引有『《聲類》云』三字，其後底卷有删略。

〔一八三〕注文『衒』字宋《磧砂藏》本同，《叢書集成初編》本及慧琳《音義》引作『衒』，相對於標目字，此當以作『衒』爲是。又『同』字刻本及慧琳《音義》引作『二形同』。『二反』後底卷有删略。

〔一八四〕『狎惡』條見《阿毗達磨順正理論》第五十九卷音義。注文『狎，習也，近也』刻本及慧琳《音義》引作『狎，近也。《廣雅》：狎，習也』，其後底卷有删略。

〔一八五〕『飢』至『礶陳』七條見玄應《音義》卷二四《阿毗達磨俱舍論》音義，慧琳《音義》卷七〇引。『飢』條見《阿毗達磨俱舍論》第十卷音義，刻本及慧琳《音義》引作『飢饉』。注文『同』後底卷有删略。

〔一八六〕『如篙』條見《阿毗達磨俱舍論》第十一卷音義。注文『市緣反』後底卷有删略。

〔一八七〕『隄』及下『痼』條見《阿毗達磨俱舍論》第十三卷音義，『隄』條刻本及慧琳《音義》引作『隄塘』。注文『都奚反』後底卷有删略。

〔一八八〕『痼』條刻本作『痼疫』，慧琳《音義》引作『痼疾』。注文『古護反』慧琳《音義》引同，刻本作『故護反』，音同。又注文末刻本及慧琳《音義》引皆有『也』字。

〔一八九〕『療病』條見《阿毗達磨俱舍論》第十四卷音義。注文『説文』二字底卷重出，兹據刻本及慧琳《音義》引删其一。又『力照反』後底卷有删略。

〔一九〇〕『典刑』條見《阿毗達磨俱舍論》第十五卷音義，刻本及慧琳《音義》引『刑』下皆有『伐』字，似衍。注文『蠒』蓋『繭』的繁化俗字，刻本正作『繭』。又『反』字據刻本及慧琳《音義》引補，其後底卷有删略。

〔一九一〕『礭陳』條見《阿毗達磨俱舍論》第二十九卷音義，『礭』爲『確』的俗字，慧琳《音義》引正作『確』。注文『塙』字宋《磧砂藏》本同，『塙』見《説文》，爲『確』的正字；《叢書集成初編》本及慧琳《音義》引誤作『搞』，清莊炘校記據以謂『搞非確用，未知何以相通』，而不知『搞』實爲『塙』字之訛。又『又作碻』三字刻本無，蓋脱。注文末刻本有『也』字；慧琳《音義》引無，與底卷同。

〔一九二〕『抱卵』條見玄應《音義》卷十八《成實論》第十八卷音義，慧琳《音義》卷七三引。注文『又作勽，同，蒲冒反』宋《磧砂藏》本同；《叢書集成初編》本作『同，蒲冒反，又作菢』，有脱誤；慧琳《音義》引作『又包，同，蒲冒反』，『包』應爲『勽』字之訛。又『雞伏卵謂之菢』前刻本及慧琳《音義》引有『《通俗文》』三字，『伏卵』後有『北燕』二字，『謂之菢』後底卷有删略。

〔一九三〕『不眴』條見玄應《音義》卷一八《鞞婆沙阿毗曇論》第十四卷音義，慧琳《音義》卷七三引。注文刻本及慧琳《音義》引作『《列子》作瞬，《通俗文》作眴，同，尸閏反，《説文》作（『作』字刻本無，兹據慧琳《音義》補）瞚，目開閉數揺也。服虔云目動曰眴』，底卷頗多删略。

〔一九四〕『黊』條見玄應《音義》卷一八《解脱道論》第八卷音義，標目字作『濕黊』，慧琳《音義》卷七三引作『溼黊』。注文刻本作『胡瓦反，此應作黊，胡寡反，鮮明也，又物精不雜爲黊』，慧琳《音義》引無『此』字，餘同。

〔一九五〕『軟中』『弥離車』『爲嫉』三條見玄應《音義》卷一八《雜阿毗曇心論》音義，慧琳《音義》卷七二引。『軟中』及下『弥離車』條見《雜阿毗曇心論》第一卷音義。注文『正體作耎』後刻本及慧琳《音義》引皆有一『同』字。又『耎，柔弱』刻本及慧琳《音義》引作『梵本言没栗度，此譯云耎，柔弱也』（末句『也』字慧琳《音義》引無）。

〔一九六〕『弥離車』宋《磧砂藏》本同，《叢書集成初編》本及慧琳《音義》引『弥』作『彌』，後者爲楷正字。注文『弥戾車』《叢書集成初編》本亦楷正作『彌戾車』。又刻本無『皆訛也』的『也』字，而『正言蔑戾車』後有一『也』字。末句『謂邊夷無所知者』刻本無。

〔一九七〕『爲嫉』條見《雜阿毗曇心論》第二卷音義。注文慧琳《音義》引無『愱』字，『同』前刻本有『三形』二字，慧琳《音義》引作『二形』。又『自栗反』慧琳《音義》引作『情栗反』，音同。『嫉，妬也』刻本及慧琳《音義》引作『《楚辭》故興心而嫉妬，王逸曰：害賢曰嫉，害色曰妬』（慧琳《音義》引『妬』作『妒』，注文末有『也』字）。

〔一九八〕『攲仄』『吹篪』二條見玄應《音義》卷一八《立世阿毗曇論》音義，慧琳《音義》卷七三引。『攲仄』條見《雜阿毗曇心論》第二卷音義，標目字刻本作『欹仄』，慧琳《音義》引作『敧仄』，當以作『攲仄』爲典正。注文『踦』字刻本同，慧琳《音義》引作『婍』；『⿰齒殳』字慧琳《音義》引同，刻本作『⿰齒皮』，皆俗寫之變。

〔一九九〕『吹⿱竹⿸虍巾』條見《雜阿毗曇心論》第十卷音義，『⿱竹⿸虍巾』爲『篪』字俗省，刻本及慧琳《音義》引正作『篪』。注文『⿰龠⿸虍巾』爲『䶵』字俗寫，刻本正作『䶵』（慧琳《音義》引右上部似又贅加『竹』頭）。又『同』前刻本及慧琳《音義》引有『二形』二字。『樂器』宋《磧砂藏》本及慧琳《音義》引作『《説文》管有七孔，《世本》蘇辛公作篪也』（《叢書集成初編》本引《説文》『管』作『管樂也』，無末『也』字，慧琳《音義》引亦無末『也』字）；底卷釋『樂器』，與各本均所不同，疑非玄應書原貌。

〔三〇〇〕『泗水』條見玄應《音義》卷一八《四諦論》第一卷音義，慧琳《音義》卷七三引。注文『古文汙』刻本及慧琳《音義》引作『古文作汙』（慧琳《音義》引『汙』誤作『浮』）。又『江南謂拍浮泗』刻本作『《説文》泗謂水上浮也。今江南謂拍浮爲泗也』（慧琳《音義》引『拍浮』誤作『指浮』，末無『也』字），底卷『浮』後當脱一『爲』字。

〔三〇一〕『⿰米乍哉』『酬酢』二條見玄應《音義》卷一八《分別功德論》音義，慧琳《音義》卷七三引。『⿰米乍哉』條見《分別功德論》第二卷音義。注文『字』字刻本無，慧琳《音義》引有，義長。又『二同』刻本及慧琳《音義》引作『二形同』。注文二『⿰米萬』字刻本及慧琳《音義》引皆作『糲』，『⿰米萬』『糲』古今字；『舂取』慧琳《音義》引同，刻本無『取』字；今本《説文》作『⿰米萬米一斛舂爲九斗曰糳』。『江南』前刻本及慧琳《音義》引皆有一『今』字，而『江南』後刻本無『亦』字（慧琳《音義》引有）。『非體』後刻本有一『也』字。

〔三〇二〕『酬酢』條見《分別功德論》第三卷音義。注文『又詶，主客酬酢』宋《磧砂藏》本作『《蒼頡篇》作詶，同，市周反，主答客曰酬，客報主人曰酢也』，其中的『詶』字《叢書集成初編》本及慧琳《音義》引作『酬』，疑非玄應《音義》原貌。底卷頗有删略。

〔三〇三〕『瞤動』條見玄應《音義》卷一八《辟支佛因緣論》上卷音義，慧琳《音義》卷七三引。注文『⿹勹目』宋《磧砂藏》本及慧琳《音義》引皆誤作『旬』，《叢書集成初編》本作『眴』，應爲『眴』字之誤，『眴』爲《説文》『⿹勹目』字或體。『目摇動也』後底卷有删略。

〔三〇四〕『勦勇』至『斫發』二十條見玄應《音義》卷一九《佛本行集經》音義，慧琳《音義》卷五六引。『勦勇』以下三條見《佛本行集經》第十一卷音義。注文『助交反』後底卷有删略。

〔三〇五〕注文『著也』後底卷有删略。

〔三〇六〕『⿰馬臿⿰齒咸』條慧琳《音義》引同，刻本作『⿰馬臿⿰馬咸』，注文同，誤。注文『上士洽、下魚洽反』，宋《磧砂藏》本作『士洽反、魚洽反』，《叢書集成初編》本作『士洽、魚洽二反』，慧琳《音義》引作『仕洽反，下魚洽反』，當以底卷有『上』『下』爲是，『仕洽反』與『士洽反』同音。又『唊噏』刻本同，慧琳《音義》引誤作『唊喻』。『上古協、下許及反』刻本作『唊音古協反，下噏音許乃反』，『乃』爲『及』字之訛；慧琳《音義》引作『唊音古協反，下喻許及反』，『及』字不誤而『噏』再誤作『喻』。『非此用』後刻本有『也』字。

〔二〇七〕『腴葉』及下『齏醬』條見《佛本行集經》第十二卷音義，『葉』字中的『世』底卷作『云』形，蓋爲避唐諱所改。

〔二〇八〕注文『淹韭曰韲』前刻本及慧琳《音義》引有『醬屬也。《通俗文》』六字。又『切細爲齏，全物爲葅』宋《磧砂藏》本作『凡醢醬所和，細切爲韲（齏），全物爲葅，江南悉爲葅，中國悉爲韲（齏）』，《叢書集成初編》本及慧琳《音義》引略同。

〔二〇九〕『筋陡』條見《佛本行集經》第十三卷音義，『陡』字宋《磧砂藏》本誤作『陡』，《叢書集成初編》本誤作『陟』。注文『觔』爲『筋』字俗寫，慧琳《音義》引正作『筋』，刻本作『筋』，文中應爲『筋』字刻訛。又『便健輕捷』刻本作『便捷輕健』，慧琳《音義》引作『便徢輕徢』，當以底卷義長。

〔二一〇〕『佐迕』及下『毻落』條見《佛本行集經》第二十六卷音義，『佐』字刻本作『恠』，皆爲『怪』的俗字，慧琳《音義》引正作『怪』。注文『啎』當爲『牾』字俗訛，刻本及慧琳《音義》引正作『牾』。又『同』刻本及慧琳《音義》引皆作『二形同』。『吾故反』後底卷有刪略。

〔二一一〕『戀嫪』條見《佛本行集經》第二十八卷音義。注文『嫪，婟也』前刻本及慧琳《音義》引有『《說文》』二字，其後底卷有刪略。

〔二一二〕『脂糕』條見《佛本行集經》第三十一卷音義。注文『古文餻、糦、饎』刻本作『古文餻、糦、饎、糕四形』，慧琳《音義》引作『古文餻、糕、糦、鍸四形』，『鍸』乃『饎』字形訛。又『以米和羹也』後底卷有刪略。

〔二一三〕『燒爇』條見《佛本行集經》第三十四卷音義，『爇』爲『爇（爇）』字俗訛，刻本及慧琳《音義》引正作『爇』。注文『而悅反』後底卷有刪略。

〔二四〕『白氎』條見《佛本行集經》第三十九卷音義。注文『毛布也』後底卷有删略。

〔二五〕『彤然』條見《佛本行集經》第四十卷音義。注文『古赨、蚒』刻本及慧琳《音義》引作『古文赨、蚒二形，同』。又『丹飾』後刻本及慧琳《音義》引有『也』字，其後底卷有删略。

〔二六〕『洴水』條見《佛本行集經》第四十二卷音義，『洴』字《叢書集成初編》本作『泝』，慧琳《音義》引作『㴑』，『洴』『泝』即『㴑』的隸變字。注文『溁』字宋《磧砂藏》本及慧琳《音義》引同，《叢書集成初編》本作『洴』，後者亦『㴑』的隸變字，但疑非玄應書原貌；《龍龕·水部》載『泝』俗作『溁』，可參。又『逆流而上曰洴』前刻本及慧琳《音義》引有『《三蒼》』二字，其後底卷有删略。

〔二七〕『蒨草』條見《佛本行集經》第五十三卷音義。注文『同』刻本及慧琳《音義》引作『二形同』。又『千見反』後底卷有删略。

〔二八〕『牢靭』及下『羸瘠』條見《佛本行集經》第五十六卷音義。注文『又作肕』後底卷有删略。

〔二九〕注文『瘄』字慧琳《音義》引同，宋《磧砂藏》本訛作『痡』，《叢書集成初編》本誤作『瘠』；《龍龕·疒部》以『瘄』爲『瘠』的俗字，可參。又『同』刻本作『三形同』，慧琳《音義》引作『三同』。『才亦反』後底卷有删略。

〔三〇〕『香邳』條見《佛本行集經》第五十七卷音義，『邳』爲『邸』的俗字，刻本及慧琳《音義》引正作『邸』。注文同。又注文『邳（邸）舍也』前刻本及慧琳《音義》引有『《蒼頡篇》』三字，其後底卷有删略。

〔三一〕『滑稽』及下『斫登』條見《佛本行集經》第五十八卷音義。注文『古没』反慧琳《音義》引同，刻本作『胡没』反，紐異。又『俳諧』刻本訛作『俳譜』，其後刻本及慧琳《音義》引皆有『也』字。『取滑利之義』刻本及慧琳《音義》引作『滑取滑利之義也』，其後底卷有删略。

〔三二〕注文『匹葛反』後底卷有删略。

〔三三〕『勇喆』『拉之』二條見玄應《音義》卷二〇《陀羅尼雜集經》音義，慧琳《音義》卷四三載標示慧琳自撰的該經音義，但內容與玄應《音義》無别，實係引録玄應《音義》。『勇喆』條見《陀羅尼雜集經》第三卷音義。注文『古文嚞』後刻本及慧琳《音義》引有『《字書》作喆』四字。又『反』字據刻本及慧琳《音義》引補，其後底卷有删略。

〔三四〕『抆之』條見《陀羅尼雜集經》第六卷音義。注文『捪』字慧琳《音義》引同，刻本作『㨉』；今本《説文》有『捪』字，右旁作『昏』，但馬王堆帛書右旁作『昬』，疑以作『㨉』者爲近古，底卷作『捪』，則係避唐諱所改。又『亡粉反』慧琳《音義》引訛作『云粉反』。

〔三五〕『仇憾』條見玄應《音義》卷二〇《六度集經》第四卷音義，慧琳《音義》卷三三引。注文『渠牛反』慧琳《音義》引作『舊牛反』，音同。又『仇、讎，匹也』慧琳《音義》引同，宋《磧砂藏》本『匹也』訛作『出』一字，《叢書集成初編》本脱『匹』字；『仇、讎，匹也』見《爾雅·釋詁》。『怨耦曰仇』慧琳《音義》引作『怨偶曰仇』，其後底卷有删略。

〔三六〕『軌地』及下『財賄』條見玄應《音義》卷二〇《菩薩本緣集》第一卷音義，慧琳《音義》卷七五引。注文『边』字慧琳《音義》引同，宋《磧砂藏》本訛作『𠃊九』，《叢書集成初編》本進而訛作『匦』。又『車轍』後刻本及慧琳《音義》引有『也』字，其後底卷有删略。

〔三七〕注文『呼罪反』後底卷有删略。

〔三八〕『穳矛』至『頻伽』九條見玄應《音義》卷一一《正法念經》音義，慧琳《音義》卷五六引。『穳矛』及下『鵮鳥』條見《正法念經》第一卷音義。注文『古文錄』刻本作『《字詁》古文錄、穳二形』，慧琳《音義》引『錄』誤作『鋑』。又『小矛也』刻本作『穳，小矛也』，慧琳《音義》引作『穳，小穳矛也』，『小』後『穳』字當衍。『莫侯反』後底卷有删略。『經作鋑、欑二形』慧琳《音義》引略同（唯『經』作『經文』），刻本作『經文作欑、鋑、欑三形』。『又作牟』後刻本有『並非體也』四字（慧琳《音義》引無『也』字）。

〔三九〕注文『烏諫反』後底卷有删略。

〔二三〇〕『堙羅』條見《正法念經》第三卷音義。注文『𡋯』字刻本及慧琳《音義》引皆作『𡧼』非是；『𡋯』應爲『垔』字篆文『𡋯』的隸變形，《集韻·諄韻》載『垔』字籀文作『𡋯』，可以比勘；而『𡧼』則爲《說文》『煙』字古文的隸定形。又『今作堌』慧琳《音義》引同，刻本作『今作咽』，誤。『經中』前慧琳《音義》引有『也』字，刻本『經中』作『堙羅那』。『或言』慧琳《音義》引同，刻本作『或名』。『香葉』之『葉』中的『世』底卷作『云』形，蓋爲避唐諱所改；慧琳《音義》引作『桒』，用同『葉』。

〔二三一〕『𧺆手』條見《正法念經》第十卷音義。注文『𧺆』字慧琳《音義》引同，刻本作『𧺆』，俗訛字。又『經末』刻本及慧琳《音義》引皆作『經文』，『末』字蓋誤。『𧺆』後刻本及慧琳《音義》引有『二形』二字。注文末的『出』字底卷倒寫在前一行注文之末，以便雙行對齊。

〔二三二〕『稠穊』條見《正法念經》第四十七卷音義。

〔二三三〕『晏然』條見《正法念經》第五十六卷音義。注文『經文』前底卷有刪略。又『非也』刻本作『非體也』，慧琳《音義》引作『非體』二字。

〔二三四〕『虓响』條見《正法念經》第五十六卷音義，『虓』字右下部底卷作『巾』，爲『虓』字俗寫，注文中『唬』、『虎』的右下部底卷亦從俗寫作『巾』，《叢書集成初編》本及慧琳《音義》引正作『虓』和『唬』、『虎』（宋《磧砂藏》本標目字作『虓』，注文則分別作『唬』和『虎』）。又注文『師子鳴』刻本及慧琳《音義》引作『《說文》虎鳴也，一曰師子也』。

〔二三五〕『侹直』條見《正法念經》第六十五卷音義。注文『非也』刻本作『未見所出也』，慧琳《音義》引作『非也，未見所出』。

〔二三六〕『頻伽』條見《正法念經》第六十七卷音義。注文『嚬』後刻本及慧琳《音義》引有『二形』二字。又注文末刻本及慧琳《音義》引有『也』字。

〔二三七〕『剬割』至『茶帝』十條見玄應《音義》卷一一《中阿含經》音義，慧琳《音義》卷五二引。『剬割』條見《中阿含經》第四卷音義。注文『《聲類》剸同』刻本作『《聲類》云作剸同』，慧琳《音義》引作『《聲類》作剸同』，當以後者義長。又『斷首也』今本《説文》作『斷齊也』。注文末刻本及慧琳《音義》引有『也』字。

〔三三八〕『祭餟』條見《中阿含經》第六卷音義。注文『叕』字慧琳《音義》引同，刻本訛作『掇』。又『餟，酹也』宋《磧砂藏》本同，《叢書集成初編》本作『餟，祭酹也』，和今本《説文》合，『祭』字疑爲刻者據《説文》增；慧琳《音義》引作『餟酹』，『酹』爲『酹』字形訛，而其前亦無『祭』字可證。『以酒沃地祭也』刻本『地』字作『也』，當誤。『餟，饋也』今本《方言》卷一二作『餟，餽也』，『饋』『餽』二字音近義通。

〔三三九〕『拳㧌』條見《中阿含經》第七卷音義，『㧌』字右下部底卷作『巾』，俗寫，慧琳《音義》引正作『㧌』；《叢書集成初編》本右半作『虎』，俗省。注文『渠員反』刻本及慧琳《音義》引作『渠圓反』，音同。

〔三四〇〕『磉』條見《中阿含經》第十四卷音義，刻本及慧琳《音義》引皆作『櫨鎟』。注文『桑朗反』前刻本及慧琳《音義》引有『下宜作磉』四字，其前又另有『櫨』字的音義。又今本《説文》未見『磉』或『鎟』字。『經文』後刻本及慧琳《音義》引有『從金』二字。注文末刻本及慧琳《音義》引另有『礎音楚』三字。

〔三四一〕『兩䡯』條見《中阿含經》第十六卷音義，『䡯』字慧琳《音義》引同，刻本右旁作『怱』，皆爲『悤』的俗寫。注文『子孔反』後底卷有刪略。

〔三四二〕『𠛾』條見《中阿含經》第三十五卷音義，刻本及慧琳《音義》引皆作『𠛾治』。注文『𣂑』字刻本作『𠛾』，慧琳《音義》引作『郤』，皆誤。又『同』刻本及慧琳《音義》引作『二形同』。『去節曰𠛾』的『𠛾』宋《磧砂藏》本訛作『郤』，此四字前刻本及慧琳《音義》引有『通俗文』三字。『經文作落，非』刻本作『經文或作芟，所巖反，刈草也；或作落，非體也』，慧琳《音義》引『落』作『洛』，無句末的『也』字。

〔三四三〕『地肥』及下『摽膀』條見《中阿含經》第三十九卷音義。注文之首刻本及慧琳《音義》引有『扶非反』三字，注文末有『也』字。

〔三四四〕標目字『摽』慧琳《音義》引同，刻本作『標』，正字。注文『摽從片』的『摽』字誤，從『片』的當是『牓』字，刻本及慧琳《音義》引相關文句作「補朗反，謂物標記也，字從片」，可證。又「非也」宋《磧砂藏》本作「非此義」，《叢書集成初編》本及慧琳《音義》引作「非此義也」；又此句前刻本有「補孟反」三字。

〔三四五〕「瓬瓬」及下「荼帝」條見《中阿含經》第五十卷音義。注文「又作甀」的「甀」字刻本左半訛作「亜」形，慧琳《音義》引又進而訛作「亜」。又「瓦破聲曰甀」前刻本及慧琳《音義》引有「《通俗文》」三字，「甀」字慧琳《音義》引左半作「覀」，俗寫；刻本作「瓬」。「蹈瓦聲躐躐也」慧琳《音義》引作「蹈瓦聲躐也」，今本《説文》「甀」字釋「蹈瓦聲也」，《叢書集成初編》本校記引洪亮吉謂今本《説文》脱「躐躐」二字。「甏」字慧琳《音義》引同，刻本作「甏」，今本《中阿含經》作「甏」，疑以後者爲是。

〔三四六〕「荼帝」條刻本及慧琳《音義》引皆作「茶帝」，「茶」乃「荼」的後起分化字。本條刻本及慧琳《音義》引皆在「瓬瓬」條之前，後者與今本《中阿含經》卷五〇該二詞出現的順序相合，底卷抄寫先後有誤。注文「徒加反」慧琳《音義》引作「宅加反」。又「非體」刻本及慧琳《音義》引作「並非體也」。

〔三四七〕「五刻」至「簒修」十三條見玄應《音義》卷一一《增一阿含經》音義，慧琳《音義》卷五二引。「五刻」及下「盪鉢」條見《增一阿含經》第二十二卷音義。注文「苦得反」刻本及慧琳《音義》引作「苦則反」，音同。又「刻削也」後底卷有删略。「刓」字慧琳《音義》引同，刻本作「刓」。「非」後刻本及慧琳《音義》引有「也」字。

〔三四八〕「同」後刻本及慧琳《音義》引有「徒朗反」三字。又「盪滌酒器」宋《磧砂藏》本作「盪滌酒器也」，《叢書集成初編》本及慧琳《音義》引「盪滌酒器也」，「酒」字疑誤。

〔三四九〕「一函」及下「溺者」條見《增一阿含經》第二十三卷音義。注文「胡緘反」後底卷有删略。又刻本及慧琳《音義》引「經」作「經文」，「非此義」前有「臽」字。

〔三五〇〕「顫頊」及下「欑箭」條見《增一阿含經》第二十四卷音義。注文「鈂」字慧琳《音義》引同，刻本作「鈂」，似誤。又「庀」當是「疣」字俗省，刻本及慧琳《音義》引正作「疣」。「尤富反」慧琳《音義》引作「尤救反」，韻同。『四支寒』刻本作『《通俗文》：四支寒動謂之顫頙』，慧琳《音義》引『顫頙』作『戰頙』，其後底卷有删略。刻本及慧琳《音義》引『經』作『經文』，『非』後有『也』字。

〔三五一〕『溺者』條刻本及慧琳《音義》引皆在第二十三卷下，『顫頙』條在第二十四卷下，底卷該二條的順序有誤。注文『㞙』字刻本作『屘』，爲一字之變；慧琳《音義》引訛作『尾』。又『小便也』今本《説文》作『人小便也』，其後刻本有『字從水、尾』四字（慧琳《音義》引『尾』前亦有一『從』字）。『古者』刻本及慧琳《音義》引作『古字』。

〔三五二〕『欑箭』條刻本作『攢箭』，慧琳《音義》引作『儹箭』，據注文，當以從木作『欑』爲是。注文『徂丸反』慧琳《音義》引作『祖丸反』，『徂』字是。『欑，聚也』刻本作『《蒼頡篇》云：攢，聚也』，慧琳《音義》引作『《蒼頡篇》：欑，聚也』。『從木』前刻本及慧琳《音義》引有『字體』二字。

〔三五三〕『金扉』條見《增一阿含經》第三十三卷音義。注文『音非』後底卷有删略。又『誤』後刻本及慧琳《音義》引有『也』字。

〔三五四〕『如甛』及下『搆牛』條見《增一阿含經》第三十四卷音義，『甛』字刻本作『甜』，『甜』爲後起偏旁易位字，注文同。注文『同』後刻本及慧琳《音義》引有『徒兼反』三字。又『甛，美也』後底卷有删略。刻本及慧琳《音義》引『經』作『經文』，『非』後有『也』字。

〔三五五〕本條『搆』字慧琳《音義》引同，刻本作『構』，『搆』即『構』字俗寫。注文『捋』字慧琳《音義》引作『持』，非是。又『取乳』後刻本及慧琳《音義》引有『也』字。『誤』刻本及慧琳《音義》引作『誤作也』。

〔三五六〕『氣劣』條見《增一阿含經》第四十六卷音義。注文『吃』字慧琳《音義》引作『肐』，誤。『同』後底卷有删略。

〔三五七〕『誦習』條見《增一阿含經》第四十七卷音義。注文之首底卷有删略。又『非此義』刻本作『謵非字義』，慧琳《音義》引作『謵非字義也』。

〔三五八〕『纂脩』條見《增一阿含經》第四十八卷音義，『脩』字刻本及慧琳《音義》引作『修』，『脩』通『修』。注文『⿰糹雋』字刻本訛作『儁』。又『繼也』刻本作『《爾雅》：纘，繼也。繼前修者也』，慧琳《音義》引作『《介疋》：纘，繼前修者也』，後者有脱誤。

〔三五九〕『綺語』條見《增一阿含經》第五十一卷音義。注文『語』字底卷作重文符號，刻本及慧琳《音義》引無『語』字，而『不正也』前有『墟蟻反』三字（慧琳《音義》引作『墟蟻反』）。又『⿰言奇』字刻本同，慧琳《音義》引作『倚』，恐誤。『非體』後刻本及慧琳《音義》引皆有『也』字。

〔三六〇〕『并⿱殹食』至『穴泉』七條見玄應《音義》卷一二《長阿含經》音義，慧琳《音義》卷五二引。『并⿱殹食』及下『嘆咤』條見《長阿含經》第二卷音義，刻本及慧琳《音義》引並『嘆咤』條在前，今本經文亦同，底卷抄録順序有誤。『⿱殹食』字慧琳《音義》引及今本經文同，刻本作『饜』，恐屬刻者臆改。注文『餜』當爲『飽』字古文『餜』（亦作『餜』）的變體；《叢書集成初編》本右半作『呆』，慧琳《音義》引右半作『采』，亦其小誤。又『⿱羽食』字慧琳《音義》引作『⿱髟食』，當誤。

〔三六一〕注文『他旦反』後底卷有删略。又『咤又作嗖』刻本作『吒又作嗻』，慧琳《音義》引作『吒又作嗖』，『吒』『咤』古異體字；『嗖』『嗻』則似以前者爲是（《玉篇·口部》：『嗖』，同『吒』）。

〔三六二〕『轟轟』條見《長阿含經》第三卷音義。注文『呼萌反』慧琳《音義》引作『呼棚反』，音同。《説文》後刻本有『轟轟』二字，慧琳《音義》引作『轟』一字。

〔三六三〕『企望』條見《長阿含經》第三卷音義。注文『趼』字《説文》訓『獸足企也』，與『企』含義有關但并非一字，此以爲『企』字古文，未詳。又『⿱亼止』字宋《磧砂藏》本及慧琳《音義》引同，《叢書集成初編》本作⿱人止，後者爲《説文》『企』字古文的隸定字，『⿱亼止』則受『合』字影響而增加了一橫畫。『二同』刻本及慧琳《音義》引作『二形同』，其下有『墟豉反』三字。『舉跟曰⿰足企』刻本及慧琳《音義》引作『《通俗文》：舉跟曰⿰足企也。字從人從止』。

〔二六四〕『隊隊』條見《長阿含經》第七卷音義。注文末刻本及慧琳《音義》引有一『也』字。

〔二六五〕『涷瘃』條見《長阿含經》第十九卷音義。注文『寒瘡也』刻本作『謂手中寒作瘡』，慧琳《音義》引作『謂手中寒作瘡也』。

〔二六六〕『穴泉』條見《長阿含經》第二十一卷音義。注文『古文』後刻本及慧琳《音義》引多一『作』字。又注文末刻本及慧琳《音義》引有一『也』字。

〔二六七〕『歠食』至『呲紐』四條見玄應《音義》卷一二《別譯阿含經》音義，慧琳《音義》卷五二引。『歠食』條見《別譯阿含經》第二卷音義，『歠』字注文中作『歠』，爲一字異寫，刻本誤作『歉』；慧琳《音義》引作『鴿』，注文同，爲古異體字。注文『口咸反』慧琳《音義》引同，宋《磧砂藏》本作『口減反』，《叢書集成初編》本又進而誤作『口滅反』。又注文末刻本及慧琳《音義》引有一『也』字。

〔二六八〕『梱責』條見《別譯阿含經》第三卷音義。注文『鯤』字刻本及慧琳《音義》引皆作『觨』，《玉篇·角部》以『觨』爲古『梱』字，則或以『觨』字爲是。又『木未判』慧琳《音義》引同，刻本脱『木』字。又注文末刻本及慧琳《音義》引有一『也』字。

〔二六九〕『湒湒』條見《別譯阿含經》第四卷音義。注文『涓』字刻本略同，慧琳《音義》引作『消』，似皆未是，此字疑當作『湒』，『咠』旁作『肙』爲俗書通例。又『思入』反慧琳《音義》引作『子入』反，《廣韻·緝韻》『湒』字音子入切，與慧琳《音義》引相合。『思入、史及二反』後底卷有刪略。

〔二七〇〕『呲紐』條見《別譯阿含經》第十一卷音義。注文『女九反』、『非也』後底卷皆有刪略。

〔二七一〕『畐塞』至『老瞎』四條見玄應《音義》卷一二《雜寶藏經》音義，慧琳《音義》卷七五引。『畐塞』『襤褸』『銅魁』三條見《雜寶藏經》第四卷音義。注文『普逼反』慧琳《音義》引作『披逼反』，音同。又『畐，滿也』前刻本及慧琳《音義》引有『《方言》』二字。

〔二七二〕注文之首底卷有刪略。又『經文作藍縷』刻本及慧琳《音義》引作『經文從草作藍草之藍、絲縷之縷』。

〔三七三〕注文「非體」刻本及慧琳《音義》引皆作「並非也」。

〔三七四〕「老睛」條見《雜寶藏經》第六卷音義。注文「同」後刻本有「乎鍇反」一音，慧琳《音義》引作「呼鍇反」。

〔三七五〕「椸架」「不嚏」「訛」三條見玄應《音義》卷一二《普曜經》音義，慧琳《音義》卷二八引。「椸架」條見《普曜經》第二卷音義（刻本玄應《音義》於《普曜經》有第三卷而無第二卷音義，慧琳《音義》引有第二卷而無第三卷音義，慧琳所標卷數與今見經本合）。注文「古文提、椸」後有「二形」二字。又「可架衣」慧琳《音義》引作「可用架衣也」，刻本作「又曰：椸，可架衣也」，考今本《禮記·曲禮上》「男女不雜坐，不同椸枷」下鄭注：「椸，可以架衣者。」又《禮記·內則》「男女不同椸枷」下鄭注：「竿謂之椸。」則刻本有「又曰」二字不爲無據。

〔三七六〕「不嚏」及下「訛」條見《普曜經》第五卷音義，「嚔」字刻本作「嚏」，皆爲「嚏」的訛俗字，慧琳《音義》引正作「嚏」，參上校記〔四三〕。注文「噴鼻也」前刻本及慧琳《音義》引有「《蒼頡篇》云」四字。又「呬」字刻本同；慧琳《音義》引作「哂」，當誤；《龍龕·口部》引此字作「呬」（音丁計反，又俗音血），應爲「呬」字訛變，《大正藏》本《普曜經》卷五《六年勤苦行品第十五》「彼時菩薩，衆人怪之，羨之所行，取其草木投著耳中，耳不痛痒；著之鼻中，鼻亦不呬」，正作「呬」字。

〔三七七〕「訛」條刻本及慧琳《音義》引皆作「訛言」。注文「五戈反」後底卷有刪略。

〔三七八〕「櫪撕」以下四條見玄應《音義》卷一二《修行道地經》第五卷音義，慧琳《音義》卷七五引。注文「囚具」慧琳《音義》引同，刻本訛作「曰具」。又「押其指」猶言「壓其指」，「押」「壓」古通用；清莊炘謂「押其指也」不可解，而據傳本《說文》「櫪撕」釋「椑指也」改作「椑指也」，而謂「椑指」是「樹枝之下指者」，非是。段玉裁注本校《說文》「椑」作「柙」，謂「柙指如今之拶指」。今按：據上引《字林》所云，則似當校作「押（壓）指」。

〔三七九〕注文「肉臠也」刻本作「謂切肉大者爲胾胾，小者曰臠」，慧琳《音義》引後句作「小者曰肉臠也」，疑刻本「曰」後脱「肉」字。又「非」後刻本及慧琳《音義》引皆有一「也」字，其下底卷有刪略。

〔二八〇〕注文『步即摇動』刻本及慧琳《音義》引皆作『步則摇動者』（慧琳《音義》引『者』後又有『也』字），今本《釋名》作『步則摇也』，『則』爲本字。又『經文作瑶』刻本及慧琳《音義》引作『經文作瓊瑶之瑶』。

〔二八一〕注文『鈷』字慧琳《音義》引同，刻本訛作『𩚵』。『同』後『寄食也』後底卷皆有删略。

〔二八二〕『鋃鐺』『嗚嗽』『諄那』三條見玄應《音義》卷一二《生經》音義，慧琳《音義》卷五五引。『鋃鐺』及下『嗚嗽』條見《生經》第一卷音義。注文『力當、都唐反』刻本作『力鐺反，下都唐反』，慧琳《音義》引作『上力當反，下都唐反』。又『鎖』刻本作『鏁』，俗字；慧琳《音義》引作『鎮』，誤。『鎖也』後底卷有删略。『狼』下刻本及慧琳《音義》引有『當』字，當據補。『非』刻本及慧琳《音義》引作『非體也』。

〔二八三〕注文『𪓟』字宋《磧砂藏》本略同，當是『嗽』正字『歗』的訛變俗字，《叢書集成初編》本及慧琳《音義》引作『𪓰』，殆誤。

〔二八四〕『諄那』條見《生經》第二卷音義。注文『之閏反』後底卷有删略。

〔二八五〕『曰䴸』條見玄應《音義》卷一二《興起行經》上卷音義，慧琳《音義》卷五六引。注文『古文作麨』後刻本及慧琳《音義》引有『同妨虞反』四字。

〔二八六〕『草姦（菱）』以下七條見玄應《音義》卷一二《義足經》音義，慧琳《音義》卷五五引。『草姦（菱）』至『名蔵』四條見玄應《音義》卷一二《義足經》上卷音義。注文『蕑』字慧琳《音義》引同，刻本作『蔄』，爲一字異寫。又『同也』刻本及慧琳《音義》引作『同，古顔反，《聲類》：菱，蘭也。《説文》云香草也』（慧琳《音義》引無『云』字）。

〔二八七〕注文『辝遵反』慧琳《音義》引同，刻本作『辤（《叢書集成初編》本作『辭』）俊反』，『徇』『俊』《廣韻》同在去聲稕韻，『俊』字是。又『徇，循也』刻本及慧琳《音義》引作『《尚書》乃徇師而誓，孔安國曰：徇，循也』。『行走宣令曰徇』和『行示曰徇』的『徇』刻本皆誤作『循』。『字從彳』刻本作『《爾雅》徧也。字從彳、扁。扁音補显反』，慧琳《音義》引作『《爾雅》：徇，遍也。字從彳也』。刻本似有脱誤。

〔三八八〕『蠱』條刻本及慧琳《音義》引皆作『蠱明』。注文『亦善也』前刻本及慧琳《音義》引有一『鮮』字。

〔三八九〕注文『古文悳』刻本及慧琳《音義》引作『古文悳、甙二形』，『甙』疑爲『甙』字之誤，『甙』見《説文》，爲『勇』字或體。又『同』後底卷有删略。

〔三九〇〕『晻忽』以下三條見玄應《音義》卷一二《義足經》下卷音義。注文『古文晻，今暗』刻本及慧琳《音義》引皆作『古文晻、暗二形，今作暗』。又『不明』後刻本及慧琳《音義》引皆有『也』字，其後底卷有删略。

〔三九一〕注文『囦』字刻本訛作『固』。又所引《蒼頡篇》後底卷有删略。

〔三九二〕注文『醜者也』前刻本有『《説文》云』三字（慧琳《音義》引作『《説文》』二字），今本《説文》作『嫯，嫯母，都醜也』。又『即嫯母是』刻本及慧琳《音義》引作『《楚辭》嫯母姣而自好也。姣音古卯反』（慧琳《音義》引注末多一『也』字）。

〔三九三〕『連擏』『屈无』二條見玄應《音義》卷一二《那先比丘經》音義，慧琳《音義》卷七五引。該經音義刻本與慧琳《音義》引頗有不同，而底卷文字與慧琳《音義》引基本相同，可能更爲接近玄應書的原貌。『連擏』條見《那先比丘經》上卷音義。注文『擏，束也』慧琳《音義》引同，亦與今本《廣雅·釋詁》合，刻本作『絜，束也』，殆非。又『《説文》作覡』以下慧琳《音義》引有，刻本無。

〔三九四〕『屈无』條見《那先比丘經》下卷音義，『屈』字慧琳《音義》引同，刻本作『屈』，『屈』爲『屈』字隸省，注文同；又『无』字刻本作『無』，同；慧琳《音義》引訛作『元』；《大正藏》本《那先比丘經》中卷有『其國中有人掘無手足』語，下卷又有『其國中有人杌無手足』語（原校：『杌』宫本作『掘』），應即此詞所出。注文『屈，短也』慧琳《音義》引同，刻本作『《淮南》屈奇之服，許叔重曰：屈，短也；奇，長也』。

〔三九五〕『腆美』條見玄應《音義》卷一三《般泥洹經》音義，慧琳《音義》卷五二引，但經名作《大般涅盤經》。注文引《方言》今本作『錪、鍾，重也。東齊之間曰錪，宋魯曰鍾』，清錢繹箋疏謂『錪本亦作腆』。又『至也』後刻本及慧琳《音義》引皆有『美也』一訓。

〔二九六〕『傅飾』以下三條見玄應《音義》卷一三《五百弟子自説本起經》音義，慧琳《音義》卷五七引。注文『皆是』慧琳《音義》引同，宋《磧砂藏》本後有『之也』二字，《叢書集成初編》本作『也』一字，『之』字應爲刻者補白添加。

〔二九七〕注文『槩』宋《磧砂藏》本及慧琳《音義》引訛作『槩』，《叢書集成初編》本又訛作『既』。又『以牲曰饋』前刻本及慧琳《音義》引有『《儀禮》饋之以其禮，鄭玄曰』十字。『饋，餉也』後刻本有『《方言》饋熟之也』六字（《叢書集成初編》本『熟』作『孰』，古字），慧琳《音義》引作『《方言》饋而熟也』，但今本《方言》未見。

〔二九八〕『俱譚』刻本同，慧琳《音義》引誤倒作『譚俱』。注文之首刻本及慧琳《音義》引有『徒含反』三字。又『經』刻本及慧琳《音義》引皆作『經中』。

〔二九九〕『鞠靰』條見玄應《音義》卷一三《胞胎經》音義，慧琳《音義》卷一六載慧琳自撰的《佛説胞胎經》音義，但未見『鞠靰』條；『鞠』爲『鞕（硬）』的俗字，玄應《音義》卷一二《生經》第二卷出『鞕靰』條，云『五更反，下胡浪反，風名也。靰字未詳所出也，相傳音字耳』。注文末刻本有一『也』字。

〔三〇〇〕『開披』條見玄應《音義》卷一三《大迦葉本經》音義，慧琳《音義》卷五七引。注文『普彼反』刻本及慧琳《音義》引作『普陂反』，《廣韻》上聲紙韻匹美切小韻：『㱟，枝折。』又云：『披，開也。』二字義近。『彼』亦爲上聲紙韻字，而『陂』則爲《廣韻》平聲支韻字，用同『㱟』的『披』當以讀作『普彼反』爲是。又『披猶分也』後刻本及慧琳《音義》引有『亦披折也』四字。注文末刻本及慧琳《音義》引皆有一『也』字。

〔三〇一〕『擗口』『飰此』二條見玄應《音義》卷一三《辯意長者子所問經》音義，慧琳《音義》卷五七載該經音義，標撰者爲玄應，但卷首目録則標撰者爲慧琳，音義内容亦多不同，應爲慧琳重撰，上揭兩條慧琳《音義》該經下皆未見。注文『擗，分也』後刻本有『《説文》：擗，撝也。撝，裂破也』九字。又『非也』後底卷有删略。

〔三〇二〕本條『飰』字宋《磧砂藏》本同，乃『飤』字俗寫，《叢書集成初編》本正作『飤』。注文『謂以食供設人曰飰』前刻本有『《廣雅》餧飰也』五字。又『借音耳』刻本作『非體也。飴音弋之反，或昔（借）音耳也』，末『也』

字爲補白添加。

〔三〇三〕『羅幘』條見玄應《音義》卷一三《七女經》音義，慧琳《音義》卷五五引。注文『字比丘羅幘』刻本『字』下有一『林』字，蓋刻者臆增，非是；《大正藏》本《佛説七女經》卷一称波羅奈城國王機惟尼有七女，『第四女字比丘羅輜』（原校：『輜』宮本作『幘』），應即玄應《音義》所本。又『從貴作幘』慧琳《音義》引同；宋《磧砂藏》本作『從責作幘』，《叢書集成初編》本作『從賁作幘』，皆有誤。

〔三〇四〕『陵遲』條見玄應《音義》卷一三《佛滅度後金棺葬送經》音義，慧琳《音義》卷五七引。注文『古文作勎、麦』刻本及慧琳《音義》引作『古文作勎，本作麦』。又『力蒸反』後底卷有删略。

〔三〇五〕『米潘』條見玄應《音義》卷一三《摩訶迦葉度貧女經》音義，慧琳《音義》卷五七引。注文『泔汁』刻本誤作『甘汁』。又『經文作橎，非也』慧琳《音義》引作『經文而作之橎，非此也』，其中的『而』、『之』、『此』當皆爲傳抄翻刻者補白添加。

〔三〇六〕『陷』條見玄應《音義》卷一三《沙曷比丘功德經》音義，慧琳《音義》卷五七引，刻本及慧琳《音義》引皆作『陷此』。注文『同』後底卷有删略。

〔三〇七〕『不㤿』條見玄應《音義》卷一三《樹提伽經》音義，慧琳《音義》卷四五載《佛説樹提伽經》音義，未標撰者，但所載詞目及音義均與玄應《音義》有所不同，當是慧琳重撰，其中無『不㤿』條。注文『意足曰⿰忄弇』的『⿰忄弇』刻本作『㤿』。

〔三〇八〕『物偒』條見玄應《音義》卷一三《盧至長者經》音義，慧琳《音義》卷五七引。注文『悉漬反』後刻本及慧琳《音義》引有『《方言》：鋌、偒，盡也』六字（慧琳《音義》引脱『方』字，『偒』作『賜』）。注文末的『也』字慧琳《音義》引無，其前刻本及慧琳《音義》引有『偒索』二字。

〔三〇九〕『喟然』以下三條見玄應《音義》卷一三《燈指因緣經》音義，慧琳《音義》卷五七引。注文刻本及慧琳《音義》引作『又作嘳，同，口愧反，《説文》大息也。《論語》顔淵喟然歎曰，何晏曰：歎聲也』（宋《磧砂藏》本

「聲」下有「之」字，慧琳《音義》引「歎」下有「而」字，蓋皆補白添加）。

〔三〇〕注文「經文」下刻本及慧琳《音義》引皆有一「作」字，當據補；又「磬」字慧琳《音義》引誤作「石」。「樂器名」下刻本及慧琳《音義》引皆有一「也」字，其後底卷有刪略。

〔三一〕注文「捃，取也」後底卷有刪略。

〔三二〕「闐闐」條見玄應《音義》卷一三《諫王經》音義，慧琳《音義》卷三四引。注文「嗔」字據刻本校正。又「徒堅反」後底卷有刪略。

〔三三〕「掔」條見玄應《音義》卷一三《邪祇經》音義，慧琳《音義》卷三四引，刻本及慧琳《音義》引皆作「掔我」。注文刻本及慧琳《音義》引作「《三蒼》云亦牽字，苦田反，引前也，《廣雅》：牽，挽也，連也」，慧琳《音義》引下另有「經文作掔，脚田反，掔，固也，非此義也」等字，爲刻本玄應《音義》所無。

〔三四〕「釪瓄」條見玄應《音義》卷一三《時非時經》音義，慧琳《音義》卷五七引，「瓄」字宋《磧砂藏》本作「瓄」，《叢書集成初編》本及慧琳《音義》引皆作「瓄」，此字疑當據底卷作「瓄」爲是，「瓄」爲于闐之「闐」的後起形聲俗字（「弥」乃「殄」字俗寫，「殄」與「闐」音近）。注文「于窴」後刻本及慧琳《音義》引有「二形窴」三字。又「今作于闐」四字刻本無；慧琳《音義》引「音徒見反」以下作「音徒賢也，又云徒見反，而古今之正形國名也」，疑有衍文。

〔三五〕「涕泗」條見玄應《音義》卷一三《未生怨經》音義，慧琳《音義》卷五七引。注文刻本及慧琳《音義》引作「息利反，《詩》云涕泗滂沱，傳曰：自鼻出曰泗也，自目曰涕也」。

〔三六〕「虫豸」條見玄應《音義》卷一三《泥犁經》音義，慧琳《音義》卷五四引，「虫」字刻本同，乃「蟲」字俗省，慧琳《音義》引正作「蟲」；注文「虫」字刻本及慧琳《音義》引皆同，亦「蟲」字俗省。注文二「曰」字刻本及慧琳《音義》引皆作「謂之」，今本《爾雅·釋詁》亦作「謂之」。注文末刻本有一「也」字。

〔三七〕「鞠頰」條見玄應《音義》卷一三《罪業報應教化地獄經》音義，慧琳《音義》卷五五引。注文「趜」字刻本同，慧琳《音義》引訛作『麴』。注文末慧琳《音義》引有一『也』字。

〔三八〕『麥鬻』條見玄應《音義》卷一三《摩登伽經》下卷音義，慧琳《音義》卷五四引。注文『又作糒，今作粥，同』刻本作『又作鬻，古文糒，今作粥，同』，慧琳《音義》引作『又作粥，同，古文糒』。又『糜』字刻本及慧琳《音義》引訛作『麋』，其後有『也』字；今本《說文》『鬻』（『粥』的古字）釋『鍵也』，《爾雅·釋言》有『鬻，糜也』之訓。

〔三九〕『嗷嚾』『梟磔』二條見玄應《音義》卷一三《樓炭經》音義，慧琳《音義》卷五三引。『嗷嚾』條見《樓炭經》第一卷音義。注文『二同』刻本及慧琳《音義》引作『二形同』。又『古弔反』之下刻本作『嗷，呼也，鳴也。下又作囂（嚣）、喚二形，同，呼玩（『玩』字宋《磧砂藏》本右旁訛作『亢』形，《叢書集成初編》本作『坑』，誤）反，喚，呼也』，慧琳《音義》引作『嗷，呼也，鳴也。下歡觀反，呼也，叫也。或作喚，又作讙、喚二形，同』。

〔四〇〕『梟磔』條見《樓炭經》第二卷音義，『梟』字慧琳《音義》引同，刻本作『梟』，後者爲《說文》正字；注文同。注文刻本作『古堯反，《說文》：梟，不孝鳥也。冬至日捕梟磔（慧琳《音義》引『磔』下有『之』字）。磔竹格反，張磔也。經文作掉（慧琳《音義》引『掉』作『棹』），疑誤也』。『冬至日捕梟磔之』今本《說文》作『日至捕梟磔之』，『日至』古指夏至或冬至，《史記·孝武本紀》如淳注稱『漢使東郡送梟，五月五日爲梟羹以賜百官』，則『至日』未必指冬至日。

〔四一〕『開拓』條見玄應《音義》卷一三《大般涅槃經》音義，慧琳《音義》卷五二引玄應撰的《大般涅盤經》音義，但內容迥殊，後者實爲玄應撰的《般泥洹經》音義，慧琳引録時誤標經題，而又漏載《大般涅槃經》音義；『拓』字宋《磧砂藏》本同，《叢書集成初編》本作『⿰扌㡿』。注文『古文⿰片斥』宋《磧砂藏》本作『古文袥、⿰片㡿二形』，《叢書集成初編》本『袥』訛從土旁，『⿰片斥』字與底卷同，『⿰片斥』『⿰片㡿』右旁皆爲『㡿』的隸變形，後起寫法通常作『斥』。又『拆』字右旁宋《磧砂藏》本作『⿸广干』，《叢書集成初編》本作『㡿』，亦皆隸變之異。『拓亦開也』以下宋《磧砂藏》本作『祏（《叢書集成初編》本作『搲』，似誤，下一『祏』字同）亦開也。《廣雅》云：祏，大也。又經文作祏（此『祏』字《叢書集成初編》本作『拓』，當據正）字，與摭同，之石反，拓，拾也，拓非字義』。

〔三二〕『胞罠』條見玄應《音義》卷一三《佛般泥洹經》下卷音義，慧琳《音義》卷五二引；『罠』當是避唐諱而來的變體俗字，刻本作正字『罠』（慧琳《音義》引字形不太明晰）。注文『焝』即『焜』的避諱俗字，慧琳《音義》引正作『焜』，刻本作『蚳』，殆誤。

〔三三〕『鞬撅』條見玄應《音義》卷一三《梵網六十二見經》音義，慧琳《音義》卷五二引；『撅』字刻本及慧琳《音義》引作『橛』。注文『撡』字刻本同，慧琳《音義》引作『橾』，又後一『橾』下慧琳《音義》引有一『子』字。案《集韻·元韻》居言切：『撡，撡子，搼蒱，采名。或从木（作橾）。』

〔三四〕『阿遬』條見玄應《音義》卷一三《阿遬達經》音義，慧琳《音義》卷五五引。注文『籀文』前刻本有『案《説文》』三字，慧琳《音義》引無。又『並同』刻本及慧琳《音義》引作『同』，刻本後有『桑鹿反，人名也』六字，慧琳《音義》引『人名』前又有『楚語』二字。

〔三五〕『弭伏』條見玄應《音義》卷一三《玉耶經》音義，慧琳《音義》卷五五載該經經題，注云『無字音訓』。注文『弭，止也』前刻本有『《詩》云不可弭忘，傳曰』八字。又『亦安也』前刻本有一『弭』字。

〔三六〕『帶韈』條見玄應《音義》卷一三《瑠璃王經》音義，慧琳《音義》卷五五引；『韈』字慧琳《音義》引同，乃『韤』的俗字，刻本正作『韤』。注文『鞂』字《叢書集成初編》本誤作『鞴』。又『著腋者』後刻本及慧琳《音義》引皆有『也』字，其後底卷有删略。

〔三七〕『鞋▨▨（羅副）吒國』『辝訣』二條見玄應《音義》卷一三《賴吒和羅經》音義，慧琳《音義》卷五四引；『鞋』字字書不載，刻本及慧琳《音義》引皆作『鞋』，當據正；『羅副』二字底卷存左側殘畫，兹據刻本及慧琳《音義》引補。注文『上』字刻本及慧琳《音義》引皆無，蓋脱。『二同』刻本及慧琳《音義》引作『二形同』。『他口反』刻本同，慧琳《音義》引作『他口、吐口二反』。注文『圖』下慧琳《音義》引有一『音』字。

〔二八〕注文『古穴反』下刻本及慧琳《音義》引作『訣，别也。《通俗文》云死别曰訣也』。

〔二九〕『吟哦』條見玄應《音義》卷一三《鸚鵡經》音義，慧琳《音義》卷五四引。注文『吾哥反』刻本及慧琳《音義》引作『吾歌反』，切音同。又『詠爲吟哦』四字底卷存右部，兹據殘形及文義擬補；『吾歌反』以下刻本作『吟哦，諷詠也。《蒼頡篇》：吟，嘆也』，慧琳《音義》引作『江南謂諷爲吟哦。《蒼頡篇》云：吟，嘆也』，皆可參。

〔三〇〕『草秸』以下三條見玄應《音義》卷一四《四分律》音義，慧琳《音義》卷五九引。『草秸』條見《四分律》第二卷音義。注文『又作稭、鞂』刻本作『又作稭、鞂二形』，慧琳《音義》引作『又作稭、鞊、鞂三形』。又『八反』二字底卷存右側殘畫，兹據刻本及慧琳《音義》引擬補。注末三字前一字存右側殘畫，據殘形，似爲『秸』字，其下殘泐處可寫二至三字，疑殘『稾也』二字。刻本『公八反』下作『《尚書》三百里納秸服。孔安國曰：秸，稾也。服稾役也。《説文》：稭，禾稾去其皮，祭天以爲藉也。律文作菩，古木反，禾穭也，菩非此用也』，慧琳《音義》引作『秸，稾也。《説文》……』，引《説文》以下與玄應《音義》同。

〔三一〕標目字『跟』字底卷存右半，兹據刻本及慧琳《音義》引擬補；『劈』字底卷原脱，補抄於該行天頭，兹補入。注文雙行存右邊一行四字，左邊一行殘泐，約缺三至四字，注文全文刻本作『古文鈲、𤗊二形，同，音匹狄反，破也，關中行此音；《説文音隱》披厄反，江南通行二（『二』字《叢書集成初編》本作『此』）音也』，慧琳《音義》引作『古文鈲、𤗊二形，《字林》匹狄反，破也，關中行此音；《説文音隱》披厄反，江南通行二音』。

〔三二〕標目字『哯』字底卷存右半『見』，『出』字存右側殘畫，兹據刻本及慧琳《音義》引擬補。注文雙行存右邊一行『古文』二字，『文』下已爲行底；左邊一行殘泐，應缺二字（疑爲『吘同』），注文全文《叢書集成初編》本作『古文吘，同，下殄反，《説文》不歐而吐也。今謂小兒吐乳爲哯也』（末句『爲哯也』宋《磧砂藏》本『哯』後衍一『之』字，慧琳《音義》引作『而哯』）。

一切經音義點檢録（一）

斯五八九五

【題解】

本件底卷編號爲斯五八九五。抄在一長條形的小紙片上，屬籤條性質，凡二行。《索引》擬題『一切經音義欠數』，《寶藏》同；《英藏》擬題『一切經音義存欠卷數』；方廣錩《敦煌佛教經録輯校》擬題『一切經音義點勘録』，《索引新編》同。按：本卷是清點藏書存缺情況的記録，而『點勘』多用於文字的比勘，易致歧解，故改擬今題。方廣錩《敦煌佛教經録輯校》作過録文。兹據《英藏》影印本重新校録如下。

《一切經音義》卷弟一[一]、弟三、弟九、弟拾貳、弟廿叁、弟廿四。已上陸卷現在，餘欠。

【校記】

〔一〕『弟』爲『第』字初文，『第』爲『弟』的後起分化字。《敦煌佛教經録輯校》録作『第』，不妥。下同。

一切經音義點檢録（二）

伯四七八八

【題解】

本件底卷編號爲伯四七八八。抄在一長條形的小紙片上，屬籤條性質，凡三行。《索引》題『關於一切經音義之配補記載』，《寶藏》擬題『一切論音義』；方廣錩《敦煌佛教經録輯校》擬題『一切經音義點勘録』，《索引新編》同。考底卷首有『一切論音義』字樣，末又稱『題雖稱經音，並是論音義』。據末句所言，檢點者所見原書書名應爲《一切經音義》，因《一切經音義》卷十七、十八所釋皆爲『論』一類的佛典，故檢點者以爲稱作『經』音義名不副實，而改作『一切論音義』。其實所謂『一切經』是對經、律、論等佛典的總稱，而不限於『佛』所説之『經』，更何況抄者所見《一切經音義》卷二、十九、二十等卷所釋的也是『經』而非『論』，故茲仍定作『一切經音義』點檢録。方廣錩認爲本卷與斯五八九五號、北臨六三二號『一切經音義點勘録』三號『形制都似籤條，字體完全相同，應爲一人所書，均爲九、十世紀寫本』。考本卷次第均作『苐』，現存稱『現在』；而斯卷次第均作『弟』，現存稱『見在』；北卷『苐』、『弟』雜出，三者用字有區別。本卷説明存缺情況時用雙行小字，而斯卷、北卷均作單行大字，行款有區別。本卷題稱『一切論音義』，而斯卷、北卷皆称『一切經音義』，書名有區別（斯卷存的《一切經音義》卷九、廿三、廿四，北卷存的卷十七，所釋的亦皆爲『論』而非『經』）。另外本卷與斯卷所存音義卷次没有重合的，如果爲同一人所書，通常應爲同一寺廟藏書，同一書所存卷數似應合併計算纔對，所以我們認爲方説未必可信。方廣錩《敦煌佛教經録輯校》作過録文。茲據《法藏》影印本重新校録如下。

《一切論音義》[一]苐[二]十七、苐十八、苐十九、苐廿、苐□▨[三]、苐二。已上陸卷今藏見在，餘者並欠。

題雖稱經音，並是論音義。

【校記】

〔一〕『一』字底卷左半殘泐。

〔二〕苐，《敦煌佛教經録輯校》録作『第』，下同。按：次第的『第』古本只作『弟』，『弟』俗寫作『苐』；而漢隸以來俗書竹頭多寫作草頭，據以回改，故『苐』可被回改作『第』，因而産生了竹頭的『第』。『第』字産生以後，俗書竹頭寫作草頭的通則仍在起作用，於是『第』反過來又可寫作『苐』。底卷的『苐』是『弟』字俗寫呢，還是『第』字俗寫呢，疑不能定。兹姑從原卷作『苐』，以存古书之真。下同，不再出校。

〔三〕『苐』下底卷約缺二字，上字疑爲『廿』，下一字存下部横畫的左半，應爲『一』、『二』、『三』三字之一。

一切經音義點檢録(三)

北臨六三一

【題解】

本件底卷編號爲北臨六三一。抄在一長條形的小紙片上，屬籤條性質，凡二行。方廣錩《敦煌佛教經録輯校》擬題『一切經音義點勘録』，兹改擬今題。方廣錩認爲本卷與斯五八九五號、伯四七八八號『一切經音義點勘録』三號『字體完全相同，應爲一人所書，均爲九、十世紀寫本』。考本卷稱所藏音義卷一、卷十七等四卷重出，而斯五八九五號記載僅存卷一等陸卷，伯四七八八號記載僅存卷十七等陸卷，如這三號爲同一人所書，不應該在短期内藏書情況發生如此大的差異，故方説恐不可從。方廣錩《敦煌佛教經録輯校》作過録文。兹據底卷重新校録如下。

《一切經音義》卷第一、弟十七、苐□□〔一〕。已上肆卷，並依次剩，重出。〔二〕

【校記】

〔一〕底卷下部殘缺，據文義，『苐』下約殘缺五至六字，所缺爲表示某某二卷的文字。

〔二〕『重出』下底卷下部殘缺，但原文至此文義已經完足，其下似已無缺文。方廣錩《敦煌佛教經録輯校》『重出』下擬補字數不詳的缺字符號，似不妥。

一切經音義抄經録

斯三五三八背

【題解】

本件底卷編號爲斯三五三八背。原卷首題『一切經音義』，末有『第一袟』字樣，大概是指把玄應《一切經音義》二十五卷合在一起，作爲整個抄經録的第一帙（抄寫佛經通常合十卷爲一帙）。《索引》擬題『一切經音義第一袟檢對』，《寶藏》同；《英藏》擬題『一切經音義第一帙點檢歷』；方廣錩《敦煌佛教經録輯校》擬題『一切經音義抄經録』，《索引新編》同，兹從之。卷中的『王』、『閻』是抄經人，『有』表示該卷原有，『了』表示已抄畢，『未』表示尚未完成，『××紙』表示抄寫該卷的用紙數。本卷正面爲玄應《一切經音義》第七卷抄本的殘卷，本件於第七卷下標一『了』字，表示該卷已經抄畢，也許正面所抄就是這次抄經活動的成果。方廣錩《敦煌佛教經録輯校》作過録文。兹據《英藏》影印本重新校録如下。

《一切經音義》

第一　了　王　　　第十四　　　閻未
第二　　　　　　　第十五
第三　了　閻[一]　第十六　有
第四　了　王　　　第十七　三帋　王
第五　了　閻　　　第十八　了　閻
第六　了　王　　　第十九　　　閻未

弟七	了	王	弟廿
弟八	有		弟廿一
弟九廿三帋〔二〕		王〔三〕	弟廿二
弟十廿三帋		王	弟廿三　有
弟十一廿九帋		王	弟廿四
弟十二	了		弟廿五
弟十三		閻未	

弟一袟

【校記】

〔一〕『閻』字《敦煌佛教經録輯校》作缺文。下同。

〔二〕『廿三帋』三字底卷字迹暗淡，《敦煌佛教經録輯校》作缺文。

〔三〕弟九、弟十、弟十一、弟十七『王』下、弟十八『閻』下底卷本皆有一『未』字，但已用墨筆點去（『未』表示未抄完，後來抄寫完成，故點去『未』字），故不録。

大藏隨函廣釋經音序

伯四〇五七

【題解】

本篇底卷編號爲伯四〇五七。前爲《諸州造開元寺敕》殘文，後爲本篇，首全尾缺，首題『大藏隨函廣釋經音序』，存十五行，每行約抄十八字左右，其中第七行開始下部殘缺約四至十一、二字不等，第十五行則僅存中上部四殘字。此序他書不載，作者不詳；《大藏隨函廣釋經音》亦未見古書載録。考日釋圓珍（八一四—八九一）《智證大師請來目録》（《大正藏》第五十五册）載郭迻《新定一切經類音》八卷。五代釋可洪《藏經音義隨函録》注文每引『郭迻音』或『郭氏』，其後序稱前代『藏經音決，作者寔多』，『或有統括真俗，類例偏傍，但號經音，不聲來處』，其下原注：『即郭迻及諸僧所撰者也。』并謂『郭氏乃河東博士』。又釋行均《龍龕手鏡》卷首釋智光序，稱『故祇園高士，探學海洪源，準的先儒，導引後進，揮以寶燭，啓以隨函，郭迻但顯於人名，香嚴唯標於寺号。流傳歲久，抄寫時訛』。宋釋贊寧《宋高僧傳》卷二五《周會稽郡大善寺行瑫傳》有『慨其郭迻音義疏略，慧琳音義不傳，遂述《大藏經》音疏五百許卷』云云。宋鄭樵《通志》卷六七藝文略第五載《郭迻音決》（同書卷七一校讎略第一又引作『郭迻音決圖』），未標卷數，或鄭樵并未見其書。五代釋義楚《釋氏六帖》卷七《九流文藝部》有『郭迻重述』條引郭氏《經音類決》序云：『昔軒轅黄帝初召蒼頡始制文字，蓋依類鳥迹，故謂之文；其後形聲相益，即謂之字；著於竹帛，故謂之書。《周禮》，八歲入小學，保氏教國子以六書：一曰指事，視而可識，察而可見，上下也；二曰像形，畫成其物隨體，日月是；三形聲，以事爲名，取譬相成，江河是；四會意，比類合誼指揮，武字是；五轉注，考老是；六假借，本無其字，如令長是。自秦後有八體：一大篆，二小篆，三尅符，四蟲書，五摹印，六署書，七殳書，八隸書。又先賢造字，案《説文》有一十三萬三千四百四十一字。又諸佛經其字更多，就梵音翻譯時借聲而作也。約部類有二百五十九部。』此或係郭氏自序。上揭各書稱引的『郭迻音』、『郭迻音義』、《新定一切經類音》、《經音類決》、《郭迻音決》與底卷《大藏隨函廣釋經音》疑皆一書異稱，而俗姓郭氏的『全璞上人』即郭迻。唯郭迻事迹不詳，其書早佚，難以知其審的。今得此序，知其家本泉州，俗姓郭氏，出家於永安禪院，號爲『全璞上人』，其生平事迹約略可得其仿佛焉。

序中『葉』字作『𦯊』，不知爲抄手避唐諱改形還是承用前代避諱字。前文《諸州造開元寺敕》有『朕今發願永爲佛之弟子，敕下諸州府每州造寺一所，額号開元寺』云云，『朕』當係唐玄宗自稱（宋釋志磐《佛祖統紀》卷四〇載唐玄宗開元二十六年『敕天下諸郡立龍興、開元二寺』，元釋覺岸寶洲《釋氏稽古略》卷三『開元二十六年，詔天下州郡各建一大寺，以紀年爲號，額曰開元寺』），則『𦯊』字以抄手避唐諱改形的可能性爲大。據此并驗之字體，底卷或爲晚唐抄本。

本篇未見前人校録。兹據《法藏》影印本校録如下。

大藏随（隨）函廣釋經音序

大雄立教，正覺垂文，八万門衆妙横開，十二部真經廣設。洎曇花西謝，貝𦯊（葉）東來，用蒼頡之遺文，初更梵字；聽象胥之重譯，遂證唐言。然而八體既分，四聲或異，雲露改崩垂之狀，宫商變清濁之音。後學之徒，罕能兼識，將袪未悟，允屬當仁。永安禪院全璞上人者，家本泉州，俗姓郭氏，道惟天縱，學本生知，探▨（龍）▨▨成功[一]，詣虎溪而得法解。衣獲寶韞，▨□□□□□[二]；鑒水逢（逢）泥[三]，討深源▭▨▭[四]，毳苦心盖二十周星▭[五]之波瀾盡括其細也▭[六]之書，同助三乘之教▭[七]函奧諦之蹤；金口微▨（言），▭[八]深之義大哉，善誘之功備矣。聊▨▨（疏序）▭[九]▨▨▨▭[一〇]（後缺）

【校記】

〔一〕『探』字之下至行末底卷約缺四字，每字僅存右部殘畫，其中第一字所存似爲『龍』字殘畫，茲據擬補，『龍』與下句『虎』字儷偶。

〔二〕『韞』字之下至行末底卷約缺六字，其中第一字存右部殘畫。

〔三〕『鋻』爲『鑿』的俗字（見《龍龕·金部》）；『鑿水』非義，『水』當爲『氷（冰）』字形誤。

〔四〕『源』字之下至行末底卷殘缺約十一字，僅所缺約第五字存右部少許殘畫。

〔五〕『星』字之下至行末底卷殘缺約十一字。

〔六〕『也』字之下至行末底卷殘缺約十一字。

〔七〕『教』字之下至行末底卷殘缺約十一字。

〔八〕『微言』的『言』字的『口』旁底卷略有殘泐，其下至行末底卷殘缺約十字。

〔九〕『聊』字之下至行末底卷殘缺約七字，其中第一字存左部，第二字存上部，茲據殘形擬補『疏序』二字。

〔一〇〕此行上部約缺四字；其下有四殘字，第一字上部略殘，似『乾』字；第二字左下部略殘，似『話』字；三、四字僅存右部殘畫；此四殘字之下至行末底卷殘缺約十一字。

藏經音義隨函録(一)(第貳册)

伯三九七一

【題解】 本件底卷編號爲伯三九七一。存兩片,正面一片凡七行,第一行題『仁王護國般若波羅蜜經兩卷』,第七行題『金剛般若波羅蜜經』;背面一片存五行,其中第一行僅存下半,無題,以下分稱底一、底二。《索引》擬題『仁王護國般若波羅蜜經音』,稱『背爲另一佛經音』。《寶藏》正面背面合題『仁王護國般若波羅蜜經音』。《索引新編》題『仁王護國般若波羅蜜經音兩卷(原題)』,又出按語云:『實爲佛經難字注音。』又稱背爲『不知名佛經音』。按:底卷首行『兩卷』前實無『音』字,《索引新編》所云不確。許端容《可洪『新集藏經音義隨函録』敦煌寫卷考》(《第二届敦煌學國際研討會論文集》,臺灣漢學研究中心一九九一)考定本卷正背皆爲五代後晉可洪的《藏經音義隨函録》第貳册的殘片,極是。其中正面爲『仁王護國般若波羅蜜經兩卷』音義及緊接著的『金剛般若波羅蜜經』音義的經題,在《高麗藏》本可洪《藏經音義隨函録》第貳册第貳拾肆、貳拾伍張;背面爲《大寶積經》第一百二十卷音義的部分内容,在同册第柒拾肆張,兹據以改定今題。《法藏》正面題『仁王護國般若波羅蜜經兩卷音義』、『佛經音義』,背面題『佛經音義』,不確。可洪《藏經音義隨函録》分三十册,唯《高麗大藏經》有傳本(近年出版的《中華大藏經》據《高麗藏》本影印收入,在第五十九、六十册)。本卷和《高麗藏》本可洪《藏經音義隨函録》的格式近似(唯本卷每行所抄的字數較《高麗藏》本略多),内容基本相同,甚至連一些俗字、訛字也相同,如底二『雌黄』條下音『此斯又』,『又』字《高麗藏》本同,實爲『反』字之訛,這説明兩者很可能同出一源。張金泉《敦煌音義匯考》曾對本卷作過初步校勘。茲據《寶藏》并參考《高麗藏》本可洪《藏經音義隨函録》（簡稱《麗藏》本），校録如下。

（前缺）

《仁王護國般若波羅蜜經》兩卷

上卷　僉然上七廉反。味勾俱遇反，正作句也。《字樣》云無著厶者。一滴音的。城塹七焰反。鉾楯上音牟，下音順。〔一〕

下卷　杻械上勑酉反，下胡戒反。乹（乾）巛苦昆反。古文坤字也。乹（乾）者天也，坤者地也。〔二〕灰煬上呼迴反。〔三〕喪上丁聊反，下桑浪反。尚殞于愍反。瘡疣于求反。蠢蠢春尹反。憺怕上徒敢反，下普百反。日蝕時力反。彗星上祥歳反，妖星也。又音遂。澍没上疋遥反，水吹也。正作漂。〔四〕礔礰上普擊反，下郎擊反。冗陽上苦浪反。〔五〕玉葙息羊反，正作箱。鳩睒失染反，國名。罽賓上居例反，正作罽。健拏奴加反。涕出上他礼反，目淚也。

《金剛般若波羅蜜經》〔六〕

（中缺）

□垂者□□□□□▨（也。正作綵緌二）形。〔七〕懷妊而甚反。炫曜上音縣，明也。鵄吻上尺夷反，下文粉反。藻飾上子老反。眺望上他叫反。軒檻胡黯反。終歿音没。彫頖自遂反。輕躁子告反。羸瘦上力垂反，正作羸也。〔八〕垢汗音翰。㽄破上斯兮反。遺瀝音歷。母䏶步米反。〔九〕雌黄上此斯又（反），藥名。〔一〇〕龕室上苦含反。秔稻上古盲反，下徒老反。寥亮上力條反，遠聲也，正作嘹。亦作憀悢。〔一一〕吟嘯先叫反。讌會上一甸反。嬉遊上許之反。中天上知仲反，下於小反。迦潭〔一二〕

（後缺）

【校記】

〔一〕『鉾楯』同『矛楯』，《仁王護國般若波羅蜜經》卷上有『如城塹牆壁刀劍鉾楯』句，即本條所出。『楯』經中用同『盾』，『盾』字《廣韻·準韻》有食尹切一讀，與『順』字音略同。

〔二〕『乹』字《麗藏》本同，乃『乾』的俗字，字亦作『乹』，唐顔元孫《干禄字書》分别以爲『俗』字和『通』字。

〔三〕詞目『楊』字《麗藏》本作『煬』，當據正。《仁王護國般若波羅蜜經》卷二有『須彌巨海，都爲灰煬』句，即本條所出。

〔四〕『⿰氵⿱票寸』字古書或作『⿰氵⿰票刂』，實皆爲『漂』的繁化俗字。慧琳《音義》卷四三《僧伽吒經》第一卷音義：『漂没，上匹遥反，顧野王云流也，《説文》浮也。從水、票聲。經作⿰氵⿱票寸，通俗字也。』《龍龕·水部》：『⿰氵⿱票寸，俗；漂，今：匹昭反，浮也。』皆可資比勘。《集韻·小韻》匹紹切：『⿰氵⿱票寸，水皃。』又云：『漂，浮也。』所謂『水皃』實應即水上有物漂浮之貌，『⿰氵⿱票寸』實即『漂』字，《漢語大字典》等書據此分『⿰氵⿱票寸』『漂』爲二字，實誤。

〔五〕『⿱冖凡』字《麗藏》本同，乃『亢』的俗字。『亢』字俗書或作『冗』（參下《藏經音義隨函録摘抄》校記〔六〕），『⿱冖凡』又爲『冗』的增點繁化字。《仁王護國般若波羅蜜經》卷下有『天地國土亢陽』句，即本條所出。

〔六〕《藏經音義隨函録》第貳册《仁王護國般若波羅蜜經》音義後接《金剛般若波羅蜜經》音義，此僅存經題。

〔七〕『垂者』以下見於底二。本行底二上半行殘缺，本條存雙行小注每行的末二字（左行的『二』字僅存下一横畫），據《麗藏》本，應爲『鈴綵』條，雙行小注右行『垂者』前應爲『都果反，冕前』五字，左行缺字據《麗藏》本擬補。

〔八〕『羸』字標目字與注文正字同形，當有一誤。

〔九〕『胜』字《麗藏》本同，乃『髀』的俗字，《大寶積經》卷一一二〇有『即於母髀而得受胎』句，即本條所出。

〔一〇〕注文「又」字《麗藏》本同，乃「反」的訛字，兹據文義校正。

〔一一〕「憀悢」的「悢」即「亮」的增旁俗字，字書别有「悢」字，同「恨」，與此并非一字。

〔一二〕「迦潭」二字底二在行末，據《麗藏》本，其注文爲「音覃」二字。

藏經音義隨函録（二）（第拾册）

斯五五〇八

【題解】

本件底卷編號爲斯五五〇八。有界欄，存九行，首行題『大乘律二十六部五十四卷五帙　大乘律音義第二』，第二行題『菩薩地持經一部十卷一帙　第一卷』。《翟目》擬題『大乘律音義』。《索引》題『大乘律二十六部五十四卷五袟大乘律音義第二』，并作説明：『殘存菩薩地持經一、二卷音義。』《索引新編》略同。《寶藏》、《英藏》題與《索引》同。許端容《可洪〈新集藏經音義隨函録〉敦煌寫卷考》（《第二届敦煌學國際研討會論文集》，臺灣漢學研究中心一九九一）考定本卷爲可洪的《藏經音義隨函録》第拾册第拾叁張至第拾肆張的部分内容，極是，兹據以改定今題。底卷字體行款與北八七二二號（李三九）寫卷三、五紙可洪《音義》殘頁相近，或出於同一抄手，説詳《藏經音義隨函録》（四）『題解』。卷背爲習字，有『大乘律二十一部五十四卷第』、『大乘律二十』等字樣，又有『𧺆䖈其乞反，行皃』（《廣韻·迄韻》『𧺆』字音其迄反，行皃，音義皆合；而『䖈』字音魚迄切，虎皃，音義皆有所不同，底卷『其乞反，行皃』蓋釋『𧺆』字，許端容以爲釋『䖈』字，不確）、『𪖐鼻息氣』等音義，出處不詳。

張金泉《敦煌音義匯考》曾對本卷作過初步校勘。兹據《英藏》并參考《高麗藏》本可洪《藏經音義隨函録》（簡稱《麗藏》本），校録如下。另《藏經音義隨函録》（四）『題解』下附有本卷圖版，可以比勘。

（上缺）

大乘律二十六部，五十四卷，五帙。

大乘律音義第二〔一〕

《菩薩地持經》一部，十卷，一帙。

第一卷　勘任上苦含反，勝也，尅也，正作堪、戡二形。〔二〕　爲囙於真反，託也，正作因。　抵捍上丁礼反，下户岸反。〔三〕　含咲音笑。〔四〕　問訙音信。〔五〕　毀呰音紫。　農商音傷。〔六〕　勘耐上苦含反，下奴代反。　憒亂上古内反。　頑鈍上五還反。　洼汙上而陝反，又七内反，非。〔七〕　苦犨音觸。〔八〕　他惚奴老反，嬈也，亦作嬲。〔九〕　亽不惚上音亦，下音惱。〔一〇〕　揔説上子孔反。〔一一〕　悕望上許衣反。〔一二〕

第二卷　固鎧苦改反。　俞更上羊朱反，益也；下古硬反。〔一三〕　慊恨上音嫌；又苦黠反，非。　訕大上所姧、所諫二反。　若廋所右反，正作瘦。　障蔽必袂反。〔一四〕　能辯步莧反。〔一五〕　辯聲上備件反。　誇語上丘倚反。　雷霆庭、定二音。〔一六〕　鸜鵒上具于反，下逾玉反。　抃舞上郎貢反，下文甫反。〔一七〕　完過上户官反。

第三卷

（後缺）

【校記】

〔一〕『大乘律音義第二』七字底卷空一格接抄於上行『五十四卷五帙』之後，兹據《麗藏》本另行；其下一行之首底卷有『此有五帙賢』五字（『此有五帙』四字作小字）；《麗藏》本亦有此五字，『此有五帙』小字抄在『大乘律音義第二』之下，指『大乘律音義』共有五帙，『賢』在下行之首，爲該帙佛經的千字文編號；但底卷已塗去此五字，故不録。

〔二〕注文『尅』爲『剋』的俗字，《麗藏》本正作『剋』。

〔三〕『抵』字《麗藏》本同，乃『抵』的俗字。

〔四〕『咲』字《麗藏》本同，乃『笑』的俗字。

〔五〕『訙』字《麗藏》本同，乃『訊』的俗字。

〔六〕『啇』字《麗藏》本同，乃『商』的俗字。斯三八八號《正名要録》以『啇』爲『商』的『稍訛』字。玄應《音義》卷一〇《地持論》（即《菩薩地持經》）第一卷下出『農商』條，字正作『商』。

〔七〕『汼』字《麗藏》本同，應爲『染』的俗字；『染』字《廣韻·琰韻》音而琰切，與『而陝反』同音。《菩薩地持經》卷一有『不爲四種煩惱之所染污』句，應即本條所出。『汼』字或讀作『七内反』，則是定作『淬』的俗字，與經義不合，故可洪以爲非。

〔八〕『𧢲』字《麗藏》本同，即『觸』的俗字。

〔九〕『惗』字《麗藏》本同，乃『惱』的俗字，『惱』『嬲』音同義通。《菩薩地持經》卷一有『能忍他惱，亦不惱他』句，應即本條所出。

〔一〇〕『夂』即『亦』字俗寫，『惚』『惱』則皆爲『惱』的俗字。

〔一一〕『揌』字《麗藏》本同，乃『摠（總）』的俗字，《菩薩地持經》卷一有『總説是菩薩行』句，應即本條所出。

〔一二〕『悕』字《麗藏》本同，乃『悕』字俗寫，《菩薩地持經》卷一有『浄心悕望無上菩提』句，應即本條所出。『悕』爲『希』的增旁俗字。

〔一三〕『俞』字釋『益』，蓋通作『愈』。《菩薩地持經》卷二有『愈更覆藏，不令他知』句，應即本條所出，字正作『愈』。

〔一四〕『𦾱』爲『蘔』字俗寫，《麗藏》本正作『蘔』；『蘔』乃『蔽』的俗字。《菩薩地持經》卷二有『悉能障蔽其餘菩薩』等句，應即本條所出。

〔一五〕『𨐌』字《麗藏》本同，乃『辯』的俗字。下同。

〔一六〕『𨗴』字《麗藏》本同，《龍龕·雨部》以爲『霆』的俗字。

〔一七〕根據「郎貢反」的讀音，「抃」應爲「(挊)挵」的訛俗字，《龍龕·手部》載「挊」、「挵」二字，音「盧貢反」，與「郎貢反」同音；「挵」同「弄」，《菩薩地持經》卷二有世尊「歡喜弄舞」句，應即本條所出。但「挵(弄)舞」連用古書罕覯，此「抃」似以定作「抃」的訛俗字爲得當，玄應《音義》引正作「抃舞」(慧琳《音義》卷四五引玄應同)，云「抃」字「又作拚，同，皮變反，《説文》拊手曰抃」。「抃舞」一詞古書中經見。

藏經音義隨函録(三)(第拾、拾壹、拾叁、貳拾册)

北八七二二(李三九)

【題解】

本件底卷編號爲北八七二二號(李三九)。底卷由五紙卷合在一起，其中第一紙二十八行，爲佛經殘葉；後四紙爲佛經音義，其中第二紙十四行，首行有『《大莊嚴論》三論十卷同帙』字樣；第三紙十六行，第二行有『《菩薩瓔珞本業經》兩卷』字樣，第九行有『《佛藏經》四卷』字樣；第四紙八行，無題；第五紙九行，首行有『第一帙　第一卷　序文』字樣。許國霖《敦煌雜録》分别迻録後四紙，他首先把四紙、三紙合在一起(四紙在前，三紙在後)，題『第一帙　第一卷序文音義』，其次是『菩薩瓔珞本業經兩卷上卷音義』，最後是『大莊嚴論三論十卷同帙第十一卷音義』。大概許氏認爲『第一帙　第一卷序文』纔是這一卷子的第一部分，故改列在前。《索引》五紙總題爲『俟考諸經』。《寶藏》第一紙題『殘佛經論釋』，後四紙題『大莊嚴論三論音義菩薩瓔珞本業經音義』。《索引新編》題『佛經論釋(附經字音)』。許端容《可洪『新集藏經音義隨函録』敦煌寫卷考》(《第二届敦煌學國際研討會論文集》，臺灣漢學研究中心一九九一)認爲第一紙爲『不知名佛經』，後四紙分别爲可洪《藏經音義隨函録》第拾壹册《大莊嚴論》第一、二卷音義、第拾册《菩薩瓔珞本業經》兩卷及《佛藏經》第一、二卷音義、第拾叁册《佛説義足經》上卷音義、第貳拾册《阿毗達磨顯宗論》序文和第一卷音義的部分内容。按：底卷第一紙爲《大方廣入如來智德不思議經》卷一的殘葉，後四紙許説是，兹據以改定今題。後四紙皆有界欄，前後均殘缺，不知是否爲一部完整的《藏經音義隨函録》的殘葉。第五紙末行僅寫雙行注文九字，其下空白未書(據《高麗藏》本，《阿毗達磨顯宗論》第一卷音義尚有六條未抄完)，則可以斷定僅是《藏經音義隨函録》某一選抄本的末部殘葉。就文字内容而言，除寫卷有少數傳抄之誤外，大抵與《高麗藏》本《藏經音義隨函録》相同，甚至有的誤字也相同，如『慘』字『音草』均誤作『章草』，『冒』字『音墨』均誤作『童墨』，『瘕疵』條『疵』字音『才斯反』均誤作『力斯反』，等等；但也有個别條目《高麗藏》本誤而寫卷不誤的，如第五紙『鏑，音鐘』條《高麗藏》本標目字亦作『鐘』，顯然不可取。第二紙標目字在注文中重出時用『了』形或『ゝ』形符號代替，第三紙則用一短豎代替（録文時皆已改爲相應的字），後者與《高麗藏》本可洪音義、伯二九四八號《藏經音義隨函録選抄》及吐魯番出土的德國普魯士學士院藏列TIIL1015號刻本韻書殘葉、遼刻本《龍龕》相同，大約是十一世紀前後纔時行起來的。種種迹象顯示，本卷與《高麗藏》本當同出一源。但各紙内容不相連續，字迹行款不盡相同（二紙與四紙相近，三紙與五紙相近），應非同一人所書，而只是後人把幾張同一内容的寫卷殘葉收拾在一起，當時并没有考慮過先後次序的問題，許國霖《敦煌雜録》和縮微膠卷（《敦煌寶藏》）各紙序次不一，不過是編者根據他個人的理解調整了各紙先後而已。兹按《高麗藏》本的順序把三紙改排在二紙之前。許端容《可洪『新集藏經音義隨函録』敦煌寫卷考》（簡稱許端容）、張金泉《敦煌音義匯考》（簡稱《匯考》）曾對本卷作過初步校勘。兹據縮微膠卷并參考《高麗藏》本可洪《藏經音義隨函録》（簡稱《麗藏》本），校録如下。《藏經音義隨函録》（四）『題解』後附有本卷圖版，可資比勘。

《菩薩瓔珞本業經》等六經十卷同帙〔一〕

《菩薩瓔珞本業經》兩卷

上卷　洴沙上蒲丁反。　闌隆力中反。〔二〕　瑕疵才斯反。　誽示上音官，正作觀也，上方經作觀；又《玉篇》音現，非義也。〔三〕　不搞音⿰忄高，諸經作不⿰忄高樂天也。〔四〕　只羅上支、紙二音，梵言度只羅，秦言无瞋恨。　弗陁音陁。〔五〕　須陁同上。　斯陁⿱亼豆音含。〔六〕　蹬道上之剩反，正作證。〔七〕　无垢音狗，正作垢，又音祢，非也。〔八〕　⿱艹兩體上力賞反，二也，正作兩也，下卷云：有二法身，一果極法身，二應化法身。〔九〕　撿攝深涉反。　燸觀上奴管反。〔一〇〕　五陰於今反。　樂猗衣綺反。〔一一〕　撿攝尸涉反，正作攝。〔一二〕

下卷　三銖音殊。睡調徒弔反，五盖之一也，諸經作掉字。〔一三〕揣食上徒官反。〔一四〕酤酒上古乎反。涕出上他礼反，淚也。流慟徒弄反。

《佛藏經》四卷〔一五〕

第一卷　嚼咽上才雀反，下一見反。爲抜扶月反。〔一六〕梯橙上他兮反，下都鄧反。〔一七〕藕絲上五口反，下息慈反。〔一八〕手承是陵反，正作承。雨渧音的，又音帝，非。〔一九〕雜糅女右反。如拼先擊反。〔二〇〕淳濃上常倫反。糟粕上子曹反，下普各反。

第二卷　抹搨上助庄反，下他盍反。〔二一〕粃糠上卑履反，下苦郎反。蝙蝠上布玄反，下方伏反。欲捕蒲故反。布拖音施。〔二二〕圂溺上户旨反，下奴弔反。〔二三〕輕躁子告反。攣躃補益反，正作躄。以跨苦化反，正作跨。〔二四〕屎尿上尸旨反，下奴弔反。〔二五〕毁伜疾遂反。〔二六〕佷戾上侯懇反，下力計反。怨郄丘逆反，怨也，正作隙。〔二七〕瘕疵上尸（户）加反，下力斯反，上又加、嫁二音，非本用。〔二八〕冐（冒）受上莫報反，涉也；又童墨于也。〔二九〕援助〔三〇〕

《大莊嚴論》　三論十卷同帙〔三一〕

第十一卷　崩背上博登反，下蒲昧反。〔三二〕還彭音浄。撾打上陟花反。噛嚙上音逝，正作噬；又郭氏音制。下五結反。〔三三〕蟒（蟒）虵上莫朗反，大虵也。班駮補角反。〔三四〕悪（惡）鞭卑連反。打撲普木反。儜劣上女耕反。焚燒上扶文反，正作焚。棠牟上宅耕反，下昌玉反。〔三五〕禁制之世反，止也，斷也。鞁勒上兵媚反，馬鞁也，正作轡，或作鞁也；又毗必反，車革也，非。禁制之世反，正作制；又端、剸二音，非也。蛆螫上知列反，下尸亦反。截刖音月，又五骨、五刮二反。抗衡上口浪反，下音行。〔三六〕枷羅上音加。羅鍚莫顔反。〔三七〕輕摻子告反，正作躁。〔三八〕婬女上羊林反，又苦耕、五耕、户經三反，非。〔三九〕訡之上之忍、直忍二反，候脉也。〔四〇〕鄙褻上悲美反，下私列反。〔四一〕今疹丑忍、丑刃二音。〔四二〕人趺田結反。籠戾上力董反，正作儱。毬多上求掬反。〔四三〕毬多同上。〔四四〕毬多亦同上也。〔四五〕微咲私妙反。毬多上求掬反，長者名也，尸利毱多，或云掘多。　托囊上呼高反，攪▨（也），正作撓；下音▨（庚）。〔四六〕　愁懆七感反，又章草。〔四七〕　洿曲上惡胡反，窊下也，正作圩、洿二形也。〔四八〕　右眄普莧反，顧眄也，視也，美目，正作盼也。又詣、夅二音，非也。〔四九〕　麁獷古猛反。　或泄音薛。〔五〇〕　即閈音閉，又音汗，悍。〔五一〕　蚩唉上處之反。〔五二〕　羸瘠上力垂反，下秦昔反。

第十二卷　⿰氵杉没上所蔭反，液也，水▨▨▨▨▨（没入也。正作滲）。〔五三〕　謦〔五四〕

（本張前缺）

音羊。〔五五〕　波私匿女力反，正作匿也，唐言勝軍王。　金屣所綺反。　不袧音俱，正作拘，郭氏音狗，非。〔五六〕　鱻明上音仙，生魚也。〔五七〕　不矯居小反。〔五八〕　洿淫上烏悟反，染也。〔五九〕　勞倈上郎告反，下郎代反。　為廄音救。〔六〇〕　掃帚之手反。　觱辟上卑吉反，經意是必，必，審也，誠也，實也；又音佛，佛，理也；並正作觱也。應和尚以勇字替之，余腫反，非也。又《玉篇》音揖，王勿反，非也。經意不是勇字，今定作必字。〔六一〕　勞問上郎告反，慰也。　怖懾之攝反。　唫咋上於今反，極啼無聲也；下助迮反，呿咋多聲也。應和尚以唶唶替之，上於禁反，下子夜反，歎也。〔六二〕　觱從上必、佛二音，義如前釋也。〔六三〕　觱何同上。〔六四〕　觱辟亦同上。此蓋謂譯主率意用字，致乖經義也，今定取必字呼。　电踵上音身，正作申也。〔六五〕　斂指上力奄反，收也，聚也。〔六六〕　蹹地上他合反，着地也，正作踏也。《諸經要集》云『愚者足踏地』，《六度集》云『愚者足築〔六七〕

（本張前缺）

第一帙〔六八〕　第一卷　序文　悊（悊）知列反。〔六九〕　豪氂力之反。〔七〇〕　挹之上一入反。　庸鄙上余封反，下悲美反。　慨深上口代反。　探賾上他含反，下助責反。〔七一〕　馳驟助右反。　泫其上玄犬反。　卉木上許鬼、許胃二反。　軌躅直玉反。〔七二〕　綜括上子宋反。〔七三〕　宏遠上户盲反。　秘扃古營反。〔七四〕　晨鐘音鐘。〔七五〕　黔梨上巨廉反，下力兮反。〔七六〕　斂衽而禁反，衣衿也。〔七七〕　神甸音殿。　齠齔上徒聊反，下初勤反。〔七八〕　足岳上將句反。　論文〔七九〕　派演上匹賣反。　痼疾上古悟反。　隨眠莫賢反，正作眠。〔八〇〕　嗢達上烏没反。　吒鼇力之反。〔八一〕　勇鋭以芮反。　聡叡同上，智也。〔八二〕　槗問上居小反，詐也，正作撟。〔八三〕

【校記】

〔一〕「《菩薩瓔珞本業經》兩卷」以下至「援助」條底卷在第三紙，係《菩薩瓔珞本業經》兩卷及《佛藏經》第一、第二卷音義，《藏經音義隨函録》在第拾册第貳拾陸張至第貳拾捌張，兹據内容移置第二紙之前。《麗藏》本本行之首有一「作」字，爲本帙的千字文編號。又「六經」二字底卷作小字添補於「等」「十」二字右側，兹據《麗藏》本補入此處。

〔二〕「隆」字《麗藏》本同，乃「隆」的俗字。《菩薩瓔珞本業經》卷上有「佛所遊居闡隆導化」句，即本條所出。

〔三〕《菩薩瓔珞本業經》卷上有「觀視十方法界衆生根緣現故」句，「誢示」當即「觀視」，應即本條所出。《玉篇·言部》：「誢，乎典切，諍語也。」與用同「觀」的「誢」爲同形字。

〔四〕「搞」字《麗藏》本同，疑爲「撟」的訛變形，注文「憍」爲「憍」的俗字，「撟」「憍」同音通用，《菩薩瓔珞本業經》卷上有「不憍樂天、化應聲天」等名，即本條所出。

〔五〕「弗陁」的「陁」和直音字同形，當有一誤，《麗藏》本標目字作「弗陁」，應據正。

〔六〕「侌」字《麗藏》本同，應即「含」的訛俗字，《菩薩瓔珞本業經》卷上有梵語「斯陀含」（原注：秦言度障難勝地），即本條所出。

〔七〕《菩薩瓔珞本業經》卷上有「當願衆生，金剛智成，登道場果，入無垢地」等句，應即本條所出，據可洪注，「蹬」、「登」皆當作「證」。

〔八〕「垢」字《麗藏》本同，就字形而言，應爲「坭」字俗寫，又音「祢」即「坭」字直音，經中「坭」蓋「垢」字形訛，《菩薩瓔珞本業經》卷上有「入無垢地」句，應即本條所出。

〔九〕「蕍」字《麗藏》本作「菵」，義長，當據正，「菵」經中蓋「兩」的增旁俗字；「軆」爲「體」的換旁俗字。《菩薩瓔珞本業經》卷上有「當願衆生，悟法緣成，滅計常心，我得滿體」句，疑即本條所出，「滿體」即「菵（兩）體」之訛。

〔一〇〕「燸」字《麗藏》本同，乃「煗」的俗字，《菩薩瓔珞本業經》卷上有「正觀、煖觀、頂觀、忍觀、三界空第一觀」，即本條所出，「煗」「煖」古異體字。

〔一一〕《菩薩瓔珞本業經》卷上有「喜樂倚一心四支爲因」句，《大正藏》本校記稱「倚」字宋、元、明藏本皆作「猗」，應即本條所出。

〔一二〕「掚」字《麗藏》本同，此字通常應爲「掚」的俗字，但「攝」字俗書亦有訛作類似形狀者，此處即爲「攝」字俗訛，《菩薩瓔珞本業經》卷上有「定名撿攝」句，即本條所出。

〔一三〕「睡調」，《菩薩瓔珞本業經》卷下有「復從是智能除五蓋貪瞋睡掉疑」句，字作「睡掉」，與注文同。

〔一四〕「揣食」當讀作「摶食」，《菩薩瓔珞本業經》卷下無「揣食」或「摶食」條，而有「四食觸識思段食」句，疑即本條所出，「段」應爲「摶」字音誤。

〔一五〕《大正藏》本《佛藏經》分上中下三卷，與可洪所見分四卷者不同。以下從首至「毀伜（倅—悴）」條《大正藏》本在卷上，「佷戾」條以下在卷中。

〔一六〕「𢪛」爲「栰（筏）」的俗字，《佛藏經》卷上有「譬如有人以石爲筏，從海此岸度至彼岸」句，應即本條所出。

〔一七〕「梯橙」二字左旁底卷皆作「才」形，「木」旁、「扌」旁俗寫皆可作此形，此定作「木」旁，《麗藏》本則皆作「扌」旁。「梯橙」「挮撜」同「梯隥」，《廣韻·嶝韻》：「隥，梯隥。」佛經中多作「梯橙」。《佛藏經》卷上有「譬如有人負四天下及諸須彌山河草木以蚊脚爲梯登至梵天」句，應即本條所出，其中的「登」字《大正藏》本校記稱宋、元本作「蹬」，明本作「隥」，日本宫内廳本作「橙」，可參。

〔一八〕「藕」字右下「禺」旁之上底卷有「丷」形，蓋涉「萬」字誤贅，茲據《麗藏》本録正。「藕」爲「蕅」的俗字。

〔一九〕音『的』的『渧』乃『滴』的俗字，與音『帝』的『渧』爲同形字，《佛藏經》卷上有『有人以手承此雨渧無所遺落』句，即本條所出。

〔二〇〕『扸』字《麗藏》本同，乃『析』的俗字，《佛藏經》卷上有『如析毛髮百分一者』句，即本條所出。

〔二一〕『抹搶』《麗藏》本同，乃『牀槍(榻)』的俗字，《佛藏經》卷上有『破戒比丘著聖法服，猶尚不應入寺一步，何況得受一飲之水，乃至床榻』句，即本條所出。

〔二二〕『拖』字《麗藏》本同，蓋即『施』字俗訛(『方』旁俗書或作『扌』形)。《佛藏經》卷上有『受取布施樹木華果』句，應即本條所出。

〔二三〕『囷』字《麗藏》本同，應爲『屎』的俗字，『屎』字《廣韻・旨韻》音式視切，與『尸旨反』同音；《佛藏經》卷上有『如新瓦器盛以屎尿臭爛膿血』句，應即本條所出。

〔二四〕『踤』字《麗藏》本同，爲『跨』字異寫，但《佛藏經》卷上相應位置僅見『因勢得財以誇衆人』句，據經文，當以『誇』字義長。

〔二五〕『戻』字《麗藏》本同，當作『戻』，『戻』爲『屎』的古異體字；《佛藏經》卷上有『便是屎尿臭穢不浄』句，應即本條所出。

〔二六〕『伜』爲『倅』的俗字，《麗藏》本作『忰』，爲『悴』的俗字，《佛藏經》卷上有『顏色毀悴，破失威儀』句，應即本條所出，據經義，當以後者爲是。

〔二七〕『郄』字《麗藏》本作『郄』形，前者爲後者俗書之變，後者又爲『郄(郤)』字俗寫，『郄(郤)』『隙』古字通用。

〔二八〕注文『尸』字《麗藏》本作『户』，兹據校。『瘕』字見《説文》，『女病也』；《廣韻・麻韻》音古牙切，病也；同書禡韻又音古訝切，腹病，分别與『加』、『嫁』同音，這兩種讀音的『瘕』應爲其本音本義。而『户加反』的『瘕』乃用同『瑕』，後者《廣韻・麻韻》音胡加切，與『户加反』同音；《佛藏經》卷中有『如是惡人覆藏瑕疵』句，應即本條所出，正作『瑕疵』。又『疵』字切音『力斯反』《麗藏》本同，《匯考》謂『力』爲『才』字之訛，可從，上文《菩薩瓔珞本業經》上卷『瑕疵』條『疵』字正音『才斯反』。

〔二九〕注文『童墨于也』《麗藏》本同，有脱誤，『童』當爲『音』字之訛，『于』字前脱『單』字或『冒頓單』三字，原文意謂『冒』字又音墨，用於單于名。《史記·匈奴列傳》『單于有太子名冒頓』司馬貞索隱：『冒音墨，又如字。』可證。

〔三〇〕本張至『援助』字止，其下粘貼第四紙，内容不相銜接。據《麗藏》本，本條全文爲：『援助上音院，救助也；下正作助也。』

〔三一〕『《大莊嚴論》三論』以下至『聲口(咳)』條底卷在第二紙，係《大莊嚴論》第一、第二卷音義，《藏經音義隨函録》在第拾壹册第玖拾柒張至第玖拾捌張，茲據内容移置第三紙之後。『《大莊嚴論》三論十卷同帙茀十一卷』十四字底卷作一行，《麗藏》本作『嚴　下帙五卷，三論十卷同帙』、『大莊嚴論茀十一卷』二行，『嚴』爲該帙佛經的千字文編號，『三論十卷同帙』是指《大莊嚴論》第十一至第十五卷、《順中論》兩卷、《攝大乘論本》三卷這三部『論』共十卷同合爲一帙。

〔三二〕『⿱山用』字《麗藏》本同，乃『崩』的俗字。可洪音義所據經本與《大正藏》本分卷不盡相同，此下四十條可洪所據經本在卷十一，而《大正藏》本『崩背』至『輕㨻(躁)』二十條在卷十二，『姪(婬)女』至『羸瘠』二十條在卷十三，《大莊嚴論經》卷一二有『時王崩背』句，應即本條所出。

〔三三〕《大莊嚴論經》卷一二有『身體遍破，如狗喇嚙』句，其中的『喇』字《中華大藏經》影印金藏廣勝寺本作『噬』，『喇』即『噬』的俗字，『㗋』又爲『喇』字俗寫。

〔三四〕《大莊嚴論經》卷一二有『如彼閻浮果，赤白青班駮』句，『班駮』同『斑駁』。

〔三五〕『棠牮』同『棖(字又作『振』)觸』，『棠』爲借音字，《大莊嚴論經》卷一二有『是身極鄙陋，癰瘡之所聚，若少棖觸時，生於大苦惱』句，即本條所出。慧琳《音義》卷六五《五百問事經》音義：『振食，上宅耕反，《韻詮》云：振，觸也，從手、長聲。經文從木從尚作棠，音唐，棠梨，木名也，非經義也。』可參。

〔三六〕『抗』字《麗藏》本同，乃『抗』的俗字。《大莊嚴論經》卷一二有『與巴樹提共相抗衡』句，應即本條所出。

〔三七〕『鶍』字《麗藏》本同，乃『鬘』的俗字。《大莊嚴論經》卷一二有『於其頸上繫枷羅毘羅鬘』句，應即本條所出。

〔三八〕就字形而言，『摻』應爲『操』的俗字，『操』用作『躁』應爲音近借用。《大莊嚴論經》卷一二有『我無志定輕躁衆生不善觀察』句，應即本條所出。

〔三九〕『娙』字《麗藏》本同，乃『娙』字俗訛，俗書『娙』字多有寫作『娙』形的，《大莊嚴論經》卷一三有『時彼國中有長者子與娙女通』句，應即本條所出。或讀此字作苦耕、五耕、户經三反，蓋視作『娙』字，與經義不合，故可洪認爲非是。

〔四〇〕『訡』字《麗藏》本同，乃『診』的俗字。《大莊嚴論經》卷一三有『復命良醫而重診之』句，應即本條所出。

〔四一〕『藝』字《麗藏》本字形略同，乃『褻』的俗字。《大莊嚴論經》卷一三有『鄙褻成可恥』句，應即本條所出。

〔四二〕『疥』字《麗藏》本同，乃『疹』的俗字。《大莊嚴論經》卷一三相應位置未見『今疹』條，而有『然今病所困』句，疑可洪所見經本『病』有作『疹』者，俟再考。

〔四三〕『毬』字《麗藏》本同，乃『毱』的俗字，《大莊嚴論經》卷一三屢見人名『尸利鞠多』，『毱多』即『鞠多』音譯之異。底卷下文又有作『毬』等形者，皆即同一人名手寫之小變。

〔四四〕『毬』爲『毱』的俗字，《麗藏》本作『毬』，傳刻訛變。參上條。

〔四五〕『毬』字《麗藏》本作『琛』，皆爲『毱』的訛俗字。參上二條。

〔四六〕本條底卷抄於下部界欄之外，兹據《麗藏》本添補於此。注文『攬』字《麗藏》本誤作『覺』；『也』『庚』二字底卷在兩張紙的接縫處，僅存上部殘畫，兹據《麗藏》本擬補。

〔四七〕注文『章』字《麗藏》本同，許端容以爲『音』的訛字，是。『懆』字《麗藏》本同，『喿』旁『參』旁俗書形近相亂，此字既可爲『慘』的俗字，又可爲『懆』的俗字。根據七感反的讀音，應爲『慘』字；根據又音『音草』，則

〔四八〕應爲『懆』字。《大莊嚴論經》卷一三有『時尸利鞠多愁慘不樂』句，應即本條所出。

〔四九〕『洿』字和注文『圩』所從的『于』底卷及《麗藏》本皆訛作『干』，兹據字義録正。『洿』『洿』爲《説文》篆文隸變之異，『圩』則爲其後起形聲字。《史記·孔子世家》『生而首上圩頂』司馬貞索隱：『圩，音烏。圩頂言頂上窳也。』這個『圩』亦即『洿』字。

〔五〇〕『盻』字《麗藏》本同，俗書『盼』、『盻』、『眄』三字混用不分，『普莧反』用同『盼』字，音『詣』用同『盻』字。直音字『夅』《麗藏》本上部作『幺』形，待考。

〔五一〕注文『薛』字《麗藏》本同，乃『薛』字異寫，『薛』『泄』《廣韻·薛韻》同音私列切。

〔五二〕『閈』字《麗藏》本同，經中爲『閉』的俗字，與閭閈的『閈』爲同形字。《大莊嚴論經》卷一三有『即閉其婦在深室中』句，應即本條所出。

〔五三〕『蚩咲』《麗藏》本同，『蚩』通『嗤』，『咲』乃『笑』的俗字。《大莊嚴論經》卷一三有『一切諸神咸嗤笑我』句，應即本條所出。

〔五四〕注文『没入也。正作湰』六字底卷在兩張紙的接縫處，僅存右半，兹據殘形及《麗藏》本擬補。『湰』應爲『滲』的訛俗字。『滲没』及下『謦咳』條《大正藏》本在卷十三。

〔五五〕本張至『謦』字止，其下粘貼第三紙，内容不相銜接。據《麗藏》本，本條全文爲：『謦咳，上苦頂、下苦代反，正作欬。』

〔五六〕『音羊』以下至『躧地』條底卷在第四紙，爲《藏經音義隨函録》第拾叁册第壹佰肆拾張《佛説義足經》上卷音義的部分條目。本條《麗藏》本全文作：『創瘍，上音倉，下音羊。』

〔五七〕『袧』字《麗藏》本同，應即『拘』的訛俗字，《佛説義足經》卷上有『以止不拘是世』句，蓋即本條所出。

〔五八〕『不袧』、『龜明』二條底卷抄於下部界欄之外，兹據《麗藏》本添補於此。

〔五九〕『嬌』字《麗藏》本同，乃『矯』的俗字，《佛説義足經》卷上有『不矯言審有黠』句，蓋即本條所出。

〔五九〕『滛』字《麗藏》本同，乃『淫』的俗字，《佛説義足經》卷上有『婬不婬著污婬』句，蓋即本條所出，『洿淫』即『污婬』。

〔六〇〕『爲廐』二字《麗藏》本同，乃『象廄』的俗字。

〔六一〕『㦷』字『應和尚』（當指唐釋玄應）以『勇』字替之，蓋視『㦷』爲『勇』字異體『戝』的訛變字，『辝』用同『辭』，《佛説義足經》卷上『勇辭梵志經第八』有梵志名『勇辭』，蓋即從應和尚所改。又注文『經意是必』後的『必』字底卷、《麗藏》本分别作『〻』形和『〻』形省書符，下文後一『佛』字《麗藏》本亦作『〻』形省書符。根據《麗藏》本的通例，字頭在注文中重出時用短豎形省書符，而『〻』形通常爲前一字的省書符號；但敦煌寫卷無論字頭省書還是同字疊用往往都用『〻』或『了』形等相同的省書符來表示。如上文《大莊嚴論》第十一卷音義：『鞞勒，上兵媚反，馬鞞也。』注文中的『鞞』字底卷作『了』字形，即字頭『鞞』的省書符號，是其例，許國霖《敦煌雜録》以爲是前一『馬』字的重文符號而録作『馬』，大誤。上例『經意是必』後的省書符當是『必』字省書；但《麗藏》本『又音佛』後的『〻』形符，却未必是『佛』字省書，而應是字頭『㦷』的省書，這個音佛的『㦷』蓋借用作『黻』。《廣韻·物韻》符弗切（與『佛』字同一小韻）：『黻，理也。』音義皆合。而『佛』字古書并無釋『理』者，其義不合。底卷作『佛』者，蓋其所據底本本作省書符，乃字頭省書，傳抄者不達其例，誤以爲『佛』字的重文符號，加以回改，遂致其義不可通矣。

〔六二〕喑咋，《佛説義足經》卷上有『坐不樂臥喑咋』句，應即本條所出。

〔六三〕㦷從，《佛説義足經》卷上有『勇從來去莫慚』句，應即本條所出，『勇』字當亦係從應和尚改。

〔六四〕『㣼』『㦷』當是一字之變，《佛説義足經》卷上有『於善法勇何言』句，應即本條所出，『勇』字當亦係從應和尚改。

〔六五〕《佛説義足經》卷上有『婬人曳踵行，恚者斂指步』句，應即本條所出，據本卷，『曳』當爲『电（申）』字之訛。

〔六六〕『歛』字《麗藏》本同，乃『斂』的俗字，《佛説義足經》卷上有『恚者斂指步』句，即本條所出。

〔六七〕『踩』字《麗藏》本同，就字形而言，應爲『蹑』字俗寫，後者《集韻》音扃縣切，乃『獧』字異體，音義不合，此處疑爲『蹋』的訛俗字。《佛説義足經》卷上有『癡人足踝地』句，《大正藏》本校記稱『踝』字宋、元、明本作『蹋』，殆即本條所出。『蹋』字見《説文》，踐也，段注云俗作『踏』，音義正合。又底卷本張至『築』字止，下接第五紙，内容不相銜接，據《麗藏》本，本條注文『築』字下爲『地』，《優塡王經》云「愚者足蹴地」，《解脱道論》云「欲行人舉脚疾行，卒（平）舉脚，不廣舉脚」（《大正藏》本《解脱道論》卷三作「欲行人見行以性，舉脚疾行，平舉脚，平下脚，不廣舉脚」）即此云「婬人申踵行」是也。《解脱道論》云「嗔人急起脚急下，相觸以半脚入地」，即此經云「恚者斂指步」是也。《解脱道論》云「癡人起脚摩地亦摩下，以脚觸脚行」，即此經云「癡人足踩地」是也。或作踩，他合反，又《經音義》作蹴，以蹶字替之，居月、居衛二反，非也。郭氏作烏夜反，亦非也，今定作踏呼』。

〔六八〕從『第一帙』至『樀問』條底卷在第五紙，爲《阿毘達磨藏顯宗論》序文（唐太宗《三藏聖教序》、唐高宗《聖記三藏經序》，《廣弘明集》卷二二載之，《大正藏》本《阿毘達磨藏顯宗論》之首未見）和第一卷音義，《藏經音義隨函録》在第貳拾册第壹、第貳張。

〔六九〕『悊』條《麗藏》本作『賢悊』二字，但『賢』字在前一行末，底卷蓋因此脱漏，本條至『馳驟』條見唐太宗《三藏聖教序》，序文有『明陰洞陽，賢哲罕窮其數』句，即本條所出，『悊』爲『哲』字異體，見《説文》。

〔七〇〕『豪釐』《麗藏》本同，『豪』通『毫』，『釐』乃『釐』字俗省。唐太宗《三藏聖教序》有『細之則攝於毫釐』句，應即本條所出。

〔七一〕『頣』字《麗藏》本同，當爲『賾』字俗訛，『賾』字《廣韻・麥韻》音士革切，與『助責反』同音。唐太宗《三藏聖教序》有『探賾妙門』句，應即本條所出。

〔七二〕『軏』字《麗藏》本同，即『軌』的俗字；本條至『足岳』條見唐高宗《聖記三藏經序》，序文有『衆經之軌躅』句，即本條所出。

〔七三〕「綵」字《麗藏》本作「綜」，當據正。

〔七四〕「秘」同「祕」；「扄」爲「扃」的俗字，《麗藏》本正作「扃」。唐高宗《聖記三藏經序》有「啓三藏之祕扃」句，即本條所出。又注文「古營反」《麗藏》本作「古螢反」，後一切音與《廣韻》合。

〔七五〕「鐠」蓋即「鐘」的俗字（也可能爲「鍾」字抄訛），《麗藏》本作「鐘」，則與注文直音字同形，殆誤。唐高宗《聖記三藏經序》有「晨鍾夕梵」句，應即本條所出，「鍾」同「鐘」。

〔七六〕「黔梨」《麗藏》本作「黔黎」，義同，唐高宗《聖記三藏經序》有「德被黔黎」句，即本條所出。

〔七七〕「歛」字《麗藏》本同，乃「斂」的俗字。又注文「矜」字《麗藏》本作「衿」，義長。唐高宗《聖記三藏經序》有「德被黔黎，斂衽而朝萬國」句，即本條所出。

〔七八〕「齓」字《麗藏》本同，乃「齔」的俗字。又注文「初勤反」《麗藏》本作「初覲反」，「初覲反」與《廣韻·震韻》「齔」字切音同。唐高宗《聖記三藏經序》有「神清齠齔之年」句，即本條所出。

〔七九〕以下八條出《阿毘達磨藏顯宗論》第一卷。

〔八〇〕「眂」字《麗藏》本同，考《阿毘達磨藏顯宗論》卷一有「復如實觀本性修集二善種子勝解隨眠」句，可洪所據蓋爲唐代寫本，故「眠」字避唐諱寫作「眂」。

〔八一〕「鼇」字《麗藏》本略同，乃「釐」的俗字，《阿毘達磨藏顯宗論》卷一有「波吒釐城」，即本條所出。

〔八二〕「聡叡」《麗藏》本同，乃「聰叡」二字的俗字，《阿毘達磨藏顯宗論》卷一有「爲觀問者懷聰叡慢」句，即本條所出。

〔八三〕「槁」字《麗藏》本同，乃「撟」的訛俗字；「撟」字俗寫作「搞」，又或訛變作「槁」，故可洪云正作「撟」；「撟」爲矯託、矯詐之「矯」的古本字（唐代以後多借「矯」代之）。《阿毘達磨藏顯宗論》卷一有「如有矯問」句，蓋即本條所出，「矯」字疑爲傳刻者所改。又本張底本抄寫至此止，其下空白未書。

藏經音義隨函録（四）（第拾陸册）

斯六一八九

【題解】

本件底卷編號爲斯六一八九，存二殘行，上下有邊框，存『朋友』、『不禁』、『根觸』、『窓牖』、『泄洩』等條。《索引》題『字寶碎金』，《寶藏》、《金目》、《英藏》同，《金目》且有録文；《索引新編》題『碎金兩行』；《潘韻》五四二頁題『字寶碎金殘卷』，并有録文。張金泉《論敦煌本〈字寶〉》（《敦煌研究》一九九三年第二期）亦有録文，指出上述詞條均不見於《字寶》諸卷，且四聲錯雜，注文中有『非用，悮』、『非也』等語，皆非《字寶》書例，應非《字寶》殘片；朱鳳玉《敦煌寫本碎金研究》四十四頁説略同，甚是。高田時雄《可洪〈隨函録〉與行瑫〈隨函音疏〉》（《中國語史の資料と方法》，京都大學人文科學研究所研究報告，一九九四）指出本件係可洪《藏經音義隨函録》的殘片，其中前三條抄自可洪音義第拾陸册第二十叁張《根本毗奈耶雜事》第七卷音義，後四條抄自同書二十陸張《根本毗奈耶雜事》第十卷音義；與《高麗藏》本相比，中間省略了整整兩頁，高田氏以爲『這應當是鈔寫者在鈔書時錯誤地翻過了兩頁纔造成的結果，而并非有意省略』，近是，因據以擬定今題。高田氏還指出本件與斯五五〇八號、北八七二二（李三九）號可洪《藏經音義隨函録》殘頁字形極其接近，上下劃分界線的形式也一樣，因而斷定『出自同一寫本』，似未盡確。我們在《藏經音義隨函録》（三）『題解』已經指出，北八七二二（李三九）號寫卷凡五紙，各紙内容不相連續，字迹行款也不盡相同，其中二紙與四紙相近，三紙與五紙相近。如下二頁圖版所示，斯五五〇八號與北八七二二號（李三九）寫卷三、五紙比較接近，或出於同一抄手；本卷字體與北八七二二號（李三九）寫卷二、四紙略近，但本卷更見疏朗，款式有明顯的區別，似非出自同一寫經生之手，不宜混而爲一。茲據《英藏》影印本并參考《高麗藏》本可洪《藏經音義隨函録》（簡稱《麗藏》本），校録如下。

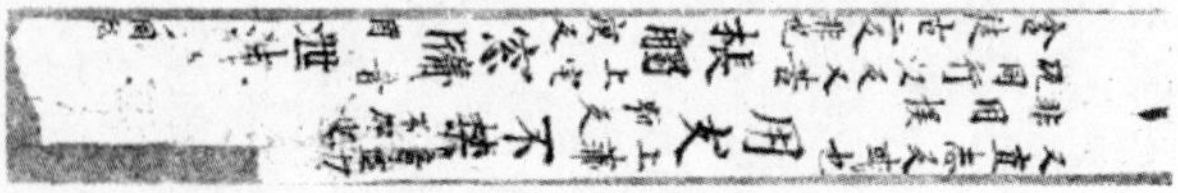

北六一八九號四紙

北八七二二號第四紙

北八七二二號第二紙

斯五五〇八號

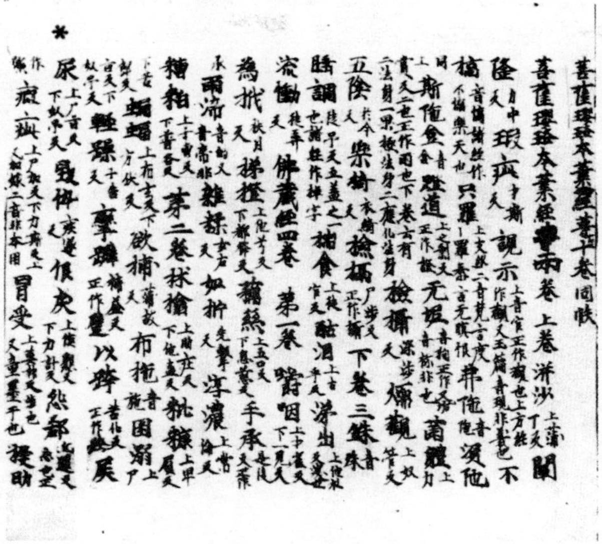

北八七二二號第三紙

北八七二二號第五紙

（前缺）

又直志反，或也，非用，悮。〔一〕朋友上蒲弘反。〔二〕不禁音金，力不加也。□□（瓶坻）□□□□（前後並作）瓨，同，行江反，又苦含、徒古二反，非也。〔三〕根觸上宅庚反。窓牖音酉。泄洩□（水）□□（上二）同私〔四〕

（後缺）

【校記】

〔一〕本條《麗藏》本全文作：「轉貣，他得反，又徒得反，從人借物也，正作貣也；又音貸，借与人也；又直志反，或也，非用，悮。」按《廣韻·志韻》直吏切：「貣，或也。」與可洪後一音義合。前二項音義的「貣」，他書未見載録，疑即「貸」的訛俗字。

〔二〕朋友，底卷作「用犮」，乃「朋友」二字的俗寫，「犮」爲「友」的贅點俗字，「朋」字唐代前後通常寫作兩個斜書的「月」字形，進而又或簡省作斜書的「用」字形，《麗藏》本作「用犮」，「用」即「朋」字俗書之訛；《潘韻》録作「用支」，張金泉録作「用犮」，皆誤。又注文「弘」字張金泉録作「別」，非是；此字右部底卷作「口」而少末横畫，疑避宋太祖趙匡胤父弘殷諱缺筆，《高麗藏》本作「弜」，正是「弘」的常見俗字；《干禄字書》：「弜弘：上俗下正。」《南齊書·明帝紀》建武二年正月辛未詔：「朕肅扆巖廊，思弘風訓。」中華書局標點本校勘記：「『弘』原作『引』，據《元龜》一百九十八改。按宋刻本避趙匡胤父弘殷諱，『弘』字缺筆，遂譌爲『引』也。」可參。

〔三〕「不禁」條下底卷殘缺，大約可抄正文大字三個，兹據《麗藏》本擬補標目字二及注文小字四。又「不禁」條之下至「瓶坻」間《麗藏》本另有整兩張五十七條，底卷無，疑傳抄者走眼脱漏或其所據底本原有脱漏。

〔四〕泄洩水，「水」字底卷僅存殘畫，兹據《麗藏》本擬補。注文在行末，「同私」二字在左行，相應右行應有二缺字，兹據《麗藏》本擬補。

藏經音義隨函録節抄（第伍、陸、柒、玖册）

伯二九四八

【題解】

本件底卷編號爲伯二九四八正面和背面。《索引》題『佛經音義（兩面抄）』，《索引新編》同；《寶藏》正面題『佛經難字』，背面題『蓮華面經音義、佛垂般涅槃略説教戒經音義、諸法無行經音義』；《法藏》正面、背面均題『佛經音義』。許端容《可洪『新集藏經音義隨函録』敦煌寫卷考》一文（《第二届敦煌學國際研討會論文集》，臺灣漢學研究中心一九九一）指出本卷正面似屬『佛經難字抄』，末端有可洪《音義》詞條一則，查對高麗本，知爲可洪《藏經音義隨函録》第柒册《不空羂索神變真言經》第四卷之詞條；背面乃可洪《音義》之選抄本。其説近是。本卷正面六十七行，有界欄，無題，經查考，前六十六行爲《妙法蓮華經》卷二至卷六難字，只有最後一行『鐵槊』條見於可洪《音義》第柒册第叁拾叁張，爲《不空羂索神變真言經》第四卷音義。背面三十行，依次爲《蓮華面經》兩卷音義、《佛垂般涅槃略説教戒經》一卷音義、《諸法无行經》兩卷音義、《妙法蓮華經》第一、第二卷音義，分别見於《高麗藏》本可洪《藏經音義隨函録》第玖册第叁拾肆至叁拾伍張、第玖册第壹佰壹拾陸張、第陸册第肆拾貳張、第伍册第貳拾陸至貳拾柒張，先後順序與《高麗藏》本不同，内容亦不相連續，屬於選抄性質，故據以擬定今題。本卷文字内容與《高麗藏》本《藏經音義隨函録》略同，甚至連一些俗體的寫法也密合無間。其歧異主要有三種情況，大約都是寫卷誤抄造成的，一是把相當於《高麗藏》本的版心文字誤抄入注文（參看校記〔九〕、〔一九〕），二是在《高麗藏》本一條注文換行之處，底卷多有誤讀導致注文文字舛亂的（參看校記〔三〕、〔五〕、〔六〕、〔一二〕），三是注文脱誤或涉上下文而誤，如底卷『丁兮反』誤作『下兮反』之類（參看校記〔一九〕、〔四四〕、〔四七〕。底卷標目字在注文中重出時用一短竪代替（録文時已經改爲相應的字），與《高麗藏》本可洪《音義》及吐魯番出土的德國普魯士學士院藏列TIIL1015號刻本韻書殘葉、遼刻本《龍龕手鏡》相同，這種用法大約是十一世紀前後纔時行起來的。種種迹象顯示，本卷是根據某一與《麗藏》本近似的可洪《音義》刻本節抄的。許端容認爲『此抄本雖非以高麗本爲底本，但其底本必與《麗藏》可洪書底本一樣』，是敦煌寫本中『唯一確定據刻本抄録之例』。可洪《藏經音義隨函録》書成於後晉天福五年（九四〇年），《高麗藏》本可洪《音義》刊刻於高麗文宗年間（一〇四七—一〇八二），如果本卷爲敦煌藏經洞中物，則其底本當刊於十世紀後期或十一世紀初葉，時間早於《高麗藏》本，本卷的抄録時代又在其後。張金泉《敦煌音義匯考》曾對本卷作過初步校勘。兹據《法藏》影印本并參考《高麗藏》本可洪《藏經音義隨函録》（簡稱《麗藏》本），校録如下。

鐵槊所卓反，亦作矟、搠。〔一〕

《蓮華面經》兩卷〔二〕

上卷　華綖音線。　悉蔽必袂反。悉蔽不現。　捫淚上門本反。　吞噬音逝，正作噬也。　倒躃蒲益反。　闇瞑莫瓶反。　哽咽上更杏反，下一結反。　貯畜上猪暑反，下丑六反，聚也。〔三〕　圍碁音其。　卜筮音逝，正作筮也。〔四〕　費用上妃沸反，耗也，惠也。〔五〕　商賈音古。　佛塌音塔。　曷羅上寒割反。　裴富上扶非、蒲迴二反，經名。　金鏘七羊反。　删兜上所姧反。〔六〕　比耆上蒲脂反，下時利反。　裴羅上步迴反，又音肥。　尼（尼）憩去例反。

下卷　抆（抆）淚上文粉反。　率陁音陁。〔七〕　摩俟床李反。　丘墟去魚反。　姞利上近乙反。　罽賓上居例反，正作罽。〔八〕　寐吱曷上蜜二反，中去智反，下何割反，國王名寐吱曷曷羅俱邏。　俱邏力个反。　罽賓上居例反，亦名迦濕弥羅國。〔九〕　耕田上古莖反，正耕。〔一〇〕　墾植上口很反，下市力反。〔一一〕　迭相上田結反，遞也，更也。〔一二〕　掘多上其勿反。　純陁上市倫、之尹二反，下達何反，或云淳陁，或准陁，人名。

《佛垂般涅槃略説教戒經》一卷〔一三〕

貿易上莫候反。〔一四〕墾土上口很反，耕也，力也，治也。〔一五〕掘地上其物反其月二反。〔一六〕媟嫚上私列反，狎也，慢也；下莫諌反，侮也，易也。瑕疵上户加反，下才斯反。崖畔上魚奇、五佳二反。轡制上兵媚反。〔一七〕輕躁子告反，正作躁。踔擲上丑孝反。急挫子卧反。驚悟上居影反，寤也，戒也。〔一八〕黑虮許鬼反，正作虺。閙憒古對反。堤塘上下兮反，下徒郎反。〔一九〕危脆此芮反，不堅也。

《諸法无行經》兩卷〔二〇〕

上卷　光蔽必袂反。〔二一〕浄髻音鬘。〔二二〕柔耎音軟。憒内上古内反，下女皃反。〔二三〕互共上乎故反。弥陁音陁。〔二四〕婬怒上余林反，婬逸不謹也。悮。〔二五〕楗椎上巨焉反，下直追反。靖嘿上疾井反，審也。勉諸上明辯反，脱也，止也。正單作免字也。藻浴上子老反。〔二六〕刺棘居力反。〔二七〕開楗其偃反。〔二八〕之菉正作築（築），知六反。空捲音拳。〔二九〕皁是上尺玉反。〔三〇〕

下卷　無閡音礙。呰毁上將此反。正徧音遍。逯得上徒愛反。〔三一〕婬欲上羊林反，悮。〔三二〕輕蔑莫結反。所牽去堅反。〔三三〕佛陀音陁。〔三四〕弘道上羊忍反。〔三五〕顧盻普幻反，又音麪。〔三六〕偏袒上匹連反，下徒旱反。〔三七〕

《妙法蓮華經》一部八卷〔三八〕

第一卷　婆蹉七何反。惟忖村本反。瑕疵上户加反，下自斯反。矜高上居陵反。〔三九〕玫（玫）瑰上莫迴反，下古迴、户灰二反。犛牛上莫交反。〔四〇〕自蔽必祭反。〔四一〕盲瞑音冥。儀式音識，法也，用也。

第二卷　多阤音陁；又尸尔反，非。倫匹普必反。〔四二〕隤落上徒迴反，小墜地也。〔四三〕欻然上許偃反。〔四四〕嬉戯（戯）上許其反，遊也。衣裓古得反，衣袖也。幰盖上許偃反。姝好上尸朱反。不匱巨位反，乏少也。傾斜序嗟反。

基陛上居之反，下步米反。 頽毁上徒迴反，正作隤。 圮坼上皮美反，岸毁也；相丞（承）作披美反，非也。下丑格反。 豨落上直尒反，崩也，正作陊、陀、褫三形。〔四五〕 椽梠上直緣反，下力与反。 犹狸上由秀反，獸名，似猨，正作犹、貁、狖，或作鼬。〔四六〕 鼷鼠上户雞反，下尸与反。 蜣蜋上丘羊反，下力羊反。 咀嚼上自与反，下自雀反。 踐踏徒盍反，正作蹋。 齎齧上竹皆反，齧挽曰齎也，《玉篇》作齎，《切韻》作齚也。下五結反。 又上在計反，常齒也，非用。〔四七〕 搏撮上布各反，下子活反。〔四八〕 齇〔四九〕

【校記】

〔一〕鐵槊，「鐡」爲「鐵」的俗字，「鐵槊」條在伯二九四八號正面，前一行爲《妙法蓮華經難字》「第七卷」三字，但「鐵槊」二字并不見於《妙法蓮華經》。查《麗藏》本可洪《藏經音義隨函録》第柒册第叁拾叁張《不空羂索神變真言經》第四卷下有「鐵槊」條，與本卷全同，或即本條所出。 注文「搠」字《麗藏》本同，慧琳《音義》卷二六《大般涅槃經·闍維分》下卷音義稱「矟」字「經作槊」，「搠」「槊」應爲俗書之變。

〔二〕《蓮華面經》兩卷音義《麗藏》本在第玖册第叁拾肆至叁拾伍張。

〔三〕注文「聚也」二字《麗藏》本在雙行的左行，底卷「聚」字在「猪暑反」下，「也」字在「丑六反」下，蓋抄者誤讀所致，兹據《麗藏》本乙正。

〔四〕「莖」的正字當作「筵」，注文「筮」實亦「筵」的俗字。

〔五〕注文「耗也，惠也」四字《麗藏》本在雙行的左行，底卷注文第一行作「上妃耗也」，第二行作「沸反惠也」，蓋抄者誤讀所致，兹據《麗藏》本乙正。

〔六〕注文「姸反」二字《麗藏》本在雙行的左行，底卷注文第一行作「上姸」，第二行作「所反」，蓋抄者誤讀所致，兹據《麗藏》本乙正。

〔七〕「也」「㐌」「它」三形古字形近相亂，作爲偏旁往往通用，此以「陁」音「阤」，乃異體字相注之例。

〔八〕「劅」乃「劚」的簡俗字。

〔九〕『罽』乃『罽（罽）』的訛俗字。『迦濕弥羅國』後底卷另有『藏經音義隨函録苐玖册苐叁拾伍張』十五字，《麗藏》本此十五字乃本條與下條間的版心文字，許端容認爲是抄者因此誤入，其説可從，故據删。

〔一〇〕『耕』字《麗藏》本右上部作二撇，右下部作『井』，字形略異。

〔一一〕『墾』字《麗藏》本同，乃『墾』的俗字。《龍龕·土部》：墾，正；墾，俗。下同。

〔一二〕注文『更也』二字《麗藏》本在雙行的左行，底卷注文第一行作『上田結更』，第二行作『反遞也也』，蓋抄者誤讀所致，兹據《麗藏》本乙正。

〔一三〕《佛垂般涅槃略説教戒經》一卷音義《麗藏》本在第玖册第壹伯（佰）壹拾陸張。

〔一四〕『貭』字《麗藏》本同，乃『貿』的俗字。

〔一五〕『圡』字《麗藏》本同，乃『土』的增點俗字。

〔一六〕『其物反』的『反』字《麗藏》本同，應爲衍文，當删。

〔一七〕『𧬬』字《麗藏》本同，乃『𧬬』的俗字。《龍龕·䜌部》：𧬬，正作『𧬬』。

〔一八〕注文『寤』乃『寤』的俗字。據音義，『驚』或當讀作『警』。《廣韻·梗韻》：『警，寤也，戒也。居影切。』

〔一九〕注文『下兮反』《麗藏》本作『丁兮反』，是，當據正。『上下（丁）兮反』前底卷另有『藏經音義隨函録苐玖册苐壹伯（佰）壹拾陸張』十七字，《麗藏》本此十七字乃『堤塘』與注文『上丁兮反，下徒郎反』間的版心文字，許端容認爲是抄者因此誤入，其説可從，故據删。

〔二〇〕《諸法无行經》兩卷音義《麗藏》本在第陸册第肆拾貳張。

〔二一〕『蔽』字《麗藏》本同，乃『蔽』的俗字，《諸法無行經》卷上有『光蔽日月菩薩』，即本條所出。

〔二二〕『髻』即『鬘』的俗字。慧琳《音義》卷四三《三劫三千佛名》中卷『德鬘』條稱『鬘』字『經作髻，不成字也』，可參。《諸法無行經》卷上有『妙浄鬢菩薩』，應即本條所出，『鬢』應爲『鬘』的訛字。

〔二三〕『内』字《麗藏》本同，乃『鬧』字異體『丙』的訛變形。《諸法無行經》卷上有『常稱讚獨處不在憒鬧』句，即本條所出。慧琳《音義》卷三一《諸法無行經》上卷出『憒丙』條，『丙』字音奴效反，可參。

〔一四〕標目字『陁』與注音字『陁』同形，當有一誤，《麗藏》本標目字作『阤』，是，當據正。參看上文校記〔七〕。

〔一五〕『婬』字《麗藏》本同，乃『婬』字俗訛，故底卷以爲『悮』。《諸法無行經》卷上有『則無婬怒癡』句，即本條所出。

〔一六〕『藻』字《麗藏》本同，當讀作『澡』，《諸法無行經》卷上有『是名澡浴潔淨者』句，正作『澡』字。

〔一七〕『刾棘』二字《麗藏》本同，乃『刺棘』的俗字。《諸法無行經》卷上有『是名破刺棘者』句，即本條所出。

〔一八〕『閞楗』同『關鍵』，『閞』爲『關』的俗字，《諸法無行經》卷上有『是名却關鍵者』句，即本條所出。

〔一九〕『捲』蓋即『拳』字異體，《麗藏》本作『棬』，誤。《諸法無行經》卷上有『如空拳如野馬』句，正用『拳』字。慧琳《音義》卷三一《諸法無行經》上卷出『空捲』條，『捲』字音渠員反，云『《説文》從手、卷聲，或作拳也』，可參。

〔二〇〕『犫』字《麗藏》本同，乃『觸』的俗字，《諸法無行經》卷上有『觸是種性』句，即本條所出。

〔二一〕『逯』字底卷少右上部中间的一横，茲據《麗藏》本録正。『逯』爲『逮』的俗字。《諸法無行經》卷下有『逮得已利，盡諸有結』句，即本條所出。

〔二二〕『婬』字《麗藏》本同，乃『婬』字俗訛，《諸法無行經》卷下有『所謂婬欲非障礙』句，即本條所出。參上校記〔一五〕。

〔二三〕『拳』字《麗藏》本同，乃『牽』的俗字，《諸法無行經》卷下有『無明力所牽』句，即本條所出。

〔二四〕『陀』字右半底卷作『穴』形，似誤，茲據《麗藏》本改。

〔二五〕『弘』字《麗藏》本同，乃『引』字異體，《諸法無行經》卷下有『引導諸衆生』句，或即本條所出。

〔二六〕『眄』字《麗藏》本同，乃『眄』的俗字，《諸法無行經》卷下有『爾時佛欲護念是法故左右顧視』句，《大正藏》校記稱『視』字宋、元、明本及日本宮内廳本作『眄』，應即本條所出。

〔三七〕『偏』字《麗藏》本作『偏』，『偏』字是。《諸法無行經》卷下有『爾時阿難即從坐起，偏袒右肩白佛言』句，即本條所出。慧琳《音義》卷三一《諸法無行經》下卷出『偏袒』條，『偏』字音匹綿反，引《説文》云『偏』字『從人、扁聲』，亦可證。

〔三八〕底卷本行前另有『《妙法蓮義華經》』一行六字（『義』字右側有『卜』號表示删去），蓋書字有誤作廢而未删去者，故不録。《妙法蓮華經》八卷音義《麗藏》本在第伍册第貳拾陸至叁拾壹張，底卷僅抄至第二卷音義的前半。

〔三九〕『矝』字《麗藏》本同，玄應《音義》卷六、慧琳《音義》卷二七引皆作『矜』，唐顔元孫《干禄字書》以『矜』爲『矝』的『通』體，但此字漢碑多從『令』，似當以作『矝』爲典正。

〔四〇〕『𤙖』字《麗藏》本同，玄應、慧琳《音義》引皆作『犛』，玄應《音義》稱『經文作猫、貓二形』，『𤙖』當是『犛』受『猫』、『貓』的影響産生的後起俗字。

〔四一〕『蔽』字《麗藏》本同，乃『蔽』的俗字，《妙法蓮華經》卷一『如犛牛愛尾，以貪愛自蔽，盲瞑無所見』句，應即本條所出。

〔四二〕『匹』字底卷本作『疋』，《麗藏》本作『疋』，皆爲『匹』字俗書，兹録正。

〔四三〕注文『小墜地也』疑有誤，慧琳《音義》『隤』條下引《説文》作『下墜也』，『小』或爲『下』字之訛。

〔四四〕注文『許偃反』《麗藏》本作『許物反』，慧琳《音義》亦作『許物反』，『物』字是，『偃』字疑涉下文『幰盖』條注文同一切語而誤。

〔四五〕『𧲣』字右旁《麗藏》本作『帋』，和注文『褫』的右旁同，乃『虒』旁的俗寫。注文『陀』爲『陁』的隸變字。慧琳《音義》出『陁』字，稱此字有作『褫』，正作『陊』，又『有作䝦，不成字，非也』，可參。

〔四六〕標目字『犹』和注文中的正字『犹』同形，當有一誤，疑注文『犹』當作『犺』，其下『𧳜』當作『貥』。今本《説文》有『貁』字，段注本改作『貥』，可從；而『犺』即『貥』的換旁字，『狖』則爲『犺』字俗訛。

〔四七〕『常齒』《麗藏》本作『常至齒』，慧琳《音義》引《切韻》作『嘗至齒』，底卷疑有脱誤。

〔四八〕『摦』字《麗藏》本同，乃『撮』的俗字。

〔四九〕底卷抄寫至『齇』字止。《麗藏》本此條全文作：『齇掣，上争加反，下尺世反。』玄應《音義》出『摣掣』條，云『摣』字『《字林》側加反，《釋名》云：摣，叉也，謂五指俱往叉取也。經文有作齇，《説文》齒不正也，齇非此義』。

藏經音義隨函録摘抄（一一）（第拾册）

斯三五五三

【題解】

本件底卷編號爲斯三五五三。背面爲《咨和尚啓》（擬），正面爲本件，凡四行。《索引》稱爲『經音義』，《索引新編》同。《寶藏》題作『字詞切音』，《英藏》題作『字辭切音』。高田時雄《可洪〈隨函録〉與行瑫〈隨函音疏〉》（《中國語史の資料と方法》，京都大學人文科學研究所研究報告，一九九四）指出本件抄自可洪《藏經音義隨函録》第拾册第二十七張，有省略；張金泉《敦煌音義匯考》指出係《藏經音義隨函録》第拾册《佛藏經》第一、二卷音義摘抄，皆是，故據以改擬今題。本件的内容與北八七二二號（李三九）《藏經音義隨函録》（三）相關部分大多重合，與後者及《麗藏》本可洪《藏經音義隨函録》相比，本卷有整條省略的，有字頭二字省去一字的，有省略注文之一部或全部的。正文四行從右向左抄，但每條雙行注文則從左向右抄，與古書的通常抄法不同。張金泉《敦煌音義匯考》曾對本卷作過初步校勘。兹據《英藏》影印本并參考北圖八七二二號（李三九）《藏經音義隨函録》（二）（簡稱北本）、《高麗藏》本可洪《藏經音義隨函録》（簡稱《麗藏》本），校録如下。

嚼才雀反。〔一〕　梯橙上他兮反，下都鄧反。〔二〕　𢪛扶月反。〔三〕　藕（藕）絲上五口反，下息慈反。　承是陵反。〔四〕　拼。〔五〕

淳濃。〔六〕　糟粕上子曹反，下普各反。　捄揄上助莊反，下他盍反。〔七〕　粃糠上卑履反，下苦郎反。　蝙蝠上布玄反，下方伏反。

欲捕蒲故反。　拖音施。〔八〕　圂溺上户旨反，下奴弔反。〔九〕　輕躁子告反。　攣躃補益反，正作躄。〔一〇〕　跨跨苦化反。〔一一〕　毀

悴疾遂反。〔一二〕　佷戾上侯懇反，下力計反。　怨郡丘逆反，隙。〔一三〕　瘕疵上户加反，下力斯〔反〕。〔一四〕　冒莫報反。〔一五〕　援音

院。（底卷抄寫至此止）〔一六〕

【校記】

〔一〕本條標目字北本及《麗藏》本作「噂咽」二字。又注文北本及《麗藏》本作「上才雀反,下一見反」。

〔二〕「梯橙」二字左旁底卷作「才」形,蓋「木」旁俗寫,參看《藏經音義隨函録》(三)校記〔一七〕。

〔三〕本條標目字北本及《麗藏》本作「爲抷」二字;「抷」爲「栰(筏)」的俗字。參看《藏經音義隨函録》(三)校記〔六〕。又本條北本及《麗藏》本在「梯橙」條之前。

〔四〕本條標目字北本及《麗藏》本作「手承」二字。又注文「是陵反」後北本及《麗藏》本有「正作承」三字。又本條下北本及《麗藏》本有「雨渧」「雜糅」二條。

〔五〕本條標目字北本及《麗藏》本作「如扸」二字,「扸」爲「析」的俗字;注文有「先擊反」三字。參看《藏經音義隨函録》(三)校記〔一〇〕。

〔六〕本條北本及《麗藏》本有注文作「上常倫反」四字。

〔七〕本條前北本及《麗藏》本有「苐二卷」三字。「拺揄」爲「牀楡(榻)」的俗字,參看《藏經音義隨函録》(三)校記〔二二〕。

〔八〕本條標目字北本及《麗藏》本作「布拖」二字,「拖」乃「施」的俗字。參看《藏經音義隨函録》(三)校記〔三三〕。

〔九〕「屎」字《麗藏》本同,應爲「屎」的俗字,「屎」字《廣韻·旨韻》音式視切,與「尸旨反」同音;《佛藏經》卷上有「如新瓦器盛以屎尿臭爛膿血」句,應即本條所出。

〔一〇〕注文「甓」字底卷誤作大字,兹據北本及《麗藏》本改作注文小字。

〔一一〕本條北本及《麗藏》本作「以跨,苦化反,正作跨」,本卷删「以」字,而又把注文正字移作標目字。參看《藏經音義隨函録》(三)校記〔二四〕。又本條下北本及《麗藏》本另有「屎尿」條。

〔一二〕毁悴,《麗藏》本同,北本誤作「毁伜」。「悴」爲「悴」的俗字。參看《藏經音義隨函録》(三)校記〔二六〕。

〔二三〕「郡」爲「郤（郤）」的俗字。注文「隙」字底卷作大字，按注文北本及《麗藏》本作「丘逆反，怨也，正作隙」，故據以改「隙」作注文小字，其前當有脱字。參看《藏經音義隨函録》（三）校記〔二七〕。

〔二四〕「瘕」用同「瑕」；注文北本及《麗藏》本作「上户（「户」字北本誤作「尸」）加反，下力斯反，上又加、嫁二音，非本用」，其中的「力斯反」應爲「才斯反」字之訛。參看《藏經音義隨函録》（三）校記〔二八〕。

〔二五〕本條標目字北本及《麗藏》本作「冒受」二字；注文作「上莫報反，涉也；又童墨于也」，後句有脱誤。參看《藏經音義隨函録》（三）校記〔二九〕。

〔二六〕本條標目字北本及《麗藏》本作「援助」二字；北本該殘葉至「援助」二字止，下缺；《麗藏》本注文作「上音院，救助也；下正作助也」。又底卷抄寫至「院」字止，以下空白未書。

藏經音義隨函録摘抄（二）

俄敦一一一九六（底一）　俄敦一一一九六背（底二）

【題解】

本件底卷編號爲俄敦一一一九六及背。《俄藏》未定名。按本卷除前三條出處待查外，其餘條目均可在可洪的《藏經音義隨函録》中查到，尤其是『菓蓏』條以下至『臚滿』二十三條順序摘抄自《藏經音義隨函録》第玖册《大方便佛報恩經》音義，音切釋義基本相同，其出於一書應無疑問。可洪《大方便佛報恩經》音義總共釋詞一百九十多條，本卷僅摘録二十三條，不到九分之一。『跳枰』條下底卷約缺五六字（標目字二，注文小字約四），下一行『罽賓』條起《俄藏》定作卷背的内容，但『跳枰』與『罽賓』條之間可洪《音義》只有『田疇』一條，凡五字，這也就意味著本卷正面和卷背的内容本來是完全可以銜接的，只是中間有少數幾個缺字而已。

本件未見人校録，茲以俄敦一一一九六正面爲底一，俄敦一一一九六背爲底二，并參考《高麗藏》本可洪《藏經音義隨函録》（簡稱《麗藏》本）及《大正藏》本《大方便佛報恩經》，校録如下。

（上缺）

玄著竹去反。〔一〕　如爽所兩反，差也。　奇挺徒頂反。　菓蓏□□（郎果）反。〔二〕　里程直貞反，期也，限也，式也，法也。　蒨練上七見反。〔三〕　桉濯上烏岸反，下宅角反。〔四〕　枉擥上於往反。〔五〕　冗旱上苦浪反，高也，旱也。〔六〕　臙然上吉了反，正作皦。〔七〕　炳著上□□□（兵永反）。〔八〕　摽像上必遥反。〔九〕　陁驃毗妙反，比丘名也，此云實。　踉蹡上洛堂反，下步郎反。　蹴地上□□□（七六反）。〔一〇〕　煩惋於元反，屈也，枉也，曲也。正作冤也。又烏乱反，驚歎也，非用。　樓櫓盧古反。〔一一〕　喘息上川兗反。　曒然上吉了反，明也，白皃也。　財賭音賄，又音覩，非。〔一二〕　失裾音居，袪也。　探摸上他含反，遠也。〔一三〕　禍酷苦沃反，急也。跳枰上徒聊反，下平、病二音，獨坐板床▨（也）。〔一四〕□□□□□。〔一五〕罽賓上居例反。〔一六〕臃滿上丑容反，直也。〔一七〕賭音睹。〔一八〕蚤虱上早，下□瑟反。〔一九〕嬾（嬾）落旱反，墮也。〔二〇〕斲竹角反，削也。〔二一〕撅其月反。〔二二〕黐膠上丑知反，亦作䅂。下音交，黏鳥。〔二三〕

【校記】

〔一〕『玄著』以下三條出處待查。

〔二〕『菓蓏』條以下至『臃滿』條摘抄自《藏經音義隨函録》第玖册《大方便佛報恩經》音義。『菓蓏』及下『里程』條見《大方便佛報恩經》第一卷音義，『蓏』下二字底一殘泐，兹據《麗藏》本補。

〔三〕『蒨練』至『炳著』六條見《大方便佛報恩經》第二卷音義。

〔四〕『桉濯』條《麗藏》本同，據『烏岸反』的切音，『桉』應讀作『按』，《大方便佛報恩經》經本卷二有『洗足按摩，浣濯乾曬』句，乃『桉濯』條所出，但文字有所不同。

〔五〕『枉濫』二字《麗藏》本同，但注文另有『下郎啖反，正作濫』七字，《大方便佛報恩經》經本卷二有『枉濫無辜』句，正作『枉濫』。

〔六〕『冗旱』條《麗藏》本同，『冗』爲『亢』的俗訛字。《大方便佛報恩經》經本卷二有『天時亢旱』句，即本條所出。

〔七〕『𦢊然』條《麗藏》本同，『𦢊』爲『曒』的俗訛字，『曒』爲『皦』的後起換旁字。

〔八〕注文『上』下底一約缺三字，兹據《麗藏》本補。

〔九〕『𢷬像』至『煩惋』四條見《大方便佛報恩經》第三卷音義，『𢷬』爲『摽』的繁化俗字，《大方便佛報恩經》經本卷三有『即以牛頭栴檀，摽像如來所有色身』句，即本條所出，『摽』經文中用同『標』。

〔一〇〕注文『上』下底一約缺三字，兹據《麗藏》本補。

〔一一〕『樓櫓』至『皦然』三條見《大方便佛報恩經》第四卷音義，音義全同。

〔一二〕『財䐗』至『禍酷』四條見《大方便佛報恩經》第五卷音義。本條以『賄』字音『䐗』，乃以正字爲誤字注音之例。

〔一三〕注文『遠也』《麗藏》本作『遠取』，義長。《説文·手部》：『探，遠取之也。』可參。

〔一四〕『跳枰』至『罽賓』三條見《大方便佛報恩經》第六卷音義。本條底一雙行注文『病』字前爲第一行，『病』下似有一『反』字，但於義無取，故不録，《麗藏》本正無『反』字；注文末的『也』字底一存一殘筆，兹據《麗藏》本補。

〔一五〕『跳枰』條下底一約缺五六字，據《麗藏》本，應爲『田疇，直流反』五字，故據擬五空格。

〔一六〕『罽賓』條以下見底二。『罽』字《麗藏》本同，《大方便佛報恩經》經本卷六有『罽賓』，『罽』即『罽』的簡、俗字。

〔一七〕『臃滿』條見《大方便佛報恩經》第七卷音義。

〔一八〕『䐗』以下各條具體見於《藏經音義隨函録》何經音義待查，但這些條目多可在可洪《音義》中見到。本條標目字與注文『䐗』字同形，當有一誤。『䐗』《説文》作『豬』，唐代以後多作『猪』，疑注文『䐗』當作『猪』。

〔一九〕《藏經音義隨函録》第玖册《蘇婆呼童子經》上卷、第拾叁册《正法念經》第十八卷下皆有『蚤虱』條，注『上子老反，下所櫛反』，可參。

〔二〇〕《藏經音義隨函録》第拾壹册《瑜伽師地論》第二十二卷音義：『嬾隋惰：上一郎旱反，下二大果反。』可參。

〔二一〕『斵』爲『斲』的俗字，《藏經音義隨函録》第拾伍册《僧護經》音義：『斵斤，上竹角反。』可參。

〔二二〕『撅』字《藏經音義隨函録》屢見，多音『巨月反』，與『其月反』同音。

〔二三〕《藏經音義隨函録》第拾肆册《佛本行集經》第十四卷音義：『䊍膠，上丑知反，下音交。』又第拾壹册《十住婆沙論》第五卷音義：『擒粘，上丑知反，正作黐，膠粘鳥者也。又音禽，非。』『䊍』、『擒』和本卷的『𥢶』、『䅬』皆爲『黐』的換旁俗字。又底卷抄寫至此止，其後爲倒書的轉帖文書一件。

大般若波羅蜜多經難字音

大般若波羅蜜多經難字音（一）

北八四三一（字七四）

【題解】

本篇底卷編號爲北八四三一（字七四）。卷端有『丁卯年正月七日開經《大般若》』字樣。卷背爲《妙法蓮華經》卷八馬明菩薩品第三十詞句抄，體例字體與正面相近，或即一人所抄（參該篇題解）。《索引》正背面一併題作『雜寫』；《寶藏》正面部分題作『大般若經内各卷難字及百鳥名』，《索引新編》同。考本篇所抄難字（包括其中的鳥名）大抵見於唐釋玄奘譯《大般若波羅蜜多經》，若干難字下標有直音或通行字，没有注音的字詞下多留有一定的空格，或係留待注音之用，故據以改擬今題。卷中『初』、『年』、『臣』、『授』、『月』字作武周新字，蓋所據經本係武周時期抄本；『桀』旁或寫作『桼』，則留存避唐諱的痕迹。文中注音有止攝字與遇攝字互注，顯示出西北方音的特色。

本篇未見前人校録。今據《寶藏》、縮微膠卷并目驗原卷録文，另以《中華大藏經》影印本《大般若波羅蜜多經》經本（以下簡稱《大般若經》或『經本』）及慧琳《音義》卷一至卷四所載該經音義爲參校，校録於後。原卷所抄難字大抵據經本按『袟（帙）』順序迻録，同一袟的再按卷分列，偶也有先後失次的；一袟抄完多標有一『了』字；袟與袟之間多接抄不分，兹按袟分爲若干段；各字詞下多留有一定的空格，兹除可相連成詞成句者外，皆用句號句斷，以清眉目。

丁卯年正月七日開經。

《大般若》第一袟〔一〕第一卷：熙怡。〔二〕輒。頤頷。暇。〔三〕險。狂。適。迥。〔四〕曜。〔五〕鐸。怡悦。爆(爆)。諠。撓亂。紛綸。了。〔六〕第三袟第二卷内：噭。頔。〔七〕第三卷内：槊。〔八〕珎奇(珍奇)。糠檜。〔九〕撫。擾。擲。害(害)。了。

十三袟〔一〇〕：讁爲。讀會。

第四袟内弟九卷：塊快。了。

第五袟第一卷内：壂。〔一一〕第二卷内〔一二〕：晌。鴞(鬘)。健。懺。〔一三〕了。

第六袟第三卷内：膵。〔一四〕澹。〔一五〕劂革。〔一六〕髂掣。〔一七〕縻爛。〔一八〕乖。〔一九〕腐。娜。砢字門。犒(矯)叫(叫)穢。〔二〇〕頦字門。判。〔二一〕粹。〔二二〕綽雀。〔二三〕欲。颭。〔二四〕嗑。蹉。〔二五〕鍵。搋。〔二六〕鐙。〔二七〕七卷内：縹表。〔二八〕了。

第七袟内七卷内：爈。〔二九〕了。

弟十一袟弟一卷内：輩。〔三〇〕拒。耆。〔三一〕第五卷：悖。〔三二〕殀歿。讀會。〔三三〕悪。〔三四〕呫。了。

第十三袟八卷内：絮。〔三五〕篾滅戾。〔三六〕眩。〔三七〕涸。了。

三十貳□〔三八〕弟三卷：鍪惠。〔三九〕阜富(富)。撰。第五卷内：捀助。〔四〇〕了。

卅一袟第三卷内：鳘受。〔四一〕屈月。〔四二〕弟三卷内：憒會閙。〔四三〕了。

卌一袟弟四卷内：珊。〔四四〕勃。〔四五〕

卌三袟〔四六〕弟二卷内：際。愍生死昔(苦)。自在翺翔。〔四七〕拘礙。〔四八〕笘。遲純(鈍)。廉儉。

卅一袟弟三卷内〔四九〕：詐。〔五〇〕揆摸。第四卷内：儉食。〔五一〕弟六卷内：諠▨(雜)。弟八卷：純(純)。

三百一十二袟〔五二〕：風飄颻。　弟五卷：麧夘。〔五三〕

卅百卅袟〔五四〕弟六卷内：穊。〔五五〕撰集。〔五六〕不佝。譽。㬥(暴)。　弟七卷内：訾。尌損。〔五七〕

弟八卷内：犒(矯)詐。〔五八〕　卅卷〔五九〕内：堆阜。拳。杵。塊。

卅百卅十四袟〔六〇〕内弟二卷：廉儉。

卅百〔六一〕卅九袟弟一卷内：輗絧。〔六二〕足跟。雙腨。壂泥(泥)邪仙。〔六三〕牖圓。〔六四〕摩膝。〔六五〕掌中。頚(頸)。髆腋。頷臆。鋒利。沉浮延縮。津液。雜脉。〔六六〕婉約。眼暎。〔六七〕眼睛紺青鮮白紅環。如花赤銅〔六八〕牖直柔軟。〔六九〕觔脉。〔七〇〕无隟。〔七一〕敦肅。翳。不窊不凸。皮膚(膚)。疥癬。壂點疣贅。〔七二〕眼睫。〔七三〕稠密。白緻。〔七四〕諸竅清淨。逶迤。奮。〔七五〕

第七卷内：鵶雞。〔七六〕旋。侍。怙户。　弟八卷内：雉助堞綵。〔七七〕間廁。汎(汎)漾遊戲。塹。衆鳥〔七八〕：孔雀、鸚䳇、鳧扶鷖映〔七九〕、鴻弘鴈眼、黄鵙竅麴〔八〇〕、鶬鶊、青鶩、白鵠〔八一〕、春鶯晏〔八二〕、鶖秋鷺路、駕(鴛)鴦、鵁交鶄青、翡翠〔八三〕、精衛、鶡鶏、鸀足鳿玉、鶰員鶋居、鵾昆鳳奉〔八四〕、妙翅、鴿鵰。妙菀。周寰還。〔八五〕了。　一一池濵(濱)有階。

【校記】

〔一〕『苐』本爲『弟』的俗字，後起字亦作『第』。本卷次第的『第』多作『苐』，亦或作『弟』，茲皆據底卷録文，以下不再出校説明。又『袟』同『帙』。佛教藏經往往以『帙』作爲收藏單位，一帙一般爲十卷。《大般若經》凡六百卷，故分作六十帙。伯三三一三號《開元目録》載『《大般經》六十袟』，是其證。

〔二〕『熙怡』以下至『紛綸』條皆出於經本卷一，順序與經本相合。

〔三〕暇，此字經本未見，而卷一相應位置有『時此三千大千世界所有地獄傍生鬼界及餘無暇險惡趣坑一切有情，皆離苦難』句，『暇』當即『暇』字之訛，爲此字所出。

〔四〕迥，『迴』的俗字，經本卷一有『如四大寶妙高山王，臨照諸山，威光迥出』句，即此字所出。

〔五〕曜，此字經本未見，而卷一相應位置有『威光顯曜，如大金山』句，或即此字所出；『曜』、『曜』形、音、義皆近。

〔六〕『了』字底卷字形略小（下同），大抵爲一帙難字抄畢的標記。

〔七〕底卷『第三袟』與下文『第三卷内』四字連抄，而『第二卷内嚥頔』六字抄於『袟第三卷内』等字右側的行間，屬於補抄性質，疑此六字當移於『第三卷』之上，而『第三袟』三字爲誤書當删。下文『第三卷』以下的難字皆見於《大般若經》卷三（而不見於卷二十三），仍屬第一帙，可以爲證。但『嚥』『頔』二字《大般若經》卷二或卷二二均未見，仍屬疑問。

〔八〕槃，『榖』字的俗寫，《大般若經》卷三有『欲滿一切有情所求飲食衣服……園林舍宅、財榖珎奇、寶飾伎樂』之句，即此字及下『珎竒』二字所出。

〔九〕糠橧，同『糠檜』，《大般若經》卷三有『及餘小山大地等物碎如糠檜』句，蓋即上揭二字所本。

〔一〇〕『十三袟』插在『第一袟』和『第四袟』、『第五袟』之間，疑有誤。下抄『讄』『讃』二字底卷未標明具體卷數，未詳所出。

〔一一〕『𡈽』字中部底卷不甚明晰，應爲『初』的武后新字之變。《集韻·魚韻》載『初』字唐武后新字作『𡔈』（唐代碑誌中多作『𡈽』，取天明人土四字會意），上字或即其變體；《大般若經》卷四一之首爲『初分般若行相品第十之四』，當即此字所出。

〔一二〕本卷下所列四個難字《大般若經》第五袟第二卷（即卷四二）均未見，而卷四一、卷五二皆有此四字，卷四一下所見依次爲『健、眴、鬘、幟』，字序略有不合；卷五二此四字均數見，其中有依次作『眴、鬘、健、幟』者，字序相合；如出於卷四一，則『第二卷内』四字爲衍文當删；如出於卷五二，則下文『第六袟』三字當移至「第二卷内」四字之前。

〔一三〕懺，當係「幟」的俗字，《大般若經》卷四一有「無巢穴、無摽懺、無愛樂三摩地」句，蓋即此字所出。慧琳《音義》卷一「摽懺」二字作「幖幟」，云「幖」字《説文》從巾、票聲，經文從木從扌者非此用也；「幟」字《説文》從巾、戠聲。

〔一四〕膞，《大般若經》卷五三有「淡（痰）膿肪删，腦膜膗（聍）膞，如是不浄，充滿身中」句，當即此字所出。「膞」當是「聹」的俗字，上揭經文「膞」字《麗藏》本正作「聹」。慧琳《音義》卷二亦作「聹」，云：「寧挺反，上聲，《文字集略》云：町聹，耳中垢也。《古今正字》云從耳、寧聲也。」

〔一五〕「澹」爲「澹」字俗寫，《大般若經》卷五三有「而爲方便往澹泊路觀所棄屍」句，蓋即此字所出。慧琳《音義》卷二「澹泊」作「憺怕」，云：「《淮南子》云：憺，滿也；怕，静也。經文從水作淡泊，並非也，訓義别。《古今正字》云憺怕二字並從心，形聲字也。」

〔一六〕劚，《大般若經》卷五三有「種種禽獸，或啄或劚」句，蓋即此字所出。慧琳《音義》卷五三「劚」字作「擭」，云：「歸籰反，又音歸碧反……經文作劚，音同，字書並無劚字，未詳所出也。」直音字「革」字《廣韻·麥韻》音古核切，與「歸碧反」音近。

〔一七〕「髗」應爲「髗」字之訛（「髗」爲「髗」字或體），《大般若經》卷五三有「骨肉狼藉，髗掣食噉」句，蓋即「髗掣」二字所出。「髗（髗）掣」當讀作「摣掣」，慧琳《音義》卷五三引正作「摣掣」，云：「摣，但加反，《廣雅》云：摣，取也。《釋名》云：摣，叉也，五指俱往叉取也。」

〔一八〕「爤」字異體作「爤」，《大般若經》卷五三有「諸筋糜爤，支節分離」句，蓋即「糜爤」二字所出。

〔一九〕季，同「年」，爲唐武則天當政時期所用新字。《大般若經》卷五三有「積有歲年」、「經多百歲，或多千年」等句，蓋即此字所出。

〔二〇〕「槁」爲「矯」字俗寫，《大般若經》卷五三有「悟一切法離熱槁（矯）穢得清浄，故入沙字門」句，蓋即「矯穢」

二字所出。慧琳《音義》卷二引『矯』字作『撟』，云：『居夭反，鄭注《周禮》云：撟，詐也。《説文》：妄也。經文從矢作矯，俗字也。』

〔二一〕『粎』字字書不載，亦未詳所出，俟再考。

〔二二〕『辢』同『（辢）（辣）』，《大般若經》卷五三有『悟一切法所了知性不可得，故入搋他字門』句，蓋即此字所出。

〔二三〕綽，《大般若經》卷五三有『悟一切法可破壞性不可得，故入綽字門』句，蓋即此字所出。『綽』字底卷直音『雀』，《廣韻·藥韻》『綽』字音昌約切，穿紐藥韻開口三等；『雀』音即略切，精紐藥韻開口三等，二字韻同紐近（唐五代西北方音精系與知、章兩組聲母可以互注）。

〔二四〕『颰』同『颯』，《大般若經》卷五三有『悟一切法，欲樂覆性不可得，故入颰磨字門』句，蓋即此字及上『欲』字所出。

〔二五〕『𨁈』當是『蹉』字俗寫，《大般若經》卷五三有『悟一切法可呼召性不可得，故入蹉字門』句，蓋即此字所出。

〔二六〕『搋』字右部的『虎』底卷近似『雨』字形，當是俗寫之訛，兹録正，《大般若經》卷五三有『悟一切法厚平等性不可得，故入揥（搋）字門』句，蓋即此字所出。

〔二七〕『鐙』字未詳所出，俟再考。

〔二八〕縹，《大般若經》卷五七有『又如虚空，非有青黄赤白黑紫縹等顯色可得』句，蓋即此字所出。

〔二九〕『第七袟内七卷』應爲卷六七，查《大般若經》卷六七未見『爐』字（卷五二有此字），俟再考。

〔三〇〕『輩』字前底卷有一『耆』字形，下部不清，似已塗去，故不録（下文『耆』字當即係補書被塗去之字者）；《大般若經》卷一〇一有『若善男子善女人輩受持讀誦』句，蓋即『輩』字所出。

〔三一〕耆，《大般若經》卷一〇一有『如有妙藥，名曰莫耆』句，蓋即此字所出。

〔三二〕『悖』字底卷本作『悖』形，左旁注一『悖』字，『悖』下又書一『悖』字，前二形皆俗體，兹僅録一『悖』字。《大般若經》卷一〇五有『若阿素洛兇悖徒黨興是惡念』句，蓋即『悖』字所出。

〔三三〕《大般若經》卷一〇五未見『譓』字（與之字形相近的有『譓』字，但與旁注『會』字音不合），俟再考。

〔三四〕『恧』同『臣』，爲唐武則天當政時期行用新字；《大般若經》卷一〇五有『若有往至國王王子大臣等處』句，蓋此字所出。

〔三五〕絮，《大般若經》卷一二八有『傍生鬼界、邊鄙、達絮、蔑戾車中』句，蓋即『絮』及下『篾戾』二字所出。同經卷三九四『若生邊鄙，或生達絮、篾戾車中，無有是處』，其中的『絮』字慧琳《音義》卷四引作『絮』，慧琳《音義》云：『達絮，奴雅反，梵語也，下賤之類，鄙惡人，與下文篾戾車等同類也。』據奴雅反的切音，『絮』似當從慧琳作『絮』爲長（《廣韻·馬韻》『絮』字有奴下切一讀，與『奴雅反』同音）。

〔三六〕篾，『篾』的訛俗字，經本卷一二八有『蔑戾車』（經文見上條引），蓋即此字所出；慧琳《音義》引出『篾戾車』條，云：『上音眠鼈反，古譯或云蜜列車，皆訛也。正梵音云畢嘌吟蹉，此云垢濁種也。』『篾』『蔑』同音，故『篾戾車』又可音譯作『蔑戾車』。

〔三七〕眩，《大般若經》卷一二八有『若諸有情身嬰癩疾、惡瘡、腫疱、目眛瞖等』句，其中的『眛』字《磧砂藏》、《麗藏》等本作『眩』，慧琳《音義》卷二亦作『眩』，當即此字所出。

〔三八〕底卷『三十貳』前尚寫有『三十二袟』等六字，但已用濃筆劃去，故不録。又『貳』字下部略殘，其下約缺一字，或爲『袟』字。

〔三九〕如果上文『貳』下缺字爲『袟』字，則『三十貳袟弟三卷』應係三百十三卷，查《大般若經》卷三一三未見『鎣』等三字，存疑。《大般若經》卷三二六有『由善根力所磨瑩』句（同卷下文又有『汝先所聞非真佛語，是文頌者虚妄撰集』句），慧琳《音義》卷三云『瑩』字或作『鎣』，可參。又底卷『鎣』字右側旁注『惠』字，『鎣』字《廣韻》烏定切，影紐去聲徑韻；『惠』字胡桂切，匣紐去聲霽韻，二字紐近韻異，疑有一誤。

〔四〇〕『掭』應爲『搋』的俗字，《大般若經》卷三二五有『亦終不受扇搋半擇無形二形及女人身』句，蓋即此字所出。此字底卷直音『助』，《廣韻·御韻》『助』字床據切，崇紐遇攝，『搋』字《集韻》在紙韻，丑豸切，徹紐止攝，二字紐韻俱近（止攝、遇攝唐五代方音可以互注）。又底卷本條重出，茲刪其一。

〔四一〕『𥠖』當爲『授』字或體，《集韻·宥韻》載『授』字唐武后新字作『𥡝』（據中華書局影印宋刻本《集韻》，清揚州使院刻本標目字作『𥡝』），可參。《大般若經》卷三〇三有『不授彼記』、『不應授彼大菩提記』等句，蓋此等『授』字當時抄本有作武后新字者，爲底卷所本。

〔四二〕𠥱，即『月』的武后新字，津藝二一一五號《七佛所説神咒經》卷三『我妙眼菩薩今從𡆠（日）𠥱燈明王佛囷來到此娑婆世界』，其中的『𠥱』亦即『月』字；《大般若經》卷三〇三有『見彼殿已，而返摸日月宫殿』、『如有飢人得百味食棄而求噉兩月穀飯』等句，蓋即此字所出。

〔四三〕憒閙，《大般若經》卷三〇三未見『憒閙』字樣，此段抄寫或有錯亂，《大般若經》卷三三三有『雖居憒閙，而心寂静』等句，或即爲『憒閙』二字所出；『閙』爲『鬧』的俗字。

〔四四〕『珊』字《龍龕·玉部》以爲『珊』的俗字。『卌一袟弟四卷』應係四百零四卷，但《大般若經》卷四〇四未見『珊』字，亦無『㔓（勃）』字，且『卌一袟』的難字抄於卅一袟和卅三袟之間，次序亦嫌未安，頗疑『卌』乃『卅』字誤書。《大般若經》卷三〇四有『如贍部洲有諸珍寶，謂吠琉璃、螺貝、璧玉、珊瑚……』句，正有『珊』字。

〔四五〕『珊』字。但該卷亦無『㔓（勃）』字，故仍是疑問。

㔓，《龍龕·力部》以爲『勃』的俗字，《大般若經》卷三三七有『云何復起勃惡語言與彼乖諍』句，不知是否爲此字所出。參上校。

〔四六〕『卌三袟』應是『卅四袟』之誤，下抄難字均見於《大般若經》卷三三二，可以爲證。

〔四七〕自在翾翔，『翾』爲『翾』的俗字，《大般若經》卷三三二有『如堅翅鳥，飛騰虚空，自在翾翔』句，即此四字所出。

〔四八〕『抅』爲『拘』字俗寫，《大般若經》卷三三二有『亦不爲空之所拘礙』句，蓋即『拘礙』二字所出。

〔四九〕『卌一袟弟三卷』難字底卷上文已見，此又接出，先後有錯亂。

〔五〇〕《大般若經》卷三〇三依次有『揆摸日月宮殿』、『時有諸惡魔執持種種世俗書……詐現親友，授與菩薩』句，蓋即『詐』『揆摸』二條所出，但底卷順序與經文不同。

〔五一〕『諠』下一字左半略有殘泐，考《大般若經》卷三〇六有『如實覺爲無相，弃諠雜』句，蓋即此二字所出，故據殘存字形定作『雜』字。

〔五二〕『三百一十二袟』應爲『卌二袟』或『三百十一卷』之誤，《大般若經》卷三一一有『如堵羅綿，隨風飄颺』句，蓋即此下『風飄颺』三字所出。

〔五三〕『㲉夘』爲『㲉卵』二字的俗寫，《大般若經》卷三一五有『爲破長夜無明㲉夘（卵）所覆有情重黑暗』句，蓋即此二字所出。

〔五四〕『卌百卌袟』應係『卌三袟』之誤；『穐』字以下至『塊』字均見於《大般若經》卷三二六至卷三三〇，屬卌三袟。

〔五五〕『穐』同『授』，《大般若經》卷三二六有『佛授汝等大地獄中受極苦記，非授無上正等菩提不退轉記』句，蓋即此字所出。參看上文校記〔四二〕。

〔五六〕『撰集』，《大般若經》卷三二六有『汝先所聞非真佛語，是文頌者虚妄撰集』句，蓋即此二字所出。

〔五七〕『虧』應爲『虧』的俗字，《干禄字書》載『虧』字俗作『虧』，可資比勘。《大般若經》卷三二七有『普爲護持十方三世諸佛正法，令不虧（虧）損』句，蓋即『虧損』二字所出。

〔五八〕『矯詐』，此二字《大般若經》卷三二八未見，而卷三二七則有『是故惡魔雖設種種矯詐方便』句，或即此二字所出。

〔五九〕『卌卷』按本篇體例應説『第十卷』，其下所列難字見於《大般若經》卷三三〇，屬三十三帙第十卷。

〔六〇〕「卅百卅十四袟」疑爲「卅四袟」之誤，《大般若經》卷三三二(等於三十四袟第二卷)有「廉儉」一詞，可證。但上文「卅四袟弟二卷」下已出「廉儉」一詞，此又重出，疑衍。參看上文校記〔四六〕。

〔六一〕「卅百」二字疑是衍文當删，下抄難字見於《大般若經》卷三八一，屬三十九帙第一卷。

〔六二〕「絅」爲「網」的俗字，《大般若經》卷三八一有「咸有鞔網，金色交絡」句，蓋即「鞔網」二字所出。

〔六三〕「豎」當是「豎」字俗訛，「泥」爲「泥」字俗訛，《大般若經》卷三八一有「如豎泥(泥)耶(邪)仙鹿王腨」句，蓋即「豎泥邪仙」四字所出。

〔六四〕⿰月庸圓，《大般若經》卷三八一有「雙臂修直⿰月庸圓」句，蓋即此二字所出。「⿰月庸」字慧琳《音義》卷四引作「傭」，而以「⿰月庸」爲俗字。

〔六五〕「膝」爲「膝」的俗字，《大般若經》卷三八一有「平立摩膝」句，蓋即「摩膝」二字所出。

〔六六〕雜脉，《大般若經》卷三八一有「喉脉直故，能引身中諸支節脉，所有上味風熱痰病不能爲雜，由彼不雜，脉離沉浮延縮壞損擁曲等過」句，蓋即此二字所出，經文後一「脉」字似當屬下讀。

〔六七〕「眏」當是「睫」的訛俗字(「睫」字俗書作「睷」，「睷」又訛變作「眏」)，《大般若經》卷三八一有「眼睷(睫)猶若牛王」句，蓋即「眼睫」二字所出。

〔六八〕「錭」當是「銅」的訛字，《大般若經》卷三八一有「指爪狹長，薄潤光潔，鮮淨如花赤銅」句，蓋即「如花赤銅」四字所出。

〔六九〕就字形而言，「⿰月膚」當爲「⿰月膚(膚)」字俗寫，但文中應爲「⿰月庸」的訛字，《大般若經》卷三八一有「手足指圓纖長⿰月庸直柔軟」句，蓋即「⿰月膚直柔軟」四字所出，字正作「⿰月庸」，是其確證。《龍龕·肉部》：「⿰月庸，丑凶反，直也，均也。」「⿰月庸直」二字爲同義連文。

〔七〇〕「觔」同「筋」，《大般若經》卷三八一有「筋脉盤結堅固」句，蓋即「觔脉」二字所出。

〔七一〕「隟」爲「隙」的俗字，《大般若經》卷三八一有「骨節交結無隙」句，蓋即「无隟」二字所出。

〔七二〕就字形而言,『墼』似爲『墼(壓)』的訛俗字,但文中則應爲『黶』的訛俗字:《大般若經》卷三八一有『亦無黶點疣贅等過』句,蓋即『墼點疣贅』四字所本。

〔七三〕『䏶』爲『眼』的訛字,『睫』爲『睫』的俗字,《大般若經》卷三八一有『眼睫上下齊整,稠密不白』句,蓋即『眼睫』及下『稠密』二字所出。

〔七四〕《大般若經》卷三八一有『雙眉長而不白,緻而細軟』句,蓋即『白』、『緻』二字所出。經文『白』下當施逗,慧琳《音義》卷四出『緻而』二字,亦可證『緻』字當屬下讀。本卷出『白緻』二字,蓋以此二字連讀,似不妥。

〔七五〕『舊』當爲『舊』的俗字,《隸辨》卷四引《漢衡方碑》『舊』字作『舊』,可以比勘:《大般若經》卷三八一有『顔容常少不老,好巡舊處』句,蓋即『舊』字所出。

〔七六〕『鷄』『雞』皆見於《説文》,爲一字異體,此處二字並出,其中一字應爲旁記異文,或爲衍文當刪。『鷄』以下五字《大般若經》卷三八七或三九七均所未見(卷三八六、三九八有『鷄』字),未詳所出。

〔七七〕『雉堞』以下難字均出於《大般若經》卷三九八。『雉』字底卷直音『助』,《廣韻·御韻》『助』字音床據切,崇紐遇攝,『雉』字在旨韻,直几切,澄紐止攝,二字紐韻俱近。參看上文校記〔四〇〕。又『堞』字底卷直音『緤』,『緤』爲『緤』字俗寫,『堞』、『緤』二字《集韻·葉韻》皆有弋涉切一讀,爲同音字。

〔七八〕《大般若經》卷三九八有『諸苑池中,多有衆鳥:孔雀、鸚鵡、鳧鷖、鴻鴈、黄鵙、鶬鶊、青鷺、白鵠、春鶯、鶖鷺、鴛鴦、鵁鶄、翡翠、精衛、鵾鷄、鸕鳿、鶵鷗、鵾鳳、妙翅、鵜鶘、羯羅、頻伽、命命鳥等』句,即『衆鳥』以下各種鳥名所出。

〔七九〕『鳬』爲『鳧』字俗省。又『鷖』字《廣韻》在齊韻,烏奚切;『映』字在映韻,於敬切,二字同紐異韻。

〔八〇〕黄鴡,同『王鴡』,經文作『黄鵙』,『鵙』乃『鴡』字形訛。慧琳《音義》卷四作『黄鴡』,云:『(鴡)七餘反,或作雎,同。……一名王鴡。《爾雅》云:鴡鳩,王鴡也。』又『竅麴』二字底卷旁注在『鴡』字右側,似爲切音字。「鵙」字上引慧琳《音義》音「七餘反」，清紐魚韻，與旁注字紐近韻異（「簌」字溪紐，「麴」字屋韻）。

〔八一〕白鵠，經本同，慧琳《音義》卷四以爲「白鶴」之誤。

〔八二〕「鶯」字底卷直音「嬰」，前者《廣韻．耕韻》音烏莖切，後者在清韻，於盈切，二字並爲影紐梗攝，可以互注。

〔八三〕蜚翠，「翡翠」二字的俗字，經本正作「翡翠」。

〔八四〕鵾鳳，經本及慧琳《音義》卷四引同，然未見鳥名「鵾鳳」者，疑當作「鵾鵬」，「鳳」「朋」「鵬」古本一字；「鵾鵬」同「鯤鵬」，爲古代傳説中的大鳥名。

〔八五〕「菀」爲「苑」的繁化俗字，「寰」當讀作「環」，《大般若經》卷三九八有「有四妙菀周環此宫」句，蓋即「妙苑」、「周寰」四字所出。

〔八六〕「一一池濱有階」六字亦出於《大般若經》卷三九八（經文作「一一池濱有八階陛」），其前的「了」字按理當移至此六字之後。

大般若波羅蜜多經難字音（二）

伯三三六五背

【題解】

本篇底卷編號爲伯三三六五背。正面爲『甲戌年五月十五日爲府主大王小患付經曆』（原題）。背爲本篇，字體與正面略同，凡三行十六條，其中八條下有注音。無題。《索引》：『難字三行，間有音。』《寶藏》題『難字三行』。《法藏》題『難字注音』。按：本卷正面的『付經曆』標注經本從第一袟至第六十袟止，每袟下有具領人名，所付爲何經則各家無説。考佛教藏經往往以『袟（帙）』作爲收藏單位，一袟一般爲十卷，據此可以推斷這部六十袟的經文應爲唐釋玄奘譯的《大般若波羅蜜多經》（以下簡稱《大般若經》）。《大般若經》凡六百卷，故分作六十袟。伯三三一三號《開元目録》載『《大般經》六十袟』，又伯三〇六〇號某寺藏經録載『《大般若》一部』，下注『六十袟』，皆其證。而本卷卷背所載，除個别難字出處待考外，餘均可在《大般若經》中查到，且多有成組的難字詞與該經相應者；又北八四三一號（字七四）有《大般若波羅蜜多經難字音》一種，本篇難字亦多有與之相合者，據此推斷，本篇所載殆即『爲府主大王小患』轉讀《大般若經》時的難字摘抄，近半數條目下注有切音，無注音的難字下亦留有二字左右空格，大約以備添補注音字之用，故據以擬定今題。本卷正面的『甲戌年』，方廣錩《敦煌佛教經録輯校》定作宋太祖開寶七年（九七四），《索引新編》同，如果這一推斷可信，則本篇亦應爲同一年之作。

張金泉、許建平《敦煌音義匯考》曾對本卷作過初步的校勘。今據《法藏》影印本及縮微膠卷録文，另以《中華大藏經》影印本《大般若波羅蜜多經》經本（主要據《金藏》廣勝寺本影印，以下簡稱《大般若經》）及慧琳《音義》卷一至卷八所載該經音義爲參校，校録於後。原卷無注文的難字下留有的二字左右空格校録時不再保留，而改用句號句斷。

瘀。〔一〕 ⿰月蚩(⿰月蚩)。〔二〕 ⿰月寧。〔三〕 肪。〔四〕 ⿰月冊先安反。〔五〕 胮匹江反。〔六〕 ⿰忄戠。〔七〕 ⿰國瓜。〔八〕 ⿰齒查。〔九〕 糜亡悲反。〔一〇〕 呫。〔一一〕

肶婢尸反。〔一二〕 噯。〔一三〕 蝸古華反。〔一四〕 脹▨良反。〔一五〕 窊窪烏瓜反。〔一六〕

【校記】

〔一〕瘀,此字底卷筆迹黯淡,略似『瘀』字,《大般若經》卷五三、四一四均有『死經一日,或經二日,乃至七日,其身⿰月逢(膖)脹,色變青瘀』句,此二卷依次俱有『肪⿰月冊、⿰月蚩⿰月寧、⿰月逢(膖)脹、瘀、⿰國瓜(攫)、⿰齒查』諸字,疑即底卷有關各字所出;《大般若經》卷三、四六、四〇二、四七九、四八六又有『⿰月逢(膖)脹想,膿爛想,異赤想,青瘀想』等九想或十想,亦有『瘀』、『⿰月逢脹』三字,可參。

〔二〕⿰月蚩,《大般若經》卷五三、四一四均有『淡膿肪⿰月冊,腦膜⿰月蚩⿰月寧,如是不浄充滿身中』句,疑即此字及下『⿰月寧(聹)』、『肪⿰月冊』三字所出;慧琳《音義》於該二卷下皆出『眵聹』條,於第五十三卷『眵聹』條下云:『上侈支反,《韻英》云目汁凝也。經文作⿰月蚩,非也,檢諸字書並無此⿰月蚩字,《説文》云目傷眥,從目,從侈省聲。』《龍龕·肉部》以『⿰月蚩』爲『⿰目蚩(眵)』的俗字。

〔三〕⿰月寧,《龍龕·肉部》音奴頂反,『耳中垢也』,乃『聹』的換旁俗字,上條所引《大般若經》經本『⿰月寧』字慧琳《音義》引正作『聹』;慧琳《音義》於經本第五十三卷『眵聹』條下云:『下寧挺反,上聲,《文字集略》云:耵聹,耳中垢也。《古今正字》云從耳,寧聲也』,可參。參看北八四三一號(字七四)《大般若波羅蜜多經難字音》校記〔四〕。

〔四〕肪,《大般若經》卷五三、四一四、四八九均有『淡膿肪⿰月冊』句,疑即此字及下『⿰月冊』字所出。參上校。

〔五〕⿰月冊,『⿰月冊』字異寫,慧琳《音義》卷二《大般若經》第五十三卷下出『肪⿰月冊』條,云『上音方,下桑安反,《韻英》云凝脂也。《通俗文》云：在腰曰肪，在胃曰䏚。並形聲字也』；底卷音『先安反』，與『桑安反』同音。參上校。

〔六〕胮，《大般若經》卷五三、四一四、四八九均有『其身膖（膖）脹』句，卷三、四六、四〇二、四七九、四八六又有『膖（膖）脹想』（其中卷四七九作『膖』，其餘各卷作『膖』，參看上文校記〔一〕），慧琳《音義》卷一《大般若經》第三卷下引作『胮脹』，第四十六卷下引作『胮脹』，疑即此字及下文『脹』字所出；『胮』爲『胮』字俗寫，『膖』、『膖』又爲『胮』的增旁俗字；『胮』字《廣韻·江韻》有匹江切一讀，與底卷切語相同。

〔七〕⿰忄戠，《大般若經》卷四一、五二、四一四有『無巢穴無摽（標）⿰忄戠無愛樂三摩地』句，疑即此字所出；『⿰忄戠』當係『幟』的俗字，《大般若經》卷四八八有『无巢穴无摽（標）幟无愛樂三摩地』句，字正作『幟』；慧琳《音義》卷一於《大般若經》第四十一卷下出『幖幟』條，云『幖』字《說文》從巾、票聲，經文從木從扌者非此用也，『幟』字《說文》從巾、戠聲；又慧琳《音義》卷八三《大唐慈恩寺三藏法師玄奘傳序》『巨幟』條下云『下蚩至反，《考聲》云標記也，以帛長五尺廣半幅，綴於旗上也。《古今正字》從巾、戠聲。傳從心作⿰忄戠，誤也』。參看北八四三一號（字七四）《大般若波羅蜜多經難字音》校記〔三〕。

〔八〕⿰鬲爪，《大般若經》卷五三、四一四、四八九均有『死經一日，或經二日，乃至七日，爲諸鵰鷲烏鵲鵄梟虎豹狐（『狐』字卷四八九作『犲』）狼野干狗等種種禽獸或啄或⿰鬲爪，骨肉狼藉，齰掣食噉』句，疑即此字所出；慧琳《音義》卷二《大般若經》第五十三卷下出『或攫』條，云『攫』字『歸籰反，又音歸碧反，亦通；《淮南子》曰「鳥窮則搏，獸窮則攫」；《蒼頡篇》「攫，搏也」；《說文》扟也，從手，矍聲；經文作⿰鬲爪，音同，字書並無⿰鬲爪字，未詳所出也』；又同書卷五《大般若經》第四一四卷下出『或⿰鬲爪』條，云『⿰鬲爪』字『俱籰反、五約反，《字書》云「攫，搏也」；《文字音義》云「鳥窮則啄，獸窮則攫」，爪持曰⿰鬲爪；又音居碧反，亦通』。參看北八四三一號（字七四）《大般若波羅蜜多經難字音》校記〔一六〕。

〔九〕齰，《大般若經》卷五三、四一四、四八九均有『齰掣食噉』句（參上條引），疑即此字所出；『齰』字《龍龕·

齒部》以爲『齇』字或體，經文中則應爲『摣』(《説文》作『扭』)的假借字，慧琳《音義》卷二、卷五引正作『摣』：慧琳《音義》卷五《大般若經》第四一四卷『摣掣』條下云：『上側加反，《廣雅》：摣，取也。又云：摣，叉也。』參看北八四三一號(字七四)《大般若波羅蜜多經難字音》校記〔一七〕。

〔一〇〕麋，此字《大般若經》經文未見，而上引卷五三、四一四、四八九『齰掣食噉』句後經本有『諸筋麋爛，支節分離』句，『麋』、『糜』形音皆近，俗書每有相亂，疑此『麋』即『糜』字之訛；『糜』字《廣韻·支韻》音靡爲切，與『亡悲反』讀音略同。

〔一一〕呫，《大般若經》卷一〇五有『吠舍梨國栗呫毗種四種勝兵亦不能及』句，卷四二九有『如是四軍嚴飾殊麗，影堅勝軍、釋迦王種、栗呫毗種、力士種等所有四軍皆不能及』句，卷五〇二又有『吠舍離國栗呫毗王四種勝軍亦不能及』句，次例慧琳《音義》卷六引出『栗棗肶種』條，云『棗』字齒葉反，『肶』字婢夷反，『舊名梨車毘童子，刹帝利王種之名也，眷屬豪族子弟衆也』；後例慧琳《音義》卷六引出『栗呫毘』條，云『呫』字音昌葉反，『栗呫毘』、『栗棗肶』、『梨車毘』爲梵語音譯用字之異，疑即此字及下『肶』字所出。

〔一二〕肶，上條所引經本卷四二九『栗呫毗種』的『毗』字慧琳《音義》引作『肶』，疑即此字所出；『肶』字慧琳《音義》音婢夷反，底卷音婢尸反，音同。參上條。

〔一三〕噯，此字《大般若經》經本未見，俟再考。

〔一四〕蝸，《大般若經》卷一八一、四三五、五〇六等卷皆有『墮黑暗類如穢蝸螺』句，疑即此字所出；『蝸』字《廣韻·麻韻》音古華切，與底卷切語同。

〔一五〕脹，此字『月』旁的左下部笔迹黯淡，《匯考》定作『目』旁，似不確；『脹』字《大般若經》經本多見(詳校記〔六〕所引)；注文反切上字底卷字形模糊，『脹』字慧琳《音義》卷一《大般若經》第三卷、第四十六卷下引音張亮反，《廣韻·漾韻》音知亮切，底卷反切下字『良』《廣韻》在平聲陽韻，異調。

〔一六〕窊窪，《大般若經》卷三八一有『世尊肉臍厚，不窊不凸，周匝妙好』句，卷五三一又有『諸佛臍厚不窊不凸周匝妙好」句，疑即此二字所出；慧琳《音義》卷四於前例「不窊」條下云：「(窊)烏瓜反，《韻詮》云下濕地也。或從洼作窪。《説文》從穴、瓜聲，象形字也。」又慧琳《音義》卷三一《大薩遮尼乾子經》第四卷音義：「窊曲，烏瓜反，《廣雅》：窊，下也。或作窪，俗字也。」底卷「窊」下又出「窪」，標注異文或標明異體耳。

大寶積經略出字

斯三五三九

【題解】

本篇底卷編號爲斯三五三九。凡三行，首行行首題『大寶積經第一袟略出字』，《索引》、《索引新編》、《寶藏》、《英藏》、《金目》等即以此爲篇題。考底卷除横書的五個武周新字外，另摘抄《大寶積經》難字二十七個，其中前十四字出於經本卷一至十，後十三字出於經本卷十一至十八；佛經寫本通常每十卷爲一帙，唐菩提流志譯的《大寶積經》凡一百二十卷，一般分作十二帙，則底卷摘録實包括《大寶積經》第一、第二帙難字，底卷所謂『第一袟』實僅指前十四字而言，後十三字前應失著帙名，故據以改定今題。

『略出』爲佛典習語，指節取，如《大正藏》十七册《金剛頂瑜伽念珠經》原注『於十萬廣頌中略出』；又十八册《一切祕密最上名義大教王儀軌》原注『此於瑜伽大部中略出』。又同册《陀羅尼集經》卷二下云：『其阿彌陀佛陀羅尼印呪有八萬四千法門，於中略出此要，如如意寶。』又四十九册《釋氏稽古略》卷一：『牟子者，未詳名字，世稱牟子。避世隱居，著《理惑》，設問答凡三十七篇。見梁僧祐律師《弘明集》。今略出其八篇，節其文句。』又五十册《宋高僧傳》卷四周京兆廣福寺會隱傳：『釋會隱，不詳何許人也。……天皇朝慎選高學名德，隱膺斯選。麟德二年敕北門西龍門修書所，同與西明寺玄則等一十人，於一切經中略出精義玄文三十卷，號《禪林要鈔》。書成奏呈。敕藏祕閣。』皆其例。故『略出字』即從經文中節取之字，當然這『節取』的不會是普通的字，而多是疑難怪字。

本篇未見前人校録。兹據《英藏》影印本并參考《大正藏》本（校記中一般徑稱經本）、《中華大藏經》影印《金藏》本（校記中徑稱《金藏》本）《大寶積經》經文及慧琳《音義》卷一一至一五《大寶積經》音義（校記中徑稱慧琳《音義》），校録全文如下。

《大寶積經》第一袟略出字　靃。〔一〕趾。攱（畋）。〔二〕毯。〔三〕轂。〔四〕帝（希）。〔五〕訑。〔六〕𤻲。〔七〕觚。〔八〕綩綖。㲈（㲈）。〔九〕慌。謟。〔一〇〕腅。〔一一〕赭。〔一二〕菔。越（麸）。〔一三〕潼。〔一四〕沃。〔一五〕燿。訢。賑。〔一六〕煩。〔一七〕苹。〔一八〕柁。〔一九〕（原文抄寫至此止）

㉄。匜。〇。𠂢。埊。〔二〇〕

【校記】

〔一〕『靃』字及下『趾』『畋』二字順序出於經本卷一。

〔二〕『攱』字他書不見，應係『畋』字之訛（『畋』右旁本作『攴』，與『支』旁形近易訛），經本卷一有『亦不親近羅捕魚鳥畋獵魁膾旃荼羅等』句，應即此字所出。

〔三〕毯，經本卷三有『身便録黑闇，猶如烏毯毛』句，應即此字所出。

〔四〕轂，經本卷五有『破無明殼，超於天人』句，《大正藏》校記云『殼』字宋《資福藏》、元《普寧藏》、明《嘉興藏》本及日本宮内省圖書寮本作『轂』，應即此字所出；『殼』『轂』爲古異體字。

〔五〕『帝』係『希』的俗字，經本卷五至八各卷皆有『希』字，具體出處不詳。

〔六〕『訑』及下『𤻲』字似皆出於經本卷八，順序相合。經本有『菩薩無有諛諂，不録匿訑，不自貢高』句，應即此字所出。

〔七〕瘵，經本卷八有『金痍療瘡疽痛惡疾』句，《大正藏》校記云『療』字日本宮内省圖書寮本作『瘵』，應即此字所出；慧琳《音義》引出『瘵瘡』條，云『瘵』字『傷灼反，《蒼頡篇》病消瘵也。《説文》亦音療字』，今不與此音相應，故不取』，可參。

〔八〕『觚』至『慌』四字似皆出於經本卷九，唯經本『慌』字在『甈』字前，字序略有不同。

〔九〕甈，經本有『便勅工師作七寶瓶極好團圓，作七寶甈顯現微妙』句，慧琳《音義》引出『寶甈』條，云『牽結反，《埤蒼》：甈受一斗，北燕人謂瓶爲甈，大瓶也』，『甈』、『甈』皆爲『甈』字俗訛，即此字所出。

〔一〇〕謵，《金藏》本經文卷一〇載無量光諸天咒有『貫謵、俱供謵、謵滅盡、謵无量』句，即此字所出；此『謵』應即『習』的增旁俗字，《大正藏》本正作『習』字。

〔一一〕腅，經本卷一一有『或現服食猶孝子睒』句，『腅』應即『睒』字俗訛（參看斯二一四二號背《大寶積經難字》校記〔三三〕）。『腅（睒）』字以下出於經本卷一一至一七，應係第二帙，故另行校録。其中『睒』至『潼（湩）』五字皆出於經本卷一一，唯經本所見依次係『㲃、赭、睒、菔、湩』，字形字序皆有所不同。

〔一二〕『赭』以下五字經本所見順序爲『弊』『赭』『裸』『睒』『菔』，先後有别。

〔一三〕『𧺆』應係『㲃』字俗訛，經本卷一一有『或現其身臥荊棘上，或現臥㲃草上』句，應即此字所出。

〔一四〕潼，當作『湩』，經本卷一一有『展轉相飲，取後淳湩，用作湩糜』句，即此字所出。參看伯三一〇九號《諸雜難字》校記〔九九〕、斯二一四二號背《大寶積經難字》校記〔三四〕。

〔一五〕『沃』字及下『燿』、『訢』二字似皆出於經本卷一四，字序相合。

〔一六〕賑，經本卷一五有『如毘沙門多財寶，賑給窮下貧苦者』句，應即此字所出。

〔一七〕煗，斯二一四二號背《大寶積經難字》經文第十五卷難字下亦載此字，然經本相應位置未見，而有『此菩薩以軟中上心』句（卷一五），又有『其網柔軟如兜羅綿』句（卷一七），『煗』『軟』音近，古多有混同之例，或即此字所出。參看斯二一四二號背《大寶積經難字》校記〔五三〕。又經本卷五六有『以煖蘇油，或榆皮汁及餘滑物，塗其手上」句，其中的「煖」慧琳《音義》引作「㬉」，云「奴管反，《韻詮》云：㬉，温也。或作暵。有作暖、煖，俗字也」，可參。

〔一八〕苹，斯二一四二號背《大寶積經難字》經文第十八卷難字下亦載此字，然經本未見，而有「或時遊覽同萃河濱」句，疑「苹」即「萃」字俗訛。參看斯二一四二號背《大寶積經難字》校記〔六〇〕。

〔一九〕梲，經本卷一八有「譬如下賤半挓迦人，對於輪王則無可諭，威光德望悉皆無有」句，俗書扌旁木旁不分，「梲」「挓」應爲一字之變，應即此字所出。參看伯三一〇九號《諸雜難字》校記〔一三七〕。

〔二〇〕此五字底卷横書，係「日月星天地」的唐武周新字，至於是否亦出於《大寶積經》寫本，則不得而知，以其底卷所有，因附録於末。此外，底卷另有「佛説」「我」等習字，此不録。

大寶積經難字（一）

斯二一四二背

【題解】

本篇底卷編號爲斯二一四二背。正面爲《當寺上藏諸雜經袟點勘録》（擬題），背爲本篇，凡三十七行，行抄難字十四字左右。首行行首題『《大寶積經》第一袟』字樣，第七行『淳』字右側有旁注添補的『弟二袟』字樣。所摘難字除個別出處待考外，餘均見於唐菩提流志譯的《大寶積經》。《大寶積經》凡十二帙一百二十卷，底卷所摘難字始於經本第一帙第三卷，終於第十一帙第一〇九卷，但中間有若干帙無難字，最後一帙難字亦未見，或許與作者所見經本不全有關。多數難字按經文先後順序摘録，亦有少數先後錯亂者。除前二帙外，所摘難字前不標帙數，且帙與帙、卷與卷之間皆接抄不分（爲清眉目，校録時按帙分段録出）。本篇後底卷另頁右部抄《大寶積經》第十一袟之會、卷、品開闔録；左部倒抄『《大寶積經》第一袟　第一卷』、『第二』、『第三』、『第四』、『第五』、『第六』六行文字，後者字體與本篇同，其中前四行下空白未書，『第五』行下抄難字十，『第六』行下抄難字二，與本篇『第一袟』下所抄部分難字相合（參看校記〔三〕、〔六〕），疑此段實爲本篇初稿，抄手原打算把所摘難字按帙卷分列，後因故棄去，而另頁重抄。《索引》稱本篇爲『大寶積經第一袟怪僻字』，《索引新編》同，《英藏》擬題『大寶積經第一袟字樣』，《金目》擬題『大寶積經雜抄』，皆不準確，兹據内容改擬今題。所抄難字往往與日本正倉院《聖語藏》本、日本宮内省圖書寮本及慧琳《音義》所引等古本《大寶積經》經本相合，頗有可據以糾正後世刻本傳刻之誤者（參看校記〔八九〕、〔一三六〕、〔一六五〕）。所抄難字僅有一處有注音，且似係録自經本原有的舊音（參看校記〔六六〕）。

底卷正面《當寺上藏諸雜經袟點勘録》末有『大唐乾德二年歲次甲子四月廿三日經司僧政惠晏、法律會慈等』點勘經袟題記，其中『大唐』應爲『大宋』之誤，『乾德』係宋太祖年號，『大宋乾德二年』即公元九六四年。背面《大寶積經》難字抄録的時間當稍晚於正面。

本篇未見前人校録。兹據《英藏》影印本并參考《大正藏》本（校記中一般徑稱經本）、《中華大藏經》（據《金藏》本或《高麗藏》本影印，故文中徑稱《金藏》本或《麗藏》本）本《大寶積經》經文及慧琳《音義》卷一一至一五《大寶積經》音義（校記中徑稱慧琳《音義》），校録全文如下。

《大寶積經》第一袟　嚢槖。〔一〕勵。〔二〕暎。〔三〕轂。〔四〕豫。擔（擔）。瀑。蔽。玩。逯〔五〕。槁。轂。嗅。〔六〕胝（胝）。霓。攘。皤。虘（瘡）。炬。〔七〕捺。謎（謎）。雞。谿〔八〕。旅（旅）。〔九〕鏉。〔一〇〕賖。罊。〔一一〕槖。〔一二〕邳（邸）。〔一三〕鉤鎖。〔一四〕兆垓。〔一五〕忻。痎。〔一六〕疊。〔一七〕訑。駃。恢。〔一八〕滛（淫）。〔一九〕祴。裹。呻。蠱。〔二〇〕辭。瘵（瘳）。完。姝。寀（寀）。叩。〔二一〕摶。饍。裏。〔二二〕沓。粗。〔二三〕蹇。俳。〔二四〕訑。憒。觚。誼。韜。〔二五〕稍。滑。朐。〔二六〕栴。〔二七〕闐。鏗。欬。龘獱。〔二八〕脅（脅）。腨。頸。紺。敏。蟲（蟲）。

第二袟〔二九〕　淳淑（淑）。〔三〇〕釭。秏。〔三一〕麩。赭。〔三二〕裸。菔。朕。〔三三〕弊。蕪。搆（搆）。潼。〔三四〕麋。縵。〔三五〕鐥。跳。饌。〔三六〕恪。璝。〔三七〕操。〔三八〕整（整）。嬈。胞。〔三九〕蠲。騁。剖。苞。〔四〇〕内。〔四一〕疊。〔四二〕莖。〔四三〕嗤。〔四四〕綩綖。涎。〔四五〕適。倚。鄙。〔四六〕煒曄。〔四七〕膳。顧（顧）。酌。竊（竊）。遜。擲。〔四八〕梱。匱。犇。〔四九〕僞。庠。詳。〔五〇〕媚（媚）。訢。鑒。〔五一〕儔。忻。蒸。〔五二〕賑。屣。唄。摧。熡。〔五三〕癲（癲）。緩。〔五四〕拖。〔五五〕槃（轂）。嘯。矯（矯）。〔五六〕啖。〔五七〕瑳（瑳）。濬。〔五八〕激。濯。濱。馥。〔五九〕芐。〔六〇〕珥璫。〔六一〕蹈。階。摽。〔六二〕擐。叢（叢）。瞬。茵（茵）。縶。顧。〔六三〕躁。泄。痰。剡。礫。溝（溝）。偃。嬾惰。〔六四〕祚。〔六五〕佤（低）。音萬。〔六六〕宜（寡）。〔六七〕

軛。〔六八〕垣牆。悚慄。〔六九〕衮。〔七〇〕雉。沼。整（整）。〔七一〕縈。〔七二〕櫰。掁。映。亮。蘔。〔七三〕裔。
翩。驅。〔七四〕棖臯。〔七五〕衒。〔七六〕扑。〔七七〕撾。椽。捔。挑。備。詎。〔七八〕攢（攢）。搖。〔七九〕燧。諭。
炷。〔八〇〕苣（茵）。燎。魁膾。罥。
怡。〔八一〕膅。〔八二〕屖。〔八三〕窪。〔八四〕胜。〔八五〕腭。〔八六〕煖。膜。〔八七〕整（整）。憺（憺）。惛。〔八八〕耄。
輓。弶（弶）。株杌。〔八九〕涉。嬈。梯橙。〔九〇〕蹶。暴。純。掉。拕。〔九一〕聳（聳）。〔九二〕漚。混。〔九三〕
懺（懺）。〔九四〕燼。迮。逃。〔九五〕厲。侮。〔九六〕徑。擯。謇。翼。〔九七〕贖。鸝。捷。墠。〔九八〕栽。
垗。〔九九〕
諠譁。〔一〇〇〕叡。鋭。鍵。昵。囹圄。毬。〔一〇一〕桎梏。闢。鄙。刖。矯（矯）。紆。感。譽。
譏。貶。晧。〔一〇二〕紡。綫。縷。癊（癊）。癲（癲）。〔一〇三〕癰（癰）癧（癧）。〔一〇四〕淡。〔一〇五〕挺。〔一〇六〕
灼。塡。坏。敦。〔一〇七〕各。〔一〇八〕貯。嬾（嬾）惰。〔一〇九〕馲駝。斟。管。〔一一〇〕弊。脆。抑（抑）。寮。
贛（贛）。〔一一一〕頸。僻。姦。旅（旅）。〔一一二〕頳（頳）。嶷。繚戾。傴。椊。〔一一三〕俯。欻。〔一一四〕蜫。
憒。稍。〔一一五〕梓。〔一一六〕擕（攜）。〔一一七〕抗柜（拒）。〔一一八〕勀（勊）。驍。挫。臧賕。〔一一九〕瓅。〔一二〇〕齩。
謔。稚。恬。鎣。煚。〔一二一〕窣。堵。僚。陷。掩。琑。〔一二二〕屏。膏。〔一二三〕寃（冤）。墟。
瘀泥。〔一二五〕腥。迭。隋。〔一二六〕嘶。〔一二七〕煤。〔一二八〕嚙。剜握。〔一二九〕昴（昂）。〔一三〇〕欵。噍。
踈。〔一三一〕憘。〔一三二〕斂（斂）。採。蠅（蠅）蝱。挾。訾。〔一三三〕籠。紐。唉。〔一三四〕邃。〔一三五〕鞞。鹽。
嵐。膽（膽）。肪。腋。腰。跨。蹲。〔一三六〕踝。蒸。腝（暖）。〔一三七〕胞。稠。餔。竅。脹。矚。
竅。〔一三八〕瓠。〔一三九〕紝。騁。〔一四〇〕内。〔一四一〕秔。〔一四二〕糠糩。嘿。〔一四三〕效。〔一四四〕訙。〔一四五〕挍。㦗。〔一四六〕
塚。冀。〔一四七〕牀榻。蜈蚣。蚊虻。〔一四八〕螫。擣。〔一四九〕瘟。〔一五〇〕醘。〔一五一〕戮（戮）。恕。諾。蹇。埳。

險隘。〔一五二〕嶮。詭。〔一五三〕緆（縵）。〔一五四〕視。纖（纖）。軟。佷。儲。儐。〔一五五〕鈍。墜。謗。劇。羸。睒。抒。倮。〔一五六〕股。恤。猨猴。敘（殺）。慠。〔一五七〕餐。〔一五八〕雉。筒。擾。誘誑。腐。盪突。〔一五九〕鈎。〔一六〇〕蹵。〔一六一〕鋪。稨膠（膠）。〔一六二〕

顗。顒。〔一六三〕擗。〔一六四〕怏。〔一六五〕頞。萎。劬。躑躅。〔一六六〕椽。〔一六七〕嘲譁。賄。滴。讁。雌。混。隥。炤。捫。〔一六八〕綜。〔一六九〕類。〔一七〇〕昤。〔一七一〕殞。〔一七二〕

羂。〔一七三〕斂。〔一七四〕腐。絡。鼉。〔一七五〕蠒。〔一七六〕耄。瘠。〔一七七〕鳌（鼇）。〔一七八〕髆。墜。〔一七九〕棓。塊。遽。慫。握。綩綖。〔一八〇〕晌。〔一八一〕（原文抄寫至此止）

【校記】

〔一〕囊橐，經本卷三有『爐前鼓橐囊』句，又有『初不見囊橐』句，當即此二字所出。

〔二〕勵，經本卷三有『修行非猛勵』句（在『爐前鼓橐囊』、『初不見囊橐』二句之前），卷二又有『言詞麁獷慘勵顰蹙』句，似即此字所出，唯字序略有不同。

〔三〕自『暵』至第二個『瞉』十字底卷另頁倒抄重出，列在《大寶積經》第一袟『第五』卷之下；查該十字順序見於經本卷五。《金藏》本經文有『若諸菩薩眼見色已，而由不可暵奪智力』、『菩薩以意了知法已，而由不可暵奪智力』等句，即此字所出；『暵』爲『暎』的古異體字（斯三八八號《字樣》：『暵暎：《説文》、《字林》等上二字皆相承用。』），《大正藏》本正作『映』。

〔四〕瞉，經本卷五有『破無明殼，超於天人』句，《大正藏》校記云『殼』字宋《資福藏》、元《普寧藏》、明《嘉興藏》本及日本宮内省圖書寮本作『瞉』，應即此字所出；『殼』『瞉』爲古異體字。

〔五〕遂，字書或以爲『遁』的或體，但此字經本相應位置未見，疑爲『逯』字之訛，經本卷五相應位置有『逮得最上清淨之法」句，「逯」即「逮」字或體，疑即此字所出。

〔六〕「嘷」和下「瓶」字底卷另頁倒抄重出，列在《大寶積經》第一袟「第六」卷之下；查「嘷」以下至「雞」九字見於經本卷六（先後順序略有不同）。經本有「不令衆生嗅地獄香」句（其中的「嗅」字慧琳《音義》引作「齅」），當即「嘷」字所出。慧琳《音義》卷七九《經律異相》第三十七卷音義以「嘷」爲「齅」的俗字；蓋「齅」或體作「嗅」，「臭」字俗作「臯」，故「嗅」俗又换旁作「嘷」。

〔七〕炬，經本卷六有「燃大法炬」句，但此句經本在上文「胝」字句（「我開示此無量俱胝劫所積集無上法藏」）之後，字序不合；經本「瘧」字句、「捺」字句之間有「阿矩羅波」句，疑此「炬」或即「矩」字之訛（底卷「炬」字之上本寫有一「矩」字，但已點去）。

〔八〕捺，此字經本未見，而有「達摩奈唎設那弭輸達儞」等句，其中的「奈」字日本宫内省圖書寮本作「捺」，或即此字所出。

〔九〕「谿」以下至「賒」四字順序見於經本卷七。

〔一〇〕鏉，「鎩」字的俗寫（《集韻·黠韻》以「鏉」爲「鎩」字或體），猶「殺」字俗寫作「煞」；經本有「阿怒去鎩（二合）簸儞」，又有「阿寧去鎩（二合）簸儞」，慧琳《音義》引出「去鏉」條，云「音沙賣反」，當即此字所出。

〔一一〕齧，經本卷二有「染著之心猶如噬齧」句，疑爲此字所出。

〔一二〕櫜，同「韛」，字又作「鞴」，此字經本未見，唯卷三有「爐前鼓橐囊」、「不能鼓風橐」等句，「橐」「櫜」形近義同，疑古本經文「橐」字有作「櫜」者，爲底卷所本。

〔一三〕邳，《金藏》本經文卷七有「譬如迦利邳迦月圓滿時」句，即此字所出，「邳」爲「邸」的俗字，《大正藏》經文正刻録作「邸」。

〔一四〕「鉤鎖」以下至「蹇」除「恢」、「蟲」二字外皆見於經本卷八，但字序略有不同。經本有「其身堅強猶如鉤鎖」句，應即「鉤鎖」二字所出；但經本此句在下文「兆垓」二字句之後，字序不一。

〔一五〕兆垓，經本有『積功累德億億載兆姟』句，其中的『兆姟』日本宮内省圖書寮本及慧琳《音義》、可洪《音義》引作『兆垓』，應即此二字所出。

〔一六〕瘀，『癈』的俗字，經本有『解衆廢亂顯示正真本無之法』句，『癈』『廢』俗書相混無別，應即此字所出。

〔一七〕疊，經本有『斷無量舋示其罪福』句，《干禄字書》以『疊』爲『舋』的俗字，應即此字所出。

〔一八〕恢，此字經本未見，出處俟考。

〔一九〕淫，經本有『使諸貪婬不貪財業』句，『婬』『淫』古異體字，應即此字所出。

〔二〇〕蠱，此字經本未見（經本相應位置有『化作一蠱獸名曰仁良』句），出處俟考。

〔二一〕叩，經本有『假使衆生婬怒癡盛，男女大小欲相慕樂，即共相娯，貪欲塵勞悉得休息』句，其中的『即』字日本宮内省圖書寮本作『叩』，應即此字所出。

〔二二〕裹，此字底卷本作『裒』形，應爲『裹』字俗訛，此録正；經本有『不服摶食以安其身，以斷衆饍；愍傷衆生而現復食，不以飯食入於體裹』句，應即『摶』以下三字所出。

〔二三〕粗，經本依次有『粗舉其要』、『真陀羅，揵沓和』句，『粗』在『沓』字之前，字序略有不合。

〔二四〕『俳』以下至『滑』八字順序見於經本卷九。

〔二五〕䂊，經本有『便敕工師作七寶瓶極好團圓，作七寶䂊顯現微妙』句，慧琳《音義》引出『寶䂊』條，云『牽結反，《埤蒼》：䂊受一斗，北燕人謂瓶爲䂊，大瓶也』，『䂊』、『䂊』皆爲『䂊』字俗訛，即此字所出。

〔二六〕胸，文中當爲『眴』字俗訛；『眴』以下至『蠱』十三字見於經本卷一〇，但經本所見依次爲『眴、閡、旃、鏗、欬、罨獷、紺、頸、脅、腨、敏、蠱』，字序略有不同；經本有『若天人民目視不眴者，見如來目未曾眴』句，應即『眴』字所出。

〔二七〕栴，經本有『或無憂華旃匐色』句，『栴』蓋『旃』字音譯之異，應即此字所出；但經本此句在下『閡』字句（『便見如來光無所閡』）之後，字序不同。

〔二八〕麤獷，經本有「無剛鞕音，無麄獷音」句，慧琳《音義》引出「麤獷」條，云「麤」字「《説文》從三鹿，今省作麄」，即此二字所出。

〔二九〕「弟二袟」三字底卷係旁注補加。「淳淑」以下至「宣(寡)」一段係出於經本卷十一至二十。

〔三〇〕「淳淑」二字以下至「剖」字除「饌」、「胞」二字外皆出於經本卷十一，字序略有不同。

〔三一〕秏，經本有「建立聖威未曾損耗」句，「耗」爲「秏」的俗字，《中華大藏經》影印《麗藏》本正作「秏」，即此字所出。

〔三二〕「赭」以下五字經本所見順序爲「弊」「赭」「裸」「睒」「蔽」，先後有別。

〔三三〕腅，經本有「或現服食猶孝子睒」句，「腅」應即「睒」字俗訛（參看上文校記〔二六〕）。

〔三四〕潼，經本有「有彌迦女名善蔭，搆千頭牛而取其乳，展轉相飲，取後淳湩，用作湩糜」句，可洪《音義》引出「淳潼」條，「潼」應即「湩」字俗訛。參看伯三一〇九號《諸雜難字》校記〔九九〕。

〔三五〕「縵」以下三字經本所見順序爲「跳」「鐳」「縵」，先後有別。

〔三六〕饌，此字經本卷十一未見，出處不詳。

〔三七〕璝，經本有「瑰奇之寶以用作鈴」句，慧琳《音義》引出「瓌奇」條，云「瓌」字「公回反……經文從貴作璝，俗用非正體，此字起自赫連勃勃男名也，非本字也」，可洪《音義》引出「璝奇」條，云「上古迴反」，按「瓌」「瑰」古異體字，「璝」蓋「瑰」或「瓌」的改換聲旁俗字。

〔三八〕操，經本有「兵仗嚴整，頭首各異，志願各別，飯食所行，志操不同」句，應即此字及下「整」字所出，字序略有不同。

〔三九〕胞，此字經本卷十一未見，而卷十有「無四大胞胎」句，或係從彼卷闌入。

〔四〇〕「苞」字以下至「倚」字除「莖」「嗟」「涎」三字外，餘皆出於經本卷十二，字序亦同。

〔四一〕內，「吏」的訛俗字，「吏」又爲「鬧」的會意俗字，經本卷十二有「若見衆生在於憒鬧，不能安心」句，可洪

《音義》引出『憒內』條，云『下女皃反』，應即此字所出。

〔四二〕疊，經本有『從其緣化所宜道法，無有罪釁』句，慧琳《音義》引出『罪釁』條，云『釁』字『經作疊，謬也』，可洪《音義》引正作『疊』，即此字所出。

〔四三〕莝，就字形而言，此字可定作『筮』的俗字，斯二三一四號《大般涅盤經》卷二六云：『卜莝吉凶，推步盈虛。』其中的『莝』字《中華大藏經》影印金藏廣勝寺本作『筮』，『莝』即『筮』字俗寫；但《大寶積經》經本未見『筮』字，而卷十二相應位置有『（蓮花）其莖根在水』句，疑此處『莝』乃『莖』字俗訛。

〔四四〕唑，蓋『噬』的俗字（參上條），經本卷二有『染著之心猶如噬齧』句，或即此字所出；但卷帙不合，故仍是疑問。

〔四五〕涎，經本卷二有『昏癡睡眠涎唾流溢』句，但卷帙亦不合，存疑。

〔四六〕『鄙』以下至『遜』八字，皆出於經本卷十三，字序亦合。

〔四七〕煒曄，經本有『光色暐曄』句，『暐』乃『煒』的換旁俗字，應即此二字所出。

〔四八〕『擲』以下三字出於經本卷十四，底卷此三字插在經文第十三卷難字之間，字序有參差。

〔四九〕『犇』以下三字又出於經本卷十三，其中『僞』字經本在『庠』字後，字序略有不同。

〔五〇〕『詳』以下至『忻』六字又出於經本卷十四，字序亦合。

〔五一〕鑿，『鑿』的俗字，北齊顏之推《顏氏家訓·書證》稱當時俗字『鑿頭生毀』，即此形；經本有『設使有人穿鑿其地』句，即此字所出。

〔五二〕『蒸』以下至『癲』七字大抵出於經本卷十五，字序略有不同。

〔五三〕煥，此字經本卷十五未見，而有『此菩薩以軟中上心』句，『煥』『軟』音近，古有混同之例；但『軟』字句經本在『癲』字句（『心多狂癲』）之後，字序不合，只能存疑。

〔五四〕『緩』以下四字大抵出於經本卷十六，字序略同。

〔五五〕拖，此字經本未見，而卷十六相應位置有「此菩薩行施不行慧」、「應以一切物施」等句，俗書「方」形構件與「扌」旁相亂，疑此「拖」即「施」字俗訛。

〔五六〕「矯」以下三字出於經本卷十七，字序相同。

〔五七〕餤，經本有「蘇焰摩天」一稱，可洪《音義》引出「餤摩」二字，云「上羊染反」，「餤」「焰」古異體字，應即此字所出。

〔五八〕「濬」以下至「縶」十六字大抵出於經本卷十八，字序略有不同。

〔五九〕馥，經本有「有諸天香世無能喻隨風散馥」句，應即此字所出；但此句經本在上「濱」字句之前，字序略有不合。參下條。

〔六〇〕苹，此字經本未見，卷一八有「或時遊覽同萃河濱」句，「萃」字俗書可作「苹」，疑「苹」即「萃」字俗訛；唯「萃」字經文在「濱」字之前，字序略有不合。參看斯三五三九號背《大寶積經略出字》校記〔一八〕。

〔六一〕珥璫，經本有「復有無量上妙衣服寶冠環釧耳璫瓔珞花鬘帶鎖諸寶莊嚴」句，其中的「耳璫」宋《資福藏》本、日本正倉院聖語藏本及可洪《音義》引作「珥璫」，義同，應即此二字所出。

〔六二〕摽，經本有「於一切處標式既無，亦無名號」句，其中的「標」字慧琳《音義》引同，云「必遥反，《集訓》云舉也，書也，書板爲牓也。《説文》木也，從木、票聲也」；底卷從手旁作，俗寫。

〔六三〕「顧」以下至「嬾惰」十字出於經本卷十九，字序大體相合。

〔六四〕嬾惰，經本有「此諸人等非一坐定得盡諸漏名懶惰人」句，其中的「懶」字日本正倉院聖語藏本作「嬾」，「嬾」爲「嬾」字的俗寫，「懶」則爲「嬾」的後起換旁字。

〔六五〕「祚」以下至「寡」四字出於經本卷二十，字序大體相合。

〔六六〕，經本有「譬如低彌羅樹，隨分斷處皆有卍（原注：音萬）字之文」句，「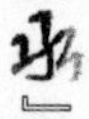」即「卍」字草書之變，後者慧琳《音義》以爲如來身上「吉祥之文，大福德之相」。

〔六七〕宜，『寡』字俗訛，經本有『既於正法寡聞轉增不信』句，即此字所出。

〔六八〕『軛』以下至『罥』一段出於經本卷二二至三十，爲第三帙；但底卷第三帙以下失著帙名，兹據實際内容分帙録出。經本卷二二有『邪趣衆生令於此乘住衆善軛』句，即『軛』字所出。

〔六九〕『垣牆』『悚慄』二條順序出於經本卷二三。

〔七〇〕『衺』以下至『縈』五字順序出於經本卷二四。經本有『時彼大洲，廣長延衺七萬由旬』句，即『衺』字所出；慧琳《音義》引『衺』作『裔』，云『下盈翳反，杜注《左傳》云：裔，遠也。《廣雅》云：裔，四表也，出也。《説文》：裔，衣裾也。……經文從矛作衺，非也』。

〔七一〕整，經本有『池沼渠流，一一盈滿；涯岸階砌，飾以衆寶；周迴平正，出入安隱』句，其中的『正』字《大正藏》校記稱宋《資福藏》、元《普寧藏》、明《嘉興藏》本及日本宫内省圖書寮本作『整』，應即此字所出。

〔七二〕『榱』以下至『翩』七字出於經本卷二五，字序略有不同。

〔七三〕蘂，《集韻·紙韻》同『蘃』，經本有『華蘃甘實，一一榮茂；名香普熏，聞者欣悦；鳥獸和鳴，其聲雅亮』句，可洪《音義》引出『華蘂』條，云下字『如水反』，應即此字及上『亮』字所出；經本『蘃』在『亮』字之前，字序不一。

〔七四〕驅，經本卷二六有『非驅使者非邪命活故』句，應即此字所出。

〔七五〕棖觕，經本卷二七有『我宫殿樓觀欄楯寶樹，園林娱樂處，互相棖觸，出如是音云』句，其中的『棖觸』慧琳《音義》引作『振觕』，云『上宅衡反……《考聲》：振，撞也。從手、長聲也。……下衝燭反，《廣雅》：觕，揬也。……或作觕。從牛、角，會意字也。經作觸，俗用』；可洪《音義》引作『棖觕』，與底卷字形同。

〔七六〕『衒』以下至『備』七字大抵出於經本卷二八，但經本所見依次爲『衒、弄、挽、備、椽、撾、挑』，序次略有不同。

〔七七〕『抃』文中應爲『拚』字俗訛，『拚』爲『拵』字俗體，而『拵』又爲『弄』的增旁俗字；經本卷二八有『共毒蛇戲，捉諸毒蛇，若含若磨，種種弄之。而終不以弄蛇因緣被害命終」等句，可洪《音義》引出「抃之」條，云「上郎貢反」，應即此字所出。

〔七八〕「詎」字及下「攢」、「燧」、「諭」三字《大寶積經》卷二九至三十未見，所出不詳（卷二一有「攢」、「諭」二字）。但伯三一〇九號《諸雜難字》卷二九至三十間亦載有「詎、攢（攢）、諭」諸字，與底卷所處位置相類，或古寫本經文與今傳本有别，俟考。參看伯三一〇九號《諸雜難字》校記〔一六四〕。

〔七九〕「摇」字見於經本第二十七、三十等卷，但字序略有不合。參上校。

〔八〇〕「炷」以下至「罥」六字出於經本卷三〇，但經本所見依次爲「燎、茵、魁膾、罥、炷」，序次有所不同。

〔八一〕「怡」以下至「栽」一段出於經本卷三一至四〇，爲第四帙。經本卷三一有「爾時世尊知月光童子深心所念，熙怡微笑，放金色光」句，應即「怡」字所出。

〔八二〕膌，經本卷三二有「髀膊膌滿足跟長」句，「膌」字可洪《音義》引同，慧琳《音義》引作「傭」，「膌」即「傭」的換旁俗字，應即此字所出。

〔八三〕「屖」字《説文》釋「屖遲」，此一用法的「屖」亦作「栖」或「棲」；「屖」字古書亦或用作「犀」的俗字（慧琳《音義》卷八六《辯正論》第六卷「犀首」條謂「犀」字「從牛，從尾省，《論》從辛作屖，非也」）；但「屖」、「栖」、「棲」、「屖」諸字經本卷三一至四〇均所未見，疑「屖」字有誤。

〔八四〕窐，經本卷三一有「隨所履地無窊曲」句，其中的「窊」字《大正藏》校記引《聖語藏》本作「窐」，應即此字所出；慧琳《音義》引作「窪」，云「烏瓜反，或作窊、洼，三體同，……《説文》從穴、洼聲也。或作凹，俗字也」；《中華大藏經》校記引《房山石經》本及可洪《音義》引亦作「窪」；《玉篇·穴部》謂「窐」同「窳」，「窳」「窊（窪）」均有凹陷、低下之義，二字義皆可通，但就字形而言，底卷「窐」應爲「窪」字俗訛，《玉篇》以爲同「窳」，似未達於一間。

〔八五〕胜，經本卷三一有「髀膊膌滿足跟長」句，慧琳《音義》出「髀膊」條，云「上卑米反，《字書》股外也；《説文》

從骨、脾(卑)聲也。經文作胜,俗字也」,可洪《音義》引出「胜膞」條,云「上步米反」,應即此字所出。

〔八六〕「膀」及下「煖」字順序見於經本卷三四。

〔八七〕「膜」以下至「弶」七字皆出於經本卷三五,但經本所見依次爲「鼇、憎、輓、膜、惛耄、弶」,序次有所不同。

〔八八〕惛,經本卷三五有「情識惛耄,頭白髮落」句,其中的「惛」字《麗藏》本本作「惛」,「惛」即「惛」的古異體字,即此字及下「耄」字所出。

〔八九〕「株杌」以下至「柁」十一字順序出於經本卷三六。經本有「屏除草穢瓴瓦礫石株杌毒刺」句,其中的「杌」字《金藏》本略同,《大正藏》校記稱元《普寧藏》本、明《嘉興藏》本作「机」,「杌」、「机」皆即「杌」的訛俗字,當據底卷校正,即「株杌」二字所出。

〔九〇〕梯橙,經本卷三六有「爲一切衆生作勝導師……爲大梯隥,爲橋爲船,爲濟度者」句,「橙」即「隥」的偏旁類化俗字(涉「梯」字類化换從木旁),即此字所出;慧琳、可洪《音義》引亦作「梯隥」,慧琳引《韻英》云「隥亦梯也」。斯六七號《大般涅槃經》卷七:「佛亦如是,最爲尊上,非法僧也,爲欲化度諸世間,故種種示現差別之相,如彼梯橙。」其中的「梯橙」《中華大藏經》影印《高麗藏》本同,《中華大藏經》校記云「橙」字諸本作「隥」,可資比勘。

〔九一〕拕,經本卷三六有「若行柁那得大財富」句,其中的「柁」字《金藏》本及慧琳、可洪《音義》引皆作「拕」,即此字所出;慧琳《音義》云「拕那,梵語訛也,正云馱曩,唐雁施」;「拕」「柁」「馱」音近,爲譯音者用字之異。

〔九二〕「犛」及下「漚」字順序見於經本卷三七。

〔九三〕「混」以下四字皆出於經本卷三八,但經本所見依次爲「幟、混、迮、燼」,序次不同。

〔九四〕𢡳,「幟」的俗字,經本卷三八有「若諸聖人更求邪師受邪標幟」句,即此字所出。

〔九五〕「逃」字及下「厲」、「徑」二字見於經本卷三九,經本所見「厲」在「徑」後,而底卷「厲」、「徑」二字間的「侮」

字經本則在卷四〇。

〔九六〕「侮」字及下「擯」至「栽」八字見於經本卷四〇，但經本所見依次爲「擯、謇、澀、黷、栽、憚、鸝、捷」，字形及序次皆有所不同。另參上條校記。

〔九七〕翋，經本卷四〇有如來語者「不謇吃語，不繁亂語，不澁鈍語」句，「澁」字《干禄字書》以爲「澀」的俗字，而「澀」又即「翋」的增旁俗字，即此字及上「謇」字所出。

〔九八〕「墠」字《大寶積經》經本未見，文中應爲「憚」字俗訛，經本卷四〇有如來語者「無怯憚語」句，當即此字所出。

〔九九〕「㑊」字字書不載，疑爲「怯」字之訛，經本卷四〇、經本卷四一皆有「怯」字，然字序皆不盡合，存疑。參上條。

〔一〇〇〕「諠譁」以下至「墟」一段出於經本卷四一至四八，爲第五帙。「諠譁」以下至「瘡」二十五字出於經本卷四一，經本所見順序依次爲「諠譁、譽、瘡、叡、鍵、昵、圂圄、桎梏、毬、鬪、鋭、鄙、刖、矯、紆、慼、譏、貶、皓、紡、綫、線、縷」，字序略有不同。

〔一〇一〕毬，經本卷四一有「如毱如輪轉圓不定」句，其中的「毱」字慧琳《音義》引作「毬」，云「渠尤反，《字書》皮丸也。或步或騎，以杖擊而爭之爲戲也。形聲字也。經文從匊作毱，俗字也」，即此字所出。

〔一〇二〕晧，經本卷四一有「成就如來晧齒齊列、不缺不踈平等之相」句，「晧」即「皓」的後起換旁俗字，即此字所出。

〔一〇三〕「癲」字至「姦」二十五字出於經本卷四二，經本所見順序依次爲「癲、癰瘤、痰、埏埴、灼、鼓、坏、嬾惰、馲駝、剉、弊、笮、脆、抑、瘰、鼱、頸、希、貯、僻、姦」，字形及字序略有不同。

〔一〇四〕癰瘤，經本卷四二有「觀是病身，諸界毒蛇恒相違害，多諸苦惱，多諸過患，癲狂癰瘤，疽癬惡癘，風熱痰飲，衆病所聚」句，其中的「癰瘤」《金藏》本作「癕瘤」，慧琳《音義》引作「癕瘤」，可洪《音義》引作「癕瘤」，

『𤸱』『𤻇』『𤸱』皆即『癰』的俗字，『癕』則『癰』字俗寫，即此二字所出。

〔一〇五〕淡，此字經本卷四二未見，而有『風熱痰飲衆病所聚』句（詳上條引），『淡』『痰』二字古通用，應即此字所出；慧琳《音義》卷三《大般若經》第三百三十一卷音義：『痰病，上唐男反，《集訓》云胷鬲中水病也。經文作淡，非也，此乃去聲，無味也，書人之誤者也。』可參。『痰飲』又作『痰癊』、『淡陰』、『淡飲』，指體内過量水液不得輸化，停留或滲注於某一部位而發生的疾病，稠濁者爲痰，清稀者爲飲。漢張仲景《金匱要略·痰飲欬嗽病脈證並治》：『其人素盛今瘦，水走腸間，瀝瀝有聲，謂之痰飲。』慧琳《音義》卷六《佛説除一切疾病陀羅尼經》音義：『痰癊，上淡甘反，《考聲》云鬲中水病也。《説文》從疒、炎聲。下邑禁反，《字林》作痊，心中淡水病也。《韻詮》云癊亦痰也。二字互訓。從疒、陰聲也。經文從草作蔭，非也。』又卷五九《四分律》第三十五卷音義：『淡陰，徒甘反，謂匈上液也。醫方多作淡飲。』又卷四六《大智度論》第五十三卷音義：『淡飲，徒甘反、於禁反，謂匈上液也。論文亦作陰。』皆可參。

〔一〇六〕挻，經本卷四二有『譬如陶師埏埴瓦器』句，慧琳、可洪《音義》引出『挻埴』條，慧琳云『上商延反，宋忠注《太玄經》「挻，和也」，如淳注《漢書》云擊也。從手，延聲。從土者，非也』，應即此字所出。按『挻埴』與土相涉，『挻』字又與從土的『埴』相連，遂亦類化换旁作『埏埴』，作『埏』亦合於形聲構字理據。

〔一〇七〕敦，《金藏》本卷四二有『譬如大海及以衆流，有泡沫聚，一切不堅，其性虚弱，不可敦觸』句，應即此字所出；『敦』應爲『敼』字俗訛，《中華大藏經》校記引《房山石經》、《麗藏》本正作『敼』；慧琳《音義》引出『敼觸』條，云『《聲類》：敼，撞也。……字從攴、亭聲也』。

〔一〇八〕希，『希』的俗字，經本卷四二有『説無我者不希戒』、『若得聞者爲希有』等句，應即此字所出。

〔一〇九〕嬾惰，『嬾』爲『嬾』的俗字，《金藏》本卷四二有『我於長夜遠離善友，惡友拘執，懈怠嬾惰』句，即此二字所出；《大正藏》本前字作『懶』，乃『嬾』的後起换旁俗字。

〔一一〇〕笮，此字下部底卷作『王』形，乃『乍』旁俗訛，兹徑録正；《金藏》本卷四二有『墮極苦地獄，壓笮於身首』

句，即此字所出；《大正藏》據《麗藏》本作「榨」，乃「笮」的後起換旁俗字。

〔一二一〕 戇，經本卷四二有「童蒙嬉戲，愚戇聾盲」句，其中的「戇」字慧琳《音義》引作「戅」，「戆」「戅」應皆即「戇」字俗訛，即此字所出。

〔一二二〕 「旅」字以下至「俯」八字順序出於經本卷四三。

〔一二三〕 桙，經本卷四三有「一者於佛浄信尸羅離心栽枿故」句，慧琳《音義》引出「栽桙」條，可洪《音義》引作「栽桙」；「桙」字古亦作「桙」，與「枿」爲古異體字，而「桙」「桙」即「桙」字俗省，即此字所出。《龍龕·木部》：「桙、桙，二正；枿，今：五割反，伐木餘一也。」可參。

〔一二四〕 「欻」字及下「蜫」「憒」二字順序出於經本卷四四。

〔一二五〕 「稍」字及下「梓」字順序出於經本卷四五。參下條校記。

〔一二六〕 梓，應爲「桙」字省變（「達」字亦從「羍」得聲，而敦煌寫卷多從省作「達」，是其比類），經本卷四五有「又能善修對治貪瞋癡等栽枿根本」句，「桙」「枿」古異體字，即此字所出。參看上文校記〔一二三〕。

〔一二七〕 「攜」以下至「挫」六字出於經本卷四六，但經本所見依次爲「攜、驍、抗拒、勍、挫」，序次略有不同。

〔一二八〕 抗柜，「柜」應爲「拒」字俗訛，經本卷四六有「唯有果敢雄猛丈夫，合率驍勇抗拒勍敵」句，即此二字及下「勍」、「驍」二字所出。

〔一二九〕 「臧賕」以下至「屏」十六字出於經本卷四七，但經本所見「煥（煖）」字在「窣堵」二字後，序次略異。經本卷四七有「若納贓財若損害」句，其中的「贓財」慧琳《音義》引作「臧賕」，云「上佐郎反，顧野王云納受財貨曰臧；……或作贓。……下音求，《韻詮》云枉法受財曰賕；《説文》以財枉法相謝也，從貝、求聲也」，即「臧賕」二字所出。

〔一三〇〕 瑮，《中華大藏經》影印《麗藏》本經文卷四七有「譬如餓狗慞惶，緣路遇值瑮骨」句，即此字所出；「瑮」爲「瑣」的俗字，《大正藏》本録作「瑣」，乃刻者改從正字。

〔一二一〕煗，《中華大藏經》影印《麗藏》本經文卷四七有『覆厚燸衣而取温適』句，其中的『燸』字《大正藏》本録作『煖』；按『煗』爲温暖義《説文》之本字，古書亦或借用『煖』字，而『燸』則即『煗』的類化俗字；慧琳《音義》卷一四《大寶積經》五十六卷『煗蘇』條下云『（煗）奴管反，《韻詮》云：煗，温也。或作㬉。有作暖、煖，俗字也』，可參。參看《敦煌俗字研究》下編日部『暖』字條。

〔一二二〕琑，此字《中華字海·補遺》王部云『音義待考。字出《ISO－IECDIS10646 通用編碼字符集》』，考經文卷四七相應位置有『不應依附彼枯骨瑣住慳衆生而爲修學』句，『琑』應即『瑣』的訛俗字；《龍龕》卷四玉部正以『琑』爲『瑣』的俗字，是其切證。

〔一二三〕『膏』以下至『墟』三字順序出於經本卷四八。

〔一二四〕『䆗』字上部底卷宀下作䒑，應爲穴旁贅筆俗寫，兹徑録正；『䆗』應爲『冤』（俗字亦作『寃』）的訛俗字，經本卷四八有『見諸衆生種種疫病逼惱其身，煩寃纏繞，無有救濟』句，應即此字所出。

〔一二五〕『瘀泥』以下至『黐膠』一段大抵出於經本卷七一至卷八〇，爲第八帙；而此前經本卷四九至七〇凡二十二卷無難字摘録，原因不詳。『瘀泥』以下至『迭』四字出於經本卷七一。

〔一二六〕隋，《原本玉篇殘卷·阜部》有此字，『辭規反，《漢書》南陽有縣也』，按《漢書·地理志》南陽郡有隨縣，『隋』即『隨』字俗省（今字亦作『隋』），經本卷七一『迭』字後、卷七二『嘶』字前皆有『隨』字，或即此字所出，但具體對應之字未詳。

〔一二七〕『嘶』以下至『唉』十九字大多出於經本卷七二，但經本所見依次爲『嘶、嚙、剜掘、蠅虻、昂、欨、嘸、憘、踈、採、歛、挾、訾、籠、紐、笑』，序次有所不同。

〔一二八〕熯，此字經本卷七二未見；考伯三一〇九號《諸雜難字》經文卷七二所録難字『嘶』下亦有『熯』字，順序同，或底卷所據經文與今傳本有異。參看伯三一〇九號《諸雜難字》校記〔三五〕。

〔一二九〕剜握，『握』應爲『掘』的訛字，經本卷七二有『喜嚙草木，喜以脚指剜掘於地』句，即此二字及上『嚙』字所出。

〔一三〇〕昴，就字形而言，此字應爲『昴』字俗寫，但《大寶積經》經本并無『昴』字，文中此字應爲『昂』字之訛，《中華大藏經》影印《麗藏》本經文卷七二有『喜樂動頭驅遣蠅虻，常憘昂頭欠㰦空噍』句，應即此字及下『㰦、噍、蠅虻』四字所出。

〔一三一〕踈，《中華大藏經》影印《麗藏》本經文卷七二有『亦憘兩舌，破壞他人；踈齒高心，輕蔑他人』句，其中的『踈』字《大正藏》本録作『疎』，『踈』『疎』實皆爲『疏』字俗寫，應即此字及下『憘』字所出。

〔一三二〕憘，經文已見上條引，乃『喜』的增旁俗字，《大正藏》本徑録作『喜』，乃刻者臆改；上文校記〔一二九〕條所引經文『喜以脚指剜掘於地』的『喜』字《麗藏》本亦本作『憘』，慧琳《音義》引出『憘以』條，與《麗藏》本合，作『喜』亦爲《大正藏》本刻者所改，可參。

〔一三三〕訾，經本卷七二有『親近善人，毀呰惡人』句，《大正藏》本校記云『呰』字《聖語藏》本作『訾』，可洪《音義》引亦作『訾』，『訾』即『呰』的古通用字，應即此字所出。

〔一三四〕咲，經本卷七二有『世尊知彼諸外道等得其深信，如作微笑現瑞光明』等句，其中的『笑』字《中華大藏經》影印《麗藏》本作『笑』，『咲』即『笑』的增旁俗寫字；傳世古書有『咲』字，又爲『咲』字訛省。

〔一三五〕『遂』以下至『矚』十九字經本出於卷七三，但經本所見依次爲『遂、鞞、鹽、嵐、肪、膽、腋、腰、跨、蹲、踝、暖、蒸、胞、稠、餔、竅、脹、矚』，字序略有不同。

〔一三六〕蹲，此字底卷作『蹲』，《中華大藏經》影印《金藏》本經文卷七三有『餘殘水在於一人身齊咽，至腋至臍，至腰至跨，至蹲至踝』句，慧琳《音義》出『至蹲』條，云『遄耎反，《字書》：蹲，足跐（腓）腸也。從足、専聲也』，『蹲』當爲『蹲』字俗寫，猶『専』當爲『專』字俗寫（參看《敦煌俗字研究》下編寸部『專』字條），即此字所出；《大正藏》本經文『蹲』字刻作『蹲』，非是。

〔一三七〕腝，此字文中當爲『暖』字俗訛，經本卷七三有『身中所有温煖蒸熱』句，《大正藏》校記云『煖』字宋《資福藏》、元《普寧藏》、明《嘉興藏》本及日本宮内省圖書寮本作『暖』，當即此字所出。

〔一三八〕竅，此字上文已出，查經本卷七三有『所有空孔竅』句，此句經文在『餔』字之後，『脹』字之前，底卷前一『竅』字字序與經本相合，此外卷七一至卷八〇間别無『竅』字，故底卷後一『竅』字疑爲衍文當删。

〔一三九〕『瓠』字及下『紝』字順序出於經本卷七四。

〔一四〇〕騁，此字經本第八帙（卷七一至八〇）未見，稍後卷八六有『馳騁五欲』句，或即此字所出，但字序不合，存疑。

〔一四一〕内，『叏』字俗訛，經本卷七八有『得出家已離諸憒閙』句，慧琳《音義》引出『憒叏』，云『下音拏効反，從市從人，經作内，不成字』，可洪《音義》引即作『内』，應即此字所出，參看上文校記〔四二〕；但此字經本在下文『儱』字之後，字序不合。

〔一四二〕『秔』字和下『糠檜』二字順序出於經本卷七六。

〔一四三〕嘿，此字經本未見，而卷七七相應位置有『惡言罵捶打，默受而不報』句，『嘿』古多用同『默』，或即此字所出。

〔一四四〕『效』以下三字亦順序出於經本卷七七。

〔一四五〕訙，《集韻·稕韻》以爲『訊』字或作，經本卷七七有『凡見衆生，常言善來，和顔悦色，先意問訊』句，可洪《音義》引出『問訙』條，云下字『音信』，應即此字所出。

〔一四六〕『㦗』字以下至『螌』十字順序出於經本卷七八。

〔一四七〕𡒄，『糞』的俗字，經文卷七八有『如廁蟲樂糞』句，即此字所出。

〔一四八〕蚊𧈧，《金藏》本經文卷七八有『是園无有虺蛇蜈蚣蚊𧈧毒螌』句，即此二字及上下文『蜈蚣』、『螌』三字所出；『𧈧』字《大正藏》本作『虻』，皆爲『蝱』的簡俗字。

〔一四九〕『擣』字以下至『嶮』十一字出於經本卷七九，但經本所見依次爲『瘢、擣、醯、戮、恕、諾、嶮隘、嶮、焰、嶮、蹇』，序次略有不同。

〔一五〇〕⿸疒盤，經本卷七九有『臂還平復，無有瘡瘢』句，『瘢』字慧琳、可洪《音義》引作『⿸疒槃』，慧琳云『拔瞞反，《考聲》瘢痕也。從疒、槃聲』，《龍龕》以『⿸疒槃』爲『瘢』的俗字；又慧琳《音義》卷三九《不空羂索陀羅尼經》『灸瘢』條下云『《説文》：瘢，痍也。從疒，般聲。經作⿸疒盤，俗字也』，則『⿸疒槃』、『⿸疒盤』皆即『瘢』的俗字（《説文》以『盤』爲『槃』字籀文），即此字所出。

〔一五一〕醓，此字右上部底卷作草書，考《中華大藏經》影印《麗藏》本經文卷七九有『尒時閻浮提王，名摩醓斯那』句，當即此字所出，因據楷正；『醓』應爲『醯』（俗亦作『醘』）的俗字，《大正藏》本徑改作『醯』，是也。

〔一五二〕險隘，經本卷七九有『時是象群宿出在山嶮隘難之處，唯有一道。爾時獵師見此象群，即夜於嶮道中大作坑埳。作是念：此諸群象當墮此中，得屬於我，隨我所取。夜作坑已，驅逐群象，向嶮道坑』句，『嶮』即『險』字異體，應即底卷『險隘』及上下文『埳』、『嶮』二字所出。

〔一五三〕詭，此字《大寶積經》第八、第九帙均未見，唯卷三二有『發言詭異』句，卷五二有『身無詭詐』句，底卷當有錯亂。

〔一五四〕『縵』以下至『⿰禾离膠』三十五字出於經本卷八〇，但經本所見依次爲『視、纖、縵、軟、佷、儲、儐、墜、謗、劇、鈍、羸、睒、抒、倮、股、殺、恤、慠、猨猴、湌、雉、筒、擾、誘誑、腐、邋突、鉤、⿱林足、鋪、黐膠』，序次略有不同。

〔一五五〕儐，經本卷八〇有『驅逐儐出於塔寺』句，即此字所出；『儐』當讀作『擯』，《大正藏》校記引宋《資福藏》、元《普寧藏》、明《嘉興藏》本及日本宫内省圖書寮本正作『擯』；慧琳《音義》引出『擯出』條，云『擯』字『必胤反，莊周云：擯，弃也，落也，逐出也。從手，賓聲。經從人作儐，非也，義訓不相應，錯用也』。

〔一五六〕倮，《中華大藏經》影印《麗藏》本經文卷八〇有『纏綿倮形心發狂』句，即此字所出；『倮』爲『裸』的後起換旁字，《大正藏》本徑作『裸』，乃出於刻者臆改，非經本原形。

〔一五七〕慠，《中華大藏經》影印《麗藏》本經文卷八〇有『同類老小皆給恤，尒時亦无慠慢心』句，即此字及上文

『恤』字所出；『慠』爲『傲』的後起換旁字，《大正藏》本徑作『傲』，乃出於刻者臆改，非經本原形。

〔一五八〕餐，經本卷八〇有『我念父母盲無目，分捨身命飢不飡』句，『飡』爲《説文》『餐』異體『湌』的訛省字，即此字所出。慧琳《音義》引出『不餐』條，云『餐』字『倉單反，《考聲》云噉也；《説文》呑也，從食、𣦼聲，或從水作湌。經從冫，非也』，可參。

〔一五九〕遢突，經本卷八〇有『搪揬如象醉無鉤』句，《大正藏》本校記云『搪揬』宋《資福藏》、元《普寧藏》、明《嘉興藏》本作『搪突』，日本宮内省圖書寮本作『遢突』，後一本與底卷合，即此二字所出；『搪揬』『搪突』『遢突』即『唐突』，乃同一連綿詞的不同記録形式，義爲衝撞。

〔一六〇〕鈎，《大正藏》本經文有『鉤』字（見上條校記引），《中華大藏經》影印《麗藏》本經文本作『鈎』，『鈎』即『鉤』的俗寫，即此字所出。

〔一六一〕蹵，《中華大藏經》影印《麗藏》本經文卷八〇有『貪著房舍眉恒蹵』句，即此字所出；『蹵』本爲『蹴』的偏旁易位字，《大正藏》本徑作『蹴』，乃刻者臆改；但經文中『蹵』應讀作『蹙』（『蹵』『蹙』二字古通用），《大正藏》本校記引元《普寧藏》、明《嘉興藏》本作『顣』，『顣』正是『蹙』的古異體字。

〔一六二〕𥠖膠，『𥠖』文中應爲『黐』字俗省，《大寶積經》卷八〇有『猶如黐膠縛獼猴』句，應即此字所出。

〔一六三〕『顗』『顓』二字《大寶積經》經文皆未見，唯《大寶積經》卷八二卷端題署『曹魏三藏法師康僧鎧譯』的『鎧』字《大正藏》校記引宋《資福藏》、日本宮内省圖書寮本作『顗』，與前一字合，或即『顗』字所出；而『顓』又疑即『顗』字之訛。

〔一六四〕『擗』以下至『殞』一段大抵出於經本卷八一至卷八九，爲第九帙。『擗』以下至『劬』五字順序出於經本卷八一。經本有『憂愁苦惱，迷悶躄地』句，其中的『躄』字《大正藏》校記引日本宮内省圖書寮本作『擗』，即此字所出。按經文中『躄』蓋用同『躃』，『躃地』指仆倒；而『擗』指捶胸，非其義，此『擗』當校讀作『躃』。

〔一六五〕怏，《金藏》本經文卷八一有『我如喪失所愛子，愁憂悵怏何可任』句，即此字所出；《大正藏》據《麗藏》本作『怏』，『快』應爲『怏』字之訛。

〔一六六〕『躑躅』以下至『炤』十二字出於經本卷八二，但經本所見依次爲『嘲譁、賄、條、滴、躑躅、雌、混、讁、陞、炤』，序次頗有不同。

〔一六七〕樤，此字應爲『樤』字俗寫，而『樤』又爲『條』的增旁俗字，經本卷八一有『又復家者，長愛枝條，憂悲苦惱，悉在中生』句，即此字所出。

〔一六八〕捫，經本卷八六有『日月威德以手捫摩』句，應即此字所出；但其下『綜』字經本又在卷八三，先後順序錯亂。

〔一六九〕綜，經本卷八三有『先善綜習醫方諸論』句，應即此字所出。

〔一七〇〕□，此字左部底卷不太明晰，不知何字，存疑。

〔一七一〕『昑』與下『殞』字似皆出於經本卷八九。經本卷八九有『爾時父母悉出寶藏金銀琉璃種種寶物，及諸婇女八萬四千上妙嚴飾，將至其所……時大精進於大衆中，默然而住，曾不瞻眄』句，『昑』『眄』形義皆近，古書多有相亂，疑即此字所出。

〔一七二〕殞，經本卷八九有『汝當飲食，勿令殞絶』句，應即此字所出。

〔一七三〕『羂』至『眗』一段大抵出於經本卷一〇二至一〇九，爲第十一帙。而此前經本卷九〇至卷一〇一無難字摘録，原因不詳。經本卷一〇二有『魔網深可怖，汝等爲放逸，既被羂羅已，寧有解脱期』句，應即『羂』字所出。

〔一七四〕『斂』字及下『腐』『絡』二字似皆出於經本卷一〇三，唯經本『寶網交絡』句在『腐藥治病莫詐善』句前，序次略異。

〔一七五〕蠶，經本卷一〇九有『譬如蠶虫以自身口出於絲縷作繭』句，或即此字所出，但序次有別，存疑。參下條。

〔一七六〕蠒，『繭』的俗字，上條校記所引經文『繭』字《中華大藏經》影印《麗藏》本作『蠒』，或即此字所出；慧琳

《音義》引出『作繭』條，云『繭』字『經從爾作𦅼，非也，不成字』，可參。

〔一七七〕『耄』字『瘠』字及下『髆』字順序出於經本卷一〇三。

〔一七八〕氂，經本卷一〇二有『乃至不知如毫氂相』句，其中的『氂』字《金藏》本作『氂』，『氂』、『氂』皆爲『氂』的俗字，應即此字所出；但此字插在第一〇三卷難字之間，序次有異。

〔一七九〕『墜』以下至『握』六字順序出於經本卷一〇五。

〔一八〇〕『綩綖』及下『眴』字順序出於經本卷一〇八。

〔一八一〕底卷抄寫至此字止，另頁有《大寶積經》第十一帙之會、卷、品開闔録和倒抄的《大寶積經》第一帙難字六行，因後者内容本篇上文第一帙下已見，故此不重複録出。

大寶積經難字（二）

伯三二二二

【題解】

本篇底卷編號爲伯三二二二。凡七行。首行題『大寶積經弟一袟弟一卷内』，後有『弟二卷』、『弟三』、『弟二袟』字樣。《索引》稱『摘録《大寶積經》内不經見之字。不作注解，從第一帙至第　帙。』《寶藏》題『大寶積經第一卷内難字』，《法藏》題『大寶積經内難字』。考底卷所抄難字依次見於《大寶積經》唐睿宗序、經文卷一至十九、卷一一一至一二〇，字序與經文全同。唐菩提流志譯的《大寶積經》凡一百二十卷，一般每十卷爲一帙，分作十二帙，則底卷所摘難字分别出於第一帙、第二帙、第十二帙，因據以改定今名。

本篇未見前人校録。兹據《法藏》影印本并參考《大正藏》本（校記中一般徑稱經本）、《中華大藏經》影印《金藏》本（校記中徑稱《金藏》本）《大寶積經》經文及慧琳《音義》卷一五《大寶積經》音義（校記中徑稱慧琳《音義》）、可洪《音義》第貳册《大寶積經》音義（校記中徑稱可洪《音義》），校録全文如下。底卷帙與帙、卷與卷、字與字之間皆接抄不分，兹除按帙分爲三段外，另參經本原文在每字或每詞下用句號句斷。

大寶積經弟一袟弟一卷内　朕。〔一〕灼。區。旅。闢。瓊。挹。膺。丕。〔二〕衮。〔三〕旰。迩。謐。緗怢（帙）。〔四〕熊羆。〔五〕鴝鴿。〔六〕蓊鬱。趾。　弟二卷〔七〕　蝦蔘（蟇）。〔八〕趍。〔九〕矯（矯）。〔一〇〕

弟三〔一一〕　擢。〔一二〕竄。〔一三〕蝗蟲。策。蒭。〔一四〕蝙蝠。黯。毯。橐囊。碪。轂。〔一五〕蟠吠。霓。〔一六〕忻。〔一七〕惔。肌。柴。〔一八〕鵄。辭。崎嶇。〔一九〕訑。觚。眴。〔二〇〕欻。麤。〔二一〕數。〔二二〕淳。糜。

弟二袟　斟酌。〔二三〕飈。〔二四〕犇。摑。〔二五〕賑。〔二六〕蝕。樺（樺）。拖。〔二七〕卯。〔二八〕漱。〔二九〕

匄。〔三〇〕㦕悷。〔三一〕梱。〔三二〕稍。淳淑（淑）。柳。〔三三〕晤。〔三四〕臃。〔三五〕望奸。〔三六〕耏。毯。歔欷。

（底卷抄寫至此止）

【校記】

〔一〕『朕』以下至『緗帙』順序見於經本卷端的唐睿宗序。

〔二〕丕，經本卷端唐睿宗序有『朕以庸虛，謬膺不構，敬遵前旨，勗就斯編』句，其中的『不』字《金藏》本及慧琳《音義》引作『丕』，當即此字所出；作『不』者蓋手民之誤。

〔三〕袠，經本卷端唐睿宗序有『總其部帙一百二十卷』句，其中的『帙』字可洪《音義》引作『袠』，《説文》以『袠』爲『帙』字或體，即此字所出。

〔四〕緗怢，『怢』當是『帙』字俗寫，經本卷端唐睿宗序有『暫乘紫機之暇，聊題緗帙之前』句，當即此字所出。

〔五〕『熊羆』至『趾』七字順序見於經本卷一。

〔六〕鴝鴿，經本有『復有無量百千衆鳥，所謂孔雀、鸚鵡、鴝鳴羅鳥、鳧鴈、鴛鴦、命命等類』句，其中的『鴝鳴』《大正藏》校記稱宋《資福藏》、元《普寧藏》、明《嘉興藏》本及日本宮内省圖書寮本作『鴝鴿』，應即此二字所出。

〔七〕『第二卷』三字底卷小字添補於『蝦』字右側行間。『蝦蟇』以下三字出於經本卷二。

〔八〕蝦𦼰，『𦼰』通常可定作『簒』字的俗寫，但『簒』字經本未見，而相應位置有『如繫蝦蟇在獼猴手，而此獼猴面不迴顧』句，『𦼰』應即『蟇』字之訛，爲此二字所出。

〔九〕趍，經本有『我説此等如趣塚間，身壞命終墮於惡趣』句，慧琳《音義》引出『如趍』條，云『取瑜反，包咸注《論語》云：趍，疾行也。《爾雅》：門外謂之趍。《説文》：趍，走也。正體從走、從芻聲也。經文從多作趍，俗用字也』，則『如趣』古寫本有作『如趍』者，『趍』爲『趨』的俗字，即此字所出。

〔一〇〕 矯，經本卷二、卷三相應位置皆有此字，其確切出處不詳。參下條。

〔一一〕 『弟三』二字底卷小字添補於『矯』『擢』二字右側行間，兹暫補入此處。參上條。

〔一二〕 『擢』字經本未見，疑有誤。

〔一三〕 『竄』以下至『碓』字出於經本卷三，先後順序與經文同。

〔一四〕 蒭，經本有『若修學者如負蒭草』句，其中的『蒭』字《中華大藏經》影印《麗藏》本及慧琳《音義》引作『蒭』，『蒭』即『芻』的增旁俗字，即此字所出。

〔一五〕 『轂』以下至『糜』字分别出於經本卷五至十一，底卷未能一一標出。經本卷五有『破無明殼，超於天人』句，《大正藏》校記云『殼』字宋《資福藏》、元《普寧藏》、明《嘉興藏》及日本宫内省圖書寮本作『轂』，應即此字所出；『殼』『轂』爲古異體字。

〔一六〕 『嶓吙』『霓』三字順序出於經本卷六。

〔一七〕 『忻』以下至『辭』字順序出於經本卷八。

〔一八〕 觜，經本有『赤嘴鵄音』句，其中的『嘴』字《大正藏》校記云元《普寧藏》、明《嘉興藏》及日本宫内省圖書寮本作『觜』，『觜』『嘴』古今字，應即此字所出。

〔一九〕 『崎嶇』以下五字出於經本卷九，順序與經文相同。

〔二〇〕 『眴』以下三字出於經本卷一〇，順序與經文相同。

〔二一〕 麤，經本卷一〇有『無剛鞕音，無麁獷音』句，慧琳《音義》引出『麤獷』條，云『麤』字『《説文》從三鹿，今省作麁』，即此字所出。

〔二二〕 『麬（麮）』以下三字出於經本卷一一，順序與經文相同。但佛經通常以十卷爲一帙，此三字既出於第十一卷，則按理應列在下『弟二袟』之下（可洪《音義》即列在『第二帙』下），底卷下『弟二袟』三字或當移至『麬（麮）』字之前。『麬』字《龍龕·麥部》以爲『麮』的俗字，按經本卷一一有『或現其身卧荊棘上。或現卧麮草上」句，即此字所出。

〔二三〕「斟酌」以下四字出於經本卷一三，順序與經文相同。

〔二四〕颸，經本卷一三有「其強颸聚」句，即此字所出；「颸」爲「颼」的俗字，慧琳《音義》引正作「颼」。

〔二五〕㨡，斯二一四二號背《大寶積經難字》作「㮯」，按經本卷一四有「爾時密迹金剛力士謂賢者大目揵連：『耆年目連，世尊所歎神足第一，仁且從地舉是金剛。』……『時大目連怪未曾有。投佛足下。白世尊曰：「唯願大聖歎我於聲聞中神足第一。自試神足，動是三千大千世界，如挑小鉢舉擲他方佛土。我身開化降伏難頭和難龍王，能食大㮯如須彌山。不能動是小金剛乎？……」』一段，其中的「㮯」字慧琳《音義》引作「圂」，云「大圂，魂悶反，《蒼頡篇》豕所居。《説文》作圂，圂廁也，棄穢處也」；《麗藏》本玄應《音義》卷四《密迹金剛力士經》第五卷下引作「㮯」（晉竺法護譯的《密迹金剛力士經》被菩提留志改編收入《大寶積經》），云「大㮯，胡本反，《三蒼》全物者也；《通俗文》合心曰㮯」；即此字所出；可洪《音義》第貳册引作「㨡」，云「大㨡，胡骨反，果中實也，核也，正作榾也。㨡，手推物也，非用。應和尚作胡本反，木未破者也，非用。又胡昆反，亦非用也」。勘以經義，此字似當據可洪讀作「榾」字爲長，指果核，而「㨡」或「㮯」皆爲其借字。

〔二六〕「賑」以下三字出於經本卷一五，順序與經文相同。

〔二七〕「拖」字經本未見，而卷一五、卷一六相應位置多見「施」字，俗書「方」形構件與「扌」旁相亂，疑此「拖」即「施」字俗訛。可洪《音義》第貳册《道行般若經》第九卷音義：「拖高，上失之反，設也，安置也。正作施。」是其證。參看斯二一四二號背《大寶積經難字》校記〔五五〕。

〔二八〕卬，「印」字篆文的隸定字，經本卷一七有「又見習學書計、曆數、聲明、伎巧、醫方、養生、符印」句，當即此字所出。

〔二九〕漱，經本卷一九有「八功德水充滿其中，飲漱洗沐皆適人意」句，當即此字所出。

〔三〇〕『匂』字底卷接抄於『漱』字之下，按『匂』字以下皆出於經本卷一一二至卷一二〇，屬第十二帙，抄者失標卷帙，兹據其實際所出另行校録。『匂』爲『匃』的訛俗字，經本卷一一二有『施諸沙門及婆羅門、貧窮、乞匃、下賤人等衣食、臥具、隨病湯藥所須之物』句，當即此字所出。

〔三一〕㦗悷，經本卷一一二有『譬如善調馬師，隨馬㦗悷，即時能伏』句，即此二字所出；『㦗悷』同『㦗戾』，慧琳《音義》引正作『㦗戾』。

〔三二〕『梱』以下五字出於經本卷一一八，順序與經文相同。經本有『到其城門住門梱上，稍復進前至第二門』句，即『梱』及下『稍』字所出；《大正藏》校記云『梱』字宋《資福藏》、元《普寧藏》、明《嘉興藏》本作『閫』，慧琳《音義》引亦作『門閫』，云『苦本反，鄭注《禮記》云門限也。經文從木作梱，《説文》門橛也，乖經意也』；按『閫』實爲『梱』的後起換旁字，『梱』『閫』其義無別，非二字二義也。

〔三三〕枊，『抑』的訛俗字，經本卷一一八有『滅除衆相，抑制諸根』句，當即此字所出。

〔三四〕晤，經本卷一一九有『我女勝鬘，慈晤聰慜，多聞智慧』句，當即此字所出。

〔三五〕『⿰月庸』下七字出於經本卷一二〇，先後順序與經文相同。『⿰月庸』字右下部底卷近似『甬』（無中間的一點），俗訛，兹徑録正；經本有『爾時童子垂臂⿰月庸長，猶如象鼻』句，即此字所出；『⿰月庸』爲『傭』的後起換旁字，慧琳《音義》於《大寶積經》第六十一卷下出『傭纖』條，云『傭』字『丑龍反，《考聲》上下均也，《韻英》直也，《説文》均直也，從人、庸聲。經從月作⿰月庸，俗字也』，可參。

〔三六〕⿱𥝢里皯，當校作『黧皯』，經本卷一二〇有『肌肉光潔，無諸黧皯，無有耏毛及雜臭穢』句，當即此二字及下『耏』字所出。

大寶積經難字(三)

北二三七四(巨四三)

【題解】

本篇底卷編號爲北二三七四(巨四三)。正面爲《大般若波羅蜜多經》卷一四一,背爲本篇。僅一行多。其中有『第三卷』、『第九卷』、『第十』、『十三』、『廿五』字樣。《寶藏》《索引》等均未標注本篇。考底卷所抄難字除『顏』字因字形不清出處不詳外,餘均見於《大寶積經》,且所注卷次與經本皆合,因據定作今名。

本篇未見前人校録。茲據《寶藏》影印本并參考《大正藏》本《大寶積經》經文(校記中徑稱經本)及慧琳《音義》卷一五《大寶積經》音義(校記中徑稱慧琳《音義》)、可洪《音義》第貳册《大寶積經》音義(校記中徑稱可洪《音義》)校録全文如下。底卷字與字之間皆接抄不分,茲參經本原文在每字下用句號句斷。

第三卷　蒭。[一]　槖囊。　第九卷　觚。顏。[二]　⿱㓞几。[三]　第十　誼。　十三　犇。　廿五　⿰扌褱。[四](底卷抄寫至此止)

【校記】

〔一〕蒭,經本卷三有『若修學者如負芻草』句,其中的『芻』字《中華大藏經》影印《麗藏》本及慧琳《音義》引作『蒭』,『蒭』即『芻』的增旁俗字,即此字所出。參看伯三二二一號《大寶積經難字》校記〔一四〕。

〔二〕『顏』字左部底卷模糊不清,字形在『彥』與『音』之間,茲姑録作『顏』字,但『顏』字經本未見,存疑。

〔三〕⿱㓞几,『⿱㓞瓦』的訛俗字,經本卷九有『便敕工師作七寶瓶極好團圓,作七寶⿱㓞瓦顯現微妙』句,即此字所出。參看斯二一四二背《大寶積經難字》校記〔三五〕。

〔四〕 擤，此字左部底卷略欠明晰，兹姑定作『扌』旁，經本卷二五有『以檁字印印一切法』句，其中的『檁』字慧琳、可洪《音義》引皆作『擤』，爲一字之變，當即此字所出。

大寶積經難字（四）

北八五八三（始七六）背

【題解】

本篇底卷編號爲北八五八三（始七六）背。正面爲《正法念處經》卷三，背爲本篇。凡十行，無題。《索引》未標注，《寶藏》《索引新編》題「難字」。考底卷所抄難字均見於唐釋菩提流志譯《大寶積經》卷九二至九五，其中底卷第一、二行出於《大寶積經》卷九五，第三行「缺」以下至「救」五字出於《大寶積經》卷九三，其餘難字大抵出於《大寶積經》卷九二，因據以改題今名。底卷抄寫的體例比較特殊，通常以一行爲一組，自成起訖，每行所抄難字與經文中的一卷或若干段相對應，先後順序多合，而行與行之間互不銜接。如底卷從第三行起，所抄難字大抵出於經本卷九二，每行内的難字與經本相關段落字序基本相合，但各行先後順序與經文全卷順序不盡一致，如按每行首字（第十行前三字出處有疑問，改以第四字爲首字，參看校記〔三〕）在經本中所見先後爲序，則三至十行可依次排列作：第九行、第八行、第七行、第六行、第五行、第四行、第十行、第三行。各行所抄難字有交叉或重複的情況，蓋由底卷屬習字性質而然。

本篇未見前人校録。兹據《寶藏》影印本、縮微膠卷并參考《大正藏》本（校記中一般徑稱經本）、《中華大藏經》影印《金藏》本（校記中徑稱《金藏》本）《大寶積經》經文及慧琳《音義》卷一五《大寶積經》音義（校記中徑稱慧琳《音義》）、可洪《音義》第貳册《大寶積經》音義（校記中徑稱可洪《音義》），校録全文如下。校録時以原卷的一行爲一段，字與字之間底卷接抄不分，兹參經本原文在每字或每詞下用句號句斷。

糧。倦。〔一〕

奔。〔二〕鈴。盈（盈）。溢。奇（奇）。賄貨。展。滋蔓（蔓）。續。匱。竊。亂。横。犀。〔三〕

糧。糧。〔四〕

藝（藝）。〔五〕佷戾。獷。業。恃。每。〔六〕婬。〔七〕樊籠。〔八〕拒。毁。缺。〔九〕荒。殺。戮。救。

衢。〔一〇〕

濁。〔一一〕鈍。澤。返。〔一二〕消。嘶。徹。瘡疱。昏。〔一三〕虫。闘。闘。〔一四〕諷。諷。〔一五〕弱。瘦。

猿猴。〔一六〕蹤擾。〔一七〕蔗。雜。〔一八〕皮。倦。〔一九〕懈怠。嬾（嬾）。顔。憔悴。羸。膚。

恣。〔二〇〕伺。蹤（躁）。剛强。薰。〔二一〕纏（纏）。辯才。恨。倡伎。慠。〔二二〕奢。缺。摇。健。

諠。〔二三〕撿。悉。欣。稱歎。敷。互（互）。遺。棄。閑。談。夢。驚。漂溺。驕（驕）。〔二四〕

羸。〔二五〕嫌。底。底。〔二六〕婬。烏。洛。堪。卑。驚。暎蔽。〔二七〕讃。〔二八〕羡。質直。聡敏。〔二九〕

憒鬧。〔三〇〕話。躭。〔三一〕眠。察。繫。悋。〔三二〕許。黨。霜雹。瞻候。顔。亂。

習。既。躭。〔三三〕妬。〔三四〕睡眠。綱（網）。務。廿。〔三五〕悋。蔓（蔓）。擯斥。〔三六〕晝。醉。短。

【校記】

〔一〕首『糧』『倦』二字底卷單獨爲一行，出於《大寶積經》卷九五，但經本此二字序次在下行『横』字之後，字序不同。

〔二〕『奔』以下至『横』字皆出於《大寶積經》卷九五，且先後順序全同。

〔三〕『犀』爲『犀』的俗字，但此字經本僅見於卷一〇、五九、八〇、一一一、一一三等卷，而卷九五、卷九二皆未見，存疑。

〔四〕『糧』字卷九五僅『善男子等有三無量功德資糧』句一見，在『横罰無過人』句後、『於如來乘演説無倦』句前（卷九二至卷九四、卷九六均無此字），底卷首行已出此字，此又二見，當屬抄手習字重抄。

〔五〕『藝』以下至『毀』十二字皆出於經本卷九二，且先後順序與經本全合；但按經文全卷順序而言，此十二字應列在末行『網』字之後、『悋』字之前，該十二字加上末行『務』『廿』二字，經本所見依次爲：藝、務、廿、佷戾、獷、業、恃、每、婬、樊籠、拒、毀，底卷摘字先後有交叉。

〔六〕每，經本有『但求人過，不自觀察』句，《大正藏》校記稱『但』字日本宮内省圖書寮本作『每』，《中華大藏經》校記稱《房山石經》本作『每』，應即此字所出。

〔七〕婬，此字右下部底卷作『缶』形，俗寫，兹徑録正；經本有『是人多愛染，往來婬女家』句，即此字所出。

〔八〕樊籠，經本有『如鳥入樊龍』句，《大正藏》校記稱『龍』字日本宮内省圖書寮本作『籠』，按《金藏》本亦作『籠』，即此二字所出；慧琳《音義》引亦作『樊籠』，云『上音煩，《考聲》云鳥籠也；《説文》云鷙不行也』，可參。

〔九〕『缺』以下至『救』五字皆出於經本卷九三，且先後順序與經本全合。

〔一〇〕『衢』字經本卷九二、九三均未見，卷九五有『爾時菩薩持此金鈴，於四衢中高聲唱言』句，不知是否爲此字所出。

〔一一〕『濁』字以下至末行大抵出於經本卷九二，行内之字與經本相關段落字序大抵相合，但各行順序與經文順序不盡一致。『濁』至『瘦』十七字出於經本二十種睡眠過失『十一者皮膚闇濁』至『支分多羸瘦，是樂睡眠過』一段，字序與經本相合；但按經文全卷順序而言，此十七字應接在第五行『皮』字之下。

〔一二〕『返』字經本卷九二未見，而相應位置有『風黄多積集，四大互違反』句，疑『返』即『反』字抄誤。

〔一三〕昬，經本有『其身生瘡疱，晝夜常昏睡』句，其中的『昏』字《金藏》本作『昬』，『昬』『昏』古異體字，即此字及上『瘡疱』二字所出。

〔一四〕『關』字卷九二僅『諸虫生機關』句一見，此二見，當屬抄手習字重抄。

〔一五〕「諷」字卷九二僅「諷誦不通利」句一見，此二見，當屬抄手習字重抄。

〔一六〕「猿猴」至「皮」七字亦出於經本卷九二，字序相合；但按經文全卷順序而言，此七字應列在第四行「濁」至「瘦」十七字之前、第六行「恣」至「健」十七字之後。

〔一七〕蹂擾，「蹂」爲「躁」的俗字，經本有「其心常摇動，如猿猴躁擾」句，即此二字及上「猿猴」二字所出；慧琳《音義》出「躁擾」條，云上字「子到反，顧野王云躁動也；《考聲》云急性也；鄭玄云不安静也；《説文》躁疾也，從走作趮；《玉篇》從足，喿聲也。喿音桑到反。經中從參作蹘，不成字也」，「蹘」當又爲「蹂」的訛變形。

〔一八〕「雜」字經本相應位置未見，而有「譬如甘蔗味，雖不離皮節」句，疑此「雜」即「離」字抄誤。經本同卷上下文「諠雜無儀撿」、「種諸善根無有雜染清浄之心」句雖有「雜」字，但字序不合。

〔一九〕「倦」至「膚」九字亦出於經本卷九二睡眠二十種過失一段，與上文第四行「濁」至「瘦」諸字大抵出於同一段經文，此九字字序與經本相合。蓋抄手摘録若干難字後，發現同一段中仍有一些字眼生，遂又補摘了一次。

〔二〇〕「恣」以下至「健」十七字亦出於經本卷九二，字序與經本相合；但按經文全卷順序而言，此十七字應列在第五行「猿猴」至「皮」七字之前、第七行「諠」至「驕」十七字之後。

〔二一〕薫，經本相應位置有「心常剛强，禪定智慧曾不熏修」句，「薫」「熏」二字古通用，當即此字及上「剛强」二字所出。

〔二二〕慠，經本有「憍傲於多聞」句，其中的「傲」字《金藏》本作「慠」，慧琳《音義》引亦出「憍慠」條，即此字所出；「慠」爲「傲」的後起换旁字。

〔二三〕「諠」字以下至「驕」十七字亦出於經本卷九二，字序與經本相合；但按經文全卷順序而言，此十七字應列在第六行「恣」至「健」十七字之前、第八行「羸」至「敏」十八字之後。

〔二四〕驕，經本卷九二末見，相應位置有『憍恣放逸本，莫輕下劣人』句，『驕』『憍』音同義通，或即此字所出。

〔二五〕『羸』字以下至『敏』十八字亦出於經本卷九二，字序與經本相合；但按經文全卷順序而言，此十七字應列在第七行『諠』至『驕』十七字之前、第九行『憒閙』至『亂』十六字之後。

〔二六〕底，經本有『當觀利養，乃至禪定解脱三昧三摩鉢底，心如婬女能退失故』句，其中的『底』字《金藏》本作『底』，應即此字所出；『底』當即『底』字俗省，《廣韻·薺韻》都禮切『底』下云『作底非也』（依余迺永《新校互注宋本廣韻》影印清張氏澤存堂本），可參。又『底（底）』字卷九二僅一見，底卷重出者，抄手習字耳。

〔二七〕暎蔽，經本有『無能映蔽捨耽味故』句，其中的『映』字《金藏》本作『暎』，應即此二字所出；『暎』爲『映』的後起繁化俗字。

〔二八〕讃，此字底卷倒書在『羨』『質』左側，蓋抄手補書者，查經本上引『暎蔽』句下接『衆魔境界得解脱故，一切諸佛之所稱讃（『讃』字《金藏》本從俗寫作『讃』），諸天及人亦當愛羨』句，當即此字所出，因據經文順序補入『暎蔽』二字之下。

〔二九〕驄敏，經本有『若有菩薩智慧聰敏』句，其中的『聰』字《金藏》本作『聡』，『聡』爲『聰』的俗字，而『驄』又爲『聡』的訛俗字，應即此二字所出。

〔三〇〕『憒閙』以下至『亂』十六字亦出於經本卷九二，字序與經本大抵相合；但按經文全卷順序而言，此十六字應列在第八行『羸』至『敏』十八字之前。

〔三一〕躭，經本有『若好憒閙世俗言話，耽著睡眠，廣營衆務，樂諸戲論，如是過失，皆應遠離』句，其中的『耽』字《金藏》本作『躭』，即此字及上下文『憒閙』『話』『眠』諸字所出；『躭』爲『耽』的後起換旁俗字。

〔三二〕悋，經本有『於親友家慳恪耽著，生誑惑故，當觀利養』句，其中的『恪』字《金藏》本作『悋』，即此字所出；『恪』『悋』二字異寫，皆爲『吝』的繁化俗字。下『悋』字仿此。

〔三三〕『既』字經本卷九二凡四見，但均不在『習』『躭』二字之間，此處疑爲『躭』字誤書而未塗去者，當删。又上行末『亂』字句（『愛物損壞憂心亂故』）後、下文『妬』字句（『嫉妬精進者』）前經本皆有『習』『躭』二字，依底卷以行爲組的通例，或以出於後者的可能性爲大，存疑。

〔三四〕『妬』字以下至『短』十三字亦出於經本卷九二，字序與經本相合；但按經文全卷順序而言，此十六字應接在第四行『濁』至『瘦』十七字之後，所抄文字先後與第三行有交叉，參看上文校記〔五〕。

〔三五〕廿，經本未見此字，而相應位置有『應當觀察樂營衆務二十種過』等句，疑『廿』即『二十』二字的合文。

〔三六〕擯斥，『斥』字字書以爲『厂』和『岸』的異體，此處則應爲『斥』字篆文的隸變訛字（篆文隸定作『㡿』），經本有『擯斥持戒人』句，其中的『斥』字《金藏》本及可洪《音義》引作『斥』，即此字所出。慧琳《音義》出『擯㡿』條，云『下音尺，劉兆注《公羊傳》云㡿指言也；《廣雅》推也；王逸注《楚辭》云斥逐也；許叔重注《淮南子》云㡿拓也；《説文》却屋也，從广、屰聲也。广音儼，屰音逆。今經文作斥，俗用訛謬也，因草書變體也』，可參。

大寶積經難字（五）

俄敦一一〇二二

【題解】

本篇底卷編號爲俄敦一一〇二二。凡二行半。《俄藏》未定名。考底卷所抄難字均見於唐釋菩提流志譯《大寶積經》卷一二〇，且先後順序與經文全同，因據以擬定今名。

本篇未見前人校録。兹據《俄藏》影印本并參考《大正藏》本（校記中一般徑稱經本）、《中華大藏經》影印《金藏》本（校記中徑稱《金藏》本）《大寶積經》經文及慧琳《音義》卷一五《大寶積經》音義（校記中徑稱慧琳《音義》）、可洪《音義》第貳册《大寶積經》音義（校記中徑稱可洪《音義》），校録全文如下。底卷字與字之間接抄不分，兹參經本原文在每字或每詞下用句號句斷。

棲。莽。〔一〕蹲。悚。佩。賒。擡。顧。蛭。〔二〕萩。〔三〕旗。鯨鯢。摇颺。〔四〕皯䵳（䵳）。〔五〕▨（輻）。〔六〕轅軛。挽。鵄。檻。甃。秔。嘯。讌。潭。孕。峻（峻）。皺（皺）。毯。揹。〔七〕軻。〔八〕蒼。嗡。驕。栴。▨。〔九〕翠。氳。過。嚬。〔一〇〕倨。邃。喘。颭。〔一一〕萎頳。〔一二〕銜。▨▨。〔一三〕（原文抄寫至此止）

【校記】

〔一〕莽，『莽』的俗字，經本有『汝等觀彼閻浮洲中諸仙人等，蓬髪上靡，棲止林莽，塗灰却粒』句，其中的『莽』字《金藏》本及可洪《音義》引作『莽』，即此字所出。

〔二〕蛭，經本有『或於傍生之儔蝦蟇蛭烏及餘鳥獸而施與者，亦名大施』句，即此字所出；慧琳《音義》引出『鴟烏』條，云『上叱支反，鳶鳥也。……經文作蛭，非也，蛭音質，非經義』，其説可從。

〔三〕萩，經本有『如萩葦中因燒出焰，而此光焰不可得言爲積爲聚』句，即此字所出；《大正藏》校記謂『萩』字宋、元、明、宫本作『荻』，按《金藏》本及可洪《音義》引亦作『荻』，此『萩』當即『荻』的訛俗字，『荻』『葦』屬同類之物，故古書中多有並稱者。

〔四〕搖颺，『搖』字底卷作『揷』，字形略近『插』字，實爲『搖』字寫訛，經本有『猶如渡海乘朽爛船，於大海中或沈或浮，搖颺傾覆』句，當即此二字所出，故徑據録正。

〔五〕皯䵴，『皯』字右部底卷訛作『于』形，按經本有『顔容端妙，無諸皯䵴』句，當即此二字所出，故徑據録正。

〔六〕殘字底卷右下部模糊不清，按經本相應位置有『一輪不爲車，二輪亦不成，亦不由於餘，要假人與牛，并具於輻轄，二輞相資備，轅軛兼絡繩，爾乃得名車』句，當即此字與下『轅軛』二字所出，殘形與『輻』字近似，故據擬補。

〔七〕觜，經本有『其鳥毛羽猶如雜寶，天吠琉璃以爲其嘴』句，其中的『嘴』字《金藏》本及可洪《音義》引作『觜』，即此字所出；『嘴』即『觜』的後起增旁字。

〔八〕軻，此字右部底卷不太明晰，兹暫定作『可』，按經本相應位置有『色香妙食名天甘露，如拘摩花，白逾珂雪』句，『軻』當即『珂』的换旁俗字。

〔九〕殘字底卷左部作金旁，右部不太明晰，按經本相應位置『栴』『翠』二字間從金旁者有『鈴』、『鐸』、『鐃』、『鏡』諸字，殘形似與『鐸』字稍近。

〔一〇〕嚬，經本有『最大夫人名曰舍支……堅誠傾注在於天帝，曾無瞋恚鬭諍顰妬』句，其中的『顰』字《金藏》本及慧琳《音義》、可洪《音義》引作『嚬』，即此字所出；『嚬』即『顰』的後起形聲俗字。

〔一一〕颭，經本有『於是彼天見諸女去，憂惱喘息，内增熱毒，頭上花鬘，颯便萎悴』句，其中的『颯』字《金藏》本及慧琳《音義》、可洪《音義》引作「⿰風立」，即此字所出；「⿰風立」即「颯」的偏旁易位字。

〔一二〕萎顇，《大正藏》本經文作「萎悴」（見上條引），《金藏》本及慧琳《音義》引作「萎顇」，即此二字所出；「顇」「悴」古異體字。

〔一三〕二殘字底卷模糊不清，後一字左部似作「風」旁，存疑待考。

大方等大集經難字

俄敦三三〇(二)

【題解】 本篇底卷編號爲俄敦三三〇，前有『佛説天清(請)問經』標題、習抄佛經經文九行(經查所抄爲隋僧就編《大方等大集經》第十二卷經文)、『大集經廿四』『般涅經第八卷』標題；接抄難字四行，字與字之間接抄不分；後爲『沙弥十戒法并威儀一卷』(失譯附東晉録)，但僅抄了前九行，未抄完；然後又是難字六十八行(其間還穿插習書的佛經經文)，大抵每行抄三字，其中有切音兩條(均係迻録經文原有的注音)，其餘難字均未注音，但每字下都留有可抄二三個正文大字的空格，應係留空以備注音之用。《俄藏》全卷擬題作『經律字音雜抄』。今查前四行難字依次見於北涼曇無讖譯的《大般涅槃經》卷八、卷七、卷二、卷三，兹擬定作《大般涅槃經第一袟難字》(俄敦三三〇(一))，另詳該篇題解；後六十八行難字首題『大集經廿四』，即隋僧就編的《大方等大集經》難字摘抄，兹擬定作《大方等大集經難字》(俄敦三三〇(二))。

傳本《大方等大集經》有三十卷與六十卷之分，六十卷本是隋僧就在北涼曇無讖譯三十卷本的基礎上增加據傳爲南朝宋智嚴共寶云譯的《無盡意菩薩經》、高齊迄隋間那連提耶舍譯的《大乘大方等日藏經》、《大方等大集月藏經》等佛經合編而成的。底卷始於卷二四，訖於卷五二(實際内容至卷五十五)，所摘難字和六十卷本大體相合，可見其所據經本應爲六十卷本系統；但卷次的先後及内容的分合則與今傳六十卷本有較大的出入，如底卷卷二八至三七爲日藏分十卷，而今本日藏分在卷三四至四五，分十二卷；底卷卷三八至四七爲月藏分十卷，而今本月藏分在卷四六至五六，分十一卷；底卷卷五〇至五三爲無盡意菩薩品四卷，而今本無盡意菩薩品在卷二七至三〇；底卷卷五四起爲日密分，而今本則在卷三一至三三。又如底卷卷二五下所列難字見於今本卷二一至卷二四虛空目分聖目品第六，卷二六下所列難字見於今本卷二四虛空目分護法品第九；卷三五下列難字二十四個，其中前十字見於今本卷四一，後十四字見於今本卷四二（參看校記〔三一〕）；卷三七下列難字十個，其中前三字見於今本卷四五，後七字見於今本卷四四（參看校記〔三二〕）。如此等等，其卷次先後及內容分合皆與今本有異，可見底卷所據經本當是一個不同系統的古寫本。《大方等大集經》的編次分合，情況較爲複雜，古人或已不甚了然，這一不同傳本的發現，對了解該經的流傳演變情況具有很大的參考價值。

底卷書寫草率，結合行間穿插習書佛經的情況研判，大約是晚唐五代以後某個低級僧人初讀《大方等大集經》時隨手摘録的。其中卷五一所摘難字『載』用武后新字，可以推斷抄手所據經本應爲唐武周時期的寫本。所摘頗多唐代俗字，比較忠實地反映了當時寫經的用字情況，對研究古代的疑難俗字及經文的整理校勘，也有著重要的參考作用。

本篇未見各家校録，兹據《俄藏》影印本校録如下，并參考隋僧就編《大方等大集經》（據《中華大藏經》影印《金藏》廣勝寺本或《麗藏》本，校記中簡稱經本；同時參考《大正藏》本），玄應《音義》卷一《大方等大集經》三十卷、《大集日藏分經》十卷、《大集月藏分經》十卷音義（慧琳《音義》卷一七轉引），慧琳《音義》卷一九《無盡意菩薩經》六卷音義，可洪《藏經音義隨函録》第叁册《大方等大集經》三十卷、《大集日藏分經》十卷、《大集月藏分經》十卷、《無盡意菩薩經》六卷音義（簡稱玄應《音義》、慧琳《音義》、可洪《音義》）。除底卷原本連抄者外，每個字頭下用句號點斷，原有以備注音用的空格則不再保留。

大集經廿四　挌。〔一〕

廿五〔二〕　荔。蔾。〔三〕潮。来。〔四〕鷇（縠）。〔五〕稀。踈。〔六〕兹。〔七〕滋。〔八〕

廿六〔九〕　霔。〔一〇〕探。拱。謀。粄。〔一一〕跉跰。師。〔一二〕

廿七〔一三〕　鷹。沉（沈）。

廿八〔一四〕切。脂。熬。遜。斝。話。夭。瀑。姧(姦)。攸。〔一五〕澆。溝瀆。葵菜。
卅二〔一六〕搽。揆。
卅三〔一七〕瘠。蝗。玩。〔一八〕煖。屑。〔一九〕姘。矐。粥。鬘。〔二〇〕砦。〔二一〕涎。宇。廊。檩。材。
根。〔二二〕骸。
卅五〔二三〕昴。觜。黶。縻。儅。〔二四〕軫(軫)。呰。摸。拓。紐。暄。暖。蟹。慹。〔二五〕鋭。
㲊。〔二六〕瘃(疹)。亢。儌。奎。炒。粳。昵(昵)。叅(參)。
卅六〔二七〕槁。〔二八〕勖。拀(桁)。掝(械)。〔二九〕繽(繽)。蜎。絓。槠。〔三〇〕黨。膚。捧。嬪
(嬪)。賀。羈。匙(匙)。皺。〔三一〕
卅七〔三二〕吃。〔三三〕洛。蜀。〔三四〕貯。鐃。〔三五〕爍。〔三六〕砧。〔三七〕握。屠。膾。
卅八〔三八〕檀。〔三九〕閑。〔四〇〕
卅九〔四一〕砏。〔四二〕賁。〔四三〕妓。娽。〔四四〕葙。〔四五〕鉦。〔四六〕狡。猾。妖。簫。竽。〔四七〕胆。倿。㙯
(㙯)。埻。〔四八〕盞。〔四九〕茫。鉞。
卌〔五〇〕翠。蔚。〔五一〕螽。〔五二〕蘯。〔五三〕
卌三〔五四〕線。
卌四〔五五〕綜。沓。臯。黚九嚴反。〔五六〕鼬。萠。〔五七〕儚。哆。廬。霑。捡。〔五八〕任丑加反。〔五九〕
醇。〔六〇〕飷。〔六一〕餬。
卌五〔六二〕𤺥。〔六三〕蘞(蘞)。〔六四〕徙。搡。〔六五〕
卌六〔六六〕複。〔六七〕鋓。〔六八〕㕣。〔六九〕抓。〔七〇〕瞳。雎。鄯。蓰。〔七一〕搔(搔)。〔七二〕夥。嚼。把。〔七三〕

讇。潦。[illegible]〔七四〕
卌七〔七五〕喠。區。姜。搜〔七六〕嵩。氐〔七七〕奈。攙〔七八〕堀〔七九〕賒。跕〔八〇〕䟓〔八一〕
卌九 剔。捤〔八二〕
五十〔八三〕 稷。零。渆（淵）。
五十一〔八四〕 抵（抵）。宎〔八五〕
五十二〔八六〕 所〔八七〕摠〔八八〕慗〔八九〕晢（督）〔九〇〕廩〔九一〕賦〔九二〕皷〔九三〕恌〔九四〕霖。滓。
況〔九五〕抓。把〔九六〕冉〔九七〕醬〔九八〕沵〔九九〕（底卷抄寫至此止）

【校記】

〔一〕『括』疑爲『招』的訛俗字，經本卷二一寶幢分第九中陀羅尼品第六有『招提僧物隨意而用』句，疑即此字所出。

〔二〕此下九字大抵見於經本卷二一至二四，經本所見依次爲『滋』（卷二一寶幢分中護法品第十）、『兹』（卷二二）、『荔、蘽、潮』（卷二三）、『棗、觳、稀踈』（卷二四），底卷皆列於『廿五』卷之下，蓋所見經本分卷不同。（可洪《音義》第叁册所載三十卷本《大方等大集經》第廿五卷下出『薜荔、桃鬍、稀踈』等條，其分卷當與底卷略同）其『滋』『兹』二字經文先見而底卷殿之於後者，蓋抄手摘録佛經難字時往往有從卷末至卷首逆序摘録者，此或亦其例也。參看下文校記〔三三〕。

〔三〕蘽，『蘽』字異寫，但此字經本未見，卷二三有諸菩薩『或作龍像，或作鬼像，……或拘辦荼像、毘舍闍像、薜荔陀像、人像、畜生像、鳥獸之像，遊閻浮提。……閻浮提外南方海中有琉璃山，名之爲潮』等句，可洪《音義》第叁册所載三十卷本《大方等大集經》第二十二卷下出『茘蘽』條，云『上蒲計反，下力脂反，正作薜荔，力計反，或云閉麗多，或云卑戾，此云餓鬼。荔与茘同也，悮』；又第廿九卷下出『茘蘽』條，云『上蒲計反，下力夷反，《日藏經》作薜荔也。上又力計反，悮』；又同册《大方等大集日藏經》第三卷『薜荔』條下云『上蒲計反，下力計反，此云餓鬼。《大集》作「荔藜」，彼悮』；所謂『大集』，即指《大方等大集經》而言，據此，可證古寫本《大方等大集經》經文『薜荔』有作『荔藜』者，爲底卷所本。

〔四〕『来』應爲『棗』的簡俗字，可洪《音義》第叁册《大方等大集日藏經》第八卷下出『野来』條，云『音早』，『来』亦爲『棗』的簡俗字（《大方等大集經》卷四一日藏分中星宿品第八之一有『屬胃宿者，粳米烏麻及以野棗而用祭之』句，即可洪『野来』條所出；參看《敦煌俗字研究》下編『棗』字條），可以比勘；經本卷二四有『（胞胎）六七日轉名頞浮陀，是時形色猶如小棗。住七七日轉名伽那，是時形色如胡桃殼』句，應即此字所出。

〔五〕觳，上條校記所引經文『殼』字《大正藏》校記稱宋《資福藏》、元《普寧藏》、明《嘉興藏》本及日本宫内省圖書寮等本作『觳』，應即此字所出。

〔六〕稀踈，經本卷二四有『髮毛稀踈』句，應即此字所出。

〔七〕兹，經本卷二二有『尒時龜兹國土有一龍王，名曰海德』句，應即此字所出。

〔八〕滋，經本卷二一有『及其國土所有樹木華果穀米，滋茂豐登』句，應即此字所出。

〔九〕此下八字皆見於經本卷二四，先後順序與經本相同。可洪《音義》第叁册所載三十卷本《大方等大集經》出『探腹、謀叛、跉跰、將帥』等條，亦列在第廿六卷下，則其分卷與底卷同。

〔一〇〕霔，此字經本卷二四未見，而有『是惡鬼龍欲壞佛法，降注惡雨惡風塵坌』句，《大正藏》校記稱『注』字宋《資福藏》、元《普寧藏》、明《嘉興藏》本作『澍』，『霔』『澍』實皆『注』的古通用字，應即此字所出；玄應《音義》卷一《大方等大集經》第一卷下出『降注』條，云『之喻反，《説文》：注，灌也。瀉也。經文從雨作霔，非也』；又《大方等大集經》卷五八『降注法雨，稱衆生欲』，《大正藏》校記稱『注』字麗乙本作『[雨/圭]』，『[雨/圭]』當是『霔』字之訛，皆可參。

〔一一〕粄，字書以爲『米餅』之屬，但此字經文未見，而卷二四相應位置有『内外親信咸共謀叛』句，應即此字及上『謀』字所出，此『粄』實爲『叛』的訛俗字。

〔一二〕帥，『帥』的俗字，經本卷二四有『如王夫人，太子大臣，城主村主，將帥、郡守、宰臣，亦復如是』句，可洪《音義》出『將帥』條，云『帥』字音『所律反』，亦即『帥』字；《大正藏》校記稱『帥』字宋《資福藏》、元《普寧藏》、明《嘉興藏》本及日本宫内省圖書寮等本作『師』，殆即『帥』字之誤認耳。

〔一三〕本卷下二字，其中『鳫』字經本僅第五十八卷一見（出咒語『鳫賀耶斯隸那囉耶拏瞿迷比』，『鳫』字下原注『徒賣反』），同卷下文另有『沈水』一詞，不知是否爲此二字所出。《大方等大集經》第五十八卷，宋《資福藏》、元《普寧藏》、明《嘉興藏》本及日本宫内省圖書寮等本作《大集須彌藏經》卷下，單經别行。

〔一四〕此下十三條大抵出於經本卷三四至三六，其中『切、脂、熬、遂、孵』順序見於經本卷三四，『夭、瀑、姦』順序見於經本卷三五，『收（？）、澆、溝瀆、葵菜』順序見於經本卷三六，『話』字經本相應位置未見，出處不詳。經本卷三四至四五爲日藏分十二卷，宋《資福藏》、元《普寧藏》、明《嘉興藏》本及日本宫内省圖書寮等系統的大藏經本《大乘大方等日藏經》單經别行，六十卷本的《大方等大集經》卷三四至三六相當於單行的《大乘大方等日藏經》卷一至三，底卷『廿八』下徑接『卌二』卷（相當於單行的《大乘大方等日藏經》卷五），中缺廿九、卅、卅一各卷，疑底卷『話』或『夭』前、『收（？）』前脱標『廿九』、『卅』字樣。

〔一五〕『攸』字《龍龕·心部》音『武粉反』，《集韻·吻韻》作『忟』，定作『忞』字或體，但經本無『攸』或『忞』字；查底卷此字與下『澆』字連抄，經本卷三六『我時即以此呪用呪雨水澆灌樹根』句『澆』前無相應的字形，但另有『既生彼已，收地精氣及種種穀花果草木一切等味』句，疑『攸』即『收』字俗訛，爲此字所出。

〔一六〕本卷下二字，其中後一字蓋出於經本卷三八『自揆我身，亦應如是』句，可洪《音義》於《大乘大方等日藏經》第五卷下出『自揆』，注云『求癸反』；前一字就字形而言，可定作『捺』的贅筆字，但經本相應位置未見此字（經本卷一一有咒語『捺檀尼』，但字序不合），頗疑『捺』即『揆』字誤書而未删去者，存疑。

〔一七〕本卷下十七字順序見於經本卷三九，玄應《音義》、可洪《音義》於《大乘大方等日藏經》第六卷下分別有其中的五字和九字。

〔一八〕玩，經本卷三九有『或所愛人翫弄之物分張離散』句，其中的『翫』字可洪《音義》引作『玩』，應即此字所出。

〔一九〕屑，經本卷三九有『若得麨者，作如是觀，此麨糏塵猶如骨末』句，《大正藏》校記稱『糏』字宋《資福藏》、元《普寧藏》、明《嘉興藏》本及日本宫内省圖書寮本作『屑』，可洪《音義》引亦作『屑』，云『先結反，屑粖也』，『糏』實即『屑』的後起專用字，應爲此字所出。

〔二〇〕鬉，此字底卷本作『髮』形，應爲『鬉』字訛省，茲徑録正；經本卷三九有『若得種種衆雜菜茹，復作是觀，此如馬髦，或如人髮』句，《大正藏》校記稱『髦』字宋《資福藏》、元《普寧藏》、明《嘉興藏》本及日本宫内省圖書寮本作『騣』，可洪《音義》引亦作『騣』，云『子紅反』；『鬉』爲『騣』的古異體字，疑即此字所出。

〔二一〕齊，經本卷三九有『若得蘿蔔虀者，復作是念，此如人齒』句，其中的『虀』字玄應《音義》引作『韲』，云『子奚反，醬屬也』；『齊』即『韲』的換旁俗字（《正字通·臼部》：『齊，俗韲字。』），當即此字所出。

〔二二〕棖，經本卷三九有『若見屋樑椽柱脊檁，如是觀察，此之材木共相掌柱，猶如人身一切碎骨』句，《大正藏》校記稱『掌』字宋《資福藏》、日本宫内省圖書寮本作『棖』，玄應《音義》引出『掌柱』條，云『掌』字『勅掌（耕）、恥孟二反，今謂邪柱爲掌也。經文作棖，非體也』；可洪《音義》引出『棖柱』條，云『上丑庚反，下知主反，正作撐柱』；『棖』即『掌』『撐』（皆《説文》『樘』的後起異體字）的古通用字，爲此字所出。

〔二三〕本卷下二十四字前十字見於經本卷四一，後十四字見於經本卷四二，前十字先後順序和經本相合，後十四字經本所見依次爲『昵、參、炒、粳、奎、儆、亢、毅、疹、鋭、憩、蟹、暄、暖』，底卷應係逆序摘録；玄應《音義》、可洪《音義》分別有其中的八字和十六字，皆見於《大乘大方等日藏經》第八卷下。今見《金藏》、《麗藏》等六十卷本《大方等大集經》蓋把《大乘大方等日藏經》第八卷分作二卷，但底卷仍作一卷，可見其所據經本分卷與傳本不同。

〔三四〕 儅，經本卷四一有『右此七宿當於東門』句，《大正藏》校記稱『當』字日本宮内省圖書寮本作『儅』，當即此字所出；可洪《音義》引出『儅於』條，云『上都浪反，主也；又都郎反，止也』，『儅』應即『當』的後起繁化俗字。

〔三五〕 憩，同『憩』，經本卷四二有『日子名曰佛陀懸多』句，《大正藏》校記稱『懸』字宋《資福藏》、元《普寧藏》、明《嘉興藏》本及日本宮内省圖書寮本作『憩』，當即此字所出。

〔三六〕 豛，當爲『毅』的訛俗字，經本卷四二有『牛宿六日用事，其日生者爲性剛毅』句，當即此字所出。

〔三七〕 本卷下十六字大抵出於經本卷四三，經本所見依次爲『賀、羂、匙、敍、膚、捧、嬪、蜎、絓、黨、櫡、繽、桁械、勡、橋』，底卷當係逆序摘録；玄應、可洪《音義》於《大乘大方等日藏經》第九卷下分別有其中的四字和十字。

〔三八〕 『槗』字經本未見，而卷四三相應位置有『即爲如來化作七寶階橋』等句，『槗』疑即『橋』字之誤，或即此字所出。

〔三九〕 『桁』『械』二字底卷皆從扌旁作，俗寫，經本卷四三有『五縛繫身，兩手兩足悉皆桁械』句，當即此二字所出，因據校正。

〔三〇〕 櫡，經本卷四三有『一切衆生流轉中，悉能令其得解脱；又於繫縛諸有獄，拔出衆生使獲安；絓是小小如櫡身，大聖悉皆往救濟』句，即此字所出；『櫡』應爲『櫡』字俗寫，而『櫡』古又用作『箸』的增旁繁化字；《大正藏》本『櫡』誤録作『攙』，校記稱『攙』字元《普寧藏》、明《嘉興藏》本作『筋』。按『筋』應爲『筯』字之誤，而『筯』『箸』爲古異體字。《龍龕·木部》：『櫡，張畧反，擊也。又音筯。』『音筯』的『櫡』亦正是『櫡（箸）』字俗寫，可以比勘。

〔三一〕 敍，經本卷四三有『阿匙林婆毗遮婆多吁嚧脂多末羅伽，彼中毗首羯磨蘇摩敍師奇和沙月眼，此四種一切工巧爲最守護」句，可洪《音義》引出「𢻱師」條，云「上丘宜反」，「𢻱」「敧」應皆爲「攲」的訛俗字，即此字所出。

〔三二〕本卷下十字前三字見於經本卷四五，後七字見於經本卷四四，底卷應係逆序摘録；前三字因出於同一段經文中，故其在該卷中的先後順序仍和經本相合；後七字經本所見依次爲「屠膾、握、枯（砧）、爍、饒、貯」，底卷序次大抵與經文相反；玄應、可洪《音義》分別有其中的二字和三字，皆見於《大乘大方等日藏經》第十卷下。今見《金藏》、《麗藏》等六十卷本《大方等大集經》蓋把《大乘大方等日藏經》第十卷分作二卷，但底卷仍作一卷，可見其所據經本分卷與傳本不同。

〔三三〕經本卷四四、四五皆有「吃」字（卷四四「吃利波輪第頗羅輪第」、卷四五「復以閻浮提中憍薩羅國名闍耶首馱牟尼聖人住處，付囑吃利弥迦龍王；復以閻浮提中蘇波洛蜀薩遮牟脂隣陀羅名香牟尼聖人住處，付囑牟脂隣陀羅龍王」），但後者與「洛」、「蜀」二字連屬，故可推斷底卷以摘録後者的可能性爲大，其先後排列合於該卷難字逆序摘録的體例。

〔三四〕蜀，經本同（經文已見上引），爲「劚」的古異體字。

〔三五〕鐃，經本未見，卷四四相應位置有「復有衆生貧窮下賤不得自在，是故出家望得富饒解脱安樂」句，「食」「金」二旁形近，俗書相亂，疑「鐃」即「饒」字之訛。

〔三六〕爍，經本卷四四有「寧飲灰汁鹹鹵水，熱沸爍口猶如火，不應懷貪毒惡心，服食衆僧浄施藥」句，即此字所出。玄應《音義》引出「烙口」條，云「力各反，謂燒煮物著人曰烙。經文作爍，式酌反，消爍也」（慧琳《音義》引「消爍也」作「非也」）；可洪《音義》引作「爍口」，云「上書斫反，灼也，燒也；應和尚以「烙」字替之，音洛，非也」；按「爍」「烙」古皆有「灼」「燙」之意，「爍口」「烙口」義均可通，然經文既本作「爍口」，則自不必改而爲「烙口」也。

〔三七〕砧，經本卷四四有「寧以勝利好刀枯，而自臠切其身肉」句，《大正藏》校記稱「枯」字宋《資福藏》、元《普寧藏》、明《嘉興藏》本及日本宫内省圖書寮本作『砧』，當即此字所出；玄應、可洪《音義》引亦作『刀砧』，玄應云『又作椹、戡二形，同，豬金反，鈇砧也』；這一意義的『砧』古本作『椹』，唐代以後多用『砧』，而『枯』則爲受『椹』『砧』的交互影響産生的後起俗字（《説文》本有『枯』字，釋『木也』，《廣韻·鹽韻》音息廉切，則别爲一字）。

〔三八〕下文『卌九』卷下難字皆出於經本卷四七月藏分，宋《資福藏》、元《普寧藏》、明《嘉興藏》本及日本宫内省圖書寮等系統的大藏經本《大方等大集月藏經》單經别行，六十卷本的《大方等大集經》卷四七相當於單行的《大方等大集月藏經》卷二，據此推斷，本卷下『憻』、『閇』二字當出於經本卷四六，相當於單行的《大方等大集月藏經》卷一。參下校。

〔三九〕『憻』字經本卷四六未見，形近有『檀』字（經本卷四六凡十九見），但『檀』字經本幾乎每卷皆有所見，何以獨在本卷下列出，殊不合理，存疑。

〔四〇〕閇，『閉』的俗字，經本卷四六有『爲群生故閇惡趣，令諸衆生住善道』句及咒語『栴達囉鳩閉、栴達囉娑閉』，『閇』亦爲『閉』的俗字，當即此字所出。

〔四一〕本卷下十八字大多出於經本卷四七，亦即單行的《大方等大集月藏經》第二卷，經本所見依次爲『鉞、茫、籢、墶埻、胆佞、竿、簫、狡猾、妖、痡、妓、商、磺』，底卷當係逆序摘録；玄應《音義》、可洪《音義》於《大方等大集月藏經》第二卷下分别有其中的五字和十一字。

〔四二〕⿰石卝，經本卷四七有『妙福衆寶⿰石卝，福味如巨海』句，即此字所出；可洪《音義》引出『寶⿰石卝』條，云『古猛反，金玉之璞也。正作磺，今作礦、鑛二形，古文作針、卝二形，《説文》從黄』。

〔四三〕賁，應爲『賓』字俗訛，經本卷四七相應位置有『衆生常爲彼，煩惱火所燒，求樂恒不得，不遇施樂者，一切住惡道。惟佛衆生樂，安住解脱道，能救一切苦。惟佛賞人主，三有中更无；愍進智慧水，衆德滿如海；爲盲失道者，安住於正路；導引諸衆生，住勝涅槃道』等句，《大正藏》校記稱『賞』字宋《資福藏》、元《普寧藏》、明《嘉興藏》本及日本宫内省圖書寮本、《聖語藏》本作『商』，『賫』即『商』字篆文的隸定字，當即此字所出；同卷下文又有『福商恒將向，無漏寶國土』句（此聯經本在上條所據『妙福衆寶硏』句之後，與底卷逆序摘字的字序不合，當非底卷『賫』字所出），其中的『商』字《中華大藏經》影印明永樂南藏本《大方等大集月藏經》作『賫』，卷末所附經音『賫』字音『商』，『賫』即『賫』的繁化俗字，亦即『商』字，可以比勘。

〔四四〕『娖』字字書不載，經本相應位置亦無近似字形，俟考。

〔四五〕葙，經本卷四七相應位置有『尒時波羅陀阿修羅王及與眷屬，皆大嚴持，到羅睺羅阿修羅王右廂而引』等句，《大正藏》校記稱『廂』字宋《資福藏》、元《普寧藏》、明《嘉興藏》本作『相』，日本宫内省圖書寮本、《聖語藏》本作『葙』，當即此字所出；可洪《音義》出『右葙』條，云『息羊反，正作廂』；按左廂、右廂的『廂』古字本作『箱』，『廂』爲『箱』的後起專用字，而『葙』爲『箱』字的俗寫。

〔四六〕鋥，就字形而言，此字可定作『鋼』的俗字，但經本未見『鋼』字，存疑。

〔四七〕竽，經本卷四七有『有持種種箏瑟箜篌簫笛鼓吹五音作樂』句，《大正藏》校記稱『箏』字宋《資福藏》、元《普寧藏》、明《嘉興藏》本及日本宫内省圖書寮本作『琴』，《聖語藏》本作『竽』，當即此字所出；可洪《音義》出『竽瑟』條，云『上爲俱反』，則其所據經本當亦與底卷及《聖語藏》本同。

〔四八〕塳垺，經本卷四七有『當雨之時，於四阿修羅城邑宫殿遍一切處，皆悉變作最極臭穢，及惡烟塵、灰土、墜垺，處處盈滿』句，《大正藏》校記稱『墜垺』宋《資福藏》、元《普寧藏》本作『熢焞』，明《嘉興藏》本作『蓬焞』，日本宫内省圖書寮本作『熢焞』，《聖語藏》本作『蓬勃』；可洪《音義》出『塳垺』條，云『上蒲紅反，下蒲没反，煙火盛皃也』，其所據經本當與底卷略同；此詞以作『蓬勃』者爲常見，其從土從火者皆後起換旁字。

〔四九〕簦，經本卷四七有『所有鼓貝，齊鼓、斂鼓，箜篌、箏笛，具足作樂』句，此卷所據底本爲《金藏》廣勝寺本，原本通常每行十四字，而該行字小而密，達十九字，明顯有挖改增字的痕迹；《大正藏》所據《麗藏》本無『齊鼓斂鼓』四字，校記稱《聖語藏》本有『齊鼓籢鼓』四字；玄應《音義》出『齊鼓』『籢鼓』二條，後者下云『力占反，謂以瓦爲𩏂，革爲兩面，用杖擊之者也。經文作篕，非也』；又可洪《音義》出『齊鼓』『簫皷』二條，後條下云『上力鹽反，細腰皷也。正作簽、廞二形也』。按『籢』『斂』『簽』應皆爲『籢』字之誤，『簫』則應爲『篕』字之誤，而『篕』蓋又『籢』的後起會意俗字。『籢』字從竹從斂，鼓而稱『籢』者，蓋與籢鼓中腰細有關；其作『篕』者，則又與『籢』本指盒狀飾具有關；其又作『廞』者，則與打擊動作有關。玄應《音義》卷一〇《大莊嚴經論》第十三卷『香匳』條下云『匳』『又作籢、槏二形，同，力占反，《韻集》云：匳，斂也，收斂物也。《三蒼》盛鏡器名也。今粉匳、碁匳皆是也』（原文多誤，此參酌慧琳《音義》卷四九引改正），可以比勘。

〔五〇〕本卷下四字皆出於經本卷四八，亦即單行的《大方等大集月藏經》第三卷，經本所見依次爲『盪、螽、翠、蔚』（後二字經本在同一句内），底卷當係逆序摘録；玄應、可洪《音義》於《大方等大集月藏經》第三卷下分别有其中的二字和四字。

〔五一〕蔚，應爲『蔚』的俗字，經本卷四八有『花果樹林，常得青翠，扶疏蔚茂』句，當即此字及上『翠』字所出；玄應《音義》出『蔚茂』條，可洪《音義》出『青翠』『蔚茂』二條，可參。

〔五二〕螽，經本卷四八有『於彼國土，亦無蚊虻、惡蠅、虱蚤、鼠、野狐、訓狐、兔梟及以鷹鷂，并餘傷害食苗稼蟲』句，其中的『鼠』字《大正藏》所據《麗藏》本作『鼨鼠』，《大正藏》校記稱『鼨』字宋《資福藏》、元《普寧藏》、明《嘉興藏》本及日本宫内省圖書寮本、《聖語藏》本作『螽』，當即此字所出；玄應《音義》出『螽鼠』條，云『宜作鼨……之弓反，《爾雅》鼨鼠，《説文》即豹文鼠也。經文作螽，音終，蟲名也』，則其所據經本亦作『螽鼠』；可洪《音義》則改作『蜂鼠』，云『上或作蠭、螽，二同，芳逢反，蜜虫也。……《經音義》作螽，應和尚以鼨字替之，音之弓反，非也，經意蜂、鼠二物，非只是鼠也』，可參。

〔五三〕盪，經本卷四八有『又如猛風，依於虚空，而能吹盪煙雲塵霧』、『又如風依空，吹盪諸塵曀』等句，可洪《音義》出『吹蘯』條，云『徒朗反，開闢也，摇放也，正作蕩』，又出『吹盪』條，云『同上』，應即此字所出；『蘯』、『蕩』、『盪』三字表示吹蕩義當以作『盪』爲典正，古亦借用本表示水名的『蕩』，而『蘯』則爲『蕩』『盪』交互影響的産物。又『卌』與『卌三』之間底卷本有『卌　稷。零。淵』一行文字，『卌』字右側小字旁注『五十』二字，當指『卌』當改作『五十』，該行文字當屬抄手提前誤抄者，下文另有『五十　稷。零。淵』一行文字可證，故此徑删。

〔五四〕本卷下『線』字出於經本卷五一，亦即單行的《大方等大集月藏經》第六卷，經本有『三天童女者線呵、迦若、兜羅』句，即此字所出；玄應、可洪《音義》皆出『線呵』條，玄應云『又作臬，同，息里反，天僮女名也。依字又作枲……謂牡麻有子者也』；可洪云『上須陵反，經自出也；應和尚作息里反，非也』（經本卷五三有咒語『線呵毗唎矢至迦毗唎沙佉那』，『線』字下原注『須淩反』，《大正藏》校記引宋《資福藏》、元《普寧藏》、明《嘉興藏》本及日本宫内省圖書寮本、《聖語藏》本作『須陵反』，可洪『經自出』當據此而言）；按『線呵』當爲佛經譯音用字，『線』當是譯經者在音近的『臬』的基礎上所造的專字，『線』與『臬』可能音近但又不完全同音，故譯經者需用反切標出其準確的讀音，玄應不達於此，把它和『臬』字等而同之，可洪以爲『非也』，亦其宜矣。

〔五五〕本卷下十五字皆出於經本卷五二，亦即單行的《大方等大集月藏經》第七卷，經本所見依次爲『醇、醍醐、仛、霑、搔、哆盧、鼬、萠、僔、黚、臬、沓、綜』（後二字經本在同一句内），底卷當係逆序摘録；玄應、可洪《音義》於《大方等大集月藏經》第七卷下分别有其中的七字和九字。

〔五六〕黚，經本卷五二有六十二『諸龍軍將』，其中之一名『黚婆利』，『黚』字下原本注『九嚴反』，即本條所出；玄應《音義》出『黚婆利』條，注『九嚴反』，可洪《音義》出『黚婆』條，注『上九嚴反，經自出』。按『黚』字《廣韻·鹽韻》音巨淹切，羣紐濁音，『九嚴反』屬見紐清音，唐五代西北方音濁音清化，則羣紐、見紐可以互切；且『黚婆利』應屬梵語譯音，經師借用音近的『黚』字而未必與『黚』字完全同音，故自注反切以提示具體讀音。《大正藏》校記引元《普寧藏》本『九』字作『仇』，日本宫内省圖書寮本作『其』，皆改讀羣紐，實無此必要。

〔五七〕葥，當爲『萠』字俗訛，經本卷五二有『復有四刹多羅，一名鴦瞿，二名萠瞿，三名儚（原注：亡曾反）伽叉，四名闍叉附』句，當即此字及下『儚』字所出。

〔五八〕揄，當爲『搔』字俗訛，經本卷五二有乾闥婆三十三人，其中有『霑浮羅』、『搔跋尼』、『毗首婆蜜哆盧』，當即此字及上『哆』、『盧』、『霑』三字所出。

〔五九〕仛，經本卷五二有闥婆兄弟十一人，其中有『藍菩尸仛』，當即此字所出；玄應、可洪《音義》皆出『尸仛』條，玄應云『又作詫、奢（慧琳《音義》引作『諸』）二形，同，勑嫁反，乾闥婆名也』，可洪云『丑加反，經自出。又音鐸。應和尚作勑嫁反，非也』；按各藏經本此『藍菩尸仛』下無注音，但卷五五『摩訶羅仛國』之『仛』字原注『丑加反』，殆即底卷及可洪所本。

〔六〇〕醇，經本卷五二有『譬如群牛食種種草，若生若枯，亦飲種種清濁等水，及搆捋時出純净乳』句，《大正藏》校記稱『純』字宋《資福藏》、元《普寧藏》、明《嘉興藏》本及日本宫内省圖書寮本、《聖語藏》本作『醇』，當即此字所出；可洪《音義》出『純净』條，云『時均反，謂專一不雜也；《方言》：純，好也，大也。經文作醇，《説文》不澆酒也；又作淳濃之淳，其義一也』；可洪《音義》出『醇净』條，云『上市淪反』，可參。

〔六一〕餛，『䱉』的俗字，經本卷五二有『從彼净乳出香味酪，從香味酪出生熟酥，從生熟酥出上醍醐，勝果成熟』句，『醍醐』古亦作『䱉餬』（慧琳《音義》卷一三《大寶積經》第四十一卷『䱉醐』條下云『上音提，從食從氐，丁禮反，經從互，誤也；下音胡，䱉餬即蘇中精醇者，不論冬夏常清不凝，能入人肌肉。或從酉作醍醐，俗用，亦通也』），當即此字及下『醐』字所出。

〔六二〕本卷下四字除首字待考外皆出於經本卷五三至五四，亦即單行的《大方等大集月藏經》第八卷，其中『搩』字見於經本卷五三，『徙』『薂（籔）』二字依次見於經本卷五四，底卷當係逆序摘録；可洪《音義》於《大方等大集月藏經》第八卷下有其中的三字。

〔六三〕 ⿸疒叜，《龍龕·疒部》載『瘦』字俗體有作近似形狀者，但經本卷五三、五四皆未見『瘦』字（卷五〇、五六有，但字序不合），存疑。

〔六四〕 蘝，文中當爲『籢』的俗字，經本卷五四有『有以種種琴瑟、箜篌、簫笛、齊鼓、蘝鼓、雷鼓以爲音樂，供養世尊』句，可洪《音義》出『蘝鼓』條，云『上力鹽反』，『蘝』亦『籢』的俗字，即此字所出。參看上文校記〔四九〕。

〔六五〕 ⿰扌粲，經本卷五三有『尒時諸來一切龍衆諸大龍王皆悉瞋忿，於虛空中即起大雲在阿修羅上，欲聲大鼓，欲降大石，雨鐵羂索、穳鉾、刀杖……如是等形，爲欲害諸阿修羅而不能得』句，可洪《音義》出『⿰扌粲鉾』條（在『羂索』條之下），云『上倉乱反，下莫侯反』，當即此字所出。『⿰扌粲』字字書不載，當爲『穳』的俗字。經本卷四七『我等昔日具安樂，五欲所須皆稱意。神通勇健有大力，所持弓刀及箭稍，羂索矛穳劍輪等，一切今當悉退落』，可洪《音義》出『鉾⿰扌粲』條，云『上莫侯反，下倉乱反，正作矛穳也，並俗』，是其證。又經本卷五六（此卷據《金藏》廣勝寺本影印）云：『復以種種兵仗，刀箭、⿰扌粲鉾、鉞斧、崩大石山、毒藥、水火，復放狂象、師子、虎豹、惡牛、惡狗勤加害佛。』又云：『是時須臾頃，大地普震動；於其虛空中，出大惡音聲；四方起大惡，火⿰扌粲數百千；火幢大可畏，現住在空中；彗星及妖星，四方而流墮。千億諸天神，皆作如是言：釋迦所集法，今日當隱没。』其中的『⿰扌粲』字《大正藏》據《麗藏》本前一字作『穳』，後一字作『爨』，校記稱『穳』字日本宫内省圖書寮本作『摖』，『爨』字宋《資福藏》本、日本宫内省圖書寮本作『摖』，元《普寧藏》、明《嘉興藏》本作『攢』；按『摖』應爲『⿰扌粲』字之誤，而『⿰扌粲』實亦即『穳』字，後例可洪《音義》引作『火攢』，音『才官反』，不可取。所謂『火穳』，當是指帶火的小矛；矛而復帶火，在空中竄來竄去，是『大惡』『可畏』耳。《周書·王思政傳》：『東魏太尉高嶽、行臺慕容紹宗、儀同劉豐生等率步騎十萬來攻潁川，城内臥鼓偃旗，若無人者。嶽恃其衆，謂一戰可屠，乃四面鼓譟而上。思政選城中驍勇開門出突，嶽衆不敢當，引軍亂退。嶽知不可卒攻，乃多修營壘，又隨地勢高處，築土山以臨城中，飛梯火車，晝夜攻之。思政亦作火穳，因迅風便投之土山，又以火箭射之，燒其攻具。仍募勇士縋而出戰。嶽衆披靡，其守土山人亦棄山而走。』其中的『火穳』《北史・王思政傳》同，宋王欽若等編《册府元龜》卷四百將帥部固守第二引作『火矟』，則『火穳』猶『火矟』也。然『搡』『穳』形大殊，何以『穳』可寫作『搡』？ 蓋『穳』字或作『⿰扌粲』，從手、粲聲，爲『穳』的後起形聲字（『穳』字可洪音倉乱反，清紐換韻；『粲』字《廣韻》音蒼案切，清紐翰韻，《廣韻》換韻、翰韻同用，故二字同音）；而『粲』俗書作『桒』（參看《敦煌俗字研究》下編『粲』字條），故『⿰扌粲』又寫作『搡』耳。『穳』或作『⿰扌爨』（慧琳《音義》卷三九《不空羂索陀羅尼自在呪經》中卷『晝穳』條下注），俗字又有作『攛』者（《龍龕・手部》有俗字『攛』，『倉丸、七乱二反，正作鑽、穳二字』，即『⿰扌爨』字俗省），從手、爨聲，可以比勘。上揭《大方等大集經》卷五六『火搡』《麗藏》本作『火爨』，『爨』乃『穳』之借音字也。

〔六六〕本卷下十五字除末字待考及『把』字出處不詳外皆出於經本卷五五，亦即單行的《大方等大集月藏經》第九卷，經本所見依次爲『謅、嚪、黟、搔、蓰、鄗、雌、瞳、企、抓、餘、潦、寇』，底卷以逆序摘録爲主；玄應、可洪《音義》於《大方等大集月藏經》第九卷下分別有其中的三字和十字。

〔六七〕寑，『寇』的俗字，經本卷五五有『亢旱及水潦，病儉諸賊𡨥』句，『𡨥』亦『寇』的俗字，即此字及末尾『潦』字所出；上引經文經本在卷五五末段，按底卷逆序摘録的規則，『寇』字在卷首是對的，而『潦』字又置於末尾，則應屬變例。

〔六八〕『⿰金余』字經本未見，而卷五五相應位置有『我以如是等，更轉付餘天』句，『⿰金余』疑即『餘』字俗訛；《篇海》卷二金部有『⿰金余』字，原注『音余』，此字或亦即『餘』的訛俗字。

〔六九〕仚，即『仙』的古字，經本卷五五有『汝等及諸天仙』句，正有『仙』字，但此句經文在卷首，與底卷逆序摘録的規則不合，可疑；同卷後部有『婆羅目企夜叉』，其文在『瞳』後『抓』前，字序較合（依底卷字序『仚（企）』本應在『抓』後，但經文『婆羅目企夜叉』句與『箭爪夜叉』（『爪』字宋《資福藏》、元《普寧藏》、明《嘉興藏》本及日本宮内省圖書寮本作『抓』）句僅相隔四十餘字，在同一頁，這種在同一頁相鄰文句中的難字抄手往往又有改逆序爲順序摘録的變例），俗寫止旁山旁相亂，因疑此『仚』字或即『企』的訛俗字；可洪《音義》出『目企』條（在『雙瞳』『箭爪』二條之間），『企』字音『丘智反』，可參。

〔七〇〕抓，經本卷五五有『箭爪夜叉』、『狼爪夜叉』，《大正藏》校記稱『爪』字宋《資福藏》、元《普寧藏》、明《嘉興藏》本及日本宮内省圖書寮本作『抓』，又有『摩尼爪天女』，《大正藏》校記稱『爪』字宋《資福藏》、明《嘉興藏》本作『抓』，即此字所出；可洪《音義》出『箭爪』條，『爪』字音『争巧反』；按『抓』即『爪』的增旁俗字，佛典中經見。

〔七一〕蓰，經本卷五五有『尒時世尊以簁提國付囑具足龍王、善道龍王、各百眷屬』句，《大正藏》校記稱『簁』字宋《資福藏》、元《普寧藏》、明《嘉興藏》本及日本宮内省圖書寮本、《聖語藏》本作『蓰』，即此字所出；可洪《音義》出『蓰堤』條，『上所綺反』；按『簁』『蓰』爲譯音用字之異。

〔七二〕掻，經本卷五五有『掻跋質羅天女』，即此字所出；『掻』爲『搔』的俗字，可洪《音義》出『搔跋』條，『上桑刀反』，可證。

〔七三〕『把』字經本卷五五未見，卷五六有『生時身著鎧，把刀血塗身』句，但字序不合，存疑。

〔七四〕[illegible]，此字右部模糊不清，存疑俟考。

〔七五〕本卷下十二字前七字出於經本卷五六，亦即單行的《大方等大集月藏經》第十卷，底卷逆序摘録，字序全合；又『賖』字經本卷五六多見，但字序有問題；其餘四字經本卷五六未見，出處存疑（參下校記）。可洪《音義》於《大方等大集月藏經》第十卷下有前六字。

〔七六〕捜，『搜』的俗字，《龍龕·手部》有近似寫法，經本卷五六有『波搜多國』、『彼佉搜迦國』，可洪《音義》出『波搜』條，『搜』字音『所愁反』，即此字所出。

〔七七〕氐，此字上部底卷作『氐』形，即『氏』旁贅筆，兹徑録正；經本卷五六有『我今以彼佉搜迦國、信頭婆遲國……婆遮利婆國此十三國，付囑互宿攝護養育』句，『氐』『互』皆爲『氐』的俗字，即此字所出；可洪《音義》出『氏宿』條，『上丁兮反』，正作『氐』字。

〔七八〕揔，『換』字俗書，敦煌寫本中經見，但經本未見『換』字；又此下五字經本卷五六俱未見，可洪《大方等大集月藏經》第十卷音義亦無蹤影，底卷『卌七』卷下徑接『卌九』卷，或此處抄手失標『卌八』二字，但今傳本亦未見此五字順序出於同一卷之中者，是可疑也。參下校。

〔七九〕堀，經本卷五五有『尒時世尊告鳩槃茶檀提大將、優婆檀提大將、迦羅迦大將、摩訶鉢賒大將、摩呼陀遮利大將、堀求尼大將、婆朱賒尼大將、鴦堀盧大將、鞞羅差大將、一眉大將』句，不知是否爲此字及下『賒』字所出。

〔八〇〕『跕』字經本未見，出處不詳。

〔八一〕髠，『髡』的俗字（參看伯二一七二號《大般涅槃經音》校記〔二四〕），經本卷六〇有『汝寧見菩薩髡頭剔鬚作沙門者不』句，不知是否爲此字及下卷首字『剔』字所出，存疑。

〔八二〕捲，此字底卷作『[illegible]』，黯淡不清，茲姑如是録，存疑。

〔八三〕本卷下三字逆序見於經本卷二七。經本卷二七至三十爲無盡意菩薩品第十二，相傳爲南朝宋涼州沙門智嚴共寶雲譯，三十卷本的《大方等大集經》未收入，而有單行的《無盡意菩薩經》四卷，《金藏》、《麗藏》本既收入《大方等大集經》，又有單行的《無盡意菩薩經》六卷，文多同，此卷二七略同於《無盡意菩薩經》卷一。玄應《音義》卷七、慧琳《音義》卷一九、可洪《音義》第叁册有《無盡意菩薩經》六卷的音釋，本卷三字玄應、慧琳書未見，可洪書有前二字。參看上文校記〔五三〕。

〔八四〕本卷下二字亦見於經本卷二七，六卷本《無盡意菩薩經》在卷二，可洪《音義》亦列在第二卷下，經本卷二七的難字底卷分列於卷五十、五十一，則其所據經本分卷當與今本不同。

〔八五〕扺宊，『抵宊』二字的俗寫，『宊』又爲『突』的俗字，經本卷二七有『持柔和戒，心无扺宊故』句，即此二字所出；可洪《音義》於《無盡意菩薩經》第二卷下出『牴宊』條（《麗藏》本《無盡意菩薩經》卷二作『扺宊』），云

「上丁礼反，下徒骨反」，「牴」爲抵觸義之《説文》本字，「抵」「牴」音同義通。

〔八六〕「五十二」卷下十六字「所、皷、醬」三字出處不詳，其餘十三字「揌(摠)、慹、督」出於卷二九(相當於六卷本《無盡意菩薩經》卷四)、「稟、賦」出於卷三一(日密分三卷之一)、「恌」以下九字除「醬」字外大抵出於卷三二(日密分三卷之二)，皆逆序摘録，各卷難字自成起訖，據此可以推斷這十六字并非都出於第五十二卷，而應該出於三卷經文之中，疑底卷「稟」字前應脱標卷號「五十四」(底卷所據經本無盡意菩薩品應分四卷，卷五三應爲無盡意菩薩品之四，慧琳《音義》所據《無盡意菩薩經》分六卷，其中五、六卷「文易不音」，故底卷可能因第五十三卷没有需要摘出的難字，而徑接卷「五十四」)，「皷」或「恌」字前應脱標卷號「五十五」。

〔八七〕「所」字經本未見(此字其他佛經中亦未見實際用例)，此處疑爲某字俗訛，俟考。

〔八八〕「揌」字經本未見，此處當是「摠(總)」的俗字；經本卷二九有「聞已憶念正智，摠持不忘不失」句，當即此字所出。「揌」用同「摠(總)」，參看斯五五〇八號《藏經音義隨函録第拾册》校記(一一)。

〔八九〕慹，經本卷二九有「若遇識者心无慚赧」句，「慹」即「赧」的增旁俗字，亦即「赧」字，當即此字所出；慧琳《音義》於《無盡意菩薩經》第四卷下出「慚赧」條，云「下拏簡反，《考聲》云：赧，羞也，面赤也，羞慚也。或作赧，會意字」；可洪《音義》同卷下出「慚慹」條，云「女板反，慙而面赤也。正作赦(赧)」，皆可參。

〔九〇〕督，此字慧琳、可洪《音義》於《無盡意菩薩經》第四卷下載之，上部的「小」形構件皆作三點，慧琳《音義》又無右點，二書皆定作俗字，慧琳云「正作督」；經本卷二九有「意勤勸督，心常生悲」句，即此字所出；按《五經文字》卷上目部：「督督：上《説文》，下經典相承隸省。」

〔九一〕稟，「載」的武后新字，此字形多變異，此形與《集韻·代韻》所載新字字形近似；經本卷三一有「若有惡王隨順如是惡比丘語，而是大地云何能載是王」句，即此字所出；蓋底卷所據經本爲武周時期寫本，故有武后新字。

〔九二〕賦，經本卷三一有『若鳴揵揓集四方僧，客僧集已，次第賦給房舍、飲食、臥具、醫藥，無悋惜心』句，即此字所出。

〔九三〕『皷』字字書未見，疑爲某字俗訛，俟考。

〔九四〕『恌』至『亣（亢）』七字出於經本卷三二（日密分三卷之二），底卷係逆序摘録；玄應、可洪《音義》於三十卷本的《大方等大集經》第二十九卷下分别收有其中的『霖雨』、『抓把』條。經本卷三二有『是阿那含悉斷一切貪欲之心，唯有五事未能除斷，一者色愛，二者無色愛，三恌，四慢，五者无明』句，即『恌』字所出；《大正藏》校記稱『恌』字宋《資福藏》、元《普寧藏》、明《嘉興藏》本作『掉』；按『掉』爲佛經術語，指躁動不静之煩惱，可洪《音義》於《大方等大集經》第二十八卷下『恌動』條下云：『上徒了反，正作挑、掉二形。』可參。

〔九五〕涗，經本卷三二有『能涗衆生无量惡心』句，即此字所出；『涗』爲『浣』的俗字。

〔九六〕抓把，經本卷三二有『譬如智人聞於他處多有寶藏，是人即往，以抓把之。把已漸見，心生歡喜，竟無疲猒』句，即此二字所出。『抓把』同『爪爬』（參看上文校記〔七〇〕）。可洪《音義》出『抓把』條，云『上争巧反；下蒲巴反，亦作爬』，可參。

〔九七〕亣，應爲『亢』的訛俗字，經本卷三二有『國土亢旱』句，即此字所出。

〔九八〕『醬』字經本未見，出處不詳。

〔九九〕沠，『流』的古異體字，經本卷三二有陀羅尼咒語『三摩流波脾蛇叉婆』，或即此字所出。又底卷抄寫至此字止，後另有『佛説本行集經卷之』、『如是我聞一時佛』等字樣，屬抄手習書，與本篇内容無關。

大方廣十輪經難字音

俄敦九四一

【題解】

本件底卷編號爲俄敦九四一。正面爲難字一行半，第一行上部十個難字右側注有小字直音；背面有『犀㓷』二字。無題。《孟目》定作『學習中文字的教材』，云：『部分手卷，首尾缺。二行。第一行側旁有注明讀音的中文字。紙色灰，紙質粗。楷書。無題字。』《俄藏》正面題『字譜』，背面題『字譜補記』。按卷背二字正面均已見，自不必另行擬題。查底卷所有難字均出於《大方廣十輪經》（失譯人名，附北涼録）第一、二、四卷（《大方廣十輪經》共八卷），且除極個別難字外（參校記〔五〕），其先後順序均與經本相合，則底卷實爲《大方廣十輪經》難字音，故據以擬定今題。

底卷『臣』字作武后新字，蓋抄手所據經本爲武后時期寫本。至於底卷的抄寫時間，《孟目》推定爲九至十世紀寫本，近是。

本件《孟目》有録文，但頗有疏誤，今據《俄藏》影印本并參考《大正藏》本《大方廣十輪經》（簡稱經本）重新校録如下。玄應《音義》卷四、慧琳《音義》卷一九、可洪《音義》第叁册均有同一經音義，亦取以備參。

▨（讁）▨。〔一〕 翳影。〔二〕 渚主。 浚▨。〔三〕 牀床。〔四〕 駃決。〔五〕 犀㓷。〔六〕 裸。〔七〕 賑振。〔八〕 蔽併。〔九〕 螌昔。〔一〇〕

莖。〔一一〕 哲。〔一二〕 譏。 呰。〔一三〕 捴。〔一四〕 嚅。〔一五〕 璫。 ⿰歹尔（殄）。 ⿰糸乇（鈍）。 伎。〔一六〕 ⿱豤土（墾）。〔一七〕 殖。 ⿰糸乇（純）。

鏟。〔一八〕 隟。〔一九〕 恧。〔二〇〕 冢。〔二一〕 蹲。 亢（亢）。 霖。 （原本抄寫至此止）

【校記】

〔一〕『讁』字底卷右上部略有殘缺，兹據《孟目》擬補；『讁』以下至『莖』字皆出於經本卷一，且除『駃』字外，先後順序與經本全同；經本有『種種讁罰，身受苦切』句，當即此字所出。注文殘字底卷作『□』形，《孟目》録作『𢋩』（據俄文本），『𢋩』『讁』形音義俱别，原字當非『𢋩』字，俟再考。

〔二〕翳，經本卷一有『光明清淨，悉無翳障、風雲、塵霧及諸臭穢』句，即此字所出。『翳』字《廣韻》音於計切，霽韻蟹攝，『影』字音於丙切，梗韻梗攝，唐五代西北方音梗攝各韻的鼻音韻尾漸趨消失，故『影』『翳』讀音相近。

〔三〕浚，經本卷一有『捨心無礙，如彼浚流』句，即此字所出。注文殘字底卷作『□』形，《孟目》録作『鳶』，後者字書以爲『鳶（鳻）』的訛俗字，音敷文切，與『浚』字讀音迥異，孟録不可從；竊謂原字當定作『睿』字，即『濬』字（《説文》以『濬』爲『睿』字古文），『濬』『浚』《廣韻・稕韻》同音私閏切，二字音同義通。玄應《音義》卷四《大方廣十輪經》第一卷『浚流』條下云：『古文睿、濬二形，今作浚，同，雖閏反，浚，深也。』可參。

〔四〕牀，經本卷一有『是疲極者安隱床座』句，其中的『床』字《金藏》本同，『床』爲『牀』唐代前後的通行俗字，當即此字所出。注文作『床』，係以俗字爲正字注音之例。

〔五〕駃，經本卷一有『乘四正勤四攝駃流』句，即此字所出。但此句經本在下『犀（犀）』『裸』二字之後，字序略有錯亂。『駃』與『決』《廣韻・屑韻》皆有古穴切一讀，故底卷『駃』字直音『決』。但上引經文『駃流』之『駃』乃疾速義，當據《廣韻》去聲夬韻讀作苦夬切，直音『快』。《中華大藏經》校記引宋《磧砂藏》、元《普寧藏》等經本『駃』字作『駛』，慧琳《音義》卷一九引出『駛流』條，云『師利反，《蒼頡篇》水流疾也，《考聲》速也。《説文》從馬、史聲』。蓋此字古本作『駛』，後或形訛作『駃』，音隨形變，俚俗遂讀作『快』音，然與『駃騠』之『駃』初非一字也。可洪《音義》引作『駃流』，云『上所事反，速也。正作駛也。又快、決二音，並非也，悞』，則徑讀『駃』爲『駛』音，則似失之迂。

〔六〕底卷卷背亦有『犀』『剗』二字，但卷背此二字連抄，字體大小相同，與正面『剗』小字注於『犀』字右下角者略有不同。『犀』字《龍龕·尸部》以爲『犀』的俗字，經本卷一有『遠離煩惱如犀一角』句，當即此字所出；可洪《音義》引出『如犀』，云『音西』，可參。但『剗』字與『犀』字形音義均所不同，二字的關繫尚待進一步研究。

〔七〕裸，此字左部底卷作『礻』形，俗書『衤』旁多寫作『礻』形，按經本卷一有『亦是裸者最勝衣服』句，當即此字所出，故徑據録正。

〔八〕賑，經本卷一有『汝於衆生亦如是，常能賑給於一切』句，即此字所出。『賑』和注文『振』《廣韻·震韻》同在章刃切小韻，讀音相同；《大正藏》校記稱經文『賑』字日本《聖語藏》古寫本作『振』，『振』實即賑濟之『賑』的古本字。

〔九〕蔽，經本卷一有『但諸天人愚闇自蔽』句，即此字所出。『蔽』字《廣韻·祭韻》音必袂切，幫紐蟹攝，注文『併』字在勁韻，幫紐梗攝，此亦唐五代西北方音梗攝、蟹攝音近互注之例。參看上文校記〔三〕。

〔一〇〕螫，經本卷一有『若有衆生爲諸毒蛇種種禽獸之所螫者』句，即此字所出。『螫』字《廣韻·昔韻》音施隻切，屬書紐，注文『昔』音思積切，屬心紐，唐五代西北方音齒頭音與正齒音多混而不分，故心紐字可與書紐字互注。

〔一一〕『莖』字以下底卷無注音，蓋屬作者未完之作。

〔一二〕哲，經本卷二有『大悲體性甚聰哲，能救一切衆生苦』句，即此字所出；《孟目》録作『掊』（據俄文本），稍誤。『哲』字以下至『伎』字皆出於經本卷二，先後順序與經本全同。

〔一三〕呰，經本卷二相應位置有『毀訾諸賢聖，妄著於斷常』句，『訾』『呰』音同義近，古通用不分，當即此字所出。經本同卷下文『誹謗正法，毀訾賢聖』，其中的『訾』字《大正藏》校記引宋《資福藏》、元《普寧藏》、明《嘉興藏》本作『呰』，可參。

〔一四〕捴，經本卷二相應位置有『云何爲總持，忍辱能柔和』句，『捴』即『總』的俗字，當即此字所出。可洪《音義》第一册《大般若經》第四帙出『若捴』條，云『則孔反，合也，普也，皆也，并結也。古文作惣，《字樣》作總(總)』，可參。另參看《敦煌俗字研究》下編『總』字條。

〔一五〕曘，經本卷二有『以諸香湯，調和冷暖，以用洗浴』句，可洪《音義》出『冷曘』條，下字音『奴短反』，『曘』即『暖』字(『暖』字《説文》本作『煗』，後換旁作『㬉』，而『曘』即『㬉』的俗字)，當即此字所出。參看《敦煌俗字研究》下編『暖』字條。

〔一六〕伎，經本卷二有『諦善觀察誰有勇健，種種伎能，多聞持戒』句，當即此字所出。『伎』經文中用同『技』，《大正藏》校記引宋《資福藏》、元《普寧藏》、明《嘉興藏》本及日本宫内省圖書寮本正作『技』。

〔一七〕『墾』以下至末『霖』字皆出於經本卷四，先後順序與經本全同。

〔一八〕饉，此字當是『饉』的訛俗字，經本卷四相應位置有『於自國土及餘隣國，皆悉兵起，飢饉疾疫』句，當即此字所出。

〔一九〕隟，經本卷四有『瞋諸左右，悉生嫌隟』句，『隟』爲『隙』的俗字，當即此字所出。

〔二〇〕恖，『臣』武后新字『恖』的變體(宋趙與時《賓退録》卷五：『《唐君臣正論》載武后改易新字，如以山水土爲地……一忠爲臣。』)，經本卷四相應位置有『是刹利諸臣，乃至結舌不語，而死墮阿鼻地獄』句，當即此字所出；《孟目》録作『忠』，非是(經本未見『忠』字)。

〔二一〕冡，當爲『冢』字俗省，經本卷四有『人罪應死，繫著可畏軻藍塜間』句(『塜』字右部《中華大藏經》影印《麗藏》本作『冢』)，『塜』爲『冢』的增旁俗字，當即此字所出；《孟目》録作『冡』(據俄文本)，稍誤。

賢護菩薩所問經音

津藝三四(底一)　斯二〇二〇(底二甲)　斯五〇八(底二乙)

北二三四(冬四五)(底二丙)　北二三五(珍六六)(底三)　斯二二五八(底四)

【題解】底一編號爲津藝三四。前爲隋天竺三藏闍那崛多譯《賢護菩薩所問經》卷一，經文卷端約殘缺四百字左右，末題『賢護菩薩所問經卷第一』。末題後附經音三行，兹據以校録。另斯二五六〇號存該經卷一經文前半，兹取以參校。

底二甲編號爲斯二〇二〇。前爲《賢護菩薩所問經》卷三，首題『大方等大集經賢護分觀察品之餘』，末題『賢護菩薩所問經卷第三』。末題後附經音二行，兹據以校録。底二乙編號爲斯五〇八。前爲《賢護菩薩所問經》卷三，卷端略有殘缺，末題『賢護菩薩所問經卷第三』。末題後附經音二行，與底二甲略同。底二丙編號爲北二三四(冬四五)。前爲《賢護菩薩所問經》卷三，前後題與底二甲略同(前題缺『之餘』二字)。末題後附經音二行，與底二甲、底二乙略有不同(參看校記〔一〇〕、〔一三〕)，兹一併取以參校。另伯二七四二號存《賢護菩薩所問經》卷三經文中部三頁，未見異文。

底三編號爲北二三五(珍六六)。前爲《賢護菩薩所問經》卷四，卷端首題及經文第一行上部略有殘泐，首題可見『稱讚功德品第八』七字的左半及『卷第四』三字，末題『賢護菩薩所問經卷第四』。末題後附經音二行，兹據以校録。

底四編號爲斯二二五八。前爲《賢護菩薩所問經》卷五。經文前部小半殘缺。末題『賢護菩薩所問經卷第五』。末題後附經音一行，兹據以校録。北二三六號(鱗十三)存該卷經文大部(僅卷端殘缺不足百字)，但卷末無經音。

《賢護菩薩所問經》又稱《大方等大集經賢護分》、《大集賢護菩薩經》、《大集賢護經》，五卷，隋天竺三藏闍那崛多譯。今所見該經傳本卷末無經音。底二丙、底三許國霖《敦煌雜録》有録文，題作『大方大集經賢護分音義』，兹按各寫卷經文末題定作今名，據《津藝》、《寶藏》影印本并參考上揭寫卷所載經本原文、《大正藏》經本校録如下。玄應《音義》卷四、慧琳《音義》卷一九皆有《大集賢護菩薩經》音義，可洪《藏經音義隨函録》第三册有《大集賢護經》音義，兹取以比勘。

弃棄音。〔一〕 擔都談反。 瞻占音。 跋蒲末反。 罣（罣）乎卦反。 穿川音。 閫苦本反。 猫苗音。 猕弥音。 倦求卷反。 篾莫結反。〔二〕 怯去劫反。 筭息乱反。〔三〕 摶徒端反。〔四〕 糞方問反。〔五〕 躭都南反。〔六〕 慘七感反。〔七〕 慼七歷反。 鑪盧音。〔八〕 槖蒲界反。〔九〕 鍊練音。〔一〇〕 黨都朗反。〔一一〕 貯竹吕反。〔一二〕 髓息垂反。〔一三〕 搆古候［反］。〔一四〕 岌魚及反。〔一五〕 篋苦筴反。〔一六〕 笥息字反。〔一七〕 羞四由反。 甄烏耕反。〔一八〕 犀西音。〔一九〕 犲虫皆反。 豹卜孝反。〔二〇〕 仇求音。〔二一〕 鬀他帝反。〔二二〕 鬢。〔二三〕 赫虖（虎）百反。 鏗苦更反。 鏘七將反。〔二四〕 鬘莫班反。 煒于鬼反。 燁于涉反。〔二五〕 駿俊音。〔二六〕 剃他計反。 帔匹皮反。〔二七〕 嬾郎旱反。 憧徒卧反。〔二八〕 偉子鬼反。〔二九〕 笇息乱反。〔三〇〕

【校記】

〔一〕 此段爲經文卷一難字音，據底一校録，并以該經音之前經本、斯二五六〇號經本及《大正藏》本爲參校。各難字先後順序與經本合。『弃』即『棄』的古異體字（《説文》以『弃』爲『棄』字古文），『棄』字中部俗書或作『世』形，唐代避李世民諱，故通行『弃』字。宋孫奭《律音義》云：『弃，古文棄字，詰利切，唐避太宗諱行焉。今從古。』斯二五六〇號經本有『弃捨重擔，不受後生』句，即此字及下『擔』字所出；《大正藏》本經文作『棄』，蓋傳刻者所改。津藝三四號經本卷端殘缺，『弃捨重擔』句在缺文之內。

〔二〕篾，當校讀作『蔑』，津藝三四、斯二五六〇號及《大正藏》經本有『云何當得不可輕蔑，勝出一切三界故』句，當即此字所出。

〔三〕筭，津藝三四號經本有『云何當得一切竿數，巧方便知故』句（斯二五六〇號經本此下難字所在經文缺），其中的『竿』即『筭』的俗字，當即此字所出；《大正藏》本作『算』，蓋傳刻者所改。『筭』『算』皆見於《說文》，『筭』指算器，『算』指計算，『筭數』的『筭』，本當以作『算』爲典正，但此二字古多混用不別，從古人的實際使用情況來看，唐代以前多用『筭』字，宋以後多用『算』字，古書中『筭』字宋以後刻本中多被改刻作『算』。

〔四〕摶，慧琳、可洪《音義》皆出『一摶』條，慧琳注云『段欒反』，可洪注云『音團』；底卷注『徒端反』，與『摶』『團』同音，與『段欒反』韻同紐近。

〔五〕蕫，『糞』的訛俗字，《齊道興造像》有同例；津藝三四號經本有『唯畜三衣及糞掃衣』句，當即此字所出。

〔六〕躭，經本有『常在禪定亦無躭染』句，即此字所出；『躭』爲『耽』的俗字。

〔七〕慘，經本有『是人夢中所對境界，或違或順，或憂或喜，有時語言歡欣極樂，有時慘慼盡意悲哀』句，『慘』『慘』皆爲『慘』的俗字，即此字及下『慼』字所出；可洪《音義》出『慘慼』條，云『上倉感反，下倉歷反』，底卷注『七感反，七歷反』，紐同。『慘慼』同義連文，『慘』猶『慼』也。《大正藏》本及慧琳《音義》引『慘』字作『躁』，非是。

〔八〕此段爲經文卷三難字音，據底二甲校録，以底二乙、底二丙爲對校本，并以各本經音之前經本及《大正藏》本爲參校，所音難字先後順序與經本原文合。

〔九〕槖，斯二〇二〇號經本有『譬如金鎚安置火中，善作鑪槖，融消鍊冶，熾然毒熱』句，其中的『槖』字斯五〇八號、北二三四號經本及《大正藏》本同，即此字及上『鑪』字、下『鍊』字所出；《大正藏》校記引明《嘉興藏》本作『鞴』，『槖』即『鞴』字異體。可洪《音義》出『鑪槖』條，注云『步拜反』，可參。

〔一〇〕鍊，底二乙及各經本同，底二丙誤作『練』。可洪《音義》出『鍊冶』條，注云『上力見反，下羊者反』，可參。

〔一一〕黨，可洪《音義》出『朋黨』條，注云『都朗反，正作黨』，可參。

〔一二〕貯，可洪《音義》出『貯聚』條，注云『上猪与反』；按『貯』爲『貯』的俗字，『猪与反』與『竹吕反』同音。

〔一三〕注文『息垂反』底二乙同，底二丙作『鳥委反』（《敦煌雜録》誤作『鳥尾反』），『鳥』應爲『息』字形誤；『髓』字《廣韻》上聲紙韻音息委切，與息委反切語相合；而前一切音《廣韻》在平聲支韻，異調。

〔一四〕揹，底二乙作『揜』，底二丙作『搆』，『搆』爲『搆』字俗寫，而『揹』『揜』又爲『搆』避唐諱的改形字；斯二一〇二〇號經本有『乃至一揜牛乳時者』句，其中的『揜』字斯五〇八號同，北二三四號經本作『搆』，即此字所出；『搆』文中用同『縠』，《大正藏》等宋元以後刻本類皆作『縠』。又注文『反』字底二甲及底二乙無，茲據底二丙擬補；『候』字底二甲不太明晰，似作『侯』字，茲據底二乙、底二丙録正（底二丙『候』字《敦煌雜録》誤録作『侯』）；『搆』『縠』《廣韻》皆在去聲候韻古候切小韻。可洪《音義》經本卷三下無相應條目，但卷二下出『一揹』條，注云『古候反』，『揹』亦爲『搆』避唐諱的改形字，可參。

〔一五〕岌，可洪《音義》出『岌多』條，注云『魚急反，人名』，『魚急反』『魚及反』韻同。

〔一六〕注文『苦筞反』的『苦』字底二甲、底二乙作『若』形，俗寫『苦』『若』每多相亂，茲據底二丙録正；又『筞』爲『筞』避唐諱的缺筆字，底二乙、底二丙作『葉』，音同。可洪《音義》出『篋笥』條，注云『上苦叶反，下司寺反』，『篋』字《廣韻》在怗韻，音苦協切，與『苦叶反』同音（『叶』即『協』的古異體字），底卷音『苦筞（葉）反』，『筞』『葉』在葉韻，《廣韻》葉、怗二韻同用。

〔一七〕注文『息字反』的『息』字底二丙誤作『鳥』（參看上文校記〔一三〕）。『笥』字可洪《音義》音『司寺反』，與『息字反』同音。

〔一八〕此段爲經文卷四難字音，據底三校録，并以該經音之前經本及《大正藏》本爲參校，所音難字先後順序與經本原文合。『甈』字字書不載，應爲『甖』的繁化俗字，北二三三五號（珍六六）經本有『又如甖水能滅小火』句，應即此字所出。可洪《音義》出『砤（甖）水』條，注云『上烏耕反』，可參。

〔一九〕犀，可洪《音義》出『犀牛』條，注云『上斯兮反』，可參。

〔二〇〕犲豹，『犲』字右部《敦煌雜録》誤録作『付』，按北二三三五號經文有『犀牛犲豹及野干』句，即此二字及上『犀』字所出；『犲豹』爲『豺豹』二字的訛俗字，《大正藏》本經文正作『豺豹』。注文『虫皆反』《敦煌雜録》誤作『土皆反』。可洪《音義》出『犲豹』條，注云『上助皆反，下補皃反』，『豹』字《廣韻·效韻》音北教切，與『補皃反』『卜孝反』同音；『犲』爲『豺』的换旁俗字，『豺』字《廣韻·皆韻》音士皆切，與『助皆反』同音，與『虫（蟲）皆反』韻同紐近。

〔二一〕仇，北二三三五號經文有『夜叉羅刹與怨仇』句，即此字所出；『仇』爲『仇』的贅點俗字，《大正藏》本經文正作『仇』。『仇』字《廣韻·尤韻》有巨鳩切一讀，與『求』字在同一小韻。

〔二二〕鬀，北二三三五號經文有『鬀除鬢髮，服袈裟衣』句，即此字所出；《大正藏》本經文作『剃』，爲『鬀』的後起異體字。

〔二三〕鬢，所據經文見上條引，《大正藏》本作『鬚』，『鬢』『鬚』皆爲『須』的後起異體字。此字下底卷無注音，或有脱誤。

〔二四〕可洪《音義》出『鏗鏘』條，注云『上苦耕反，下七羊反，金石聲也』，『苦更反』『苦耕反』同音，『七將反』『七羊反』同音。

〔二五〕煒燁，北二三三五號經文有『譬如雪山諸山王，煒燁同於轉輪帝』句，即此二字所出；可洪《音義》出『煒燁』條，注云『上云鬼反，下云輒反』，底卷『煒』音于鬼反，『燁』音于涉反（《敦煌雜録》誤録作『丁涉反』），切音相同。

〔二六〕此段爲經文卷五難字音，據底四校録，并以該經音之前經本及北二三三六號（鱗十三）經本、《大正藏》本爲參校，所音難字除末『竿』字外先後順序前六字與經本原文合。

〔二七〕帔，斯二二五八號經本有『爲愛法故，捨家出家，剃除鬚髮，帔服袈裟』句，即此字和上『剃』字所出；字頭和經文『帔』的左旁原卷字形俱在『巾』旁『忄』旁之間，因俗書『巾』旁與『忄』旁相亂也，北二三六號經本則確乎誤作『怶』形，兹徑録正；《大正藏》本經文作『被』，校記稱宋《資福藏》、元《普寧藏》、明《嘉興藏》及日本宫内省圖書寮本作『披』，『帔』『被』『披』三字異文同義。《玉篇·巾部》：『帔，普皮切，披也。』可參。

〔二八〕嬾憻，斯二二五八號經本有『是故菩薩不應起懈怠心，生嬾惰心，起散乱心』句，『惰』爲『憻』之省，即此二字所出；北二三六號經本作『嬾惰』，『嬾』爲『嬾』的俗字，《大正藏》本經文作『懶』，則爲『嬾』的後起通用字；『惰』字《大正藏》本經文同，則爲『憻』的古正字。

〔二九〕偉，斯二二五八號經本有『偉德摩納水天長者』，當即此字所出；『偉』字《廣韻·尾韻》音于鬼切，底卷音『子鬼反』，『子』當是『于』字之誤。

〔三〇〕竿，斯二二五八號經本有『假使有人聰明出世，善通竿術』句，稍後又有『明竿人』、『竿數』等詞，『竿』字凡四見，當即此字所出；『竿』爲『筭』的俗字，北二三六號經本正作『筭』；《大正藏》本作『算』，疑傳刻者所改（參看上文校記〔三〕）。又此諸『竿』字經本在上文『駿』『剃』所在經文之間，先後順序不合，或屬補抄性質。

大方廣佛華嚴經音（附）

俄敦一九〇二七（底一）　俄敦一九〇一〇（底二）　俄敦一八九七七（底三）
俄敦一八九八一（上片）（底四）　俄敦一九〇三三（底五）　俄敦一八九七六（右片）（底六）
俄敦一九〇〇七（底七）　俄敦一八九七六（左中二片）（底八）　俄敦一八九七四（底九）
俄敦一九〇五二（底十）　俄敦一八九八一（中片）（底十一）　俄敦一八九八一（下片）（底十二）

【題解】

底一編號爲俄敦一九〇二七，係一碎片，僅存二殘行的下部四殘條約二十字。

底二編號爲俄敦一九〇一〇，係一碎片，僅存二殘行的中部四殘條約十字。

底三編號爲俄敦一八九七七，係一碎片，僅存一殘行的中部二殘條五殘字。

底四編號爲俄敦一八九八一（上片），該號含上中下三碎片，上一片存中部三殘行三殘條約十二字，中下二片各存下部二殘行，三片内容互不銜接，今分别定作底四、底十一、底十二。底四可與底二、底三綴合（如下頁圖版所示）。

底五編號爲俄敦一九〇三三，係一碎片，僅存二殘行的中部八殘字。

底六編號爲俄敦一八九七六（右片），該號含左中右三碎片，其中左中二碎片大致可以綴合，今定作底八，右一碎片存六殘條約二十字，與底八内容互不銜接，兹定作底六。

底七編號爲俄敦一九〇〇七，係一碎片，僅存三殘行的中部六殘條約十八字。

底八編號爲俄敦一八九七六（左中二片），該號含左中右三碎片，其中右片已定作底六，左中二片大致可以綴合（如下頁中圖所示，左片移接於中片之下，二片中間每行仍各殘缺約四個大字的空間），今定作底八。此二碎片綴合後存三殘行的中部五殘條約十六字。

底九編號爲俄敦一八九七四，係一碎片，僅存二殘行中部四殘條約十五字。

底十編號爲俄敦一九〇五二，係一碎片，僅存三殘行中部四殘條約十六字。底九、底十應可以綴合，但二件難以完全銜接（如下圖所示），其間應有殘缺。

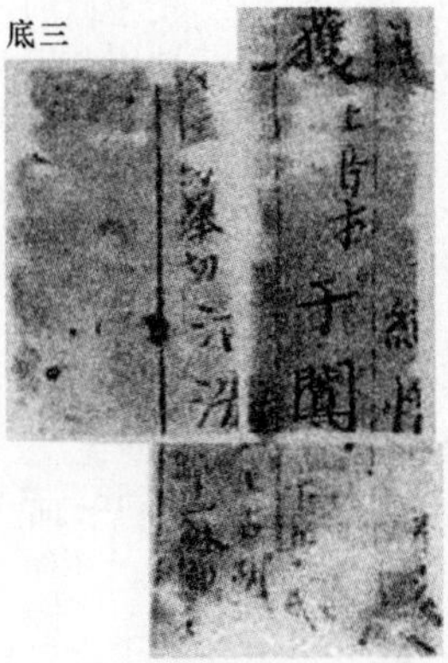

底二、底三、底四綴合圖

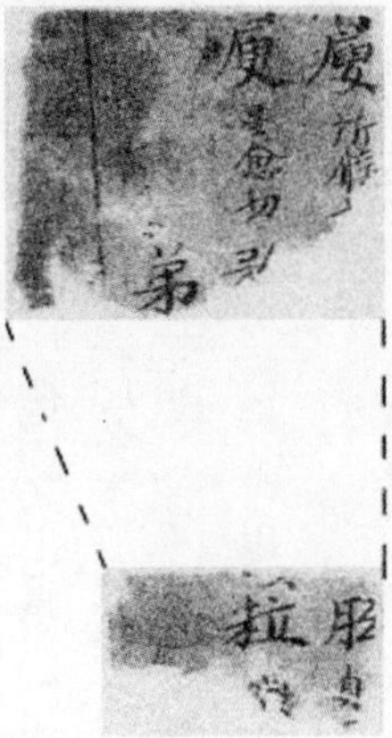

底八中片（上）、左片（下）綴合圖

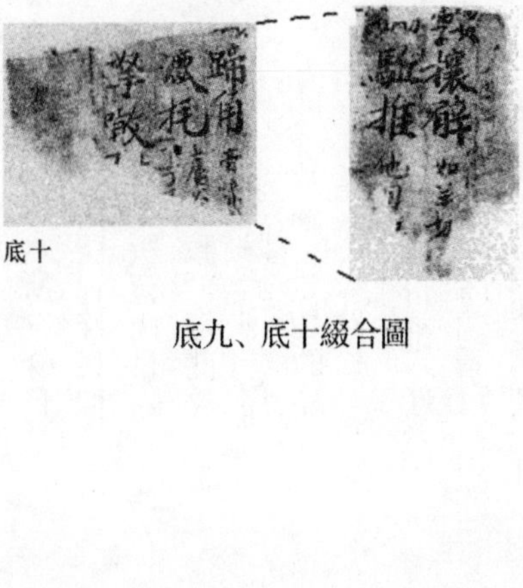

底九、底十綴合圖

底十一編號爲俄敦一八九八一（中片），該號含上中下三碎片，内容互不銜接，其中上一碎片已定作底四，中部碎片存下部二殘條的注音字五個，今定作底十一。

底十二編號爲俄敦一八九八一（下片），該號含上中下三碎片，内容互不銜接，其中上中二碎片已分别定作底四、底十一，下部碎片存下部二殘行二殘條約十字，今定作底十二。

以上各片《俄藏》均未定名。今按各碎片均屬難字注音性質，字體大體相同，原卷上下應有界欄，行間有欄綫；字頭單行大字，注文多爲雙行小字（如果兩個字頭只有一個字有注音，則改用單行小字），其款式亦大同小異。據此推斷，上揭各件應爲同一寫卷之碎片。再檢覈其内容，我們發現其所注難字多可在唐武周時于闐國三藏實叉難陀譯《大方廣佛華嚴經》及其序文中見到，其中底一至底四各條均出於《大方廣佛華嚴經》之首的天册金輪聖神皇帝（武則天）製的《大周新譯大方廣佛華嚴經序》，底五所存條目似出於經文卷五二，底六所存條目似出於經文卷六〇，底七所存條目似出於經文卷六二，底八所存條目似出於經文卷六五，底九、底十所存條目似均出於經文卷六六。唯底十一、底十二因底卷殘泐過甚，所據經文出處難以確指。底一至底十各本所音條目除底六、底十與經本先後略有不同外（參見校記〔一五〕、〔四二〕），其餘各本所見條目與經本先後順序完全一致。這些碎片有可能是從一部完整的《大方廣佛華嚴經音》寫卷中分裂出來的。《大方廣佛華嚴經》凡八十卷，除武則天序文外，底卷僅存經文卷五二、六〇、六二、六五、六六的部分殘條，可以想見原本完整的《大方廣佛華嚴經音》的篇幅一定相當可觀，可惜現僅存一些碎片殘條，令人嘆惋。

由於原卷首尾皆殘，其作者及撰作時間難以確考。唐釋慧琳《一切經音義》卷二一至二三、五代釋可洪《新集藏經音義隨函録》第四册亦有《大方廣佛華嚴經》音義（前者唐釋慧苑作，以下簡稱慧苑《音義》；後者簡稱可洪《音義》），與慧苑、可洪《音義》相比，底卷所音條目略少；反切用字同中有異（參校記〔二七〕、〔三〇〕），比較而言，底卷與《廣韻》的切音用字呈現出更多的一致性（參校記〔三〕、〔一二〕、〔一三〕），偶爾亦有與慧苑《音義》較爲接近而與《廣韻》不同者（參看校記〔一五〕、〔三五〕）。可見這是一部不同於慧苑、可洪《音義》的《大方廣佛華嚴經》難字的注音本。另外值得注意的有以下三點：一是原卷反切注音用「切」不用「反」；二是底七「闡明」的「明」字缺末二筆；三是底十一切語「昌恋切」用「戀」的簡化俗字「恋」。反切是漢末以來給漢字注音的方法，唐以前一般稱「某某反」。但由於「反」字容易引發人們過多的聯想，故唐人有時會改用其他一些説法。唐唐玄度《新加九經字樣序》稱：

『其聲韻謹依《開元文字》，避以「反」言，但紐四聲，定其音旨。』故其書艹部『蓋』字下云『案《字統》公艾翻，苫也，覆也；《説文》公害翻，從艹從盍，取盍蓋之義；張參《五經文字》又公害翻』，又『叉部』下注『平表紐』(『叉』字《廣韻・小韻》音平表切)，都是有意識避『反』字的例子。顧炎武《音論》卷下『反切之名』條云：『反切之名，自南北朝以上皆謂之「反」，孫愐《唐韻》則謂之「切」。蓋當時諱「反」字。』但今存蔣斧藏古寫本《唐韻》及伯二〇一八號、俄敦一四六六號敦煌本《唐韻》殘卷仍皆作『反』而不作『切』，顧炎武的説法不能不令人懷疑。其他唐五代古寫本韻書(如斯二〇七一號《切韻箋注》、伯二〇一一號《刊謬補缺切韻》、故宫博物院舊藏裴務齊正字本《刊謬補缺切韻》、伯二〇一六號《大唐刊謬補闕切韻箋注》等)、字書(如遼釋行均《龍龕手鏡》)亦皆用『反』字，可見唐代雖有諱『反』而改用『翻』、『紐』甚或改用『切』的，但當時這種用法并不流行。只有到了宋代以後，『某某切』的用法纔正式通行開來，其代表性著作有《廣韻》、宋人增訂之《玉篇》等。而底卷反切注音皆用『切』字，説明其撰作時代必在『切』字的用法流行以後。又底七『闡明』的『明』字缺末二筆(缺『月』旁中間的二短横)，應爲避諱缺筆字。遼代避穆宗耶律明之諱，西夏避李元昊父德明諱，『明』字皆有缺末二筆避諱之例(參看竺沙雅章《黑水城出土の遼刊本について》一文，載《汲古》第四十三號，二〇〇三年六月出版)；遼代佛教『華嚴學』興盛，上揭《大方廣佛華嚴經音》爲遼代之作的可能性最大。又底十一反切下字用『恋』字，這是一個宋代以後纔出現的簡化俗字，唐代以前未見用例，其他敦煌文獻也未見其例，這也透露出原卷抄寫時間的時代信息。聯繫到上文所説底卷的反切用字與《廣韻》呈現出更多的一致性，看來也是事出有因。種種迹象顯示，上揭《大方廣佛華嚴經音》當是宋代以後的産物，原卷也并非敦煌藏經洞之物，而很可能是黑水城文獻混入的。然終因底卷殘泐過甚，這一問題一時仍難作出定論，姑仍附列於此，以供參酌。

本篇未見前人校録。兹據《俄藏》影印本并參考《大方廣佛華嚴經》經本(據《大正藏》本，引録經文時校記中簡稱經本)、慧苑《音義》、可洪《音義》及《廣韻》等韻書校録如下。底卷注文如爲雙行小字，本文校録時皆改爲單行小字。

▭〔一〕□□（纖芥）▨（上）息廉切，▨（下）音介。〔二〕玉扆下於豈切。〔三〕▭□□（逾海）▨（上）羊朱切。〔四〕越▨（漠）□▨▨□。〔五〕

（中缺）〔六〕

▭□▨（肇興）□□□▨（切）。〔七〕▨▨（緬惟）□▨（上弥）▨□（切）。〔八〕□（纔）獲上音才。〔九〕于闐下音▨。〔一〇〕▭□▨（月旅）▨▨（下力）舉切。〔一一〕▨▨（沽洗）上古胡□（切），下蘇典▨（切）。▭〔一二〕

（中缺）

▭□（迴）翔下似▨□（羊切）。〔一三〕▭□▨（搏撮）上補▨□（莫切）。▭〔一四〕

（中缺）

▭□□（均贍）□（上）居春切；□（下）市焰切。〔一五〕嬰妄□（上）▭〔一六〕▭□□音各享。〔一七〕相擊▭〔一八〕▭□□（窻闥）□（上）楚江切；□（下）他達切。〔一九〕交▨（映）▭〔二〇〕

（中缺）

▭□□（茵蓐）上音因，下音辱。〔二一〕▨□（羈鞅）▭〔二二〕▭□□（法繒）疾陵切。〔二三〕軌則▭〔二四〕▭□□（衒諸）户藍切。〔二五〕闡明昌□□。〔二六〕▭

（中缺）

▨（消）瘦所候▨（切）。〔二七〕▭〔二八〕□（俱）肱貞▨□□。〔二九〕▨（阿）庚星愈切。〔三〇〕▨□（矜羯）▭。〔三一〕▨（顆）粒▨▭。〔三二〕

弟▭〔三三〕

▭□□（褊陋）□（上）□▨（緬）切，□□▨（下音漏）字。〔三四〕攘辟（臂）如羊切。〔三五〕▭▭

□□□（上）□□切。□（下）□□切。〔三六〕 駈推他▨▨（回切）。〔三七〕 ▭

（中缺）〔三八〕

▭□□□（上）□□▨（切）。□（下）□□▨（切）。〔三九〕 蹄角音啼。〔四〇〕 ▭ 漉托上盧▨□（谷切），下呼▨□（切）。〔四一〕 ▭ 拏噉上▭，下▭。〔四二〕

▭〔四三〕 □□上音叶。▭昌恋切。

▭□▨▭，下於介切。〔四四〕 ▭▨▨上烏到切，▭。〔四五〕

【校記】

〔一〕此下至『越漠』條據底一校録。所釋各條順序見於《大周新譯大方廣佛華嚴經序》。底一凡二行，下部相對完整（底部有界欄），上部殘缺。根據所摘録的字頭判斷，底卷大約每行抄三條（如底二存中部二行，每行存二條，前一行下一條爲『緬惟』，而次行上一條爲『纔獲』，所據《大周新譯大方廣佛華嚴經序》原文爲『緬惟奥義，譯在晉朝；時逾六代，年將四百。然一部之典，纔獲三萬餘言』，其間值得再作注音的大概只有『奥義』一詞；又底八左中二殘片綴合後每行有三條），此處『纖芥』條之上底卷應另有一條，故擬補一不能確定字數的脱字符。下『逾海』條前同此。

〔二〕本條字頭底一殘缺，注文首字底一僅存底部殘畫，茲擬定作『上』字；『音介』前的殘字底一在雙行注文的左行，僅存下部竪形筆畫，茲擬定作『下』字。據切音，本條字頭當爲『纖芥』二字；『纖』字《廣韻·鹽韻》音息廉切，『芥』字《廣韻·怪韻》與『介』字同在古拜切小韻，讀音相合。《大周新譯大方廣佛華嚴經序》有『入纖芥之微區，匪名言之可述』句，應即本條所出。

〔三〕慧苑、可洪《音義》亦有此條，『扆』字慧苑《音義》『依豈反』，斯二〇七一號《切韻箋注》、《王一》、《王二》同，可洪音『於豈反』，《廣韻·尾韻》音於豈切，音同。《大周新譯大方廣佛華嚴經序》有『玉扆披祥，寶雨之文後及』句，應即本條所出。

〔四〕上『玉扆』條底一在前一行行末，次行上部底一殘泐。本條字頭底一殘缺；注文首字僅存底部橫畫，茲擬定作『上』字；『▨（上）羊朱切』四字底一在雙行注文的右行，其左部殘泐，疑左行本身空白無字，故不再擬補缺字符。據切音，本條正文當爲『逾海』二字；『逾』字《廣韻·虞韻》音羊朱切，切語相合；《大周新譯大方廣佛華嚴經序》有『逾海越漠，獻賝之禮備焉』句，應即本條所出，兹據擬補。

〔五〕『越▨』二字左側底一略有殘泐，其中『越』字的左旁尚可辨認；後一字則僅存右部『莫』，按《大周新譯大方廣佛華嚴經序》有『逾海越漠』句（參上條引），應即本條所出，故據擬定作『漠』字。注文底一右行空白，左行僅存二捺形殘筆，慧苑《音義》有此條，『漠』字音『謀各反』，《廣韻·鐸韻》音慕各切，疑底一所存爲『慕各』二字的捺筆，所缺或爲『下慕各切』四字。

〔六〕上『越漠』條在底一行末，下『肇興』條約在底二首行的中上部位置，此二條間《大周新譯大方廣佛華嚴經序》的相關文句爲『逾海越漠，獻賝之禮備焉；架險航深，重譯之辭罄矣。《大方廣佛華嚴經》者，斯乃諸佛之密藏，如來之性海。視之者莫識其指歸，挹之者罕測其涯際。有學無學，志絕窺覦；二乘三乘，寧希聽受。最勝種智，莊嚴之迹既隆；普賢文殊，願行之因斯滿。一句之內，包法界之無邊；一毫之中，置剎土而非隘。摩竭陀國，肇興妙會之緣』，其中可洪《音義》所釋的詞目有『獻賝』、『航深』、『罄矣』、『歸挹』、『窺覦』、『竭陀』，慧苑《音義》所釋的詞目有『獻賝』、『架險航深』、『罄』、『挹』、『罕測』、『窺覦』、『隆』、『隘』，底卷選釋的條目通常較慧苑、可洪《音義》少，底卷每行抄二條，據此推斷，除殘行外，底一、底二間應另缺一至二整行。

〔七〕『興』至『緬惟』、『獲』至『于闐』據底二校録。底二與底三、底四綴合後所釋各條順序見於《大周新譯大方廣佛華嚴經序》。此三卷綴合後每行存中部二條，按每行抄三條計，底卷每行的上部或下部應殘缺一條，因難以判斷所缺具體位置，故只得於每行上下部皆用不能確定字數的脱字符表示之。下文類似條目同此。底二首字存左部殘畫，按《大周新譯大方廣佛華嚴經序》有『肇興妙會之緣』句，殘字與『興』字左部合，兹據以擬定作『興』字，并於其上擬補『肇』字。注文底二左行空白未書，右行殘泐（末字存左部横形一小段，蓋『切』字左部横畫殘筆），應爲『肇』的注音『上某某切』四字，慧苑《音義》出『肇』一字，釋『持繞反，始』，可洪出『肇興』條，釋『上直沼反，始也』，《廣韻・小韻》『肇』音『治小切』，可參。

〔八〕『緬惟』二字底二存左側大部，按《大周新譯大方廣佛華嚴經序》有『緬惟奥義，譯在晉朝』句，應即本條所出，兹據擬定。注文在底四，左行空白未書，右行第一字殘缺，第二字存左部『弓』，第三、四字模糊不清，慧苑、可洪《音義》亦有此條，切音慧苑作『上彌演反』，可洪作『上弥兖反』，《廣韻・獮韻》作『彌兖切』，兹據擬補作『上弥▨切』。

〔九〕底四『緬惟』條之下、底二『獲』條之上殘泐，此二條間《大周新譯大方廣佛華嚴經序》的相關文句爲『緬惟奥義，譯在晉朝；時逾六代，年將四百。然一部之典，纔獲三萬餘言』，慧苑、可洪《音義》該段均僅出『緬惟』條，據此，或底三『緬惟』條已在行末，而底二次行『獲』字之上僅缺一『纔』字，兹據以校録如上。

〔一〇〕『于闐』二字在底二，注文在底四。注文『音』下一字底卷模糊不清；可洪《音義》有此條，『闐』字音『徒見反』，《廣韻・先韻》『闐』字與『田』、『填』、『畋』同音徒年反切，底卷字形疑近似於『畋』字。《大周新譯大方廣佛華嚴經序》有『朕聞其梵本先在于闐國中』句，應即本條所出。

〔一一〕『月旅』至『沽洗』據底三校録。『月』字底三殘缺，『旅』字存左下部及右下部殘畫；注文第一字略感模糊，第二字上部略殘；按《大周新譯大方廣佛華嚴經序》有『粤以證聖元年，歲次乙未，月旅沽洗，朔惟戊申』句，應即本條所出，故據擬補字頭作『月旅』二字；又可洪《音義》出『月旅』條，『旅』字音『力与反』，《廣韻・語韻》『旅』字音力舉切，因據擬定注文殘字作『下力』二字。

〔二〕『沽洗』二字在底三，其右部殘泐（『洗』字所缺右下部殘筆似在底二，二卷綴合後，全字輪廓依稀可見）；注文在底四，前一『切』字底卷殘缺，後一『切』字存左部殘畫；按本條乃出於《大周新譯大方廣佛華嚴經序》『月旅沽洗』句（參上條引），可洪《音義》出『沽洗』條，云『上音姑，下先典反』，『沽』及『姑』字《廣韻·模韻》音古胡切；『洗』字斯二〇七一號《切韻箋注》音蘇顯反，《王二》音蘇典反，《廣韻》音蘇典切（皆與『先典反』同音），與底卷切音正合，因據擬定正文作『沽洗』二字。底三本行左部另有一行空白未書，當屬序文與卷一之間的空行。

〔三〕『翔』以下二條據底五校録。底五凡二行，僅存每行中部一條殘字。『翔』上所缺當爲『迴』字；注文『似』下一字底五存上部殘畫，殘字下則必爲『切』字。按經本卷五二有『譬如金翅鳥王，飛行虛空，迴翔不去，以清浄眼觀察海内諸龍宮殿』句，疑即本條所出（經本另一處出現『翔』字的爲卷三三『不思議鳥翔集其中』句，但『翔集』之『翔』在上一字，詞序不合）；『翔』字《廣韻·陽韻》音似羊切，兹據以擬定注文殘字作『羊』。

〔四〕字頭『撮』字底五僅存右下部殘畫，兹據殘形擬定；『撮』上一字則當爲『搏』字。注文僅存右行，反切下字僅存上部，兹亦據殘形擬定。『搏』字《廣韻·鐸韻》音補各切，與『補莫切』讀音相合。按經本卷五二『翔』字後未見『搏撮』連文者，但上條引文後有『奮勇猛力，以左右翅鼓揚海水，悉令兩闢，知龍男女命將盡者，而搏取之。如來應正等覺金翅鳥王亦復如是。住無礙行，以浄佛眼觀察法界諸宮殿中一切衆生，若曾種善根已成熟者，如來奮勇猛十力，以止觀兩翅鼓揚生死大愛水海，使其兩闢而撮取之』等句，可洪《音義》出『而搏，補各反，擊也。撮取，上倉活反』二條，疑底卷即糅合『搏取』『撮取』二條爲一者。底卷頗有糅合相近二詞爲一條者，參看下文校記〔三七〕、〔四二〕、〔四三〕條。經本卷五七、五九、六〇各卷有『搏撮』連文者，但與上行『迴翔』條間隔太遠，故不取。又注文『補莫』下所缺必爲『切』字。如果字頭殘字確爲『撮』字，則似亦應注音，或另可比照可洪《音義》或《廣韻》於『上補莫切』後擬補『下倉活切』或『下倉括切』四字。

〔一五〕『均贍』以下六條據底六校録。底六凡三行，僅存每行中部。所可考定各條大抵出於經本卷六〇，但經本所見依次爲『相擊』、『窓闥』、『交映』、『均贍』、『嬰妄』，字序不盡相同，疑抄者錯亂。『均贍』條上部缺，兹據切音擬補字頭及注文『上』『下』二字。經本有『奉養父母，賑恤親屬，老病窮乏，靡不均贍』句，應即本條所出；慧苑《音義》出『均贍』條，云『均居春反，贍市談反』，切音正同（『均』字《箋二》、《王一》真韻音居春反，『贍』字《王一》、《王二》市豔反，《廣韻》二字分别音居勻切、時豔切）。

〔一六〕注文僅存右行首字右上部殘畫，兹擬定爲『上』字；『嬰』字《廣韻·清韻》音於盈切，可參。經本卷六〇有『凡夫嬰妄惑，於世常流轉』句，應即本條所出。

〔一七〕本條上部缺，所缺字頭不詳。

〔一八〕本條注文殘泐。經本卷六〇有『山相擊音菩薩』，應即本條所出。『擊』字《廣韻·錫韻》音古歷切，可參。

〔一九〕本條上部缺，考經本有『棟宇相承，窓闥交映』句，應即本條所出；可洪《音義》出『窻闥』條，注云『上叉雙反，下他達反』，『窓』即『窻』字俗體（『窻』字亦作『窻』，與『窗』爲古異體字），兹據擬補字頭『窻闥』及注文『上』『下』二字。『窻』字《廣韻·江韻》亦音楚江切，與可洪『叉雙反』同音。

〔二〇〕『交』下一字底六僅存殘畫，考經本『闥』下爲『交映』一詞（經文見上條引），應即本條所出，兹據擬補『映』字。

〔二一〕『茵蓐』以下至『闡明』各條據底七校録，各條均出於經本卷六二，先後順序亦合。底卷凡三行，僅存每行中部。『茵蓐』條字頭缺，經本有『梵行爲茵蓐，三昧爲采女』句，應即本條所出，兹據擬定；慧苑、可洪《音義》亦有此條，注音慧苑作『茵於真反，蓐如欲反』，可洪作『上伊人反，下如欲反』，讀音同；《廣韻》『茵』『因』同在真韻於真切小韻，『蓐』『辱』同在燭韻而蜀切小韻。

〔二二〕字頭殘字底七右下部殘泐，其下殘缺，按經本有『慚愧爲羈鞅，願與我此乘』句，應即本條所出，兹據擬補字頭作『羈鞅』二字；慧苑、可洪《音義》亦有此條，注音可洪作『上居宜反，下於兩反』，慧苑及《廣韻》同。

〔二三〕本條上部缺，按經本有「已繫妙法繒，願能慈顧我」句，「繒」字《廣韻·蒸韻》音疾陵切，與底卷切音合，應即本條所出，兹據擬補字頭作「法繒」二字。又注文「疾陵切」上按例當有一「下」字，但底卷「疾陵切」三字與左行「上音因」「下因辱」處於平行的位置，已無容納此字的書寫空間，則底卷當本無此字。

〔二四〕軏則，「軏」爲「軌」的俗字，經本有「正念觀察諸佛軌則門」句，應即本條所出。注文底卷殘缺，《廣韻·旨韻》「軌」字音居洧切，可參。

〔二五〕本條上部缺，按經本有「百萬迦樓羅王銜諸瓔珞及寶繒帶周匝垂下」句，「銜」字《廣韻·銜韻》音户監切，底卷切語「户藍切」，「藍」或即「監」字之誤（「藍」從監得聲，「藍」在談韻，監在銜韻，二字同屬咸攝，讀音亦近），疑即本條所出，兹據擬補字頭作「銜諸」二字。又注文「户藍切」底卷與左行「疾陵切」「上音因」「下因辱」處於平行的位置，已無容納其他字的書寫空間，故其上不再按例擬補一「上」字。參看上文校記〔二三〕。

〔二六〕闡明，「明」字底七缺末二筆（缺「月」旁中間的二短横），竺沙雅章面示爲避諱缺筆字，當是，遼代避穆宗耶律明之諱，西夏避景帝李元昊父德明之諱，「明」字皆有缺末二筆以避諱之例；經本有「闡明一切諸佛妙法」句，應即本條所出。注文「昌」下底卷殘缺，「闡」字《廣韻·獮韻》音昌善切，可參。

〔二七〕「消瘦」至「顆粒」各條據底八校録。底八由二殘片綴合而成（參上綴合圖），綴合後存三殘行，每行上部、中部、下部均略有殘缺。所存各條均出於經本卷六五，二殘片綴合後與經本先後順序亦合。本條字頭殘字底卷僅存下部殘畫，按經本有「我因此法門故，得知世間書數算印界處等法，亦能療治風癇消瘦鬼魅所著」句，應即本條所出，兹據擬定殘字作「消」。注文「切」字底卷僅存左上角殘畫，兹據文意擬補；「瘦」字《廣韻》音所祐切，在宥韻，底卷音所候切，在候韻，宥、候《廣韻》同用。

〔二八〕此處爲底八二殘片未能完全綴合所留的空缺，其間當殘缺一條。

〔二九〕「肱」爲「胝」字俗寫，「肱」上底卷有殘缺，按經本有「善男子，我亦能知菩薩算法。所謂一百洛叉爲一俱胝，俱胝俱胝爲一阿庾多，阿庾多阿庾多爲一那由他，那由他那由他爲一頻婆羅，頻婆羅頻婆羅爲一矜羯羅』句，應即本條所出，兹據以於『肱』上擬補一『俱』字。注文『貞』下一字底卷存上部一横形筆畫，『胝』字玄應《音義》卷二三《顯揚聖教論》第八卷『俱胝』條下音『竹尸反』，《集韻·脂韻》音張尼切，皆可參。

〔三〇〕『庾』上一字底八僅存右下部一竪鈎形筆畫，按經本有數名『阿庾多』（經文見上條引），應即本條所出，兹據以擬補一『阿』字。可洪《音義》亦出『阿庾』條，『庾』字音『余主反』，慧苑《音義》於經文六十四卷下出『阿庾多』條，『庾』字『逾主反』，《廣韻》『庾』音以主切，並屬以紐麌韻，底卷音『星愈切』，韻同紐異。

〔三一〕字頭殘字底八右下部殘泐，其下殘缺；按經本有數名『矜羯羅』（經文見前條引），應即本條所出，兹據以擬補字頭作『矜羯』二字。可洪《音義》亦出『矜羯』條，云『上居陵反』（《廣韻·蒸韻》『矜』字切語同），可參。

〔三二〕『粒』上一字底八僅存右下部殘畫，按經本有『我以此菩薩算法，算無量由旬廣大沙聚，悉知其内顆粒多少』句，應即本條所出，兹據以擬補一『顆』字。注文首字底卷模糊不清，可洪《音義》有『顆粒』條，云『上苦果反』（《廣韻·果韻》『顆』字切語同），可參。

〔三三〕『弟』字底八爲單獨一行，寫在行中，上部空白，下部殘泐（行末亦空白未書），其下所缺疑爲『六十五』字樣，『弟六十五』指經本的卷數。該行左部一行底八存右側大半行，亦空白未書，當屬卷與卷之間的間隔。參看上文校記〔三〕。

〔三四〕『褊陋』至『駈推』各條據底九校録。底九存二殘行，每行上、下部均有殘缺。所存各條均出於經本卷六六，先後順序亦合。本條僅存雙行注文每行下部二字，其中前一殘字存下部，據殘畫應爲『緬』字；後一殘字存右部『雨』形構件，原字應爲『漏』字；按經本有『其前復有十萬猛卒，形貌醜惡，衣服褊陋』句，應爲本條所出，兹據擬補字頭作『褊陋』二字；可洪《音義》出『褊陋』條，云『上卑緬反，下郎豆反』；慧苑《音義》出『褊』一字，音『方緬反』（《廣韻·獮韻》亦音方緬切）；兹據擬補注文作『上□緬切，下音漏字』，『陋』

「漏」《廣韻·候韻》同音盧候切，二字古通用。

〔三五〕攘臂，經本有「執持器仗，攘臂瞋目」句，即本條所出。可洪《音義》亦出「攘辟（臂）」條，云「上而羊反」；慧苑《音義》出「攘臂瞋目」條，云「攘如羊反」，《廣韻·陽韻》「攘」字音汝陽切，「而羊」「如羊」「汝陽」切音並同。

〔三六〕本條僅存雙行注文每行末「切」字，茲擬補如上。經本相應位置文句作「執持器仗，攘臂瞋目。衆生見者，無不恐怖。無量衆生，犯王教敕，或盜他物，或害他命，或侵他妻，或生邪見，或起瞋恨，或懷貪嫉，作如是等種種惡業，身被五縛，將詣王所，隨其所犯，而治罰之。或斷手足，或截耳鼻，或挑其目，或斬其首，或剥其皮，或解其體，或以湯煮，或以火焚」，可洪《音義》出「或挑」「或剥」二條，可參。

〔三七〕注文「他」下第一字存右部，第二字存右上角殘畫，按《廣韻·灰韻》「推」字音他回切，茲據擬定作「回切」二字。經本有「或驅上高山，推令墮落」句，「駈」即「驅」的俗字，底卷係糅合「驅」「推」二詞爲一，即本條所出。

〔三八〕此下三行據底十校録。底十各條亦出於經本卷六六，前接底九，但二卷難以完全銜接（其間未見摘録難字的經文達二千餘字，可洪《音義》所出詞目有「俾倪」「茵蓐」二條），中間應有缺行。

〔三九〕本條底十僅存雙行注文每行末字殘畫，茲據殘筆擬定作「切」字，并擬補如上。

〔四〇〕蹄角，經本有「無量乳牛，蹄角金色」句，應即本條所出；可洪《音義》亦出「蹄角」條，云「上徒兮反」；「蹄」「啼」《廣韻·齊韻》同音杜奚切，與「徒兮反」讀音相同。

〔四一〕漉托，「托」爲「撓」的俗字，玄應《音義》卷二《大般涅槃經》第十二卷「撓大」條云「撓」字「許高反，《説文》：撓，擾也。經文作托，俗字也」，可參。經本全文未見「漉撓」連用者，卷六六有「又如漁師有具足力，持正法網，入生死海，漉諸衆生。如阿脩羅王，能遍撓動三有大城諸煩惱海，普令衆生究竟寂静」句（「撓」字《高麗藏》本如此，宋《資福藏》、元《普寧藏》、明《嘉興藏》等本作「托」），底卷蓋糅合「漉」「撓」二詞爲一，即本條所出；注文『盧』下、『呼』下二殘字底十皆僅存上部，兹擬定前一字作『谷』（『漉』字《廣韻・屋韻》正音盧谷切），後一字則當爲『毫』或『高』字；慧苑、可洪《音義》皆出『托動』條，慧苑云『托呼高反，攪也』，可洪云『上呼毫反，攪也』，『撓』字《廣韻・豪韻》有呼毛切一讀，與『呼高』『呼毫』切音皆同。

〔四二〕 拏噉，經本全文未見『拏噉』連用者，卷六六有『伊羅婆拏大象王以自在力，於虚空中敷布無數大寶蓮華，垂無數寶瓔珞，無數寶繒帶，無數寶鬘，無數寶嚴具，無數寶華，無數寶香，種種奇妙，以爲嚴飾。無數采女，種種歌讚。閻浮提内復有無量百千萬億諸羅刹王、諸夜叉王、鳩槃荼王、毘舍闍王，或住大海，或居陸地，飲血噉肉，殘害衆生』一段，底卷蓋糅合『拏』『噉』二者爲一，即本條所出；但此段經文經本在上文『蹄角』條後、『漉撓』條前，字序略有不合，底卷疑有錯亂。注文底十存雙行注文每行行首的『上』『下』二字，其下所缺通常爲切語，但亦可能爲直音字，故只能用不能確定字數的缺字符以示存疑。又本條左行所存部分空白，或亦屬標署卷號的一行。

〔四三〕 此下二條據底十一校録。二條底卷皆在行末，上部殘缺，因殘泐過甚，具體出處難以確考。

〔四四〕 此下二條據底十二校録。二條底卷皆在行末，上部殘缺，因殘泐過甚，具體出處難以確考。本條字頭殘字底卷存左部殘畫，本爲何字不詳。注文底卷僅存雙行注文的左行『下於介切』（該四字緊靠左側與左行間的間隔綫），其右行殘泐，按抄寫格式看右行應另有注音文字，故用不能確定字數的缺字符表示之。

〔四五〕 本條字頭存右部殘畫，上一字不詳，下一字存右部似作『戈』形。注文『上烏到切』底卷偏於行右，其左行殘泐，按抄寫格式看左行應另有注音文字，故用不能確定字數的缺字符表示之。

大般涅槃經難字

大般涅槃經音義

伯三〇二五

【題解】

本篇底卷編號爲伯三〇二五，首缺約十餘行，凡存十四行，每行上部約缺一至六字不等。正文僅抄至第二卷卷中，未抄完，空一行接抄《佛説菩薩戒本》。《索引》題《佛經音義》，《索引新編》同；《寶藏》改題《大般涅槃經音義》，《法藏》同。考本篇所注難字（詞）均出於北涼曇無讖譯《大般涅槃經》卷一、卷二，每條下除注音或標注異文外，偶亦有訓釋其義的，故據《寶藏》擬定今題。唐行满撰有《大般涅槃經音義》一卷，今佚，不知與本篇有没有聯繫。本篇所録詞條與經文順序基本相合。音注體例與伯二一七二號《大般涅槃經音》（一）相類（唯本篇釋義較伯二一七二卷爲多），甚至連誤字訛文也往往相合。如本篇有『坒（陛）梯』條，《大般涅槃經音》（一）有『梐梯』條，而據經本實爲『梯陛』或『梯梐』之誤；又如本篇與《大般涅槃經音》（一）『失陰』條下並注下字音『穴』，『穴』皆爲『宂』字之訛（詳下校記）。據此迹象，頗疑本篇與伯二一七二卷同出一源。

張金泉《敦煌音義匯考》曾對本篇作過初步校勘。茲據《法藏》影印本及縮微膠卷，并以《中華大藏經》本《大般涅槃經》（前十卷據高麗藏本影印，校記中簡稱『麗藏本』或『經本』）、敦煌卷子本及玄應、慧琳《音義》（分别見卷二、卷二五，校記中簡稱玄應《音義》、慧琳《音義》）爲參校，校録於後。底卷標目字用大字，注文用雙行小字，茲改注文爲單行，用比標目字小一號的字排列。

（前缺）▨▨▨▨▨▨〔一〕縱廣上蹤。〔二〕詣藝。睒▨。〔三〕魅▨。或魆。〔四〕諸天㸒女舊本婬（婬），五莖反。今改作媱（婬）女、彩女，錯，合取舊字。〔五〕□雲雨神諸本錯作主，合是主。〔六〕鳫象。〔七〕鼻荷。亦皃。〔八〕揵乾。婆嘻下希。《易》云：父子嘻嘻。〔九〕迦陵頻伽□□反，此鳥出雪山中，在鷇□□聲和雅，翻美音鳥。〔一〇〕𡏅坑上鉤，或作坈；〔下〕口莖反，或作硑（砰）。〔一一〕蔭蔽日月蔽由（猶）當也，掩也。今或安艹、大，即弊字，不扶（符）經義。〔一二〕□□昌，今改▨（昌），不及倡。〔一三〕熙連河上希。白鵠下多作斛白鶴（鶴）亦通。〔一四〕攔楯（欄楯）上蘭，下盾，橫曰楯（楯）。〔一五〕迦抧下居止反。諸天□。〔一六〕▨（鎧）伏（仗）上愷。〔一七〕牟矟上矛，或鉾；下朔，或槊。〔一八〕羂絹；或罥，或畎，並通。〔一九〕鉞斧上曰，下付。啅抧吒吒羅上摘（擿）；只（抧），居止反；吒，咤。〔二〇〕□或諭。〔二一〕一渧水有本作一掬水。〔二二〕摩醧（醯）下烏奚反。拈（枯）燥（燥）下嫂。香餅（餅）下飯。弥（殄）滅上徒顯反。□圻（圻）岸。〔二三〕酚馥上芬，下房六反。爲扃（扃）古螢反，門外閇關者。又有作向。〔二四〕玫瑰上牧（枚），下回。次玉石。〔二五〕坒梯上方奚反，下髀。〔二六〕□▨（檀金）爲芭蕉樹此是西域何（河）名，其河近樹，此閻浮棎樹，其金出彼河中，染石其色赤黃紫餤氣。〔二七〕間无空缺上諫。鑯針，二同。鑠石上歷。荊棘上京，下紀力反。灑地上庄雅反。〔二八〕華花。〔二九〕

□□（第二）〔三〇〕无趣七句反。鹵（鹵）魯。株誅。杌兀。悕希。拯（拯）及上取蒸之上聲。法雨雨下于遇反，雨猶□□（下也）。〔三一〕□□（乳糜）下床。〔三二〕蠲除上涓。惟破諸本作摧（摧）破，合是惟。〔三三〕目腫下種（種）。蠒（蠒）見。扼縛上厄。紉（幼）年□□。□□下土。〔三四〕觀行上古翫反。水泡匹交反。促七玉反。篾（蔑）莫結反。〔三五〕筞（策）册。封方用反。任壬。□□□□（下蓋）。〔三六〕蜂豊（豐）。螫郝，或釋，或蜇。善覆下赴。黿元。鼉鼉陁。憔悴（悴）上憔，下悴。〔三七〕坏布灰反。□卵壞□段（段）字。〔三八〕失陰下宂。〔三九〕涸鶴。魁膾上恢，下古兑反。閉閇。囹圄上零，下語。忽澁。〔四〇〕難奴幹〔反〕。（原文抄寫至此止）

【校記】

〔一〕首行僅存末部約四字左側的殘畫，第二行首二字爲注文，亦僅存左側殘畫，故據以擬補六個殘字符號。
《大般涅槃經音》（一）『縱廣』之上爲『憀悵上遼。抙短』等字。

〔二〕『縱横』二字底卷略有殘泐。

〔三〕『睒』下注音字底卷殘泐，《大般涅槃經音》（一）作『閃』。

〔四〕『魅』下注音字底卷存殘畫，《大般涅槃經音》（一）作『媚』。

〔五〕諸天㸒女，『天』字疑衍，而『㸒』則當爲『婬』或『娙』字訛省。麗藏本經文有『復有百億恒河沙天諸娙女、藍婆女……而爲上首』句，即底卷所本，其中的『諸娙女』北六二八七號（海九八）經本同；北六二八六號（昃八二）經本作『諸媱（婬）女』，北六二八四號（珠九七）經本作『諸婇女』，與注文所稱『今本』相合。參看《大般涅槃經音》（一）校記〔二四〕。

〔六〕□雲雨神，麗藏本經文有『復有十万億恒河沙主雲雨神皆作是念』句，即底卷所本，其中的『主』字斯三七〇七號等經本同，北六二八四號作『澍』，斯一三一七號作『注』，《大正藏》引宋本作『霔』，『澍』、『霔』、『注』古字通用，底卷缺字當是『主』或『注（霔—澍）』字，注文中的二『主』字亦當有一字爲『注（霔—澍）』字之誤。

〔七〕爲，即『象』字俗體，參看《大般涅槃經音》（一）校記〔三五〕、〔六八〕。

〔八〕鳬，即『鳧（鳬）』的俗字，北六二八六號經本有『鳬鴈、鴛鴦』諸鳥，『鳬』字北六二八四號、北六二九〇號（日八六）經本作『鳧』，玄應《音義》引同，應即此字所出。參看《大般涅槃經音》（一）校記〔二六〕。

〔九〕父子嘻嘻，《易·家人》作『婦子嘻嘻』。

〔一〇〕注文『反』字、『聲』字上底卷殘泐約各三字，『聲』上的缺字疑爲『能鳴其』三字。慧琳《音義》卷四《大般若經》第三百九十八卷音義：「羯羅頻迦，梵語鳥名也，亦云迦陵頻伽，此譯爲美妙聲，出大雪山，卵㲉之中即能鳴，其聲和雅，聽者樂聞。」

〔二一〕塂坑，「塂」應爲「溝」的換旁俗字，「溝」右上部俗書作「世」字形，「世」旁因避唐諱的影響俗書作「云」形，故「𡋯」又是「塂」的俗訛形；又字書載「坑」或作「硎」，「砙」又是「硎」的換旁（聲旁）俗字；「坑」字《大般涅槃經音》（一）音口笙反，本卷音口莖反，「莖」或爲「笙」字之誤。

〔二二〕蔭蔽日月，「蔽」字麗藏本等經文同，斯一五五〇號等經本作「蘗」，殆即注文「安艹、大」的俗字，但《集韻·祭韻》以「蘗」爲「蔽」字或體；又「日月」經本作「日光」。

〔二三〕注文「昌」字上底卷殘泐，疑所缺標目字爲「倡」字，注文後一「昌」字底卷存下半，兹據殘形擬補作「昌」字。經本有「神仙呪術，作倡伎樂」句，即本條音義所出；玄應《音義》出「作倡」條，云「齒楊反，《説文》：倡，樂也。倡，俳也，謂倡俳戲笑也」。

〔二四〕注文疑當校讀作「下斛，多作白鵠，亦通」，「下斛」係指「鵠」字音「斛」（二字音近）。（參看《大般涅槃經音》（一）校記〔三〇〕。

〔二五〕欗楯，麗藏本等經文作「欄楯」，「欗」爲「欄」的俗字。

〔二六〕「諸天」下底卷殘泐約一至二字。

〔二七〕「鎧」字底卷存下部，兹據殘形及文義擬補。經本有「令諸眷屬皆捨刀劍、弓弩、鎧仗、鉾槊、長鉤、金鎚、鉞斧、門輪、罥索」句，即本條音義所出。

〔二八〕牟稍，「牟」爲「矛」的借音字，麗藏本有「鎧仗鉾槊」句，其中的「鉾」字北六二八八號作「牟」，「鉾」是在「牟」這個借音字的基礎上增加形旁造成的後起俗字，玄應《音義》出「矛稍」條，云「經文有作牟……非字體」。參看《大般涅槃經音》（一）校記〔三三〕。

〔二九〕「羂」與「畎」《廣韻》皆有姑泫切一讀，但此二字古書未見有通用者。

〔二〇〕『啅』字《大般涅槃經音》(一)音『捔』，兹據校。

〔二一〕『或諭』上底卷殘泐一至二字，如殘泐一字，則應爲『諛』字。麗藏本等經文有『不以諭諂説如是事』句，其中的『諭』字玄應、慧琳《音義》引並作『諛』，云經文有作『諭』者非。

〔二二〕一渧水，今見各經本作『一掬水』，與本卷所云『有本』合。

〔二三〕『圻』上底卷殘泐一至二字，《大般涅槃經音》(一)『殄滅』條與『圻』條間有『塹，七瞻反』條，或可據補。

〔二四〕爲扄，『扄』據其讀音應爲『扄』的俗字，『扄』指門户，北六二八七號(海九八)經本有『真金爲扄』句；但玄應《音義》此字作『向』，許亮反，云北出牖也，斯三七〇七號等經本亦作『向』，據此，『扄』又可能即『向』的增旁俗字。麗藏本經文作『嚮』，則爲『向』字音誤。參看《大般涅槃經音》(一)校記(四三)。

〔二五〕『玫瑰』二字底卷誤倒，兹據其下直音及經本乙正。

〔二六〕陛梯，疑爲『梯陛』誤倒，『陛』爲『陛』的俗字(斯三七〇七號及麗藏本經文正作『梯陛』)，而注文『方奚反』、『髀』則皆係『陛(陛)』字的注音，注文『上』『下』應有誤。『梯陛』指臺階。唐李紳《四望亭記》：『棟幹梯陛，依墉以成。』參看《大般涅槃經音》(一)校記(四五)。

〔二七〕檀金爲芭蕉樹，底卷『金』字存下部，其上殘泐一二字，經本有『閻浮檀金爲芭蕉樹』句，即底卷所出，兹據補擬『檀金』二字。

〔二八〕灑地，『灑』字玄應《音義》音所買反，底卷音『庄雅反』，『庄』字疑誤。

〔二九〕華，經本有『无量雜色蓮華』等語，『華』字經本亦有作『花』者，爲古今字之不同。此字字序先後與經文不合。

〔三〇〕缺字底卷另行，爲第二卷音義之首，所缺疑爲『第二』二字。

〔三一〕『下也』二字據《大般涅槃經音》(一)擬補。

〔三二〕『乳糜』二字據《大般涅槃經音》(一)擬補。經本有『二牧牛女所奉乳糜』句，即本條所出。

〔三三〕惟破，經本有『一切煩惱結，摧破不堅牢』句，即本條所出，據經義而言，仍以作『摧』字義長。參見《大般涅槃經音》（一）校記〔五二〕。

〔三四〕『幼年』與『下土』間底卷約缺四字，經文相應位置有『譬如飢人終無變吐』句，疑『下土』上的標目字爲『變吐』二字。

〔三五〕篾，當校讀作『蔑』，俗書⺾形構件與竹字頭相亂，經本有『人所輕蔑』句，正作『蔑』字。參見《大般涅槃經音》（一）校記〔五三〕。

〔三六〕『任』字條下底卷約缺四字，其中最後一字殘存下部『皿』旁，考經文相應位置有『遊行乞匃』句，疑所缺標目字爲『乞匃』二字，注文則爲『下蓋』二字，『蓋』『匃』同音。《大般涅槃經音》（一）相應位置作『乞匃下改』，可參。

〔三七〕憔悴，後一注音字與標目字同形，當有一誤。麗藏本經文有『莫大啼哭，令心顦顇』句，北六二九二號（餘五〇）經本末二字作『憔悴』。參看《大般涅槃經音》（一）校記〔五七〕。

〔三八〕『卵』字『段』字上部底卷殘泐約六字左右，疑標目字爲『段肉』二字，經本相應位置有『熟果段肉』句，《大般涅槃經音》（一）『坏』字下亦接『段肉』條，可證。

〔三九〕失陰，經本多作『失蔭』；注文『宂』字底卷字形在『宂』與『穴』之間，『宂』字古与『冘』字相亂，此處當定作『冘』字，『冘』與『陰（蔭）』字音近。參看《大般涅槃經音》（一）校記〔五九〕。

〔四〇〕忽，《大般涅槃經音》（一）作『澀』，當據正；『澀』、『澁』皆爲『澀』的俗字，北六二九六號（歲九五）經本有『路險澀難』句，即此字所出，麗藏本作正字『澀』。參見《大般涅槃經音》（一）校記〔六二〕。

大般涅槃經音(一)

伯二一七二

【題解】

本篇底卷編號爲伯二一七二，首尾完整，唯第七至第十一卷、第十五至第十六卷略有殘泐。首題『大般若涅槃經音』，尾部題『大般涅槃經音一卷』，兹從尾題。《大般涅槃經》有北本、南本之别，北本由北涼曇無讖譯，十三品四十卷，南本由劉宋慧嚴、慧觀、謝靈運等據北本改譯，二十五品三十六卷。唐代若那跋陀羅又譯《大般涅槃經後分》二卷。本篇標四十二卷，前四十卷出於北本，後二卷出於『後分』。今見各藏經本《大般涅槃經》與『後分』分部别行，但敦煌寫本斯二三二一號、北六五九九號（號四三）、六六〇〇號（珠六三）以『後分』二卷分屬於《大般涅槃經》第四十一、四十二卷，與本篇相合。本卷大約爲五代以後寫本。卷中『世』字、『眠』字不避諱，『治』字亦多不避諱，但『治』字有缺末筆的，亦有不缺筆而直音『里』的（『里』應是『理』字的直音，唐代避高宗李治諱往往以『理』代『治』），大約是避唐諱的孑遺。每條下以注音爲主，偶有標注異文或出校語的。所録詞條與經文順序基本相合。其中頗有可正傳本經文之誤者，如第十四卷下『薄祐』條，『祐』音胡古反，經本有訛作『薄祐』者，今本慧琳《音義》又進而音『祐』爲尤救反（説詳校記〔三一〇〕條）。又如第廿八卷『挽』條，音『蔓』，經本有訛而爲『捉』者（説詳校記〔三〇二〕條）。但亦有據經本誤字而誤音者。如第三卷『剬』字條，音『端』，實則此字乃『制』的訛變俗字，當讀作征例切。

張金泉在《敦煌音義匯考》中曾對本篇作過校勘，對其中的一些疏誤進行了初步清理。兹據《法藏》影印本及縮微膠卷，並以《中華大藏經》本《大般涅槃經》（前十卷據麗藏本影印，後三十卷據《金藏》廣勝本影印，校記中簡稱『經本』或『麗藏本』、『《金藏》廣勝寺本』）、《大般涅槃經後分》（卷上據《金藏》廣勝寺本影印，卷下據麗藏本影印）、敦煌卷子中所見經本及玄應《一切經音義》卷二一、慧琳《一切經音義》卷二五至二六所載北本音義（簡稱玄應《音義》、慧琳《音義》）爲參校，校録於後。原卷標示經本卷數的序數字提行高一格抄録，兹改爲每卷首行縮二格、換行頂格的格式迻録。底卷標目字用大字，注文用雙行小字，兹改注文爲單行比標目字小一號字排列。

大般涅槃經音〔一〕

弟一　壽命品上視柳反。　為作歸依上▨。〔二〕　晨辰。　虠（號）豪。〔三〕　椎胷上搥。〔四〕　涕泣哽咽上替。〔五〕　皆▨。　恌掉。〔六〕　逮代。　嗽口所溜反。〔七〕　滌手上早。〔八〕　惚惱。〔九〕　解未解並下。〔一〇〕　紹市沼反。　▨▨下▨▨反。　苦樂下盧各反。　為无為並榮。〔一一〕　断不断並途管反。　充足即具反。　闍毗上視奢反，亦茶加反。　及附下父。　柔軟下軟。〔一二〕　轅員。　輻革。〔一三〕　廁初利反。　填田。　駿俊。　花鬚下莫還反。〔一四〕　醆淡。〔一五〕　屍骸下諧。　悵怏上暢字，下於亮反。〔一六〕　佉陟迦反。　堪任下壬。　蟲虫。〔一七〕　啖食上市，亦作呞。　臯臭。〔一八〕　可惡下汙。　死狗下苟。〔一九〕　筋斤。　樓櫓下魯。　竅孔上苦弔反。　淫從水。〔二〇〕　鵰彫。　鷲就。　盛水成。　洟唾上剃，下託卧反。〔二一〕　呰紫，亦訾。　憀上遼。〔二二〕　拉短。〔二三〕　縱廣蹤。　睒閃。　魅媚。　媱女上五行反。〔二四〕　沾女上黠。　主雲雨神。　鳫象。〔二五〕　鼻苛，亦皀。〔二六〕　揵乾。〔二七〕　闥多達反。　嘻希。　堺坑上鉤，下口笙反。〔二八〕　蔭蔽下閇。　倡伎昌騎。　漂連河上希。〔二九〕　白鵠鶴。〔三〇〕　攔揗上攔，下揗。〔三一〕　迦抧下居止反。　綵女上采同。　牟矛。〔三二〕　稍朔。〔三三〕　羂絹。　金推（椎）下搥。〔三四〕　鉞越。　斧付。　啅捔。　抧居止反。　咤吒。〔三五〕　諛諂上臾。〔三六〕　一渧水又本作一掬水。〔三七〕　醯烏奚反。〔三八〕　秥㶉下婟（嫂）。〔三九〕　餅飯。〔四〇〕　弥（殄）滅上殿。　塹七瞻反。　圻岸。〔四一〕　酚馥上芬，下服。〔四二〕　爲扃古螢反。〔四三〕　玫瑰枚迴。〔四四〕　梐梯上方奚反，下髀。〔四五〕　間諫。　鍼針。〔四六〕　坵丘。〔四七〕　墟祛。　礫歷。　荆京。　棘紀力反。

弟二　无趣下取。　鹵魯。〔四八〕　株杌上誅，下兀。　悕希。〔四九〕　拯及上蒸。〔五〇〕　法雨雨下于遇反，雨由（猶）下也。

乳糜下床。〔五一〕　鐲涓。　摧惟此二字不定。〔五二〕　腫種。　璽見。　扼厄。　觀行上貫。　水泡下匹交反。　促七玉反。　篾莫結反。〔五三〕　筞（策）册。　封方用反。　任壬。　乞匄下改。　蜂螫下郝，亦釋；亦蜇。〔五四〕　覆赴。　黿元。〔五五〕　鼉陁。〔五六〕　憔忰（悴）撨稡。〔五七〕　沬末。　坏布回反。　叚宍（肉）或作叚。〔五八〕　失陰下冘。〔五九〕　涸鶴。　魁恢。　膾古兑反。　閉閇。〔六〇〕　囹令。　圄語。　淴澁。〔六一〕　遇我不應空遇下遇亦過。〔六二〕　墻（牆）壍。　俾倪上俾下霓。〔六三〕　三沾若竝上玷，下並。〔六四〕　縱亦即容反。　繞遶。〔六五〕　輢瑣（瑣）上飢，下鎖。〔六六〕　瘧虐。　愈庾。　惺性，亦星。〔六七〕　滓側俚反。　鳫跡上象。〔六八〕　愐怰上麵，下縣。〔六九〕　澄清上根。　頑嚚下銀。　俸禄上俸。〔七〇〕　師範下范。　技伎。〔七一〕　治國上里。〔七二〕　癡騃五駭反。　欲教王者交。　宣令下力正反。　不聽下廳。　云何治下持。　偶成上藕，亦遇。　麦（麥）麩下亦。〔七三〕　飲以上於禁反。　餧於偽反。　拇指母至。

弟三　盛莊下壯。〔七四〕　量与羅漢等有本作『而与』，錯。〔七五〕　屏㢈上餅，下烏繪反。〔七六〕　勠（勠）六，亦作戮（戮）。〔七七〕　碩欲上隗。〔七八〕　撫拔上剪。〔七九〕　中怨下宛。　黠惠上轄。〔八〇〕　教詔上交，下招。　勸勵下例。　脩拉下短。〔八一〕　杪（抄）掠（掠）下略。　搉（搆）捋上苟，下盧活反。〔八二〕　囊奴當反。　盛之成。　攢則完反。　捶章累反。〔八三〕　色胞。〔八四〕　懶（懶）落旱反。　剬端。〔八五〕　菓蓏下郎果〔反〕。〔八六〕　亦效下効。〔八七〕　鼟瞢上騰；上（下）莫風反，〔□〕亘反。〔八八〕　爼壞上沮，側吕反，慈預反。〔八九〕

第四〔九〇〕　邃雖遂反。〔九一〕　希望下亡。　湜湖上提，下胡。〔九二〕　恬蘇上甛。〔九三〕　夭壽菸兆反。　是故上是。〔九四〕　駈駈。〔九五〕　大拖下施。〔九六〕　毫氂（氂）下狸。〔九七〕　軻貝上珂。〔九八〕　髮抓下爪。〔九九〕　啞法烏雅反。　革篚下使。〔一〇〇〕　澀濘。〔一〇一〕　蛊道上古。〔一〇二〕　摴蒱上敕居反，下蒲。　所汙下祖故反、烏遇反。〔一〇三〕　過於上戈。　滋蔓下万。〔一〇四〕　不及如字。〔一〇五〕　三沾點。〔一〇六〕　椎打上搥。〔一〇七〕　鮮白上仙。　迸鐵（鐵）上迸。〔一〇八〕　諸婬女中五莖反。〔一〇九〕　繪苦會反。〔一一〇〕　衣須弥者衣無立人。〔一一一〕　迫迮上百，下窄。　貫一束上官。〔一一二〕　往返下販。　瑺當。　骨體髓錯。〔一一三〕　王于放反。〔一一四〕　木鏘此羊反。〔一一五〕　囓五結反。〔一一六〕　浣濯上換。　數數並朔。

弟五　貪負字。〔一一七〕長者者合有二者字。〔一一八〕懊襖。惱惚。〔一一九〕捲縮上去員反。〔一二〇〕創尤下疣。〔一二一〕拊之上撫。〔一二二〕陶師上桃。侶呂。嘶斯，亦西。〔一二三〕蜱麻上方奚反。〔一二四〕爆豹。虫聞彩香上許穢反。〔一二五〕疽蛆。澄静上根。隘路上烏解反。莖幹上斤，下竿。閫下苦本反。〔一二六〕一跳徒聊反。侵嬈下奴鳥反。〔一二七〕噓虚。御乘下剩。姤憋上姤，下芳滅反，憋，怒也。〔一二八〕

弟六　憎惡(惡)上曾，下汙。之將下醬。讎郄下綺戟反，亦作隙。〔一二九〕來請浄。稊稗上提，下稗。〔一三〇〕儲除。篡楚患反。治化上值，亦里。〔一三一〕邏盧箇反。冠(冠)灌。嘖責。〔一三二〕惺星，亦性。〔一三三〕擯(擯)擯(擯)。〔一三四〕覆相上赴。堤氏。〔一三五〕塘唐。淋林。裁有上纔。〔一三六〕衒絢。鍑富。〔一三七〕狩守。〔一三八〕舂五龍反。〔一三九〕憒内上古對反，下内。〔一四〇〕

第七　齊限上在詣反。翹來遥反。〔一四一〕捷(棱)伽上盧登反，亦作楞。〔一四二〕芸云。〔一四三〕稗莠下誘。〔一四四〕我□。〔一四五〕掘攞物切。拘癖下芳辟反，腹病也。〔一四六〕相撲(撲)雹。〔一四七〕扺(抵)觧上觝(觗)，下隼。〔一四八〕汝曹。體血□。〔一四九〕钁斵上獲，下卓。〔一五〇〕梯橙下等。〔一五一〕

第八　造操，造，至也。金捭下方奚反。〔一五二〕眼膜下莫。髣髴上紡，下弗。大▨(舶)□。〔一五三〕嘌(噁)阿上烏各反。憶伊郁優嚜下取翳之平聲。〔一五四〕野取翳之上聲。〔一五五〕烏□。〔一五六〕遮車闍膳若已(以)上齒音。〔一五七〕(下殘)〔一五八〕

□□(第十)〔一五九〕　□姝□惣。〔一六〇〕剌剌上此豉□(反)，下磧。〔一六一〕

□□□(第十一)〔一六二〕　□下歷。〔一六三〕疼同。魍媚。〔一六四〕懟(懟)墜。欠呿去。〔一六五〕□。〔一六六〕剫剥上皮。劈裂上普擊反。冄守。〔一六七〕□。〔一六八〕騏驎上其，下憐。〔一六九〕豚屯。〔一七〇〕鞴衣上而容反。□。〔一七一〕簧黃。碁其。彈檀。簿(簿)拍毱上博，下求。〔一七二〕壺胡。㓻制。〔一七三〕秕其兩目上▨。〔一七四〕▨▨。〔一七五〕折戒上昔。〔一七六〕掟(旋)嵐上方邊反，下監(藍)。〔一七七〕

第十二　抓爪。〔一七八〕　胃謂。〔一七九〕　肪方。　腦胲下該。　膞骨上腨。〔一八〇〕　駐竹柱反。〔一八一〕　髖寬。〔一八二〕　頷骨上胡感反。　髑髏上獨，下婁。　分離上夫問反。　視眴下舜。〔一八三〕　蚤（蚤）虱上早，下所櫛反。　因的下滴。　撾打上張瓜反。　鞭靻下撻。〔一八四〕　歐烏口反。〔一八五〕　逼迮下責。〔一八六〕　強作其兩反。　璝公回反。〔一八七〕　皴逡。〔一八八〕　艾五盖反。　秏（耗）好。〔一八九〕　慗奴板反。〔一九〇〕　趺肤。　瘻縷。〔一九一〕　懶（懶）墮下墮。〔一九二〕　滓側里反。　瑋箪。　炷主。　撤（撤）丑烈反。　蚉螺。〔一九三〕　滿足上即具反。〔一九四〕　開剖下普厚反。　毦毛。〔一九五〕　喆悊。〔一九六〕　澈（澈）見上持結反。〔一九七〕　托蒿。〔一九八〕　榼塔。

十三　躭愐下面。〔一九九〕　五如婬女五更反，不合作婬（婬）字，誤。〔二〇〇〕　瘜害上息。〔二〇一〕　虫疽下七余反。〔二〇二〕　痍夷。　夷岳不合作移。〔二〇三〕　栽哉。　嬰於盈反。　彗因歲反。　驃驃。〔二〇四〕　紫利藍上莎。　齅嗅。　尸嗇下首古文。〔二〇五〕　紐女久反。　憎惡（惡）下汙。

十三（四）　㘴人則戈反。　涎序連反。　咽喉上燕，下唉。〔二〇六〕　燧遂。　因脂（腔）苦江反。〔二〇七〕　桴荇。　道檢下斂。　眄麵。〔二〇八〕　薹薷上悭，下悟。〔二〇九〕　薄祜下胡古反。〔二一〇〕　足十二劫上即具反。

十五　壤穰。〔二一一〕　脯（哺）逋。〔二一二〕　罷陂。〔二一三〕　麞章。　任脩上壬。〔二一四〕　悷隸。〔二一五〕　敦都昆反。　菀豆上豌。〔二一六〕　堅靳下居欣反。〔二一七〕　其鍥侯。〔二一八〕　何治下治。〔二一九〕　妙鬝莫還反。〔二二〇〕　㝵寤上忽。〔二二一〕　杌（杌）兀。〔二二二〕　踰▯。〔二二三〕

十六　天竺下竹。　尼（尼）揵下乾。　嗚咂下子塔反。〔二二四〕　訡（診）振。　市里。　臛郝。〔二二五〕　號▯。〔二二六〕　劓義鼻［反］。　蚉嘴上文，下子累反，或作觜。〔二二七〕　漱（漱）治上練。〔二二八〕　賈價。〔二二九〕　炙隻。　編椽▯。〔二三〇〕　□□□（衣麁麻衣）上意，下依。〔二三一〕　褸褐上力于反，或作縷。〔二三二〕　茹而據反。　藕禺。〔二三三〕　糠康。　先祝下取育反。〔二三四〕　腐□雨反。〔二三五〕

十七　寂宗。〔二三六〕　詎其呂反，宣也，何也。〔二三七〕　趺肤。　誂戲上徒弔反。〔二三八〕

十八　聲聋下聞。〔二三九〕　肓（盲）瞑下冥。〔二四〇〕　靳居欣反。〔二四一〕　蹬陟上登。〔二四二〕

十九　怨敵下迪。　則王國土王于放反。　删山。　堀子上遅，坘子。〔二四三〕　渕（淵）泉。　䯊苦昆反。〔二四四〕　穽浄。　攢借官反，借翫反。〔二四五〕　漬子。　泥（泥）濘，音所戾反。〔二四六〕　若提子上人者反。　而過差下楚加反。　搊其亮反。〔二四七〕　匿女力反。〔二四八〕　華萎下於爲反。〔二四九〕　戮其父上六。　不苞下包。〔二五〇〕　無辜（辜）下孤。　邠坘（坻）上斌，下遅。　莎蘇禾反。　瞋根（根）今作眠根，錯。　泮合上判。〔二五一〕　鍛金上都乱反。　鄙悼上祕，下道。　頽（頽）杜回反。　解甲冑上假。〔二五二〕　敖傲。〔二五三〕　丞於陵反。〔二五四〕

廿　奎星上古携反。　昴卯。　漯濕。〔二五五〕　撩遼。　擁（擁）孶（鬲）下隔。〔二五六〕　懅遽。〔二五七〕　失有失是，夫不是。〔二五八〕

廿一　識（識）楚蔭反。　薄蝕上薄，下食。〔二五九〕　窈杳。〔二六〇〕　挮挫（梯桂）上陽奚反，下陛。〔二六一〕　埠阜上都迴反，下負。〔二六二〕　鉄作木反。〔二六三〕　促短上七玉反。　囹圄上令，下語。

廿二　若循（循）上巡。〔二六四〕　佷戾上根，下列。〔二六五〕　如炭灰毒虵苦協反。〔二六六〕　摶此上團。〔二六七〕　不售下受。　臾具上完。〔二六八〕　泂澓上回，下服。　如怨下寃。　爲蕪麨墮墮字爲定，塗字錯。〔二六九〕　坌蒲悶反。

廿三　叕張衛反。〔二七〇〕　恃怙上市，下户。　過失下試。　推之上土迴反。　篋苦協反。　餧於僞反。　飣（飤）辝吏反。〔二七一〕　瓨器亦作瓬、缸，並同。　君渡此河上君有作若，錯。〔二七二〕　手抱下步交反，亦梧。〔二七三〕　歔虚。〔二七四〕　駃决。〔二七五〕　人根根字爲定。〔二七六〕　伽伽脚佉反。〔二七七〕　究究居久反。　咀咀都達反。　佂（低）羅上互（氐）。〔二七八〕

廿四　怡与之反。　焥燎上庭，下遼。〔二七九〕　陿小上押。〔二八〇〕　鷄曜。〔二八一〕　豬猪。　蚤（蚤）早。　虱所訖反。〔二八二〕　蚉文。　寅盲。　鼈不列反。　瘽力中反。　瘻縷。　平賈假。〔二八三〕

廿五　相（相）貌下皃。　退退。〔二八四〕　蹋踏。〔二八五〕　娙女上五更反。〔二八六〕　殞命上運。　悒遅上英及反。〔二八七〕

廿六　撅（橛）渠月反。〔二八八〕　穃丑知反。〔二八九〕　貫之上官。　駝馳。〔二九〇〕　瑕戒上覆。〔二九一〕　廝下上斯。　毱渠竹反。　白臈臘。〔二九二〕　貿易上或作貿易。〔二九三〕

廿七　鋒芒（芒）上風，下亡。　頻电下申。〔二九四〕　犴干。〔二九五〕　哮許交反。　寂靖上寂，下净。〔二九六〕　闡剗。　灾災。〔二九七〕　侮心有本作悔字，錯。〔二九八〕　毳此芮反。

廿八　洟唾上涕。〔二九九〕　炳着上丙，下中恕反。　酵教。　賈假。〔三〇〇〕　責不合用立人。　牽（牽）遣。　挽蔓。〔三〇一〕　橘居蜜反。　撽悟告反。〔三〇二〕　擣押上到。〔三〇三〕　陶桃。　垍推。〔三〇四〕　眠（眼）睖（睫）下接。〔三〇五〕

廿九　粗祚。〔三〇六〕　賦付。〔三〇七〕　給足下即具反。　奩底上廉，下衣。〔三〇八〕　安摩上安。〔三〇九〕　膞丑凶反。〔三一〇〕　裸晝。〔三一一〕　跣鮮。　瀨（頰）計葉反。〔三一二〕　溝（溝）瀆上勾，下讀。　爐虛。〔三一三〕　皰方敎反。〔三一四〕　箱奩上相，下飯。〔三一五〕　皓昊。　數法上所句反。　溉灌上己，下觀。　打刺下戚。　憩去例反。　隘陋下盧後反。　遽渠預反。

卅　如斯斷事有本作如法，不是，斯字爲定。〔三一六〕　量愎鐸。〔三一七〕　鴦殭上殃，下崛。〔三一八〕　窨窨。〔三一九〕　殯（殯）檳（檳）。　岀定。〔三二〇〕　亝濟。〔三二一〕　昔陽上春。〔三二二〕　孚敷。

卅一　衷陟仲反。〔三二三〕　総惣。〔三二四〕　爐疾丑反。〔三二五〕　葥葥，或作菅。〔三二六〕　托攪上蒿，下教。〔三二七〕　謝張交反。　薰訓。〔三二八〕　鉢或作盋。　魚鱉所悦反。〔三二九〕　鉾牟。〔三三〇〕　稍數。　呻申。　吼豪。〔三三一〕　瞽古。〔三三二〕

卅二　燸暖。〔三三三〕　耐乃代反。　蹬都鄧反。〔三三四〕　馳騁下即敬反。〔三三五〕　驕逸上奔。〔三三六〕　邏逭下而容反。〔三三七〕　絍壬。　頞遏。　瓷慈。〔三三八〕　過失下試。　罐觀。　綆古杏反。　苷甘。〔三三九〕　蔗者。　葵藿霍。　塼專。　蔔匐。〔三四〇〕　箕基。　木旧臼。〔三四一〕　綫線。〔三四二〕

卅三　粟秫下述。〔三四三〕　剜身上一丸反。　髓脃下惱。〔三四四〕　釘釘上丁，下頂。　閉閇。〔三四五〕　轂苦角反。　卤（鹵）路。〔三四六〕　蒿告。〔三四七〕　三𤴡（毘）下摽。〔三四八〕　淫泆下逸。〔三四九〕　蹲存。　䎽起。

卅四　秊年。〔三五〇〕　蹉如字。〔三五一〕　閱悅。〔三五二〕　説之税。　兼古念反，古慊反。　忽滑上澁。〔三五三〕

卅五　善[illegible]下乎。〔三五四〕　邬耶。〔三五五〕　佰佰。〔三五六〕　錯魚。〔三五七〕

卅六　腕手上椀。〔三五八〕　瘦。　刀長者凋（凋）。〔三五九〕　邠坵斌，下遲。〔三六〇〕

卅七　罣礙上卦，下㝵。〔三六一〕　沾汙點汙。〔三六二〕　魍（魍）魎上冈（网），下兩。〔三六三〕　充足下即具〔反〕。　如世之人不合是之字。〔三六四〕

卅八　秏呼到反。〔三六五〕　䠥暐。〔三六六〕　曄云輒反。　兇（兕）似。〔三六七〕　倡伎上昌。　稱秤。〔三六八〕　不綜下揔。〔三六九〕

礪麗。〔三七〇〕　嗤（嗤）笑上赤之反，下小。〔三七一〕　爪掊下薄交反。〔三七二〕　齚齧上鋤陌反、鋤覈反、鋤鍇反，三通用。　而欲捁之教。〔三七三〕　寱夢。〔三七四〕

卅九　二者名麄不合作塵。〔三七五〕　祢丁礼反，亦你。〔三七六〕　比鉢毗必反。〔三七七〕　荌子上綏。〔三七八〕　榛上臻反。

卌　玔釧。〔三七九〕　嗽㰦。〔三八〇〕　白鑞鈆錫下昔。〔三八一〕　都无欶竅欶口。〔三八二〕　羂絹。〔三八三〕　皕。〔三八四〕　竭禆下卑。〔三八五〕　阿拙下炪。〔三八六〕　賴（賴）綈下提。

卌一　恾莫郎反。〔三八七〕　餘命无已幾。〔三八八〕　惺性。〔三八九〕　无明郎主即主不是。〔三九〇〕　慘（慘）七感反。　警景。　安尉上按撫，下委。〔三九一〕　唯然上以水反。　烈列。　櫬楚忍反。〔三九二〕　牕窓。〔三九三〕　牖誘。　層級上曾，下急。　利祜户。〔三九四〕　混濁上渾。　溪七奚反。　戰掉下陁教〔反〕，亦作挑。　嚪啄（啄）下丁角反。〔三九五〕　殄終。　歿没。〔三九六〕

卌二　繽紛上止（匹）隣反，下芬。　哀悼下道。　艷焰。〔三九七〕　涕泗上替，下血（四）。〔三九八〕　歔欷。　四聳埵。〔三九九〕　收收。〔四〇〇〕　槊朔。〔四〇一〕　壜（壜）曇。〔四〇二〕　毷氉下道。〔四〇三〕　鉀甲。〔四〇四〕　欺忽忽是，勿不是。〔四〇五〕　抆淚上問。〔四〇六〕　摽逍遥反。〔四〇七〕　慨苦愛反。　而隕下于閔反。　軌居洧反。

大般涅槃經音一卷〔四〇八〕

第二　椿。蒨。粲（粲）。眩。噏。揖。賄。浣。〔四〇九〕牒。郁。嗽。〔四一〇〕啫。嗷。

第六　跳。桙。〔四一一〕

第四　賄。賑。僫（僫）。肌。（底卷抄寫至此止）

【校記】

〔一〕底卷首題「大般若涅槃經音」，「若」字疑爲衍文，兹據尾題删去。又首題下有「北客」（下字不清晰，字形在「客」「容」「宏」等字之間，兹姑定爲「客」字）二小字，不知何意。

〔二〕注文「上」下一字應爲直音字，底卷模糊不清。以下底卷模糊不清無法録出者不再一一出校説明。

〔三〕「號」字經本同，玄應《音義》出「號哭」條，稱經文作「嗥」，非此義；又從口作号，俗僞字耳。

〔四〕椎胷，北六二八四號（珠九七）經本有「椎匈叫喚」句，應即此二字所出；《麗藏》本前字作「搥」，後起通用字。又「匈」爲「胷（胸）」字初文。

〔五〕哽咽，《麗藏》本同，北六二八四號經本作「哽噎」。玄應《音義》出「哽噎」條，云經文多作咽，於見、於賢二反，咽，吞也，咽喉也，咽非字體也。按《廣韻·屑韻》：「噎，食塞。又作咽。」「咽」用同「噎」古書經見。

〔六〕恌，《麗藏》本有「其身戰掉」句，其中的「掉」字北六二八六號（昃八二）經本作「恌」，玄應《音義》云：「掉，徒弔反，《字林》：掉，摇也。《廣雅》：掉，振動也。經文作挑，……又作姚字，與愮同，音遥，《詩》云『憂心愮愮』，是也，二形並非此義。」其中「又作姚字」的「姚」當是「恌」字之訛，當據本卷所據經文改正。《廣韻·宵韻》餘昭切：「愮，憂也……恌，同愮。」「恌」與玄應所引又作字的音義正合。

〔七〕嗽口，經本作「漱口」，「嗽」爲「漱」的换旁俗字。玄應《音義》作「漱」，云「經文有作嗽」。底卷正與玄應所見的「有作」本合。

〔八〕「滌」爲「澡」的俗字，《麗藏》本有「仁等速疾漱口澡手」句，其中的「澡」字北六二八六號作「滌」，即此字所出。
〔九〕『惚』、『惱』皆爲『惱』的俗字，經本有『生大苦惱』句，即此字所出。
〔一〇〕解未解，經本有『善持所行，解未解者』句，即此三字所出。『解』字韻書有胡買切一讀，與『下』字同紐異韻。
〔一一〕為无為，『為』爲『爲』的俗字，經本有『安非安，爲無爲』句，即此三字所出。注文『榮』下疑脱反切下字及『反』字。『爲』字《廣韻·支韻》音薳支切，與『榮』字同紐。
〔一二〕標目字『軟』與下注文『軟』同形，當有一誤。據斯二〇七一號《箋注本切韻·獮韻》：『輭，柔。俗作軟。』疑注文或當作『輭』，以『輭』注『軟』，係以正字爲俗字注音之例。經本有『諸香木上縣五色幡，柔軟微妙』語，即此字所出。
〔一三〕『輻』字經本同，乃『楅』的俗字。玄應《音義》出『轅楅』條，云『經文從車作輻，傳寫誤也』。
〔一四〕鬒，同『鬒』，此處爲『鬘』的訛俗字；經本有『一一車上垂諸花鬘』句，即此字所出。
〔一五〕經本未見『䣥』字，而有『其食甘美，有六種味，一苦，二醋，三甘，四辛，五鹹，六淡』句，『䣥』蓋即『淡』的俗字，故底卷音之以『淡』。
〔一六〕悵怏，《麗藏》本經文作『悵恨』，玄應《音義》引同，敦煌寫本亦多作『悵恨』，《中華大藏經》校記云諸本作『悵怏』；『悵怏』『悵恨』義皆可通。
〔一七〕『虫』本爲『虺』字初文，但俚俗多用同『蟲』，此以『虫』字注『蟲』，乃以俗字爲正字注音之例。
〔一八〕『臰』爲『臭』的俗字，經本有『是身臭穢』句，應即此字所出。
〔一九〕『猗』爲『狗』的俗字，經本有『是身可惡，猶如死狗』句，應即此字所出。
〔二〇〕經本有『貪婬瞋恚』句，『婬』『淫』古今字。
〔二一〕『洟』字玄應《音義》引同，《麗藏》本經文作『涕』，古通用字。

〔二二〕「憀」下當脱一「悵」字，《麗藏》本有「諸優婆夷不果所願，心懷惆悵」句，玄應《音義》云「惆」字「經文或作憀，力彫反，《聲類》：憀，且也。憀非經義也」。斯一五五〇號經本正作「憀悵」。

〔二三〕「拉」即「短」的俗字，《麗藏》本有「幡最短者長三十二由旬」和「幡極短者十六由旬」句，其中的「短」字北六二八四號經本作「拉」，應即此字所出。

〔二四〕根據「五行反」的讀音，「婬」當作「娙」字。《麗藏》本有「復有一億恒河沙貪色鬼魅，善見王而爲上首；復有百億恒河沙天諸娙女，藍婆女、鬱婆尸女、帝路沾女、毘舍佉女而爲上首」等句，應即此字所出。但從字形及字義而言，似以定作「婬」字爲長，《中華大藏經》校記稱「娙」字《資福藏》本作「淫」，「淫」即「婬」的後起字；「婬女」經文中與上文「貪色鬼魅」相對而言。但卷中據字形及字義應定作「婬」的字，本卷作者往往讀作「娙」音定作「娙」字，而以作「婬」字爲誤，不知何故？參看下文校記〔三〇〇〕、〔三六六〕。

〔二五〕「鳫」蓋「象」字俗體「為」、「偽」的訛變體，經本有「大香為王」、「金色為王」語，應即此字所出。

〔二六〕「鼻」爲「皃（皃）」的俗字，參看《大般涅槃經音義》校記〔八〕。

〔二七〕經本有「乾闥婆鳥」，其中的「乾」字北六二八四號經本作「揵」，「揵」「乾」爲音譯之異。

〔二八〕「搆」應係「構」字俗寫，而「構」又爲「溝」的換旁俗字（涉「坑」字類化偏旁）；經本有「其乳流滿拘尸那城所有溝坑」句，應即此字所出。

〔二九〕[氵熙]，北六二八七號（海九八）經本有「以占婆花散[氵熙]連河」句，「[氵熙]」爲「熙」的增旁俗字，北六二八六號等經本正作「熙連河」。

〔三〇〕白鵠，北六二八六號（昃八二）、六二八八號（珍九六）等經本同，北六二八七號（海九八）及《麗藏》本等作「白鶴」，「鵠」「鶴」二字古通用。玄應《音義》作「白鶴」，云「文有作鵠，胡哭反。案《廣志》云鵠形似鶴，色蒼黃」。慧琳《音義》云應作「白鶴」。

〔三一〕注音字「擱」「揗」與標目字同形，疑爲「欄」「楯」之訛。「欄楯」指欄杆，俗書從木從扌相亂，「欄楯」亦或訛寫作「攔揗」，故音注中出正字以匡正之。《麗藏》本經文作「欄楯」不誤。

〔三二〕「牟」即「矛」的借音字，玄應《音義》出「矛矟」條，云「經文有作牟……非字體」。參看《大般涅槃經音義》校記〔一八〕。

〔三三〕矟，《麗藏》本經文作「槊」，古異體字；玄應《音義》出「矛矟」條，云「或作槊，北人俗字也」。

〔三四〕「推」爲「椎」字俗誤，玄應《音義》引正作「椎」，《麗藏》本前字作「鎚」，爲「椎」的古異體字。下注音字「搥」疑爲「搥」字之訛，「搥」爲「椎」的後起通用字。參看上文校記〔四〕。

〔三五〕「咤」即「吒」的後起異體字，《麗藏》本經文有「吒吒羅」，即作「吒」字。

〔三六〕諛謟，《麗藏》本經文作「諭謟」，《中華大藏經》校記云《資福藏》、《磧砂藏》等經本作「諛謟」；玄應《音義》出「諛謟」條，云「諛」字經文有作「諭」，「諭」非經旨。

〔三七〕一渧水，今見各經本作「一掬水」，與「又本」合。

〔三八〕「醢」字《麗藏》本經文作「醯」，北八四三七號（雲二四）《八相變》有「醯」，楷定當爲「醯」字，而「醯」又應爲「醯」（俗又作「醯」）的俗字，玄應《音義》引正作「醯」字。

〔三九〕秥熑，同「枯燥」，《麗藏》本正作「枯燥」。

〔四〇〕「餅」即「飯」的俗字，《麗藏》本正作「飯」。

〔四一〕「圻」應爲「圻」字寫變，而「圻」則即「岸」（字又作「岍」）的換旁俗字，《麗藏》本正作「岸」字。

〔四二〕酚馥，經本同，玄應《音義》作「芬馥」，「酚」即「芬」的俗字。慧琳《音義》卷六《大般若經》第四百九十九卷音義「芬馥」條下云：「芬」字經文有從香作「酚」，不成字，非也。

〔四三〕扃，據其讀音應爲「扃」的俗字，但玄應《音義》此字作「向」，經本亦有作「向」者，「扃」又可能即「向」的增旁俗字。説詳《大般涅槃經音義》校記〔三四〕。

〔四四〕「玫瑰」二字底卷誤倒，茲據其下直音及經本乙正。

〔四五〕梐梯，疑爲『梯梐』誤倒（斯一三一七、一五五〇號、北六二八七、六二八八、六二九〇號經本正作『梯梐』），『梐』爲『陛』的音誤字或涉『梯』字類化換旁（玄應《音義》卷一六《解脱戒本》音義『入陛』條稱『陛』字戒文從木作梐，非，可資比勘），斯三七〇七號及《麗藏》本經文正作『梯陛』。慧琳《音義》卷一六《阿閦佛國經》上卷音義有『梯梐』條，亦當校讀作『梯陛』。又『梐』字《廣韻》音邊兮切，又音傍禮切，分别與方奚反、髀字讀音相合，據此，注文『上』『下』應有誤。也可能標目字『梐梯』爲『梯梐』抄誤，而注音『方奚反』係『梯』字的切音，其中的『方』字與『梯』字的聲紐不合，當誤。參看《大般涅槃經音義》校記〔三六〕。

〔四六〕『鍼』『針』古今字，經本作『針』字。

〔四七〕『坵』即『丘』的增旁俗字，今見經本正作『丘』字。

〔四八〕『鹵』字《麗藏》本同，乃『鹵』字俗寫。

〔四九〕『悕』字經本同，實即『希』的增旁俗字。

〔五〇〕『拯』通常爲『極』字俗寫，卷中則應係『拯』字俗寫，經本正作『拯』。『拯』與『蒸』讀音相近。

〔五一〕『床』爲『糜』的俗字，『糜』『糜』《廣韻》同音靡爲切。

〔五二〕經本有『一切煩惱結，摧破不堅牢』句，伯三〇二五號《大般涅槃經音義》第二卷下出『惟破』二字，云：『諸本作㩗（摧）破，合是惟。』蓋經文『摧破』亦有作『惟破』者，故『摧』下列出異文『惟』，注云『此二字不定』，而非以『摧惟』爲一詞也。參看《大般涅槃經音義》校記〔三三〕。

〔五三〕篾，當作『蔑』，經本有『人所輕蔑』句，正作『蔑』字。參見《大般涅槃經音義》校記〔三五〕。

〔五四〕『郝』、『釋』爲『螫』的直音字，『蜇』則爲『螫』的訓讀字。玄應《音義》出『蜂螫』條，云：『舒赤反，《説文》蟲行毒也，關西行此音；又呼各反，山東行此音。蛆知列反，東西通語也。』後九字慧琳《音義》作『又作蛆字，知列反，東西通用也』，義長。『蜇』即『蛆』的異體字。

〔五五〕『黿』字見北六二九六號（歲九五）等經本，乃『黿』的換旁俗字，玄應《音義》引正作『黿』字。

〔五六〕『⿱罒龜』字見斯一〇四四號等經本，乃『鼉』的換旁俗字，玄應《音義》引正作『鼉』字。

〔五七〕注文『⿰禾卆』爲『稡』字俗寫，但『稡』與『悴』讀音不盡切合，疑當校作『椊』，『椊』字《集韻》有秦醉切一讀，與『悴』爲同音字。

〔五八〕注文『叚』字底卷左側有『歹』形偏旁，但墨較濃，或已塗去，故不録。『叚』、『叚』皆爲『段』的俗字。故宫舊藏裴務齊正字本《刊謬補缺切韻》卷端字樣：『叚叚：上正，徒亂反。』這兩個字亦皆爲『段』的俗字，可資比勘。

〔五九〕失陰，經本作『失蔭』，『陰』通『蔭』。注文『冘』字底卷字形在『冘』與『穴』之間，『冘』字《廣韻》有『餘針切』一讀，與『陰（蔭）』字音近，故定作『冘』字。參看《大般涅槃經音義》校記〔三九〕。

〔六〇〕『閇』乃『閉』的俗字，此係以俗字爲正字注音之例。

〔六一〕『淴』、『澁』皆爲『澀』的訛俗字，北六二九六號（歲九五）經本有『路險淴難』句，即此字所出，《麗藏》本作正字『澀』。

〔六二〕經本有『汝等遇我，不應空過』句，與所注亦作本同。

〔六三〕『俾』字標目字與注文同，當有一誤，斯五九九九號《大般涅槃經難字音》『俾倪』條『俾』字直音『卑』，可參。『俾倪』二字北六二九三號（餘二二）、北六二九五號（收九七）等經本及玄應、慧琳《音義》引同，《麗藏》本作『埤堄』，慧琳《音義》『俾倪』下云：『今詳此字有其二種，一者伺候，二者垣牆。垣牆不合從人，伺候豈宜從土？若是垣牆，應爲埤堄；若取伺候，應作俾倪，兩文二義，不失諸宗故也。』據《説文》，垣牆義本亦以作『俾倪』爲典正，作『埤堄』或『睥睨』者爲其俗體。

〔六四〕三沾若竝，斯八二九、四五〇〇號等經本有『三沾若並』句，斯二四一五號經本作『三沾若竝』，北六二九二號（餘五〇）經本作『三點若竝』，『沾』通『點』，『竝』乃『並』的古正字。

〔六五〕繞，《麗藏》本經文作『遶』，與注文合，『繞』『遶』古異體字。

〔六六〕輢瑣，《麗藏》本經文作『羈鎖』，玄應《音義》出『羈鎖』條，云『今作輢，同，居奇反』，北六二九五號（收九七）等寫本正作『輢鏁（鎖）』。

〔六七〕惺，北六二九五號經本有『而我未得惺悟之心』句，應即此字所出，斯八二九、二四一五號等經本作『醒』，玄應《音義》出『醒悟』條，音思挺、思定二反；『惺』『醒』二字音近，古多通用不別。

〔六八〕『爲』即『象』的俗字（參看上文校記〔三五〕）。斯四五〇〇號經本有『譬如爲（象）跡空中現者，無有是處』句，應即此字所出。斯八二九、二四一五號等經本及《麗藏》本『象跡』作『鳥跡』，誤。

〔六九〕愐怰，斯一五一四、二四一五、四五〇〇號、北六二九五號（收九七）經本有『譬如人醉，其心愐怰』句，《麗藏》本經文作『愐眩』（慧琳《音義》引同），《中華大藏經》校記云諸本作『瞑眩』，『瞑眩』是。玄應《音義》出『眠眩』條，云：『《説文》作瞑，同……《廣雅》：眠眩，惑亂也，亦闇不明也。經文作愐……非此義耳。』

〔七〇〕俸禄，經本同，玄應《音義》出『奉禄』條，云『奉』字『今皆作俸』。本卷注文出『俸』字，則標目字疑當作『奉禄』。

〔七一〕經本有『是時客醫即爲王説種種醫方及餘伎藝』句，『伎』『技』古通用。

〔七二〕治國，經本同，底卷『治』字缺末筆，或是所據經本避唐諱留下的痕迹，下文『云何治』的『治』字又不缺筆，蓋抄本卷時已在唐代之後，故無需諱避。又注文音『里』，當是注『理』字，蓋底卷或所據經本本避唐諱作『理國』，故以『里』字音『理』；傳抄者標目字回改作『治國』，而注音字則因仍未及改易也。參看下文校記〔一三一〕。

〔七三〕麧，經本及玄應、慧琳《音義》引均作『𪌭』，蓋即其訛俗字；斯五九九九號《大般涅槃經難字音》『𪌭』字直音『亦』，可爲校字之證。『𪌭』字《廣韻》在職韻，與職切，『亦』字在昔韻，羊益切，二字異韻。《龍龕》有『麧』字，同『麴』，蓋别爲一字。

〔七四〕盛莊，同『盛妝』；經本有『譬如有人年二十五，盛壯端正』句，即此詞所出；據文意，『壯』字義較長。

〔七五〕經本有『實非阿羅漢，而與羅漢等』句，底卷與有作本合。

〔七六〕屏㢈，斯四七二〇號、北六二九八號（列一五）經本有『在屏㢈處盗聽説戒』句，其中的『屏㢈』二字慧琳《音義》引同，玄應《音義》引作『屏隈』，『㢈』字慧琳音烏對反，與『隈』字音同義近，蓋即一字之異。

〔七七〕剹，北六二九九號（出五五）經本有『有犯王法隨罪誅剹』句，蓋即此字所出；其中的『剹』字北六二八八號（列一五）經本及《麗藏》本作『戮』，與底卷亦作本合，『剹』通『戮』。

〔七八〕頍，應爲『規』的俗字，《龍龕・頁部》載『規』字俗有作『頍』者，可以比勘，『規』與『隗』（『隗』字《集韻・支韻》有俱爲切一讀）讀音相合；《麗藏》本經文作『䂓』，爲『規』的古字，玄應《音義》引正作『規欲』。

〔七九〕⿰扌煎，北六二九九號、斯六七四二號經本有『首生白髮，愧而⿰扌煎拔』句，『⿰扌煎』爲『揃』的繁化俗字；北六二九八號、斯四七二〇號經本及《麗藏》本作『剪』，音義同。

〔八〇〕黠惠，經本作『黠慧』，『惠』『慧』古字通用。

〔八一〕『⿰扌豆』即『短』的俗字，經本正作『短』字。

〔八二〕『搆』字慧琳《音義》云正體作『⿱殸牛』。

〔八三〕攢捶，經本有『唯有皮囊可以盛之（指牛乳）。雖有盛處，不知攢摇，漿猶難得，況復生酥』語，應即此詞所本，其中『捶』字作『摇』；又慧琳《音義》引作『鑽摇』（斯四八六六號經本同），云『上纂丸反，下以招反，謂作蘇（酥）之法也』，又復不同，未知孰是。

〔八四〕經本相應位置未見『色胞』連文，而有『天成就色陰而无色想』句，又有『危脆不堅』句，疑『胞』爲『脆』之訛，抑或『色胞』二字即『危脆』之訛。

〔八五〕『剬』字《説文》從刀、耑聲，斷齊也，《廣韻・桓韻》音多官切，與『端』字同一小韻，故本卷『剬』字直音『端』。但經本相應位置未見這一音義的『剬』字，而有『涅槃經中制，諸比丘不應畜養奴婢牛羊非法之物』句，上揭『剬』實即『制』的訛變俗字。斯三八八號《正名要録》『字形雖别，音義是同，古而典者居上，今而要者居下』類以『剬』爲『制』的『古而典者』，可參。底卷把『制』的俗字『剬』直音『端』，非是。參看下文校記〔一七三〕。

〔八六〕菓蓏，經本及慧琳《音義》引皆作『果蓏』，『菓』爲增旁俗字。

〔八七〕注文『効』乃『效』的俗字，此亦以俗字爲正字注音之例。經本有『若有比丘，以利養故爲他説法，是人所有徒衆眷屬亦効是師，貪求利養』句，亦作俗字『効』。

〔八八〕注文『亘』上底卷應脱一字，玄應《音義》『瞢』字音亡登、武鄧二反，《廣韻》莫中、武登二切，本卷所脱疑爲『武』字，『武亘反』與『武鄧反』同音，『莫風反』則與『莫中切』同音。

〔八九〕殂壞，北六二九九號經本有『有比丘僧，不爲百千億數諸魔之所殂壞』句，即此詞所出。高《麗藏》本作『沮壞』，玄應《音義》出『沮壞』條，云『才與反，《三蒼》：沮，漸也，敗壞也。經作殂，測吕反……非此義也』；慧琳《音義》出『殂壞』條，云『殂』字非經意也，應爲『沮』字。按：『沮』字是，『殂』爲其假借字。

〔九〇〕從字形演變的角度而言，『苐』實爲『弟』字俗書之變，而『弟』即次第之『第』的古字；俗書竹字頭多寫作草字頭，俚俗據此加以楷正，則本爲『弟』俗體的『苐』或被回改作『第』，於是産生了『第』字；『第』字既已産生，根據竹字頭作草字頭的俗寫通則，『第』字俗又可寫作『苐』。本卷標示卷第時『弟』『苐』並出，而以前者居多，疑作『苐』者亦即『弟』字俗書，而非『第』字俗書，兹姑照録，以存古書之真。

〔九一〕『邃』、『希望』、『湜湖（醍醐）』、『恬蘇（甜酥）』四詞見於經本名字功德品第三，今本在卷三，與本卷不同；玄應、慧琳《音義》出『深邃』條，在第四卷之首，與本卷合。

〔九二〕『湜』即『提』字，涉下字而類化增旁；『提湖』同『醍醐』，經本正作『醍醐』。

〔九三〕恬蘇，當讀作『甜酥』，經本正作『甜酥』。注文『甛』即『甜』的古正字。

〔九四〕經本有『如汝嬰兒不能消是常住之法，是故我先説苦無常』句，應即『是故』二字所出，注文又注『是』字，不知何意。

〔九五〕『丘』字古本從北從一作『北』，隸變作『业』和『丘』，故『駈』『駈』爲一字異寫，皆爲『驅』的俗字，經本正作『驅』。

〔九六〕『方』旁隸變與提手旁相亂，如《干禄字書》載『旅』字俗作『㧀』、《五經文字》載『族』字俗作『挨』之比，故底卷『拖』實即『施』的訛俗字，經本有『云何不捨錢財而得名爲大施』句，正作『施』字。

〔九七〕毫氂，玄應、慧琳《音義》引同，經本作『毫釐』，『氂』『釐』古今字。

〔九八〕軻貝，同『珂貝』，北六三〇六號（收四六）經本有『軻貝、皮革』句，其中的『軻貝』北六三〇五號（夜六一）經本、《麗藏》本及慧琳《音義》引皆作『珂貝』。

〔九九〕『抓』字《廣韻》有側絞切一讀，與『爪』字同音，其字從手，亦與『爪』密切相關，故『抓』既可説是『爪』的假借字，也可説是『爪』的增旁俗字；經本正作『髮爪』。

〔一〇〇〕革簁，當讀作『革屣』，經本正作『革屣』；『簁』『屣』《廣韻》皆有所綺切一讀，與『使』字（《廣韻》疏士切）音近。

〔一〇一〕埿，『泥』的增旁俗字，經本正作『泥』。『泥』字《廣韻》有奴計切一讀，與『濘』（乃計切）字同音。

〔一〇二〕『蛊』爲『蠱』的簡俗字，經本及玄應、慧琳《音義》引皆作『蠱』。

〔一〇三〕『汙』字《廣韻》音烏路切，底卷『祖故反』的『祖』字有誤。

〔一〇四〕滋蔓，玄應、慧琳《音義》引同，云『經文作漫……非經義也』。

〔一〇五〕經本相應位置未見『不及』二字連文者。

〔一〇六〕三沾，『沾』通『點』，經本正作『三點』。

〔一〇七〕椎，經本作『搥』，後起通用字。

〔一〇八〕『迸』字底卷同字自注，疑有誤；慧琳《音義》『迸』字北孟反。

〔一〇九〕婬女，經本作『婬女』；根據『五行反』的讀音，『婬』當作『娙』字。但就字形而言，亦可能爲『娙』字俗書。

參看上文校記〔二四〕。

〔二〇〕 穭，經本同，玄應、慧琳《音義》作「穭」，「穭」爲正字。

〔二一〕 衣須弥者，「衣」字經本作「依」，云「若有菩薩摩訶薩住大涅槃……其諸衆生依須弥者亦不迫迮」，似以「依」字義長。

〔二二〕 貫一束，經本有「斷取十方三千大千諸佛世界置於針鋒，如貫棗葉，擲著他方異佛世界」語，應即上揭三字所出，「一束」二字疑爲「棗」之誤分。

〔二三〕 骨體，經本有「如來身者，即是法身，非是肉血筋脉骨髓之所成立」語，即此詞所出，抄者以爲作「骨體」是，而以作「骨髓」者誤。又上條「瑠」字經本在「骨髓」之後，底卷次序有誤。

〔二四〕 王，經本有「相師占我，若不出家，當爲轉輪聖王，王閻浮提」語，其中後一「王」字爲動詞，即底卷「王」字所出。

〔二五〕 木鏘，北六三〇五號（夜六一）經本同，《麗藏》本及玄應、慧琳《音義》引作「木槍」，玄應、慧琳皆云經文有作「鏘」者，非經義。

〔二六〕 嗌，《麗藏》本相應位置未見，而有「洗面漱口嚼楊枝」句，「嗌」應即「嚼」字異文，北六三〇九號（文四九）、北六三一四號（來一九）經本正作「嗌」。

〔二七〕 「負」字《説文》從人守貝，作「貟」作「負」爲隸變之異。

〔二八〕 經本相應位置「長者」多見，而未見作「長者者」者。

〔二九〕 惱，斯一九六六、五三八四號經本及《麗藏》本有「大王何故悲苦懊惱」句，其中的「惱」字北六三一六號（宿三一）經本作「惚」，「惱」、「惚」皆爲「惱」的俗字。

〔三〇〕 捲縮，經本及玄應、慧琳《音義》作「卷縮」，「捲」「卷」古通用。

〔三一〕 創尤，斯一六一八、五三八四號經本及《麗藏》本、彗琳音義引作「瘡疣」，係後起本字；北六三一二八號

（宿三一）經本作『創疣』。

〔一二二〕揤之，『之』當作『以』，北六三一六號、斯一六一八號經本有『爲拔毒箭，揤以妙藥』句，『揤』通『傅』，斯五三八四號經本、《麗藏》本及玄應、慧琳《音義》引正作『傅』。慧琳《音義》云：『傅，音浮務反，附也，塗藥也。經文多作揤字，芳甫反，拍也，非此義也。』玄應《音義》説略同。

〔一二三〕嘶，北六三一六號經本有『譬如瓦鉼破而聲嘶』句，即此字所出，『嘶』通『㸷』，斯一九六六號經本正作『㸷』，玄應、慧琳《音義》云『㸷』字經文作『嘶』，誤也。

〔一二四〕蜱麻，北六三一六號經本有『如蜱麻子盛熱之時置之日暴』句，其中的『蜱麻』斯一九六六號經本作『蓖麻』，玄應《音義》云『蜱』字宜作『蓖』。

〔一二五〕虫，《説文》指蛇虺，乃『虺』字初文；但經文云：『譬如牆壁，未被塗治，蚊虻在上止住遊戲；若以塗治，彩畫雕飾，虫聞彩香，即便不住。』推詳經意，其中的『虫』係指蚊虻之屬，乃『蟲』的簡俗字，底卷切作『許穢反』，蓋以爲同『虺』（『虺』字《廣韻》音許偉切，尾韻止攝，『穢』字《廣韻》音於廢切，廢韻蟹攝，唐五代西北方音止攝、蟹攝讀音相近），似屬不妥。

〔一二六〕據注文，『閫』上應脱一字，經本云『譬如門閫，風不能動』，應即底卷所出，則所脱應爲『門』字。

〔一二七〕『侵嬈』以下四條所在語段《麗藏》本在卷六，玄應、慧琳《音義》引亦俱列在第六卷下；北六三一六號經本則在卷五，與本卷合。

〔一二八〕注文『怒』下底卷衍『反』字，兹删去。《廣韻·薛韻》芳滅切：『憋，怒也。』又『姤憋』經本及玄應《音義》引作『姤憋』，『姤』『姤』皆爲『妒』的訛俗字，慧琳《音義》引正作『妒憋』，云『妒』字『從户』。

〔一二九〕鐴郄，『郄』爲『郤』的俗字，『郤』通『隙』；經本及玄應《音義》引作『鐴隟』，『隟』即『隙』的俗字。慧琳《音義》出『鐴隙』條，云『作隙者正體字也，有作郄（玄應作「郤」），地名，非也』。

〔一三〇〕注文『稗』疑當作『粺』，『稗』『粺』爲同音字。

〔一三一〕治化，底卷「治」字缺末筆，當是所據經本避唐諱留下的痕迹，「治」字與注文「值」字《廣韻·志韻》皆有直吏切一讀，爲同音字；其又音「里」者，蓋異本「治」有避唐諱作「理」者，故直音「里」，而非「治」字又有「里」音也。參看上文校記〔七三〕。

〔一三二〕「嘖」字經本相應位置未見，而有「諸婆羅門聞是事已，皆生瞋恚，責此童子」句，「嘖」應即「責」的借字。

〔一三三〕惺，經本及慧琳《音義》引皆作「醒」，二字音近義通。

〔一三四〕「擯」字經本同，爲「擯」字俗寫；注文「擯」字與標目字同形，疑當作「儐」或「殯」之屬。

〔一三五〕堤，經本及慧琳《音義》引同，玄應《音義》引作「隄」，爲其正字。又注文「氐」底卷作「互」形，俗寫；「堤（隄）」字玄應、慧琳並音都奚反，「氐」字《廣韻·齊韻》亦有都奚切一讀，爲同音字。

〔一三六〕裁有，經本作「纔有」，玄應、慧琳《音義》出「裁有」條，慧琳云：「諸書裁、纔並用，無定體也。」

〔一三七〕「鍑」字以下四條所在語段《麗藏》本在卷七，玄應、慧琳《音義》亦俱列在第七卷下；斯二三九三、二八六四號、北六三三二號（寒七〇）經本則在卷六，與本卷合。

〔一三八〕狩，斯二三九三號經本有「牛羊象馬驢騾鷄猪猫狗等狩」句，應即此字所出；「狩」通「獸」，《麗藏》本等經文正作「獸」。

〔一三九〕舂，注文音五龍反，「五」字誤，《廣韻》「舂」音書容切，與「五」字紐異。

〔一四〇〕內，「夾」字異寫，後起字作「閙」或「鬧」。《麗藏》本有「愛樂憒閙」句，玄應《音義》作「憒內」，慧琳《音義》作「憒夾」，慧琳云：「其字市下書人作夾，會意字也。經文多作閙，俗字也，門中作市，不是會意字。」

〔一四一〕「來遥反」與「翹」字的聲紐不合，「來」疑爲「渠」字之訛。

〔一四二〕棱伽，慧琳《音義》引同，經本作「楞伽」，「楞」爲會意俗字。

〔一四三〕芸，經本有「我今雇汝，汝可爲我芸除草穢」語，「芸」通作「耘」。

〔一四四〕稗莠，經本相應位置未見，上文「憒內」「齊限」間經本有「譬如稗莠，悉滅無餘」句，應即此詞所出，「莠」爲

「莠」的俗字。

〔一四五〕「我」下底卷殘泐，按標目字字體大小，約缺五字。

〔一四六〕拘癖，斯六七號、北六三二六號（張五八）、六三二七號（露三〇）經本有「拘癖能行」句，「癖」當讀作「躄」，斯六五七三號經本及慧琳《音義》引正作「躄」。慧琳《音義》云「躄」字「卑益反，《説文》：不能行也」。

〔一四七〕「摸」爲「撲」字之訛，經本有「與餘力士較力相撲」句，正作「撲」字；慧琳《音義》作「相撲」（「撲」爲「撲」的繁化俗字），「撲」音蒲角反，與底卷直音字「雹」讀合相同。

〔一四八〕抵觕，經本作「抵觸」，「觕」與注文「犨」皆即「觸」的會意俗字。

〔一四九〕體血，經本作「膿血」，「膿」字義長。又本行以下五行，底卷下部殘泐約五至八字左右（均按標目字字體大小計算，下同）。「血」下底卷約缺五字。

〔一五〇〕钁斲，北六三二六號經本作「钁斲」，「斲」「斲」皆爲「斲」的俗字，「斲」字《廣韻·覺韻》音竹角切，與「卓」字同音。又注文「獲」當爲「玃」字形訛，「钁」「玃」《廣韻·藥韻》同音居縛切。

〔一五一〕梯橙，斯六七號、北六三二六、六三二七號經本卷七有「如彼梯橙」句，「橙」同「隥」；《麗藏》本此詞所屬經文在第八卷。

〔一五二〕金捭，當作「金椑」，通「金篦」，北六三三一號（海七）、斯一三〇、八八三號經本作「金椑」，《麗藏》本及玄應《音義》引作「金錍」，慧琳《音義》引作「金篦」，慧琳云：「篦，閉迷反，按荀楷《詰幼文》，字宜作篦，相承且用也。經文有作錍……作椑，非也。」

〔一五三〕「舶」字底卷殘存左上部，經本有「遠望大舶」句，玄應、慧琳《音義》亦出「大舶」條，兹據殘筆定作「舶」字；其下底卷殘泐約七八字。

〔一五四〕「憶」字經本作「億」。

〔一五五〕野，北六三三〇號（收八三）經本作「𨤲」，北六三三一號作「黔」，北六三三三號（爲五三）作「黔」，《麗藏》

本作『嘢』，蓋皆一字異寫，底卷『野』應爲『墅』字俗訛。

〔一五六〕底卷本行『烏』字之下殘泐約七八字，下行以後六行上部殘泐約六至十二字左右，『遮』字之上底卷殘泐約六七字，其中『遮』上一字尚存右半，似爲注文『音』字。據玄應《音義》，『遮』上的應爲『迦呿伽咺俄（已上舌根音）』等字。

〔一五七〕『齒音』玄應《音義》作『舌齒聲』。

〔一五八〕『遮車闍膳若』條下底卷有殘泐，與下文有拼接的痕迹，據《寶藏》等印本，該條下殘缺約三字後爲『姝』字，但『遮車闍膳若』條玄應《音義》列在經本第八卷下，而『姝』字所在的『姝大』條列在第十卷下，中間缺第九卷，疑底卷殘斷後後人誤把第十卷的內容直接與第八卷拼接，造成現在的樣子。今據經本內容以『姝』字另行，定作第十卷。參下條。

〔一五九〕『第十』二字據內容擬補。

〔一六〇〕『姝』字左下部略有殘泐，經本卷一〇有『體貌瓌異姝大』句，玄應、慧琳《音義》皆出『姝大』一條，應即『姝』字所出。又『姝』字底卷原接在『遮車闍膳若』條下（中隔約三字），應屬後人拼接之誤，茲另行，其上應殘缺十八字左右（包括『第十』二字）。『姝』字所在一行『姝』下殘泐約四五字，下行『惣』上殘泐約十二字。參上條。又『惣』字上部底卷字形不甚明晰，似在『物』『物』之間，茲姑定作『惣』字，『惣』同『總』，疑爲『綜』的直音字（斯三八八號《正名要録》以『總』爲『綜』的『古而典者』），玄應、慧琳《音義》『姝大』後皆出『綜習』一條，可證。底卷下文第三十八卷下出『不綜』條，『綜』字注直音『惣』，後者同『惣』，亦其證。

〔一六一〕刾刾，『刺刺』的俗寫，慧琳《音義》出『刺刺』條，云：『上雌自反……刀劍矛矟傷人者爲刺，古文作朿字……下清亦反，《廣雅》以刃撞也。』又此條下底卷殘泐約五字位置，除『反』字外，底卷似原爲空白未書。

〔一六二〕『第十一』三字據內容擬補。此下至『旋嵐』條皆出於經本卷十一。

〔一六三〕『下歷』二字上部底卷殘泐大半行（包括『第十一』三字約十二字）。經本卷一一有『小便淋瀝』句，玄應、慧琳《音義》則皆出『痳瀝』條，底卷『下歷』二字所注應即『瀝』字。

〔一六四〕魆，斯二七九九、三三一六號、北六三四六號（珠五五）經本有『鬼魆所著』句，即此字所出，『魆』蓋『魅』的古異體字『鬽』的訛變形（《龍龕·鬼部》以『魆』爲『古』字），《金藏》廣勝寺本正作『魅』。

〔一六五〕欠呿，經本同，玄應、慧琳《音義》作『欠㰦』，『㰦』爲正字。

〔一六六〕『刻剥』條上底卷殘泐大半行（約十一字）。

〔一六七〕『㸦』、『彑』皆爲『互』的俗字，經本有『彑相殘害』句，即此字所出。

〔一六八〕『騏驎』條上底卷殘泐大半行（約十一字）。

〔一六九〕騏驎，經本同，玄應、慧琳《音義》引作『麒麟』，云經文作『騏驎』，非經義。

〔一七〇〕豚，《金藏》廣勝寺本卷一一經文有『牛羊鷄犬猪豕之屬』句，又有『猫狸猪豕』句，其中的『豕』字斯二五一四號經本皆作『豚』，與本卷合。

〔一七一〕『簀』條上部底卷殘泐約六字。

〔一七二〕『簿』字慧琳《音義》引作『簙』，兹據校正；經本及玄應《音義》引作『博』，借字。又『拍毱』，『毱』字玄應、慧琳《音義》分別音居六反、巨六反，唐代俗音有讀作『求』者，故字亦或寫作『毬』。

〔一七三〕㓡，即『制』的俗字，經本有『堅持如是遮制之戒』、『諸佛所制禁戒』等句，皆作正字『制』。參看上文校記〔八五〕。

〔一七四〕『秕』爲『䄻』字俗寫，卷中應爲『桃』字訛寫；注文缺字存左上部，左側似作提手旁。

〔一七五〕底卷上一缺字左側存提手旁，下一缺字左側似作『歹』。

〔一七六〕『折』卷中爲『析』的訛俗字，北六三四六號經本有『得清浄戒、不缺戒、不析戒』句，其中的『析』爲『析』的俗字，即此字所出。

〔一七七〕旋嵐，斯二五一四號及《金藏》廣勝寺本經文作『旋藍』，資福藏等本作『旋嵐』，『藍』爲同音借字。慧琳《音義》卷三五《一字頂輪王經》第一卷音義：『旋嵐（泉按：據下注文，當作『旋藍』），下音嵐，旋藍者，大猛風也。」可參。

〔一七八〕抓，即「爪」字，經本有「唯有髮毛爪齒不浄」句，正作「爪」字。

〔一七九〕膶，「胃」的俗字，經本有「肝膽腸膶」句，即此字所出。

〔一八〇〕膞骨，經本有「依因踝骨以拄膞骨」句，玄應、慧琳《音義》引均作「腨骨」，云「腨」字或作「蹲」，同。按，「膞」「蹲」經中皆爲「腨」的後起異體字。

〔一八一〕駐，斯四七八、五六一號經本有「依因足跟以駐踝骨」等句，「駐」當據玄應、慧琳《音義》引讀作「柱」；《金藏》廣勝寺本作「拄」，音義同。

〔一八二〕髖，經本作「臗」，玄應、慧琳《音義》引作「髖骨」，云「髖」字或作「臗」，同。

〔一八三〕視眴，經本作「視瞬」，玄應、慧琳《音義》引作「視瞚」，云「瞚」字《列子》作「瞬」，《通俗文》作「眴」，並同。

〔一八四〕鞭靼，斯六九三號經本有「撾打楚靼」句，「靼」應即「靻」字俗訛，「靻」當讀作「撻」，斯四四二六、六五五三號經本及《金藏》廣勝寺本正作「撻」；「鞭」「楚」則應爲傳抄之異。

〔一八五〕「歐」字經本相應位置未見。

〔一八六〕逼迮，經本相應位置未見，而有「苦者逼迫相」句，「逼迮」疑即「逼迫」異文。

〔一八七〕瓀，北六三五二號（水一）經本有「是女端正，顔貌瓀麗」句，即此字所出；「瓀」乃「瓌」的俗字，《金藏》廣勝寺本等正作「瓌」。

〔一八八〕皴，北六三五二號及斯五六一號等經本有「皮膚皴裂」句，「皴」爲「皴」的偏旁易位字，《金藏》廣勝寺本等正作「皴」。

〔一八九〕「秏」爲「耗」字抄訛，經本有「我所行處，能令其家所有財寶一切衰耗」句，即此字所出。

〔一九〇〕慹，「赧」的俗字，經本有「童子聞已赧然」句，即此字所出。

〔一九一〕瘻，《金藏》廣勝寺本經文有「能作背膢，懈怠懶惰」句，《中華大藏經》校記云「膢」字資福藏等六本作

「僂」，玄應、慧琳《音義》皆出「背僂」條，云經文有作「瘻」，音陋，痔病，非經義。按：上揭「瘻」或「膢」實皆爲「僂」的换旁俗字。

〔一九二〕「堕」爲「墮」字俗寫，標目字「堕（墮）」疑當據經本作「憧」，「憧」爲「墮」的俗字，故注文音「墮」字以正之。

〔一九三〕蚤，經本有「蟻王蚉王」等詞，「蚤」、「蚉」皆爲「蠡」的俗字，「蠡」「螺」古通用；玄應、慧琳音義引並作「螺王」，云經文借音作「蚤」，非也。

〔一九四〕「滿足」二字當互乙，注文「上即具反」爲「足」字的切音，可證；又經本有「足滿十月，疱即開剖」句，正作「足滿」。

〔一九五〕毦，「髦」的簡省字，經本及玄應、慧琳《音義》引皆作「髦」。

〔一九六〕喆，經本作「哲」，與注文「悊」皆爲古異體字。

〔一九七〕澈，同「徹」，經本有「報得眼根力能徹見一切地中所有伏藏」句，即此字所出。

〔一九八〕托，「撓」的俗字，斯六九三、一二一八、四八六九號經本有「即以两手托大海水」句，斯四七八、五六一號經本及玄應、慧琳《音義》引皆作「撓」，玄應《音義》云「撓」字「許高反，《説文》：撓，擾也。經文作托，俗字也」。

〔一九九〕躭愐，斯四七八、五六一號經本及《麗藏》本同，資福藏等本作「躭湎」，皆在第十二卷末；斯一九三、二一一五二號經本作「躭湎」，玄應《音義》引作「耽湎」，慧琳《音義》作「躭緬」，皆在第十三卷之首，與本卷合；「躭」爲「耽」的俗字，「愐」「緬」則皆爲「湎」的假借字。

〔二〇〇〕五如婬女，經本作「五如婬女」。據切音，「婬」當是「娙」字俗寫。「娙」字從「巠」得聲，「巠」《説文》從一從川，壬省聲，古文不省聲作「𢀛」，後一字體往往寫作「坙」形，與本從爪、壬的「㸒」相亂，故「娙」字俗書與「婬」字相混無別。但經文稱此「婬女」與人「交通」，巧作種種諂媚，騙人錢財，似仍以作「婬」字爲切當。參看上文校記〔二四〕。

〔三〇一〕瘜害，「害」本爲「害」的常見俗字，但卷中則爲「肉」俗體「宍」的訛變字；經本有「七如瘡中息肉」句，玄應《音義》引作「瘜肉」，慧琳《音義》作「瘜宍」，「息」通「瘜」。

〔三〇二〕虫疽，經本同，玄應《音義》作「蟲胆」，「虫」爲「蟲」的俗字，「疽」則當讀作「胆」。

〔三〇三〕夷岳，經本有「譬如暴風，能偃山移岳」句，據底卷，則「移」當作「夷」。

〔三〇四〕驧，即「驃」的繁化俗字，經本有「陁羅驃」之稱，正作「驃」字。

〔三〇五〕尸酋，經本作「尸首」，「酋」爲《説文》古文「首」字。

〔三〇六〕「咲」「唳」皆爲「喉」（亦作「㗋」）字俗寫。經本有「咽喉舌齒」云云，即此字所出。

〔三〇七〕因腔，「腔」爲「腔」的訛字，經本有「譬如因鼓因空因皮因人因桴和合出聲」句，疑即上詞所出，「因空」當據本卷校作「因腔」，「腔」指鼓體。

〔三〇八〕「盱」爲「眄」的俗字，玄應、慧琳《音義》皆出「顧眄」條，玄應「眄」音忙見反，并引《説文》：邪視也。《金藏》廣勝寺本作「顧盻」，誤。

〔三〇九〕蘁蘁，字書未見，應即「惺悟」的繁化俗字，經本作「覺寤」，義同。

〔三一〇〕薄祜，《金藏》廣勝寺本有「自我薄福，唯食此食」句，《中華大藏經》校記云「福」字《資福藏》、《普寧藏》作「祐」，按北六三七七號（宿五一）、六三七九號（巨十）經本亦作「祐」字，「祐」實爲「祜」字俗訛，玄應《音義》出「薄祜」條，云「祜」字「胡古反，《爾雅》云：祜，福也。天之福也。又文云：祜，厚也。謂福厚也」。與本卷形音皆合。慧琳《音義》出「薄祐」條，云「祐」字「尤救反，《爾雅》：祐，福也」。考《爾雅》有「祜，福也」、「祜，厚也」之訓，而未見釋「祐」爲「福」或「厚」者，慧琳所出「祐」實亦即「祜」字之訛，而「尤救反」一讀乃傳抄者（或傳刻者）不明標目字「祐」爲「祜」字之誤而妄改也。

〔三一一〕壞，經本相應位置未見，而有「有王名曰蠰佉」句，玄應、慧琳《音義》出「儴佉」條，玄應云「儴」字爾羊反，又霜、傷二音，梵言餉佉，或言霜佉，此譯云貝。「壞」「儴」「蠰」蓋皆梵語音譯之異。

〔三二二〕脯，「哺」字之誤，經本有「如佛哺時入於禪定」句，應即此字所出。

〔三二三〕罷，同「羆」，經本有「我於過去作鹿作羆作麞作兔」句，應即此字所出。

〔三二四〕任脩，經本有「任修寂静」、「任修精進」等句，應即此詞所出，「脩」通「修」。

〔三二五〕悷，經本有「若有衆生性悷」句，玄應、慧琳《音義》引皆作「戾」，引《字林》力計反，乖戾也，「悷」當讀作「戾」。

〔三二六〕菀豆，北六三八六號（歲五八）經本作「宛豆」，北六三八五號（鱗一八）經本作「豌豆」，玄應、慧琳《音義》並出「豌豆」條，云「豌」字經文作「宛」，又作「豋」。按：「菀」、「宛」、「豋」皆借音字。

〔三二七〕堅靳，「靳」字《廣韻・焮韻》音居焮切，與注文「居欣反」僅聲調有别；但此詞經本未見，而有「煩惱堅硬」句，疑「靳」實爲「硬」字異體「鞕」字之訛（北六三八五、六三八六號經本即作「堅鞕」），「堅鞕」同義連文，佛典習見，「鞕」字《龍龕》音五孟反。

〔三二八〕以字形而言，「鋘」和注文的「侇」應分别爲「鏃」「俟」的俗寫，但經本未見「其鏃」二字，而有「其鏃鐵者何冶所出」句，玄應、慧琳《音義》亦俱出「其鏃」條，「鏃」字音子木反，與「族」音略同，據此，上揭「鋘」、「侇」疑分别爲「鏃」、「族」的訛字。

〔三二九〕何冶，經本同（見上條引），注文「冶」與標目字同形，疑誤。

〔三三〇〕鬍，「鬘」的俗字，《龍龕・長部》載「鬘」俗字有「鬍」、「鬍」二形，可以比勘；經本有「妙鬘擊其首頂」句，即此字所出。

〔三三一〕寤寤，本爲「寣寤」的俗寫（注文「忽」即「寣」字的直音），但卷中應校讀作「覺悟」。北六三八五號經本有「雖常悎悟，亦无悎悟」句，其中的「悎悟」當讀作「覺悟」（「悎」「覺」《集韻・效韻》皆有居效切一讀），北六三八六號經本及慧琳《音義》引正作「覺悟」；「覺悟」玄應《音義》引又作「覺寤」，玄應云「覺」字經文作「悎」，上揭「寤」應即「悎」字俗訛，蓋「悎」涉「寤」字增旁類化作「寤」，「寤」又訛寫作「寤」。「寤」「悟」古通用。

〔三二二〕杌，經本有『夜行見杌，亦生怖畏』句，即此字所出。又此下二字所在語段《金藏》廣勝寺本等在第十六卷；但北六三八五、六三八六、六三八七（河四）號經本俱在第十五卷，與本卷合。

〔三二三〕此下三行底卷下部殘泐約五六字。『踰』下所缺字數不詳（此字離行末約五、六字，缺字最多不超過此數）。又『蹹』字經本相應位置未見，應爲『蹹』字抄訛，經本有『其象尒時蹹殺無量百千衆生』句，即此字所出。

〔三二四〕嗚咂，經本有『前抱我身，嗚唼我口』句，慧琳《音義》出『嗚咂』條，云『咂音子合反……經文多錯作唼字，音所押反，非也』。

〔三二五〕臛，經本有『割其脞肉，切以爲臛』句，玄應、慧琳《音義》『臛』字皆音呼各反，引《楚辭》王逸注曰『有菜曰羹，無菜曰臛』。按此字乃『脽』的俗字。

〔三二六〕『號』下底卷殘泐五、六字，經本有『啼哭嘷咷』句，《中華大藏經》校記云『嘷』字諸本作『號』，應即此字所出。

〔三二七〕蚉嗺，經本有『假使蚊嗺能盡海底』句，玄應、慧琳《音義》皆出『蚉柴』條，云『柴』字又作『𠯗』、『觜』，同，子累反；經文作『嚾』（慧琳作『嗺』），同『吮』，非經義。按上揭『嗺（嚾）』即『柴（觜）』的俗字，與同『吮』的『嚾』同形異字。又『蚉』即『蚊』的偏旁易位字。

〔三二八〕潄治，經本有『譬如真金，數數燒打融消鍊治』句，『潄』同『鍊』。

〔三二九〕賈，經本有『其價難量』句，斯三八八五號經本作『其賈難量』，『賈』『價』古今字。

〔三三〇〕『編椽』下底卷殘泐，所缺應爲該二字的切音和『衣麁麻衣』四字。參下條。

〔三三一〕『衣麁麻衣』四字據注文直音及經文擬補，上一『衣』字爲動詞，與『意』音近；下一『衣』字是名詞，與『依』音同。

〔二三二〕穟褐，斯三八八五號等經本同，《資福藏》及玄應、慧琳《音義》引「褐」作「毼」，二字音同義通。

〔二三三〕注文「禹」當讀作「偶」，「耦」「偶」同音。

〔二三四〕先祝，斯三八八五號經本有「以羊祠時，先祝後煞」句，即上揭二字所本；「祝」字斯四八六一號等本作「呪」，義同。

〔二三五〕「腐」下注文缺字底卷存殘畫，《廣韻·麌韻》「腐」字音扶雨切。

〔二三六〕「𡨄」爲「寂」的常見俗字，此亦爲以俗字爲正字注音之例。

〔二三七〕詎，經本有「詎有幾人能了是義」句，應即此字所本。注文「宣也」應爲「豈也」之訛。《廣韻·語韻》其呂切：「詎，豈也。」

〔二三八〕誂戲，斯一八三二號經本有「若我弟子受持讀誦書寫演説涅槃經者，當正身心，慎无恌戲輕躁」句，其中的「恌戲」北六三九六號（生三）經本作「桃（挑）戲」，北六三九二號（鹹九二）經本作「調戲」，慧琳《音義》引作「掉戲」，其中「掉」應爲假借字，而「誂」、「恌」、「挑」、「調」義皆可通。

〔二三九〕聲聋，「聋」即「聞」的古異體字。

〔二四〇〕盲寘，「寘」和注文中的「寘」皆爲「冥」的俗字，經本有「復爲衆生破除盲冥」句，即上揭二字所出。

〔二四一〕「靳」字經本相應位置未見，而有「無堅硬心」句，「靳」疑爲「硬」字異體「鞕」的訛字（北六三九七、六三九八、六三九九號經本即作「鞕」字）。參看上文校記〔二一七〕。

〔二四二〕蹬陟，北六三九八號（巨一四）經本有「乘馬乘象蹬涉（陟）高山」句，北六三九七號（霜六一）經本作「登涉（陟）」，「蹬」即「登」的增旁俗字。

〔二四三〕堀子，「堀」和注文中的「坘」皆爲「坻」的俗字，北六四〇四號（薑六八）經本有「今有大師名删闍邪毗羅㾍子」句，其中的「㾍」亦爲「坻」的俗字，即此字所出；「坻」字《廣韻·脂韻》有直尼切一讀，與「遲」字同音。玄應義引作「胝子」，音同。

〔三四四〕鼿，北六四〇三號（露九七）、六四〇四號等經本有『如秋鼿樹，春則還生』句，即此字所出；『鼿』乃『髡』的俗字，《金藏》廣勝寺本及玄應、慧琳《音義》引正作『髡』字。

〔三四五〕攢，北六四〇四號經本有『寧於一日受三百攢，不於父母生一念惡』句，即此字所出；『攢』通『鑽』或『穳』，北六四〇三號等經本正作『鑽』字。

〔三四六〕泥，《廣韻·霽韻》音奴計切，注文『所戾反』的切音不合，疑爲『奴計反』抄訛。

〔三四七〕摾，北六四〇三號經本有『如鹿在㩕（摾）、初无歡心』句，《金藏》廣勝寺本作『橿』，皆爲『弶』的俗字，斯二五九一號經本及玄應、慧琳《音義》引正作『弶』，玄應云『經文作摾，俗字』。

〔三四八〕匿，經本有『有長者子名阿逸多，婬匿其母』句，應即此字所出，此『匿』用同『慝』，玄應、慧琳《音義》引即作『慝』，玄應音他勒反，慧琳音他則反；本卷注『女力切』，似不妥。

〔三四九〕華萎，北六四〇三號等經本同，《金藏》廣勝寺等本作『花萎』，『華』『花』古今字。

〔三五〇〕不苞，北六四〇三號等經本有『正法弘廣，无所不苞』句，『苞』通『包』。

〔三五一〕泮合，北六四〇四號經本有『不但獨爲有智男子而演説法，亦爲極愚泮合智者女人説法』句，玄應、慧琳《音義》俱出『判合』條，云『判』字經文有作『泮』，『泮』字非經義。

〔三五二〕解甲冑，經本有『魔王欣慶，解釋甲冑』句，即此三字所出；據注文，疑底卷『解』字爲衍文當删，注文『上假』是『甲』字的直音，但『甲』『假』同紐異韻。

〔三五三〕熬，北六四〇三、六四〇四號等經本有『若魚在熬，脂膏焦燃』句，『熬』當讀作『鏊』，《金藏》廣勝寺本及慧琳《音義》引正作『鏊』字。

〔三五四〕丞，北六四〇四號等經本有『創（瘡）烝毒熱』句，『丞』當讀作『烝』，『烝』同『蒸』。

〔三五五〕漯，北六四一〇號（雲一七）經本有『金星、昴星、閻羅王星、漯星、滿星』等名，『漯』同『濕』，北六四〇七號（雨九七）等經本正作『濕星』。

〔二五六〕擁鬲，經本有『大小便利，擁隔不通』句，即此詞所出，『鬲』當讀作『隔』。

〔二五七〕懅，北六四〇七號經本有『吾今懅務，明當更來』句，應即此字所出；『懅』字《金藏》廣勝寺本作『遽』，《麗藏》本作『劇』，此當以作『劇』義長。

〔二五八〕失有，經本有『大王云何言無夫有罪者則有罪報，無惡業者則無罪報』句，當即上揭二字所出，據底卷，『夫』字宜當作『失』，其下用問號。

〔二五九〕薄蝕，經本有『日月博蝕』句，應即此詞所本，『博』當讀作『薄』。底卷注音字『薄』與標目字同形，當有一誤。

〔二六〇〕窈，斯一八二八號等經本有『悉能照了諸山窈闇』句，其中的『窈』字北六四一五號（珠九）等經本作『幽』，義同。

〔二六一〕梯梐，北六四一五號等經本有『（其河）底布金沙，有四梯梐』句，應即此詞所出，『梐』當讀作『陛』。又『梯』字注文音『陽奚文』，紐異，疑爲『湯奚反』之誤。參看上文校記〔四五〕。

〔二六二〕塠阜，經本有『其土多有山陵堆阜』句，即此詞所出，『塠』爲『堆』的俗字。

〔二六三〕『鉃』本應爲『鏃』的俗字，卷中則應係『鏃』的訛俗字，經本有『汝今所有疑網毒鏃，我爲大醫能善拔出』句，即此字所出。參看上文校記〔二八〕。

〔二六四〕『若循』二字經本相應位置未見。

〔二六五〕佷戾，經本有『譬如惡馬，其性佷悷』句，應即此詞所出，『佷』同『很』（今字作『狠』），『悷』當據底卷校讀作『戾』，『戾』字《廣韻・屑韻》有練結切一讀，與『列』字音近。

〔二六六〕如炭匧毒虵，斯二六二、二一三一、三五二七號、北六四二一號（夜三六）及《金藏》廣勝寺本經文作『如炭毒虵』，斯一二二、二一五三、三三〇四號及《麗藏》本經文作『如篋毒虵』，底卷『炭』『匧（後起字作『篋』）』二字應有一字爲旁記異文而闌入，據文義，『匧（篋）』字近是。

〔二六七〕摶此，經本未見，而有『揣此大地猶如棗等，易可窮極』句，應即上揭二字所出，『揣』當據底卷校讀作『摶』，捏聚義；斯二一三一、三五二七號經本『揣此』作『丸此』，『丸』指揉物成丸形，與『摶』義近，可參。

〔二六八〕皃具，『皃』通常爲『皃（貌）』字俗寫，但『完』字俗書與容貌的『皃』同形，故『完』字亦有進而訛寫作『皃』形的，上揭『皃』即『完』的俗寫，經本有『（其身）具足完具』句，正作『完』字。

〔二六九〕爲蘇麨墮，經本有『如人病瘡，爲蘇麨塗，以衣裹之。爲出膿血，蘇麨塗拊（引者按：『拊』字斯二一五三號寫卷作『傅』，義長）；爲瘡愈故，以藥坌之』等句，據經文，『墮』以作『塗』字爲長（下文『塗傅』爲近義連文，『塗』猶『傅』也）。

〔二七〇〕⿰亻叕，『綴』的俗字，經本有『三覺者即是三縛，連綴衆生無邊生死』句，即此字所出。

〔二七一〕飤，經本有『令人瞻養餧飼』句，玄應、慧琳《音義》皆出『餧飤』條，云經文『飤』有作『飼』，俗字也。

〔二七二〕君渡此河，經本云：『（有人逃命，路遇一河擋道，自思云）我設住此，當爲毒蛇……及六大賊之所危害。若渡此河，筏不可依，當没水死。寧没水死，終不爲彼蛇賊所害。』即上揭四字所出，據經意，當以作『若渡此河』爲是。

〔二七三〕手抱，經本有『即推草筏置之水中，身猗其上，手抱足蹋，截河而渡』等句，即上揭二字所出，注文『棓』當是『掊』的訛字。玄應《音義》出『手抱』條，云『抱』字《説文》作『捊』，或作抱，同，步交反，捊，引取；《通俗文》作『棓（掊）』，蒲交反，手把曰棓（掊）也。

〔二七四〕歔，斯一一六、二一一四八號經本有『是四毒蛇，常伺人便，何時當視，何時當觸，何時當歔，何時當齧』等句，『歔』字或本作『噓』，又或作『嗽』，音義皆同。

〔二七五〕駚，斯二五五九號、北六四二四號（闕七七）、六四二五號（結五二）等經本有『如彼駚河，能漂香象。煩惱駚河亦復如是，能漂緣覺』等語，其中的『駚』字斯一一六、二一一四八號等本作『駛』，玄應、慧琳《音義》皆出『駛河』條，云『駛』字從史，山吏反（慧琳史吏反），疾也；經文從夬作駚，古穴反，駃騠，駿馬也，『駚』非經義。按：『駃』字古亦有快疾之義，於義亦通。

〔三七六〕人根，經本有『是六塵賊亦復如是，若入人根，則能劫奪一切善法』句，但語序在上條校記所引『駃河』句前，存疑。

〔三七七〕伽伽，經本有『如因聲故，名爲迦迦羅，名究究羅，咀咀羅』句，應即此二字所出，『伽伽』『迦迦』爲梵語音譯之異。

〔三七八〕低羅，經本有『坘（坻）羅婆夷名爲食油』句，應即此二字所出，『低』『坻』爲梵語音譯之異。

〔三七九〕烇燎，斯二二七四號經本有『所謂日月、星宿、烇燎、燈燭、珠火之明』句，『烇』字北六四三三號（來七八）經本及《中華大藏經》影印《金藏》廣勝寺本同，《磧砂藏》等本作『庭』，『烇』即『庭燎』之『庭』的俗字。

〔三八〇〕陿小，經本有『不作狹小』句，應即此二字所出，『陿』『狹』古異體字。

〔三八一〕『鵄』『曜』音義均所不同，『曜』疑爲『雞』的訛字，『鵄』『雞』與下條『豬』『猪』皆爲異體字相注之例。

〔三八二〕虱，亦作『虱』，皆爲『蝨』的簡俗字。

〔三八三〕平賈，斯四七六四號、北六四四六號（往二〇）經本有『譬如金剛，一切世人不能評賈』句，即此詞所出，『平』當讀作『評』，『賈』則同『價』，北六四二八號（巨九七）經本即作『評價』。

〔三八四〕『退』『退』正俗字，經本有『不退不没』等語，用唐代通行俗字『退』字。

〔三八五〕蹋，應爲『蹹』字俗訛，經本有『阿那婆蹹多池水』名，即此字所出，『蹹』爲『踏』字異體。

〔三八六〕婬女，經本有『若遇淫女，慎莫親愛』語，即此二字所出，據字形及字音而言，『婬』當爲『婬』的俗字；但經本作『淫』，於義較長。參看上文校記〔三四〕。

〔三八七〕悒遅，斯五二七九號、《金藏》廣勝寺本等經文有『汝今莫生悒遅之想』句，斯四七五五、二一九八號經本『悒遅』作『邑遅』，北六四二六號（日三九）、六四二七號（結二七）經本全句作『汝莫邑遅』。

〔三八八〕橛，北六四四七號（陽六二）經本卷二六有『譬如有人安撅（橛）於空，終不得住』句，即此字所出。又該段敦煌寫本及《金藏》廣勝寺本亦有列在第二十五卷的，與底卷不同。

〔三八九〕 穃，斯五二九八號經本卷二六有『純以穃膠置之案上』、『穃膠者喻貪欲結』等句，其中的『穃』字北六四四七號（陽六二）經本作『穃』，《金藏》廣勝寺本等作『黐』，『穃』、『穃』、『穃』皆爲『黐』的俗字。玄應《音義》於《大般涅槃經》第二十六卷下出『黐膠』二字，云『黐』字敕支反，引《廣雅》『黐，黏也』。又此字及下文『貫之』、『駝』二條所在語段《金藏》廣勝寺本在第二十五卷，與底卷不同。

〔三九〇〕 駝，經本有『馳驢鷄犬』句，『駝』『馳』爲一字異寫。

〔三九一〕 瑕戒，經本有『不作瑕戒，不作雜戒』語，應即此詞所出。注文『霞』與『瑕』音義均所不同，疑爲『霞』字抄訛，『霞』『瑕』《廣韻·麻韻》並音胡加切，讀音相同。

〔三九二〕 白臈，斯五二九八號、北六四四七號等經本有『以金易鍮石，銀易白臈』句，其中的『臈』字《金藏》廣勝寺本作『臘』，『臈』即『臘』的俗字。又『臘』當讀作『鑞』，『白鑞』爲錫之别名。

〔三九三〕 貿易，《金藏》廣勝寺本經文有『以好栴檀貿易凡木』句，其中的『貿』字斯五二九八號、北六四四七號等本皆作『貿』，『貿』『貿』皆爲『貿』的俗字。注文『貿易』的『易』字爲衍文當删。

〔三九四〕 頻电，北六四六二號（河七九）經本有『頻电欠呿』句，其中的『电』字《金藏》廣勝寺本作『申』，『电』即『申』字異寫。

〔三九五〕 犴，經本未見，而有『如彼野干』句，『犴』即『野干』之『干』的古字。

〔三九六〕 寂靖，經本作『寂静』，『靖』通『静』。注文『寐』乃『寂』的俗字，參看上文校記〔三三六〕。

〔三九七〕 灾，北六四六二號經本有『因緣二種，一謂火灾』語，其中的『灾』字《金藏》廣勝寺本作『災』，『灾』『災』爲古異體字。

〔三九八〕 悔心，經本未見，而有『既出家已，不性悔心』句，與注文有本作『悔』字者合。

〔三九九〕 洟唾，經本有『盛年捨欲，如棄涕唾』句，即此詞所出，『洟』『涕』在鼻涕一義上爲古今字。又此詞與下文

「炳着」條所在語段斯三八五一號、北六四六三號（芥九九）經本在第二十八卷，慧琳《音義》同，與底卷合；《金藏》廣勝寺本在第二十七卷末，歸屬不同。

〔三〇〇〕賈，北六四六三號經本有「但取乳賈，不責酪直」句，其中的「賈」字斯三八五一號經本作「價」，「賈」「價」古今字。參看上文校記〔二六三〕條。

〔三〇一〕挽，北六四六三號經本有「衆生佛性不破不壞，不牽不拋，不繫不縛」句，其中的「拋」應即「挽」的繁化俗字（「挽」與「牽」近義，猶下句「擊」與「縛」近義），斯三八五一號及《金藏》廣勝寺本等作「捉」，殆誤。

〔三〇二〕撤，經本未見，而有「胡麻熟已，收子熬之擣壓，然後乃得出油」句，其中的「熬」字斯三八五一號等本作「敖」，「敖」「撤」當皆爲「熬」的借音字。

〔三〇三〕擣押，斯三八五一號等敦煌卷子中所見各本皆同，《金藏》廣勝寺等刻本作「擣壓」，「押」爲唐代前後習見的假借字。

〔三〇四〕坵，經本未見，斯三八五一號及《金藏》廣勝寺本相應位置有「如瞿曇姓，不得稱爲阿坧耶姓」句，其中的「坧」字北六四六三號經本作「埛」，北六四七七號（菜六）經本作「坰」，皆爲「坻」的訛俗字，底卷「坵」疑亦即「坻」字俗訛，注文「推」蓋又以「坵」爲「垍」字，直音「堆」復誤寫作「推」。

〔三〇五〕眼睫，斯三八五一號等經本有「如人眼睫壞故不見」句，即此詞所出；《金藏》廣勝寺本「睫」作「睫」，古異體字。

〔三〇六〕「粗」字以下至「瀨」字所在語段斯二一三五號等敦煌寫本皆在第二十九卷，玄應、慧琳《音義》引同，與底卷合；《金藏》廣勝寺本等刻本在第二十八卷尾部，與底卷所據經本分卷不盡一致。

〔三〇七〕賦，斯二一三五號、北六四七〇號（雲一〇〇）等本有「賦給宗親」句，玄應、慧琳《音義》引同，《金藏》廣勝寺本作「賑給宗親」，義略同。

〔三〇八〕「底」字注文「厎」應即「底」的訛俗字，此亦以俗字爲正字注音之例。

〔三〇九〕⿱丷女摩，『⿱丷女』爲『安』的俗字，此字正文與注文同形，當有一誤，斯二一三五號經本有『自手洗拭，捉持安摩』句，其中的『安』字北六四七一號（鹹四九）經本作『桉』，北六四七〇號及《金藏》廣勝寺本作『案』，『安』、『桉』、『案』皆當讀作『按』，疑底卷注文直音字當作『按』，以『按』音『安』爲以本字注假借字之例。

〔三一〇〕⿰月庸，斯二一三五號等經本有『節踝⿰月庸満』句，『⿰月庸』字玄應《音義》作『傭』，云經文作『⿰月庸』，俗字也。

〔三一一〕裸，經本有『見裸跣者施與衣服』句，即此字所出，『裸』與注文『畫』形音義均所不同，『畫』字當誤。

〔三一二〕頰，經本有『以是業緣得師子頰』句，即此字所出。

〔三一三〕⿰忄虚，斯二一三五號經本有『身體⿰忄虚冷』句，應即此字所出；『⿰忄虚』卷中爲『虚』的增旁俗字，北六四七〇號及《金藏》廣勝寺等經本正作『虚』字。

〔三一四〕皰，斯二一三五號等經本有『是色不久必當生皰』句，其中的『皰』字北六四七〇號及《金藏》廣勝寺等本作『疱』，『皰』『疱』古今字。

〔三一五〕箱輂，經本未見，斯二一三五號等經本有『如離箱轝輪軸輻輞，更无別車』句，其中的『箱轝』北六四七一號等經本作『箱轂』，『箱輂』當係『箱轝』的又一異文。

〔三一六〕如斯斷事，北六四七八號（調六六）、六四八五號（果三〇）及《金藏》廣勝寺本皆作『如法斷事』，與注文所稱『有本』相同。

〔三一七〕量愯，經本有『我不量度』句，『量愯』即『量度』的異體。

〔三一八〕鵞⿰歹屈，北六四七八、六四八五號經本作『鵞崛』，下字與注音字合；《金藏》廣勝寺本作『鵞掘』，皆爲梵語音譯用字之異。

〔三一九〕『⿱穴乇』和注文『⿱宀亡』皆爲『喪』字篆文的隸變俗字，經本有『母已喪命』句，即此字所出。

〔三二〇〕⿱屮止，疑爲『定』字古體『⿱宀正』的訛變形，經本『定』字多見。

〔三二一〕亝，『齊』字異體，經本有『法與非法則有分齊』句，即此字所出。

〔三二二〕旾，即『春』的訛俗字，《集韻》載『春』或體作『𣅀』，『旾』又『𣅀』的訛變形，經本有『春陽之月』句，即此字所出。

〔三二三〕衷，斯四三八二號經本有『如善御駕駟，遲疾得衷，遲疾得衷，故名捨相』句，玄應、慧琳《音義》並出『得衷』條，慧琳引杜預《左傳》注云『衷，正也，中當也』，『經文作中，中，平也。兩字並通也』。北六四八六號（暑四八）及《金藏》廣勝寺本『得衷』作『得所』，義亦可通。又此字及下『総』字所在語段上揭敦煌寫本皆在第三十一卷，玄應、慧琳《音義》同，與底卷相合；金藏等刻本列在第三十卷，分卷不同。

〔三二四〕総，斯六七一八、四三八二號及《金藏》廣勝寺本有『毗婆舍那者名爲捴相』句，『総』『捴』及注文『惣』皆爲『總』的俗字。

〔三二五〕燼，經本有『如火燒物則有遺燼』句，即此字所出。注文『疾丑反』與『燼』的讀音不合，『丑』疑爲『刃』字抄訛，『燼』字《廣韻·震韻》音徐刃切，與『疾刃反』切音略同。

〔三二六〕薪，『𦶜』的俗字，猶注文的『姧』爲『姦』的俗字，斯二八六九、四三八二號經本有『如刈薪草，執急則斷』句，即此字所出，斯六七一八號經本及《金藏》廣勝寺本『薪』作『菅』，玄應、慧琳《音義》亦俱出『菅草』條，云『菅』字經文作『𦶜』，𦶜，香草也，𦶜非經義。按：『𦶜』『菅』音同，古多相亂。

〔三二七〕托攪，斯二八六九、四三八二、六七一八號經本及《金藏》廣勝寺本有『托攪融消』句，其中的『托』字磧砂藏等本作『撓』，『托』即『撓』的俗字。參看上文校記〔一九八〕條。

〔三二八〕薰，斯四三八二、六七一八號經本有『薰鉢染衣』句，《金藏》廣勝寺本『薰』作『熏』，二字古通用。

〔三二九〕魚鱉，注文『所悦反』當是『鱉』字的切音，但『鱉』字《集韻·薛韻》音必列切，紐異，疑『所』字誤。

〔三三〇〕鉾，斯二八六九、六七一八號經本有『手執鉾矟』句，即此字所出，『鉾』同『矛』，斯四三八二號及《金藏》廣勝寺本正作『矛』。

〔三三一〕吗，斯六七一八號經本有『我時患創，發聲呻吗』、『仁者何故發聲呻吗如是』等句，即此字所出，『吗』蓋

『号』或『號』的俗字，斯四三八二號及《金藏》廣勝寺本皆作『號』。

〔三三二〕瞽，斯四三八二號經本有『永爲盲瞽』句，即此字所出，『瞽』爲『瞽』的俗字，《金藏》廣勝寺本正作『瞽』。

〔三三三〕煗，北六四八七號（闕二五）、六四八八號（露八六）、斯六七〇五號經本有『冷嚅調適』句，《金藏》廣勝寺本『嚅』作『煖』，《資福藏》等本作『暖』，『煗』爲『煗』字俗寫，『嚅』爲『暝』字俗寫，『暝』又爲『煗』的換旁俗字，温暖字古本作『煗』，後亦借用『煖』，『暖』則又爲『煖』的後起换旁字。又此字至『紝』字所在語段上揭敦煌各寫本在第三十二卷，玄應、慧琳《音義》引同，與底卷相合；《金藏》等刻本列在第三十一卷之末，與底卷不同。

〔三三四〕蹬，經本未見，北六四八七號及《金藏》廣勝寺等本有『戒是一切善法梯橙』句，『橙』字《磧砂藏》等本作『隥』，『蹬』『橙』卷中皆爲『隥』的俗字。

〔三三五〕馳騁，『騁』字《廣韻．静韻》音丑郢切，與底卷『即敬反』的切音不合，疑『即』爲『敕』字抄訛。

〔三三六〕騈逸，北六四八七號、斯六七〇五號經本有『馳騁騈逸如大惡象』句，其中的『騈』字北六四八八號、斯四七五六號及《金藏》廣勝寺本作『奔』，『騈』即『奔』的增旁俗字。

〔三三七〕羅毽，斯六七〇五號、北六四八七號經本有『如疾風吹兜羅毽』句，『毽』字《金藏》廣勝寺本作『毦』，『毽』即『毽（毦）』的俗寫，玄應《音義》引作『毦』，爲其正字。

〔三三八〕瓷，北六四八七、六四八八號、斯四七五六號經本有『譬如慈石』句，『慈』字《金藏》廣勝寺本及玄應、慧琳《音義》引作『磁』，『慈』爲磁鐵之『磁』的初文，『瓷』則爲『磁』的借音字。

〔三三九〕苷，北六四八七、六四八八號經本有『苷蔗亦尒』句，『苷』同『甘』，斯六七〇五號及《金藏》廣勝寺本正作『甘』字。

〔三四〇〕蔔，北六四八七號經本有『其觸牙者即言象形如萊蔔根』句，『萊蔔』慧琳《音義》引作『蘿蔔』，義同。

〔三四一〕木旧，底卷誤合作『杳』一字形，考北六四八七號經本有『其觸脚者言象如木旧』句，應即底卷所出，故據以分作『木旧』二字，『旧』乃『臼』字俗寫，斯六七〇五號及《金藏》廣勝寺本即作『臼』字。

〔三四二〕綫，經本有『五色雜綖和合名之爲綺』句，疑即此字所出，『綖』『線』古皆可用作『綫』字或體。

〔三四三〕粟秫，經本未見，斯二〇三三號及《金藏》廣勝寺本經文有『粳米菉豆麻子粟床及以白豆』句，玄應、慧琳《音義》亦俱出『粟床』條，云『床』字正作『糜』（《説文》作『䵑』），忙皮反，禾穄也。『秫』疑即『床』字異文。又此字至『轂』字所在語段斯二〇三三號、北六四九〇號（秋二七）經本及玄應、慧琳《音義》引皆在第三十三卷，與底卷合；《金藏》廣勝寺本等在第三十二卷尾部，歸屬不同。

〔三四四〕髓腮，經本有『以頭目髓腦手足血肉施人』句，『腮』即『脳（腦）』字俗體。

〔三四五〕閉，斯二〇三三號經本有『閉氣不喘示作死相』句，其中的『閉』字《金藏》廣勝寺本作『閇』，俗字。參看上文校記〔六〇〕條。

〔三四六〕塷，斯二〇三三號、北六四九〇號及《金藏》廣勝寺本經文有『無諸沙塷瓦石棘刺』句，其中的『沙塷』北六四九二號（藏二三）作『沙鹵』，『塷』即『鹵』的後起增旁俗字。

〔三四七〕蒿，斯二〇三三號經本有『種一得一，爲稾草故』句，慧琳《音義》出『稾草』條，云『稾』字古老反，禾幹之草也。『蒿』同『稾』。

〔三四八〕甖，斯二〇三三號及《金藏》廣勝寺本經文有『譬如三甖』句，應即此字所出。北六四九〇號等本經文作『器』，與底卷異。

〔三四九〕淫泆，北六四九〇號經本有『不偷盗不淫泆』句，《金藏》廣勝寺本作『婬妷』，玄應、慧琳《音義》引作『婬佚』，古通用。

〔三五〇〕秊，即『年』的篆文隸定字，此字經本相應位置未見。

〔三五一〕蹉，經本有『亦名婆蹉婆』句，應即此字所出。又此字北六四九五號（黄四〇）等本在第三十四卷，慧琳《音義》同，與底卷合；《金藏》廣勝寺本等在第三十三卷尾部，歸屬不同。

〔三五二〕閲，底卷注文「悦」字右側尚有一「閲」字，疑爲誤書而未塗去者，兹删去。

〔三五三〕忽滑，斯一〇二二、二一三一號、北六四九七號（列六一）經本有「麁細𣥼滑」句，其中的「𣥼」字斯四九五五、五〇二八號、北六四九四號（鹹二三）經本作「𢙣」形，《金藏》廣勝寺本作「澁」，「𣥼」、「𢙣」爲「歰」的俗字，「澁」爲「澀」的俗字（「澀」爲「歰」的後起繁化字），而「忽」當又爲「𢙣」字俗訛。

〔三五四〕善𤘐，「𤘐」與注文中的「㸦」此處當皆爲「牙」字變體，經本有「不復能生善牙種子」語，應即上詞所出。又此句所在語段北六四九九號（辰一九）經本在第三十五卷，與底卷合，北六四九四號及《金藏》廣勝寺本則在第三十四卷尾部，歸屬不同。參看上文校記〔一六七〕。

〔三五五〕邬，此字字書不載，疑爲「邪」字隸變之訛，「邪」「耶」正俗字，經本多見。

〔三五六〕伍，北六五〇四號（爲八五）經本有「坘弥魚」，又有「坘舍比丘」，《金藏》廣勝寺本既見「𡉏弥魚」，又見「伍弥魚」、「伍舍比丘」，玄應《音義》出「坻彌」條，引《三蒼》「坻」音「低」，「坘」、「𡉏」即「坻」的俗字，「伍」則「低」的俗字，底卷正文與注文同形，疑正文當作「𡉏」，即「坻」字。又此字與下「錯魚」條所在語段今見經本在第三十六卷，玄應、慧琳《音義》引同，底卷列在三十五卷下，歸屬不同。

〔三五七〕錯魚，玄應、慧琳《音義》引作「鯌魚」，「鯌」爲後起本字。

〔三五八〕腕手，北六五〇四號、斯二八五五號經本有「捥手比丘」，《金藏》廣勝寺本及玄應《音義》引作「惋手」，慧琳《音義》出「腕手」條，云或作「捥」。

〔三五九〕刀長者，北六五〇四號、斯二八五五號及《金藏》廣勝寺本經文同，今見玄應、慧琳《音義》引作「刁長者」，「刁」即「刀」的後起分化字。

〔三六〇〕邠𡉏，北六五〇四號經本有「在舍衛國阿那邠𡉏精舍」句，即上揭二字所出，「𡉏」爲「坻」的俗字；《金藏》廣勝寺本作「邠伍」。

〔三六一〕罣礙，斯二三一一號及《金藏》廣勝寺本經文有「如世間中无罣㝵處名爲虚空」句，「㝵」即「礙」的俗字。

〔三六二〕沾汙，斯二三一一號、北六五〇九號（雲一四）及《金藏》廣勝寺本經文有「不爲世法之所沾汙」句，玄應、慧琳《音義》並出「霑污」條，「霑」「沾」古通用，「污」「汙」則爲隸變之異（今作「污」）。又注文「汙」與正文同形，或有一誤。

〔三六三〕「魍魎」至「如世之人」三條所在語段斯二三一一號、北六五〇九號、六五一一號（成八九）、六五一二號（岡一五）等在第三十七卷，玄應、慧琳《音義》引同，與底卷合；《金藏》廣勝寺本在第三十八卷，歸屬不同。

〔三六四〕如世之人，斯二三一一號等敦煌本及《磧砂藏》本等經文有「是經能爲煩惱之人而作法牀，如世之人遇安隱牀」句，其中後一「之」字《金藏》廣勝寺本作「乏」，「乏」指勞乏，似於義爲長。

〔三六五〕秏，斯二三一一號、北六五一六號（稱三五）等本經文有「遂成虛秏」句，其中的「秏」字《金藏》廣勝寺本作「耗」，「秏」「耗」古今字。

〔三六六〕暐，字書未見，疑爲「煒」的訛字，北六五一七號（菜一〇）經本有「顔色煒曄」句，疑即此字所出。

〔三六七〕𠒋，斯二三一一號、北六五一六號經本有「或爲師子虎𠒋豺狼」句，其中的「𠒋」爲「兕」的俗字，玄應、慧琳《音義》引正作「兕」；《金藏》廣勝寺本作「豹」，異文。

〔三六八〕注文「䄙」即「稱」的俗字，通常作「秤」。

〔三六九〕注文「惣」俗書亦作「惣」，皆爲「總」的俗字。又「不綜」條以下至「寱」字條所在語段斯二三一一、三四三九號等敦煌寫本皆在第三十八卷，玄應、慧琳《音義》引同，與底卷合；《金藏》廣勝寺本在第三十九卷，歸屬有別。

〔三七〇〕礪，經本有「是大法礪」句，即此字所出，玄應、慧琳《音義》作「厲」，「厲」「礪」古今字。

〔三七一〕「𡸁」當是「嗤」的俗字。「嗤笑」斯二三一一號等敦煌經本作「蚩咲」，《金藏》廣勝寺本作「嗤笑」，玄應、慧琳《音義》引作「蚩笑」，「蚩」「嗤」古通用，「笑」、「笑」、「咲」則爲古異體字，而以作「笑」爲近古。

〔三七二〕爪掊，斯二三一一、二九二七號及《金藏》廣勝寺本經文有「以手爪鉋須彌山」句，其中的「鉋」字斯三四三九號作『刨』，《資福藏》等本作『掊』，玄應《音義》云『鉋』字文字所無，宜作『抱』，又作『掊』。

〔三七三〕而欲掊之，斯二三一一、二九二七號等敦煌經本有『譬如愚人見師子王飢時睡眠而欲悎之』句，其中的『悎』字《金藏》廣勝寺本作『悟』，《資福藏》等本作『覺』，『悎』通『覺』（參看上文校記〔三二〕條），而『掊』、『悟』疑皆爲『悎』的訛字。

〔三七四〕寱，今見敦煌經本及各刻本皆有『汝若夢見勝瞿曇者，是夢狂惑』句，應即此字所出，『寱』爲『夢』的古本字。

〔三七五〕二者名奄，斯二一五〇、二二三一、二三一一、四二三〇號、北六五一九號（露七一）等寫本有『根本有三，一者染，二者塵，三者黑。染者名愛，塵者名瞋，黑者名無明』語，其中的『塵』字《金藏》廣勝寺本等刻本作『奄』，據本卷，則以作『奄』爲是。

〔三七六〕祢，上條所列各寫本有『我既惡人，觸犯如來祢瞿曇姓，唯願爲我懺悔此罪』等語，其中的『祢』字《資福藏》等本作『你』，慧琳《音義》云『祢』字奴禮反，謂稱佛姓是誤，故請懺悔，又作你字，奴履反。此處『祢』用同『你』。注文『丁礼反』與『祢』或『你』字聲紐有別，疑爲『乃礼反』之訛，『乃礼反』與慧琳『奴禮反』的『祢』字同音。

〔三七七〕比鉢，斯二三一一、四二三〇號經本有『譬如蘇麵蜜薑胡椒比鉢蒲桃胡桃石榴綏子』等語，『比鉢』亦有作『畢鉢』、『毖鉢』、『蓽撥』的，皆譯音字。

〔三七八〕荽子，《金藏》廣勝寺本及慧琳《音義》引作『桵子』，敦煌經本多作『綏子』，皆記音字。

〔三七九〕玔，北六五二五號（盈七三）、六五二六號（河三五）經本有『在臂上者名之爲玔』句，其中的『玔』字斯二三一一號、北六五二七號（玉七五）及《金藏》廣勝寺本作『釧』，古異體字。

〔三八〇〕⿰口數，北六五二七號經本有犢子生已，『性能欶乳』句，玄應、慧琳《音義》皆出『欶乳』條，云『欶』字又作『嗽』，同，所角反，《三蒼》云『嗽，吮也』，經文作⿰口數，俗字也。『⿰口數』與注文『啖』義相近而音相異，『啖』字疑誤。

〔三八一〕白鍻鈆錫，北六五二六號經本同，『鍻』『鈆』分别爲『鑞』、『鉛』的俗字，北六五二七號及《金藏》廣勝寺本經文正作『鑞』。

〔三八二〕都无欶竅，經本未見，而有『其城四壁都无孔竅』句，『欶』字當誤，注文『欶口』二字亦誤。

〔三八三〕羂，北六五二六、六五二七號經本有『阿難比丘入魔羂』句，其中的『羂』字北六五二五號及《金藏》廣勝寺本作『罥』，古異體字。

〔三八四〕顦，卷中應爲『顦』字簡省，北六五二七號經本有『我則顦顇』句，應即此字所本，北六五二五號及《金藏》廣勝寺本等作『我則憔悴』，音義同。

〔三八五〕竭裨，北六五二五、六五二六號經本有『醯摩羅若竭裨』咒語，其中的『裨』字北六五二七號及《金藏》廣勝寺本作『鞞』。

〔三八六〕阿拙，斯二三一一號、北六五二五號等經本有『阿拙啼』咒語，《金藏》廣勝寺本作『阿步提』，『步』字疑誤。

〔三八七〕恾，經本相應位置未見，斯二三一一號、北六五九八號（結九一）及《金藏》廣勝寺本『餘命无幾』條下有『舉身投地，慌亂濁心』句，其中的『慌』字《資福藏》等本作『忙』，『恾』即『忙』的俗字，疑即此字所出。但經本下文『警』字條下又有『身心戰動，情識恾然』句，正有作『恾』字者，但『恾』下的五條經文在前，語序有問題。

〔三八八〕餘命无已，『已』當作『己』，『己』即『幾』的音誤字，經本有『我年老邁，餘命无幾』句，正作『幾』字。

〔三八九〕惺，經本相應位置未見，而有『昏迷悶絶，久乃蘇醒』句，疑即此字所出，『惺』應即『醒』字異文，此二字古多通用。

〔三九〇〕无明郎主，經本有『无明郎主、恩愛魔王役使身心』句，即上文所出。『郎主』是門生、奴僕對主人的稱呼，作『即主』者誤。

〔三九一〕安尉，經本有「尒時阿泥樓逗安慰阿難」句，即上揭二字所出，「尉」通「慰」。

〔三九二〕槻，北六五九八號經本有「以兜羅綿遍體槻身」句，其中的「槻」字斯二三一一號、北六五九七號（柰八五）及《金藏》廣勝寺本等作「儭」，「槻」「儭」皆當讀作「襯」。

〔三九三〕「牎」和注文「窓」分別爲「牕」「窻」的俗寫，後二字則皆爲「窗」的後起俗字。經文有「窓牖相當」句，與注文同形。

〔三九四〕利祜，「祜」與直音字「户」《廣韻·姥韻》同音侯古切，讀音相同，但經本僅見「平等利祐諸衆生」句，作「利祐」，據本卷，「祐」字疑誤。

〔三九五〕嗎啄，北六五九八號經本有「世尊慧嗎未啄破」句，「嗎」爲「觜」（後起字作「嘴」）的俗字，北六五九七號、六五九九號（號四三）、斯二三一一號經本正作「觜」，《金藏》廣勝經本作「柴」，古異體字。

〔三九六〕「殄」「歿」二字經本相應位置未見。

〔三九七〕艶，斯二三一一號、北六六〇〇號（珠六三）經本有「各持七寶香燭，大如車輪，艶彩光明，遍照世界」、「艶光普照」、「无數光艶」等句，其中的「艶（豔）」字《麗藏》本皆作「焰」，音義同。

〔三九八〕涕泗，《麗藏》本經文有「涕泗交流」句，其中的「涕泗」北六六〇〇號經本作「涕淚」，斯二三一一號經本作「洟泣」，義同。

〔三九九〕四軰，「軰」字《龍龕》同「睡」，「睡」即「埵」的後起分化字，經本有「須弥四埵」句，應即上揭二字所出。

〔四〇〇〕注文「収」爲「收」的俗字，斯二三一一號等經本有「急収舍利」句，「収」亦爲「收」的常見俗字。

〔四〇一〕槊，經本有「執持矛矟弓箭」等句，「槊」「矟」古異體字。

〔四〇二〕「壜」字字書不載，文中疑爲「壜」字之訛，經本有「造八金壜」句，慧琳《音義》出「金罎」條，云經作「壜」，俗字也。

〔四〇三〕毳蠹，經本有「八婇女身嚴瓔珞，執雉毛蠹」句，慧琳《音義》亦作「毛蠹」，「毳」應係「毛」字異文。

〔四〇四〕 鉀，北六六〇〇號經本有『身着鉀鎧』句，其中的『鉀』字斯二三二一號及《麗藏》本作『甲』，『鉀』爲增旁俗字。

〔四〇五〕 欺忽，經本有『汝等如何見有欺忽』句，而未見如注文所示作『欺勿』者。

〔四〇六〕 扙淚，斯二三二一號、北六六〇〇號及《麗藏》本有『（迦毗羅國王等）涕淚交流，右遶七匝，遶七匝已，收淚而言』等句，其中的『收』字《資福藏》等本作『扙』，當即此二字所出。

〔四〇七〕 摽，經本有『大雉毛纛於城四維儼然供養爲摽式故』句，『摽』通『標』。

〔四〇八〕 此題當是上文經音的尾題。此下底卷接抄難字三行，無注音，標有『弟二』『弟六』『弟四』字樣，但在《大般涅槃經》相應的卷數中找不到與這些難字完全對應的語段，其確切出處俟考，兹姑仍附録於本篇之後。

〔四〇九〕 浣，《集韻·效韻》音眉教切，大水貌。但此義古書罕用，而多用作『浣』的俗字。

〔四一〇〕 噉，《龍龕》卷二口部載此字，云『俗，奇飲反』，疑爲『唫』的繁化俗字。

〔四一一〕 桙，此字通常可楷正作『林』，但字書未見，俟再考。

大般涅槃經音（二）

斯二八二一

【題解】

本篇底卷編號爲斯二八二一，首尾完整。首行題『大般涅槃經序品第一』，以下依次標出經名品名及卷數。《索引》擬題《大般涅槃經音》，《寶藏》、《索引新編》、《英藏》並同，今從之。所據經本爲北涼曇無讖譯的四十卷本及唐若那跋陀羅譯的《大般涅槃經後分》二卷（底卷中署卷四十一、四十二）。所録字詞前十二卷與經文順序大致相合，每卷經名、品名及卷數在前。但從第十三卷開始，則多變爲經名、品名及卷數在後（僅十三卷、廿一卷等有個別例外），而且每卷下所録字詞與經文中出現的先後順序基本相反。如第三十八卷，經本始『迦葉菩薩品之六』（迦葉菩薩品在經文中爲第十二品），該品中有『膜』字；後爲『憍陳如品第十三』，該品中依次有『礪、蚩笑、齚齧、㲉』等字；但在底卷中先是出現『㲉、齚齧、蚩笑、礪』等字，接着是『憍陳如品第十三』七字，再抄『膜』字，最後是『迦葉菩薩品之六』及表示經本卷數的『第三十八』字樣，順序正好與經本相反。這也就是説，如果按照經文的順序，本篇的後半部每卷都應倒過來讀，否則就會讀不通（參看校記〔一九〕）。底卷各卷接抄不分，校録時根據上述特點按卷加以分段，以清眉目。底卷中標示卷數的序數字與品名相連時用小字，與經名相連或單獨出現時則用大字，今一仍其舊（表卷數的序數字底卷多接寫在品名的右下側，兹改爲空一格録排）。底卷每字下以標注直音爲主，偶亦有標注反切的，也有許多字下并無注音的。個別字存在誤音的情況（參看校記〔五〕、〔八七〕、〔一〇六〕）。注音字底卷用雙行小字，兹改爲單行比標目字小一號字排列。

張金泉在《敦煌音義匯考》中曾對本篇進行過初步校勘。兹據《英藏》影印本及縮微膠卷校録於下，另附圖版於首，以資比勘。有關本篇的參校本，請參看伯二一七二號《大般涅槃經音》（一）的解題説明。

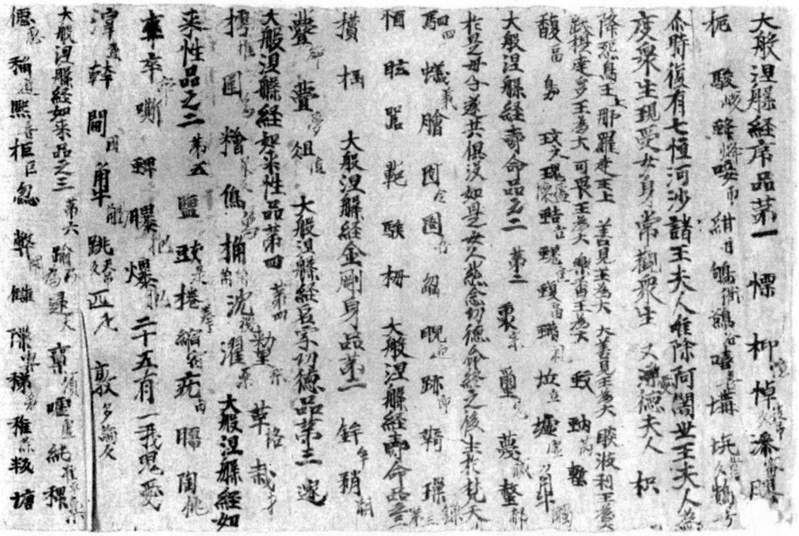

斯二八二一號《大般涅槃經音》圖版（一）

斯二八二一號《大般涅槃經音》圖版（二）

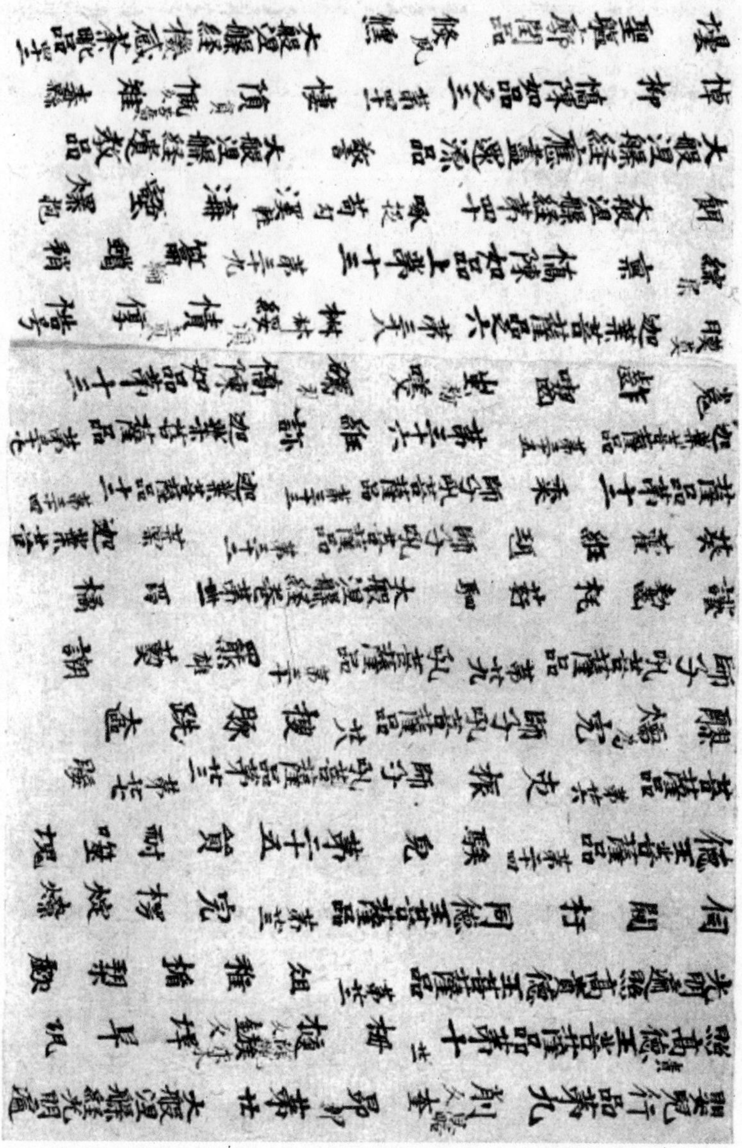

斯二八二一號《大般涅槃經音》圖版（三）

《大般涅槃經》序品第一〔一〕 慓（慄）。〔二〕 枊（抑）憶。〔三〕 悼徒弔反。〔四〕 滌審。〔五〕 膠。〔六〕 梔。〔七〕 駿峻。
蜂烽。 唼帀。 紺甘。 鴝衢。 鵒谷。 嘻喜。 壛（溝）坑苦兄反。 鴞号。〔八〕 尒時復有七恒河沙諸王夫人，唯除阿闍世王夫人，爲度衆生，現受女身，常觀衆生。 又愛德夫人。〔九〕 枳。 降怨鳥王上。〔一〇〕 那羅達王上。 善見王爲大，大善見王爲大，睒波利王爲大，跋提達多王爲大，可畏王爲大，樂香王爲大。〔一一〕
蚊蚋芮。〔一二〕 塹。 馥畐。 鼻。〔一三〕 玟文。〔一四〕 瑰懷盃。〔一五〕 蛣吉。 蜣匡。〔一六〕 蝮畐。 螨礼。〔一七〕 坵丘。 墟虛。 傘觸。〔一八〕

《大般涅槃經》壽命品之二 第二〔一九〕 裹果。 羂見。〔二〇〕 蔑（蔑）滅。 螯郝。 於是母子遂共俱没。如是女人慈念功德，命終之後，生於梵天。〔二一〕 駟四。 蟻義。 膾。 囹令。 圄吾。 盈。〔二二〕 睨迎。〔二三〕 跡即。鳫。 璅鏁。〔二四〕 愐。 眩。 罥。 範。 駛。 栂（拇）。〔二五〕

《大般涅槃經》壽命品之三 第三 攢。 摇。 《大般涅槃經》金剛身品第二 鉾牟。 稍朔。 豐鄧。瞢夢。 俎值。〔二六〕 《大般涅槃經》名字功德品第三 邃（邃）。〔二七〕

《大般涅槃經》如來性品第四 第四 蝥（鳌）梨。〔二八〕 革格。 栽才。 搉推。 圍爲。 檜口外反。〔二九〕 僞爲。〔三〇〕 捔角。〔三一〕 浣换。 濯藥。〔三二〕

《大般涅槃經》如來性品之二 第五 鹽。〔三三〕 豉是。 捲拳。〔三四〕 縮宿。 疣由。 噣。〔三五〕 陶桃。 卒▨。〔三六〕 嘶。〔三七〕 蜱。〔三八〕 曝抱。 爆抱。 二十五有。 一我鬼愛。〔三九〕 滓查。〔四〇〕 幹（幹）。 閫困。 傘觸。〔四一〕 跳天吊反。 匹疋。〔四二〕 敦多論反。〔四三〕

《大般涅槃經》如來[性]品之三 第六 踰爲▨。〔四四〕 逯大。〔四五〕 稟（稟）儐。 嘘虛。 純准平。 稗槖。〔四六〕 僫惡。〔四七〕 稻道。 熙喜。 拒巨。 惣。〔四八〕 弊閇（閉）。 餅。 隟（隙）喫。 稊弟。 稚除。 叛。 塘。 淋。

滌。〔四九〕稊。〔五〇〕賫(齎)貞。〔五一〕綺去。餝昔。〔五二〕貯至。

《大般涅槃經》卷第七　沮。洟唏字。〔五三〕唾字。〔五四〕鍑。殺。瓨(瓶)丁。内。〔五五〕析(析)。寤五。〔五六〕扺(抵)底。箒(箒)同。钁勗。〔五七〕斵(斲)。栂(拇)。

《大般涅槃經》卷第八　酢。臑(腝)。膜。髣方。髴弗。朦夢。朧。舶。櫓盧。譋。噁者。阿者。億者。伊者。郁者。優者。〔五八〕哩者。黟者。烏者。炮者。菴者。阿者。迦者。佉者。伽者。㖶者。俄者。遮者。車者。闍者。饍者。若者。吒者。咃者。茶者。祖者。〔五九〕拏者。多者。他者。陁者。彈者。那者。瓨(瓶)。閫。波者。頗者。婆者。湴者。摩者。虵者。囉者。羅者。唎者。奢者。沙者。娑者。呵者。茶者。魯流盧樓，如是四字，說有四義。

《大般涅槃經》卷第九　彗而歲反。憷。阜富。緻至。膏高。蹈踏。〔六〇〕蟲(蠶)。崗(藟)。欝(鬱)。蒸(蒸)蒸。〔六一〕

[《大般涅槃經》卷第十]〔六二〕　核。〔六三〕矛。綜宗。診(診)。棲西。怏央。踈。〔六四〕陶桃。〔六五〕

《大般涅槃經》現病品第六　十一　嗤。〔六六〕麴。鷹箭。〔六七〕編偏。餝昔。〔六八〕毦。〔六九〕叵頗。憮希。〔七〇〕蟠盤。〔七一〕詐滓。〔七二〕諭。〔七三〕淋。〔七四〕瀝力。瘤。〔七五〕

《大般涅槃經》卷第十二　愐。〔七六〕眴峻。〔七七〕榼吐合反。艷炎。〔七八〕髦毛。邃。蝎。螌(盤)。撤(撤)。蠢(蠢)。捕布。顛。壞懷。瑋葦。〔七九〕瑺唐。〔八〇〕跌。赦舍。〔八一〕秏呼高反。竣春。〔八二〕艾。蚤。虱。〔八三〕駐。〔八四〕

鍛。〔八五〕剟。鉗璪。〔八六〕　《大般涅槃經》卷第十三　濫南。〔八七〕驃(驃)。

藕(藕)。眴。　卷第十四

蹌。〔八八〕備。鍭侯。〔八九〕鞆。敦。　梵行品第八　十五

褸。編。翹橋。撲(撲)。悴恤。〔九〇〕　第十六

欐梨。〔九一〕　梵行品第八　十七

完桓。　第十八

五十二心。〔九二〕麴。苞。〔九三〕穽淨。欽口金反。骪。〔九四〕　第十九

嬰兒行品第九〔九五〕　削息略反。奎　昂卯。　第廿

《大般涅槃經》光明遍照高貴德王菩薩品第十　廿一　拇。捷除獵反。鏃作木反。埠阜。〔九六〕

𤮊。〔九七〕

光明遍照高貴德王菩薩品　第廿二

俎。〔九八〕稚。楯。槊。歔。伺。闚。〔九九〕杅。〔一〇〇〕　同德王菩薩品　第廿三

完。樗。〔一〇一〕烇燎。〔一〇二〕　德王菩薩品　第二十四

駃。皃。　第二十五

貟(貿)。耐。噬。塊。〔一〇三〕　菩薩品　第廿六

叏。〔一〇四〕振。　師子吼菩薩品第廿三〔一〇五〕　第廿七

睖。醪。〔一〇六〕燸爲。〔一〇七〕完。師子吼菩薩品　廿八

搜。豚。跣。奩。〔一〇八〕　師子吼菩薩品　第廿九

吼菩薩品　第三十

羆雄。〔一〇九〕藇(勷)。〔一一〇〕謿。讉。〔一一一〕𪘊。〔一一二〕秏(托)。〔一一三〕葕。〔一一四〕駟。〔一一五〕　《大般涅槃經》

卷第卅一

舀。〔一一六〕橘。葵。藋。紝。毦。〔一一七〕　師子吼菩薩品　第三十二
藁。〔一一八〕　迦葉菩薩品第十二　橤（桊）。〔一一九〕　師子吼菩薩品　第三十三
迦葉菩薩品十二　第三十四
迦葉菩薩品　第三十五
第三十六
紝。訡（診）。迦葉菩薩品　第三十七
毚。〔一二〇〕齘囓。〔一二一〕蚩（蚩）初。嗘。〔一二二〕礪礼。　憍陳如品第十三　膜莫。　迦葉菩薩品之六　第三十八
椒叔。綏湏。〔一二三〕憒責。〔一二四〕停（停）。〔一二五〕悎号。〔一二六〕綜宗。禀。　憍陳如品上第十三　第三十九
篇輪。〔一二七〕蠇。〔一二八〕稍。餌。《大般涅槃經》第四十
啄捉。苟勾。溪輕。溝（溝）鏨。爆抱。《大般涅槃經》應盡還源品　謦。《大般涅槃經》遺教品　悼。栁（抑）。　憍陳如品之三　第四十一
悽。隕員。慨苦廣反。〔一二九〕雉。囊。壜。　聖軀廓閏品　倏（倏）夙。〔一三〇〕僄。〔一三一〕　《大般涅槃經》機感荼毗品　四十二〔一三二〕

【校記】

〔一〕今見經文北本系統首爲『壽命品第一』，南本系統爲『序品第一』，底卷此品題與南本合，但接着爲『壽命品之二』、『壽命品之三』，又是北本系統，而其前却無『壽命品之一』，疑『序品』二字誤。

〔二〕『慓』應爲『慄』字之訛，《麗藏》本經文有『或有身體戰慄』句，其中的『慄』字北六二八四號（珠九七）經本

作『慓』，誤與底卷同。

〔三〕『枊』爲『抑』（字亦作『抑』）字俗訛，經本有『且各裁抑，莫大愁苦』句，應即此字所出。

〔四〕悼，《麗藏》本經文有『遇佛光者其身戰掉』句，『掉』字玄應、慧琳《音義》引同，作『悼』於義亦通。

〔五〕滌，北六二八六號（昃八二）經本有『仁等速疾漱口滌手』句，即此字所出，經文中此字乃『澡』的俗字，《麗藏》本正作『澡』。『澡』字《廣韻·晧韻》音子晧切。底卷音『審』，蓋以『滌』爲『滲』的俗字，誤。

〔六〕『膠』字下底卷略有殘泐，不知是否有缺字。

〔七〕梔，經本相應位置未見，而有『轅輻（楅）皆以七寶廁填』句，『梔』疑爲『輻（楅）』字異文。

〔八〕鴿，經本相應位置未見，而有『猶如白鶴』句，玄應《音義》云『鶴』字經文有作『鴿』者，胡哭反；底卷音『号』，與『鴿』韻別。參看《大般涅槃經音》（一）校記〔三〇〕。

〔九〕『常觀』以下《麗藏》本經文作『常觀身行，以空無相無願之法薰修其心，其名曰三界妙夫人，愛德夫人』。又『尒時』以下至下文『樂香王爲大』一段與上下文體例不合，疑屬衍文當刪。

〔一〇〕此『上』字底卷抄寫於『王』字右下側，經文有『爾時復有二十恒河沙金翅鳥王，降怨鳥王而爲上首；復有三十恒河沙乾闥婆王，那羅達王而爲上首』句，『上』似即『上首』之略。

〔一一〕『善見王爲大』以下六句并非直接稱引經文，而是意引，經本有『善見王而爲上首』、『大善見王而爲上首』、『睒婆利王而爲上首』、『跋提達多王等而爲上首』、『可畏王而爲上首』、『樂香王而爲上首』等句，『爲大』當即『爲上首』之意。又『睒波利』經本作『睒婆利』。

〔一二〕『蚋』字經本相應位置未見，而有『喻如蚊子供養於我』句，疑『蚊子』或本有作『蚊蚋』者，爲底卷所出。

〔一三〕⿰身刀，『皃』的俗字，説詳《大般涅槃經音》（一）校記〔三六〕。

〔一四〕玫，《麗藏》本及北六二八七號（海九八）經文有『玫瑰爲地』句，『玫』字北六二八六號寫本作『玟』，楷變字。『玟』本從文聲，《集韻》有無分切一讀，與『文』同音。但玫瑰義的『玟（玫）』《廣韻》音莫杯切，與

『文』音異，《大般涅槃經音》(一)『玫』字音枚，是也。

〔一五〕『瑰』下底卷雙行小字注『盔懷』二字(『盔』右『懷』左)，張金泉認爲應自左讀作『懷盔』反，近是，兹從之。『瑰』字《廣韻》有『户恢切』一讀，與『懷盔』反同音。

〔一六〕『蛣』字經本相應位置未見，而有『蜣蜋蝮蝎』句，《爾雅·釋蟲》：『蛣蜣，蜣蜋。』疑《大般涅槃經》經本『蜣蜋』異文有作『蛣蜣』者，爲底卷所本。

〔一七〕蠇，經本作『蝎』(參上條校記引)，當據正；脚注字『礼』則因誤字而誤音。

〔一八〕𧢲，『觸』的古異體字，經本相應位置未見。參看下文校記〔四二〕。

〔一九〕『第二』二字底卷右側小字旁注，指經本的卷次。下仿此。

〔二〇〕蠒，『繭』的俗字，經本有『猶如蠶處蠒』句，即此字所出。

〔二一〕『於是母子』以下至『生於梵天』一段經文與上下文文例不合，疑屬衍文當删。

〔二二〕澀，『歰』的訛俗字，北六二九五號(收九七)經本有『路險澀難』句，即此字所出，《麗藏》本作『澀』，『歰』『澀』古今字。

〔二三〕睨，北六二九四號(收九七)經本有『具足種種功德珍寶戒定智慧爲牆塹俾倪』句，『俾倪』《麗藏》本作『埤堄』，古本當又有作『睥睨』者，爲底卷所本。

〔二四〕璅，北六二九五號(收九七)經本有『頓絶爲鏁』句，『璅』『鏁』分别爲『瑣』『鎖』的俗字，『鎖』則又爲『瑣』的後起分化字。

〔二五〕『栂』應爲『拇』字俗訛，經本有『大如拇指』句，即此字所出。

〔二六〕殂，當讀作『沮』，説詳《大般涅槃經音》(一)校記〔八九〕。又注文『值』字底卷字迹較淡，疑爲『沮』或『阻』字之訛。

〔二七〕邃，經本有『義味深邃』句，即此字所出。

〔二八〕氂，經本有『財寶之費，不失毫氂』句，即此字所出。

〔二九〕穭，北六三〇六號（收四六）經本有『須弥山王如是高廣，悉能令入亭歷子穭』句，即此字所出；『穭』爲『穭』的换旁俗字，北六三〇五號（夜六一）經本正作『穭』。

〔三〇〕『㒟』『𢆯』皆爲『象』的俗字，經本有『習學乘象、盤馬、捔力種種伎藝』句，『象』字敦煌寫卷經本有作『𢆯』、『㒟』者。

〔三一〕捔，北六三一四號（來一九）經本有『捔力』一詞（參上條），『捔』同『角』，北六三〇五號經本及玄應、慧琳《音義》引正作『角』。

〔三二〕注音字『藥』與『濯』紐、韻俱異，疑有誤。

〔三三〕鹽，『鹽』的俗字，經本有『庫藏穀米，鹽豉胡麻，大小諸豆』句，即此字及下『豉』字所出。

〔三四〕捲，北六三一六號（宿三一）經本有『若有説言如來聽畜奴婢僕使如是之物，舌則捲縮』句，即此字所出，《麗藏》本及玄應、慧琳《音義》引皆作『卷』，二字古通用。

〔三五〕噓，斯一六一八、一九六六號經本有『譬如春月下諸豆子，得噓氣已，尋便出生』句，即此字所出；『噓』爲『㬉』的俗字，而『㬉』又爲『煗』的後起换旁字，《麗藏》本作『燸』，正是『煗』字俗寫。

〔三六〕卒，經本有『譬如女人只有一子，從役遠行，卒得凶問』句，即此字所出；其下注音字底卷模糊不清，俟考。

〔三七〕嘶，同『𨚒』，説詳《大般涅槃經音》（一）校記〔二三〕。

〔三八〕蜱，經本有『蜱麻』一詞，同『萞麻』，説詳《大般涅槃經音》（一）校記〔二四〕。

〔三九〕一我鬼愛，『我』當作『餓』，經本有『愛有二種，一者餓鬼愛，二者法愛』句，即上語所本。

〔四〇〕滓，經本有『除諸滓穢』句，即此字所出；『滓』下注『查』，二字韻異，疑『滓』字注音者訓讀爲同義的『渣』，故直音爲『查』。

〔四一〕傘，北六三一六號經本有『若言空者，則不得有色香味傘』句，其中的『傘』字斯一九六六號經本作『觸』，

〔四二〕「隼」爲「觸」字異體。

〔四三〕匹，斯一九六六號經本有「真解脱者，一切人天无能爲疋」句，「疋」即「匹」的俗字。

〔四四〕敦，此字經本相應位置未見。

〔四五〕「踰」下注文底卷雙行小字二，左爲「爲」字，右字模糊不清，「爲」應爲反切上字。參看上文校記〔一五〕。

〔四六〕逯，北六三二四號（騰七三）經本有「逯得己利」句，「逯」爲「逮」的隸變異體，《麗藏》本正作「逮」。

〔四七〕橐，應爲「橐」字俗省，「橐」同「鞴」，與「稗」音近。

〔四八〕「僫」、「悪」分別爲「僫」「惡」的俗寫，「僫」即「惡」的增旁俗字，北六三三四號經本有「如彼薄福憎僫粳粮及石蜜等，二乘之人亦復如是，憎僫无上大涅槃經」句，即此字所出，北六三二五號（生七五）經本作「悪」，與注音字同。

〔四九〕忽，「蹬」的訛俗字，斯二八六四號經本有「資生艱難，常不供足，雖復少得，麁蹬弊惡」句，即此字所出。

〔五〇〕「淼」字右下部底卷字形兼於「小」「水」之間，兹據一般的俗寫規律定作「淼」。此字無讀音，就字形言，既可能爲「滲」的俗字，又可能爲「澡」的訛俗字。北六三二五號經本相應位置有「如故堤塘，穿穴有孔，水則淋漏」句，又有「以大乘水而自澡浴」句，其中的「淋」字慧琳《音義》稱「南經」有作「淼（滲）」，「澡」字斯二三九三號、北六三二四號經本作「淼」，此當以定作「澡」的俗字爲長。

〔五一〕稊，北六三二五號經本有「譬如田夫種稻穀等，耘除稗稊」句，即此字所出，「稊」爲「莠」的换旁俗字，斯二三九三、二八六四號經本正作「莠」。

〔五二〕「齎」「貞」紐、韻俱異，「貞」字疑誤。

〔五三〕餝，北六三三四號經本有「何等語言所不應依？所謂諸論綺餝文辭」句，即此字所出；「餝」爲「飾」的俗字，北六三二五號經本正作「飾」。又「飾」「昔」紐、韻俱異，「昔」字疑誤。

〔五三〕洟，經本相應位置未見，而有「三十三天上妙五欲，如棄涕唾」句，疑「涕」字古本有作「洟」者（「涕」「洟」古混用）；下注『嗁』則應爲『涕』的俗字。

〔五四〕『唾』下所注『字』字疑爲衍文當刪。

〔五五〕內，同『吏』，《麗藏》本作『鬧』。參看《大般涅槃經音》（一）校記〔一四〇〕。

〔五六〕窹，斯六五七三號經本有『若夢行淫，窹應生悔』句，即此字所出，『窹』爲『寤』的俗字，《麗藏》本正作『寤』。

〔五七〕『钁』『劚』紐、韻俱異，『劚』字疑誤。

〔五八〕『優』字右上角底卷有一『⌐』形符號，下文『佉者』、『車者』、『饍者』、『茶者』、『祖者』、『拏者』、『他者』、『波者』、『頗者』各條前一字的右上角亦有同樣的符號，不知何意。

〔五九〕祖，《麗藏》本有『祖者，不知師恩，喻如羝羊，是故名祖』句，『祖』字敦煌寫本或作『袓』（斯四八七六號）、『袓』（斯一三〇號）等形，玄應《音義》引作『咤』，音佇賈反，據此，疑以作『袓』爲是。

〔六〇〕『蹈』『踏』義近，但讀音迥殊。

〔六一〕蒸，疑爲『蒸』字俗省，『蒸』和注文『𦳊』爲古異體字（《説文·艸部》載『蒸』字或體作『𦳊』），北六三三六號（雲四六）經本有『譬如有國多清冷風，若觸衆生身諸毛孔，能除一切鬱蒸之惱』句，即此字所出；但北六三三五號（藏三六）、六三三七號（吕三六）經本及玄應、慧琳《音義》引皆作『烝』（『烝』『蒸』音同義通）。

〔六二〕『大般涅槃經卷第十』八字據其下所列字頭實際所出經文卷次擬補。

〔六三〕核，底卷從反犬旁，考經本卷一〇有『譬如有人食菴羅果，吐核置地』句，當即此字所出，兹據正。又『核』字底卷接抄於出於經本卷九的『蒸』字之下，兹據其所出置於卷十之下。又『核』下八字在經文中出現的實際順序爲陶、躁、快、棲、核、診、綜、矛。此下各卷所列字頭順序大抵亦與經文出現順序相反，敦煌佛經難字寫本中多有其例。

〔六四〕 跡，『躁』的俗字，經本有『（如彼愚人）心志輕躁』句，即此字所出。

〔六五〕 陶，北六三四〇號（宙三〇）、六三四一號（珍五）經本有『譬如金鑛，陶練滓穢』句，『陶練』同『淘錬』，《麗藏》本正作『淘錬』。

〔六六〕 嗤，北六三四四號（月四九）經本有『而作卜嗤』句，『嗤』爲『噬』字俗寫，經文中應讀作『筮』，北六三四五號（寒二四）經本作『莁』，正是『筮』字俗寫。又本卷下所列難字與經文中出現的順序相反。

〔六七〕 鳫，當作『薦』或『韉』，北六三四四號、六三四五號（寒二四）、六三四六號（珠五五）經本有『不坐象鳫馬鳫』句，應即此字所出，其中的『鳫』字《金藏》廣勝寺本作『薦』，《資福藏》等本作『韉』。

〔六八〕 餝，北六三四四、六三四五號經本有『衣裳服餝』句，『餝』字北六三四六號經本作正字『飾』。參看上文校記〔五三〕。

〔六九〕 毦，北六三四四、六三四六號經本有『拘執毦衣』句，玄應、慧琳《音義》引作『䩭』，云『亦作毦』，通取於義無失。

〔七〇〕 憮，斯二七九九號、北六三四四、六三四六號經本有『顔貌憮怡』句，『憮』爲『熙』的類化增旁俗字，北六三四五號經本正作『熙』。

〔七一〕 蟠，北六三四四、六三四六號經本有『蟠龍相結』句，『蟠』字斯五三五號、北六三四五號經本作『槃』，《金藏》廣勝寺本作『盤』。

〔七二〕 『滓』字底卷不甚明晰，不知是否有誤。

〔七三〕 諭，斯二七九九、三三一六號、北六三四六號經本有『煩惱障者，貪欲瞋恚……嫉妒慳悋，奸詐諭諂，无慚无愧』句，應即此字所出；『諭諂』當讀作『諛諂』，《金藏》廣勝寺本及大正藏本正作『諛諂』。

〔七四〕 淋，斯二七九九、三三一六號、北六三四六號經本有『小便淋瀝』句，玄應、慧琳《音義》引作『痳』，小便數也；云經文作『淋』，非此用。

〔七五〕瘖，經本有『膚體瘖瘖，其心悶亂』句，玄應、慧琳《音義》並出『瘖瘖』條，慧琳云『經文有從疒作瘖，諸字書並無此瘖字，近代人加疒作之』。

〔七六〕『愐』至『駐』二十餘字（除『瑠』字外）在經文中出現的順序與此大抵相反。

〔七七〕眴，『旬』的增旁俗字或『眴』的訛字，《説文·目部》載『旬』字或體作『眴』。北六三五三號（雨三一）、北六三五五號（海二三）等經本有『唯有視眴爲别異耳』句，即此字所出。

〔七八〕艶，『豔』的俗字，斯四七八、五六一號經本有『有馬寶其色紺艶』句，其中的『艶』字北六三五五號經本作『炎』，係借音字。

〔七九〕瑋，斯四七八、五六一號、北六三五三號經本有『壯則端嚴，形貌瓌瑋』句，『瓌瑋』《資福藏》等本作『瓌偉』，義同。

〔八〇〕瑠，經本相應位置未見，此字疑應移至底卷下行之末『鉗瓅』二字之後，北六三六〇號（光八六）、六三六一號（珠九九）經本卷一三有『所謂鉗瓅環釧釵瑠』句，即此數字所出。參看下文校記〔八六〕。

〔八一〕𧹞，斯四七八號等經本有『童子聞已𧹞然有愧』句，即此字所出；『𧹞』同『赧』，《廣韻·潸韻》音奴板切，底卷音『舍』，蓋誤以爲『赦』字，非是。

〔八二〕皴，斯四七八號等經本有『膚皮皴裂』句，即此字所出，『皴』爲『皴』的偏旁易位俗字。參看《大般涅槃經音》（一）校記〔一八八〕。

〔八三〕虱，『蝨』的俗字，斯四七八、五六一號經本有『亦能堪忍寒熱飢渴、蚊虻蚤虱』句，即此字所出。

〔八四〕駐，斯四七八、五六一號經本有『依因足跟以駐踝骨』等句，『駐』當讀作『柱』，《金藏》廣勝寺本作『拄』，義同。

〔八五〕『鍛』下四字底卷接抄於『駐』字之下，查此四字見於經本卷一三，故另行排列。又從卷十三起，卷次品名多在該卷難字之末，且字次亦往往與經文相反，如本卷鍛、剉、鉗瓅四字在經文中出現的順序爲鉗瓅、剉、鍛。下皆仿此，不再一一注明。

〔八六〕璅，北六三六一號經本有『所謂鉗璅環玔釵璫』句，其中的『璅』字斯二一五二號經本同，乃『瑣』字俗寫，斯一九三號經本作『鎖』，古異體字。

〔八七〕灆，經本有『（水）或言鯊利藍』句，『灆』『藍』爲譯音用字之異。又『藍』『驃』二字今見經本在卷一三，但依底卷體例，或抄手所見經本在卷一四。

〔八八〕『蹹』字《金藏》廣勝寺本在卷一六，但北六三八七號（河四）等敦煌本則在卷一五之末。

〔八九〕鋑，北六三八六號（歲五八）經本有『其鋑鐵者何冶所出』句，即此字所出，『鋑』爲『鏃』的俗字，斯四八六四號、北六三八五號（鱗一八）等經本正作『鏃』。注音字『矦』據字形爲『侯』字俗寫，但此處應爲『族』的訛字。參看《大般涅槃經音》（一）校記〔三八〕。

〔九〇〕悴，北六三九一號（李五七）經本有『我等窮悴，奈何自活』句，應即此字所出。注音字『恤』與『悴』紐、韻皆異，俟考。

〔九一〕欐，北六三九二號（鹹九二）、六三九四號（巨一五）經本有『如人遥見欐間牛角』句，應即此字所出；『欐』同『籬』。

〔九二〕『五十二心』四字經本卷一八、一九均未見，待考。

〔九三〕苞，經本有『正法弘廣，無所不苞』句，『苞』通『包』。

〔九四〕𦘺，北六四〇三號（露九七）經本有『如秋𦘺樹，春則還生』等句，即此字所出，『𦘺』、『𩭘』皆爲『髡』的俗字，《金藏》廣勝寺本正作『髡』。

〔九五〕『嬰兒行品苐九』在經本卷二十的尾部，此下所列的『削』等三字不見於『嬰兒行品』，而見於該卷前部的『梵行品第八之六』。

〔九六〕埠阜，北六四一五號（珠九）、六四一六號（餘九三）、斯二三七、一八二八、六九二四號經本有『其土多有山陵埠阜』句，應即此二字所出，其中的『埠阜』斯二二一六號經本作『垍阜』，《金藏》廣勝寺本作『堆阜』，『垍』『堆』古異體字，『埠』則應爲『垍』的俗字。

〔九七〕『瓨』字底卷接抄於『阜』字之下，但此字經本卷二一、二二皆未見，卷二三有『執提瓨器，悉空无物』句，疑即此字所出。

〔九八〕殂，北六四二四號（闕七七）、六四二五號（結五二）經本有『是故身心難可殂壞』句，『殂』當讀作『沮』，《金藏》廣勝寺本正作『沮』。參看上文校記〔三六〕。

〔九九〕闞，北六四二四、六四二五號經本有『闞看諸舍』句，『闞』爲『闞』的俗字，《金藏》廣勝寺本正作『闞』。

〔一〇〇〕杅，北六四二四號經本有『如棄金器，用於瓦扜』句，『扜』乃『杅』字之訛，應即此字所出；『杅』佛經中亦用作『盂』的俗字，北六四二五號經本正作『盂』。

〔一〇一〕『楞』字經本卷二四未見，俟考。

〔一〇二〕焥燎，北六四三二號（來七八）、斯二二七四號經本有『所謂日月星宿焥燎燈燭珠火之明』句，即此二字所出，『焥』爲『庭』的俗字，《磧砂藏》等本正作『庭』。

〔一〇三〕『噬』、『塊』二字《金藏》廣勝寺等本在卷二五，但北六四四八號（往三七）等敦煌本該二字所屬經文皆在卷二六。

〔一〇四〕叏，北六四六二號（河七九）經本有『近空閑處，遠離憒閙』句，即此字所出；『叏』『閙』古異體字。參看上文校記〔五五〕。

〔一〇五〕『苐廿三』應爲『苐十二』之誤，底卷上文爲『光明遍照高貴德王菩薩品苐十』，下文爲『迦葉菩薩品苐十二』，不應『苐廿三』品夾在二者之間，經本『師子吼菩薩品』正是第十一。

〔一〇六〕醪，北六四七五號（騰四四）、北六四七六號（重六三）經本有『緣因者如燸醪等從乳生』句，『醪』字玄應、慧琳《音義》引皆作『酵』，云『酵』字指酒酵，經文多作醪，非經意。

〔一〇七〕燸，『煗』的俗字，上條校記所引經文『燸』字玄應、慧琳《音義》引皆作『煗』。注文『爲』與『燸』字音義皆所不同，有誤。

〔一〇八〕『跣』『奩』二字《金藏》廣勝寺本等所屬經文在卷二八，但北六四七〇號（雲一百）等敦煌本所屬經文則在卷二九。

〔一〇九〕羆，經本卷三一有『或作麞鹿熊羆……牛馬之身』句，應即此字所出，但注文『雄』應是爲『熊』字注音，應有一誤。

〔一一〇〕薊，斯二三一五號經本有『薊鉢染衣』句，即此字所出，『薊』爲『薫』的俗字，斯四三八二號經本正作『薫』，『薫』同『熏』，《金藏》廣勝寺本即作『熏』。

〔一一一〕讌，斯二三一五、四四一五號經本有『見女人時，或生調讌，言語戲咲』句，應即此字所出，玄應、慧琳《音義》出『嘲調』條，云『嘲』字經文有作『讌』字，相承音藝，未詳何出。按：『讌』同『囈』，嘲笑也。

〔一一二〕罊，『罊』的俗字，斯四三八二號經本有『惡獸所罊』句，應即此字所出。

〔一一三〕托，斯二八六九、四三八二、六七一八號經本有『譬如巧匠，甘鍋盛金，自在隨意托攬融消』句，『托』爲『撓』的俗字，玄應、慧琳《音義》引皆作『撓』。參看《大般涅槃經音》（一）校記〔一九八〕。

〔一一四〕菥，斯二八六九、四三八二號經本有『如刈菥草，執急則斷』句，『菥』爲『菱』的俗字，斯六七一八號經本及玄應、慧琳《音義》引皆作『菅』，玄應《音義》云經文作『菱』，非此用。

〔一一五〕駟，斯四三八二號、北六四八六號（暑四八）經本卷三一有『如善御駕駟，遲疾得所』句，即此字所出。《金藏》廣勝寺本上引經文所在語段在卷三十末，與此分卷不同。

〔一一六〕『舀』字經本卷三一、三二均未見，應爲『臼』的訛字，經本卷三二有『其觸脚者言象如木臼』句，應即此字所出。

〔一一七〕毼，同『毦』，斯四七五六號經本有『猶如疾風，吹兜羅毬』句，『毬』即『毼』字之訛，慧琳《音義》引作『毦』。

又『紝』、『鉺』二字所在經文《金藏》廣勝寺本在卷三一，北六四八九號（昃一百）等敦煌本則在卷三二。

〔二八〕藁，斯五二七三、北六四九三號（重三二）經本卷三三有『種一得一，爲藁草故』句，『藁』同『稾』，伯二一一七號經本及慧琳《音義》引即作『稾』。

〔二九〕𥝩，『黍』的俗字，伯二一一七號經本卷三三有『粟黍及以白豆亦復如是』句，其中前二字原卷有殘泐，但據殘存筆畫可定爲『粟黍』二字，『黍』字斯二〇三三號等其他敦煌本、《金藏》廣勝寺本及玄應、慧琳《音義》引皆作『床』，與此不同。又上引經文敦煌本在卷三三，《金藏》廣勝寺本在卷三二，皆在經本第十一品『師子吼菩薩品』下，而此前的『藁』字則在經本卷三三第十二品『迦葉菩薩品』下，因爲底卷第十三卷後每卷下所録字詞與經文順序相反，故本卷下先出經本中出現在後的『藁』字及第十二品的品名，後出出現在前的『黍』字及第十一品的品名。下文第三十八、四十一、四十二卷下也出現了相同的情況。

〔三〇〕『㲋』以下六字出於憍陳如品第十三，《金藏》廣勝寺本列在卷三九，但斯二七九一、二九二七、三四三九號、北六五一七號（菜一〇）等敦煌本皆列在卷三八，與本卷合。

〔三一〕囓，斯二九二七號經本有『欲以口齒齚囓金剛諸大士』句，『囓』爲『齧』的增旁俗字，斯二七九二、三四三九號等經本正作『齧』。

〔三二〕嗤，『咲（笑）』的訛俗字，斯二九二七號等經本有『愚人聞之，則生蚩咲』句，即此字所出。

〔三三〕綏，北六五一九號（露七一）、六五二〇號（柰九四）、斯二一五〇號等經本有『胡桃石榴綏子』等名，應即此字所出，『綏子』當作『桵子』，《金藏》廣勝寺本及慧琳《音義》引正作『桵子』。又注文『湏』字《集韻·隊韻》音呼內切，又此字唐代前後多用作『須』的俗字，後者《廣韻·虞韻》音相俞切，均與『桵』或『綏』字讀音有別。

〔三四〕憒，即『責』的增旁俗字，北六五二一號（辰四九）經本有『是故憒汝炷即是明』、『汝先憒我心不平等』等句，其中的『憒』字北六五一九號、六五二〇號、斯二一五〇號經本皆作『責』。

〔二五〕停，斯二九二七號經本卷三八有『不聞阿竭多仙十二年中恒河之水停耳耶』句，即此字所出；『停』爲『停』的訛俗字，北六五一七號、斯三四三九號等經本正作『停』字。又『停』下四字所出經文北六五一七號、斯二七九一、三四三九號等經本屬卷三八，但《金藏》廣勝寺本列在卷三九，本卷『停』下四字列在卷三九，而上文出於相近一段經文的『㝹』下六字又列在卷三八，必有一誤，疑『停』下四字應改抄於卷三八下。

〔二六〕悎，斯二七九一、二九二七、三四三九號等經本卷三八有『譬如愚人見師子王飢時睡眠，而欲悎之』句，即此字所出，『悎』當讀作『覺』，《大般涅槃經音》（一）此字誤作『捁』，但其下脚注音『教』是也，本卷音『號』，非是。參看《大般涅槃經音》（一）校記〔三二〕。

〔二七〕籥，北六五二五號（盈七三）等經本有『曲是户籥，直是帝幢』句，其中的『籥』字北六五二七號（玉七五）經本作『籥』，皆爲『籥』字俗省；《金藏》廣勝寺本作『鑰』，玄應、慧琳《音義》引作『闟』，三字古通用。注文『輪』與『籥』音義皆無關，有誤。

〔二八〕螞，北六五二五號等經本有『蘇螞胡膠』之句，『螞』爲『蠟』的俗字，北六五二七號（玉七五）經本正作『蠟』。

〔二九〕『苦廣反』與『慨』字的讀音不合，『廣』字底卷似有描改作『在』字的痕迹，疑當作『在』。《大般涅槃經音》（一）此字音『苦愛反』，可參。

〔三〇〕倏，《麗藏》本有『倏（倏）尒心驚，舉身戰慄』句，又有『倏（倏）尒心戰大震驚』句，應即此字所出；但此字敦煌經本皆作『儵』，『儵』『倏』古通用。參下條。

〔三一〕儦，斯一三三一號、北六六〇〇號（珠六三）經本有『儦尒心驚，舉身戰慄』句，又有『儦尒心戰大振驚』句，應即此字所出，『儦』、『儦』皆爲『儵』字俗寫。

〔三二〕底卷正面抄寫至此，卷背抄有『化無所化分第二十五』至『不受不貪分第二十八』四分及每分的起首八至十一字（係《金剛般若波羅蜜經》三十二分的内容），又抄有『枳側買反』及『藍』、『騈』等字，正面皆已見。

大般涅槃經音(三)

伯三四三八

【題解】

本篇底卷編號爲伯三四三八，大體完整。首有經名，前二行所摘經字下多注有切音，但其後則不再標音，疑屬未完成之作。没有注音的難字下大多留有一定的空間，大約是爲注音預留的，但從第二帙第五卷以後，所抄難字亦頗有連抄而未留空間的(參看校記[三三])。《索引》稱本篇爲『大般涅槃經難字，間有音義』，《寶藏》、《法藏》及《索引新編》據以題作『大般涅槃經音義』。但本篇雖有注音却無釋義，故據以改擬今題。所據經本爲北涼曇無讖譯的四十卷本及唐若那跋陀譯的後分二卷。前面部分所抄經字標明卷帙，每帙爲十卷，但『第三袟』(實爲第四袟)後所列經字多未標明卷帙，次序較爲混亂。本篇前底卷有『辛巳年三月轉』字樣(該行前另有『因愛生憂』等十六字)，卷背爲『沙州官告國信判官將仕郎試大理評事王鼎狀』四件，『辛巳年』轉的大約就是這四件文書，正面抄的佛經難字時間上應早於此年。

張金泉在《敦煌音義匯考》中曾對本篇作過初步校勘。兹據《法藏》影印本及縮微膠卷校録如下。有關本篇的參校本，請參看伯二一七二號《大般涅槃經音》(一)的解題説明。不少難字伯二一七二號《大般涅槃經音》(一)、斯二八二一號《大般涅槃經音》(二)已有校説，故此不再一一出校。底卷標目字用大字，注音字用雙行小字，兹改注音字爲單行，用比標目字小一號的字排列。底卷經本各卷難字大多接抄不分，兹按卷分段校録(末段『噓』字以下十餘字底卷未標明卷帙，序次比較混亂，則不再分段)，以清眉目。除經本原文相連成詞者外，每字下用句號點斷，原有以備注音用的空格則不再保留。

《大般涅槃經》第一袟

第一卷　讖(讖)楚蔭反。〔一〕寘奴丁反。〔二〕悢力黨反，又力尚反。櫓力靚反。竅口弔反。朿(朿)。呰兹耳反。

柈毗謎反。墟去餘反。

第二卷　篾(蔑)。唼。膾。醽醶。〔三〕廛。〔四〕菰。蔓。沮。

第三卷　廛。

第四卷　蒜。獦(獵)。闅。〔五〕

第五卷　疣。狖〔六〕噅。〔七〕甀。蓖。迮。閪。〔八〕

第六　縷。〔九〕綖。貟(貿)。

第七　葂。〔一〇〕毱。渚。

第八　椁。〔一一〕瞙。〔一二〕舶。櫓。棖。〔一三〕嚜。闠。澊。

第九　瓮。鍑。〔一四〕緻。呰。痡。〔一五〕悴。〔一六〕蛻。〔一七〕

第十　粇。〔一八〕閲。〔一九〕餅。〔二〇〕稊。稗。渚。

第八卷〔二一〕　靲。〔二二〕韃。〔二三〕

第二袠(袠)

第二卷　皴(皺)。蚤(蚤)。

第一一卷〔二四〕　瘤。勉。〔二五〕熅燸。〔二六〕迫迮。毦。〔二七〕蓮。〔二八〕

第三卷　偲(偲)。▨。〔二九〕

第五　振。〔三〇〕鋘。〔三一〕

［弟九卷］〔三二〕皴。〔三三〕坧。〔三四〕䫏（髡）。茬。〔三五〕㑇（象）。嘘。頷。〔三六〕

弟十卷　淚（淚）。憙。酛。〔三七〕咊。撿。〔三八〕猲。〔三九〕呻吗。〔四〇〕

弟三袟〔四一〕

弟一卷　矚。〔四二〕踈（躁）。

［弟二卷］〔四三〕　䳭。〔四四〕紝。綆。〔四五〕茯。舀。〔四六〕

弟三　瓠。〔四七〕冈。〔四八〕癖。〔四九〕悎。〔五〇〕泆。〔五一〕

［弟四］〔五二〕　坧。〔五三〕燸。〔五四〕

［弟六］〔五五〕　邠。〔五六〕

弟［八］〔五七〕　瞙。〔五八〕曄（曄）。煒。〔五九〕礪。〔六〇〕檨。〔六一〕齰囓。〔六二〕毚。

［弟九］〔六三〕　憒。〔六四〕

［弟十］〔六五〕　哫。〔六六〕蝎。〔六七〕鍻。〔六八〕籥（籥）。〔六九〕罥。坧。〔七〇〕

爼。〔七一〕壜。爼。繽紛。

嘘。〔七二〕鶩。〔七三〕蒳。〔七四〕礫。〔七五〕鏃。〔七六〕佷悷。〔七七〕完。柲。僡。〔七八〕闞。〔七九〕珁。危。楯。〔八〇〕烶

燎。〔八一〕豟。〔八二〕

【校記】

〔一〕讖，此字當是爲經本作者「曇無讖」注音。

〔三〕寘，北六二八六號（昃八二）等寫經及《麗藏》本有「轅槅皆以七寶廁填」句，「寘」「填」音義同，但慧琳《音義》引作「瑱」，云經作「填」誤。又此字底卷原注「徒賢反」，劃去，旁注「奴丁反」。按《廣韻》「填」「寘」皆

音徒年切，與『徒賢反』同音，此當以音『徒賢反』爲是。

〔三〕 醧醘，北六二九三號（餘二二）經本有『譬如人醉，其心醧醘』句，即此二字所出，『醧醘』又作『恤怰』、『恤怰』，用同『瞑眩』，眩暈義。參看《大般涅槃經音》（一）校記〔六九〕。

〔四〕 㡆，同『隈』，説詳《大般涅槃經音》（一）校記〔七六〕。又『㡆』字以下四字見於經文卷三，『㡆』字底卷第三卷重出，則此處應删，其下三字則當移至第三卷『㡆』字之下。

〔五〕 闄，經本卷四未見，俟考。

〔六〕 ⿰犭付，斯一九六六號經本有『爲拔毒箭，⿰犭付以妙藥』句，『⿰犭付』爲『拊』字之訛；『拊』又當讀作『傅』，説詳《大般涅槃經音》（一）校記〔一三三〕。

〔七〕 嚅，底卷重出，兹删去其一（前一字底卷似本已點去）；斯一六一八號等經本有『得嚅氣已』句，『嚅』同『㬉（煗）』。參看《大般涅槃經音》（二）校記〔三五〕。

〔八〕 閪，《龍龕》以爲『闑』的俗字，但經本卷五相應位置未見此字，而有『譬如門閫風不能動』句，不知是否即『閫』字俗訛。

〔九〕 『縷』下三字經本卷六未見。

〔一〇〕 『葂』下三字經本卷七未見，全經似亦未見『葂』字。

〔一一〕 椑，《麗藏》本作『鞞』，用同『篦』，説詳《大般涅槃經音》（一）校記〔一五二〕。

〔一二〕 瞙，當作『膜』，經本有『即以金錍決其眼膜』句，應即此字所出。

〔一三〕 振，底卷左旁作『才』形，下『振』字同，俗書木旁扌旁皆可作此形，兹姑録作『振』（『振觸』的『振』古本作『棖』）。斯一三〇號經本有『乃至不敢以手振觸』句，應即此字所出，《麗藏》本作『撲』，俗字。

〔一四〕 『鍑』字與下『緻』字右側底卷旁注『弟九』二字，上文已見，故不録。

〔一五〕 ⿸疒帝，斯九三號、北六三三六號（雲四六）經本有『令王糞門遍生瘡疱，兼復⿸疒帝下』句，『⿸疒帝』爲『⿸疒滯』的俗字，

《麗藏》本及玄應、慧琳《音義》引正作『瘁』。

〔一六〕悴，北六三三五號（藏三六）、六三三六號（雲四六）等經本有『久處愚癡生死大海，困苦窮悴』句，應即此字所出，《麗藏》本『悴』作『顇』。

〔一七〕蛻，北六三三六號經本有『如蛇蛻皮，爲死滅耶』句，『蛻』字北六三三五號經本及《麗藏》本作『脱』。

〔一八〕粇，古或用同『粳』，經本卷十有『尒時純陀所持粳粮成熟之食』句，或即此字所出。

〔一九〕『閬』字經本相應位置未見，俟再考。

〔二〇〕餅，『飯』的俗字，北六三四一號（珍五）經本及《麗藏》本有『受諸大衆人天所奉飯食』句，應即此字所出。

〔二一〕弟八卷，『八』字底卷本作『一』，但似已點去，右旁有一『八』字，當是改字之意，故補入。但何以第二袟下先出第八卷難字，費解。參下二條。

〔二二〕鞕，北六三九七號（霜六一）、六三九八號（巨一四）等經本卷一八有『無堅鞕心』句，《金藏》廣勝寺本『鞕』作『硬』，異體字，或即此字所出。斯三三六六號《大般涅槃經音》第十八卷下亦出『鞕』字。而經本卷十一未見『鞕（硬）』字。

〔二三〕韃，『撻』的俗字。斯四七八、五六一、四八六九號經本卷一二有『撾打楚韃』句，其中的『韃』字斯四四二六、六五五三號等經本作正字『撻』。但經本卷十八、卷十一皆未見此字，俟再考。

〔二四〕『第一一卷』當作『第一卷』（二『一』字一在行末，一在次行首，因衍），其下所列難字見於經文第十一卷，但就第二袟而言，則爲第一卷。按順序，此卷應移至第二卷之前。

〔二五〕魆，『魅』的俗字，説詳《大般涅槃經音》（一）校記〔一六四〕。

〔二六〕熅燸，經本有『熅燸適身』句，『熅燸』爲『温煗』的俗字。

〔二七〕毦，斯二七九九號經本有『拘執毦衣』句，『毦』字《金藏》廣勝寺本作『毦』，玄應、慧琳《音義》引作『𣯍』。

〔二八〕蓮，北六三四六號（珠五五）經本有『節子、蓮子』等名，『蓮』字玄應《音義》引作『連』，慧琳《音義》引作『接』。

〔二九〕缺字底卷左半作虫旁，右半模糊不清，全字近似『螟』字。

〔三〇〕振，斯二九一七、四八六四號等經本有『令諸瓦鉢互相棠觸』句，『棠』字《金藏》廣勝寺本作『樑』，『棠』『樑』『振』古字通用，應即此字所出。參上校記〔三〕條。

〔三一〕鋑，『鏃』的俗字，經本有『其鏃鐵者何冶所出』句，應即此字所出。

〔三二〕『第九卷』三字據内容擬補，『皴』字以下至『頟（額）』字出於經本卷十九。

〔三三〕『皴』字底卷與上『鋑（鏃）』字連抄，中間無空格，類似情况底卷下文多見，除經本原文相連者外，校録時仍用句號斷開。

〔三四〕坻，『坻』的俗字，北六四〇四號（薑六八）經本有『今有大師名删闍邪毗羅坻子』句，應即此字所出，《金藏》廣勝寺本作『胝（胝）』，譯音詞無定字。

〔三五〕茬，同『差』，斯二五九一號經本有『如四大河……悉入大海，无有茬别』句，應即此字所出。

〔三六〕頟，『額』的古字，經本有『有屠兒名曰廣頟』句，應即此字所出。

〔三七〕酛，蓋『酖』字俗寫，但此字經本相應位置未見，而有『如人航醉，逆害其母』句，『酛』疑即『航（躭）』字異文。

〔三八〕撿，經本卷二〇未見，北六四〇三號（露九七）等經本卷一九有『如鹿在撿（撿），初无歡心』句，『撿』爲『弶』的俗字。參看《大般涅槃經音》（一）校記〔二四七〕。

〔三九〕獨，『獵』的俗字，斯一八三三號、北六四〇七號（雨九七）等經本有『遊行獨鹿』等句，應即此字所出。

〔四〇〕呻吗，《金藏》廣勝寺本作『呻號』，在第三十一卷。參看《大般涅槃經音》（一）校記〔三三二〕。

〔四一〕『弟三袟』或爲『弟四袟』之誤，其下所摘經字多見於經本卷三一以後。

〔四二〕瞩，當作『暱』，同『嚶（煐）』，説詳《大般涅槃經音》（一）校記〔三三三〕。又『瞩』下四字《金藏》廣勝寺本在卷三一，但北六四七八號（闕二五）等敦煌寫本則在卷三二。

〔四三〕『弟二卷』三字據内容擬補。參下二條。

〔四四〕毱，斯四七五六號經本卷三二有『猶如疾風吹兜羅毬』句，『毬』『毱』一字之變，皆爲『毭（毦）』的訛俗字。參看《大般涅槃經音》（二）校記〔二七〕。『紝』、『毭』二字所在經文《金藏》廣勝寺本在卷三一，北六四八九號（昃一百）等敦煌本則在卷三二，《大般涅槃經音》（一）、《大般涅槃經音》（二）亦均列在第三十二卷下。

〔四五〕『綆』下三字皆見於經本卷三二。

〔四六〕舀，當作『臼』，説詳《大般涅槃經音》（二）校記〔二六〕。

〔四七〕『瓠』下四字《金藏》廣勝寺本在卷三二，但斯二〇三三號等敦煌本則在卷三三。

〔四八〕冈，疑爲『网』的俗字，斯二〇三三號經本卷三三有『不生殺害疑網之想』句，其中的『網（網）』字伯二一一七號經本作『冈（网）』，『网』『網』爲古今字。

〔四九〕癖，通『躄』，斯二〇三三、五二七三號經本有『如跛如癖』句，其中的『癖』字斯一二七五號、北六四九〇號（秋二七）經本及《金藏》廣勝寺本作本字『躄』。

〔五〇〕悎，經本相應位置未見，而有『或怖或痦』句，其中的『痦』字《中華大藏經》校記稱磧砂藏等五本作『覺』，敦煌寫經中『覺』常借用『悎』字，疑上文『痦』字異本有作『悎』者，爲底卷『悎』字所出。

〔五一〕泆，斯一二七五、五二七三號經本卷三三有『不偷盜、不淫泆』句，《金藏》廣勝寺本『泆』作『妷』，俗字。

〔五二〕『弟四』二字據内容擬補。此下二字見於經本卷三四。

〔五三〕坧，『坻』的俗字，北六四九四號（鹹二三）等經本卷三四有『復有比丘名曰瞿坧』句，應即此字所出。

〔五四〕燸，『煗』的俗字，北六四九八號（辰九三）經本卷三四有『又復我説燸法、頂法、忍法、世第一法』句，疑即此字所出。

〔五五〕『弟六』二字據内容擬補。此下一字見於經本卷三六。

〔五六〕邠，經本卷三六有『阿那邠低精舍』句，蓋即此字所出。

〔五七〕『八』字據内容擬補。此下八字敦煌經本在卷三八（後五字《金藏》廣勝寺本經文在卷三九）。

〔五八〕瞙，當作『膜』，經本卷三八有『一者膜時』句，疑即此字所出。

〔五九〕韡，經本卷三八有『顔色暐曄』句，『韡』應即『暐』的俗字。

〔六〇〕『礪』下五字《金藏》廣勝寺本經文在卷三九，斯二九二七號等敦煌本在卷三八。

〔六一〕⿰扌旋，當係『旋』的訛俗字，經本有『其心狂亂不定，如水濤波、旋火之輪』句，蓋即此字所出。

〔六二〕齚嚙，經本有『欲以口齒齚齧金剛諸大士』句，『嚙』即『齧』的增旁俗字。

〔六三〕『弟九』二字據内容擬補。此下一字見於經本卷三九。

〔六四〕憒，文中當爲『責』的增旁俗字，北六五二一號（辰四九）經本卷三九有『是故憒汝炷即是明』句，應即此字所出。參看《大般涅槃經音》（二）校記〔二四〕。

〔六五〕『弟十』二字據内容擬補。此下六字見於經本卷四〇。

〔六六〕⿰口東，同『欶』，北六五二五號（盈七三）經本卷四〇有『犢子生已，性能⿰口東乳』句，應即此字所出。

〔六七〕蝎，『蠟』的俗字，北六五二五號經本有『蘇（酥）蝎胡膠』句，即此字所出，『蝎』字北六五二七號（玉七五）經本作正字『蠟』。

〔六八〕鍻，『鑞』的俗字，北六五二五號經本有『白鍻鉛錫』句，即此字所出，『鍻』字北六五二七號經本作正字『鑞』。

〔六九〕⿱竹侖，『籥』字俗省，説詳《大般涅槃經音》（二）校記〔二七〕。

〔七〇〕坵，應爲『坻』的俗字，北六五二九號（騰一九）、北六五三三號（爲六五）經本有『迦那牟尼佛侍者弟子名曰蘇坵』、『菴摩賴坵』等句，其中的『坵』字北六五三一號（冬二二）經本作『坵』，《金藏》廣勝寺本前一字作『坵』，後一字作『伍』，按『坵』『坵』皆爲『坻』字俗寫，『伍』則爲『低』字俗寫。

〔七一〕俎，北六六〇〇號（珠六三）經本卷四二（即《大般涅槃經後分》卷下）有『如來之身，金剛堅固，常樂我浄，不可俎壞』句，『俎』當讀作『沮』，《麗藏》本經文正作『沮』。下『俎』字同。又此下五字出於經本卷四二，即《大般涅槃經後分》卷下，如果按十卷爲一帙，則此五字應爲第五帙第二卷下的内容。

〔七二〕噓，經本卷四一（即《大般涅槃經後分》卷上）、卷一九、卷二三（據北六四二五號經本）等卷經文皆有此字，未詳所本。又此下經字多屬補録第三帙下的經字，但因底卷未標明卷次，字序亦頗參差，故不再分卷録出。

〔七三〕鴛，疑爲『鷖』字俗訛，但『鷖』字經本未見，卷二五有『聽法明鏡亦復如是，有人照之，則見善惡，明了无翳』句，『翳』『鷖』古可通用，不知是否爲此字所出。

〔七四〕萳，就字形而言，此字當爲『萳』字，但後者古書罕用，此處或爲『繭』字俗訛，經本卷九、卷二七等卷皆有『繭』字。

〔七五〕礫，經本卷一、卷二二皆有此字，考此下難字大多出於經本卷二一至二三，據此推斷，此字蓋出於卷二二『生於土石瓦礫之相』句。

〔七六〕鏃，此字疑出於經本卷二一『汝今所有疑網毒鏃』句。

〔七七〕佷悷，同『很（狠）戾』，參看《大般涅槃經音》（一）校記〔三六五〕。又此下四字蓋出於經本卷二二，字序亦完全相合。

〔七八〕僫，『惡』的俗字，經本卷二二『栰』字後、卷二三『闚』字前『惡』字均多見。

〔七九〕闚，『闚』的俗字，《金藏》廣勝寺本卷二三有『既入聚中，闚看諸舍』句，其中的『闚』字北六四二四號（闕七七）等經本作『闚』。又此下四字見於經本卷二三，字序亦合。

〔八〇〕楯，經本有『若刀若楯、若弓若箭』句，『楯』同『盾』。

〔八一〕焁燎，見經本卷二四，『焁』爲『庭』的俗字。參看《大般涅槃經音》（一）校記〔三七九〕。

〔八三〕 冢，「冢」的俗字，俗亦作「塚」，經本卷一、四、一六、二七、三一等卷皆有「冢」或「塚」字，敦煌經本或寫作「冢」，如北六二八六號（昃八二）經本卷一有「送其屍骸置於冢間」句，斯二八六九號經本卷三一有「至冢墓間」句，皆其例。

大般涅槃經音（四）

伯三四一五

【題解】

本篇底卷編號爲伯三四一五。無題。《索引》標『佛書中難字十一行』。《寶藏》擬題『大般涅槃經音』。《索引新編》擬題『大般涅槃經字音』，《法藏》從之。茲從《寶藏》擬題。所録難字均見於北涼曇無讖譯的《大般涅槃經》四十卷及唐若那跋陀譯的《大般涅槃經後分》二卷（敦煌寫本中有把二書合抄在一起的，凡四十二卷）。摘字不分卷，不依經序，先後雜出。由於有的摘字在經文中多見，如『甜』字見於經本卷三、卷八等，『編』字見於經本卷一一、卷一六等，故難以一一確定某一摘字在經本中的具體出處。有注音的字不多，共十五條，多用直音，用反切的僅一條。没有注音的難字下大多留有一定的空間，大約是爲注音預留的。

張金泉在《敦煌音義匯考》中曾對本篇作過初步校勘。茲據《法藏》影印本及縮微膠卷校録如下。有關本篇的參校經本，請參看伯二一七二號《大般涅槃經音》（一）的解題説明。不少條目伯二一七二號《大般涅槃經音》（一）、斯二八二一號《大般涅槃經音》（二）、伯三四三八號《大般涅槃經音》（三）已有校説，故此不再一一出校。

底卷標目字用大字，注音字單行小字雙行小字雜出，茲一律改爲單行小字。除底卷原本連抄者外，每字下用句號點斷，原有以備注音用的空格則不再保留。

蠅蚤下音早。 蝮螯（螫）。〔一〕 齧。〔二〕 橘。 鵠。〔三〕 甜。 懅。 豚音屯。 鏃。 鉤斲（斵）。〔四〕 奎。 昴。 棲。
檻。〔五〕 瓨。〔六〕 皴。〔七〕 雉。 編。 毦。〔八〕 瘤音濕。 淋。 瀝。 驃。 劓音義。 馥。 閫音困。 諂音諂。〔九〕 髣音方。
髴音弗。 矛。 矟。 蹽（躁）。〔一〇〕 钁。 鸜鵒鸚鵡上葵，下欲。〔一一〕 氎。 蓖。 倏。〔一二〕 壜音曇。 纛音毒。 悽。 慘

（慘）。〔一三〕 鬅（𣪊）。 藁。〔一四〕 皱（皺）。〔一五〕 陷。 偃。 瓠。 祢。〔一六〕 呻舒神反。 咢。〔一七〕 葵藿上音劬。〔一八〕 紝。 毡。 氈音間。 煶曄。〔一九〕 邠。 阿摩隸（隸）。〔二〇〕 毗摩隸（隸）。 涅摩隸（隸）。 曹伽隸（隸）。 醯（醯）摩羅若竭棹。 三曼那拔提。〔二一〕 娑婆陁娑檀尼。〔二二〕 波羅磨他娑檀尼。 摩那斯。 阿拙啼。〔二三〕 比羅祇。〔二四〕 菴摩頼（賴）坻（坻）。 婆嵐弥。 婆嵐摩娑隸（隸）。 富泥富那。〔二五〕 摩奴頼（賴）綈。

【校記】

〔一〕 蠅蚤、蝮螯，經本卷二二有『障諸寒暑、惡風、惡雨、惡蟲、蚊虻、蠅蚤、蝮螯』句，應即此四字所出。

〔二〕 ⿰口⿱劬齒，疑爲『囓（齧）』的訛俗字，經本卷四（據北六三一四號寫經本）、三九等卷皆有『嚙』或『齧』字。

〔三〕 鵠，《麗藏》本卷一有『其林變白，猶如白鶴』句，『鶴』字敦煌寫經多作『鵠』，應即此字所出。參看《大般涅槃經音》（一）校記〔三〇〕。

〔四〕 鉤斵，《大般涅槃經》卷二五有『有調象師以大鐵鉤鉤斵其頂』句，應即此二字所出。

〔五〕 ⿰木強，北六四〇二號（麗六六）經本卷一九有『如鹿在⿰木強』句，《金藏》廣勝寺本同，『⿰木強』爲『弶』的俗字，玄應、慧琳《音義》引正作『弶』。參看《大般涅槃經音》（一）校記〔二四七〕。

〔六〕 ⿰镸兀，『髠』字俗省，北六四〇三號（露九七）等經本卷一九有此字，詳《大般涅槃經音》（一）校記〔二四四〕。

〔七〕 ⿰皮夋，『皴』的偏旁易位字，《金藏》廣勝寺本卷一二、一九等卷皆有『皴裂』一詞，其中的『皴』字敦煌寫經有作『⿰皮夋』者。參看《大般涅槃經音》（一）校記〔一八八〕。

〔八〕 毦，本卷下文又出『毡』字，爲一字之變，《金藏》廣勝寺本卷一一有『拘執毦衣』句，其中的『毦』字北六三四五號（寒二四）經本作『毡』，斯二七九九號經本作『毦』；又《金藏》廣勝寺卷三一有『吹兜羅毦』句，其中的『毦』字慧琳《音義》卷二六引作『毡』。

〔九〕調，《麗藏》本經文卷八有『於眠中調語』句，應即此字所出。

〔一〇〕踈，『躁』的俗字，經本卷一〇、三一等卷皆有『躁』字，敦煌寫本多從俗作『踈』。

〔一一〕鸜鵒鸜鵒，北六二八四號（珠九七）等經本卷一同，《麗藏》本『鸜』作『鴝』，正字；又此四字經文相連，但據切音，注文應移至『鸜鵒』二字之下。

〔一二〕『倏』以下至『觳』字皆見於《大般涅槃經後分》二卷，敦煌寫經北六五九九號（號四三）、六六〇〇號（珠六三）則列爲《大般涅槃經》卷四一、四二。

〔一三〕惨，『慘』字俗寫，《麗藏》本有『各以所持，悽惨供養』句，應即此字所出，同卷上文又有『哀惨供養』句，此二『惨』字北六六〇〇號經本作『慄』，似誤。

〔一四〕藁，同『稾』，見斯五二七三號等經本卷三三，參看《大般涅槃經音》（二）校記〔一一八〕。

〔一五〕『皺』以下四字《金藏》廣勝寺本經文在卷三二，斯二〇三三號經本在卷三三。

〔一六〕『祢』，見經本卷三九，用同『你』，說詳《大般涅槃經音》（一）校記〔三七六〕。

〔一七〕呻呺，見斯六七一八號經本卷三一，『呺』同『号』，《金藏》廣勝寺本作『號』，古通用。

〔一八〕『葵藿』以下四字皆見於經本卷三二。

〔一九〕韑曄，經本卷三八有『顏色韑曄』句，『韑』即『暐』的俗字，應即此二字所出。參看《大般涅槃經音》（三）校記〔五九〕。

〔二〇〕『阿摩隸』以下陁羅尼咒語底卷另行，皆見於經本卷四〇，用字與《金藏》廣勝寺本稍有不同，但與北六五二五號（盈七三）、六五二六號（河三五）等敦煌寫經則往往相合。蓋此類咒語重在其音，不論其形，故其相異之處不一一校出。

〔二一〕三曼那拔提，北六五二五、六五二六號等經本同，北六五二七號（玉七五）經本作『三曼多跋提梨』，《金藏》廣勝寺本作『三曼多跋提隸』。

〔三二〕娑婆陁娑檀尼，北六五二九號（騰一九）經本同，北六五二七號經本作『娑婆囉伽娑檀尼』，《金藏》廣勝寺本作『娑婆羅他娑檀尼』。

〔三三〕阿拙啼，北六五二五號等經本同，《金藏》廣勝寺本作『阿步提』。

〔三四〕比羅祇，北六五二五號等經本同，《金藏》廣勝寺本作『毗羅氏』。

〔三五〕富泥富那，北六五二五號等經本同，北六五二七號經本及《金藏》廣勝寺本作『富囉泥富囉那』。

大般涅槃經音（五）

斯五九九九

【題解】

本篇底卷編號爲斯五九九九，一紙，正反面兩面抄。《索引新編》以爲原件是兩片，不確。原件無題。《索引》擬題『字書』，《寶藏》、《索引新編》同；《英藏》改題『雜字』。《索引》説明云：『殘存十三行，每字之旁或字下，注以同音字，如𩞭注以囚，嗣注以寺。』《敦煌音義匯考》列在『佛經雜字』下，云『多見《大般涅槃經》中字』。按：本篇所録難字除極個別字出處待考外，餘均見於北涼曇無讖譯《大般涅槃經》四十卷的前三十卷，故據以改定今題。所抄難字大抵以經本的卷爲單位，逆序摘録；各卷的次序則先後雜出，與經本順序不完全一致。根據《英藏》印本的排列順序，正面六行，背面七行。但根據所抄難字在經文中的先後順序來看，當是七行者在前，爲正面；六行者在後，爲背面。正面第七行下部與背面第一行前六字均出於經本卷十，前後正好銜接；《英藏》以六行者在前，爲正面，《寶藏》亦把六行者排在前面，恐皆有誤。背面所抄難字止於經本卷三十，其後應有殘缺。大多數難字下有注音，但也有少部分字未注音的。注音以直音爲主，偶亦有用反切的。注音頗與傳統韻書不合，如遇攝字止攝字互注，梗攝字蟹攝字互注，清濁音互注，等等，顯示出唐五代西北方音的特點。卷中『淵』字作『渆』，『婚』字作『𡢃』，似不避唐諱，疑爲五代以後寫本。

張金泉在《敦煌音義匯考》中曾對本篇作過初步校勘。兹據《英藏》影印本及縮微膠卷校録如下。另附圖版於首，以資比勘。有關本篇的參校本，請參看伯二一七二號《大般涅槃經音》（一）的解題説明。底卷標目字用大字，注音字用單行或雙行小字，兹一律改排單行，注音字用小五號字排列。底卷各卷難字皆接抄不分，兹按卷分段校録（少部分難字序次先後錯出，則不分段），以清眉目。除經本原文相連成詞者外，每字下用句號點斷。

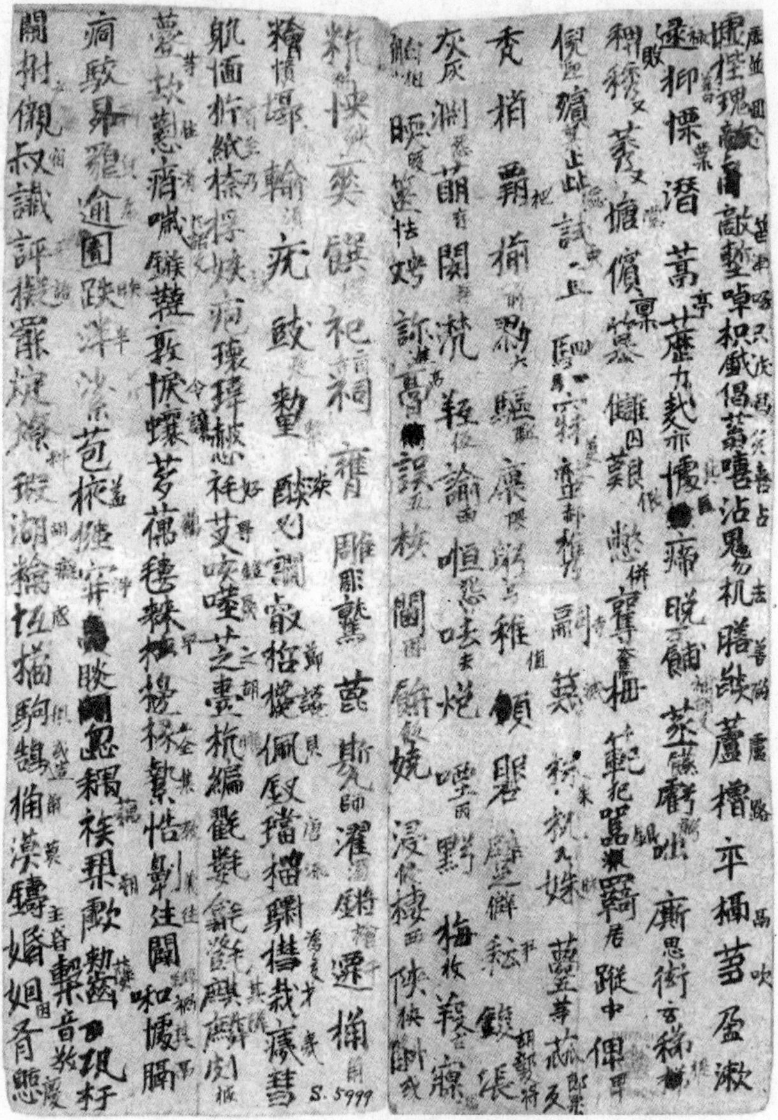

斯五九九九號《大般涅槃經音》圖版

墟虛。〔一〕 桂並。〔二〕 瑰回。 敵笛。 塹漸。 啅啄。 枳只。〔三〕 钺戉。〔四〕 倡昌。 翁瓮。 嘻喜。 沾占〔五〕。 勉勿。〔六〕

机去。〔七〕 膳善。 錟陷。〔八〕 蘆盧。 櫓路。 丯〔九〕 槅鬲。〔一〇〕 茸吹。〔一一〕 盈。 漱。 逯禄。〔一二〕 抑益白。〔一三〕 慄栗。〔一四〕

潛。〔一五〕 葶亭 藶力。 欬亦。 懅（懅）其。〔一六〕 痡。〔一七〕 晥（晚）万。 餔補胡反。 蒸饑。〔一八〕 虧虧。〔一九〕 咄。

廝思。

衒玄。〔二〇〕 稊提。〔二一〕 稗敗。 秀又。〔二二〕 莠又。〔二三〕 塘堂。 傧（儐）稟。〔二四〕 篡。 餓囚。 艱佷。〔二五〕 憖併。〔二六〕

奪奪。〔二七〕

拇。〔二八〕 範犯。 嚚銀。 羇居。〔二九〕 蹤中。〔三〇〕 俾卑 倪迎。〔三一〕 殯（殯）稟。 歭澁。〔三二〕 試史。 宜。 駟四馬。〔三三〕

寐美。〔三四〕 螫郝。〔三五〕 携。〔三六〕 嗣寺。 篾滅。〔三七〕 株朱 杌兀。 姝味。〔三八〕

薹等（等）。〔三九〕 蓏郎果反。 禿。〔四〇〕 捎。〔四一〕 羇把。〔四二〕 揃前。〔四三〕 勠六。〔四四〕 驅駈。〔四五〕 痕限。〔四六〕 躬弓。

稚值。

磐。〔四七〕 躄僻。 耘尹。〔四八〕 鍑胡部反。〔四九〕 漲將。〔五〇〕 灰灰。〔五一〕 渊（淵）怨（怨）。

萌盲。〔五二〕 閡导。〔五三〕 泆。 瓬佤。〔五四〕 諭雨。〔五五〕 悁怨（怨）。 呿去。〔五六〕 炮。 咽因。 黔。〔五七〕 梅枚。〔五八〕 羖古。

寐遇。〔五九〕 舶柏。 暵暖。〔六〇〕

篋怯。 娉。〔六一〕

訡進。〔六二〕 膏高。 誤五。〔六三〕 核。 閫困。〔六四〕 飰飯。〔六五〕 嬈。 浸侵。 棲西。 陜狹。〔六六〕 斛或。 粇秔（耕）。〔六七〕

怏殃。 爽。 饌撰。〔六八〕 祀二同寺。 祠。〔六九〕

奪。〔七〇〕 雕彫 鷲。〔七一〕 蓖。〔七二〕 羆師。〔七三〕 濯濁。〔七四〕 鏘槍。〔七五〕 遷（遷）千。〔七六〕 捔角。〔七七〕 櫓憒。〔七八〕 墎廓

(廓)。〔七九〕輸須。〔八〇〕疣。〔八一〕豉是。〔八二〕鼈(鼇)梨。〔八三〕醆淡。〔八四〕

刈。〔八五〕謅。〔八六〕叡哲節。〔八七〕攙讒。〔八八〕

佩貝。〔八九〕釵瑠唐。榴流。騮。〔九〇〕槽爲爲反。〔九一〕栽才。痍夷。彗。〔九二〕躭恤。〔九三〕

枏昔。〔九四〕紙至。棕乃。〔九五〕桴。姟該。〔九六〕

疱。〔九七〕瓌瑋。〔九八〕憝。〔九九〕秏好。〔一〇〇〕芰导。〔一〇一〕咳鎧。

嗟晟。〔一〇二〕芝之。壺胡。杭曠。〔一〇三〕編。氍毹。〔一〇四〕毾㲪。〔一〇五〕麒其麟隣。〔一〇六〕剫被。〔一〇七〕薹荨(等)。

敁。〔一〇八〕懟住〔一〇九〕。痟消。〔一一〇〕巇於話反。

鏃。〔一一一〕韃。〔一一二〕敦。悏令。〔一一三〕蠰讓。〔一一四〕

茇。〔一一五〕蕅藕。〔一一六〕䙤。〔一一七〕粿早。〔一一八〕櫏椽全。〔一一九〕縶集。〔一二〇〕悎教。〔一二一〕劓義。㳂往。〔一二二〕闢辟。

咼禍。〔一二三〕慺(憏)其。〔一二四〕膈鬲。〔一二五〕痌。〔一二六〕駮。昴卯。貔皃(皃)。〔一二七〕逾爲。〔一二八〕圊。〔一二九〕

趺昳。〔一三〇〕

泮半。〔一三一〕紫。〔一三二〕苞。〔一三三〕掖益。〔一三四〕摇。〔一三五〕穽浄。〔一三六〕

睒。〔一三七〕忽。〔一三八〕耦藕(藕)。〔一三九〕

袪。〔一四〇〕槊朔。〔一四一〕歔。〔一四二〕鬶蘗(蘗)。〔一四三〕瓨。〔一四四〕杅。〔一四五〕闞。〔一四六〕

柎户。〔一四七〕儭。叔宿。〔一四八〕

讖(讖)。〔一四九〕

評平。〔一五〇〕擬語。〔一五一〕罷。〔一五二〕嫙燎料。〔一五三〕

瑕。〔一五四〕湖胡。〔一五五〕檎癡。〔一五六〕

坘（坻）底。〔一五七〕 橘。 駒俱。 鵠或造。〔一五八〕

捔角。〔一五九〕 漠莫。〔一六〇〕 鑄主。〔一六一〕

婚昏 姻因。〔一六二〕 脊。〔一六三〕 憩慶。〔一六四〕 繫音敬。〔一六五〕

【校記】

〔一〕「墟」以下至「斛」字條底卷凡七行《英藏》定作背面，排列在後，兹按所抄難字在經本中的順序定作正面，改排在前。「墟」以下至「慄」字出經本卷一，底卷係逆序摘録經本難字，字序完全相合。

〔二〕梐，底卷左旁作「才」字形，俗寫；經本有「是宫宅中多有七寶流泉浴池，一一池邊各有十八黄金梯陛」句，「梐」即「陛」的類化換旁俗字，斯一五五〇號經本正作「梐」，與本卷同。

〔三〕枳，經本有「啅抧，吒吒羅啅抧」句，即此字所出，「木」旁「扌」旁俗寫相混不分，故「枳」「抧」爲一字手寫之變。

〔四〕「鉞」字右半的「戉」和注音字「戉」底卷皆作「戊」形，俗寫；經本有「刀劍、弓弩、鎧仗、鉾槊、長鉤、金鎚、鉞斧」句，即此字所出，故據録正。

〔五〕沾，經本有「帝路沾女」名，即此字所出。伯二一七二號《大般涅槃經音》（一）出「沾女」條，「沾」字音「點」（敦煌佛典中「沾」字或借用作「點」），此音「占」，疑有一誤。

〔六〕魆，蓋「魅」的古異體字「鬽」的訛變形，經本有「復有一億恒河沙貪色鬼魅，善見王而爲上首」句，即此字所出。參看《大般涅槃經音》（一）校記〔一六四〕。「魅」字《廣韻》音明祕切，明紐至韻；「勿」字文弗切，微紐物韻；以微切明，乃是以輕唇切重唇，當是輕重唇未全部分化；以物切至，乃是入聲切去聲，唐五代西北方音入聲韻尾已有脱落現象（參羅常培《唐五代西北方音》），故可互切。

〔七〕机，「几」的增旁俗字，「几」指几案；經本有「於其座後各各皆有七寶倚牀，一一座前復有金机」句，即此字所出。『机(几)』字《廣韻・旨韻》音居履切，見紐止攝；『去』字在御韻，丘倨切，溪紐遇攝，二字鄰紐，唐五代西北方音止攝、遇攝可互注。

〔八〕餤，經本相應位置未見，而有『是身無常念念不住，猶如電光、暴水、幻炎』句，疑即此字所出，『餤』『炎』音近義通，古書通用不別。

〔九〕卆，『卒』字俗省，經本有『猶如慈父，唯有一子，卒病喪亡』句，即此字所出。

〔一〇〕槅，經本有『是諸寶車出種種光，青黄赤白，轅輻皆以七寶廁填』句，即此字所出。玄應《音義》出『轅槅』條，云『槅』字『居責反，謂轅端頭曲木也。……經文從車作輻，傳寫誤也』。

〔一一〕茸，『蒻』字俗寫，『蒻』又爲『芻』的增旁俗字，經本有『柔軟微妙，猶如天衣憍奢耶衣茸摩繒綵』句，即此字所出。玄應《音義》出『茸摩』條，云『茸』字『古文芻同，測俱反，正言菆摩，此譯云麻衣』。又此字底卷注『吹』，《廣韻・支韻》音昌垂切，昌紐止攝，『芻』字初紐遇攝，亦止攝、遇攝互注之例。

〔一二〕逯，經本相應位置未見，而有『如大龍王有大威德，成就空慧，逮得己利』句，應即此字所出。玄應《音義》出『逮得』條，云『逮』字『徒戴反，《説文》：逮，及也。經文多誤作逯，力屬反，《説文》：逯，謹也。亦人姓也。逯非經旨』。按：俗書『逮』字多有寫作『逯』形的（慧琳《音義》卷三四《八吉祥神咒經》『逮得』條云『逮』字經文作『逯』，俗字也），此『逯』字正亦即『逮』的俗字，而底卷作者直音『禄』，是爲誤耳。

〔一三〕抑，『抑』的俗字，經本有『時諸衆生共相謂言，且各裁抑(抑)，莫大愁苦』句，即此字所出。又此字注音『益白』反，『抑』字《廣韻》職韻開口三等，『白』字陌韻開口二等，唐五代西北方音『庚耕清青蒸登』多混用，職爲蒸之入聲，陌爲庚之入聲，故可相切。

〔一四〕慄，經本有『其中或有身體戰慄，涕泣哽咽』句，即此字所出。直音字『栗』字《字彙補》以爲『古文粟字』，但此處應爲『栗』字俗訛，『慄』『栗』爲同音字。

〔一五〕『潛』以下至『廝』字出經本卷九，底卷係逆序摘録經本難字，字序完全相合。

〔一六〕『懅』字底卷直音『其』，前者《廣韻》魚韻強魚切，群紐遇攝，後者之韻渠之切，群紐止攝，此亦止攝、遇攝互注之例。

〔一七〕⿸疒帝，『⿸疒帶』的俗字，經本有『尒時良醫以咒術力，令王糞門遍生瘡疱，兼復⿸疒帶下，蟲血雜出』句，其中的『⿸疒帶』字北六三三六號（雲四六）、斯九三號等經本作『⿸疒帝』，即此字所出。『⿸疒帶』字俗寫作『⿸疒帝』，猶『蔕』字俗寫作『蒂』。

〔一八〕『⿱艹丞』同『蒸』，經本有『譬如有國多清冷風，若觸衆生身諸毛孔，能除一切鬱蒸之惱』句，即此字所出。

『⿰齒烝』爲『⿰齒蒸』字俗寫，而『⿰齒蒸』實亦即『蒸』的增旁俗字。

〔一九〕『虧』字底卷直音『⿰䖒兮』，後者即『虧』《說文》或体『⿰䖒兮』的俗字。慧琳《音義》『盈虧』條下云『虧』字『有作⿰䖒兮，非體也』。

〔二〇〕『衒』字以下至『寗』字出經本卷六，底卷係逆序摘録經本難字，字序大致相合。

〔二一〕稊，經本有『猶如良田多有稊稗』句，但此句經文在『⿰齒隹』後『篡』前，字序略有錯亂。

〔二二〕⿰禾秀，『莠』的換旁俗字，經本有『譬如田夫種稻穀等，芸除稗⿰禾秀。……若惡彰露，則易可知。如彼稗⿰禾秀，易可分別』等句，應即此字所出。

〔二三〕莠，上條校記所引經文二『⿰禾秀』字北六三二三號（寒七〇）、北六三二四號（騰七三）、北六三二五號（生七五）等經本同，而斯二三九三、二八六四號等經本作『莠』，底卷『⿰禾秀』下又出『莠』字，或爲指明正字，或爲標記異文，或抄手所據經本上句作『⿰禾秀』，下句作『莠』，均有可能。

〔二四〕儐，經本相應位置未見，而有『以是菩薩爲欲擯治諸惡比丘』句，《説文》以『擯』爲『儐』字或體，應即此字所出。

〔二五〕『艱』字底卷直音『佷（很）』，前者《廣韻》山韻古閑切，見紐山攝，後者很韻胡墾切，匣紐臻攝，紐、韻、調俱異，但二字同從『艮』得聲，俚俗或可讀成同音。

〔二六〕『憖』字底卷直音『併』，前者《廣韻》薛韻并列切，幫紐山攝，後者勁韻畀政切，幫紐梗攝，二字異韻。

〔二七〕『奪』和直音字『奞』皆爲『奪』的俗字，經本有『若不出者，當奪汝命』句，即此字所出。

〔二八〕『拇』字以下至『株杌』二字出經本卷二，底卷係逆序摘録經本難字，字序完全相合。

〔二九〕羇，『羈』的後起俗字，經本有『譬如香象爲人所縛，雖有良師不能禁制，頓絶羈鎖自恣而去』句，即此字所出。『羇（羈）』字《廣韻》支韻居宜切，見紐止攝，『居』字魚韻九魚切，見紐遇攝，此亦止攝、遇攝互注之例。

〔三〇〕蹤，經本相應位置未見，而有『猶如伊字三點，若並則不成伊，縱亦不成。如摩醯首羅面上三目，乃得成伊三點』句，應即此字所出；但經文『縱』乃『縱橫』之『縱』，本卷作『蹤』，蓋同音借字。

〔三一〕『倪』字底卷直音『迎』，前者《廣韻》齊韻五稽切，疑紐蟹攝，後者庚韻語京切，疑紐梗攝，唐五代西北方音梗攝字可與蟹攝字互注。

〔三二〕『歭』和注文『澁』分别爲『澀』、『澀』的俗字，『澀』又爲『澀』的後起增旁字；經本有『譬如老少病苦之人，離於善徑，行於險路，路險澀難，多受苦惱』句，其中的『澀』字北六二九二號（餘五〇）寫本作『澁』，而斯三三六六號《大般涅槃經音》第二卷下引亦作『歭』，應即此字所出。

〔三三〕駟，經本有『譬如國王調御駕駟』句，即此字所出。『駟』下底卷注『四馬』二字，爲釋義性質（一乘四馬爲駟），但與本卷的體例不合，疑『馬』字爲衍文當删，而『四』爲直音字。

〔三四〕寐，『寐』的俗字，經本有『臥寐之中，其室忽然大火卒起』句，即此字所出。

〔三五〕螫，『螫』的俗字，經本有『多爲蚊虻蜂螫毒蟲之所唼食』句，即此字所出。玄應《音義》出『蜂螫』條，云『螫』字『舒赤反，《説文》蟲行毒也，關西行此音；又呼各反，山東行此音』。其中的『呼各反』一讀與『郝』字同音。

〔三六〕攜，『攜』的俗字，經本有『攜（攜）抱是兒，欲至他國』句，即此字所出。

〔三七〕篾，當作『蔑』，經本有『人所輕蔑』句，即此字所出，正作『蔑』字。參見《大般涅槃經音義》校記〔三五〕。

〔三八〕妹，此字列在經本卷二、卷三的難字之間，但經本卷二、卷三皆未見此字（卷一〇、卷二〇有此字），未詳所出；該字下注『昧』，音又不合；頗疑此字爲『妹』字之訛，經本卷二有『譬如醉人不自覺知，不識親疏母女姊妹』句，或即此字所出，『昧』『妹』《廣韻》隊韻同在莫佩切小韻，讀音相合；但上揭經文在『羈』字條與『嚚』字條經文間，字序不合，只能存疑。

〔三九〕『蘴』以下至『稚』字除『覇』字外皆出經本卷三，底卷係逆序摘録經本難字，字序完全相合。

〔四〇〕秃，『秃』的俗字，經本有『尒時多有爲飢餓故發心出家，如是之人名爲秃人』等句，即此字所出。

〔四一〕捎，此字經本相應位置未見，疑爲『稍』的訛字，經本『秃』與『霸』間有『王於尒時身被刀劍箭槊之瘡』句，『稍』『槊』爲古異體字，字序亦相合。

〔四二〕覇，『霸』的俗字，此字經本卷三未見，經本卷八有『我當調伏其餘王子，紹繼大王霸王之業』句，或即此字所出，但不知何以竄亂至此，存疑。

〔四三〕揃，經本有『又如壯人，首生白髮，愧而剪拔，不令生長』句，即此字所出，『剪』『揃』音同義通。

〔四四〕剹，『剹』字俗寫，此字經本相應位置未見，而有『譬如國王，諸群臣等有犯王法，隨罪誅戮而不捨置』句，應即此字所出，『剹』當讀作『戮』。

〔四五〕注文『駈』即『驅』的俗字，此爲以俗字爲正字注音之例。

〔四六〕㢈，經本有『有一童子，不善修習身口意業，在屏隈處盜聽説戒』句，其中的『隈』字斯四七二〇號、北六二九八號（列一五）經本作『㢈』，應即此字所出，慧琳《音義》引亦作『㢈』，玄應《音義》引作『隈』，慧琳《音義》『㢈』字音烏對反，與『隈』字音同義近，蓋即一字之異。

〔四七〕『磐』上底卷有一字，左半已塗去，右半作『頁』，當屬删去之字，故未録。『磐』字右上部底卷似作『服』右半之形，蓋手寫之訛，兹録正。『磐』字以下至『淵』字出經本卷七，底卷係逆序摘録經本難字，字序大抵相合。經本有『譬如有人善知伏藏，即取利钁斸地，直下磐石沙礫，直過無難』句，即『磐』字所出。

〔四八〕 耘，經本有『我今雇汝，汝可爲我芸除草穢』句，『芸』乃『耘』的假借字（玄應《音義》於《大般涅槃經》第六卷『耘除』條下云『經文作芸字，與蕓同，草名也。……芸非經旨』），應即此字所出。『耘』字直音『尹』，前者《廣韻》文韻王分切，云紐臻攝，後者準韻余準切，以紐臻攝，讀音略近。

〔四九〕 鍑，經本有『銅鐵釜鍑』句，即此字所出。此字經本在『淵』、『灰』二字之前，如逆序抄録，則應列在『淵』、『灰』二字之後。

〔五〇〕 涱，同『漲』，經本卷七未见『涱』或『漲』字，第五、八、十等卷有『涱』字，未詳所本。

〔五一〕 注文『灰』即『灰』的俗字，此亦以俗字爲正字注音之例。經本有『投淵赴火，自墜高巖；不避險難，服毒斷食；臥灰土上，自縛手足』句，即此字及下『淵』字所出。

〔五二〕 萠，『萠』的異體字，此字以下至『暎』字除『梅』字外皆出經本卷八，底卷係逆序摘録經本難字，字序大抵相合。經本有『如是諸種，從其萠芽乃至葉花，皆是无常』句，即此字所出。

〔五三〕 閡，此字經本相應位置未見，而有『是故如來於一切法無㝵無著真得解脱』句，『㝵』爲『礙』的俗字，『閡』與『礙』音同義近，疑此『㝵』字異本有作『閡』者，爲底卷所本。

〔五四〕 瓺，『瓵』的俗字，猶注音字『佤』爲『低』的俗字；經本有『祖者，不知師恩，喻如瓵羊，是故名祖』句，即此字所出。

〔五五〕 論，經本有『喻如瓵羊』、『喻如門閫』等句，分别在『瓺（瓵）』字前後，『喻』爲『論』的後起换旁字，應即此字所出。

〔五六〕 呿，經本有『不信如來秘密之藏，是故名佉』句，其中的『佉』字斯四八七六號、北六三三六號（爲五三）等經本作『呿』，應即此字所出。

〔五七〕 黫，經本有『啞者即是諸佛法性涅槃，是故名啞。啰者謂如來義，復次，啰者如來進止屈申舉動無不利益一切衆生，是故名嘢』等句，其中的『嘢』字斯四八七六號、北六三三一號（海七）等經本作『黔』，應即此字所出。又此字經本在『哩』字之後，如完全逆序抄録，則『黔』字應列在『哩』字之前。

〔五八〕梅，此字經本相應位置未見，其出處不詳。

〔五九〕寱，經本有『即於眠中譪語刀刀』句，即此字所出。玄應《音義》引作『寱言』，云：『牛世反，《通俗文》夢語謂之寱。……經文多作譪，案字與諂同，佞言也，今多以是鹽、以占二反，此或俗語假借耳。』

〔六〇〕暵，經本有『若酢若煖，是故得名』句，即此字所出。『暵』、『煖』及注文『暖』皆古異體字，《説文》字本作『煗』，或借用『煖』，『暵』、『暖』又分別爲『煗』、『煖』的換旁俗字。

〔六一〕『篋』、『娉』二字逆序見於經本卷七，經文依次作『菩薩爲太子時，以貪心故四方娉妻』、『造扇箱篋種種畫像』。上文已經摘録卷七難字，此二字或屬補抄者。

〔六二〕訡，慧琳《音義》以爲『診』的『時用』字。此字以下至『祠』字除『誤』、『闔』二字外皆出於經本卷十，底卷係逆序摘録經本難字，字序大抵相合。經本有『譬如長者身嬰病苦，良醫訡（診）之，爲合膏藥』句，即此字及下『膏』字所出。

〔六三〕誤，此字經本卷十未見，其出處不詳。

〔六四〕闔，此字經本卷十未見，卷五有『譬如門闔，風不能動』句，卷八有『三寶安住無有傾動，喻如門闔，是故名那』句，但其具體出處不詳。

〔六五〕飰，即『飯』的改易聲旁俗字，經本有『假使純陀所奉飯食碎如微塵，一塵一佛，猶不周遍』等句，即此字所出，字正作『飯』。

〔六六〕陜，此字經本相應位置未見，而有『尒時樹林其地狹小』句，『狹』即『陜』的後起換旁俗字，應即此字所出。

〔六七〕『粇』字以下《英藏》定作正面，兹按所抄難字在經本中的順序定作背面，背面之首與正面末部先後正好銜接。『粇』字經本相應位置未見，而有『尒時純陀所持粳粮成熟之食』句，『粇』、『粳』皆『秔』的異體俗字，應即此字所出。

〔六八〕 饌，此字經本卷十未見，而有『與諸眷屬持諸餚膳疾往佛所』句，其中的『餚膳』北六三四一號（珍五）經本作『餚饌』，玄應、慧琳《音義》引作『肴饌』，應即此字所出。又此字經本在『爽』字之後，如按逆序抄録，則『饌』字應列在『爽』字之前。

〔六九〕 經本有『是人有時爲祠祀故』句，即『祀』『祠』二字所出，底卷因係逆序抄録，故先出『祀』字；但『祀』下注文『二同寺』則是指『祠』、『祀』二字而言。『祠』、『祀』、『寺』三字僅聲調有平、上、去之别。

〔七〇〕 『膐』字字書不載，疑爲『膂（膖）』或『脜』的訛俗字，其具體出處不詳。又此字以下至『鼇』字底卷字序與經文不盡一致，先後錯出，故這部分不分段。

〔七一〕 『雕』古又作『鵰』，『鷲』應爲『鷲』的訛俗字，經本卷一有『不久當爲狐狼鵄梟鵰鷲烏鵲餓狗之所食噉』句，卷一四又有『當爲虎狼鵄梟鵰鷲之所噉食』句，底卷具體出處不詳。

〔七二〕 『蓖』以下至『酸』字交錯見於經本卷五、卷四，『蓖』、『甃』、『遷』、『埒』、『疣』、『豉』六字逆序見於經本卷五，『濯』、『鏘（槍）』、『捔』、『橧』、『輸』、『鼇』、『酸』七字逆序見於經本卷四。經本卷五有『如竹、葦、蜱麻，莖幹空虚而子堅實』句，玄應《音義》謂『蜱』字宜作『蓖』等二形，經文作『蜱』，非，應即此字所出。

〔七三〕 甃，經本卷五有『譬如瓦瓶破而聲甃』句，應即此字所出。

〔七四〕 濯，經本卷四有『我又示現受糞掃衣浣濯縫打』句，應即此字所出。

〔七五〕 鏘，經本卷四有『進止威儀，頭痛、腹痛、背痛、木槍，洗足、洗手、洗面、漱口、嚼楊枝等』句，應即此字所出；玄應《音義》出『木槍』條，云『《三蒼》：木兩耑鋭曰槍。經文作鏘，鈴聲也，鏘非正體』。

〔七六〕 遷，經本卷五有『老者名爲遷變』句，應即此字所出。

〔七七〕 捔，經本卷四有『習學乘象、盤馬、捔力種種伎藝』句，應即此字所出；玄應、慧琳《音義》出『角力』條，云『上古岳反，量也，試也。經作捔字，音才古反，是古文粗字，粗，略也，全非經義也』。按：用同『粗』的

『捔』當是『㩳』字之訛，而『捔力』之『捔』則應即『角』的增旁俗字。

〔七九〕檜，經本卷四有『以此三千大千世界置葶藶檜』等句，應即此字所出。

〔八〇〕墎，經本卷五有『猶如城郭樓觀却敵』句，『墎』即『郭』的後起增旁字，北六三一六號（宿三一）經本正作『墎』字，應即此字所出。

〔八一〕輪，經本卷四有『何緣復共耶輪陀羅生羅睺羅』句，應即此字所出。

〔八二〕疣，經本卷五有『所言涅槃者無諸瘡疣』句，應即此字所出。

〔八三〕豉，經本卷五有『鹽豉胡麻大小諸豆』句，應即此字所出。

〔八四〕釐，經本卷四有『財寶之費不失毫釐』句，應即此字所出。

〔八五〕醈，經本卷四有『云何六味？說苦醋味，無常鹹味，無我苦味，樂如甜味，我如辛味，常如淡味』句，『醈』疑即『淡』的換旁俗字；經本卷二六有『如鹽性鹹能鹹異物，石蜜性甘能甘異物，苦酒性酢能酢異物，薑本性辛能辛異物，呵梨勒苦能苦異物，菴羅果醈能醈異物，毒性能害令異物害』句，其中的『醈』字《磧砂藏》等本作『淡』，可以比勘。

〔八六〕『刈』至『攙』四條分別出於經本卷十三、十二、十一，字序與經文順序相反。經本卷一三有『譬如一人多有所能，若其走時則名走者，或收刈時復名刈者，或作飲食名作食者』句，應即『刈』字所出。

〔八七〕讇，經本卷一三有『而彼婬女巧作種種諂媚現親』句，『讇』『諂』古異體字，應即此字所出。

〔八八〕叡哲，經本卷一二有『心聰叡哲，有大智慧』句，應即此二字所出。『哲』字《廣韻·薛韻》陟列切，知紐山攝，直音字『莭』爲『節』的俗字，在屑韻，子結切，精紐山攝，二字韻近紐遠。

〔八九〕攙，經本卷一一有『寧以鐵錐遍身攙刺』句，應即此字所出。

〔九〇〕『佩』字以下至『躭愐』二字出經本卷一三，底卷係逆序摘録經本難字，字序完全相合。

⿰驃寸，經本有『陁陀羅驃非陁羅驃』句，『⿰驃寸』即『驃』的繁化俗字，應即此字所出。

〔九一〕 槥，經本相應位置有「譬如彗星出現天下」等句，「槥」應即「彗」的借音字，斯二一五二號經本「彗」字作「搟」，可以比勘。又此字底卷音「爲爲反」（後一「爲」字底卷作省書符號），云紐止攝；「彗」字玄應《音義》《大般涅槃經》第八卷「彗星」條音蘇醉反，心紐止攝，讀音相近。

〔九二〕 彗，經本相應位置有「九如彗星」句，應即此字所出。

〔九三〕 躭愐，經本有「所謂女色、躭愐飲酒、上饌甘味」句，其中的「躭愐」斯二一五二號經本作「躭湎」，玄應《音義》引作「耽湎」，應即此二字所出；「躭」爲「躭」字俗寫，「躭」又爲「耽」的換旁俗字，「愐」爲「湎」的借音字。

〔九四〕 枬，此字和下文「椂」、「桴」二字的左半底卷皆作「才」字形，敦煌写本中「木」旁「扌」旁皆可作此形，兹姑定作「木」旁。「枬」應爲「析」的俗字，「析」「昔」音近。此下五字大抵出經本卷一四，底卷係逆序摘録經本難字，字序完全相合。經本有「剥皮爲紙，刺血爲墨，以髓爲水，折骨爲筆，書寫如是《大涅槃經》」句，其中的「折」亦爲「析」的俗字（斯三八八號《字樣》以「折」爲「析」的「相承」字），應即此字及下「紙」字所出。

〔九五〕 椂，經本有「波羅椂城」句，應即此字所出。

〔九六〕 姟，經本有「嬰孩時異」句，其中的「孩」字北六三七八號（崑一三）經本作「姟」，應即此字所出；「姟」即「孩」的換旁俗字。「孩」字《廣韻·咍韻》音户來切，匣紐；「該」「姟」同韻音古哀切，見紐；底卷把用同「孩」的「姟」讀作「該」，未盡切當。

〔九七〕 「疱」以下至「咳」字出於經本卷一二，底卷係逆序摘録經本難字，字序大抵相合。

〔九八〕 瓌瑋，經本有「壯則端嚴，形貌瓌瑋」句，即此字所出，「瓌」爲「瑰」的古異體字。

〔九九〕 慹，「赧」的俗字，經本有「童子聞已赧然有愧」句，即此字所出。

〔一〇〇〕 秏，「耗」的俗字，經本有「我所行處，能令其家所有財寶一切衰耗」句，即此字所出。

〔一〇一〕 芆，「艾」字的俗寫，經本有「皮膚皴裂，其色艾白」句，即此字所出。

〔一〇二〕 嗤，就字形而言，此字當是『噬』的俗字，但經本相應位置未見『噬』字，疑此處當讀作『筮』。經本有『不以抓鏡、芝草、楊枝、鉢盂、髑髏而作卜筮』句，應即此字及下『芝』字所出。底卷此字下注『晟』，『噬（或筮）』《廣韻·祭韻》時制切，禪紐蟹攝；『晟』在勁韻，承正切，禪紐梗攝，唐五代西北方音蟹攝與梗攝可以互注。又此字以下至『曦』字出於經本卷一一，底卷係逆序摘録經本難字，字序大抵相合。

〔一〇三〕 杭，此字經本相應位置未見，而有『其牀兩頭不置二枕，亦不受畜妙好丹枕、安黄木枕』句，其中的『黄』字慧琳《音義》引作『簧』，疑『杭』即『簧』字異文，『杭』、『簧』與『曠』字音近。

〔一〇四〕 氍氀，經本有不畜『氍毺毾㲪』等物，即此二字所出。玄應、慧琳《音義》引出『氍毹』條，慧琳《音義》云『毹』字『經作氀，力宇反，氀毼也，非此義也』。

〔一〇五〕 毾㲪，經本作『毾㲪』，慧琳《音義》引作『𣯫㲪』，皆爲一詞異寫。

〔一〇六〕 麒麟，左旁應皆爲『鹿』旁的訛寫；經本有『真是麒麟獨一之行』等句，即此二字所出。

〔一〇七〕 㓟，經本有『是八地獄其中衆生常爲諸苦之所逼切，所謂燒煮、火炙、斫刺、㓟剥』句，即此字所出。慧琳《音義》云：『㓟剥，上音披，經文假借用，字書中並無此字也。』

〔一〇八〕 㰦，經本有『頻申憙睡，欠呿不樂；貪嗜飲食，其心𧄼瞢』句，玄應、慧琳《音義》引皆作『欠㰦』，玄應云『㰦』又作『呿』，同，即此字及上『𧄼』字所出。

〔一〇九〕 底卷『懟』字直音『住』，前者《廣韻·至韻》音直類切，澄紐止攝；後者在遇韻，持遇切，澄紐遇攝，此亦止攝、遇攝互注之例。

〔一一〇〕 痟，經本有『顛狂乾消鬼魅所著，如是種種身心諸病』句，『消』應即『痟』字異文，即此字所出。慧琳《音義》卷六四《四分羯磨》音義：『乾痟，上音干，顧野王云：乾，燥也。……下小焦反，《埤蒼》痟謂渴病也，亦痟瘦病也，從疒、肖聲，經從水作消，《考聲》消謂滅也，非經義。』可參。

〔一一一〕 『鏃』以下至『蠰』字出於經本卷一五，底卷係逆序摘録經本難字，字序完全相合。

〔一二二〕鞬，『揵』的换旁俗字，經本有『恚有二種，一能奪命，二能鞭揵』等句，其中的『揵』字北六三八六號（歲五八）經本作『鞬』，即此字所出。

〔一二三〕悷，經本有『若有衆生性悷，自是須人呵諫，我於無量百千歲中教訶敦喻，令其心調』句，即此字及上『敦』字所出；『悷』經文中當是用同『戾』，玄應《音義》引正作『戾』。『悷（戾）』字《廣韻·霽韻》音郎計切，來紐蟹攝；直音字『令』在勁韻，力政切，來紐梗攝，唐五代西北方音梗攝、蟹攝可以互注。

〔一二四〕蠰，經本有『未來有王，名曰蠰佉』句，即此字所出；玄應、慧琳《音義》引作『儴佉』，爲梵語譯音用字之異。

〔一二五〕蓡，『蒻』的訛變形。此字以下至『闢』字出於經本卷一六，底卷係逆序摘録經本難字，字序大抵相合。經本有『五熱炙身，常臥灰土、棘刺、編椽、樹葉、惡草、牛糞之上，衣麁麻衣、塚間所棄糞掃氀褐、欽婆羅衣、麞鹿皮革、蒻草衣裳，茹菜，噉草、藕根、油滓、牛糞、根果』句，應即此字至『椽』六字所出，其中的『蒻』字北六三八九號（昃五四）經本作『蓡』，與底卷同；又北六三九〇號（結八一）經本作『茸』，係由『蒻』訛變爲『蓡』的中間環節。

〔一二六〕蕅，即『藕』的俗字，經本正作『藕』（見上條引）。北六三八〇號（宙四）經本卷一六有『復有无量蕅根、甘根、青木香根』句，其中的『蕅』亦爲『藕』的俗字，可以比勘。

〔一二七〕毸，『氀』的偏旁易位字，經本正作『氀』（見〔一二五〕條校記引）。北六三九〇號（結八一）經本作『毸』，與底卷合。

〔一二八〕粿，『棘』字的俗寫，經本正作『棘』（見〔一二五〕條校記引）。此字底卷直音『早』，蓋以爲『棗』的俗字，非是。

〔一二九〕櫋椽，『櫋』應爲『編』的俗字，經本正作『編』（見〔一二五〕條校記引），斯一六二三、三八八五、四八六一號、北六三九〇號經本亦作『編』；斯五二九六號、北六三八九號（昃五四）經本作『邊』，應爲『編』的借音字；斯二五九八號經本作『櫋』，與底卷合，『櫋』是在『邊』的基礎上受『椽』字影響類化增旁産生的俗字。

〔一三〇〕縶，經本相應位置未見此字，『縶』『集』讀音亦相差較遠，疑『縶』爲『繫』的訛字，經本相應位置有『於一切法中無有滯礙繫縛拘執，心無迷悶』等句，疑即此字所出，『繫』『集』讀音亦近。

〔一二一〕悎，『覺』的俗字。俄弗二三〇號玄應《一切經音義》卷二節抄本《大般涅槃經》第十五卷音義：『覺寤，上居效反……經文以覺爲悎，文字所無。又以寤爲悟。』但經本卷一六相應位置未見『悎』或『覺』字，而有『其子睡寤行住坐臥心常念之』句，疑其中的『寤』字古有作『悎』或『覺』者，爲底卷所本。參看伯二一七二號《大般涅槃經音》校記〔三三二〕、〔三七三〕條。

〔一二二〕徍，即『往』字《説文》篆文『[illegible]』的隸定形，經本有『盧至長者而爲上首，與其人民俱共相隨往至佛所』、『尒時調達尋便見我往至其所』等句，應即此字所出。

〔一二三〕『唎』以下至『圊』字出於經本卷二〇，底卷係逆序摘録經本難字，字序大抵相合。經本有『唎者名爲無常』句，即此字所出。

〔一二四〕懅，經本有『吾今遽務，明當更來』句，其中的『遽』字北六四〇七號（雨九七）經本作『懅』，應即此字所出；《麗藏》本作『劇』，於義爲長。『懅』字《廣韻·魚韻》音強魚切，群紐遇攝，『其』字在之韻，渠之切，群紐止攝，此亦止攝、遇攝互注之例。

〔一二五〕膈，經本有『大小便利，擁隔不通；身卒肥大，紅赤異常；語聲不均，或麁或細；舉體斑駮，異色青黄；其腹脹滿，言語不了』句，『膈』當是『隔』字的異文，應即此字及下『駮』字所出。

〔一二六〕痌，此字經本相應位置未見，俟再考。

〔一二七〕貌，『貌』字的俗寫，經本有『今見是使，相貌不吉』句，即此字所出。

〔一二八〕逾，經本有『以愁惱故，身病踰增』句，『逾』『踰』音同義通，應即此字所出。『逾』字底卷直音『爲』，前者《廣韻·虞韻》音羊朱切，以紐遇攝，後者在支韻，薳支切，云紐止攝，此亦止攝、遇攝互注之例。

〔一二九〕圊，經本有『如鴛鴦鳥不住清廁』句，其中的『清』字北六四〇八號（來七五）經本作『圊』，應即此字所出。

〔一三〇〕跌，經本卷一二有『即前欲取，不覺脚跌，墮坑而死』句，卷一七又有『於路脚跌，二瓶俱破』句，從上下文難字所出經本的卷數來看，此字出於經本卷十七的可能性較大。

〔一三一〕『泮』以下至『穽』字出於經本卷一九，底卷係逆序摘録經本難字，字序完全相合。經本有『不但獨爲有智男子而演説法，亦爲極愚胖合智者女人説法』句，其中的『胖』字北六四〇一號（洪三三）、六四〇二號（麗六六）、六四〇四號（薑六八）等經本作『泮』，應即『泮』字所出；玄應、慧琳《音義》引皆出『判合』條，慧琳云『判』字『普旦反，又作胖、牉三（二）形，鄭玄曰：胖，半也，得偶而合曰胖。經作泮，水解也，非此義也』。

〔一三二〕紫，經本有『不以莎草恭敬供養拔其瞋根』句，其中的『莎』字北六四〇五號（宿二三）經本同，北六四〇一、六四〇二、六四〇三號（露九七）等經本作『紫』，慧琳《音義》出『紫草』條，云『此是人名』。按：『紫』『莎』蓋譯音用字之異。

〔一三三〕苞，經本有『正法弘廣，無所不苞』句，應即此字所出；『苞』當讀作『包』。

〔一三四〕掖，經本記釋提桓因命將終，有五相現，其四爲『腋下汗出』，其中的『腋』字北六四〇一、六四〇五號經本同，北六四〇二、六四〇三、六四〇四號等經本作『掖』，應即此字所出；『掖』『腋』古今字。

〔一三五〕攞，經本有『如鹿在欏，初無歡心』句，其中的『欏』字北六四〇二號經本同，北六四〇一、六四〇四、六四〇五號等經本作『攞』，『欏』『攞』俗寫之變，應即此字所出；玄應、慧琳《音義》引皆出『在弶』條，玄應云『弶』經文作『攞』，俗字。

〔一三六〕穽，經本有『如鹿見草，不見深穽』句，應即此字所出；《大正藏》本『穽』字作『阱』，爲古異體字。

〔一三七〕『睒』以下三字具體出處待考。經本卷一八、卷二五有『拘睒弥』國，疑即『睒』字所出。又『睒』下底卷另有一大字，似『閃』字，但字上有塗抹，似已作廢，故不録。伯二一七二號《大般涅槃經音》第一卷下『睒』字直音『閃』，可參。

〔一三八〕𣥩，經本卷二四首段有『又如有人身體麁澁』句，其中的『澁』字北六四二八號（巨九七）經本作『歰』，『𣥩』即『歰』字俗寫（『歰』又爲『澀』的俗字，『澁』則爲『澀』的俗字，『歰』『澀』古今字），不知是否爲底卷『𣥩』

字所出。

〔一三九〕耦，此字經本未見，卷一八有『若有人能以藕根絲懸須弥山』句，不知與此字有無關係。

〔一四〇〕族，『族』字的俗寫。此字以下至『闚』字出於經本卷二三，底卷係逆序摘録經本難字，字序大抵相合。經本有『譬如有人多諸種族宗黨熾盛』句，應即此字所出。

〔一四一〕槊，經本有『若刀、若楯、若弓、若箭、若鎧、若矟，能害於人』句，其中的『矟』字北六四二四號（闕七七）經本作『槊』，應即此字所出。

〔一四二〕歔，經本有『是四毒蛇常伺人便，何時當視，何時當觸，何時當噓，何時當齧』句，其中的『噓』字北六四二四號經本作『歔』，應即此字所出；北六四二五號（結五二）經本作『嘘』，『歔』『嘘』皆見於《説文》，蓋古異體字，而『噓』則是『歔』『嘘』交互影響的結果。

〔一四三〕齧，經本有『何時當齧』句，該句之前又有『見毒、觸毒、氣毒、齧毒』等句，其中的『齧』字北六四二四號經本皆作『齧』（《龍龕·齒部》以爲『齧』的俗字），而『齧』又爲『齧』的訛變字。

〔一四四〕瓨，經本有『執捉瓨器，悉空无物』句，應即此字所出。

〔一四五〕杅，經本有『如棄金器，用於瓦盂』句，其中的『盂』字北六四二四號經本作『扜』，『扜』乃『杅』字之訛，應即此字所出；『杅』佛經中亦用作『盂』的俗字（慧琳《音義》卷五七《佛説阿鳩留經》音義『一盂』條云『盂』字『經從木作杅，非』，可參）。

〔一四六〕闚，經本有『既入聚中，闚看諸舍，都不見人』句，句，其中的『闚』字北六四二四、六四二五號經本作『闚』，『闚』即『闚』的俗字，應即此字所出。此句經本在『瓨』字句前，『杅（盂）』字句後，字序略有不合。

〔一四七〕『柎』和下『傰』字逆序見於經本卷二二。經本有『爲出膿血，蘇麨塗拊』句，其中的『拊』字斯三三二一號等經本同，斯三五二七號經本作『柎』，應即此字所出；『拊』、『柎』皆當讀作『傅』，斯二一五三號經本正作『傅』。《儀禮·士冠禮》云：『素積白屨，以魁柎之。』鄭玄注：『魁，蜃蛤。柎，注也。』賈公彥疏：『以蛤灰塗注於上，使色白也。』其中的『柎』字義同。

〔一四八〕『叔』字經本相應位置未見，卷二三『僛』字句前有『見无常相空寂等相』句，『叔』不知是否爲『寂』字之訛。

〔一四九〕識，經本卷二一有『一切咒術醫方伎藝，日月博蝕、星宿運變、圖書讖記如是等經，初未曾聞』、『詣師學書、算計、射禦、圖識、伎藝』句，應即此字所出。

〔一五〇〕『評』字以下至『⿰火疑燎』出於經本卷二四，底卷係逆序摘録經本難字，字序完全相合。

〔一五一〕『擬』字《廣韻·止韻》音魚紀切，疑紐止攝，直音字『語』在語韻，魚巨切，疑紐遇攝，此亦止攝、遇攝互注之例。

〔一五二〕『罷』字經本相應位置未見，而有『師子、虎狼、熊羆、貓狸、鷹鷂之屬』句，『罷』應即『羆』字省體。

〔一五三〕⿰火疑燎，經本有『所謂日月、星宿、⿰火定燎、燈燭、珠火之明』句，其中的『⿰火定』字北六四二八號（巨九七）經本作『⿰火疑』，應即此二字所出。『⿰火疑』、『⿰火定』皆爲『庭燎』之『庭』的俗字，《磧砂藏》等經本正作『庭』。慧琳《音義》卷七四《佛本行贊傳》第三卷音義：『庭燎，上定丁反，《説文》從广從廷，傳文從火作⿰火疑，非也。』

〔一五四〕瑕，經本卷二六有『不作瑕戒，不作雜戒』句，應即此字所出。參下條。

〔一五五〕『湖』字經本相應位置未見，《金藏》廣勝寺本卷二五末段有『常遊屠獵酤酒之家』句，疑『湖』即『酤』字之誤。又此句及下『⿰米离（黐）』字所在經文《金藏》廣勝寺本在第二十五卷，但斯五二九八號、北六四四七號（陽六二）等經本在第二十六卷，疑底卷所據經本亦在第二十六卷，『⿰米离（黐）』、『湖（酤）』、『瑕』係逆序摘録經本第二十六卷難字。

〔一五六〕⿰米离，『黐』的俗字，經本有『純以黐膠置之案上』等句，其中的『黐』字斯五二九八號經本作俗字『⿰米离』，應即此字所出。參上條。

〔一五七〕『坻』至『鵠』四字出於經本卷二八，底卷係逆序摘録經本難字，字序完全相合。

〔一五八〕鵠，經本有『如人遠見白物，不應生疑。鶴耶幡耶？人耶樹耶？』句，其中的『鶴』字北六四七五（騰四四）、六四七六號（重六三）經本作『鵠』，應即此字所出。又此字下底卷注『或造』，疑爲切音，『鵠』本從『告』得聲，『或造』反與『告』字讀音相近；但《廣韻》『鵠』字音胡沃切，與『或造』反韻異。

〔二五九〕捔，經本卷三〇有『惟願大王聽我等輩與彼瞿曇較其道力』句，其中的『較』字北六四七八（調六六）、六四八五號（果三〇）等經本作『捔』，應即此字所出。參看上文校記〔七七〕。『捔』、『漠』、『鑄』三字北六四七八、斯二三九四號等敦煌經本皆在卷三〇，《金藏》廣勝寺本『較（捔）』字在卷三〇，『漠』、『鑄』二字則在卷二九末。底卷係逆序摘録經本難字，字序完全相合。

〔二六〇〕漠，《金藏》廣勝寺本卷二九有『祇陀園林不近不遠，清浄寂寞，多有泉池』句，北六四七八、六四八五號、斯二三九四號等敦煌經本皆在卷三〇，其中的『寞』字皆作『漠』，應即此字所出。

〔二六一〕鑄，《金藏》廣勝寺本卷二九有『鑄金爲人，其數復百』句，北六四七八號、斯二三九四號等敦煌經本皆在卷三〇，應即此字所出。

〔二六二〕『㛰𡛷』至『憇』字出於經本卷二九，底卷係逆序摘録經本難字，字序大抵相合。『㛰』爲『婚』的古異體字，『𡛷』爲『姻』字的俗寫，經本有『爲有婚姻歡樂會乎』句，其中的『婚姻』北六四八〇（收四一）、六四八一（雲二七）、六四八三號（玉六五）等經本皆作『㛰𡛷』，即此二字所出。

〔二六三〕肴，古書既用作『有』字（《龍龕·又部》：『肴，誤，《舊藏》作有字。』），又用作『肴』字（《龍龕·肉部》：肴，俗，户交反，正作肴，—餚也。所謂的正字即『肴』字的俗寫），經本相應位置多見『有』字，又有『可起速共莊嚴，掃治宅舍，辦具餚膳』句，『餚』爲『肴』增旁繁化字，故未詳底卷『肴』字具體所出。

〔二六四〕憩，『憇』的偏旁易位字，經本有『中路有樹，其陰清涼，行人在下憇駕止息』句，即此字所出。『憩』字《廣韻》祭韻去例切，溪紐蟹攝，『慶』字映韻丘敬切，溪紐梗攝，唐五代西北方音梗攝字可與蟹攝字互注。

〔二六五〕『繫音敬』三字底卷旁記於『𡛷』、『肴』二字右側行間，不知應添補於何處；『繫』應爲『繫』的訛俗字，其出處待考。『繫』字《廣韻》霽韻古詣切，見紐蟹攝，『敬』字映韻居慶切，見紐梗攝，此亦梗攝字蟹攝字互注之例。

大般涅槃經音（六）

斯三三六六

【題解】本篇底卷編號爲斯三三六六，首尾完整。首題「大般涅槃經音」，但奇怪的是卷中并無注音，大概抄手原來準備把難字摘出後再來注音，所以在每個難字下均留有一定的空格以備注音之用（卌四卷「毷」字下接抄「毛」旁的前三畫，因爲未留空格，故未寫完即廢去，空一格後再接抄「毷」字，可以爲證），但後來却因故没有完成。底卷摘録難字所依據的經本爲北涼曇無讖譯的四十卷本及唐若那跋陀羅譯的後分二卷（敦煌寫本中有把曇無讖譯的四十卷本和唐若那跋陀羅譯的後分二卷合併爲四十二卷的）。每卷下所摘難字與經文順序大多相合。

張金泉在《敦煌音義匯考》中曾對本篇作過初步校勘。兹據《英藏》影印本及縮微膠卷校録如下。另附圖版於首，以供比勘。底卷經本各卷難字接抄不分，兹按卷分段校録，以清眉目。每字下用句號點斷，原有以備注音用的空格則不再保留。不少難字伯二一七二號《大般涅槃經音》（一）、斯二八二一號《大般涅槃經音》（二）、伯三四三八號《大般涅槃經音》（三）已有校説，故此不再一一出校。有關本篇的參校本，請參看伯二一七二號《大般涅槃經音》（一）的解題説明。

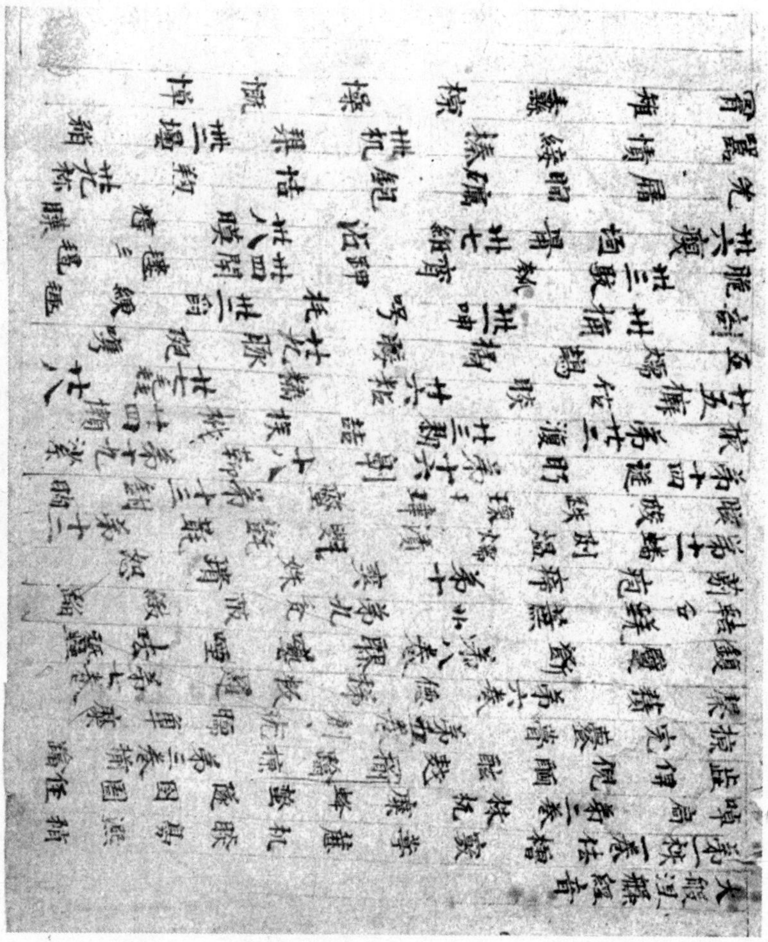

斯三三六六號《大般涅槃經音》圖版

大般涅般經音

弟一袟一卷 佉。櫓。竅。葶。虀。机。睒。鼻。〔一〕漉。〔二〕稍。啅。肩。〔三〕

弟二卷 株。杌。縻。蜂。螫(螫)。隧。〔四〕囹。圄。俓。〔五〕跓。〔六〕俾。倪。醧。酤。〔七〕麩(麨)。〔八〕

弟三卷 揃。蹹。〔九〕掠(掠)。完。薹。曹。

弟五卷 創。疣。〔一〇〕嚅。〔一一〕牟。〔一二〕縻。〔一三〕槃(轂)。積。

弟六卷 僫。〔一四〕稊。叛。邏。

弟七卷 鍑。躄。斱(斲)。

弟八卷 醔(醪)。〔一五〕囈。〔一六〕哩。呿。〔一七〕蠶。蛣。蜣。〔一八〕蔗。

弟九 瓮。陂。緻。蹈。蒴。疱。痟。〔一九〕

弟十 爽。姝。璝。〔二〇〕恕。

弟十一 蟠。〔二一〕刻。煴。燸。〔二二〕漬。㲣。〔二三〕毲。毦。

弟十二 胲。皴(皺)。跌。瓌。瑋。螫(螫)。

弟十三 鉗。眴。

弟十四 涎。盿(眄)。

弟十六 劓。

十八 鞘。〔二四〕

弟十九 鮆。〔二五〕掁。〔二六〕

弟廿二 澓

廿三 𧰳。〔二七〕喆。〔二八〕挨。〔二九〕栰。〔三〇〕

廿四 懶（懶）。

廿五 橛（橛）。〔三一〕估。睒。〔三二〕

廿六 粘。黐。〔三三〕

廿七 毳。

廿八 互。燸（煗）。鵃。〔三四〕橘。睖。〔三五〕

廿九 豚。皰。〔三六〕嘴。〔三七〕剖。

卅 捔。〔三八〕

卅一 呻。吲。〔三九〕托。〔四〇〕

卅二 舀。〔四一〕綆。瓝。〔四二〕脆。

卅三 駮。瓠。〔四三〕胥。𨁈。〔四四〕

卅四 閇。〔四五〕𩌦。毼。〔四六〕

卅六 瘦。〔四七〕坸。〔四八〕鼠。

卅七 紝。沾。

卅八 膜。𥻗。曗。〔四九〕兂。〔五〇〕屧。〔五一〕眴。礪。〔五二〕鉋。〔五三〕恄。〔五四〕熱（瓶）。〔五五〕

卅九 祢（祢）。嚚。憒。〔五六〕綾。〔五七〕榛。

卌 机。梁。〔五八〕

卌二 壜。稍。罥。〔五九〕雉。櫜。椋（掠）。〔六〇〕懆。〔六一〕慨。悼。

【校記】

〔一〕鳥，北六二八七號（海九八）、六二八八號（珍九六）經本有『諸飛鳥王、鳥雁、鴛鴦、孔雀諸鳥』句，『鳥』爲『鳥』的俗字，北六二八四號（珠九七）、六二九〇號（日八六）經本作『皀』，正是『鳥』字俗省。

〔二〕瀃，『熙』的增旁俗字。參看《大般涅槃經音》（一）校記〔三九〕。

〔三〕扃，蓋『向』的增旁俗字，説詳《大般涅槃經音》（一）校記〔四三〕。

〔四〕隧，北六二九三號（餘二三）、六二九五號（收九七）、六二九六號（歲九五）經本有『佛日隧於地』句，『隧』通『墜』，北六二九二號（餘五〇）經本及《麗藏》本正作『墜』。

〔五〕俓，北六二九二、六二九五、六二九六號經本有『離於善俓，行於險路』句，『俓』同『徑』，《麗藏》本正作『徑』。

〔六〕歮，北六二九五號經本有『路險歮難，多受苦惱』句，即此字所出，『歮』、『盈』皆爲『澀』的訛俗字，北六二九二號經本作『澁』，乃『澀』的俗字，『歰』『澀』古今字。

〔七〕酾酤，同『瞑眩』，眩暈義。參看《大般涅槃經音》（三）校記〔三〕。

〔八〕『麩』字下底卷有『揃。踰。掠』三字（係提前誤抄第三卷下的字），但已用『ㄱ』形符號刪去，故不録。

〔九〕『踰』字經本卷三相應位置未見（卷一六、二五有此字），俟再考。

〔一〇〕創疣，北六三一六號（宿三一）經本有『无諸創疣』句，《麗藏》本作『瘡疣』，『瘡』爲後起本字。

〔一一〕嚅，『㖞（煗）』的俗字，説詳《大般涅槃經音》（二）校記〔三五〕。

〔一二〕皁，『觸』字異體，説詳《大般涅槃經音》（二）校記〔四二〕。

〔一三〕糜，經本相應位置未見。

〔一四〕惡，『惡』的增旁俗字，説詳《大般涅槃經音》（二）校記〔四七〕。

〔一五〕「謬」字經本相應位置未見，而有「若酢若煖」句，其中的「酢」字《中華大藏經》校記云諸本作「酵」，疑底卷所據經本「酵」又作「謬」。北六四七五號（騰四四）等經本卷二八有「緣因者如煗謬等從乳生」句，其中的「謬」字玄應、慧琳《音義》皆引作「酵」，可資比勘。

〔一六〕囈，《麗藏》本經文有「於眠中讇語」句，《中華大藏經》校記稱「讇」字諸本作「寱」；「囈」應即「寱」的異體字。

〔一七〕呿，北六三三〇號（收八三）、六三三三號（爲五三）經本有「呿者名非善友」句，「呿」字《麗藏》本作「佉」。

〔一八〕蛣蜣，北六三三〇、六三三三號經本及《麗藏》本有「生死纏裹，如蠶蛣蜋」句，底卷作「蛣蜣」，疑别有所本。參看《大般涅槃經音》（二）校記〔一六〕。

〔一九〕痡，「痡」的俗字，説詳《大般涅槃經音》（三）校記〔一五〕。

〔二〇〕璝，斯三七三八號經本有「體貌璝異，姝大殊妙」句，「璝」爲「瓌」的俗字，斯二〇八六、二一三六號、北六三四〇號（宙三〇）等經本及玄應、慧琳《音義》引皆作「瓌」。

〔二一〕蟠，北六三四四號（月四九）等經本有「蟠龍相結」句，「蟠」字玄應、慧琳《音義》同，《金藏》廣勝寺本作「盤」。

〔二二〕煴熅，同「温煖」，説詳《大般涅槃經音》（三）校記〔三六〕。

〔二三〕毾，斯二七九九號等經本有「氍毾、𣰆毲、拘執、毦衣」句，「氍毾」《金藏》廣勝寺本作「氍毹」，爲一詞異寫。

〔二四〕鞕，北六三九七號（霜六一）、六三九八號（巨一四）等經本有「無堅鞕心」句，《金藏》廣勝寺本「鞕」作「硬」，異體字。

〔二五〕紫，北六四〇一號（洪三三）、六四〇二號（麗六六）等經本有「不以紫草恭敬供養」句，「紫」字慧琳《音義》引同，北六四〇五號（宿二三）經本及《金藏》廣勝寺本作「莎」。

〔二六〕挔，《干禄字書》以爲「旅」的俗字，但經文中具體出處俟考。

〔二七〕勠，據字形言，此字既可定作『劉』字俗寫，又可定作『勠』字俗寫，斯二一四八號、北六四二三號（人九〇）等經本有『准法戮之都市』、『煞戮有罪之人』句，其中的『戮』字斯一一一六、二二二一號經本作『勠』，『劉』爲『戮』字異體，而『勠』則通作『戮』。

〔二八〕喆，斯二二二一號經本有『種姓聰喆，多聞博學』句，『喆』同『哲』，斯一一一六號等經本正作『哲』。

〔二九〕挨，應爲『族』字俗寫，經本有『多諸種族』句，當即此字所出。

〔三〇〕栰，經本有『既至河上，取草爲栰』等句，『栰』同『筏』。

〔三一〕橛，經本有『安橛於空，終不得住』句，即此字所出。又此字《大般涅槃經音》（一）列在卷二十六，所據經本分卷與此不同，參看該篇校記〔三八〕。

〔三二〕經本卷二五有『譬如估客欲至寶渚』句，又有『如拘睒弥諸惡比丘』句，應即『估』『睒』二字所出，據經文，此二字出现在『橛』字之前。

〔三三〕北六四四七號（陽六二）經本卷二六有『獵師純以䊐膠置之案上』、『觸已粘手』等句，『䊐』爲『黐』的俗字，《金藏》廣勝寺本及玄應《音義》卷二引正作『黐』。又『黐』『粘』二字所屬經文敦煌各寫卷皆在卷二六，與本卷合；《金藏》廣勝寺本則在卷二五之末，分卷不同。

〔三四〕鵠，北六四七五號（騰四四）、北六四七六號（重六三）等經本有『如人遠見白物，不應生疑，鵠耶幡耶』句，其中的『鵠』字《金藏》廣勝寺本作『鶴』，此二字古多相亂。

〔三五〕睖，北六四七五號等經本有『如人眼睖壞故』句，『睖』字《金藏》廣勝寺本作『睫』，古異體字。

〔三六〕皰，《金藏》廣勝寺本作『疱』，古今字。説詳《大般涅槃經音》（一）校記〔三四〕。

〔三七〕嘴，經本有『是疱不久必當生嘴』句，『嘴』爲『柴』或『觜』的俗字，説詳《大般涅槃經音》（一）校記〔三七〕。

〔三八〕捔，北六四八五號（果三〇）經本有『唯願大王聽我等輩與彼瞿曇捔其道力』等句，『捔』字《金藏》廣勝寺本作『較』，音義同。

〔三九〕 吗，斯六七一八號經本有『我時患創，發聲呻吗』等句，『吗』蓋『号』或『號』的俗字，《金藏》廣勝寺本作『號』。

〔四〇〕 托，『撓』的俗字，説詳《大般涅槃經音》（一）校記〔三七〕。

〔四一〕 舀，應爲『臼』的訛字，説詳《大般涅槃經音》（二）校記〔二六〕。 又本卷下所列字次與經文先後相反。

〔四二〕 毱，『毦』的俗字，説詳《大般涅槃經音》（三）校記〔四三〕。 又此字與下『脆』字所在經文《金藏》廣勝寺本在卷三十一，但敦煌本均在卷三十二，與本卷合。

〔四三〕 瓠，經本有『如斷生瓠』句，應即此字所出。 又《金藏》廣勝寺本此句所屬經文在卷三十二，但玄應、慧琳《音義》該段經文相關詞語列在卷三十三下，與本卷合。

〔四四〕 『脊』『⿰𧾷甲』二字生疏，經本相應位置亦未見，俟再考。

〔四五〕 閇，北六四九六號（收九二）經本有『閇之城外，以四種兵而守衛之』句，『閇』字《金藏》廣勝寺本作『閉』，皆爲『閉』的俗字。

〔四六〕 氀毼，北六四九八號（辰九三）經本有『如世間中麄⿱羽足氀毼』句，即此二字所出，斯一〇二二、二九五一號經本及《金藏》廣勝寺本作『氀褐』，『毼』即『褐』的换旁俗字。

〔四七〕 瘦，應爲『瘦』的訛俗字，經本有『瘦瞿曇弥比丘尼』之稱，應即此字所出。

〔四八〕 坸，應爲『坻』的訛俗字，北六五〇四號（爲八五）經本有『坸弥魚』、『坸舍比丘』等名，『坸』亦『坻』的俗字，可參。

〔四九〕 ⿰火違瞸，應爲『煒曄』二字俗訛，斯三四三九號、北六五一七號經本有『顔色煒曄』句（後一寫經『曄』誤作『曄』），應即此二字所出，《金藏》廣勝寺本作『暐曄』，『暐』同『煒』。

〔五〇〕 光，北六五一七號（菜一〇）經本有『或爲師子、虎光、豺狼』句，『光』爲『兕』的俗字，而『光』又『光』之變；《金藏》廣勝寺本作『豺』，異文。

〔五一〕屧，疑爲『屠』的訛俗字，經本有『如牽牛羊詣於屠所』句，應即此字所出。

〔五二〕『礪』字以下至『羝』字《金藏》廣勝寺本在卷三九，但斯二七九一號等敦煌寫經則在卷三八，與本卷合。

〔五三〕鉋，經本有『以手爪鉋須弥山』句，『鉋』同『刨』。參看《大般涅槃經音》（一）校記〔三七〕。

〔五四〕悎，應爲『悎』字之訛，『悎』通『覺』，説詳《大般涅槃經音》（一）校記〔三七〕。

〔五五〕羝，經本有『并令釋身作羓（羝）羊形』句，即此字所出。

〔五六〕憒，『責』的增旁俗字，説詳《大般涅槃經音》（一）校記〔二四〕。

〔五七〕綾，斯四二三〇號經本有『胡桃、石留、綾子』等名，『綾』應爲『綏』字之訛，北六五一九號（露七一）、斯二一五〇號等經本正作『綏』字；『綏子』當據慧琳《音義》引校讀作『桵子』。

〔五八〕槊，北六五二五號（盈七三）等經本有『樹初生時无箭稍性』句，『稍』『槊』古異體字。

〔五九〕罥，北六六〇〇號（珠六三）經本有『刀劍罥索』句，『罥』字《麗藏》本作『羂』，古異體字。

〔六〇〕掠，經本有『擬防外人來抄掠』句，即此字所出。

〔六一〕懆，北六六〇〇號經本有『哀懆供養』、『悽懆供養』句，應即此字所出，『懆』疑爲『慘』字俗訛，《麗藏》本經文正作『慘』。

大般涅槃經第一、二袟難字

斯一五二二背

【題解】

本篇底卷編號爲斯一五二二號背。正面爲超度亡人文樣；背面首爲本篇，本篇後接抄頌亡人文二篇；又抄支用布數歷三行，内有張押衙、法安人名。本篇首行題『涅槃經弟一袟難字抄録如後』，但僅抄至第二袟止，顯未抄完。《索引》擬題『涅槃經難字抄』，《寶藏》、《索引新編》同；《英藏》題作『涅槃經第一、二袟難字抄』。兹改擬今題，以與同一經的其他各篇難字音義題名基本保持一致。同一袟内的字接抄不分卷數，字序亦不盡與經文相同。末條『⿰火定』字右側旁注『庭』，爲抄者旁記異文或標注讀音不得而知（參看校記〔二二〕）。

本篇未見各家校録，兹據《英藏》影印本及縮微膠卷校録如下。有關本篇的參校依據，請參看伯二一七二號《大般涅槃經音》（一）的題解説明。

《涅槃經》弟一袟難字抄録如後

堤塘。秐。〔一〕⿰禾秀。〔二〕稊。稗。⿰酉玄。⿰酉面。〔三〕俾倪。〔四〕櫓。蒜。⿰目需。〔五〕⿰口惡（噁）。〔六〕讕。哩。野。〔七〕

炮。恒。咃。蠶。闔。洸。咊。

弟二袟

瘤。〔八〕勉。〔九〕懟（懟）。僫。〔一〇〕瑰。玫。〔一一〕剫。頷。〔一二〕皴。〔一三〕▨。〔一四〕刦。〔一五〕撤（撤）。

媔。〔一六〕靳。〔一七〕鋘。〔一八〕攤。邠。檠。〔一九〕醬。楯。▨。〔二〇〕埳。〔二一〕⿰火定庭。〔二二〕（原文抄寫止此，换行接抄頌亡人文）

【校記】

〔一〕秐，「耘」的俗字，北六三二五號（生七五）經本卷六有「秐除稗秀」句，應即此字所出；《麗藏》本作「芸」，通用字。

〔二〕秀，「莠」的換旁俗字（涉「稗」字類化），斯二三九三、二八六四號經本正作「莠」。

〔三〕「酤」、「酾」二字見北六二九三號（餘二二）經本卷二「譬如人醉，其心酾酤」句，「酾酤」用同「瞑眩」，説詳《大般涅槃經音》（三）校記〔三〕。

〔四〕俾倪，《麗藏》本作「埤埦」，義同。參看《大般涅槃經音》（一）校記〔六三〕。

〔五〕曘，當作「嚅」，斯一六一八號經本卷五有「春月下諸豆子，得嚅氣已，尋便出生」句，北六三三三號（爲五三）經本卷八又有「若酢若嚅」句，「嚅」同「煗（煖）」。

〔六〕「噁」以下十一字除「黿」字見於經本卷九外，餘均見於經本卷八。

〔七〕野，蓋「野」字之訛，此字《麗藏》本作「嘢」，敦煌經本作「黔」、「野」、「野」等形，皆一字之變，參看《大般涅槃經音》（一）校記〔一五五〕。

〔八〕「瘤」以下七字均見於經本卷十一。

〔九〕勉，字書以爲「魑」的俗字，但經本相關卷帙未見「魑」字，疑此處該字爲「魅」的俗字，經本卷一一「瘤」「懟」二字間有「鬼魅所著」句，其中的「魅」字敦煌經本多作「勉」（參看《大般涅槃經音》（一）校記〔一六四〕），或即此字所本。

〔一〇〕偲，「偲」字俗寫，後者又爲「惡」的增旁俗字，北六三四六號（珠五五）經本卷一一有「心生偲賤」句，蓋即此字所出。

〔一一〕「瑰」「玫」二字見經本卷一一「玫瑰爲臺」句。

〔一二〕頟，此下十六字底卷字迹暗淡，疑爲朱筆所書，『頟』字底卷左半模糊，兹據其筆形暫定爲『頟』字。經本卷一二有『依因項骨以拄頟骨』句，或爲此字所出。

〔一三〕皴，此字右部底卷模糊，兹暫定爲『皴』字，『皴』同『皺』，斯四七八號等經本卷一二有『膚皮皴裂』句，即此字所出。參看《大般涅槃經音》（一）校記〔一八八〕。

〔一四〕『皴』下底卷模糊不清，據空間，可寫一至二字，兹暫擬一空格，待考。

〔一五〕刦，同『劫』，經本卷一四有『足十二劫』等句。

〔一六〕婳，斯六五五三號經本卷一二有『躭婳飲酒』句，蓋即此字所出，『婳』當讀作『湎』，斯一九三、二一一五二號經本正作『湎』。

〔一七〕靳，《大般涅槃經音》（一）第十五卷下出『堅靳』條，下字音『居欣反』，但經本實無此字，《金藏》廣勝寺本卷一五有『煩惱堅硬』句，卷一八又有『無堅硬心』句，其中的『硬』敦煌卷子中所見各本皆作『鞕』，『靳』蓋『鞕』字之訛。參看《大般涅槃經音》（一）校記〔三一七〕。

〔一八〕鍭，『鏃』的俗字，北六三八六號（歲五八）經本卷一五有『其鍭鐵者』句，即此字所出。參看《大般涅槃音》（二）校記〔八七〕。

〔一九〕槊，『穀』的俗字，斯四七八號等經本卷一二有『倉庫穀米』句，或即此字所出。

〔二〇〕『楯』下一字底卷模糊不清，俟再考。

〔二一〕坻，『坻』的俗字，斯二五九一號經本卷一九有『不獨偏受須達多阿那邠坻所奉飯食』句，『坻』亦爲『坻』的俗字。

〔二二〕『庭』字底卷旁記於『烶』字右側，爲抄者旁記異文抑或標注讀音不得而知。『烶』爲『庭燎』之『庭』的俗字，斯二二七四號經本卷二四有『所謂日月、星宿、烶燎、燈燭、珠火之明』句，應即此字所出。但卷二四屬第三帙，此列於第二帙下，蓋抄手闌入。參看《大般涅槃經音》（一）校記〔三七九〕。

大般涅槃經第一袟難字

俄敦三三〇(一)

【題解】本篇底卷編號爲俄敦三三〇，前有『佛説天清（請）問經』標題、習抄佛經經文九行（經查所抄爲隋僧就編《大方等大集經》第十二卷經文）、『大集經廿四』『般涅經第八卷』標題；接抄難字四行，字與字之間接抄不分；後爲『沙弥十戒法并威儀一卷』（失譯附東晉録），但僅抄了前九行，未抄完；然後又是難字六十八行（其間穿插有習書的佛經經文），大抵每行抄三字，其中有切音兩條（均係迻録經文原有的注音），其餘難字均未注音，但每字下都留有可抄二三個正文大字的空格，應係留備注音之用。《俄藏》全卷擬題作『經律字音雜抄』。今查前四行難字依次見於北涼曇無讖譯的《大般涅槃經》卷八、卷七、卷二、卷三，茲擬定作《大般涅槃經第一袟難字》（俄敦三三〇(二)）。後六十八行難字首題『大集經廿四』，即隋僧就編的《大方等大集經》難字摘抄，茲擬定作《大方等大集經難字》（俄敦三三〇(三)），另詳該篇題解。

本篇未見各家校録，茲據《俄藏》影印本校録如下。有關本篇的參校經本，請參看伯二一七二號《大般涅槃經音》(一)的解題説明。

嚅。[一] 詀。[二] 捭。[三] 髣髴。曚。[四] 樓櫓。讇。癃跛。[五] 篅。钁斵。[六] 𧟰。[七] 𤘯。[八] 霤。[九] 輢瑣（瑣）。[一〇] 醧酤。[一一] 頑嚚。酢。[一二] 牸。麦（麥）。騃。[一三] 牧。餧。猥。[一四] 誅戮（戮）。徵治。[一五] 揃扷（拔）。[一六]（底卷抄寫至此止）

【校記】

〔一〕「曘」以下至「調」七條順序見於經本卷八。《麗藏》本卷八有「若酢若煖，是故得名」句，應即此字所出；「煖」字《説文》字本作「煗」，「煗」俗字換旁作「暵」，而「曘」又爲「暵」進一步訛變的結果。

〔二〕「詀」應爲「詣」字俗訛；《麗藏》本卷八有「如百盲人，爲治目故，造詣良醫，是時良醫即以金錍決其眼膜」句，應即此字及下「捭」字所出。

〔三〕「捭」，《麗藏》本經文作「錍」（見上條引），《大般涅槃經音》（一）引作「捭」，北六三三一號（海七）、斯一三〇、八八三號經本作「椑」，「捭」當是「椑」字俗訛，「椑」「錍」又當校讀作「篦」。參看《大般涅槃經音》（一）校記〔一五三〕。

〔四〕「曚」當是「矇」或「朦」字俗訛，《麗藏》本卷八有「譬如醉人欲涉遠路，曚矓見道」句，《中華大藏經》校記稱「曚矓」諸本作「朦朧」，應即此字所出；「曚矓」「朦朧」形音義皆近，古通用。

〔五〕「癰跛」以下至「膚」六條皆出於經本卷七，但《麗藏》本所見依次爲「抵、膚、癰跛、箣、鑁斸、霸」，順序略有不同。

〔六〕鑁斵，《麗藏》本卷七有「凡人薄福，雖以鑁斸加功，困苦而不能得」句，《中華大藏經》校記稱「斸」字《資福藏》本作「斵」，《磧砂藏》等本作「斵」，應即此字所出；「斵」「斵」一字之變，即「斵（斲）」的訛變俗字，「斲」「斸」皆見於《説文》，音義皆近。

〔七〕覇，「霸」的俗字，《麗藏》本有「我當調伏其餘王子，紹繼大王覇王之業」句，此句所在經文《麗藏》等傳本在卷八，但北六三二六（張五八）、六三二七（露三〇）、六五四一（巨六）號等敦煌寫本則皆在卷七，底卷「覇」字列在「鑁斵」之後，其所據經本亦當在卷七，應即此字所出。

〔八〕牴，「牴」的俗字，《麗藏》本卷八有「譬如王家有大力士，其人眉間有金剛珠，與餘力士較力相撲，而彼力士以頭抵（抵）觸其額上，珠尋没膚中，都不自知是珠所在」句，其中的「抵」用同「牴」（《説文·牛部》：「牴，觸也。从牛，氐聲。」段玉裁注：「亦作抵、觝。」），應即此字所出。

〔九〕霄，『膚』的訛俗字，上條校記所引《麗藏》本經文『膚』字北六三二七號敦煌本作『霄』，可以比勘。

〔一〇〕『輢瑣』以下至『餧』九條皆出於經本卷二，除『駃』字字序略有不合外（詳下），其餘各條先後順序與經本同。『輢瑣』，《麗藏》本經文作『羈鏁』，《大般涅槃經音》（一）引作『輢瑣』，『輢』爲『羈』字異體，『鏁』爲『鎖』的俗字，『鎖』又爲『瑣』的後起分化字。參看《大般涅槃經音》（一）校記〔六〕。

〔一一〕䤄䣻，北六二九三號（餘二二）經本卷二有『譬如人醉，其心䤄䣻』句，即此二字所出；『䤄䣻』用同『瞑眩』，説詳《大般涅槃經音》（三）校記〔三〕。

〔一二〕酢，《麗藏》本卷二有『尒時客醫以種種味，和合衆藥，謂辛苦鹹甜醋等味』句，其中的『醋』字北六二九三、六二九五（收九七）號經本作『酢』，應即此字所出；『酢』爲酒醋之『醋』的古本字。

〔一三〕駃，《麗藏》本卷二有『尒時國王聞是語已，方知舊醫癡駃無智』句，應即此字所出；此句經本在『瑣罽』二字之後、『酢』字之前，字序略有不合。

〔一四〕『猥』以下至『揃拔』四條皆出於經本卷三，先後順序與經本同。《麗藏》本卷三有『昔十五日僧布薩時，曾於受具清浄衆中有一童子，不善修習身口意業，在屏隈處盜聽説戒』句，『屏隈』古或作『屏猥』（如《生經》卷五佛説雜讚經第四十九『當詣屏猥處閑居』、《法苑珠林》卷九四穢濁篇第九十四便利部第四『塔前、衆僧前、和尚阿闍梨前，不得張口大洟唾著地；若欲洟唾，當屏猥處，莫令人惡賤。是名唾法』，是其例），蓋抄手所據經本『屏隈』作『屏猥』，即此字所出。

〔一五〕徵治，《麗藏》本卷三有『我涅槃已，隨其方面有持戒比丘，威儀具足，護持正法，見壞法者，即能驅遣呵責徵治』句，即本條所出；『徵』當校讀作『懲』（『徵』『懲』古通用），《大正藏》校記引宋《資福藏》、元《普寧藏》、明《嘉興藏》本正作『懲』。

〔一六〕揃拔，《麗藏》本卷三有『又如壯人，首生白髮，愧而剪拔，不令生長』句，其中的『剪』字北六二九九號（出五五）、斯六七四二號經本作『㨵』，『㨵』爲『揃』的繁化俗字，『揃』『剪』音義同，應即本條所出。

大般涅槃經等佛經難字

伯三五七八背

【題解】

本篇底卷編號爲伯三五七八背。正面爲『癸酉年正月十一日梁户史氾三沿寺諸處使用油曆』，其中的『癸酉年』唐耕耦定爲公元九一三年，若這一推斷可信，則卷背佛經難字的抄寫時間當不會早於此年。本篇始於某某佛經『弟八卷』，其前部分抄在另紙抑或原本未抄，現不得而知。次行首爲『鞞波沙論苐十四袟』字樣，考苻秦僧伽跋澄譯有《鞞婆沙論》與『鞞波沙論』應即一書，但跋澄譯本計十四卷，而此稱『苐十四袟』云云，卷帙不合，『十四袟』應爲『十四卷』之誤，其下難字多可在《鞞婆沙論》中檢獲，且卷次順序基本相合（參下校記〔三〕至〔七〕），可證。本篇屬若干種佛經難字摘抄性質，而所存部分以《大般涅槃經》難字爲主，故據以擬定今題。《索引》及《寶藏》等徑題『涅槃經難字』，不够確切；《法藏》題『佛典難字』，則過於籠統。所據《大般涅槃經》係北涼曇無讖譯的四十卷本，本篇所抄難字止於經本第二袟第四卷（即全經第十四卷），顯未抄完。

張金泉在《敦煌音義匯考》中曾對本篇作過初步校勘。兹據《法藏》影印本及縮微膠卷校録如下。有關本篇的參校本，請參看伯二一七二號《大般涅槃經音》（一）的解題説明。底卷每個難字下均留有一定的空格，大約以備注音之用，兹除可相連成詞者外，改用句號點斷，原有的空格則不再保留。

弟八卷　寛（寬）。晵（啓）。〔一〕

《鞞波沙論》苐十四袟〔二〕　二卷　儵。〔三〕　三卷　鱣。〔四〕　四卷　抳。〔五〕　禝（稷）。〔六〕　䩼。〔七〕

《涅槃經》弟一袟　二卷　株杌。醧酤。〔八〕　四卷　秃（禿）。〔九〕　萩。〔一〇〕　六卷　諂。〔一一〕

稗。〔一二〕蓦（篡）。稊。稚。莠。貯。〔一三〕鍑。〔一四〕磻。〔一五〕　七卷〔一六〕　謌　八卷　嘌。嗹。炮。咺。

洪。哂。罰。〔一七〕　九卷　懅。皃。〔一八〕巻（喪）。　十卷　爽。怏。粇。〔一九〕核。

弟二袟　一卷　勉。〔二〇〕遷（遷）。猛。〔二一〕蔌。〔二二〕纏。〔二三〕簧。抓。〔二四〕　二卷　咳。〔二五〕瞬。

喘。洒。〔二六〕胜。　三卷　敹（敹）。　四卷　竊。臑。〔二七〕（原文抄寫至此止）

【校記】

〔一〕參下文，『寬』『啓』二字應出某經第八卷或某經某一帙中的第八卷，考西晉月氏三藏竺法護譯《普曜經》卷八有『今王莫恐畏，且寬意悦豫』、『衆生莫不悦，啓受心皆明』等句，與底卷字序相合，不知是否即此二字所出。

〔二〕『鞞波沙論』應即苻秦僧伽跋澄譯的《鞞婆沙論》，日本信行《翻梵語》卷一佛名第二：『悉達阿菟，應云悉達菟，譯曰成辦。《鞞波沙》第四卷。』其中的《鞞波沙》即《鞞婆沙論》，《大正藏》本校記稱『波』字異本作『婆』，可證。但跋澄譯本計十四卷，而此稱『第十四袟』（佛經通常以十卷左右爲一帙），『袟』應爲『卷』之誤。下列五個難字大抵出於該經，亦其證。參下校。

〔三〕𠌯，此字《鞞婆沙論》卷二未見，但卷三前部有『此中説隣那摩偹喻』句，其中的『摩偹』玄應《音義》卷一八引作『摩𠌯』，疑即此字所出；玄應《音義》云『𠌯』字『又作倏、跾二形，同，書育反，人名也』。

〔四〕鱣，《鞞婆沙論》卷三有『若受惡慧，如鱣魚罶』句，當即此字所出。

〔五〕抳，此字《鞞婆沙論》卷四未見，而有『彼或有一爲施設根如尼揵』、『彼尼揵於外物有何根想』等句，疑『尼揵』之『尼』古寫本有涉下『揵』字類化增旁作『抳』者，即此字所出；慧琳《音義》卷一《大般若經》第一卷『西牛貨洲』下云『古云瞿伽尼，或云俱耶尼，或云瞿陀尼，皆梵音楚夏不同也，正梵云過嚩抳，此義翻爲牛貨』，『西牛貨洲』梵語譯音末字有『尼』『抳』之異，可以比勘。釋『抳』爲『尼』，則『尼』字與下『稷』、『稹』

二字正順序出於《鞞婆沙論》卷四。

〔六〕 䙓，應爲『稷』的訛俗字，《鞞婆沙論》卷四有『此欲界中婬稷婬種。此婬稷婬種因男根女根也』句，當即此字所出。

〔七〕 䩋，《鞞婆沙論》卷四有『若識不入母胎，寧名色䩋漸厚不』句，玄應《音義》卷一八引『色䩋』條云『䩋字『忙各反，《説文》肉閒胲膜也。論文從革作䩋，非也』，當即此字所出。

〔八〕 䤄䣻，用同『瞑眩』，説詳《大般涅槃經音》（三）校記〔三〕。

〔九〕 秃，經本卷四無此字，而卷三有『秃居士』、『秃人』等詞，應即此字所出。

〔一〇〕 蔉，字書未見，應爲『蒜』字俗訛，經本卷四有『如人噉蒜，臭穢可惡』句，應即此字所出。

〔一一〕 䜭，當爲『讎』的俗字，經本有『怨家讎隙之所侵逼』句，應即此字所出。

〔一二〕 稗，經本在下文『稊』字之後，相連作『多有稊稗』。

〔一三〕 貯，『貯』的俗字，經本有『儲貯陳宿』句，即此字所出。

〔一四〕 鍑，經本有『銅鐵釜鍑』句，應即此字所出；但此句所屬經文北六三二四號（騰七三）、六三二五號（生七五）經本及《麗藏》本皆在卷七，唯北六三三三號（寒七〇）經本在卷六，與底卷合。

〔一五〕 『礌』字經本相應位置未見，俟再考。

〔一六〕 『七卷』疑爲『八卷』之誤，下列『譋』字所屬經文『即於眠中譋語』句經本在卷八。

〔一七〕 䨱，當係『虧』字或體『虧』的訛變字，北六三三〇號（收八三）經本卷八有『而此月性實无虧盈』句，應即此字所出；但此句所屬經文北六三三三號（爲五三）經本及《麗藏》本皆在卷九，與本卷不同。

〔一八〕 皃，此字既爲『貌』字或體，又用作『完』的俗字，此處應爲後一用法，經本相應位置有『完无瘡者』句，即此字所出。

〔一九〕 粇，經本有『所持粳粮成熟之食』句，『粇』即『粳』字異體。

〔三〇〕 魆，『魅』的俗字，説詳《大般涅槃經音》（一）校記〔一六四〕。

〔三一〕 豝，北六三四五號（寒二四）經本有『或棄豝間』句，應即此字所出，『豝』爲『冢』的俗字，斯八一一、一九四五號等經本正作『冢』。參看《大般涅槃經音》（三）校記〔八三〕。

〔三二〕 穀，應爲『穀』的俗字，北六三四五號經本有『一切穀米大小麥豆糜粟稻麻生熟食具，常受一食』句，其中的『穀』字亦同『穀』，北六三四四號（月四九）等經本正作『穀』。

〔三三〕 邊，北六三四五號、斯八一一、一九四五、二二五一四、三三一六號等經本有『雜色邊織』句，『邊』爲『編』的俗字，北六三四四號、斯二七九九、四九三三號等經本正作『編』。

〔三四〕 抓，北六三四五號、斯三三一六號等經本有『手脚面目，不以抓鏡』句，『抓』句中用同『爪』，北六三四四、斯二七九九、四九三三號等經本正作『爪』。

〔三五〕 咳，經本有『上氣咳逆』句，應即此字所出；據經文，此字字序應在『瞬』、『喘』二字之後。

〔三六〕 『酒』字經本相應位置未見。

〔三七〕 臑，當作『嚅』，北六三八三號（致二七）、斯二一二五號經本有『我所食者，唯人嚅肉』句，應即此字所出；『嚅』爲『暵』的俗字，《金藏》廣勝寺本作『暖』，古異體字。又原文抄寫至此止，另行抄有『慧白能消息』五字，不知何意。

妙法蓮華經難字

妙法蓮華經難字音

伯三四〇六

【題解】

本篇底卷編號爲伯三四〇六。卷中順序標列《妙法蓮華經》序品第一至普賢菩薩勸發品第二十八的品名，從第二卷起，還標明各品所在的卷數；多數品名下摘録有難字，亦有節録幾句或一段經文的。所列品名、卷數、所摘字句及其先後大抵與今傳七卷本的《妙法蓮華經》相合。大多數難字下有注文，無注文的難字下亦留有一個字左右的空格，大約以備填補注文之用；注文以注音爲主，間或有標注常用異體字或正字的，極個别條目下還有標注字義的；注音以直音爲主，偶或用反切；注音或清濁音互注，見系與影系、精系與照系互注，梗攝與蟹攝、止攝與遇攝互注，呈現出唐五代西北方音的特色。從内容看，本篇應是抄手誦習《妙法蓮華經》過程中摘録的有關備忘資料，其中以摘録難字并注音爲主，故據以擬定今名。《索引》擬題『妙法蓮華經目録』，《宝藏》題『妙法蓮華經序品第一』，皆不確。《索引新編》題『妙法蓮華經難字及品名録』，《法藏》題『妙法蓮華經字音及品名録』，可參。

《敦煌音義匯考》曾對本篇作過初步校勘。今據《法藏》影印本録文，以《大正藏》本《妙法蓮華經》（校記中簡稱『經本』）等經本及玄應《音義》卷六、慧琳《音義》卷二七所載《妙法蓮華經》音義爲參校，校録於後。每條難字下皆用句號句斷，原有的空格則不再保留。

《妙法蓮華經·序品第一》　蹉。漚溝。〔一〕騫牽（牽）。韋爲。貇皃。〔二〕軒祆。〔三〕楯脣。　有八王子，一名有意，二名善意，三名无量意，四名寶意，五名增意，六名除疑意，七名響意，八名法意。

《妙法蓮華經·方便品第二》　唄貝。

《妙法蓮華經·譬喻品第三》二〔四〕　豫已。〔五〕玩▨。〔六〕綩宛。綖延。稅歲。〔七〕　内有智性，名聲聞乘。深知諸法因緣，是名辟支佛乘。　无量衆生，利益天人，度脱一切，是名大乘。〔八〕　杞。〔九〕　坼（坼）拆也。　咀至。〔一〇〕　齚鋤陌反，窄。〔一一〕　鰿浄。〔一二〕　鬻蘡（蘡）。　齇。〔一三〕　嗤厘。　㖨。　嘷號。〔一四〕　孚。　蹲尊。　踞居。　埵垛。　窺帰。　惚窓。〔一五〕　牖由。　爆抱。　梟醜。〔一六〕　烟（烟）音煙。〔一七〕　熢。　悖孛。〔一八〕　蔓（蔓）華（萬）。〔一九〕　恤面。〔二〇〕　茵（茵）曰（因）。　頌。　黮。

《妙法蓮華經·信解品第四》　傭容充。〔二一〕　賃雇，壬。〔二二〕　跉。　跰。〔二三〕　呰紫。　券卷。〔二四〕　眇眇。〔二五〕　燸爲火色。〔二六〕

《妙法蓮華經·藥草喻品第五》三　靉愛。　靆（靆）大。〔二七〕　邃。

《妙法蓮華經·授記品第六》　塠堆。〔二八〕　埠富。〔二九〕　悚。　慄栗音。　卒子聿反。〔三〇〕

《妙法蓮華經·化城喻品第七》　東方作佛，一名阿閦，在歡喜國；二名須弥頂。　東南方二佛，一名師子音，二名師子相。　南方二佛，一名虚空住，二名常滅。　西南〔三一〕二佛，一名帝相，二名梵相。　西方二佛，一名阿弥陁，二名度一切世間苦惱。　西北方二佛，一名多摩羅跋旃檀香神通，二名須弥相。　北方二佛，一名雲自在，二名雲自在王。　東北方二佛〔三二〕名壞一切世間怖畏。　第十六我釋迦牟尼佛。　是人若聞此經〔三三〕，則便信受。　譬如五百由旬險難悪（惡）道，曠絶無人。

《妙法蓮華經·五百弟子受記品第八》四　烽逢也。〔三四〕　貿莫候反。

《妙法蓮華經·授學无學記品第九》〔三五〕　蹈沓。〔三六〕

《妙法蓮華經·法師品第十》 善男子、善女人，入如來室，着如來衣，坐如來座〔三七〕。如來室者，一切衆生中大慈悲心是；如來衣者，柔和忍辱心是；如來座者，一切法空是。安住是〔三八〕。若説此經時，有人悪（惡）口罵，加刀杖瓦石，念佛故應［忍］〔三九〕。

《妙法蓮華經·見寶塔品第十一》

《妙法蓮華經·提婆達多品第十二》

《妙法蓮華經·勸持品第十三》

《妙法蓮華經·安樂行品第十四》五 杈釵。〔四〇〕

《妙法蓮華經·從地踊出品第十五》〔四一〕 中有四道（導）師，一名上行，二名无邊行，四名安立行。是四菩薩。〔四二〕

《妙法蓮華經·如來壽量品第十六》 謬（謬）牟九反。

《妙法蓮華經·分別功德品第十七》 呰。唄貝。

《妙法蓮華經·随喜功德品第十八》第六 褰牵（牽）。縮宿。窪䍃。

《妙法蓮華經·法師品第十九》〔四四〕 螺力過。〔四五〕

《妙法蓮華經·常不輕菩薩品第二十》

《妙法蓮華經·如來神力品第二十一》

《妙法蓮華經·囑累品第二十二》

《妙法蓮華經·藥王菩薩本事品第二十三》 薰。膠（膠）交。甄烟（烟）。〔四六〕 淳脣。 一切川流之水中，海爲第一；一切十寶山中，須弥山爲第一；一切經中，《法華》爲寂（最）上。〔四七〕

《妙法蓮華經·妙音菩薩品第二十四》第七

《妙法蓮華經·觀世音菩薩品第二十五》[四八]

《妙法蓮華經·陁羅尼品第二十六》

《妙法蓮華經·妙莊嚴王本事品第二十七》

《妙法蓮華經·普賢菩薩勸發品第二十八》 韋。

【校記】

〔一〕漚，經本有『優鉢羅龍王』，《中华大藏經》校記稱『優』字《房山石經》本作『漚』；按慧琳《音義》引亦作『漚鉢羅』，又《添品妙法蓮華經》經本亦作『漚鉢羅龍王』，應即此字所出。『漚』字《廣韻》音烏侯切，影紐，『沟』字音古侯切，見紐，唐五代西北方音見系和影系有混用的現象，此亦其一例。參看下文校記〔四六〕。

〔二〕䫉，『貌』的訛俗字，『貌』和注音字『皃』爲古異體字；經本有『復見諸菩薩摩訶薩種種因緣種種信解種種相貌』句，即此字所出。

〔三〕軒，經本有『或有菩薩，駟馬寶車，欄楯華蓋，軒飾布施』句，即此字及下『楯』字所出，經本『軒』字在『楯』字後，異序。

〔四〕『二』字底卷在行右，字體略小，與品名間約空一格，乃《妙法蓮華經》卷序，兹排作比正文小一號的字。下文品名下小五號的『三』、『四』、『五』、『第六』、『第七』同此。

〔五〕豫，經本有『我昔從佛聞如是法，見諸菩薩授（受）記作佛，而我等不豫斯事，甚自感傷』句，即此字所出；《大正藏》校記云『豫』字宋《資福藏》、元《普寧藏》、明《嘉興藏》本及日本宮内省圖書寮等本作『預』；按『預』實即『豫』的後起字（蓋避唐代宗李豫諱改用）。『豫』字《廣韻》音羊洳切，御韻遇攝，注文『已』字音羊己切，止韻止攝，唐五代西北方音止攝字與遇攝字可以互注。

〔六〕『玩』字注文底卷不太明晰，作『[illegible]』形，存疑待考。

〔七〕『稅』字經本未見，其出處未詳。

〔八〕『內有智性』以下至此底卷係節引，經本原文作：『若有衆生，內有智性，從佛世尊聞法信受，慇懃精進，欲速出三界，自求涅槃，是名聲聞乘。如彼諸子爲求羊車出於火宅。若有衆生，從佛世尊聞法信受，慇懃精進，求自然慧，樂獨善寂，深知諸法因緣，是名辟支佛乘。如彼諸子爲求鹿車出於火宅。若有衆生，從佛世尊聞法信受，勤修精進，求一切智佛智自然智無師智，如來知見力無所畏，愍念安樂無量衆生，利益天人，度脱一切，是名大乘。』

〔九〕杞，此字經本未見，而有『牆壁圮坼，泥塗褫落』句，『杞』應即『圮』字之誤，即此字和下『坼』字所出。

〔一〇〕咀，《廣韻·語韻》音慈吕切，從紐遇攝，直音字『至』字在至韻，音脂利切，照紐止攝，唐五代西北方音精系與照系、止攝與遇攝可以互注。

〔一一〕齚，經本有『咀嚼踐蹋』句，玄應《音義》引出『咀嚼』條，云：『《字林》作齟，《説文》作咀，才與反，含味也；《蒼頡篇》：咀，嚍也。……經文作齚，齧也。齚仕白反。』底卷所據與玄應所見經本合，應即此字所出。注文『鋤陌反』與『仕白反』並屬崇紐濁音，韻同；其又音『窄』爲莊紐清音，唐五代方音濁音清化，故『鋤陌反』與直音字『窄』實際讀音相同。

〔一二〕𪗉，《廣韻·霽韻》音在詣切，從紐蟹攝，直音字『浄』在勁韻，從紐梗攝，唐五代西北方音梗攝各韻的鼻音韻尾漸趨消失，故梗攝、蟹攝可以互注。

〔一三〕𤠔，經本有『由是群狗，競來搏撮，飢羸慞惶，處處求食，鬭諍𪘏掣，嘊喍嘷吠』句，玄應《音義》引出『摣掣』條，云：『《字林》側加反，《釋名》云：摣，叉也，謂五指俱往叉取也。經文有作齇，《説文》：齒不正也。齇非此義。』『𪘏』《龍龕·齒部》以爲『齇』字或作，即此字所出。

〔一四〕噑，《大正藏》本經文作『嘷』（見上條引），校記云宋《資福藏》、元《普寧藏》、明《嘉興藏》本及日本宮内省圖書寮本作『噑』，『嘷』即『噑』的俗字，即此字所出。

〔一五〕 牕，經本有『窺看窓牖』句，其中的『窓』字《金藏》本作『牎』，『牕』即『牎』字異寫，與『窓』皆爲『窗』的後起俗字，即此字所出。

〔一六〕 臰，經本有『臰烟熢㶻』句，『臰』爲『臭』的俗字，即此字及下『烟』『熢㶻』三字所出。

〔一七〕 『烟』與注文『煙』爲古異體字，底卷直音字前通常不用『音』字，《匯考》疑『音煙』的『音』爲衍文，可備一説。下文『妙法蓮華經授記品第六』下『慄』字下注『栗音』，爲底卷另一用『音』字之例，可比勘。

〔一八〕 熢㶻，《大正藏》本經文作『熢㶻』（見上條引），校記云日本宮内省圖書寮本作『蓬勃』，按《金藏》本及玄應、慧琳《音義》引亦皆作『蓬勃』，而北四七三四號（往五四）寫本作『熢悖』，即此二字所出。玄應云：『蓬勃，蒲公反、蒲没反，《廣雅》：勃，盛也。經文作熢悖，非其體也。』又慧琳云：『蓬勃，上蒲公反，氣如蓬之亂起，有作熢，即㷭火之㷭，亦如無蓬音，非也；下蒲没反，勃，盛也，蓬勃，繁盛之皃，若塵起作埻，火香作馞，今言臭氣馞馞作馞，亦得，或如蓬繁亂，有作㶻，無所從也。按『熢㶻』、『熢悖』皆爲『蓬勃』的換旁俗字或古通用字。

〔一九〕 注文《匯考》作缺字，而據慧琳《音義》『蔓』字直音『万』，因謂缺字當是『萬』字；按注文底卷作『華』字可以無疑，然『華』與字頭『蔓』音義均所不同，文中應爲『萬』字誤書，兹據校改。

〔二〇〕 愐，此字經本未見，而有『而諸子等，耽湎嬉戲，不受我教』句，『愐』當即『湎』的假借字；慧琳《音義》卷五七《佛説孝子經》『沈沔』條云『下綿褊反，《考聲》云：湎，躭酒也。孔注《尚書》云：沔，飲酒過差失度也。《説文》從水、丏聲也。經從心作忱愐，非也』，『沈沔』即『沈湎』，而慧琳所見《佛説孝子經》經本作『忱愐』，可以比勘。

〔二一〕 注文『容充』後疑脱『反』，上下文切語多有『反』字。

〔二二〕 注文『雇』應爲『賃』字的釋義，而『壬』則爲『賃』的直音字；《集韻·沁韻》知鴆切（『壬』字有同一讀音）：『賃，以財雇物。』

〔二三〕跉跰，經本有「伶俜辛苦五十餘年」句，其中的「伶俜」敦煌寫經多作「跉跰」，亦或作「伶俜」，玄應、慧琳《音義》引作「伶俜」，皆同一連綿字的不同寫法。參看斯五六九〇號《妙法蓮華經難字》校記〔四〕。

〔二四〕券，此字底卷作「豢」形，應爲「券」字俗訛，經本有「出内財產，注記券疏」句，應即此字所出；《匯考》校録作「桊」，經本未見，當誤。

〔二五〕眇，此字他書未見，疑即「眇」的訛字，經本有「更遣餘人，眇目矬陋，無威德者，汝可語之，云當相雇」句，或即此字所出；底卷以「眇」注「眇」，乃揭注正字之例。

〔二六〕燸，經本有「飲食充足，薦席厚煖」句，表温暖義的「煖」字《説文》本作「煗」（古書亦或借用「煖」字），而「燸」則即「煗」的類化俗字，應即此字所出。參看《敦煌俗字研究》下編日部「暖」字條。注文「爲火色」三字含義不詳，俟考。

〔二七〕⿱髟逮，「⿱髟隶」的俗字，猶「逮」字古字亦或作「逯」（見《集韻·代韻》），經本有「鬖⿱髟隶垂布，如可承攬」句，應即此字及上「鬖」字所出。「⿱髟隶」字《廣韻·代韻》音徒耐切，直音字「大」《廣韻·泰韻》有徒蓋切一讀，二字音近。

〔二八〕塠，即「堆」的古異體字，經本有「其土平正，無有高下坑坎塠阜」句，應即此字所出。

〔二九〕埠，「阜」的俗字，《大正藏》經本有「堆阜」一詞（經文見上條引），而《金藏》本作「塠埠」，即此字所出。

〔三〇〕卒，此字經本卷三授記品第六未見，唯卷五安樂行品第十四有「住忍辱地，柔和善順，而不卒暴，心亦不驚」句，慧琳《音義》亦於經本「安樂行品」下出「卒暴」條，云「上村没反，正作猝，其卒字則没、子出二反，《玉篇》等古書倉猝亦爲卒」，或即此字所出，疑底卷字序有竄亂。

〔三一〕「西南」下經本有「方」字，上下文「東南」、「西北」、「東北」下底卷亦俱有「方」字，與經本合，則此處當脱「方」字，應據補。

〔三二〕此句「佛」前「二」字蓋涉上文「東南方二佛」、「北方二佛」等句「二」字而衍，應删，經本正無「二」字可證。

〔三三〕「此經」二字應爲衍文，當據經本删去；經本「是人若聞」與上文「第十六我釋迦牟尼佛」間另有大段文字，其中「是人若聞」句前後相關文字爲「比丘當知，如來方便深入衆生之性，知其志樂小法，深著五慾，爲是等故，説於涅槃，是人若聞，則便信受」，可知是人所「聞」者實爲與「涅槃」相關的内容，而原非「此經」。

〔三四〕烽，應爲「烽」字的俗寫，猶注文「逢」古亦用作「逢」的俗字，但經本未見「烽」字，唯卷二譬喻品第三有「蓬勃」一詞，其中的「蓬」字古本亦作「熢」，慧琳《音義》謂「熢」即逢火之「逢」，而「烽」即「逢」字俗省，然字序不合，且「熢」字上文已出，故只能存疑。參看上文校記〔一七〕。

〔三五〕品名後一「學」後經本有一「人」字，應據補。

〔三六〕蹈，經本有「蹈七寶華如來」，即此字所出。「蹈」字《廣韻》音徒到切，号韻效攝，直音字「沓」音徒合切，合韻咸攝，二字紐同韻異，《匯考》謂「沓」字誤。

〔三七〕「坐如來座」句後經本有「爾乃應爲四衆廣説斯經」句。

〔三八〕「安住是」三字乃經本「安住是中，然後以不懈怠心爲諸菩薩及四衆廣説是《法華經》」之節略。

〔三九〕「忍」字底卷無，兹據經本擬補。

〔四〇〕杈，經本有「亦不親近諸有兇戲相扠、相撲及那羅等種種變現之戲」句，玄應、慧琳《音義》引出「相扠」條，玄應云「扠」字「字體作摢，敕佳反，以拳加人也。扠，近字也」，底卷「杈」應即「扠」字俗訛。

〔四一〕「踊」字《金藏》本同，宋《資福藏》、《磧砂藏》、元《普寧藏》等本作「涌」，慧琳《音義》引亦作「從地涌出品」，云「涌，餘隴反，《玉篇》：涌，騰也。如水上騰，應作涌。有作踊，跳也，非此義」。

〔四二〕「中有四道師」以下至此經本原文作「是菩薩衆中有四導師：一名上行，二名無邊行，三名净行，四名安立行。是四菩薩於其衆中最爲上首唱導之師」，底卷有節略。

〔四三〕窪，經本有「面色不黑，亦不狹長，亦不窊曲」句，玄應《音義》引出「窊曲」條，云「《字林音隱》窪或作窊，同，一瓜反，《廣雅》下也」，蓋「窪」字古亦用同「窊」，故經本「窊曲」異本或有作「窪曲」者，爲底卷所本。

〔四四〕注文『䍃』就字形而言，既可能爲『䍃』字俗寫，又可能爲『巠』字俗寫，然均與字頭無涉，當誤。

〔四五〕『法師品』經本作『法師功德品』，底卷或有脱略。

〔四六〕注文『力過』後疑脱『反』，上下文切語多有『反』字。參看上文校記〔三〕。

〔四七〕甄，經本有『甄迦羅』一名，即此字所出。『甄』字《廣韻·仙韻》有居延切一讀，見紐山攝，直音字『烟』在先韻，音烏前切，影紐山攝，唐五代西北方音見系和影系有混用的現象。參看上文校記〔二〕。

〔四八〕『一切川流』以下至此經本作『譬如一切川流江河，諸水之中海爲第一；此《法華經》亦復如是，於諸如來所説經中最爲深大。又如土山、黑山、小鐵圍山、大鐵圍山及十寶山，衆山之中須彌山爲第一；此《法華經》亦復如是，於諸經中最爲其上』，底卷有節略。

〔四九〕『觀世音菩薩品』經本作『觀世音菩薩普門品』，底卷或有節略。

妙法蓮華經難字（一）

斯五六九〇

【題解】本篇底卷編號爲斯五六九〇。凡二行半（第三行只抄了半行），每行上部有殘泐，所缺字數不詳，首行所存第一字缺上半，其下抄『難字』二字。《索引》據以題作『難字』，《寶藏》同，《索引新編》作『□難字』；《英藏》改題作『妙法蓮華經等佛經難字』。今按：首行殘字近似『卷』字的下部，疑其上殘泐某某經第某卷字樣。本篇前一部分（『⿰扌豆』至『撓』字）難字皆出於《妙法蓮華經》卷八馬明菩薩品第三十，後一部分（『第四』以下）難字大多出於《妙法蓮華經》卷一序品至卷四見寶塔品第十一（個別字出於見寶塔品第十一之後），故據以改定今題。傳世的《妙法蓮華經》一般爲七卷二十八品，但敦煌寫本中也有爲八卷三十品的，其中的度天地品第二十九、馬明菩薩品第三十爲傳本所無。本卷的前一部分就是馬明菩薩品難字的摘録。從底卷的『第四』字樣及摘字主要限於《妙法蓮華經》前十一品和第三十品的情況來看，原卷應有殘缺。前後兩部分每部分所抄難字先後順序大抵與經文相反，如前一部分首字『⿰扌豆』所在的經文『五大城中人多黑⿰扌豆（短）小』句在馬明菩薩品的末尾，而末『撓』字所在的經文『風起撓動其水』句則在馬明菩薩品的前端。又如後半自『掬』至『圮』三十字，所據經文經本中出現的順序依次爲『如我惟忖』等、『牆壁圮坼』、『蜈蚣蚰蜒』、『蛖蜋諸虫』、『咀嚼踐踚，⿰齒齊齧死屍』、『蹲踞土埵』、『窺看窗牖』、『臭烟熢㶿』、『周帀欄楯』、『柔軟繒纊』、『其影頌瘦』、『聾騃無足』、『盲聾背傴』、『馳騁四方以求衣食』、『其諸倉庫悉皆盈溢』等、『尒時窮子傭賃展轉遇到父舍』等、『如人渴須水，穿鑿於高原』、『以金銀琉璃硨磲瑪瑙真珠玫瑰七寶合成』、『各齎寶花滿掬而告之言』，除『忖』等一二字次序有問題外，其他難字次序適與經文相反。類似『逆抄』的情況，在其他敦煌佛經音義寫本中也時有所見，可參看斯二八二一號《大般涅槃經音》

（二）題解。但也有少數例外，如『忖』字，存在『插隊』的現象（參下校記〔三六〕、〔四二〕），這説明抄手摘字的先後存在較大的隨意性。

《妙法蓮華經》馬明菩薩品凡見於六個敦煌寫本，分别爲斯二七三四號（首尾完整，首題『妙法蓮華經馬明菩薩品弟三十』，《大正藏》據此本收入卷八五）、斯三〇五一號（存中部）、斯四五七二號（存中小部）、斯五九三一號（存前部十餘行）、北六一八八號（列一一）（存後半，末題『妙法蓮華經卷第八』）、伯三〇〇八號（存中部）。茲據《英藏》影印本録文，以斯二七三四號《妙法蓮華經》馬明菩薩品（校記中簡稱斯二七三四號經本）、《中華大藏經》本《妙法蓮華經》（第一卷據《麗藏》本影印，第四卷據《金藏》大寶集寺本影印，其餘各卷據《金藏》廣勝本影印，校記中簡稱『經本』）等經本及玄應《音義》卷六、慧琳《音義》卷二七所載《妙法蓮華經》音義爲參校，校録於後。另附寫卷圖版於首，以資比勘。底卷各字接抄，茲除可相連成詞者外，皆用句號句斷，以清眉目。

斯五六九〇號《妙法蓮華經難字》圖版

□□▨〔一〕難字　拉〔二〕壞〔三〕尖〔四〕傍〔五〕揣〔六〕翱〔七〕鱖〔八〕俠〔九〕幃〔一〇〕鏩〔一一〕氍耗〔一二〕毾毲。机〔一三〕綩綖〔一四〕欖〔一五〕夾〔一六〕巠〔一七〕搗〔一八〕麋麞〔一九〕鴩〔二〇〕菟〔二一〕鴺〔二二〕墓（篡）〔二三〕蘱〔二四〕乎〔二五〕□〔二六〕耗。撓〔二七〕

第四〔二八〕　掬〔二九〕玫瑰〔三〇〕穿鑿〔三一〕傭賃〔三二〕溢〔三三〕騁〔三四〕騃〔三五〕傴。頌。忖〔三六〕

纊〔三七〕楯。熢焞〔三八〕窺（窺）。蹲踞。嚼（嚼）。蹹〔三九〕齚齧。蟯□〔四〇〕蜈蚣。蚰蜒。圮。

⿰金萬。〔四一〕鈆（鉛）。錫。眇。〔四二〕⿰目⿱⿱爫冖夂。〔四三〕驅。跉跰。〔四四〕姝。⿰巾㥯（幰）。〔四五〕甄。〔四六〕嚳。〔四七〕唄。〔四八〕

擣。〔四九〕嬉。〔五〇〕

【校記】

〔一〕殘字底卷存下部，據殘存筆畫，似爲『卷』字。『卷』上殘泐情況不詳，或應有某某經第某卷字樣。

〔二〕抲，『短』的俗字，斯二七三四號經本有『五大城中人多黑短小』句，其中的『短』字斯三〇五一號經本同，伯三〇〇八、北六一八八號（列一一）經本作『抲』，應即此字所出。

〔三〕壤，斯二七三四號經本有『宣數平壤之地』句，應即此字所出。

〔四〕尖，斯二七三四號經本有『十八尖石地獄』句，應即此字所出。

〔五〕傍，『傍』的俗字，斯二七三四號經本有『傍極鐵圍山畔』句，『傍』字斯三〇五一號經本同，北六一八八號、伯三〇〇八號經本作『傍』，應即此字所出。

〔六〕揣，斯二七三四號經本有『揣食入口』句，應即此字所出。

〔七〕翱，《龍龕·羽部》以爲『翱』的俗字，斯二七三四號經本有『翱翔八方自在无有限㝵』句，應即此字所出，其中的『翱』字斯三〇五一號作正字『翱』。

〔八〕『縹』字字書不載，敦煌經本相應位置亦不見，就字形而言，應爲『縹』的繁化俗字，但此處應校讀作『縹』，斯二七三四號經本相應位置有『八色蓮華，青黃赤白紅紫縹緑，弥覆水上』句，其中的『縹』字斯三〇五一號經本作『縹』，『縹』即『縹』的繁化俗字。

〔九〕俠，斯二七三四號經本有『俠路寶樹，莖莖相望。俠［路］渠水，底布沈香』句（『路』字據斯三〇五一號經本補），應即此字所出，『俠』當校讀作『夾』，斯三〇五一號經本正作『夾』。

〔一〇〕幃，斯二七三四號經本有『摩尼幃帳張施其上』句，『幃帳』斯三〇五一號經本同，即『幃帳』二字的俗寫，應即此字所出。

〔一二〕『鐁』字字書不載，應爲『鐤』字俗訛，斯二七三四號經本有『金鈴華鐤，周匝垂下』句，『鐁』應即『鐤』俗訛，而『鐤』又爲『鼎』的增旁俗字（斯三〇五一號經本『鐤』字作『鑷』形，恐誤），敦煌寫本中有同例。

〔一三〕耗，斯二七三四號經本有『七寶宮殿，氍耗毾㲪，金牀玉机』句，應即此字所出，《龍龕·毛部》以『耗』爲『毹』的俗字，斯三〇五一號經本『耗』作『氀』，『氀』亦爲『毹』的俗字（《集韻·虞韻》載『毹』或作『𣯱』，『氀』又爲『𣯱』的偏旁易位字）。

〔一三〕『毾㲪』、『机』二條所出經文見上條引。

〔一四〕綩綖，斯二七三四號經本有『綩綖軟細，以敷其上』句，應即此條所出。

〔一五〕欖，『欖』字俗省，卷中應校讀作『攬』，斯二七三四號經本有『乃至劫欲盡時，人極惡，攬草成刀劍，即便相煞』句，又有『天無枉攬，平直無二……自作自得，非他授與』句，『攬』皆爲『攬』字俗省，應即此字所出。後例『攬』又當讀作『濫』。

〔一六〕夾，斯二七三四號經本相應位置未見，而有『其地上廣下狹』句，『夾』『狹』古通用，或即此字所出。參看上文校記〔九〕。

〔一七〕堊，斯二七三四號經本有『生不相育，死不塟埋』句，應即此字所出，『堊』、『塟』皆爲『葬』的俗字。

〔一八〕搗，斯二七三四號經本有『无有染色搗治之苦』句，應即此字所出，《干禄字書》以『搗』爲『擣』的俗字。

〔一九〕麋麞，斯二七三四號經本有『象馬、牛羊、驢騾、駱駞、猪狗、鷄鴙、鵝鴨、熊羆、虎豹、犲狼、麋麈、麞鹿、雉兔，皆人化作』句，應即此二字所出，『麞』字經本作『麈』，二者皆爲麋鹿之屬，故可導致異文。

〔二〇〕鴙，斯二七三四號經本相應位置作『雉』（見上條校記引），『鴙』即『雉』字異體。斯二七三四號經本下文又有『復墮畜生中，象馬、牛羊、驢、駱駞、犬豕、鷹梟、鴙鴨之中，數千萬歲』句，正用『鴙』字，但此句經文在『尖』『壤』二字之間，字序不合，未必爲底卷『鴙』字所出。

〔二一〕莬，斯二七三四號經本有『雉兔』（見校記〔一九〕條引），應即此字所出，『莬』應为『兔』的俗字。

〔二二〕鶜，斯二七三四號經本此字與『鷄』字相連（見校記〔一九〕條引），疑爲『鶩』字俗省（『鶩』從『敄』得聲，而『敄』又從『矛』聲），『鶩』指家鴨，亦指野鴨，古常與『鷄』字連用。慧琳《音義》卷四六、五二、五七、七五皆有『鷄鶩』條，可證。

〔二三〕墓，『簒』的俗字，斯二七三四號經本有『由（猶）有愚人私相墓盜，不可禁制』句，應即此字所出。

〔二四〕䵃，斯二七三四號經本有『粳米滅盡，自然䵃生』句，應即此字所出。

〔二五〕孚，斯二七三四號經本有『從是以來，孚男育女』句，應即此字所出。

〔二六〕缺字在第二行之首，所缺字數不詳，最後一字尚可見一豎畫。

〔二七〕斯二七三四號經本有『風起撓動其水，億千万歲，水乃耗滅』句，應即『耗』、『撓』二字所出。

〔二八〕『第四』二字底卷接抄於『撓』字之後，考此下難字俱見於通行本《妙法蓮華經》卷一至卷六，故另段校録。『苐』同『第』，『第四』下的『掬』、『玫瑰』、『穿鑿』三條皆見於《妙法蓮華經》卷四，『第四』二字不知是否即指《妙法蓮華經》卷四。

〔二九〕掬，經本卷四見寶塔品第十一有『各齎寶花滿掬而告之言』句，應即此字所出。

〔三〇〕玫瑰，經本卷四見寶塔品第十一有『其諸幡蓋，以金、銀、琉璃、硨磲、瑪瑙、真珠、玫瑰七寶合成』句，應即此詞所出。

〔三一〕穿鑿，經本卷四法師品第十有『如人渴須水，穿鑿於高原』句，應即此詞所出。

〔三二〕傭賃，經本卷二信解品第四有『尒時窮子傭賃，展轉遇到父舍』和『傭賃展轉，遂至父舍』句，應即此詞所出。

〔三三〕溢，經本卷二信解品第四有『其諸倉庫，悉皆盈溢』、『金銀珍寶，倉庫盈溢』等句，應即此字所出。

〔三四〕騁，經本卷二信解品第四有『馳騁四方，以求衣食』句，應即此字所出。

〔三五〕『駃』下三字出經本卷二譬喻品第三，所在經文經本依次作『其影頷瘦』、『聾駃無足』、『盲聾背傴』。

〔三六〕忖，經本相應位置未見，而卷一序品第一有『如我惟忖』、『是故惟忖』等句，應即此字所出。

〔三七〕『纊』至『圮』十七字出經本卷二譬喻品第三，所在經文經本依次作『牆壁圮坼』、『蜈蚣蚰蜒』、『蛲(蛲)蜋諸蟲』、『咀嚼踐蹋，鱭齧死屍』、『蹲踞土埵』、『窺看窗牖』、『臭烟蓬勃』、『周帀欄楯』、『柔軟繒纊，以爲茵蓐』，底卷大抵爲逆序摘録。

〔三八〕熢焞，北四七四三號（雲四七）等經本同，北四七三四號（往五四）等經本作『熢悖』，北四七二九號（收四九）等經本及《金藏》廣勝寺本作『蓬勃』。玄應、慧琳《音義》引皆作『蓬勃』。玄應《音義》卷六云：『蓬勃，蒲公反、蒲没反，《廣雅》：勃，盛也。經文作熢悖，非其體也。』慧琳《音義》卷二七云：『蓬勃，上蒲公反，氣如蓬之亂起，有作熢，即逢火之㷭……無蓬音，非也；下蒲没反，勃，盛也，蓬勃，繁盛之皃……或如蓬繁亂，有作焞，無所從也。』本卷字形與慧琳所見『有作』本合。

〔三九〕蹌，北四七四三號經本同，《金藏》廣勝寺本作『蹋』，『蹌』爲『蹋』的後起異體字。

〔四〇〕蛲，《金藏》廣勝寺本同，乃『蛲』的俗字，北四七四三號等經本即作『蛲』。又此字底卷在行末，次行之首底卷有殘泐，缺字情況不詳，如有缺字，疑所缺第一字爲『蜋』字，經本以『蛲蜋』連文。

〔四一〕鎉，經本卷一方便品第二有『白鎉及鈆(鉛)錫』句，即此字及下二字所出。『鎉』《集韻·盍韻》以爲『鑞』字或作，北四四九二號（菜一七）經本正作『鑞』。

〔四二〕較之經文，『眇』以下十二字字序先後雜亂，其中『眇』和下文的『驅』、『跉跰』三條出經本卷二信解品第四，所在經文經本依次作『(我子)捨吾逃走，跉俜辛苦五十餘年』、『或見逼迫，強驅使作』、『眇目矬陋』，底卷爲逆序摘録。

〔四三〕『矆』字字書不載，經本相應位置亦未見，俟再考。

〔四四〕跉跰，北四七四三號經本有『跉跰辛苦五十餘年』句，敦煌寫卷中存此句的該經經本有百餘卷，其中的『跉跰」二字多數寫卷同，僅北四七〇三（來六七）、四七二九（收四九）、四七五六（結二一）、四九四三號（闕七三）等少數幾卷作「伶俜」，《金藏》廣勝寺本作「跉俜」。玄應、慧琳《音義》標目字皆作「伶俜」。玄應《音義》卷六云：「伶俜，歷丁反，下匹丁反，《三蒼》云：伶俜猶聯翩。孔案：伶俜亦孤獨皃也。經文多作跉跰，《字林》力生反，下補諍反，字與迸同：跉，不正也；迸，散也，二形並非今用也。」慧琳《音義》卷二七說略同。按：「跰（迸）」「俜」音近，「跉跰」蓋「伶俜」的又一語音記録形式。

〔四五〕 幔，「皭」的俗字（參看斯五六八五號《妙法蓮華經譬喻品難字》校記〔三〇〕）；「姝」、「皭」二字出經本卷二譬喻品第三，所在經文北四七四三號經本依次作「又於其上張設幔（皭）蓋」、「膚色充潔，形體姝好」，底卷爲逆序摘録。

〔四六〕 甄，經本卷六藥王菩薩本事品第二十三有「甄迦羅」，卷七妙音菩薩品第二十四又有「甄叔迦寶」語，或即此字所出。

〔四七〕 嚀，《龍龕·口部》云「俗，口頂反」，《字彙補·口部》云「義闕」。此字實爲「謦」的俗字。「謦」字《廣韻·迥韻》音去挺切，與「口頂反」同音。經本卷六如來神力品第二十一有「諸佛謦欬聲」句，其中的「謦」字北五七七九（雲二二）、五七八二（黃七三）、五七九〇（玉二二）號等十多個經本同，北五七八〇（洪三七）、五七八一（闕四二）、五七八八（金六一）、五七八九（地七四）、五七九一（歲二六）號等二十多個寫卷則作「嚀」，蓋即此字所出；北五七七八號（秋二四）經本作「磬」，則爲「謦」的假借字，「嚀」當是從口、磬聲，爲「謦」的後起形聲俗字。

〔四八〕 唄，經本卷一方便品第二有「歌唄頌佛德」句，或即此字所出。

〔四九〕 擣，經本卷五如來壽量品第十六有「依諸經方，求好藥草，色香美味皆悉具足，擣篩和合，與子令服」句，或即此字所出。

〔五〇〕 嬉，經本卷二譬喻品第三有「於火宅内樂著嬉戲」、「嬉戲不覺」等句，或即此字所出。

妙法蓮華經難字（二）

伯二九四八

【題解】

本篇底卷編號爲伯二九四八。原卷正面六十七行，有界欄，首尾均缺，無題，其中有『第三卷』、『第四卷』、『第五卷』、『第六卷』字樣，前六十五行爲難字摘抄，無注音和釋義；倒數第二行爲『第七卷』三字，下無難字；隔一行後抄『鐵（鐵）槊』條音義，體例與前不同。卷背爲佛經音義。《索引》連同背面擬題『佛經音義（兩面抄）』，《索引新編》同；《寶藏》正面題『佛經難字』，背面題『蓮華面經音義、佛垂般涅槃略説教戒經音義、諸法無行經音義』；《法藏》正面、背面均題『佛經音義』。許端容《可洪〈新集藏經音義隨函録〉敦煌寫卷考》一文（《第二届敦煌學國際研討會論文集》，臺灣漢學研究中心一九九一年版）指出本卷正面似屬『佛經難字抄』，末端有可洪《音義》詞條一則，查對高麗本，知爲可洪《藏經音義隨函録》第柒册《不空羂索神變真言經》第四卷之詞條；背面乃可洪《音義》之選抄本。其説近是。經查考，除最後一行『鐵槊』條爲可洪《音義》摘抄外（參看伯二九四八號《藏經音義隨函録節抄》題解及校記（一）），正面前六十六行乃《妙法蓮華經》卷二至卷六難字，先後順序幾乎全同，故改擬今題。本卷的抄寫時間應與卷背的《藏經音義隨函録節抄》略同，約在十一世紀初（參看《藏經音義隨函録節抄》題解）。底卷每個難字下均空二格左右，大約是預留空間以備注音之用的（參看斯三三六六號《大般涅槃經音》題解），兹在每字或每詞（經本原文相連成詞者）下皆用句號句斷，原有的空格則不再保留。

本篇未見前人校録。今據《法藏》影印本録文，以《中華大藏經》本《妙法蓮華經》（第一卷據《麗藏》本影印，第四卷據《金藏》大寶集寺本影印，其餘各卷據《金藏》廣勝本影印，校記中簡稱『經本』）等經本及玄應《音義》卷六、慧琳《音義》卷二七所載《妙法蓮華經》音義（簡稱玄應《音義》、慧琳《音義》）爲參校，校録於後。另附圖版於首，以資比勘。

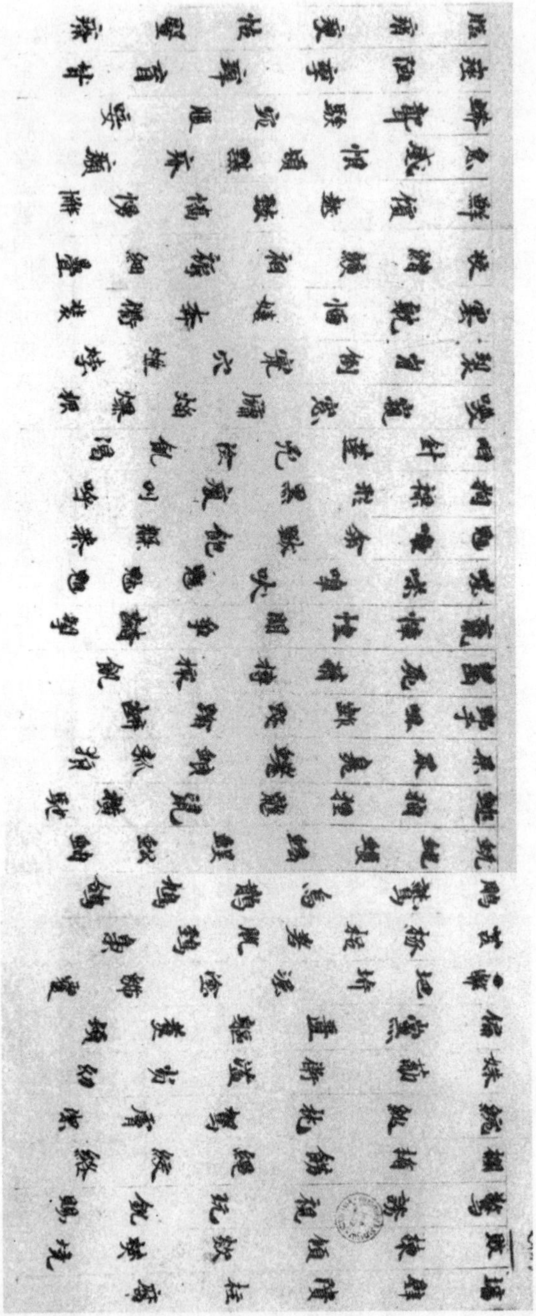

伯二九四八號《妙法蓮華經難字》圖版（一）

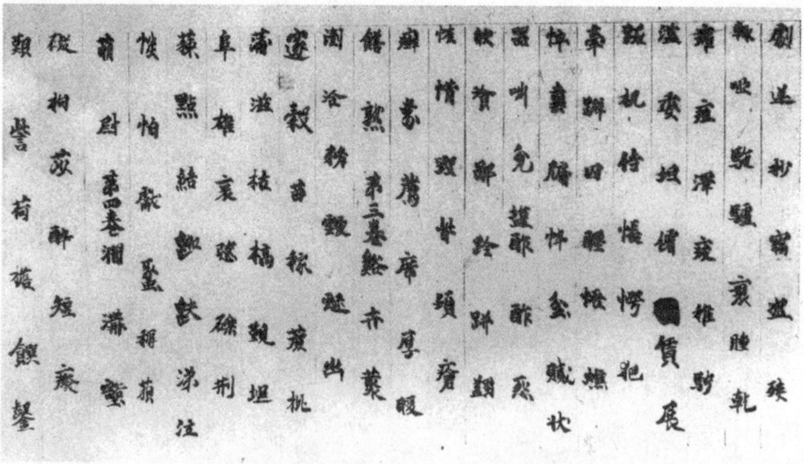

伯二九四八號《妙法蓮華經難字》圖版（二）

伯二九四八號《妙法蓮華經難字》圖版（三）

(前缺)

墻壁。〔一〕隤。柱。腐敗。楝。傾。欸。焚燒。驚。誘。視。玩。鋭。賜。欄楯。鎊。〔二〕繩(繩)。
絞絡。〔三〕綩綖。枕。駕。膚。潔。姝。葪。〔四〕衛。溢。劣。幼。偏黨。匱。軀。袁。頓弊。把
坼。〔五〕遲塗。〔六〕締。〔七〕覆苫。椽梠。〔八〕差脱。鴞梟。鵰鷲。烏鵲。鳩鴿。蚖虵。蝮蝎。蜈蚣。蚰
蜒。猫狸。〔九〕鼷鼠。横。馳。屎尿。臯。〔一〇〕蟯(蟯)蜋。狐狼。野干。咀齚。〔一一〕踐蹹。〔一二〕齰齧。
屍。藉。搏撮(撮)。飢羸。憧惶。鬭爭。〔一三〕齰掣。〔一四〕嗤喋。〔一五〕嘷吠。魑魅魍(魍)魎。噉。禽
獸。飽。槃茶。〔一六〕狗。裸形。黑瘦。叫呼。〔一七〕咽(咽)。針。蓬。兇險。飢渴。喚。窺(窺)。
窓(窗)牖。熖(焰)。爆(爆)。振裂。〔一八〕崩倒。竄。穴。熢焞。〔一九〕塞。躭湎。〔二〇〕嬉。奔。衢。
裝校(校)。〔二一〕繒纊。袙(袙)褥。〔二二〕細疊。〔二三〕鮮。儐(儐)。越。〔二四〕致。憍(憍)慢(慢)。懈怠。
蹙。恨。頌。黮。疥癩(癩)。蟒(蟒)。聾騃。宛。〔二五〕腹。唼。痤陋。〔二六〕攣癖。〔二七〕盲。背
膒。〔二八〕痟瘦。怙。毉。〔二九〕療。劇。逆(逆)。抄。竊盜。殃。輙(輒)。啞。駞(駝)驢。衰。
腫。乾。癰疽。〔三〇〕澤。疲。稚。騁。溢。委。坦。傭賃。展。踞。机。侍。悵。〔三一〕愕。
犯。〔三二〕牽。躃。囚。〔三三〕醒悟。燋悴(悴)。〔三四〕糞(糞)。牖。悴(悴)。坌。賦。〔三五〕狀。噐(器)。
咄。瓮。〔三六〕塩(鹽)酢。〔三七〕酢。怨(怨)。欣。飡。〔三八〕鄙。跉跰。〔三九〕躅。恡惜。〔四〇〕毁呰。頓。
瘡癬。券。薦席。厚暖。〔四一〕饍。熟。

第三卷　谿。卉。藁。澍。洽。務。靉靆。幽邃。穀。苗稼。蔗。桃蒲。〔四二〕滋。枯槁。
覬。塠阜。〔四三〕雄。哀愍。礫。荊蕀。〔四四〕點。結跏趺。涕泣。惔怕。〔四五〕獻。蚉。〔四六〕耨。蒷。〔四七〕
萌。尉。〔四八〕

第四卷　澗。溝壑(壑)。礙。〔四九〕拘。莎。酔(醉)。短。瘶。〔五〇〕艱。訾。〔五一〕荷擔。饌。

鑿。〔五二〕原。穿。逗。燥。寐（寂）漠。〔五三〕龕。掬。詳。〔五四〕關鑰。〔五五〕鞅。〔五六〕擲。淳。〔五七〕傷。〔五八〕

髓腮。〔五九〕捐。給。採。汲。薪。搥鍾。竭。雅。戴。捻。〔六〇〕鎧。嚬。〔六一〕

第五卷　平綦（卒暴）。〔六二〕詠。扠。〔六三〕撲（撲）。胷臆。屠。魁儈。〔六四〕猲（獵）。銜。僞。

質。篗（篋）。虒（虎）珀。〔六五〕戰。髻。裂。逸。憒閙。謬（謬）。掟。禁。吼。

第六卷　幾。卵。訓。洹。垢。踈。〔六六〕脣。褰縮。庵潨。〔六七〕喎斜。腨睇。〔六八〕戾。窪。〔六九〕

踈。沫泡。焰（焰）。頷。〔七〇〕撰。娛。顏。噆欬。〔七一〕薰。瓶。〔七二〕膠（膠）。萄。甄。閦。〔七三〕

舩。〔七四〕酙。〔七五〕

第七卷〔七六〕

【校記】

〔一〕 墻壁，「墻」字《龍龕·土部》「疾良反，俗」，乃「牆」的俗字。從此二字開始至「熟」字一大段見於《妙法蓮華經》卷二，經本有「堂閣朽故，牆壁隤落」句，即此二字及下「隤」字所出，字正作「牆壁」。

〔二〕 餝，「飾」的俗字，經本有「又於其上張設幰蓋，亦以珍奇雜寶而嚴飾之」句，即此字所出，字正作「飾」。

〔三〕 絞絡，經本有「寶繩交絡，垂諸華纓」句，其中的「交」字《麗藏》本及《大正藏》本皆作「絞」，即此二字所出；「交絡」「絞絡」義皆可通。

〔四〕 葋，「筋」的俗字，經本有「駕以白牛，膚色充潔，形體姝好，有大筋力」句，即此字所出，字正作「筋」。

〔五〕 把坼，「把」爲「圮」的訛俗字，經本有「牆壁圮坼，泥塗陁落」句，即此字所出。

〔六〕 涅塗，經本作「泥塗」（見上條引），「涅」即「泥」的增旁俗字。

〔七〕 䧟，「陁」字的俗寫，「陁」又为「褫」字俗訛，「褫」又借用作「阤」或「陊」，經本作「陁落」（見上條引，其中的「陁」字斯九一七號經本作「䧟」，與本卷合），正用「陁」字。參看斯五五五四號《妙法蓮華經譬喻品難字音》校記〔三〕。

〔八〕椓梠，「椓」乃「椽」的訛俗字，經本有「覆苫亂墜，椽梠差脱」句，即此二字所出，字正作「椽」。

〔九〕狖狸，經本有「鼬貍鼷鼠」句，即此二字所出，「狸」乃「貍」的換旁俗字；「鼬」字北四七六一號（雲一六）經本作「貁」，斯九一七號經本作「狖」，「狖」乃「貁」的俗字，「鼬」「貁」本非一物，但二字音同義近，古多混用不別。參看斯五五五四號《妙法蓮華經譬喻品難字音》校記〔三〕。

〔一〇〕臰，「臭」的俗字，經本有「屎尿臭處，不净流溢」句，即此字所出。

〔一一〕咀齚，經本有「狐狼野干，咀嚼踐蹋」句，即此二字所出；玄應《音義》出「咀嚼」條，稱「嚼」字「經文作齚，齧也」，玄應所見經文正與本卷合。

〔一二〕踐蹹，經本作「踐蹋」（見上條引），「蹹」即「蹋」的俗字。

〔一三〕鬪爭，「鬪」爲「鬭」的俗字，經本有「鬪争摣掣」句，即此二字所出。

〔一四〕齇掣，「齇」當作「𪘏」，「𪘏」字字書以爲「齇」的俗字（斯九一七號等卷《妙法蓮華經・譬喻品》經本正作「齇」），此處則當讀作「摣」，經本正作「摣掣」（見上條引）。

〔一五〕嘊喍，經本有「啀喍嘷吠」句，即此二字所出，「嘊」「啀」爲古異體字。

〔一六〕槃荼，經本有「鳩盤茶鬼」句，即此二字所出，《大正藏》本作「鳩槃茶鬼」，爲梵語譯音用字之異。

〔一七〕叫呼，「叫」爲「叫」的俗字，經本有「叫呼求食」句，即此二字所出。

〔一八〕振裂，經本有「爆聲震裂」句，應即此二字所出，「振」「震」二字古通用。

〔一九〕熢焞，同「蓬勃」，經本有「臭烟蓬㶿」句，應即此二字所出。參看斯五六九〇號《妙法蓮華經難字》（一）校記〔三八〕。

〔二〇〕躭愐，「躭」爲「耽」的俗字，「愐」當讀作「湎」，經本有「而諸子等，躭湎嬉戲」句，即此二字所出。

〔二一〕裝校，經本有「造諸大車，裝校嚴飾」句，即此二字所出，「裝」字《大正藏》本作「莊」，古通用字。

〔二二〕裀褥，經本有『柔軟繒纊，以爲茵蓐』句，即此二字所出，『裀褥』同『茵蓐』，玄應《音義》引作『茵褥』，義同。

〔二三〕細疊，經本有『上妙細氎，價直千億』句，即此二字所出，『疊』當讀作『氎』。

〔二四〕『越』字經本相應位置未見，疑有誤。

〔二五〕宛，經本有『聾騃無足，婉轉腹行』句，其中的『婉』字《麗藏》本、《大正藏》等本作『宛』，即此字所出。

〔二六〕痤陋，經本有『矬陋癵躄，盲聾背傴』句，即此二字所出，玄應《音義》引作『矬陋』，云『矬』字『經文作痤……非此義也』。

〔二七〕攣癖，經本作『癵躄』（見上條引），『癵』字慧琳《音義》引同，稱『有作攣』（《大正藏》本即作『攣』）；又『癖』字當讀作『躄』。

〔二八〕背膒，經本作『背傴』（見上條引），玄應《音義》引作『背傴』，云『傴』字『經文作膒，《字林》一侯反，幽脂也，非今所取』。

〔二九〕毉，經本有『若修醫道，順方治病』句，即此字所出，玄應《音義》称『醫』字『又作毉，同』。

〔三〇〕癕疽，經本有『疥癩癰疽』句，即此二字所出，『癕』乃『癰』的俗字。

〔三一〕悵，此處爲『帳』的俗字，經本有『覆以寶帳』句，即此字所出。

〔三二〕犯，應爲『犯』的訛俗字，經本有『我不相犯，何爲見捉』句，即此字所出。

〔三三〕『囚』字經本在『牽』字後、『蹡』字前。

〔三四〕燋悴，同『憔悴』，經本有『密遣二人形色憔悴無威德者』句，即此二字所出。

〔三五〕賦，『膩』的訛俗字，經本有『更著麁弊垢膩之衣』句，即此字所出。

〔三六〕瓮，當是『瓫』的俗字，經本相應位置有『諸有所須，盆器米麪塩酢之屬，莫自疑難』句，疑『盆』字異文有作『瓫』者（『瓫』『盆』形義皆近），應即此字所出；《中華大藏經》校記稱『盆』字《資福藏》、《麗藏》本作『瓫』，可參。

〔三七〕 鹽酢，《大正藏》本作『鹽醋』，義同。又經本相應位置只有一個『酢』字，此處底卷始連抄『鹽酢』二字，空約二格又抄一『酢』字，疑前一『酢』字爲誤抄而未删去者（本卷的體例是每個難字下均空約二格，不連抄）。

〔三八〕 滄，經本有『而無悕取一滄之意』句，即此字所出，『滄』爲『餐』異體『湌』字的俗寫。

〔三九〕 跉跰，經本有『跉俜辛苦五十餘年』句，其中的『跉俜』敦煌寫經多作『跉跰』，亦或作『伶俜』，玄應、慧琳《音義》引作『伶俜』，皆同一連綿字的不同寫法。參看斯五六八五號《妙法蓮華經譬喻品難字》校記〔四四〕。

〔四〇〕 恡惜，『恡』字右半底卷不甚明晰，就字形而言，此字應爲『怪』字，但經本相應位置無此字，而有『世尊於佛智惠無所悋惜』句，則原字當爲『悋』字寫訛。

〔四一〕 厚暖，經本有『薦席厚煖』句，應即此二字所出，『暖』爲後起俗字。

〔四二〕 桃蒲，當作『蒲桃』，經本有『百穀苗稼，甘蔗蒲萄』句，『蒲萄』玄應《音義》引作『蒲桃』，云『桃、萄二形隨作無定體』，應即此二字所出。

〔四三〕 塠阜，經本有『其土平正，无有高下坑坎堆埠』句，應即此二字所出，『塠』、『埠』分别爲『堆』、『阜』的俗字。

〔四四〕 荆蕀，『蕀』應爲『蕀』字俗訛，『蕀』又爲『棘』的增旁俗字，經本有『无諸丘坑沙礫荊棘便利之穢』句，應即此二字所出。

〔四五〕 惔怕，經本有『其心常惔怕，未曾有散亂』句，應即此二字所出，玄應、慧琳《音義》引並作『憺怕』，玄應云『（憺）徒濫反，《説文》：憺，安也。謂憺然安樂也。憺亦恬静也。經文作惔，徒甘反，《説文》：惔，憂也。惔非此義。怕，又作泊，《説文》匹白反，無爲也。《廣雅》：怕，静也』。

〔四六〕 蠡，經本有『擊于大法鼓，而吹大法螺』句，應即此字所出，『蠡』爲『蠡』字俗省，『蠡』『蠃（後起俗字作「螺」）』古通用。俄弗二三〇號《一切經音義》（三）《大般涅槃經》第十一卷音義：『螺王，古文作蠃，同，力囗（戈）反，螺，蚌也。經文有作蠡，蠡，力底反，借音耳。』

〔四七〕『穃』爲『耨』的俗字；『𧊪』應爲『蕷』字之訛，後者乃『藐』的俗字；經本屢見『阿耨多羅三藐三菩提』語，應即此二字所出，其中的『藐』亦爲『藐』的俗字。

〔四八〕『尉』字經本相應位置未見，而有『慰衆言勿懼』句，疑『尉』即『慰』字異文（『尉』『慰』古今字）。

〔四九〕礙，經本有『得大神通四無㝵智』等句，其中的『㝵』即『礙』的俗字，應即此字所出。

〔五〇〕癈，『廢』的俗字，經本有『教化我等令發一切智心，而尋廢忘，不知不覺』句，應即此字所出。

〔五一〕呰，經本有『若人以一惡言毀呰在家出家讀誦《法華經》者，其罪甚重』句，『呰』『呰』音同義通，應即此字所出。

〔五二〕鑿，經本有『譬如有人渴乏須水，於彼高原穿鑿求之』句，應即此字及下『原』、『穿』二字所出，據經本，『鑿』字應移至『穿』字之後。

〔五三〕寂漠，『漠』字經本相應位置未見，而有『獨在空閑處，寂寞無人聲』句，應即此二字所出，慧琳《音義》引作『啾嗼』，稱『經從𣲖作㝱，俗字也；從水作漠，是沙漠字也，皆非本正也』。

〔五四〕誶，就字形而言，此字應爲『誶』字俗寫，但經本相應位置未見『誶』字，而有『皆遣侍者問訊釋迦牟尼佛，各齎寶花滿掬而告之言』句，『訊』『誶』俗寫形近相亂，應即此字所出。據經本，此字應在『掬』字之前。

〔五五〕關鑰，『鑰』當是『鑰』字訛省，經本有『於是釋迦牟尼佛以右指開七寶塔户，出大音聲，如却關鑰開大城門』句，即此二字所出，可證。

〔五六〕鞅，經本相應位置未見，而有『此佛滅度，無央數劫』句，玄應《音義》『無央』條下云『經文作鞅……鞅非此義』，底卷『鞅』字與玄應所見經本相合。

〔五七〕淳，經本有『住純善地』句，《中華大藏經》校記稱『純』字《資福藏》、《麗藏》本等作『淳』，應即此字所出。

〔五八〕僞，『象』的俗字，經本有『勤行布施，心無吝惜象馬七珍、國城妻子、奴婢僕從、頭目髓腦、身肉手足，不惜軀命』句，即此字所出。

〔五九〕髓腮，經本作「髓腦」（見上條引），「腮」「腦」皆爲「腦」的俗字，即此字所出。
〔六〇〕捴，經本有「我先摠説一切聲聞皆已授記」句，「捴」、「摠」皆爲「總」的後起異體俗字，即此字所出。
〔六一〕嚬，經本相應位置未見，而有「隨宜所説法，惡口而頻蹙」句，「頻」字《大正藏》本作「顰」，「頻」古或用同「顰」，而「嚬」則又爲「頻（顰）」的後起形聲俗字。
〔六二〕卒暴，經本有「柔和善順而不卒暴」句，即此二字所出；玄應《音義》「卒暴」條下云：「上村没反，正作猝，其卒字則没、子出二反，《玉篇》等古書倉猝亦爲卒。」
〔六三〕扠，經本有「亦不親近諸有兇戲相扠相撲及那羅等種種變現之戲」句，即此字所出；玄應《音義》「相扠」條下云：「字體作摣，敕佳反，以拳加人也，扠，近字也。」
〔六四〕魁儈，經本有「屠兒魁儈，畋獵漁捕」句，即此二字所出；玄應《音義》引作「魁膾」，云：「經文有作儈，《聲類》：儈，合市人也。恐非此義也。」
〔六五〕虎珀，經本有「或與種種珍寶，金銀琉璃、硨磲瑪瑙、珊瑚琥珀、象馬車乘、奴婢人民，唯髻中明珠不以與之」句，即此字所出，「虎珀」同「琥珀」。又此二字經本在「戰」與「髻」二字之間。
〔六六〕踈，此字左半底卷近似「尺」形，原字疑爲「踈」字寫訛，兹徑録正；經本相應位置有「齒不垢黑，不黄不踈」句，或即此字所出。
〔六七〕奄㴋，「黤澀」二字的俗字，《龍龕·水部》「㴋」字「烏没反，水出聲也。又俗色立反」，後一讀音的「㴋」即「澀」的俗字；經本有「脣不下垂，亦不褰縮，不麁澀，不瘡胗，亦不缺壞，亦不喎斜」句，即「脣」下七字所出。
〔六八〕膈腂，經本有「鼻不匾㔸，亦不曲戾」句，玄應《音義》引作「匾㔸」，云：「經文作膈腂，近字。」
〔六九〕窪，同「窊」，經本有「面色不黑，亦不狹長，亦不窊曲」句，應即此字所出。
〔七〇〕頟，同「額」，經本有「額廣而平正，面目悉端嚴」句，應即此字所出。

〔七一〕嚳欬，經本有『然後還攝舌相，一時謦欬，俱共彈指』句，應即此二字所出；『嚳』爲『謦』的後起形聲俗字，玄應、慧琳《音義》謂『謦』字經本有作『磬』，則爲『謦』的假借字。參看斯五六九〇號《妙法蓮華經難字》(一)校記〔四七〕。

〔七二〕瓶，經本有『收取舍利，作八萬四千寶瓶』句，應即此字所出；但此句經本在底卷下文『甄』字所在文句之後。

〔七三〕閦，此字底卷『門』旁内的部分不甚明晰，查經本相應位置有『八百千萬億那由他、甄迦羅、頻婆羅、阿閦婆等偈』句，或即此字所出，故暫録爲『閦』字，俟再核。

〔七四〕舩，『船』的俗字，經本有『如子得母，如渡得船』句，即此字所出。

〔七五〕⿰氵尉，『⿰氵⿰票寸』字俗寫，經本有『火不能焚，水不能⿰氵⿰票寸』句，即此字所出；『⿰氵⿰票寸』乃『漂』的繁化俗字，《大正藏》本正作『漂』。

〔七六〕底卷抄寫至此止，隔一行後抄『鐵(鐵)槊』條音義，乃可洪《藏經音義隨函録》第柒册《不空羂索神變真言經》第四卷文，另行録入伯二九四八號《藏經音義隨函録節抄》。

妙法蓮華經難字（三）

俄敦五三五二

【題解】

本篇底卷編號爲俄敦五三五二。底卷係一長方形的紙片，抄難字三行，其中第三行僅抄上部大半行。《俄藏》未定名。今考底卷所抄難字依次見於《妙法蓮華經》卷一、二、三、六，故據以擬定今題。

本篇未見前人校録。今據《俄藏》録文，以《大正藏》本《妙法蓮華經》（校記中簡稱『經本』）等經本及玄應《音義》卷六、慧琳《音義》卷二七所載《妙法蓮華經》音義爲參校，校録於後。底卷諸難字接抄不分，茲按字詞句斷，并依所出經本卷次分段。

騫。[一] 覩。 餚饍。 佳矣。 刻雕。 漆（漆）。 鈆錫。[二] 唄。 厝。[三]

圮。[四] 隤。 椽。 鼷鼠。[五] 唓喋嘷吠。[六] 摣。[七] 炑。[八] 熢㶿。[九] 蹙。 傭賃。 眇。

逯。[一〇] 悚慄。 埠。[一一] 邃。 鬖鬆（鬄）。[一二] 攬。 洽。 卉。 谿。

磬。[一三] 訓。 褰。 窪。[一四] 瓬。 甄。[一五] 咳。（底卷抄寫至此止）

【校記】

[一] 『騫』以下至『厝（庴）』字皆出於經本卷一，且字序與經文大體相合。

[二] 經本有『或以七寶成，鍮石赤白銅，白鑞及鉛錫，鐵木及與泥，或以膠漆布，嚴飾作佛像』等句，即底卷『漆』『鈆（鉛）錫』三字所出，唯字序略有先後。

〔三〕厝，此字經本未見，疑爲『庿』的訛俗字；『庿』字俗書作『庿』或『厝』等形，『厝』又其訛省。經本相應位置有『入於塔廟中』句，『庿』『廟』古異體字，當即此字所出。可洪《音義》第陸册《月燈三昧經》第八卷音義：『厝塔，上眉照反，正作庿、廟二形。又音措，悮。』其中的『厝』亦正是『庿』的訛俗字，可以參證。

〔四〕『圮』以下至『眇』字皆出於經本卷二，且字序與經文大體相合。經本有『梁棟傾斜，基陛隤毁；牆壁圮坼，泥塗褫落，覆苫亂墜，椽梠差脱』等句，即『圮』以下三字所出，字序略有不同。

〔五〕鼷舉，『舉』應爲『鼠』的訛俗字，斯三九六一號《佛説十王經讚》：『一身危厄似風燈，二鼠侵期嚙井騰（藤）。』其中的『鼠』亦爲『鼠』的訛俗字，可以比勘。經本有『守宫百足，狖狸鼷鼠，諸惡蟲輩，交横馳走』等句，當即此二字所出。

〔六〕啀喍嘷吠，經本有『由是群狗，競來搏撮，飢羸慞惶，處處求食，鬭諍齰掣，嘊喍嘷吠』等句，即此四字所出；『嘊』爲『啀』的或體俗字，『嘷』『噑』則皆爲『嗥』的俗字。

〔七〕攄，經本有『齰掣』一詞（經文見上條引），《大正藏》校記引宋《資福藏》、元《普寧藏》、明《嘉興藏》本及日本宫内省圖書寮等本『齰』字作『攄』，當即此字所出（唯字序略有不同）。參看伯三四〇六號《妙法蓮華經難字音》校記〔一三〕。

〔八〕『𢪛』字底卷字形不太明晰，疑爲『撮』字省訛，經本有『搏撮』一詞（經文見校記〔六〕引）；但『撮』與上條『攄』經文在『嘊喍嘷吠』前，字序略有不同。

〔九〕熢㶿，經本有『臭烟熢㶿，四面充塞』句，其中的『熢㶿』《金藏》本及玄應、慧琳《音義》引亦皆作『蓬勃』，『熢㶿』即『蓬勃』的换旁俗字。參看伯三四〇六號《妙法蓮華經難字音》校記〔一八〕。

〔一〇〕『逯（逮）』以下至『谿』字皆出於經本卷三，但經本依次有『谿、卉、洽、卉、靉靆、攬、洽、邃、卉、埠、逮、悚慄』等字詞，字序不盡切合。『逯』爲『逮』的古異體字（見《集韻·代韻》），經本有『其心調柔，逮大神通』句，當即『逯』字所出。

〔一一〕埠，經本有『其土平正，無有高下坑坎堆阜』句，《大正藏》本校記引敦煌本『阜』字作『埠』，或即此字所出，則『埠』蓋即『阜』的增旁俗字。但俗書『堆』字亦有作『埠』形者，可洪《音義》第叁册《虚空藏菩薩神呪經》音義：『埠阜，上都迴反，下扶久反，正作堆阜。』北六四一五號（珠九）《大般涅槃經》卷二一云：『其土多有山陵埠阜，土沙礫石。』其中的『埠』即『堆』的俗字，是其例。則底卷『埠』亦有可能爲『堆』的俗字。

〔一二〕鑁鐩，『鐩』同『鏠』（參看上文校記〔一〇〕），經本有『鑁鏠垂布，如可承攬』句，當即此二字及下『攬』字所出。參看伯三四〇六號《妙法蓮華經難字音》校記〔三七〕。

〔一三〕『磬（謦）』以下至『咳（欬）』字皆出於經本卷六，但經本依次作『訓、褰、窊、謦欬、甄』，字序字形皆有所不同。『磬』字及末『咳』字經本皆未見，但有『一時謦欬，俱共彈指，是二音聲遍至十方諸佛世界，地皆六種震動』等句，玄應《音義》引出『謦欬』條，云『口冷反，《説文》謦亦欬也，《蒼頡篇》：謦，聲也；經作磬，口定反，樂器也，磬非字體。欬苦戴反，《説文》口逆氣也，亦瘷也；經文作咳，胡來反，嬰咳，非經義』，玄應所見經本『謦欬』本作『磬咳』，正與底卷字形吻合。

〔一四〕窪，經本有『面色不黑，亦不狹長，亦不窊曲』句，『窪』蓋即『窊』字異體，即此字所出。參看伯三四〇六號《妙法蓮華經難字音》校記〔四三〕。

〔一五〕『甀』即『甄』字異寫，底卷二字連出，或有以後者改正前者之意；經本有『甄迦羅』一名，當即此字所出。

妙法蓮華經譬喻品難字音

斯五五五四

【題解】

本篇底卷編號爲斯五五五四。該卷一端抄《妙法蓮華經・陀羅尼品》，另一端倒書抄願文（文樣）和《觀音禮》各一篇，本篇亦倒書，接抄於《觀音禮》之後，位置在《妙法蓮華經・陀羅尼品》和《觀音禮》之間，凡三行，字體與後者相近，而與前者不同。原件無題。《翟目》、《索引》、《寶藏》、《索引新編》皆未予標示；《英藏》始定爲『雜寫（佛經難字）』。考本篇往往一個生僻字下接抄一個音同或音近的常用字，似屬注音性質。又考北四七四六號（寒六八）《妙法蓮華經》卷二譬喻品經文云：『譬如長者，有一大宅……牆壁圮坼，泥塗褫落……守宫百足，狖狸鼷鼠，諸惡蟲輩，交横馳走……齚齧死屍，骨肉狼藉。由是羣狗，競来搏撮……鬭諍摣掣，啀喍嘷吠。』本篇所抄僻字皆可在這段引文中找到，且所抄先後順序亦大致吻合，故據以擬定今題。同卷的《妙法蓮華經・陀羅尼品》末有題記云：『己丑年七月月生五日就實恩寺内馬押衙《觀音經》寫了。』伯三○三七號《庚寅年正月三日社司轉帖》有馬押牙，『押牙』同『押衙』，其中的庚寅年郝春文定作九三○年（《敦煌社邑文書輯校》二四九至二五一頁），如果郝説可信，而這兩個馬押牙（衙）又是同一個人，那麽己丑年就是九二九年，而同卷的難字音抄寫時間當在此年以後。

本篇未見前人校録。兹據《英藏》影印本録文，并參《妙法蓮華經》各經本校録如下。另附寫卷圖版於首，以供比勘。底卷注音字和被注字字體大小相同，今改用小五號字排列。

斯五五五四號《妙法蓮華經譬喻品難字音》圖版

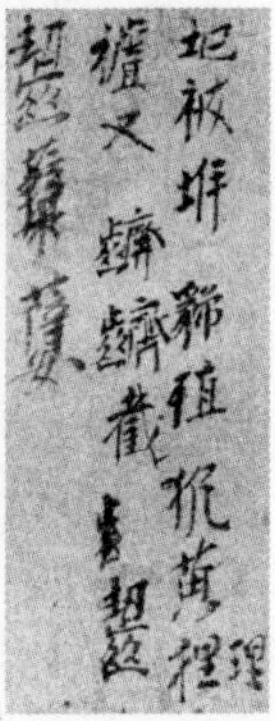

圮被〔一〕 坼（坼）。 豨值。〔二〕 犺莧〔三〕 狸理〔四〕。 攄叉。〔五〕 鱭截〔六〕 䵼蕿〔七〕。

【校記】

〔一〕『圮』字《廣韻·旨韻》音符鄙切，與直音字『被』字（《廣韻·紙韻》音皮彼切）讀音相同。

〔二〕豨，『䝐』字俗寫，上引北四七四六號經本『豨』字斯五九〇八號經本略同（右上部變體作三撇），斯九一七號經本作『𧛔』，皆爲一字之變。北四七一四號（巨四三）經本作『𧝒』，則爲『䝐』字俗省（『𧆛』爲『虎』旁的俗寫，『虒』旁『虎』旁俗書多亂）。但字書未見『䝐』字，經文中應係『褫』字俗訛。此字北四七四〇號（致五五）經本作『𧛔』、北四七三一號（調五六）經本作『𧛔』、北四七七〇號（日八九）經本作『𧞄』），正是『褫』字俗寫。不過『褫』字字書訓奪衣（剥去衣服），而經文中指牆壁上所塗飾的泥巴崩頹、脱落，當是借用作『阤』或『陊』。《廣韻·紙韻》『褫』、『阤』、『陊』三字皆有池爾切一讀，三字同音通用。《廣韻》『阤』字下釋云：『落也，《説文》云小崩也。』又『陊』字下云：『山崩也。《説文》大可切，落也。』義正密合。北四七一六號（柰九）經本此字正作『阤』（《中華大藏經》影印《金藏》廣勝本亦作『阤』）；斯一〇九六號作『陁』，則爲『阤』的後起異體字。玄應《音義》卷六《妙法蓮華經》第二卷音義此字作『褫』，注云『經文或作陁』。慧琳《音義》卷二七引大乘基同一經音義標目字正作『陁』，而注云『有作褫……正作陊』；又云：『有作䧅，不成字，非也。』又伯二九四八號《新集藏經音義隨幽録》云：『䧅落，上直尔反，崩也。正作陊、陁（陁）、褫三形。』皆可參。又注文『值』字，底卷左側似略有塗改，字形在『值』與『殖』之間，今姑定作『值』字。『值』字《廣韻・志韻》音直吏切，與『褫（陁）』字（池爾切）紐同韻近。而『殖』字《廣韻》常職切，禪紐入聲職韻，聲韻皆不同。

〔三〕犺，北四七一一（鹹三一）、四七一七（鱗一一）號《妙法蓮華經・譬喻品》經本同，乃『犺』的俗字（『宂』旁俗書多寫作『冗』，説詳《敦煌俗字研究》下編『宂』字條），斯一〇九六號、北四七一四（巨四二）、四七二一（閏八一）、四七二四（號七八）號等經本即作『犺』。『犺』同『貁』，北四七六一號（雲一六）經本正作『貁』。此外敦煌經本此字又有作『犺』（斯一〇〇九號）、『狖』（北四七一三號）、『齇』（斯九一七號）、『貁』（北四七三六號）、『貁』（北四七二九號）、『貁』（北四七一〇號）等形者，皆爲『貁』的異體俗字。此字《中華大藏經》影印《金藏》廣勝本作『鼬』，段玉裁以爲『貁』『鼬』非一物（參看段玉裁《説文解字注》『貁』字下注），但二字音同義近，古多混用不別。又『犺』下底卷接抄『茰』，應係注音字，『茰』不成字，蓋爲『萸』字之訛。《廣韻》『萸』字音羊朱切，喻紐平聲虞韻，『貁（貁）』字音餘救切，喻紐去聲宥韻，二字聲同韻别。然唐五代西北方音流攝字可與遇攝字相通，則『貁（貁）』可讀作『萸』音。

〔四〕狸，斯一〇〇九、二三七八號、北四七三〇號（宙六四）等《妙法蓮華經・譬喻品》經本同，乃『貍』的换旁俗字。北四七二九（收四九）、四七三六（果四）、四七五六（結二一）號等經本及《中華大藏經》影印《金藏》廣勝本正作『貍』。慧琳《音義》卷二七引大乘基同一經音義標目字亦作『貍』，云『從豸、里聲，有作狸，無所從』。又底卷『理』字寫在『狸』字右側，應爲『狸』的注音字。

〔五〕摣，斯一〇〇九號、北四七〇三（來六七）、四七二九（收四九）號等《妙法蓮華經・譬喻品》經本同，《中華大藏經》影印《金藏》廣勝本亦作『摣』。此字敦煌經本或作『樝』（北四七四四號）、『齇』（斯九一七號）、

『䶥』（北四七七〇號）、『齟』（北四七五九號）等，皆爲『摣』的假借俗字。《釋名·釋姿容》：『摣，叉也。』『摣』字《集韻·麻韻》音莊加切，『叉』字音初加切，二字音義皆近。據經本，此字應列在『齺齧』條之後。

〔六〕 齺，此字底卷重出，今删其一；其下抄『截』字，字體略小，應係注音。『齺』字《廣韻》在霽韻，在詣切；『截』字在屑韻，昨結切，二字同紐異韻。慧琳《音義》卷二七引大乘基同一經音義稱『齺又爲截音』，可證二字當時或讀同音。

〔七〕 齧，此字底卷重出，今删其一；其下抄『蘖』字，似已塗去，再接抄『蘡』字。『蘡』字見《干禄字書》，同『蘡』，爲『孽』字異體。『齧』字《廣韻》在屑韻，五結切；『孽』字在薛韻，魚列切，屑、薛《廣韻》同用，故二字同音。

妙法蓮華經譬喻品難字

斯五六八五

【題解】

本篇底卷編號爲斯五六八五。凡十六行。開頭應有殘缺，尾部有餘紙空白（約一行半），不知有無殘缺。每行上部約殘缺一至三字。無題。《索引》擬題作『雜字』，《寶藏》、《索引新編》同；《英藏》定作『妙法蓮華經卷第二譬喻品第三難字』。考本篇所抄難字均見於《妙法華蓮華經・譬喻品》，且先後順序亦大致相合，故參酌《英藏》改定今題。

本篇未見前人校録。兹據《英藏》影印本録文，并參考北四七一一號（鹹三一）《妙法蓮華經・譬喻品》經文（校記中簡稱經本或經文，引用它本則另標所據），校録如下。另附圖版於首，以資比勘。

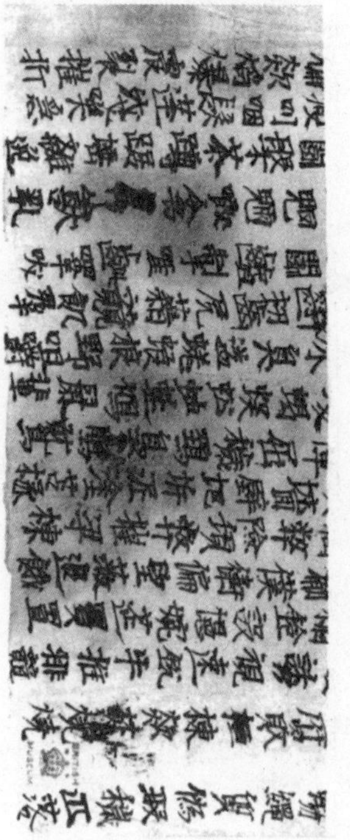

斯五六八五號《妙法蓮華經譬喻品難字》圖版

□〔一〕▨。〔二〕繩（繩）。質。僞。瑕穢。匹。落。〔三〕□腐敗。棟。欻。焚燒。□誘。〔四〕視。速。銑（鋭）。𤘅。〔五〕推排。競。〔六〕□▨。〔七〕鎗。〔八〕設幰。〔九〕婉莚。〔一〇〕畳（置）。□▨。〔一一〕僕（僕）。衛。偏。望（望）。萩。〔一二〕追。餓。□▨弊。〔一三〕險（險）。頓弊。摧。梁棟。□▨。墻壁把坼。〔一四〕泥塗。〔一五〕苫。椽。□▨。屈。〔一六〕穢。鵄梟鵰鷲。〔一七〕□▨蝎。〔一八〕蜈蚣蚰蜒。鳩。〔一九〕鼠（鼠）。輩。□▨臭。〔二〇〕溢。蜣（蜣）蜋。狼。野。咀嚼。□▨齧。〔二一〕屍。藉。競。〔二二〕飢。羣。〔二三〕□鬪。齟掣。〔二四〕唓齜嗥吠。〔二五〕□魍（魎）魑。噉。禽獸。乳。□鬪（鬭）。槃茶。蹲踞。埵。〔二六〕離。逸。□▨。〔二七〕叫（叫）。咽。髮蓬。殘。喚（喚）。忌（急）。□▨。〔二八〕欻。熖。〔二九〕爆。震裂。摧折。〔三〇〕

【校記】

〔一〕底卷每行上部有殘泐，據所抄難字與經本原文相比較，每行缺字最多不超過三字。以下用不能確定字數的上缺缺字符號標示者，皆爲底卷每行上部殘泐之處。

〔二〕殘字底卷存下部，据殘存筆劃，所抄似爲經本『演暢清浄法』之『暢』字。

〔三〕『落』字所據經文爲『若國邑聚落有大長者』句或『牆壁頹落』句。

〔四〕『誘』字所據經文爲『善言誘喻』句。

〔五〕『𤘅』字北四七一〇號（劍三一）《妙法蓮華經·譬喻品》同，乃『互』字的俗寫，北四七一一號（鹹三一）經本作『牙』，誤；『互』字及下『推排』二字所據經文爲『互相推排』句。

〔六〕『競』字所據經文爲『競共馳走』句，『競』字經本或作『競』，乃『競』的繁化俗字，北四七二八號（張三六）《妙法蓮華經·譬喻品》正作『競』。

〔七〕後一缺字底卷殘存下半，據殘存筆劃，似爲經文『周市欄楯』的『楯』字。

〔八〕『鈴』當爲『鈴』的訛俗字，所據經文爲『四面懸鈴』句。

〔九〕『幰』字經本或作『幰』，或作『幰』，皆爲『幰』的訛俗字；『設幰』二字所據經文爲『又於其上張設幰蓋』句。

〔一〇〕『莚』字經本或作『莚』（北四七四六號），乃『綖』或『筵』字的俗寫；『婉莚（筵）』當讀作『綩綖』，北四七二三號（秋七三）經本有『重敷綩綖』句，即此二字所出，字正作『綩綖』。

〔一一〕後一缺字底卷殘存下部『觔』，應爲『觔』或『筋』字殘泐，此字所據經文爲『有大筋力』句，其中的『筋』字敦煌經本多作『觔』（如北四七一一號等本），或作『觔』（如北四七二六號等本），皆爲『筋』的俗寫。

〔一二〕『蕨』爲『蔽』的俗字，『蔽』字所據經文爲『无明暗蔽』句。

〔一三〕『弊』字所據經文爲『匆貪麤弊』句。『弊』上所缺一字底卷存下部殘畫。

〔一四〕『墻壁圮坼』爲『牆壁圮坼』四字的俗寫，北四七一一號（鹹三一）《妙法蓮華經·譬喻品》有『墻壁圮坼』句，字形略同。『墻』上所缺一字底卷存右下部『八』形殘畫。

〔一五〕『泥』字右下部底卷作『上』形，俗訛，茲徑録正；『泥塗』二字所據經文爲『泥塗褫（褫）落』句。

〔一六〕『屈』上的缺字底卷殘存下部，據其筆形，應爲『障』字；『障』『屈』二字所據經文爲『周障屈曲』句。

〔一七〕『鵄梟鵰鷲』經本作『鵄梟鵰鷲』，『梟』爲『梟』的古本字。

〔一八〕『蝎』上的缺字底卷殘存下部，據其筆形，應爲『蝮』字；『蝮蝎』二字所據經文爲『蚖蛇蝮蝎』句。

〔一九〕『鳩』爲『鳩』的增點俗字，所據經文爲『烏鵲鳩鴿』句。經本『烏鵲鳩鴿』四字在『蚖蛇蝮蝎，蜈蚣蚰蜒』八字之前。

〔二〇〕『臭』上的缺字底卷殘存下部，據其筆形，應爲『屎』字；『屎』『臭』二字所據經文爲『屎尿臭處』句。

〔二一〕『齧』爲『齧』的增點俗字，『齧』上的缺字底卷殘存下部，據其筆形，應爲『齚』字。『齚齧』二字及下『屍』字所據經文爲『齚齧死屍』句。

〔二二〕『競』爲『競』的繁化俗字，『競』字所據經文爲『競(競)來搏撮』句。

〔二三〕『羣』字所據經文當爲『由是群狗』句，『群』爲『羣』的偏旁易位字。經本『由是群狗』句在『競來搏撮，飢羸慞惶』八字之前。

〔二四〕『鬬』爲『鬭』的俗字，下同；『齟』字斯九一七號等《妙法蓮華經·譬喻品》經本同，當讀作『摣』；『鬭』『齟掣』三字所據經文爲『鬭諍摣掣』句。

〔二五〕『啀齜嘷吠』四字經本作『啀喍嘷吠』，北四七一〇號(劍三一)作『啀喍嘷吠』；『啀齜』同『啀喍』，『嘷』『嘷』皆爲『嗥』的俗字，『吠』爲『吠』的俗字。

〔二六〕『埵』字及上『蹲踞』二字所據經文爲『蹲踞土埵』句，玄應《音義》卷六該句下釋云：『埵，《字林》丁果反，聚土也。』

〔二七〕殘字底卷存下部，據其筆形，應爲『瘦』字，所據經文爲『裸形黑瘦』句。

〔二八〕殘字底卷存下部，據其筆形，應爲『牖』字，所據經文爲『窺看窗牖』句。

〔二九〕『熖』爲『焰』的訛俗字，所據經文爲『其熖(焰)俱熾』句。

〔三〇〕底卷止此行，其下約空一行半後殘泐，不知原文抄寫止此抑或還有殘缺。

妙法蓮華經第六卷難字音

北敦一三八三四（北新三四）（底卷）

北五六七〇（玉七七）（甲卷）

【題解】

本篇底卷編號爲北敦一三八三四（北新三四），甲卷編號爲北五六七〇（玉七七），皆抄在《妙法蓮華經》經文第六卷之後。原本無題。甲卷許國霖《敦煌雜録》有録文，題作『妙法蓮華經音義』；《索引》、《寶藏》未單獨標出本篇，《索引新編》在『妙法蓮華經卷第六』題下提及『附經音義』。《國圖》（江蘇古籍版）第三册卷首附底卷經文末頁彩色圖版，題作『唐（7—8世紀）《妙法蓮華經》卷六尾題及音釋』。按本篇所抄難字均出於《妙法蓮華經》卷六隨喜功德品第十八至藥王菩薩本事品第二十三，次序有錯亂（甲卷載經文所見依次爲喜、不瘡緊、咼、⿰月扁⿰月弟、窊、妊、憙、謦欬、甀、⿱艹積、裸）；内容以注音爲主，末條雖涉及字義，但終究與音義類著作的體例有别，故改定今名。

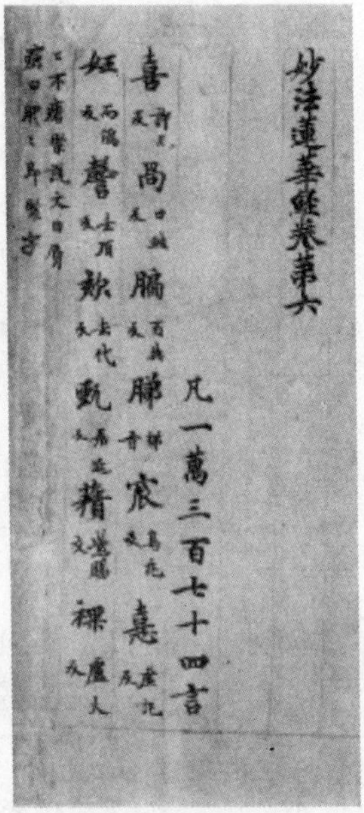
妙法蓮華經卷第六
凡一萬三百七十四言

北敦一三八三四號《妙法蓮華經第六卷難字音》圖版

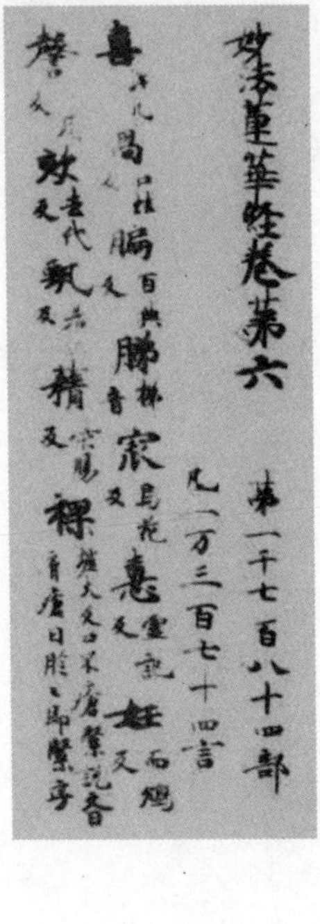
妙法蓮華經卷第六
第一千七百八十四部
凡一万三百七十四言

北五六七〇號《妙法蓮華經第六卷難字音》圖版

茲據《國圖》（江蘇古籍版）影印本録文，以甲卷及其所載《妙法蓮華經》第六卷經文爲參校（校記中簡稱『經本』），校録於下。另附二寫卷圖版於首，以資比勘。

喜許几反。〔一〕　咼口蛙反。〔二〕　⿰月扁百典反。　䏲梯音。〔三〕　窊烏花反。　憙虚記反。　姙而鴆反。〔四〕　謦去〔口〕頂反。〔五〕　欬去代反。　甄居延反。　⿱艹積柴賜反。〔六〕　祼爐火反。〔七〕　口不瘄緊《説文》曰脣瘄曰胗，胗即緊字。〔八〕

【校記】

〔一〕注文『反』字甲卷無，按例應有。

〔二〕咼，經本有『脣不下垂，亦不褰縮，不麁忽（澀），不瘄緊，亦不缺壞，亦不咼斜，不厚不大，亦不黧黑，無諸可惡』等句，即此字所出；今見經本多作『喎』，乃『咼』的增旁繁化俗字。

〔三〕⿰月扁䏲，經本有『鼻不⿰月扁䏲，亦不曲戾，亦不狹長，亦不窊曲』句，玄應《音義》引作『匾㔸』，云：『經文作⿰月扁䏲，近字。』

〔四〕而鴆反，『鴆』字左半底卷、甲卷皆作『冗』形，俗寫，玆徑録正；《敦煌雜録》録作『亢』，誤。

〔五〕『謦』下的反切上字甲卷留一空格未書（《敦煌雜録》未保留空格，不妥），不知何故。

〔六〕⿱艹積，經本有『即以海此岸栴檀爲⿱艹積，供養佛身，而以燒之』句，即此字所出；北五六七八號（餘九九）、北五七二五號（夜四一）等經本作『積』，『⿱艹積』實即『積』的增旁俗字。玄應《音義》卷二《大般涅槃經》第五卷出『穀⿱艹積』條，慧琳《音義》卷二五同一經音義引作『穀積』；慧琳《音義》卷二三引惠苑《大方廣佛華嚴經音義》經本第五十二卷『如乾草積』條下云：『積，即賜反，鄭玄注《周禮》：垍小曰委，垍大曰積。積字從艸者，俗也。』又慧琳《音義》卷六六《阿毗達磨發智論》第十三卷音義『薪積』條云『積』字『論從草作⿱艹積，非也』。注文『紫賜反』與慧琳『積』字『即賜反』同音；甲卷『紫』作『柴』，紐異，蓋形近誤字。

〔七〕祼，當是『裸』字俗訛，經本有『如寒者得火，如祼（裸）者得衣』句，即此字所出。

〔八〕『口不瘄緊』以下十五字底卷作雙行小字另行排在『祼』字條之後（『祼』字條底卷在前行之末，注文『盧火反」的「反」字在雙行的左行，下有一字空格），甲卷則與「祼」字的切音一併作雙行小字注文排在「祼」字之下，皆有誤，兹作另條處理。「口不瘖緊」經本無「口」字（經文見上文校記〔三〕引），應據刪。「瘖緊」玄應《音義》卷六、慧琳《音義》卷二七引皆作「瘖胗」，慧琳《音義》云「胗」字「有作緊，緊縵義，非瘖胗」。又注文後一「胗」字底卷、甲卷皆作重文符號，《敦煌雜録》脱此字。

妙法蓮華經馬明菩薩品詞句抄

北八四三一（字七四）背

【題解】

本篇底卷編號爲北八四三一（字七四）背。正面抄《大般若波羅蜜多經》難字（參該篇題解）。《索引》正背面一併題作『雜寫』。《寶藏》卷背部分擬題作『詩一首、偈一首、獸名及難字雜寫』，《索引新編》題作『詩一首、偈一首、難字雜寫等』。考本篇首題『法華經弟八』，『法華經』爲『妙法蓮華經』的簡稱。傳世的《妙法蓮華經》一般爲七卷二十八品，但敦煌寫本中也有爲八卷三十品的，本篇就是《妙法蓮華經》第八卷第三十品馬明菩薩品詞句的摘録，除開頭『禱竹』、『聱』、『聾』三條出處待考外，其餘部分全都可在該卷中找到，且先後順序亦完全吻合。其中『十善得生天』以下八句乃照抄該品偈語，《寶藏》既定作『偈一首』，又稱『詩一首』，《索引新編》從之，欠妥。卷中以抄録雙音詞爲主，但也有抄録句子甚至一個語段的，故據以改定今名。底卷中偶有標注直音的，凡三條。正面《大般若波羅蜜多經難字》首有『丁卯年正月七日開經』字樣，卷背字體與正面相近，或即一人所書，則本篇當亦爲『丁卯年』或稍晚些時候的寫本。馬明菩薩品凡見於六個敦煌寫本，分别爲斯二七三四號、斯三〇五一號、斯四五七二號、斯五九三一號、北六一一八八號（列一一，該本末題『妙法蓮華經卷苐八』）、伯三〇〇八號，其中斯二七三四號首尾完整（參看斯五六九〇號《妙法蓮華經難字》『題解』）。另外斯五六九〇號《妙法蓮華經難字》也載有該品部分難字的摘録，可以互勘。

張金泉、許建平《敦煌音義匯考》『諸難雜字』下附録本卷，但僅校録了『蜎員蜚非』二條。今據《寶藏》及縮微膠卷逐録全文，以斯二七三四號《妙法蓮華經》第八卷馬明菩薩品第三十爲參校本（校記中簡稱『經本』），并參考其他各敦煌寫經，校録於後。

《法華經》第八

禱竹。〔一〕 聱埵。〔二〕 聾。

驢騾、駱駝、猪狗、鷄鴉、鵝鴨、熊羆、雨(虎)犳、犲狼、麋麞、麞鹿、□(雉)莵(菟)。〔三〕 蜎員蜚非、蚑行、蠕(蠕)動之類，心念口言。〔四〕 倡突堕畜生。〔五〕

□▨(十善)〔六〕得生天，五戒服人身。十悪(惡)堕地獄，倡突〔七〕堕畜生。忍辱得端正〔八〕，瞋恚得醜陋。布施得大富，慳貪堕貧窮。

資媚。〔九〕 氍毹、氉毿。〔一〇〕 金鈴華鍚，周迊垂下。〔一一〕 道陌。〔一二〕 鱜緑。〔一三〕

【校記】

〔一〕 禱竹，疑當讀作『禱祝』，『竹』爲『祝』的音近誤字。斯四五一一號《金剛醜女因緣》：『心知是朕親生女，醜差都來不似人，説着上由(尚猶)皆驚怕，如何竹娉向他門。』其中的『竹』斯二一一四號寫卷作『祝』，是其比。又此二字底卷空一格接抄在『《法華經》弟八』之下，但經文中却又未見，疑屬其他佛典難字闌入。參下條。

〔二〕 『埵』字底卷小字旁記在『聱』字右下側，『聱』字同『睡』，而『睡』即『埵』的後起分化字。伯二一七二號《大般涅槃經音》(一)第卌二卷(即《大般涅槃經後分》卷下)『四聱』條『聱』字亦直音『埵』，與本卷合。參看《大般涅槃經音》(一)校記〔三九〕。又本條與下『聾』字底卷獨自爲行，而《妙法蓮華經》第八卷馬明菩薩品中未見，疑屬其他佛典難字闌入。參上條。

〔三〕 『驢騾』至『雉莵(兔)』二十二字爲經本原文，其中的『鴉』字經本同，疑爲『鵶』字俗省；『犳』、『犲』應分別爲『豹』、『豺』的換旁俗字；又『麞』字經本作『麈』，義同；『莵』爲『菟』字俗省，卷中應爲『兔』的增旁字，經本正作『兔』；『莵』前的『雉』字底卷殘泐，兹據經本擬補。參看斯五六九〇號《妙法蓮華經難字》(一)

校記〔一九〕至〔二二〕。

〔四〕經本有『四天王各領一方天下，常以月八日遣使者案行天下，伺察帝王臣民、天龍鬼神、蜎蜚、蚑行、蠕動之類，心念口言，身行善惡，疏善記惡，毛分不錯，其行善者入天曹，行惡業者名入四冥室』一段，即底卷『蜎蜚』以下至『心念口言』十餘字所出。『員』、『非』二字底卷小字旁記於『蜎』、『蜚』二字右側，應爲其直音字。又『蠕』爲『蝡』的俗字。慧琳《音義》卷三一《佛説無極寶三昧經》音義：『蝡動，上閏尹反……經作蠕，誤也。』可參。

〔五〕此句下文重出，疑爲誤抄而未删去者。

〔六〕『十』字底卷殘泐，『善』字上部略殘，玆據經本補定。此下八句係抄録經本偈語原文。

〔七〕倡突，斯二七三四、三〇五一號經本皆作『低突』，疑當作『抵突』或『觝突』，指抵觸、衝撞，不從教化。隋智顗《妙法蓮華經文句》卷四：『五戒爲人，十善生天。慳貪墮餓鬼，觝突墮畜生，十惡墮地獄。』又《法苑珠林》卷五二校量篇第五十七雜業部第六引《樹提伽經》偈云：『何物得生天？十善得生天。何物服人身？五戒服人身。何物落地獄？十惡落地獄。何物墮畜生？觝突墮畜生。』皆可證。

〔八〕正，斯二七三四、三〇五一號經本皆作『政』，『政』爲同音借字。

〔九〕資媚，經本有『釋有皇后，名曰悦意，其身左右各有八万四千資媚，於其面上復有八万四千資容，此后資容於帝釋三十二那由他婇女最爲第一』句，應即此二字所出，『資』當讀作『姿』。東晉佛陀跋陀羅譯《佛説觀佛三昧海經》卷一：『其女儀容端正挺特，天上天下無有其比，色中上色以自莊嚴，面上姿媚八萬四千，左邊亦有八萬四千，右邊亦有八萬四千，前亦八萬四千，後亦八萬四千。』可證。

〔一〇〕氍耗、毾㲪，經本有『七寶宮殿，氍耗毾㲪，金牀玉机』句，即此四字所出。『耗』爲『毹』的俗字，説詳斯五六九〇號《妙法蓮華經難字》（一）校記〔二三〕。

〔一一〕『金鈴華鐤，周迊垂下』句經本同，『鐤』、『迊』分別爲『鼎』、『匝』的俗字。參看斯五六九〇號《妙法蓮華經難字》(一)校記〔一二〕。

〔一二〕道陌，斯三〇五一號經本有『喜見城中，諸天宫殿，其數无量，充滿中央；街巷道陌，行行相當；夾路寶樹，莖莖相望』等句，應即此二字所出，『街巷道陌』爲佛典中習見語，『陌』字斯二七三四號經本作『隔』，誤。

〔一三〕鱖緑，当作『縹緑』，經本正作『縹緑』。説詳斯五六九〇號《妙法蓮華經難字》(一)校記〔八〕。又本篇底卷抄寫至此條止，其後另有倒書的詞句四行約二十字，屬習書性質，内容大抵出於《大般若波羅蜜多經》，或爲正面《大般若波羅蜜多經難字》的一部分，詳見該篇録文。